딜레마 이론과 정책

김태은 · 이영철 · 윤견수
안성민 · 김창수 · 소영진 외

도서출판 대영문화사

머리말 PREFACE

1991년 학문적 열정이 가득한 일단의 행정학자들은 그동안 존재하지 않았던 새로운 이론인 '딜레마 이론'을 학회에 소개했다. 딜레마 이론은 의사결정의 영역에서 기존에 오랜 역사와 전통을 자랑하던 서구의 어떠한 이론으로도 설명이 어려운 영역에 대한 설명을 막힘없이 수행하여 왔다.

한국 최초의 행정이론으로서, 또 사회과학 전반에서 활용될 수 있는 대표 이론으로서 딜레마 이론은 이론이 개발된 지 30여 년 동안 경쟁이론과의 경쟁을 통해 지속적으로 발전되어져 왔으며, 현재 다양한 현상을 설명하는 유용한 행정이론으로 발전되어 왔다.

구체적으로,

첫째, 딜레마 이론은 '선택' 자체가 어려운 상황에서의 선택을 설명한다. 행정과 정책 영역에서 많은 의사결정자들은 합리성의 여부와 관계없이 선택의 어려움에 직면한다. 이는 가치의 충돌에 의해서도, 가치로 포장된 이익의 충돌 상황에서도, 현재와 미래세대 간 충돌 상황 등 정도의 차이가 있을 뿐 사실상 모든 정책 상황에서 발생된다. 딜레마 이론은 선택이 어려운 상황, 특히 정책 상황에서의 선택과 그에 따른 결과가 무엇인지를 설명하여 왔다.

둘째, 딜레마 이론은 기존의 의사결정이론이 고려하지 못한 의사결정자 자체에 초점을 두고 있다. 즉, 기존의 의사결정이론들은 현실의 의사결정자와는 동떨어져 있는 가치 중립적인 인간을 가정하고 있기에, 의사결정이론임에도 불구하고 이들에게 특정한 관심을 갖지 않았다. 그러나 현실의 의사결정자들은 다양한 가치를 내면화하고 있고 가치별로 서로 다른 선호를 지니고 있다. 다시 말해, 딜레마 이론은 가치에 영향을 받기도 하고 특정 가치를 선호하기도 하는 현실의 의사결정자를 분석하고 있다.

셋째, 보통 사람이든, 정책을 결정하는 정책결정자이든 간에 진공상태에서 결정하지 않는다. 즉, 소득 제한, 법・제도적 한계, 그리고 문화나 관행 같은 제약이 존재하는 상황에서 의사결정을 한다. 이에 더해, 딜레마 이론은 딜레마 상황이 또한 의사결정자의 선택을 제약할 수 있음을 보여준다. 그동안 딜레마 상황은 의사결정자의 선택을 제약하고 이에 따라 비일관적, 형식주의, 지연, 전가, 무마용 자원 확대, 한정적 대응 등 독특한 대응이 나타남을 밝혀 왔다.

넷째, 딜레마 이론은 연구방법상 어려움에도 불구하고 의사결정자가 딜레마 상황에 처하게 되는 원인에 대해 설명하여 왔다. 즉, 딜레마 발생의 형식, 사회적 조건, 인식틀 등 다양한 변수들이 의사결정자를 딜레마 상황에 처하게 할 수 있음을 밝혀 왔다.

다섯째, 딜레마 이론은 딜레마 이론을 구성하는 핵심 개념들, 그리고 개념 간 관계가 어떠한지를 설명하여 왔다. 예를 들어, 그동안 베일에 쌓여 있던 딜레마 상황과 대응 간의 관계, 딜레마 강도와 딜레마 대응, 그리고 딜레마 인지 여부와 대응 간 관계를 설명함으로써 이론적 완성도가 크게 향상되어 왔다.

딜레마 이론은 30여 년 동안 이론이 발전되어져 왔다. 이러한 이론의 발전은 다양한 연구논문과 약 10년 주기로 총 3권의 연구집을 출간하여 왔다.

첫 번째 서적인 이종범 외(1994)의 『딜레마 이론: 조직과 정책의 새로운 이해』는 무엇보다 새로운 행정이론, 의사결정이론으로서 딜레마 이론에 대한 체계적 설명과 더불어 딜레마 상황에서의 의사결정자가 어떠한 대응이 나타나게 되는지에 대한 도전적 연구들이 담겨 있었다. 또한 첫 번째 서적임에도 불구하고 다양한 측면에서 이론발전 방향이 제시되기도 하였다. 동 서적은 딜레마 이론을 체계적으로 정립했다는 점에서 향후 이론 발전의 초석이 되었다.

두 번째 서적인 윤견수 외(2000)의 『딜레마와 행정』은 딜레마 이론을 통해 본격적으로 현상을 설명하고자 한 노력의 결과물이다. 1994년 1권과 다르게 다양한 연구방법과 다양한 분석사례를 통해 딜레마 이론의 적용을 확대하였다. 뿐만 아니라 윤견수 외(2000)는 딜레마 이론 소개 이후 학계에서의 비판을 고려하여 내적으로 이론을 정교화하고 발전시킨 노력의 결과물이기도 하였다. 이러한 노력의 결과물인 동 서적은 딜레마 이론이 행정학의 주요 이론으로 발전되는 과정, 그리고 주요 이론으로 발전될 수 있었던 원인이 무엇인지를 잘 보여주는 연구물이라 할 수 있다.

세 번째 서적인 소영진 외(2009)의 『딜레마와 제도의 설계』는 2000년 이후 딜레마 이론의 발전과 더불어 현실에서의 적용을 어떻게 할지에 대한 고민을 담았다. 즉, 3

권은 유사개념들과의 차별성을 더욱 공고히 하는 토대 연구를 진행하면서 동시에 행정현상으로서 딜레마 현상의 보편성, 그리고 행정 영역에서 현상과 딜레마 이론의 적합성에 대한 자신감을 토대로 딜레마 상황에서 바람직한 결과를 얻기 위한 제도적 설계방안을 담았다. 특히, 동 서적은 딜레마 이론의 사회적 가치, 그 활용에 대한 깊은 고민이 담겨 있다는 점에서 딜레마 이론 발전 수준을 한 단위 높인 것으로 이해된다.

이번 출판된 네 번째 서적인 『딜레마 이론과 정책』은 2009년 이후 『한국행정학보』, 『한국정책학회보』, 『정부학연구』 등 학술지에 게재되었던 딜레마 이론 연구를 정리한 것이다. 많은 연구물이 서로 다른 주제로 연구되었으나 서적이라는 지면의 한계를 고려하여 일부 연구물만 취사 선택하여 기술하였다. 네 번째 서적을 통해 첫째, 이론이 개발된 지 30여 년이 흐른 지금 딜레마 이론의 가치가 무엇인지, 특히 행정학과 관련한 이론의 가치를 보다 체계적으로 정립하고자 했다. 둘째, 의사결정모형으로도 딜레마 모형의 개발을 소개하고자 했다. 셋째, 딜레마 인지의 중요성 그러한 중요성에 대응하기 위한 제도 설계의 방안을 제시했다. 넷째, 현대 시점에서 이론의 적용과 설명력을 재고찰하고, 다섯째, 향후 딜레마 이론의 발전방안에 대한 제언을 담고자 했다.

이 책의 구성

이 책 『딜레마 이론과 정책』은 크게 5부로 구성되어 있다. 구체적으로, 제1부는 '딜레마 이론의 가치'로, 관련된 4편의 연구물을 담고 있다.

이종범(2018)의 '공공성 확보를 위한 정부의 역할과 행정학의 과제: 딜레마 이론의 관점에서'는 딜레마 이론 관점에서 정부의 공공성을 높이기 위한 공직자의 자세와 바람직한 제도적 장치에 대해 논의하고 있다. 특히, 저자는 딜레마 이론이 공공성을 가치나 이념의 문제가 아니라 실제 문제 해결의 관점에서 접근할 수 있게 하는 장점을 지니고 있다고 주장한다.

소영진(2015)의 '딜레마 이론, 그 의미와 과제: 이론적 정합성을 위한 시론'은 그동안 딜레마 이론에 대한 연구가 다양한 연구자들에 의해 다각도로 이루어짐에 따라 이론적 정합성이 떨어지고, 그만큼 일목요연하게 이해하기 어려운 이론이 되어가고 있다는 문제 의식에서 출발하여 딜레마 이론 전체를 하나의 체계적 틀 안에 묶어보려는 이론적 시도이다. 딜레마 이론의 전개 과정에서 제기된 주요한 문제들에 대한 답변 형식으로 딜레마 이론에 대한 이해를 높이고자 하였으며, 인식론적으로 구성주의적 관점에서 딜레마를 이해하는 것이 이러한 이론적 난점을 해결하는 데 도움이 됨을 밝히고 있다.

윤견수(2014)의 '비합리적 행동의 합리적 기원: Deborah H. Stone의 정책역설과 딜레마를 중심으로'는 딜레마를 개인의 합리성에 바탕을 둔 분석적 추론의 세계가 아니라 공동체의 추론과 해석활동의 영역에서 관찰하고 있다. 정책은 이해관계자들이 다양한 해석적 도구를 동원하며 자신의 아이디어를 납득시키는 상호작용의 과정이라는 스톤(Stone, 2002)의 *Policy Paradox: The Art of Political Decision Making*을 딜레마의 관점에서 다시 살펴보면서, 두 개의 서로 다른 해석적 맥락이 충돌하는 상황이 곧 딜레마라고 정의하고 있다.

김태은(2021)의 '딜레마 이론: 체계적 평가와 고찰'은 딜레마 이론이 어떠한 가치와 한계를 지니고 있는지를 체계적으로 살펴보고 있다. 딜레마 이론은 한국 최초의 행정 이론으로서 의미를 지니고 있을 뿐만 아니라 30여 년의 시간 동안 다양한 연구가 수행됨에 따라 동 이론에 대한 가치와 한계가 무엇인지에 대한 객관적 고찰 필요성이 제기되어 왔었다. 이 연구는 이에 대한 해답을 심도있는 문헌연구에서 찾고 있다. 저자는 딜레마 이론의 가치를 '이론적 가치', '이론 개발모델로서 가치', '행정 및 정책적 가치'로 범주화하여 제시하였다. 한편에서는 딜레마 이론의 '이론적 한계'를 이론 고유의 문제 차원에서, 이론 적용의 문제 차원에서 제시하였다.

제2부는 '의사결정과 딜레마 모형'을 소개하고 있다.

윤견수(2017)의 '공직 수행의 딜레마와 의사결정의 어려움'은 그동안 딜레마 연구에서 소극적으로 다루었던 의사결정자를 딜레마 모형에 포함시켜 공직자의 딜레마 모형을 제시한 리뷰글이다. 모형을 제시하는 과정에서 딜레마에 대한 연구업적들과 함께 행정이념과 공직가치, 윤리적 행동과 행정책임 등과 같이 딜레마와 유사한 선행 연구들도 검토하고 있다. 이 글은 상관의 명령과 조직에 대한 충성, 선출직 공직자의 요구, 조직 내·외 고객의 기대에 덧붙여, 공직자 개인의 신념체계와 전문직업인으로서의 경험이 공직자를 딜레마에 빠뜨리는 네 가지 중요한 맥락이라고 봤다. 공직자의 딜레마 모형은 문제 해결을 잘 하는 유능한 공직자보다는, 이도저도 아닌 양자택일의 상황을 자각하고 자신의 선택에 대해 끊임없이 반성하고 성찰하는 공직자를 강조한다.

이영철(2021)의 '결정의 엣센스, 제4시각: 딜레마 관점에서 본 쿠바 미사일 위기'는 쿠바 미사일 위기를 딜레마 이론을 통해 분석하고 있다. 즉, 1962년 소련군이 쿠바에 핵무기 미사일 기지를 건설한다는 사실을 확인한 케네디 대통령과 그의 참모들은 제3차 세계대전이 발발할 지도 모르는 긴박한 상황에 처한다. 이 상황은 딜레마 이론으로 잘 설명된다. 미국의 외교, 정보, 군사부문 최고위층 결정자들이 백악관에 모여 대응책을 강구한다. 쿠바에서 소련과 전면전을 벌이자는 매파의 공습안으로부터 강력한 외교조치로 문제를 해결할 수 있다고 보는 비둘기파의 외교적 해결방안 등 다양한 방안이 고려된 가운데, 쿠바의 해상봉쇄를 통해, 전면전으로 돌입할 지를 소련의 선택으로 넘기는 딜레마 전가 현상이 발생한다. 미사일 위기에 대응하는 전 과정을 딜레마의 시각에 따라 새롭게 해석하며, 기존의 설명들과 비교하며 딜레마 시각의 독특함을 밝혔다.

제3부는 '딜레마 인지와 제도 설계'를 담고 있다.

소영진 · 안성민(2021)의 '딜레마 예방을 위한 제도적 설계'는 기존 연구에서 딜레마의 사회적 조건으로 제시된 요인별로 이들을 사전적으로 제거할 수 있는 제도적 방안들을 검토하였다. 그간 딜레마 이론에 대한 연구는 주로 딜레마 발생 이후의 사후적 대응에 집중되어 왔다. 그러나 딜레마는 일단 발생하고 나면 해결책을 찾기가 극히 어렵고 그만큼 사회적 비용도 크게 발생한다는 점에서, 사전에 예방할 수 있는 방안을 찾는다면 사회적 비용을 줄이는 데 기여할 수 있을 것이다.

김태은(2013)의 '무시된 딜레마의 사회적 비용 발생원인 연구'는 정책결정자의 딜레마 인지가 사회적으로 왜 중요한지를 분석하고 있다. 정책결정자가 딜레마를 인지하지 못할 경우 절차적 합리성 충족이 나타나지 않고 이에 따라 다양한 유형의 사회적 비용이 발생됨을 보여준다. 동 관점에서 이 연구는 정책결정자가 딜레마로 인지해야 함에도 인지하지 못함에 따라 발생되는 정부실패와 막대한 사회적 비용을 줄이기 위해 딜레마 인지를 위한 제도 설계의 중요성을 강조한다.

김다은 · 윤견수(2021)의 '혁신과 규제 사이의 딜레마: 타다 사례를 중심으로'는 새로운 산업의 출현이 기존 산업 중심 규제체제와 충돌하면서 빚어내는 딜레마를 정부가 무시하는 상황에 주목하고 있다. 저자는 프레임 개념에 바탕을 둔 딜레마 모형을 제시하면서, 규제와 혁신이라는 두 개의 프레임이 서로 딜레마 상황이라는 신호가 충분히 가시적이지 않아서 딜레마를 무시했다고 말하고 있다. 그리고 프레임을 구성하는 항목들 간의 결합이 약하고, 프레임 간의 충돌이 임계점을 넘지 못하는 것을 딜레마 무시의 원인으로 제시하고 있다. 딜레마를 무시하면 어느 하나의 패러다임만 강조하고 그것은 장기적으로 정책실패를 불러온다. 이것을 예방하기 위해서는 상충적인 프레임 각각에 대한 충분한 관심과 토론의 기회를 보장하며, 공론의 장을 활성화할 필요가 있다고 저자는 말한다.

박종수(2021)의 '공공부문 종사자는 어떻게 딜레마를 느끼는가? 딜레마 인지 과정에 관한 경험적 연구'는 책임성의 딜레마 상황을 딜레마로 인지하는 데 영향을 주는 개인적 및 조직적 특성을 분석하고 있다. 이 연구는 딜레마의 인지 과정에 주목하여 인지의 대상인 정책 딜레마가 인지의 행위자인 공공부문 종사자의 특성과 인지가 이루어지는 공공 조직의 조직 풍토 및 문화에 따라 다양하게 인지됨으로써 딜레마의 실재와 인지 사이의 차이가 발생할 수 있음을 보여준다. 계층적과 정치적 책임성 사이에서 선택의 곤란함을 지각하는 것으로 정의한 책임성 딜레마의 인지는 외재적 유인의 공적성취동기에 의해 무시될 수 있지만, 조직 문화의 집합주의로 인해 강화될 수 있다. 이 연구는 딜레마 인지가 개인에 따라 달라지며, 개인차를 가져 오는 개인의 사회심리적 특성과 조직의 문화적 특성의 효과를 보여준다. 딜레마 상황에 대한 객관적 정의와 딜레마의 주관적 인지를 구분한 이 연구의 결과는 딜레마의 의도적 또는 비의도적인 무시를 예방하기 위한 이론적 및 실천적 함의를 제공한다.

제4부는 '딜레마와 다양한 정책대응'을 살펴보고 있다.

김동환 · 조수민(2021)의 '코로나19 방역에 있어서 마스크 정책의 딜레마: KF-AD 마스크 표준을 통한 부분적 딜레마 대응'은 정책결정자들이 딜레마 상황에 어떻게 대응하는가에 초점을 두고 있다. '딜레마 대응'이 단기적인 대응이라고 한다면, '딜레마와 제도'에 대한 연구는 딜레마에 대한 장기적인 대응이라고 할 수 있다. 이 연구는 딜레마에 대한 단기와 장기의 중간 지점에서 발생하는 행동으로서 '표준(standard)'을 제시한다. 2020년과 2021년에 걸쳐 전 지구적으로 확산된 코로나19 팬데믹은 단기적인 대응과 장기적인 제도 설계를 초월하는 지속적인 대응을 요구하였으며, 이러한 상황에서 정부는 '표준'의 설정을 통하여 딜레마에 대응하였음을 보여준다.

김창수(2021)의 '영풍석포제련소를 둘러싼 딜레마와 정책대응: 기회손실, 지역의존성, 그리고 상징적 대응'은 영풍석포제련소를 둘러싼 딜레마의 원인을 파악하고 이에 대한 정책대응방안이 적절하였는지 분석하였다. 영풍석포제련소를 폐쇄하거나 이전을 선택할 경우 제련소에 의존하고 있는 봉화군과 태백시, 그리고 경상북도에 미치는 고용과 지역경제 파급효과라는 기회손실이 매우 컸다. 영풍석포제련소를 그대로 유지하는 선택을 할 경우 낙동강 본류에서 생활용수를 취수하고 있는 1,300만 명 이상의 유역주민들의 생명과 건강을 위협하였다. 이 연구는 영풍석포제련소를 둘러싸고 딜레마 무시 현상과 상징적 대응이 점철되는 가운데, 획기적인 자원투입으로 딜레마 해결이 이루어질 것을 기대하고 있다.

제5부 '딜레마 이론, 회고와 새로운 시작을 위한 제언'은 딜레마 이론의 30년을 회고하고 앞으로의 방향을 담고 있다. 구체적으로, 딜레마 개념의 공고화 차원, 연구방법론, 긍정적 측면에 대하 연구 필요성, 딜레마 인지 중요성과 제도 설계 필요성, 경쟁이론과의 비교연구 확대 필요성, 마지막으로 정책분석을 통한 딜레마 예방 논의 확장 필요성을 제시했다.

감사의 글

딜레마 이론과 관련된 4권의 책이 출판될 수 있는 것은 무엇보다 행정학계 학자들의 관심과 사랑이 있었기에 가능하다. 1991년 딜레마 이론이 처음 한국행정학회에서 소개될 당시부터 2020년 한국행정학회 동계학술대회에 이르기까지 여러 학회에서 많은 연구자들이 이론 발전에 너무나 큰 도움을 주셨다. 최근 2020년 한국행정학회 동계학술대회 '딜레마 이론 30주년 학술대회'는 딜레마 이론 30년을 회고하고 이론의 발전 방향을 살필 수 있는 너무나 유익한 시간이었다. 딜레마 네 번째 서적 출판의 동력이기도 하였던 동 학술대회에서 딜레마 이론의 발전을 축하하며 이론 개발을 위해 건설적 논의를 함께 하여주신 교수님들께 감사드린다. 특히, 이론 개발 초기부터 이론 발전에 애정 어린 조언을 아끼지 않으셨던 정용덕 교수님, 임도빈 교수님에게, 행정학 차원에서 이론의 가치를 살펴준 문명재 교수님에게 다시금 감사의 마음을 전한다. 뿐만 아니라 학회에 참여하여 건설적인 비판과 의견을 나누어주신 많은 교수님들께 감사드린다. 이분들의 깊이있는 학문적 · 이론적 견해는 학술연구를 수행하는 딜레마 연구자들에게 커다란 동력이 되었고, 동시에 금번 학술서적의 내용적 완결성을 확보하는 데 도움을 주었다.

딜레마 이론은 이론 개발의 불모지에서 순수한 학문적 열정을 지닌 일단의 연구자들에 의해 개발되어 30여 년 동안 발전되어 왔다. 쉼 없이 긴 세월을 이론 개발과 발전에 혼신을 다하여 온 딜레마 연구진이 없었다면 꿈만 같은 일이였을 것이다. 딜레마 연구진은 2018년 딜레마 이론 30주년 기념사업 준비팀을 구성하고, 2020년 기념학술활동, 2021년 학술서적 출판을 목표로 사업을 추진하여 왔다. 코로나라는 전대미문의 대외적인 어려움 속에서도 사업의 성공적으로 이끌어 온 교수님들의 노고가 있었기에 가능했다.

특히, 딜레마 이론의 시작과 현재를 있게 한 이종범 교수님의 열정과 노고에, 이론 개발부터 이론의 발전 과정에서 항상 함께 해오신 안문석 교수님께 깊은 감사의 말씀을 올린다. 30여 년 동안 이론 개발을 함께하여 오신 소영진, 이영철, 윤견수, 김동환, 안성민 교수님의 학문적 열정이 없었다면 딜레마 이론은 여러 이론 중 하나에 머물러 있었을 것이다.

또한 딜레마 이론에 대한 열정으로 딜레마 연구진과 함께해주신 김창수 교수님, 한준섭 교수, 곽창규 교수, 박종수 교수, 김다은 박사, 조수민 석사가 없었다면 연구가 풍성하지 못했을 것이고, 딜레마 이론의 미래를 이야기하기 어려웠을 것이다. 특히, 3년이 넘는 사업기간 내내 묵묵히 사업을 뒷받침했을 뿐만 아니라 이 책의 마지막까지 함께 해준 김다은 박사께 감사드린다.

항상 그러하듯이, 전문학술서적임에도 불구하고 큰 웃음과 함께 흔쾌히 출판해주시고 오히려 격려해주신 대영문화사의 임춘환 사장님과 임현준 부장, 관계자에게 모두 감사드린다.

2021년 12월

김태은 · 이영철 · 윤견수 · 안성민 · 김창수 · 소영진 외

차 례 CONTENTS

차 례 CONTENTS

제 1 부

딜레마 이론의 가치

제1장 공공성 확보를 위한 정부의 역할과 행정학의 과제: 딜레마 이론의 관점에서 / 이종범

제2장 딜레마 이론, 그 의미와 과제: 이론적 정합성을 위한 시론 / 소영진

제3장 비합리적 행동의 합리적 기원: Deborah H. Stone의 정책역설과 딜레마를 중심으로 / 윤견수

제4장 딜레마 이론: 체계적 평가와 고찰 / 김태은

제 1 장

공공성 확보를 위한 정부의 역할과 행정학의 과제: 딜레마 이론의 관점에서[1)]

이종범

이 글에서는 공공성을 정부나 공공 영역에 참여하는 사람들이 지켜야 할 가치로서, 민주적 절차와 정의의 실현으로 규정하려고 한다. 딜레마 이론의 관점에서 정책의 공공성을 높일 수 있는 방안은 첫째, 정책문제가 딜레마로 가기 전에 상충성의 문제를 해결하는 것이며, 나아가서 딜레마가 되었다고 하더라도 다양한 대응행동을 통하여 그로부터 벗어나 해결 가능한 문제로 재구성하여 해결책을 찾아가는 것이다.

둘째, 딜레마 상황을 타개하는 방법으로 관료적 거버넌스에 의한 해결보다는 협력적 거버넌스에 의한 것이 무시된 딜레마를 예방함으로써 공공성을 증진시킬 것이다. 특히, 공직자에게 많은 자율성을 부여하고 그에 따른 책임을 지도록 하는 자율적 통제 방식이 공공성을 증진시키는 데 더 효과적이다.

셋째, 딜레마 이론의 관점에서 공공성 증진을 위해 공직자 자신이 갖추어야 할 특성은 ① 헌법적 가치와 정당한 절차를 준수하는 공익 마인드, ② 혁명적 변화보다 점진적 변화를 추구하는 성향, 예를 들면 점진적으로 복지의 증진을 모색하려는 자세,

1) 이 글은 『한국행정학보』 제52권 제4호에 게재된 것을 수정 · 보완한 것이다.

나아가 ③ 명상(자기성찰)을 통하여 의식을 확장하고 긍정적 사고와 상충적 맥락을 인식할 수 있는 능력이다.

넷째, 적극적 공직자가 자율적으로 과업을 수행할 수 있도록 권한을 부여하고 실질적으로 그것을 행사할 수 있도록 하는 제도의 뒷받침이 필요하다. 이를 위해서 ① 대통령 권한의 축소, ② 공론 과정과 같은 진정한 국민의 목소리를 반영할 수 있는 다양한 제도의 보완, ③ 정책실명제를 비롯한 결과와 과정에 대한 평가 시스템의 설계, ④ 자율적 공직자가 신나게 뛸 수 있고 잘못된 것이 교정되는 보상제도, 마지막으로 ⑤ 교육훈련 시스템을 보완하여 맥락 중심의 정책사례연구와 자기 돌아보기 명상을 교육·훈련에서 강조할 것을 제안하였다.

마지막으로, 딜레마 이론의 강점 중 하나는 공공성을 가치나 이념의 문제가 아니라 실제 문제 해결의 관점에서 접근할 수 있게 한다는 것이다. 상충성과 딜레마 간의 관계에 대한 실질적 또는 사회적 조건에 관한 연구가 축적될수록 딜레마 이론의 공공성 증대에 기여할 것으로 기대된다.

I 서언: 문제 제기

이 글이 이야기하려고 하는 것은 딜레마 이론의 관점에서 정부의 공공성을 높일 수 있는 공직자의 마음자세와 바람직한 제도적 장치에 관한 것이다.

공공성에 관한 정의는 모호하지만, 공익 추구를 그 중심 개념으로 볼 수 있다. 이는 공적 기관과 공직자는 물론, 공적 영역에서 지켜져야 할 가치라고 할 수 있다. 소영진(2003: 6-9)은 공공성을 전체 또는 다수와 관련된 것, 권위, 정부, 공공재, 이타성과 비사익성과 관련된 영역의 다섯 개 범주로 나누고 있는데, 공공가치는 이 영역에서 지켜져야 할 가치라고 할 수 있다.[2)] 이 가치는 크게 내용과 절차의 두 가지 범주

2) 브라이슨 외(Bryson et al., 2014)는 공공성을 공공가치와 공공 영역을 포함하는 개념으로서 공공가치(Moore, 1995), 공공가치들(Bozeman, 2007), 그리고 공공 영역(public sphere)(Benington, 2011)을 포함하는 개념으로 사용한다. 배수호·김도영(2014: 80)은 공공성을 기존의 연구(소영진, 2003;

로 나눌 수 있다. 최태현(2018: 339-340)은 공공성을 ① 특정 가치의 집합으로서 정치-행정적 가치들인 평등, 형평, 공개성, 공익 등을 포함하는 것으로 규정하고, ② 절차의 차원에서 의사결정이 이루어지는 과정에서 정보의 공개와 소통, 참여 등을 통해 공공성을 구현하는 참여 및 숙의 민주주의 과정을 포함하고 있다. 임의영(2018: 21)은 공공성을 공동체의 행위 주체들이 민주적 절차를 통하여 정의의 가치를 추구하는 속성으로 규정하고 있다. 권향원(2018)은 무어(Moore, 1995)를 인용하면서 공공성을 "정부 및 공공부문이 공적 자원을 운영하고 배분하는 데 있어서 어떠한 것을 우선시하는 것이 보다 정의로운가, 혹은 옳은가에 대한 규범적 관념"으로 규정하고 있다(Moore, 1995: 20; 권향원, 2018: 5에서 재인용). 이 글에서는 공공성을 비록 모호하지만 정부나 공직자가 또는 공공 영역에 참여하는 사람들이 지켜야 하고 또한 이룩하여야 할 공공가치로서, 민주적 절차와 정의의 실현으로 규정하려고 한다.

정책결정은 가치나 이해관계의 상충성 속에서 특정 대안을 선택하는 행위라고 할 수 있다. 정책의 내용에 따라서 그 상충성의 규모나 강도의 차이가 있으나 본래부터 상충성이 큰 정책 영역들, 예컨대 노사문제, 시장과 규제, 성장과 복지배분, 안보, 통일, 외교, 교육, 환경과 에너지, 생명과학, 첨단산업 분야 등은 잠재적으로 양자택일 상황에서 결정이 이루어지는 딜레마적 성격을 갖고 있다. 다양한 조건, 예를 들면 정권 교체와 같은 조건이 생기면 잠재적인 형태로 있던 상충성(잠재적 딜레마)이 실질적인 딜레마로 표출되곤 한다. 특히, 이념적 지향이 다른 정권 간의 교체 시 우리는 이러한 경험을 더 많이 한다.

딜레마는 정책 담당자(조정자)가 결정을 하여야 하지만 이념이나 가치, 이해관계가 첨예하게 대립되어 있어서 어느 한편을 들어 줄 수도 없는 피하고 싶은 심각한 선택 상황을 의미한다. 결정자 또는 조정자는 정책 상황이 딜레마로 가는 것을 피하려고 한다. 그러나 잠재화되어 있었던 가치나 이해관계의 상충성이 정권교체와 더불어 딜레마 상황으로 나타나곤 한다. 최근의 정권들이 내세웠던 중요 정책을 보면 이런 현상들이 잘 나타난다. 노무현 정부는 복지국가, 이명박 정부는 4대강 사업, 박근혜 정

임의영, 2003; 백완기, 2007)를 개관하면서 다음과 같이 요약하고 있다. ① 정부나 공공기관이 공공성 발현의 주체, ② 공공성의 대상으로 불특정 다수 또는 전체 국민을 상정, ③ 공공재와 같이 공적 영역의 특별한 재화, ④ 공익성과 공정성, ⑤ 공공 분야의 재화나 서비스 및 정보와 개방성 등이다. 공공성을 하나의 통일된 개념으로 정의하기는 어렵다는 뜻이다.

부는 창조경제, 문재인 정부는 공정경제와 적폐청산 등에서 보는 것과 같이한 정권에서 다음 정권으로 넘어갈 때 앞 정권의 가치를 그대로 승계하는 경우가 거의 없고, 특히 이념적 지향이 다른 정권으로 넘어가는 경우는 자신들이 주장하고 있는 이념적 가치만 주장하며 정책을 추진하려는 성향이 강하게 나타난다. 그리고 그것을 재임기간 내 달성하겠다고 하면서 전 정부의 정책을 철회하고 상반된 그들의 정책을 무리하게 추진한다. 이렇게 되면 딜레마가 나타날 수밖에 없다. 이것은 한국 사회가 현재 많은 정책 딜레마에 봉착하는 이유가 되기도 한다. 앞선 정부가 추진했던 정책을 부정적으로 평가하면서 정책의 일관성이 붕괴되고, 대상 정책은 상반된 프레임과 대안 사이에 놓이게 된다. 즉, 정책 상황이 딜레마가 된다.

하나의 가치에 지나치게 경도되어 정책을 추진하면 정부의 불필요한 개입이 늘어나고, 이것이 다른 가치와 충돌을 일으키며 딜레마가 증가한다. 반대로 상황을 딜레마로 보고 신중하게 판단해야 할 것을 그 중 어느 하나의 입장만 밀고 나가면, 딜레마를 무시하는 포퓰리즘 정책을 남발하곤 한다.[3] 이것은 장기적으로 국력을 낭비할 뿐만 아니라 지속 가능한 성장-복지를 저해할 수도 있다. 또한 공직자들은 정권의 가치 변화에 맞는 춤을 추어야 하다 보니 '영혼 없는 공무원'이라는 별칭을 듣기도 한다(윤견수 · 김순희, 2013; 강명구, 2017). 딜레마 이론은 딜레마 상황으로 가지 않으면서 문제를 해결하거나, 딜레마로 가는 경우에도 그것으로부터 벗어날 수 있는 방법을 제공하려고 하는 이론이다. 특히, 딜레마 이론은 심각한 가치의 충돌 상황에서 정부의 공공성을 높일 수 있는 정책대응방법을 찾으려는 것이다.

이 글의 목적은 딜레마 이론의 관점에서 정부의 공공성을 높이기 위한 공직자의 자세와 제도적 장치에 관하여 논의하려는 것이다. 이 글은 Ⅰ절에서 문제 제기를, Ⅱ절에서 딜레마 이론과 공직자의 책임을 소개하고, Ⅲ절에서 주관적 책임과 특히 자율적 책임과 관련된 마음의 자세를 다루고, Ⅳ절에서는 객관적 책임에 해당하는 제도의 문제를 검토하려고 한다. 그리고 Ⅴ절은 결론으로 논의를 요약하고 공공성 증진을 위한 딜레마 이론의 확장과 실천을 위한 제안을 하려고 한다.

---

3) 이러한 정책은 무시된 딜레마 형태로서 장기간 지속되고 나면 국가의 지속 가능한 성장(복지)이 멈출 수도 있다는 것이다. 이것을 막을 수 있는 조직화된 시민단체도 없고 위기가 발생한 된 후에 알게 되면 그때는 이미 교정이 어려운 상황으로 빠질 수 있다.

Ⅱ 딜레마와 공직자의 책임

정책결정의 어려움은 다양하고 그 형태에 따라 대응방법도 상이하다. 정책결정의 어려움은 결정에 필요한 정보의 부족이나 불완전으로 인한 경우도 있고, 정보의 해석이 모호하기 때문에 생기는 경우도 있으며, 정보의 조건과는 상관없이 선택 상황의 구조 때문에 어려운 경우도 있다. 이를 각각 정책의 불확실성, 모호성, 딜레마 상황이라고 명명할 수 있다. 딜레마 이론은 세 번째 상황과 관련하여 1990년대 초 한국 학자들이 중심이 되어 개발한 이론으로 딜레마 개념과 대응방법, 제도적 특성 등 현재까지 세 권의 단행본(이종범 외, 1994; 윤견수 외, 2000; 소영진 외, 2009)[4]과 100여 편의 후속연구가 있었고, 딜레마라는 시각으로 정책을 새롭게 이해하도록 하는 데 나름대로 기여를 하였다고 생각된다.

모든 정책은 가치 간의 상충성을 전제로 그 우선순위를 결정하는 것이기 때문에 관련 집단 간의 갈등이 필수적이다. 가치 간의 충돌이 결정을 할 수 없을 정도로 심각해지면 결정자는 딜레마 프레임으로 정책문제를 보게 된다(소영진, 2010). 딜레마 이론은 대응행동을 통하여 딜레마 상황 또는 딜레마 프레임에서 벗어나서 정책문제를 해결 가능한 문제로 전환하는 이론이다. 또한 다양한 제도를 통하여 딜레마의 조건을 약화시키거나 감소시킴으로써 딜레마로 가는 것을 예방하는 이론이기도 하다. 이렇게 함으로써 불필요한 사회적 비용을 감소시키고 공공성을 높일 수 있다는 것이다. 또한 윤견수(2017)는 정책담당자의 딜레마가 그를 둘러싼 여러 가지 상이한 가치맥락의 충돌에서 야기된다고 분석함으로써, 개인이 처한 딜레마를 이해하고 관리하는 능력을 향상시키는 방안을 제시하고 있다.

딜레마 이론은 크게 딜레마 구성의 조건과 딜레마에 대한 대응형태를 중심으로 발전해왔다. 딜레마의 조건은 다음과 같다. ① 주어진 맥락에서 선택을 전제로 하며, ② 상충되는 가치가 선택 상황 속에 동시에 나타나고, 그것이 대안으로 표상될 수 있으

4) 『딜레마 이론』에 대해서 정용덕(1994), 『딜레마와 행정』은 최병선(1994), 그리고 『딜레마와 제도의 설계』에 대해서는 임도빈(2009)이 비판적 서평을 하여 주었고, 이들의 비판적 검토는 딜레마 개념과 이론을 세련시키는 데 많은 도움을 주었다.

며, ③ 대안들 간의 비교가 불가능하지만 그 중요성이 비슷하기 때문에, ④ 대안의 선택이 곤란하다(강하게 정의하면 '불가능하다')(이종범 외, 1991; 윤견수, 2006; 소영진, 2015: 3).[5] 이런 조건이 되면 정책결정자는 정책 상황을 딜레마 프레임으로 인식하게 된다. 이 상황은 사회적 비용이 많이 창출되는 상황이기도 하다. 정책문제를 풀기 위해서는 딜레마 프레임에서 빨리 벗어나서 해결책을 찾을 수 있도록 만드는 대응행동이 필요하다. 딜레마의 대응은 딜레마 상황을 리프레이밍해서 탈딜레마 상황으로 나아가 선택행동을 하도록 하는 과정이다(소영진, 2010; 2015).

딜레마 연구에 나타난 다양한 리프레이밍을 보면 소극적 대응으로서 지연, 형식주의, 상징적 대응, 비일관적 대응 등 다양한 것들이 있다.[6] 이러한 대응행동으로서 리프레이밍은 얼핏 보면 정책문제를 회피하는 것 같고, 또한 직무유기를 하는 것 같기도 하고 비능률을 초래하는 듯 보이지만 이것이 결국 정책문제를 풀 수 있는 실마리와 기회를 제공한다(소영진, 2015). 종국에는 이러한 리프레이밍 방법으로 딜레마를 벗어날 수 있다.[7]

앞의 것이 소극적 대응이었다면 딜레마를 예방과 관련된 이론은 보다 적극적 대응이라 할 수 있다. 이를 위해서 연구자들은 다양한 제도와 원칙들을 제시하고 있다(이

---

5) 이러한 딜레마의 조건들이 결과가치가 클수록 선택의 어려움은 커지고, 여기에 상징성이 가미되거나 결과가치가 부정적으로 프레임이 될 때(윤견수, 2006), 그리고 정책문제에 보호된 가치가 개입되면(김동환, 2002), 그리고 이해 관련 집단의 상호작용과 응집력이 강할수록 상충성의 강도는 높아지고 갈등은 심화된다(소영진, 1999). 소영진(1999)은 위천공단 설치를 둘러싼 지역갈등을 분석하면서 딜레마의 네 가지 형식적 조건이 실제 사례에서 딜레마로 표현되도록 만드는 사회적 조건을 제시하였다. 조정기능의 미흡, 이익과 비용의 분리, 결정자에 대한 불신, 자원의 빈곤, 영역의 중복, 세력균형, 요구의 강도, 조직화 정도, 전략적 행동, 결정 지연에 대한 반발가능성의 조건이 이에 해당한다.

6) 딜레마에 대한 소극적 대응형태로서는 지연과 비선택(소영진, 1994; 박통희, 1994; 윤견수, 2006), 형식주의(박통희 · 김동환, 1992; 소영진 · 안성민, 2011; 이종범, 2005; 2008), 상징적 대응(윤견수, 1993; 이종범, 1994), 정책의 비일관성(염재호 · 박국흠, 1992; 김태은, 2007; 노명순, 2008), 분리(decoupling)(윤견수, 2006; 김명환, 2017; 김윤호, 2016), 딜레마 토스(안문석, 1994), 리프레이밍(소영진, 1994; 서준경, 2008), 메타프레임 형성(하민철 · 윤견수, 2004)이 이에 해당한다.

7) 정책문제가 딜레마에서 벗어나는 것을 탈딜레마라고 하고 그렇게 되면 해결이 가능한 것으로 전환되는 것이다. 그 이후에는 집단 간의 프레임 경쟁으로 들어가고 타협과 협상, 중재, 또는 공론 과정을 통해서 새로운 정책이 만들어지고 집행 단계로 넘어가게 된다(소영진, 2010: 493-497; 2015). 딜레마 대응 중에는 일방의 주장을 수용하는 것처럼 하면서 실제로는 하지 않는 상징적 행동이나 형식주의적 집행을 하는 경우도 있다(윤견수, 1993; 이종범, 2008).

종범, 1999; 이종범, 2005; 이종범 · 윤견수, 2000). 구체적으로, 상호조정과 타협, 재판 및 대체적 분쟁해결제도, 위원회, 국회, 국민의 투표 방법을 제시하였다. 그리고 이 기제들의 공론 과정에 대한 정통성과 신뢰성을 높일 수 있는, 즉 진정한 의사가 반영될 수 있도록 다섯 가지 운영원칙도 제시하였다. 공론 과정의 다섯 가지 원칙은 각각 이상적 담화조건, 이익갈등과 가치갈등의 분리, 일차적으로 흥정과 타협의 추구, 가치 입장을 드러내기, 허용되지 않는 집단행동의 금지 등이다. 운영원칙이 지켜지면 이해 당사자들이 딜레마 상황의 결정을 신뢰할 수 있는 적절한 결정으로 인식하게 되고, 그 결정을 수용할 가능성이 높아진다.

정책(정부)의 공공성을 증진시키는 방안을 딜레마 이론의 관점에서 보면, 가치와 이해관계 등의 상충성이 딜레마로 가지 않도록 예방하면서 정책을 결정하는 방안과, 딜레마가 되었을 때 그것을 해결 가능한 정책문제로 전환하여 결정하고 집행하는 방안이 될 것이다. 그러면서 과정상으로 민주적 절차와 정당한 절차에 따라서 결정이 이루어지고, 정책결정의 결과가 정의로운 쪽으로 개선되어야 한다. 또한 이해관계자들이 그것을 수용할 수 있어야 하며 사회의 지지를 받을 수 있어야 한다.

딜레마 이론이 대상으로 하는 문제들은 대부분 심각한 가치나 이념의 상충성이 잠재화되어 있거나 현재화된 것이기 때문에 정부는 조정자로서 다수의 이해 관련 행위자들이 서로 소통을 하게하고 협력을 하면서 문제를 풀어나가야 한다. 이해관계자들은 자신의 이해관계와 가치에 따라 공직자에게 서로 다른 기대와 해결책을 요구하기 때문에 조정자는 어느 하나의 가치에 맞출 수도 없다(윤견수, 2017: 26). 또한 과업 자체가 일상적이 아니고 상황에 따라 변화가 심한 것이 일반적이다. 따라서 그에 대응하는 방법도 즉흥적 요소(improvisation)가 많을 수밖에 없다. 즉, 공직자의 행동을 규정하기도, 그리고 행동지침을 마련하기도 어렵다는 것이다. 더 나아가 그에 부수되는 상벌을 규정하는 것은 더욱 어렵다. 외재적 보상보다는 자율적 책임의 비중이 높을 수밖에 없다. 공직자가 업무를 적극적으로 수행할 수 있도록 그에 맞는 재량성과 권한을 부여하되 그 책임은 공직자 자신이 지게 하는 것이 중요하다. 그러면서 이들이 과업을 잘 수행할 수 있도록 하는 제도적 울타리가 필요하고 더 나아가 행동 확보를 위한 외부적 통제도 보완적으로 필요하다. 먼저, 가치 내면화에 의한 자율적 통제를 보강하기 위한 마음의 자세와 능력을 검토하고, 나아가서 인간의 외적 통제와 관련된 제도의 문제를 다루겠다. 즉, 딜레마 이론의 관점에서 보는 공공성 증진을 위한 마음의 자세와 제도적 여건을 이어지는 2개의 절에서 검토하겠다.

Ⅲ 딜레마 대응에 필요한 공직자의 마음자세와 능력

딜레마는 가치, 이념 또는 이해관계 간의 상충성이 첨예하게 대립되기 때문에 공직자가 독자적으로 처리하기보다 이해 관련자들이 함께 참여하여 해결책을 모색하는 협력적 거버넌스 등 민주적 절차와 정당한 절차를 거쳐서 해결하여야 할 것이다. 따라서 공직자는 공익 마인드를 가져야 하고, 다른 하나는 문제 관리 능력이 필수적이다.

1. 공직자의 긍정적 마음자세(공익 마인드)[8)]

딜레마 상황에서 공공성을 증진시키기 위하여 공직자가 갖추어야 할 공익적 덕목 중 무엇보다 중요한 것은 헌법적 가치와 이에 따른 민주적 절차와 정당한 절차를 지켜야 한다는 확고한 믿음과 자세이다. 이념과 가치가 서로 다른 정권 간에 교체가 이루어질 때 정당한 절차가 무시되는 성향이 많이 나타난다. 공약을 추진하는 과정에서 불필요한 딜레마를 창출하거나, 반대로 딜레마를 무시하고 밀어붙이기 때문에 이 과정에서 국민의 의견이 무시되고 권리가 침해되는 현상이 나타난다. 이 문제를 다루어야 하는 공직자는 무엇보다 먼저 헌법적 가치와 정당한 절차에 따르는 것이 국민의 자유를 보장하고 신뢰 사회로 가는 길이라는 것에 대한 확고한 믿음이 필요하다. 그리고 딜레마를 회피하기보다는 거기에 적극적으로 직면하는 자세로 임하여야 할 것이다. 헌법적 가치나 정당한 절차의 내면화는 교육 훈련을 통해 어느 정도 보강할 수 있을 것으로 생각된다.

---

8) 박흥식(2016)은 행정책임을 주관적 책임(공직윤리)과 객관적 책임(행정통제)으로 나누고 소극적·강제적·법적 특성과 적극적·자율적·윤리적 특성에 따라 다양한 형태로 정리하였다. 이 글은 단순화하여 자율적 책임과 외부통제로 나누어 취급하려고 한다.

그런가 하면 공직자가 어느 하나의 이념이나 가치에 지나치게 경도되는 경우 공공성을 해칠 가능성이 높기 때문에 특정 가치에의 집착은 피하여야 한다. 그러나 한국 현실을 생각하면 최소한의 가치 입장을 가지는 것은 필요하다고 생각된다. 그것은 사회·경제적 불평등을 개선하는 방향으로 가야 하지만 상황을 점진적으로 개선하려는 자세를 견지하는 것이다. 한국 사회는 아직도 복지 분야를 더 개선하여야 하고 양극화를 개선하는 방향으로 정책의 방향을 잡아야 할 것이다(안병영 외, 2018). 문재인 정부가 이야기하는 기회의 평등, 과정의 공정, 정의로운 결과로 방향을 잡아야 할 것이다. 그러나 이것이 형식적이거나 잘못된 방향으로 지나치게 급진적으로 추진되면 저항을 키우며, 결과적으로 사회의 스트레스도 증가할 것이고 그 결과를 달성하기도 어렵다. 반대하는 이해관계자들이 정책의 결과를 수용하지 못할 때도 사회의 스트레스는 증가할 것이다. 그런 면에서 공직자들이 가져야 할 정책의 기준은 정의가 개선되는 방향으로 정하되 그 추진 방법은 점진적이어야 할 것이다(김영평, 1991). 우선적으로 국민의 자유와 평등 간의 조화를 모색하면서 지속 가능한 복지가 될 수 있도록 성장과 복지의 균형을 찾아가는 것, 그리고 점진적이지만 평등과 기회 균등이 개선되는 방향으로 사고의 방향을 잡는 것이다. 가치가 시계추처럼 왔다갔다하는 그 운동의 폭과 속도를 줄여나가야 불필요한 딜레마 창출로 인한 피해를 줄일 수 있다. 이렇게 되었을 때 지속 가능한 복지가 이루어질 수 있고, 양극화의 문제도 개선될 것이며 자연스럽게 공공성이 증진될 것이다.

공직자가 업무를 수행함에 있어서 필요한 전문 분야의 지식과 갈등관리 능력을 보강하는 것은 물론 사적 이해관계로부터 벗어나서 행동할 수 있는 자세를 갖는 것도 중요하다. 즉, 부정, 부패, 무능력, 무사안일과 같은 다양한 부정적 행동으로부터 벗어나 있어야 한다.[9] 즉, 공직자가 공익 마인드를 갖는 것이 매우 중요하다.

공직자의 공익 마인드는 공직자가 도덕이나 미덕을 내면화하였을 때 가능하다. 중요한 덕성으로 열거되고 있는 것들로 타인존중, 공정-정의, 배려, 시민정신, 정직, 성실, 신용, 책임감, 용기, 통합성, 사랑, 절제 같은 것들이 있다(Lapsley & Power, 2005;

9) 박천오(2016: 16-18)는 공직자가 적극적으로 공익을 추구할 수 있도록 법적·계층적 책임보다 개인적·윤리적 책임을 강조하면서도 불균형적 책임 이행으로 인한 병리현상이 나타나지 않도록 법적 책임과 윤리적 책임 간의 균형 있는 방안을 주장하고 있다.

Seligman, 2004).[10] 이러한 자세를 갖고 공직자들이 과업을 수행한다면 책임행정이 이루어질 수 있을 것이고 결과적으로 공공성은 증진될 것이다. 이것은 학습이나 사회화 과정을 통하여 얻어질 수 있는 덕목들이다. 또한 자신의 강점을 살릴 수 있는 미덕을 개발하고 그것을 통하여 업무를 추진할 때 신나게 업무를 추진할 수 있을 것으로 생각된다. 긍정심리학자들이(Seligman, 2004; Peterson, 2006: 26) 주장하는 자신이 갖고 있는 덕목 중 강점 강화 훈련이 그것이다. 소극적 방법으로는 정책사례연구를 통하여 자신에 대해 성찰하는 훈련을 통하여 공익 마인드를 개발할 수도 있을 것이다. 장기적 대안은 공익 마인드를 갖고 있는 적절한 공직자를 선발하는 것이고, 나아가 그들을 적재적소에 배치하는 것이다.

2. 자기성찰을 통한 자기 관리 능력

딜레마 상황은 상충적 가치와 이해관계가 부딪치는 곳이다. 공직자가 정책결정을 둘러싼 다양한 맥락을 고려하지 못하면 병리 현상이 나타난다. ① 상관의 명령과 법규만을 강조하는 경우 공직 수행의 관료주의, ② 고객만 고려하면 고객지상주의에 매몰되고, ③ 선출직 공직자의 요구에 맹종하면 정치도구가 되어 공직 수행의 일관성이 없어지며, ④ 개인의 경험과 직업전문성만 내세우면 경직화되고 할거주의에 빠진다(윤견수, 2017: 26). 현재와 같은 제왕적 대통령제 하에서는 공직자들은 통치세력의 요구에 순응하는 정치도구가 되기 쉽다. 공직자는 직업전문성이나 고객의 입장, 그리고 헌법적 가치를 포함한 정당한 절차와 충돌할 위험성이 높기 때문에, 공공가치 창출에 부합하는 쪽으로 이를 관리해야 한다. 공직자들이 다양한 입장이 상존하는 맥락을 인식할 수 있다면, 어느 하나의 가치에 치우치지 않고 공공성을 증진하는 방향으로 행동할 수 있을 것이다(윤견수, 2017).

맥락을 인식하는 능력은 정책과정의 다양한 경험과 그것들을 정리한 사례연구를 통해 개발 가능하지만 체계적인 자기성찰을 통해서도 가능하다. 자신의 내면을 돌아

10) 셀리그먼(Seligman, 2004)은 이 항목을 미덕이라는 명칭을 쓰고 있고 24개의 항목을 선정하였고, 그것을 다시 6개의 큰 범주로 분류하고 있다. 6개의 범주로는 지식과 지혜, 용기, 사랑과 인간애, 정의감, 절제력, 영성과 초월성이 그것이다.

보는 자기성찰의 방법과 과정이 곧 명상이다. 명상 등의 자기성찰 훈련은 심리학에서도 중요한 것 중 하나이며, 기업에서도 이미 많이 사용하고 있는 교육훈련 방법이다. 자기성찰 과정을 통해 자기중심적이고 부정적 마음을 빼면 그만큼 의식이 확장된다(우명, 2012). 의식 확장은 긍정적 사고를 확대하고 나아가 집중력(인지적 자원)을 높이며, 자기복원력(심리적 자원)을 높이고, 정서관리 능력(사회적 자원)을 확대하며, 육체적 악조건을 피할 수 있는 능력(육체적 자원)이라는 개인적 자본을 증가시킨다(Frederickson et al., 2008; 우명, 2021).[11] 최근의 연구들은 명상이 희망(hope), 자기효능감(self-efficacy), 복원력(resilience), 낙관주의(optimism) 등 심리적 자본(psychological capital)의 증가에 긍정적 효과가 있는 것으로 보고하고 있다(Roche et al., 2014).[12]

딜레마 상황 속에 놓인 공직자는 상이한 견해를 갖고 있는 사람들의 이견을 종합하면서 합의를 도출하기 때문에, 이 과정에서 공직자는 많은 스트레스에 시달리며 잘못하면 탈진으로 빠지는 경우도 있을 수 있다. 위에서 설명한 것처럼 명상을 통한 자기성찰 능력은 자기규제적 행동과 긍정적 정서에 영향을 주며 스트레스를 감소시킨다(Brown & Ryan, 2003). 명상을 통해 자기중심적이고 부정적인 마음을 버리면 불필요한 생각으로부터 벗어나서 그 문제를 보기 때문에 집중력이 높아지고 몰입 가능성이 훨씬 높아진다(이덕주 외, 2012; 유양경・김미한・이인수, 2014; 이인수, 2010; 윤

11) 세들마이어 외(Sedlmeier et al., 2012)는 명상을 크게 집중기법(concentrative)과 마음챙김기법(mindfulness)이 있고, 전자는 만트라, 몸, 호흡에 집중함으로써 일상에서 벗어나 안정 상태를 유지하는 것이고, 후자는 현재 깨어 있으면서 판단 없는 지각 상태를 유지하면서 관찰, 숫자세기 등으로 마음챙김을 하는 것이다. 그 명상의 효과로서 정서, 주의집중, 인지적 측면 중에서 앞의 두 가지는 효과가 크지만 인지적인 것은 상대적으로 효과가 낮은 것으로 정리하고 있다(Sedlmeier et al., 2012). 명상 중 더 중요한 것은 마음빼기 명상으로 자기성찰을 하는 내용도 다르지만 그것을 빼기하는 방법이 다르다. 앞의 두 가지 기법이 자기 속에 있는 번뇌(생각)를 가라앉히는 것이라면 마음빼기는 그 원천을 없애는 것이다(우명, 2012; 2021).

12) 루선스 외(Luthans et al., 2007: 25-27)은 심리적 자본을 개개인이 발전을 추구하는 긍정적 심리상태로 규정하고, 그 하위 분야로 네 개의 심리적 특성을 제시하고 있다. 그 내용을 보면 다음과 같다. 도전적인 과업을 수행하기 위해서 모든 노력을 쏟아붓는 자기 효능감(self-efficacy), 목표를 향하여 인내하고 필요한 순간에 경로를 재설정하는 목표의식으로서 희망(hope), 문제나 역경에 직면했을 때 절망하지 않고 참고 견뎌 내 원래의 상태로 돌아오거나 그것을 뛰어넘는 의지로서 복원력(resilience), 현재와 미래의 성공에 대한 긍정적인 귀인으로서 낙관주의(optimism)로 구성되어 있다.

미라, 2016). 누구나 일을 하다 보면 자신도 모르게 몰입하는 경험을 하였을 것이다. 몰입은 스스로 좋아서 하는 행동이고, 하는 동안 자기를 잊어버리고, 주변과 합일하게 되고, 시간가는 줄 모르고 즐겁게 하는 행동이다. 몰입과 같은 정상경험(peak experience, flow)을 하다 보면 창조적인 결과가 나오기도 한다(Csikszentmihalyi, 1993).[13] 몰입의 경험은 내가 정책문제와 하나가 되는 것이고 더 나아가 대상과도 하나가 되어 문제를 풀어나가는 경험이다. 몰입의 경험은 특정 가치나 이념에 집착하는 경험과는 다르다. 특정 이념이나 가치의 신봉자들은 이것이 자신의 정체성의 일부가 되고, 그것의 추진을 위해 모든 수단과 방법을 가리지 않는 성향을 보인다. 맥락의 다양성을 고려하지 않기 때문에 오히려 공공성을 저해하기 쉽다.[14]

자기중심적이고 부정적인 마음이 빠진다고 해서 문제를 회피하는 것은 아니다. 자신의 이기적인 기준이나 잣대가 빠진 것만큼 복잡한 생각이 사라지고 오히려 맥락을 인식하는 능력을 제고시킨다. 그만큼 스트레스도 줄어든다. 이와 같이 자기를 돌아보는 명상은 심리적 자본을 증가시켜 공직자가 딜레마와 같은 혼란스러운 상황을 헤쳐나갈 수 있는 능력을 키운다. 즉, 공직자로 하여금 상충적 가치 간의 조화와 균형을 찾으며 딜레마의 정글을 헤쳐나갈 수 있도록 도움을 줄 것이다.[15]

---

13) 놀이의 경우가 대표적이다. 때에 따라서는 창조적 춤이라고 불리기도 하는 창조 과정의 예로는 스포츠나 오케스트라 연주처럼 모두가 하나가 되는 과정이 있으며, 협동의 경우도 이러한 현상이 일어나곤 한다.

14) 예를 들면, 특정 가치가 목적이 되는 것은 좋으나 그 목적을 달성하기 위하여 수단과 방법을 가리지 않고 그것을 추진하는 경우를 볼 수 있고 이것은 매우 위험한 발상이 될 수 있다. 딜레마 상황임에도 불구하고 그것을 무시하고 밀어붙이는 것이나 딜레마가 될 수 있는 조건 중 그 반대 세력을 통제하면서 일방적으로 추진하는 경우가 이에 해당한다. 이 경우 정당한 절차나 민주적 절차가 무시되고 정책이 추진되는 결과를 낳게 된다는 것이다. 내재적 기준이나 또는 자신이 옳다고 생각하는 도덕률이나 이념이 자신의 정체성의 일부가 된 것을 의미한다. 춤추는 가치가 나타나는 것도 이에 해당하는 경우가 많다. 특정 이념이나 가치에 몰입하여 자신감을 가지고 행동을 하는 것은 정책 추진에 긍정적인 면도 있으나 집단사고에 빠져서 잘못된 목표를 강력하게 추진하게 되고, 그것은 공공가치를 저해하게 되는 경우가 많다는 것이다. 극단적인 사례로는 종교전쟁이나 이념전쟁이 이에 해당한다.

15) 최태현(2018: 355)은 유교적 윤리의 내면화에 따른 마음의 역할로서 마음의 차원은 내용적 공공성과 절차적 공공성 관념의 연결고리를 제공한다고 주장하고 있다. 즉, 유교의 마음 중 열려 있음과 인은 내용적 공공성을 자신의 행위를 열린 공간에서 설명할 수 있음은 공론을 핵심으로 하는 절차적 공공성의 기초라고 지적하고 있다.

Ⅳ 딜레마 대응을 위한 공론의 장

Ⅲ절에서는 딜레마 상황에서 적극적 공직자들이 업무를 수행하기 위하여 필요한 마음자세와 능력을 중점적으로 논의하였다. Ⅳ절에서는 그들이 딜레마를 해결하기 위한 공론 과정 등 다양한 상황 속에서 과업을 잘 수행할 수 있도록 하는 제도적 장치를 논하고 나아가서 보완적으로 필요한 외부적 통제 장치도 논의하려고 한다.

1. 국민의 의사 반영을 위한 제도

딜레마와 관련된 문제는 정형이 없기 때문에 제도상으로 규칙을 만들기는 어렵지만 그래도 기본 골격과 원칙들은 만들고 그에 따라 운영되도록 하여야 할 것이다. 최소한의 조건으로 진정한 국민의 의사가 반영되는 과정이 필요하다. 하다 보면 잘못된 목표를 능률적으로 처리하는 것도, 필요하지만 잘못 처리하는 것도 다 바람직하지 않다. 불필요한 딜레마를 만드는 경우는 후자의 예이고, 딜레마를 무시하고 하나의 입장만 견지하며 국민이 원하지 않는 정책을 동원된 방식으로 추진하는 경우는 전자의 예가 될 것이다. 대통령 공약의 추진 과정을 보면 이런 것이 잘 나타난다. 결과적으로 공공성을 낮추고 사회적 비용을 높이게 된다.

대통령에 당선되었다는 것은 그가 내세우고 있는 공약의 기본을 국민들이 수용한다는 의미로 볼 수도 있다. 그렇다고 그가 약속한 공약 모두를 승인한 것은 아니다. 그럼에도 불구하고 통치세력은 모두를 승인받은 것처럼 생각하고 행동하곤 한다. 그러다 보니 무리한 공약 추진을 하는 경우가 많이 발생하고 그것 때문에 불필요한 딜레마를 창출하거나 무시된 딜레마 형태로 정책을 추진하는 사례가 나타난다는 것이다. 이 경우 두 가지 쟁점이 나온다. 하나는 정책 담당자가 딜레마를 관리하고 대응할 수 있도록 하는 권한을 부여하여야 하는 것과, 다른 하나는 다양한 공약 중 국민들이 진정으로 원하는 것을 정확하게 인식하고 그것에 대한 국민의 의견을 반영할 수 있는 제도적 장치가 필요하다는 것이다.

먼저, 제도적 장치를 논의해 보자. 정부는 각종 여론조사나 각종 수요조사를 통해서 공약에 대한 국민의 의견을 청취하고 있을 것으로 생각된다. 그럼에도 불구하고 국민이 원하지 않는 정책을 추진하거나 추진하여야 할 정책을 잘못 추진하는 것을 보면 제도의 작동 과정에 근본적인 문제가 있다. 무엇보다 국민의 선호를 확인할 수 있는 실질적인 장치를 제도화하여야 할 것이다. 그것이 여론조사나 공론조사가 되었든, 또는 청문 절차가 되었건, 진정한 국민의 의견이 반영되는 것이어야 한다. 비슷한 무늬를 가지는 것만으로 만족할 수 없고 실질적으로 진정한 국민의 의사를 반영할 수 있도록 운영되어야 할 것이다. 이렇게 함으로써 불필요한 딜레마를 막을 수 있고 나아가서 국력의 낭비를 줄일 수 있을 것이다. 더 나아가서 결정에도 숙의 절차가 되었건, 또는 구체적인 공론조사가 되었건, 진정한 국민의 정책선호가 반영되어야 한다. 예로서, 숙의 절차가 전제로 하는 것은 국민들이 더 많은 정보와 지식, 관심을 가지고 숙고할수록 정책선호가 달라지고 그것이 진정한 그들의 의사라는 것이다(심준섭 외, 2018: 197).[16]

다음으로, 정책담당자는 딜레마를 인지하고 그것을 관리할 수 있는 자율적 권한을 가져야 하고 그것을 실질적으로 사용할 수 있어야 할 것이다. 제도상으로는 권한이 부여되어 있으나 실질적으로 이것을 사용하기에는 많은 한계가 있다. 가장 큰 장애가 되는 것은 대통령의 관심과 권한일 것이다. 대통령의 권한은 제왕적 권력이라고 불릴 정도로 막강하다. 그는 실질적으로 삼권분립 중에서 우위를 차지하고 있고, 다양한 권력 수단을 갖고 있고 사회의 어느 집단도 그와 권력 경쟁을 할 수 없다. 그러다 보니 대통령은 자신이 선호하는 가치와 시기에 맞게 정책을 추진할 수 있다. 이와 같이 대통령의 권한이 강하다 보니 대통령 공약 추진 과정이 마치 지상 과제인 것처럼 되어 이것이 행정부는 물론 의회의 공직자까지도 옭아매는 장치로 작용하고 있다. 이렇게 되면 통치세력이 행정부를 좌지우지하고 그 속에 있는 공직자는 통치세력의 눈치만 보게 된다는 것이다. 그 결과 청와대 중심의 관료적 거버넌스로 정책을 추진하게 된다(윤견수, 2017; 2018). 이것은 정부와 이해관계자들이 협력하여 문제를 풀어가기보다, 동원적 방법으로 문제를 해결할 가능성이 높아진다는 것을 의미한다. 탈원전정

16) 최근에 중앙은 물론 지방정부도 복잡한 정책문제를 해결하기 위하여 공론조사를 많이 활용하고 있다. 공론 과정이 진정한 국민의 의사를 알아보기 위한 것은 바람직하지만 그렇지 않은 경우도 있다. 즉 정책결정자가 자신의 결정을 합리화하기 위한 수단으로 사용하는 경우나 자신의 결정 책임을 공론 과정에 떠넘기는 딜레마 전가 같은 것은 바람직하지 않다.

책처럼 반대의견이 배제된 무시된 딜레마 형태로 정책이 추진될 가능성이 높다. 공직자가 대통령과 가치가 일치하는 경우를 제외하고는 적극적이고 자율적으로 정책을 추진하기 어려워진다. 더 나아가서 대통령이 무소불위의 권한을 갖고 있는 한 아무리 제도적 조건을 갖추고 있더라도 그 제도를 유명무실하게 만들 수 있다. 즉, 권한은 제도적으로 위임되어 있으나 실질적으로는 행사하기 어렵고, 또한 정책과정이 형식적으로만 민주적 절차이고 정당한 절차이지 실질적 의미로는 비민주적 절차가 된다는 것이다. 무분별하고 무모한 정책의 추진으로 인한 딜레마 현상을 감소시키고 적극적 공직자가 협력적 거버넌스를 제대로 관리하기 위해서는 대통령 권한을 축소하여야 한다. 물론, 이것은 개헌사항이다.

2. 공공성 중심의 평가와 맥락 중심의 교육

잘못된 정책이나 실패한 정책에 대해서는 그것을 담당하였던 정책담당자가 책임을 져야 한다. 그것의 내용은 물론이고 추진 과정의 하자들도 책임의 대상이다. 그러나 우리 사회는 부정과 부패로 인한 책임을 중요한 것으로 취급하면서도 정책실패로 인한 책임을 지는 경우는 매우 드물다(박천오, 2016; 윤태범, 2013). 그것이 정당한 절차의 위반이 되었건, 민주적 절차를 위반한 것이었건, 또는 공공의 실패로 인한 경우였건, 책임을 지지 않는 것이 일반적이다. 정책실명제는 정책에 대한 책임을 확보하는 제도라는 점에서 매우 중요하다. 정책의 실패에 대해서 누구도 책임을 지지 않고 자리만 물러나면 그만인 것으로 되는 것은 문제가 있다. 공직자는 적극적 자율성을 위임받은 만큼 정책실패에 대한 책임을 지도록 하는 것이 필요하다. 물론, 어떤 방식으로 책임을 물을 것인가 하는 것은 간단하지 않다. 그러나 결과에 대한 책임 못지않게 일정한 과정에 대해서도 책임을 물을 수 있는 제도적 장치의 마련이 필요하다. 그리고 성공적으로 딜레마를 관리한 공직자에게는 그에 부응하는 포상이 주어져야 할 것이다. 예컨대, 딜레마 관리에 성공한 정책사례들을 개발하여 다양한 방법으로 포상을 할 수 있다. 이럴 때 본인은 물론 다른 공직자들도 신나게 일을 할 것이다.

결국, 제도가 제대로 작동하려면 행동에 따른 상과 벌이 적절하여야 하고 그대로 집행되어야 한다(이종범, 1986). 물론, 그 과정에서 투명성이 확보되고 그에 맞는 평가제도가 필요하며 평가에 부합하도록 집행되어야 한다. 그리고 피드백을 통하여 지속적으로 오류가 개선되어 나가야 할 것이다. 그러나 딜레마 가능성이 있는 정책들은 그 자체 복잡하게 얽혀 있고 협력적 거버넌스 형태로 운영하여야 문제가 해결될 수 있기 때문에 결과와 과정 모두가 평가의 대상이 되어야 한다. 그것이 정의(평등과 공정 등)의 가치를 증진시켰나 하는 의미의 성과는 물론 과정적인 항목도 평가의 대상으로 중요하다. 공직자의 책임 중에서 우선적으로 평가할 것은 공론 과정의 관리 능력으로서 중재, 조정, 소통과 통합 능력이 있고, 딜레마를 벗어날 수 있게 유도하거나 딜레마로 가지 않도록 하는 정책결정 능력이 있다. 절차를 공정하게 준수할 수 있는 능력 등도 중요한 평가 대상이다. 신공공관리론에서 주장하던 것처럼 경제적 가치 위주의 평가를 넘어서는 공공성 증진을 위한 가치평가, 즉 신공공가치론에서 주장하는 가치평가들이 이와 많이 관련된다(예, 김명환, 2018; 이석환, 2018; 주은혜, 2018). 이에 대한 많은 연구와 설계 노력이 있어야 할 것으로 생각된다.

나아가 공직자들이 신나게 뛸 수 있는 보상제도의 설계도 중요하다. 예를 들면, 공직자가 공공성 증진에 성공한 사례를 모범사례로 선정하여 그들에게 그것을 설명하도록 하고 긍정적 피드백을 받을 수 있는 기회를 줌으로써 내재적 동기를 진작시킬 수 있다는 것이다. 자기결정이론(Ryan & Deci, 2000)이 제시하는 것처럼 사람들은 자신의 행동에 대하여 외부로부터 긍정적 피드백이 주어지면 내재적 동기가 증가된다는 것이다. 즉, 스스로 좋아서 일을 할 기회가 증가한다는 것이다.

공직자가 정책을 형성하고 대응하는 과정에 공공성을 높이기 위하여 다양한 지식이나 자세에 대한 교육 훈련이 필요하다. 몇 가지 중요한 교육 훈련 항목들이 있을 수 있다. 첫째, 헌법적 가치나 정당한 절차의 가치의 중요성에 대한 것을 좀 더 강조할 필요가 있다. 생생한 스토리나 사례연구를 통하여 그 실상을 알게 하는 것이 더욱 효과가 클 것으로 생각된다. 둘째, 정책을 둘러싼 갈등 및 딜레마 관리에 대한 사례연구를 통하여 정책이 흘러가는 과정을 파악하고 맥락적 사고를 높일 수 있는 정책 교육 훈련이 필요하다. 자신도 직접 또는 간접적으로 대리학습을 할 수 있는 정책사례연구를 강화하여야 할 것으로 생각된다. 셋째, 자기성찰을 할 수 있는 명상교육이나 그것을 일상화할 수 있도록 하는 교육 훈련 기회가 필요하다. 앞에서 지적한 것처럼 자기중심적이고 부정적인 마음을 버리는 경험은 공직자의 의식을 확장하여 맥락을 바라볼 수 있게 하고, 심리적 자본을 증가시켜 스트레스 없이 자신의 업무에 몰입할 수 있게 함으로써, 복잡한 정책문제를 잘 관리할 수 있도록 한다.

V 결론: 공공성 확보를 위한 공직자의 태도와 제도의 개선

한국은 지난 반세기 동안 사회, 경제, 과학기술의 발전에 따라 이해관계가 매우 다양해졌을 뿐만 아니라 민주화 과정, 특히 진보와 보수 정당 간의 평화적 정권 교체로 인해 국민들이 생각하는 가치의 스펙트럼이 많이 확대되었다. 더욱이 보수와 진보정당 간의 정권 교체로 탄생된 새로운 정부는 이전 정부의 정책과 반대되는 정책을 추진하려는 성향이 매우 강하다. 정책 뒤집기 현상은 특히 쟁점이 되고 있는 노사문제, 시장의 자율과 규제, 교육의 수월성과 평등성, 문화와 예술, 성장과 복지배분, 사회불평등, 안보외교, 남북문제, 환경보존과 개발, 에너지, 첨단기술 분야 등에서 많이 나타난다. 진보와 보수라는 이념적 시각에서 이러한 쟁점들을 접근하고 있기 때문에 이들 정책들은 딜레마가 되는 경우가 많다. 이와 더불어 잠재화되어 있던 가치들의 충돌이 밖으로 드러나 딜레마가 되는 사회적 조건도 많이 증가하였다(소영진, 1999). 과거보다 딜레마 상황이 많아졌고, 실제적으로 딜레마 프레임으로 정책문제를 보고 대응하여야 할 필요성이 증가하였다(소영진, 2015).

지금까지의 논의를 요약 정리하면 딜레마 이론의 관점에서 공공성의 증대를 꾀할 수 있는 방안은 첫째, 정책 상황이 딜레마로 가기 전에 상충성의 문제를 해결하여야 하는 것이며, 들어갔다고 하더라도 대응행동을 통하여 조속히 딜레마에서 벗어나 해결 가능한 문제로 바꾸고 문제 해결을 시도하여야 하는 것이다. 이것이 공공성을 증진시키는 1차적 방법이다.

둘째, 상충성이 높은 문제들은 기존의 관료적 거버넌스로 해결하는 것이 바람직하지 않고, 협력적 거버넌스 방식으로 해결책을 찾아야 문제 해결 과정의 공공성 증진에 도움이 된다. 많은 이해관계자들이 서로 다른 견해를 갖고 거버넌스 속에서 소통, 협상, 협의를 통하여 문제를 해결하는 것이 절차적 의미의 공공성을 증진시키는 것이고 정의를 향상시키는 길이 된다. 한 걸음 더 나아가서 이러한 거버넌스 안에서 공직자가 공공성을 증진시키기 위하여 필요한 조건과 그들의 자세를 검토하였다. 공론 과정이나 협력적 거버넌스를 통한 문제 해결은 일상적이지 않기 때문에, 예상하지 못한 일이 많이 발생하고 또한 즉흥적으로 반응해야 하는 상황이 많이 발생한다. 따라서 공직자에게 많은 재량권을 부여하고 그에 따른 책임을 지도록 하는 자율적 통제 방식이 공공성을 증진시키는 데 더욱 효과적이다.

셋째, 공직자 자신이 갖추어야 할 마음 자세와 능력으로서는 공직자가 헌법적 가치와 정당한 절차에 대한 신뢰와 준수를 하려는 공익 마인드가 필수적이고, 나아가 평등의 가치를 높이는 방향으로 가되, 그것을 점진적으로 추진한다는 사고방식이 공공성 증진에 긍정적으로 작용할 것이다. 또한 공직자가 자기 돌아보기 명상을 통하여 의식을 확장함으로써 상충적 맥락을 인식할 수 있도록 할 수 있다면 공공성 증진에 기여할 것이다. 이렇게 되면 스트레스 관리 능력도 증가할 것이다.

넷째, 적극적 공직자가 자율적으로 과업을 수행할 수 있도록 권한을 부여하고 실질적으로 그것을 행사할 수 있도록 하는 것이 필요하다. 그러기 위해서 일차적으로 필요한 것은 대통령 중심의 통치권력을 축소하는 것이다. 그리고 공론 과정과 같은 국민의 목소리를 반영할 수 있는 다양한 제도가 필요하다. 그리고 공공가치를 증진시키는 방향으로 정책실명제를 비롯한 결과와 과정에 대한 평가 시스템의 설계가 필요하다. 나아가 자율적 공직자가 신나게 뛸 수 있고 잘못된 것은 교정할 수 있는 보상제도가 필요하다. 그리고 교육 훈련 시스템을 보완하여 맥락 중심의 정책사례연구와 자기 돌아보기 명상을 강조할 것을 제안하였다.

딜레마 이론의 큰 장점 중 하나는 공공성을 가치나 이념의 문제가 아니라 실제 문제 해결의 관점에서 접근할 수 있게 한다는 점이다. 앞으로 딜레마 이론을 확장하고 보완하기 위해서는 다양한 연구가 필요하다. 우선, 딜레마 프레임에서 벗어나도록 하는 실질적 또는 사회적 조건에 관한 연구가 필요하다. 또한 딜레마 프레임에서 벗어나기 위한 대응뿐 아니라 그 이후의 과정도 포함하여 정책분석을 함으로써 정책을 포괄적으로 이해하도록 해야 한다. 딜레마 이론을 다른 정책과정 이론과 결합시켜 그 논의를 확장하는 것도 의미 있는 주제가 될 것이다. 그런가 하면 딜레마 개념으로 경로의존성을 설명하려는 시도도 딜레마 이론 확장의 좋은 예라고 할 수 있다(김태은,

2009; 김창수, 2013). 구체적 사례연구를 통하여 딜레마 성격과 제도 간의 적합성 여부를 연구하면서 새로운 이론의 개발을 시도할 필요도 있다. 거버넌스 프레임에 따른 딜레마 대응 형태의 차이를 음미하거나 신공공관리론이 주장하는 경제적 가치와 기본가치(예, 보호된 가치, 문화적 가치) 간의 충돌을 둘러싼 각종 평가의 딜레마적 성격에 관한 연구도 이론의 확장으로 중요한 영역이 될 수 있을 것이다(김동환, 2002; 윤견수, 2017). 딜레마에 대한 대응 연구는 많이 하였으나 대응 이후의 과정에 관한 연구도 의미 있는 주제이다.[17] 딜레마를 예방하고 딜레마에서 벗어나기 위한 대응행동과 참여자들 간의 신뢰에 대한 연구도 관심을 가지고 개발하여야 할 분야이다(소영진 · 이영철 · 윤견수 · 하민철 외, 2009).

딜레마 이론이 정책과정에 대한 인식의 지평을 확대한 것은 사실이나 아직도 보완하고 확장할 여지가 많다. 행정이 추구하는 핵심 가치가 공공성이라고 볼 때, 딜레마 이론이 행정학에 기여할 잠재력은 크다고 본다. 그러면서 딜레마 이론을 한 차원 높일 수 있는 연구가 나오기를 기대해 본다.

---

17) 수도권 입지 규제사례를 분석하는 과정에 김태은(2007)은 정책 딜레마-대응-조건 변화-딜레마-대응으로 이어지는 정책사례를 제시하였다. 이 경우에 그것이 일어나는 조건에 관한 연구도 의미 있는 주제가 될 수 있다.

제2장

딜레마 이론, 그 의미와 과제: 이론적 정합성을 위한 시론[1)]

소영진

딜레마 이론은 행정학에서 드물게 이룬 한국적 이론으로서, 등장한지 이미 20여 년이 흘렀다. 그동안 개념이나 이론적 변화도 지속적으로 이루어져 왔고, 많은 연구자의 참여와 연구 주제의 다변화도 이루어져 왔다. 하지만, 딜레마 이론은 여전히 미완성이고, 많은 난제들을 안고 있을 뿐 아니라 시간이 흐를수록 이론의 전체적인 틀은 파편화되어 그 난삽함을 더하고 있는 실정이다.

이 연구는 그동안의 딜레마 연구의 성과를 체계적으로 정리하고, 지속적으로 제기되어 왔던 이론적 문제에 대한 해답을 제시함으로써 모든 연구자들이 공동으로 사용할 수 있는 통일된 이론적 틀을 정립해보고자 하는 데 그 목적이 있다.

먼저, 딜레마의 개념을 정리하고, 그와 관련되어 그동안 꾸준히 제기되어 왔던 이론적 문제들을 ① 딜레마의 인식론적 위치, ② 딜레마 주체, ③ 딜레마와 시간, ④ 딜레마 정의의 엄격성, ⑤ 딜레마와 합리성, 가치의 관계, ⑥ 유사개념과의 차별성이라는 여섯 가지로 대별하여 검토한다. 특히, 이 글에서는 딜레마의 이론적 난점을 해소

1) 이 글은 『한국행정논집』 제27권 제1호에 게재된 것을 수정 · 보완한 것이다.

하기 위한 방법론적 도구로서 구성주의적 관점을 제시하고 그에 따를 때 전기한 문제들이 어떻게 해소될 수 있는지를 밝히고자 한다.

이어서 딜레마 이론의 행정학적 위상을 보다 명확히 하기 위해 그 함의를 체계적으로 살펴보고, 딜레마 이론의 발전을 위한 향후 과제를 짚어보았다.

I 서 론

딜레마 이론이 등장한지 벌써 20여 년이 흘렀다. 그동안 개념이나 이론적 변화도 지속적으로 이루어져 왔고, 많은 연구자의 참여와 연구 주제의 다변화도 이루어져 왔다. 지금도 관련 논문들이 계속 나오고 있고 이론의 내포적·외연적 확장이 현재진행형이라는 점은 딜레마 이론의 유의성을 입증하는 것임을 부정할 수 없다.

그러나 이러한 성과에도 불구하고 딜레마 이론은 여전히 미완성이고, 많은 문제들을 안고 있는 것이 사실이다. 즉, 이론 개발 초기부터 제기되어 왔던 문제들은 여전히 명확한 답을 찾지 못하고 있는 듯하고, 연구 주제나 참여자들의 다변화와 더불어 이론적 난삽함은 더해가고 있는 듯하다. 새로이 참여하는 연구자들이 정제되고 합의된 이론적 도구를 이용하기보다는 기존 이론을 편의에 따라 부분적으로 채용하고, 거기에 각자의 아이디어를 더해 연구를 진행함으로써 개념의 모호성, 이론적 방만성을 더해가고 있다는 느낌이다. 또한 많은 연구자들이 딜레마 이론을 원용하여 논문을 생산하고 있다지만, 이론의 생산은 초기부터 이론 개발에 참여한 몇몇 학자들의 집중적인 연구에만 의존하고 있다는 느낌을 지울 수 없는 점도 아쉬움으로 남는 부분이다. 이들이 그동안 세 권의 책을 냄으로써 딜레마 이론의 소개에 힘쓴 것은 사실이지만, 그 책들은 각자의 개별적 논문을 묶은 것이어서 체계적으로 정리된 이론의 틀을 제시하는 데는 미치지 못하고 있다. 저간의 이러한 사정들이 적어도 현재로서는 딜레마 이론에는 새로운 아이디어보다 이론의 정리 작업이 필요하다는 느낌을 갖게 만들고 있다.

따라서 이 시점에서 딜레마 이론의 전체적인 성과를 되돌아보며 보다 일관성 있게 그 내용을 정리하는 작업은 향후 연구의 지속 가능성을 확보하는 데 있어서도 매우 긴요한 일이라 할 수 있다. 이 글은 그동안의 딜레마 연구 성과를 정리하여 딜레마 이론의 골격을 세우고, 그 행정학적 의미를 짚어봄으로써 행정학 연구에 있어서 딜레마 이론의 위상을 보다 뚜렷이 정립하는 데 그 목적이 있다.

이를 위하여 이 글에서는 먼저 딜레마의 개념을 정리하고, 개념과 관련하여 제기되어온 문제들에 대한 답변을 통하여 개념의 명확화를 시도하며, 나아가 딜레마 이론의 행정학적 함의를 살펴보고자 한다.

Ⅱ 개념 및 문제 제기

1. 딜레마의 개념

초기 딜레마 연구는 의사결정 상황에서 출발하였다. 주지하다시피 가장 기본적인 의사결정모형은 합리모형으로서 여기에서 상정되는 의사결정 상황은 완전합리성의 상황, 즉 목표와 이를 달성하기 위한 모든 대안을 알 수 있고, 각 대안의 모든 미래 귀결과 그 비교가 가능한 상황이다. 따라서 이러한 상황에서의 의사결정은 기술적 문제를 제외하고는 그다지 어렵지 않다.

그러나 현실적으로 이와 같은 합리적 결정은 이루어지기 어렵다. 의사결정 상황은 불확실성이나 모호성, 복잡성과 같은 다양한 제약조건에 의해 왜곡되고, 이러한 상황들을 모조리 파악하여 최선의 결정을 내리기에는 의사결정자의 합리성의 정도가 현저히 제한되어 있기 때문이다.

제한된 합리성 하에서는 선택의 어려움이 나타난다. 따라서 합리적 선택이 곤란한 상황에서 실제 정책결정자가 어떻게 의사결정을 하는지를 설명하거나, 또는 어떻게 선택해야 하는지를 규범적으로 제시하는 다양한 모형들이 등장하게 되었으며,[2] 실제 상황에서는 합리모형보다 이들 제한된 합리성 모형이 더 현실에 부합되는 것으로 평가되고 있다.

2) 만족모형, 점증모형, 혼합탐사모형, 사이버네틱스모형, 조직모형, 쓰레기통모형 등이 그것이다.

이렇게 볼 때 결국 선택의 어려움 여부는 의사결정자의 합리성 정도에 따라 나뉘어진다. 합리적 의사결정이 가능하다고 가정할 때는 선택의 어려움은 나타나지 않지만, 제한된 합리성 하에서는 선택의 어려움이 나타난다. 만족화 원리(satisficing principle), 제한된 분석과 점증적 결정, 불확실성의 흡수, 프로그램된 결정, 도구적 학습, 진빼기나 날치기 결정 등은 이러한 어려움 하에서 이루어지는 의사결정의 양태 또는 규칙들이다.

그런데 딜레마 연구자들은 "합리성이 전제되었음에도 불구하고 선택이 어려운 상황"[3]의 가능성에 주목하였고, 그 결과 합리성의 정도와 무관하게 선택이 어려운, 기존의 제한된 합리성 모형들과는 또 다른 의사결정 상황을 발견하였다.

이러한 딜레마의 개념을 초기 연구에서는 "비교불가능한 가치나 대안이 선택 상황에 나타날 때, 한 가치의 선택으로 인해 다른 가치가 가져올 기회손실이 크기 때문에 선택이 곤란한 상황"이라고 정의하였다. 이종범 외(1991)는 이러한 딜레마의 개념을 보다 분석적으로 다음과 같이 제시하였다.

(1) 주어진 맥락에서의 선택을 전제로 하며
(2) 상충되는 가치가 선택상황 속에 동시에 나타나고, 그것이 대안으로 표상될 수 있으며
(3) 대안들 간의 비교가 불가능하지만(가치 간의 교환함수가 존재하지 않음) 그 중요성이 비슷하기 때문에
(4) 대안의 선택이 '곤란하다'(강하게 정의하면 '불가능하다').

이러한 조건들을 압축적으로 제시하면 ① 상충된 대안, ② 대안 간 비교불가능성, ③ 선택의 불가피성, ④ 기회손실의 크기 등으로 나타난다.

소영진(1993; 1999b)은 이 최초의 딜레마 개념에 제시된 비교불가능성, 기회손실 등의 개념적 모호성을 보완하여 딜레마의 논리적 구성요건을 보다 분명히 제시하였다. 즉, ① 대안 간 분절성(절충적 선택불가능), ② 상충성(동시 선택불가능), ③ 결과가치의 균등성(비교 선택불가능), ④ 선택불가피성(선택 회피불가능) 등이 그것이다.

---

3) 여기에서 합리성이 전제된 상황이란 선택의 결과가 분명히 예측가능하고(불확실성의 부재), 그 결과의 가치가 분명히 평가나 비교가능한(모호성의 부재) 상황을 뜻한다.

이에 따라 딜레마의 개념은 “상충된 두 대안 중 하나만을 선택해야 하는데, 대안의 포기가 초래하는 비용이 너무 커서 선택하기 어려운 상황” 또는 “두 개의 대안이 존재할 때, 두 개의 대안을 동시에 선택할 수 없으며, 그 중 한 개의 대안을 선택하기도 곤란하지만, 제한된 시간 내에 선택을 하지도 않을 수 없는 상황”(윤견수, 2006)으로 정의된다.

이렇듯 논리적, 형식적 조건으로 구성된 딜레마 개념은 아직까지는 그다지 큰 이견 없이 연구자들 사이에 공유되고 있다.[4] 그러나 막상 이러한 딜레마 개념을 논리의 장이 아닌 사회과학적 연구에 적용하려 했을 때 만만찮은 문제들이 제기되어 왔다. 이 논문은 이러한 문제들 각각을 짚어봄으로써 딜레마의 개념과 의미를 보다 분명히 해보고자 하는 것이다.

2. 이론적 문제 제기

우선, 어떠한 문제들이 제기되어 왔는가를 살피기 위해 딜레마 연구팀이 연구 과정에서 봉착한 쟁점들을 스스로 기술한 부분과, 이들의 연구를 모은 책에 대한 행정학자들의 서평에서 제기된 문제들을 살펴보았다.[5]

이를 통하여 많은 문제들이 제기되었음을 확인할 수 있지만, 이들 문제 제기나 쟁점 중에는 중복되는 것들도 많았다. 이 글에서는 유사하거나 중복되는 부분을 정리하여 최종적으로 주요한 논의 주제를 다음과 같은 여섯 가지로 압축하였다.

① 객관적-주관적 딜레마: 딜레마는 객관적 상황인가, 주관적 인식인가?

② 딜레마 주체: 누구의 딜레마인가? 정책결정자 개인인가, 조직인가, 사회인가?

③ 딜레마 정의의 엄격성: 딜레마 정의를 얼마나 엄격하게 적용해야 하는가?

④ 시간과 딜레마: 딜레마는 특정 시점에 나타나는가, 일정 기간에 걸쳐 나타나는가? 만일 일정 기간이라면 그 시간적 폭을 얼마나 넓게 허용해야 하는가?

---

4) 딜레마 개념의 합리성에 관한 김동환(2002)의 문제 제기가 있었지만 이에 대해서는 별도로 다룬다.

5) 딜레마 연구팀은 그동안 연구 성과를 ①『딜레마 이론: 조직과 정책의 새로운 이해』(이종범 외, 1994), ②『딜레마와 행정』(윤견수 외, 2000), ③『딜레마와 제도의 설계』(소영진 외, 2009)라는 세 권의 책으로 묶어 발간하였다. 이 중 첫 번째 책에 대해 최병선 교수가, 세 번째 책에 대하여 임도빈 교수가 각각 서평을 써주었다.

⑤ 딜레마와 합리성의 관계: 딜레마는 합리적인가?

⑥ 유사개념과의 차별성: 갈등이나 패러독스와 같은 유사한 개념과의 차별성이 있는가?

Ⅲ 딜레마의 이론적 쟁점

1. 딜레마는 객관적 상황인가, 주관적 인식인가?

딜레마가 객관적인 의사결정 상황을 지칭하는 것인지, 의사결정자의 주관적 인식을 지칭하는 것인지는 딜레마의 개념을 정립하는 데 매우 중요한 문제이다.

만일 딜레마를 객관적 상황으로 보면, 현실적으로 갈등과 구분하기 곤란해진다. 딜레마도 그 객관적 상황의 양상은 갈등이기 때문이다. 이 경우 갈등과 딜레마는 개념으로 구분되기보다는 기껏해야 정도의 차이만 확인될 수 있을 뿐이다. 더욱이 딜레마에서 의사결정자의 주관성을 제외할 경우 어차피 결과가치가 동일한 대안들을 놓고 고민할 것 없이(의사결정 비용을 최소화) 무작위선택이 최선일 것이다. 그래서 통상 객관적 비용효과를 따지는 경제학의 관점에서는 딜레마가 존재할 수 없다는 주장도 제기된다. 그러나 이 경우는 객관적이든 주관적이든 딜레마 자체가 없다고 보아야 할 것이다.

반대로 딜레마를 주관적 인식이라고 정의하면, 동일한 상황을 두고도 의사결정자의 특성에 따라 딜레마를 인지할 수도, 안할 수도 있기 때문에 딜레마는 존재할 수도 안할 수도 있다는 말이 된다. 그렇다면 분석의 대상으로 삼는 의사결정 상황이 딜레마인지 아닌지가 원천적으로 불확정적이기 때문에 거기서 어떠한 정책적 함의도 끌어내기 어렵게 될 것이다.

사실 딜레마 연구팀에서도 이 문제를 인지하고 있었기에 처음부터 이를 해결하기 위한 노력이 이어져 왔다. 딜레마 상황인데도 이를 인식하지 못하는 무시된 딜레마나, 딜레마 상황이 아닌데도 딜레마로 인식하는 유사 딜레마(pseudo-dilemma)에 대한 논의도 객관적 상황과 그 상황에 대한 인식의 괴리라는 문제 의식에서 비롯된 것이다.

먼저, 딜레마를 객관적으로 존재하는 상황으로 상정하고, 그 실존 여부를 확인하기 위한 작업이 이어졌다. 딜레마의 객관적 존재 여부를 측정하기 위한 딜레마 진단이 시도되었고(윤견수 외, 2000: 308-309), 김동환(2002)은 주관적 상황인식에 대한 설문을 통해 역으로 딜레마의 존재 여부를 탐지하고자 하였다. 즉, 딜레마 상황에서는 결정이 이루어지더라도 '망설임'이 선행될 것이라고 가정한 것이다.[6]

다음으로, 객관적 상황으로서의 딜레마를 존재론적 딜레마로, 주관적 인지로서의 딜레마를 인식론적 딜레마로 나누자는 시도도 있었다.[7] 하지만, 이런 방법으로 문제가 해결될 수는 없다. 나누어진 각각의 딜레마가 과연 성립 가능한 것인지, 즉 다시 말해 존재론적 딜레마가 과연 딜레마인지, 그리고 인식론적 딜레마는 과연 진짜로 있는 것인지에 대해 여전히 의문이 남기 때문이다.

이와 같이 객관적 상황이냐 주관적 인식이냐의 문제가 어떻게 해도 명쾌한 답이 얻어지지 않는 것은 딜레마를 보는 인식론적 오류가 내재되어 있기 때문이다. 단적으로 딜레마 개념은 실증주의적 인식론이 아닌 구성주의적 인식론에 기반한 것이어야 한다.

실증주의적 인식론에서도 객관적 세계와 독립된 주관적 인식의 세계를 인정한다. 그러나 인식은 객관적 세계를 있는 모습 그대로 반영하는 것이라는 모사론적 인식론에 기반하고 있다. 주관적 인식은 그것이 반영하는 객관적 세계와의 비교를 통하여 옳고 그름이 판정될 수 있다.

카네만과 트버스키(Kahneman & Tversky, 1979)의 전망이론(prospect theory)에 의

---

6) 그는 정책딜레마 상황에서는 '최종적으로 어떤 행동을 선택하였는가'보다는 '각 행동들에 대하여 어떠한 태도를 지니는가'에 대한 정보가 중요하다고 주장한다. 즉, 망설임 끝에 어떤 대안을 선택하는 경우와 주저없이 선택하는 경우는 각각 딜레마와 비딜레마 상황을 나타내는 정보라는 것이다.

7) 윤견수(2006)는 현재 상태 유지와 새로운 상태로의 변화라는 두 대안 사이에서 나타나는 딜레마를 존재론적 딜레마로, 새로운 상태에서 직면하는 두 대안 사이에서 나타나는 딜레마를 인식론적 딜레마로 표현하고 있는데, 이는 개념사용의 오류가 아닌가 한다. 저자는 두 가지 딜레마에 매몰비용효과, 전경-배경효과, 애매성 효과에 차이가 있고 그래서 전자가 더 고민스럽다고 주장한다. 하지만 이러한 차이를 인정한다 할지라도 왜 그 차이가 존재-인식의 차이와 연결되는 것인지 의문이다.

하면 통상 인간의 인지는 객관적 사실과 매우 괴리되어 있는 것으로 나타난다. 똑같은 정보를 어떤 준거틀에 입각해서 보느냐에 따라 상이하게 인식함을 다양한 실험을 통해 실증적으로 보여주고 있다. 인간의 인지는 객관적 세계를 모사하기는 하지만 정확히 모사하지 못한다. 즉, 인지적 오류가 발생하는 것이다. 크게 보면 이와 같은 입장도 객관적 사실의 존재를 인정한다는 점에서는 실증주의에 속하지만, 인식이 있는 그대로의 사실의 반영이라는 소박한 실증주의에서 벗어나서 주관의 작용에 크게 좌우된다고 주장한다는 점에서 실증주의와 구별하여 인지주의라 부르기도 한다.

실증주의 인식론은 인식의 과정에 있어서 객관적 세계의 존재와 이를 반영하는 의식이라는 이원론적 구조를 상정한다. 객관적 세계는 우리의 의식으로 바꾸지 못하는 실재의 세계이므로 인식이란 수동적으로 우리의 감각기관을 통해 두뇌에 투영되는 객관세계의 모습을 포착하는 것에 불과하다. 여기에서 객관-주관의 분리가 일어나고 딜레마가 이 둘 중 어디에 속하는 것인가라는 질문이 제기되는 것이다.

이에 반해 구성주의적 인식론에서는 객관적 사실의 '참 모습'이란 존재하지 않는다. 사실은 인식의 '질료'일 뿐이며 거기에 '형상(모습)'을 부여하는 것은 인식주관이다.[8] 따라서 우리가 관찰한 사실이든, 인지한 사실이든 이들 모두는 주관이 구성(해석)한 것일 뿐이다. 이는 객관적 사실의 존재 자체를 부정하는 것도 아닐뿐더러 주관적 인식이 객관적 세계와 무관하게 자의적으로 형성된다고 주장하는 것도 아니다. 도심지에 있는 나무들의 군락을 '아름다운 자연'으로 보느냐, '비효율적인 토지사용'으로 보느냐는 가능하지만 바다나 아파트로 그릴 수는 없는 것과 마찬가지로 인식의 능동적 역할도 객관적 사실의 성격에 의해 제약되는 것이다.

여기에서 소박한 실증주의와 인지주의, 구성주의를 간략하게 비교해보면 [표 2-1]

8) 근대 초기 당시 유행하던 모사론적 인식론을 근본적으로 뒤집어 놓는 '코페르니쿠스적 전회'를 통해 관념론의 기초를 놓았던 칸트(Immanuel Kant)는 객관적 세계의 질료로서의 성격, 즉 일정한 형상이 부여되기 이전의 소재로서의 성격을 표현하기 위해 '물자체(Ding an sich)'라는 개념을 사용하였다. 물자체는 그 존재를 생각할 수는 있지만 인식되기 이전의 상태이기 때문에 어떠한 형상으로 존재하는지 알 수는 없는 감각 소여(所與)이다. 우리가 보고 느끼는 객관적 세계란 물자체에 인식주관이 형상을 부여하여 구성해낸 것이다. 베버(Max Weber) 역시 객관적 세계와 인식주관 간의 관계에 대해 이와 유사한 생각을 가졌지만, 그는 불가지론적인 '물자체'라는 불가지론적 개념을 사용하기보다는 '실재의 무한성'이라는 개념을 사용하고 있다. 객관적 사실이란 내포적, 외연적으로 무한한데 우리의 인식주관이 그 중 일부를 포착, '인식된 사실'로 구성해낸다는 것이다.

[표 2-1] 실증주의, 인지주의, 구성주의 인식론 비교

	소박한 실증주의	인지주의	구성주의
인식대상	객관적 사실	인지된 사실	구성된 사실
인식행위	관찰	인지	해석
인식론적 기본가정	사실은 우리가 포착할 수 있는 '참 모습'으로 존재한다. 존재하는 그대로의 사실을 보는 것과 그렇지 못한 것이 참과 거짓의 기준이 된다.	사실의 '참 모습'은 그대로 포착되기보다는 주관의 작용에 의해 다양하게 왜곡된다.	사실의 '참 모습'이란 없다. 주관이 포착하는 모습만이 존재할 뿐이다.
주관과 객관의 관계	일원론적(주관은 객관을 그대로 반영)	이원론적(주관과 객관의 분리)	일원론적(객관은 주관과 분리해서 존재할 수 없음)

과 같다.

구성주의는 실증주의와 대립하는 것이 아니라 그 인식적 배경구조를 밝히는 것이다. 따라서 인식론적으로 실증주의는 구성주의에 포괄된다. 때문에 딜레마를 구성주의적으로 접근한다는 것이 곧 인지론적 접근이나 실증주의적 접근을 배제하는 것을 의미하는 것은 아니다. 또한 구성주의적 접근이 모든 사회과학적 연구에서 배타적 유용성을 갖는 것도 아니다. 이는 마치 우리의 몸이 눈에 보이는 생체 기관의 층위와 미생물과 세포 수준의 층위, 나아가서는 관찰 불가능한 분자의 층위 등으로 중층적으로 구성되어 있음과 마찬가지이다. 골절을 치료하는데는 세포나 분자적 층위의 지식을 동원할 필요는 없다. 그러나 세균이나 바이러스로 인한 질병 치료에는 미생물 수준의 지식이 필요하며, 유전질병은 그보다 작은 DNA라는 분자적 구조를 분석해야 한다. 이와 마찬가지로 연구의 필요성에 따라 실증적 접근이 유용한지, 구성주의적 접근이 유용한지, 인지적 접근이 유용한지는 연구자의 선택의 문제이다.

이렇게 볼 때, 구성주의적 접근방법의 장점은 유연성과 포괄성이라 할 수 있다. 즉, 실증주의적 연구의 가능성을 배격하지 않으면서 실증주의적 접근이 해결하지 못하는 난제를 구성주의적 접근으로 해결할 수 있다는 것이다.

구성주의 입장에서 인식이란 객관과 주관의 '만남'이며 거기에서 주관이 능동적인 역할을 한다. 이렇게 형성된(구성된) 객관과 주관의 결합이 프레임(frame)이다.

프레임이란 "사회적 사건에 개입하는 우리의 주관성과 사건을 지배하는 조직화의 원리들에 의해 구축되는 상황으로서, 그 사용자들이 구체적인 사건을 위치시키고, 인

식하며, 확인하여 이름을 붙이는 해석의 틀(schemata of interpretation)"(Goffman, 1974: 10-21), 또는 "무엇이 존재하고, 어떤 일이 벌어지고 있으며, 무엇이 문제인지에 대한 암묵적인 설명들을 선택하거나 강조하고, 표현하는 원리들"(Gitlin, 1980: 6)이다.

프레임은 인식주관이 주어진 사실들에 대해 해석을 가하여 얻어진 '구성된 현실'로서, 프레임이 구성되면 주관은 그를 통해 보이는 부분만을 세상의 모습으로 인식한다. 따라서 프레임은 '해석된 세계'인 동시에 '세계를 해석하는 준거틀'의 역할을 한다.

상충성에 봉착한 정책결정자는 자신이 직면한 상황을 딜레마 프레임으로 구성해낸다. 프레임은 주관적으로 구성된 것이라는 점에서 동일한 상황에 놓인 사람들이 모두 같은 프레임을 구성하는 것은 아니다. 서로 다른 렌즈를 가지고 상황을 바라볼 수 있기 때문이다. 그렇다고 상황의 특성을 완전히 무시하고 제멋대로 상이한 프레임을 만들어내는 것도 아니다. 인식은 객관적 상황에 의해 일정 부분 제약되기 때문이다. 이를 현상학적으로 표현한 것이 '간주관성(intersubjectivity)'이다.

이렇듯 딜레마를 구성주의적 관점에서 바라보면 딜레마가 객관적 상황이냐, 주관적 인식이냐라는 질문은 성립되지 않는다. 그것은 객관이나 주관의 어느 한쪽에 속한 것이 아니라 양자의 결합으로 만들어진 것이기 때문이다.9)

이는 양자택일의 문제가 아니라 필요에 의한 선택의 문제이다. 객관적 상황이 의사결정자의 주관적 판단에 그대로 반영된다고 본다면 딜레마는 객관적인 것이다. 따라서 딜레마를 설명하기 위해 객관적 상황을 분석하면 된다. 그러나 객관적 상황이 여과되어 왜곡된 모습으로 주관에 전달된다면 딜레마는 주관적인 것일 수 있다. 이 경우에는 주관과 객관의 괴리를 가져오는 여과장치의 역할을 분석해야 할 것이다.

딜레마 연구팀에서도 구성주의적 관점에 대한 흥미를 처음부터 보여왔지만 딜레마 연구에 있어서 사실의 '구성'과 사실의 '인지'를 혼용하는 경우가 많았다. 그러다 보니 객관과 주관의 분리에 주목하게 되고, 결국은 어느 쪽이 진짜인지, 이를 제대로 규명

---

9) 우리가 흔히 사용하는 비유로 컵에 반쯤 찬 물을 보고 회의론자는 "반밖에 안 남았다"고 생각하고 낙관론자는 "반이나 남았다"고 한다. 이들 앞에 주어진 사실은 무엇인가? '반밖에 안 남은 물'인가 '반이나 남은 물'인가? 둘 다 아니다 '반밖에 안 남은 물'은 구성된 사실이며, 그렇게 현실을 구성한 사람은 추가적인 물을 비축하려 소비를 아낄 것이다. 반면에, 주어진 현실을 '반이나 남은 물'로 구성한 사람은 별 우려 없이 이전대로 물을 소비할 것이다. 주어진 현실은 딜레마도 합리적 의사결정 상황도 아니다. 주어진 현실을 딜레마 혹은 합리적 의사결정 상황으로 구성해내는 것은 주관이다.

하지 못하면 딜레마가 과연 있었는지 아닌지에 대해 이현령비현령 식의 자의적 주장에 빠지는 것은 아닌지 하는 걱정에 도달하게 된 것으로 보인다. 또한 인지와 구성을 혼동하다 보니 '주어진 사실의 인식'은 '인지'로 보고, 구성은 '전략적 목적을 위한 작위적 설정'이라는 제한된 의미에 국한시켜 사용하는 경향이 있다(서준경, 2008; 하민철 · 윤견수, 2010).

2. 딜레마 주체: 누구의 딜레마인가?

딜레마 연구에서는 '정부'가 딜레마에 봉착한다는 표현이 많이 나온다. 그러나 이 경우 딜레마를 느끼는 주체가 해당 정부의 책임자인지, 실무자인지, 집단으로서의 부처 또는 정부 전체인지가 분명치 않다.

딜레마를 인식하는 주체가 누구인가의 문제는 처음부터 논란이 끊이지 않았던 문제이다. 이는 딜레마 이론의 약점을 비판하는 주요 논거가 되기도 하였다. 개인이 인식 주체라면 조직 내 많은 개인 중 누구를 딜레마 주체로 볼 것인지(최병선, 1994), 무시된 딜레마나 유사딜레마의 경우 이를 어떻게 볼 것인지, 조직 내 구성원들이 주어진 상황에 대해 딜레마 여부를 서로 다르게 인식할 경우 과연 딜레마인지 아닌지를 어떻게 확정할 것인지의 문제가 제기된다. 반대로 딜레마 인식의 주체는 시스템이나 조직 전체라고 한다면 정책결정자가 딜레마를 전혀 느끼지 않을 때에도 딜레마 대응이 나올 수 있는지, 나아가 과연 조직이 딜레마를 느낄 수 있는 것인지의 문제가 제기된다.[10)]

우선, 정책결정모형을 정책을 보는 시각(lens)으로 파악한 앨리슨(Allison, 1971)의 견해에 따르면 동일한 정책결정을 집단 또는 국가 전체를 하나의 합리적 개인으로서의 의사결정 주체로 보는 시각이 있을 수 있고(Model Ⅰ), 아예 특정 의사결정 주체가 없이 조직이 가지고 있는 레퍼토리나 SOP 등에 따른 자동적 대응으로 볼 수도 있으며(Model Ⅱ), 개개의 집단들이 각자의 이익투입을 위한 경합 과정에서 나타난 타

10) 물론, 딜레마 상황에 들어서면 정책결정자가 딜레마를 느끼지 않고 어떤 선택을 했을지라도 그에 대한 반발로 인하여 문제가 증폭되기도 한다. 정책 비일관성이란 이런 현상을 말하는 것이다. 하지만 과연 어떤 정책 비일관성이 딜레마 때문에 일어난 것인지는 말하기 어렵다.

협의 산물로 볼 수도 있다고 한다(Model Ⅲ).

각각의 경우에 있어서 의사결정 주체는 집단이 될 수도 있고, 아예 없을 수도 있으며, 집단 내의 개인(하위집단)이 될 수도 있다는 것이다. 이와 같이 딜레마의 경우도 굳이 주체가 개인이냐 집단이냐를 선택해야 하는 것은 아니다. 사안에 따라 조직 전체를 개인으로 의제하여 딜레마 주체로 볼 수도 있고, 조직 내의 개별 의사결정자를 주체로 볼 수도 있는 것이다.[11] 연구 주제나 사안의 성격에 따라 어디에 초점을 맞출 것인지는 연구자가 정할 일이다.

또한 연구자가 아닌 실제 정책결정자나 참여자 역시 개인적으로 자기에게 주어진 의사결정의 상황을 특정 프레임에 담아서 해석할 수 있고, 자신과 국가(또는 조직)를 동일시하여 국가나 조직이 의사결정을 하는 것처럼 생각할 수도 있다. 대개의 경우 정책 관련 집단이 개인적 견해 차에도 불구하고 단일한 집단 프레임을 구성하듯이 정책결정자는 자연인으로서가 아니라 조직의 담지자로서 프레임을 구성한다. 하지만, 조직 내 의사결정자의 개인적 상황이 특이성을 가지는 경우에는 얼마든지 개인적 프레임을 가질 수 있는 것이다.

따라서 '누구의 딜레마인가'라는 질문은 집요하게 딜레마 연구에 따라붙어 왔지만 막상 따지고 보면 의미 없는 문제이다. 딜레마의 주체가 개인이냐 조직이냐 시스템 전체냐, 개인이라면 조직내 누구이냐 하는 문제는 마치 의사결정 상황을 Model Ⅰ로 보느냐, Model Ⅱ나 Ⅲ으로 보느냐의 문제처럼 동일한 상황을 놓고 프레임을 어떻게 구성하느냐의 문제일 뿐이고, 이는 연구 또는 의사결정의 필요성에 의해 선택될 것이기 때문이다.

---

11) 엄밀히 말하면 국가나 조직은 의사결정의 주체가 될 수 없다. 다만, 일련의 사태발생, 국가적 차원의 의사결정, 대응 등의 상황을 연구자가 개인적 의사결정이라는 프레임에 담은 것 뿐이다. 마찬가지로 조직은 딜레마를 느낄 수 없다. 그러나 조직이 직면한 일련의 상황들과 어려움을 겪는 의사결정 과정, 그에 대한 집단적 대응 등은 연구자로 하여금 해당 조직이 딜레마에 봉착했다고 파악하게 만드는 것이다. 다시 말해, 조직이 실제로 딜레마를 느낄 수는 없지만 조직이 딜레마의 주체로 상정될 수는 있다는 것이다.

3. 딜레마 정의의 엄격성

딜레마를 엄격히 정의하면 갈등과 같은 여타의 의사결정 상황과의 구분이 뚜렷해지지만, 그럴수록 딜레마 개념은 비현실적이 되고, 그에 해당되는 사례의 범위가 좁아져서 실제적 함의가 떨어지게 된다.

하지만, 반대로 딜레마 개념을 느슨하게 정의하면 딜레마 이론의 현실적합성이 높아지고 적용 범위의 외연이 확장된다는 이점이 있지만 딜레마의 개념적 독특성이 퇴색된다. 즉, 딜레마라고 상정된 상황이 과연 딜레마인지, 아니면 일반적 갈등 상황인지 구분이 애매한 경우가 빈번히 발생할 수 있는 것이다.

1) 딜레마 대응과 관련한 문제

우선, 개념을 지나치게 엄격히 적용할 경우 딜레마 대응행위에 대한 해석이 문제가 된다.

딜레마의 결과는 파국뿐인가?

엄격히 정의했을 때 딜레마의 결과는 파국뿐이다. 상황을 헤쳐나갈 어떠한 결정도 할 수 없기 때문이다. 만일 딜레마가 물리적, 객관적인 것이라면 성공한 대응이란 있을 수 없다. 그러나 프레임이라는 관점에서 보면 성공적인 딜레마 대응은 가능하며, 그 경우 파국이 아닌 결과를 얻을 수 있다.

실제로, 딜레마 상황에서도 성공적인 결정이 일어날 수 있음은 다수의 연구가 실증적으로 보여주고 있는 결과이다. 예컨대, 이종범(1995)은 서울시가 재개발 사업의 딜레마를 성공적으로 해결할 수 있는 제도를 발전시켰음을, 이종범 · 윤견수(2000)는 딜레마 대응으로 노동위원회의 제도화가 꽤나 성공적으로 이루어졌음을 보여주고 있으며, 강주현(2011)은 서울시 R&D 사업에 대한 사례분석을 통해 딜레마 상황에서 '전혀 새로운 발상의 전환'이 나타나는 것을 보여주고 있다.

따라서 딜레마의 결과가 파국일 수밖에 없다고 간주하는 것은 순수 논리적 개념으로 파악했을 때만이고 사회과학적 개념으로서의 딜레마에서는 그렇지 않다.

그러나 '결정이 불가능한' 딜레마 상황에서 어떻게 결정이 일어날 수 있는가?

'결정이 불가능한 상황에서 결정이 이루어졌다면' 그것은 원천적으로 딜레마가 아니었던 것 아닌가? 물론, 딜레마는 딜레마 프레임 내에서는 파국을 피할 수 없다. 이 점이 그동안 딜레마 연구팀에서 딜레마를 '일단 발생하면 불가피하게 큰 사회적 비용을 초래하게 되는' 문제 상황으로 정의해 온 이유이다. 그러나 다른 프레임을 구성한다면, 즉 리프레이밍을 통해서라면 파국을 피할 수 있다. 딜레마가 진정으로 파국이 불가피한 상황일 뿐이라면 정책적 함의는 그다지 크지 않을 것이다. 하지만, '리프레이밍을 통한 탈딜레마'의 다양한 가능성이 있기 때문에 오히려 흥미로운 분석의 대상이 될 수 있는 것이다. 물론, 이러한 가능성은 딜레마를 객관적인 현상으로만 파악하는 경우에는 주어지지 않는다. 추가적인 자원의 투입과 같은 객관적 조건의 변화 없이 단기간에 객관적 딜레마 상황을 바꾸기는 어렵기 때문이다.

딜레마를 프레임으로 볼 때에만 딜레마의 정의를 살리면서도 성공적 대응이 가능해지는 것이다. 이는 객관적인 불확실성을 주관적 확실성으로 치환하는 불확실성의 흡수 전략과도 비슷한 것이라 볼 수 있다.

딜레마 대응은 반드시 부정적인가?

그동안의 연구에서 형식주의나 비일관성, 결정 지연 등 대부분의 딜레마 대응은 부정적인 것으로 인식되어 왔다. 이에 대해 임도빈(2010)은 "비일관성이 반드시 부정적인가?"라는 질문을 던진다. 마찬가지로 형식주의에 대해서도 소영진 · 안성민(2011)은 '사회적 비용을 줄이기 위한 대응'으로 적극적으로 해석하고 있다. 통상 이들 대응을 부정적으로 보는 이유는 딜레마의 엄격한 정의와 연관되어 있다. 즉, 엄격히 정의했을 때 딜레마는 대응을 통해 해소되지 않을 것이기 때문에, 회피적 대응은 오히려 문제의 해결을 더 지연되게 만들게 되고, 일반적으로 문제를 오래 끌고 가는 것이 사회적 비용을 크게 만든다고 보는 것이다. 그러나 앞에서 본 것처럼 프레임 전환의 가능 여하에 따라 딜레마 대응이 반드시 부정적인 것만으로 볼 필요는 없다. 실제로, 딜레마 연구도 최근 들어서 딜레마에 대한 적극적 대응, 성공적 제도화에 관심을 높이고 있다.

2) 딜레마 적용 범위의 협소화

딜레마 개념을 엄격하게 적용했을 때 나타나는 또 다른 문제가 딜레마의 적용가능성이다. 즉, 너무 엄격한 딜레마는 현실에는 존재하기 어렵기 때문에 오히려 이론의 함의를 떨어뜨릴 것이라는 것이다(임도빈, 2010). 마찬가지로 최병선(1994)은 "현실적으로 '어떠한 타협이나 절충도 불가능한' 진정한 딜레마는 존재할 수 있는가?"라는 문제를 제기하고 있다.

이는 딜레마 조건 중 '분절성'에 대한 의문 제기이다. 이에 대해 김동환(2002)은 바론(J. Baron)의 보호된 가치(protected value) 개념을 통하여 이를 반박한다. 즉, 보호된 가치는 '다른 가치와의 교환으로부터 보호된 가치'로서 다른 대안과의 어떠한 타협도 불가능하다는 것이다. 바론은 실제 많은 실험을 통해 보호된 가치의 존재를 입증하였고, 김동환 역시 설문을 통해 보호된 가치가 존재함을 보여주고 있다. 이는 보호된 가치의 딜레마가 얼마나 빈번한 것인지는 몰라도 최소한 그러한 가치 딜레마가 없지는 않음을 보여주는 것으로도 의미가 있다.

하지만, 어떤 경우에도 100% 순수한 딜레마가 현실에 존재할 것이라고 상정하는 것은 비현실적이다. 뿐만 아니라 딜레마의 정의를 엄격히 하여 딜레마와 비딜레마를 칼로 자르듯이 깨끗이 구분하는 것은 무의미한 일이기도 하다. 개념의 명확화를 위하여 정책학이나 행정학적으로 유의미한 현상들을 놓치는 우를 범하게 될 것이기 때문이다.

딜레마 연구팀도 상대적으로 이론 개발에 치중한 초기 연구에는 딜레마 개념을 비교적 엄격히 적용하였으나, 이론의 적용과 확산에 치중한 후기에 들어서면서 개념의 엄격성보다는 현실적 유용성을 중시하여 개념적 조건을 완화하는 경향을 보이고 있다(윤견수 외, 2000: 9-10).

4. 시간과 딜레마

1) 시간제약의 허용 범위: 지연이 가능하다면 언제까지 가능한가?

과연 딜레마 상황에서 지연이 허용되는 시간적 범위는 언제까지인가? 무한정 끌 수 있다면 이는 이미 딜레마가 아니거나 '지연이라는 대안의 선택'이 이루어진 것으로 보아야 할 것이다.

임도빈(2010)은 "딜레마 상황에서 시간의 제약을 어디까지 줄 수 있는지는 딜레마 이론의 딜레마가 아닐 수 없다. 즉, '결정을 지연할 수 없는 상황에서만 딜레마가 발생한다(왜냐하면, 지연할 수 있다면 딜레마 아니기 때문이다)'는 명제와 '딜레마 대응 중 가장 빈번히 사용되는 것중 하나가 지연'이라는 명제는 모순되기 때문"이라고 문제를 제기하고 있다.

이러한 모순은 딜레마를 프레임으로 이해할 때 해결될 수 있다. 우선, 딜레마 프레임 내에서 결정 지연은 용납되지 않는다. 그러나 지연을 한다는 것은 그 자체가 이미 새로운 프레임으로 들어섰음을 의미한다. 즉, 딜레마 상황은 다른 문제 상황으로 바뀌었고. 그 상황에서는 지연이 허용된다.[12] 물론, 딜레마의 리프레이밍이 효과적으로 이루어지지 못했을 때에는 결정 지연이 새로운 긴장이나 문제의 증폭을 야기하게 될 것이다.

그러면 결정 지연이 되고 있는 동안에 딜레마는 계속되는 것인가, 아니면 지연과 함께 일단은 사라진 것인가? 결정이 지연되고 있는 중에도 프레임 전환의 노력이 계속되는 한 딜레마는 지속된다고 보아야 할 것이며, 결정 지연이 지속됨에도 불구하고 아무런 반발 액션이 없다면 그것은 지연 결정과 함께 일단은 딜레마에서 벗어난 것으로 보아야 할 것이다. 그러나 최초의 상황이 딜레마였다면 이런 식의 '순탄한' 지연은 가능하지 않을 것이다.

2) 딜레마의 시간적 범위: 시점인가, 일정 기간인가?

딜레마 대응 중 지연이나 형식주의, 상징적 대응 등은 시점을, 비일관성은 기간을 상정하고 있다. 딜레마가 특정 시점에만 존재하는 것이라 보면 일정 기간을 두고 나타나는 정책 비일관성은 딜레마 대응으로 보기 어렵다. 반면에, 딜레마가 일정 기간 지속되는 것이라면 특정 시점은 딜레마가 아닐 수 있다. 예컨대, 비일관적인 정책을 결정하는 사람이나 조직은 결정시점에는 하나의 대안을 선택한다는 점에서 딜레마가 없다고 볼 수 있다. 그렇다면 결정시점에 딜레마가 없음에도 이를 딜레마 대응으로 볼 수 있는가의 문제가 다시 불거진다.

딜레마는 시점일 수도 기간일 수도 있다. 비일관적 대응시점에 정책결정자는 딜레마를 인식하지 못하지만 연구자는 문제의 성격과 일정 기간의 대응을 보면서 이를 딜레마 프레임으로 파악할 수 있다. 마찬가지로 특정 시점에 정책결정자가 딜레마를 인

12) 예컨대, 쓰레기통모형에서는 진빼기 결정(choice by flight)이 흔히 일어난다.

식하는지 여부와 무관하게 연구자는 딜레마 상황을 구성할 수 있기 때문이다.

5. 딜레마와 합리성

기존 연구에서 딜레마와 합리성의 관계에 대한 논의는 두 가지 측면에서 제기된다. 첫째는 딜레마에 대한 적극적 대응으로서 절차적 합리성의 문제이고, 다른 하나는 딜레마 이론의 합리적 성격에 관한 것이다.

1) 딜레마에 대한 적극적 대응으로서 절차적 합리성

이종범(2005)은 딜레마에 대한 적극적 대응으로 절차적 합리성을 제안한다. 절차적 합리성의 특징은 제한된 합리성 상황에서 일회적 의사결정에 아무리 공을 들여 결정을 한다 해도 결과의 불확실성 때문에 그 합리성을 보장받기 어려운 경우, 일정한 절차를 거쳐서 나온 결과는 그것의 실질적 합리성 여부와 무관하게 합리적인 것으로 의제한다는 것이다. 그 일정한 절차는 일회적인 것이기보다는 지속반복적 성격을 갖는다는 점에서 절차적 합리성은 규칙 또는 제도와 등치될 수 있다.

내용적 합리성을 확보할 수 없는 상황에서 '의제된 합리성'을 얻고자하는 것이 절차적 합리성이다. 그렇다면 내용적 합리성의 확보가 불가능한 딜레마 상황에도 이 아이디어를 적용할 수 있을지를 검토하는 것은 당연한 일일 것이다.

절차적 합리성이 그 결과에 대한 '합리성 의제'라는 권위를 획득하기 위해서는 절차에 대한 합의가 중요한데, 현실적 이해관계가 엇갈린 사람들은 절차에 대해서도 합의하려 들지 않을 것이다. 롤즈(J. Rawls)가 정의의 원칙에 부합되는 분배의 절차를 만들기 위해 굳이 '원초적 상태'나 '무지의 베일'이라는 가상적 장치를 고안한 것도 그러한 이유에서다.

따라서 절차적 합리성에 대한 고려는 중요하지만 딜레마 상황에서 어떻게 그 절차를 대립집단에게 받아들이도록 설득하느냐, 즉 '설득 절차를 설득하는' 문제는 여전히 남는다. 이를 위해서는 문제 상황에서 딜레마 대응으로 나타난 제도나 절차들의 특징을 분석하여 그 성공요인을 일반화시키는 작업이 필요하다.

2) 딜레마 이론의 합리성

김동환(2002)은 합리적 결정이 불가능한 딜레마는 합리모형과는 상이한 이론체계인데도 부분적으로 합리모형적 관점(결과가치, 기회손실 등)을 채택함으로써 오히려 진정한 딜레마의 정의가 후퇴했다고 비판한다.[13] 서준경(2008)은 김동환의 입장을 지지하면서 보호된 가치 프레임이 딜레마를 야기하는 사례를 실증적으로 분석하고 있다.

보호된 가치라는 개념이 비교적 순수한 형태의 딜레마의 실존 가능성을, 특히 비교불가능성과 분절성이라는 특징을 부각시킴으로써 딜레마 발생의 구조를 보다 분명히 했다는 점에서 딜레마 이론에 매우 중요한 기여를 한 것은 사실이지만 딜레마 개념과 합리성의 관계에 대한 김동환의 입장에 대해서는 몇 가지 문제를 지적하고자 한다.

첫째, 김동환이 취하는 합리성의 개념은 '효용극대화'라는 경제학적 합리성으로 좁은 정의를 취하고 있다. 물론, 사이먼(H. A. Simon)을 위시한 행정학의 주류가 이런 개념을 수용하고 있다는 점에서 크게 잘못된 것은 없다. 그러나 베버(Max Weber)는 합리성을 목적-수단합리성과 가치합리성으로 나누고 있다. 경제적 합리성은 전자에 해당될 뿐이다. 그렇다면 보호된 가치를 추종하는 행위도 합리적 행위라 할 수 있다는 점에서 합리성과 거리를 두는 모델로 부르기는 어렵다.

둘째, 딜레마 연구팀이 처음부터 기존에 널리 사용되는 '기회비용'의 개념을 안 쓰고 굳이 '기회손실'이라는 모호한 개념을 채택한 이유는 비교불가능한 가치를 포용하기 위함이었다. 따라서 처음부터 비교불가능성을 포기한 것은 아니다.

셋째, 소영진(1994)은 더 나아가 '기회손실'이라는 모호한 개념을 '결과가치'라는 보다 분명한 개념으로 바꾸었다. 김동환의 '딜레마 정의가 합리적인 것으로 변환되었다'는 지적은 이러한 과정을 염두에 둔 것으로 보인다. 그러면 결과가치는 합리적(계산가능한) 개념인가? 얼핏보기에 '균등성'이란 비교의 개념이고, 따라서 그 안에 비교불가능한 가치가 들어설 자리는 없는 듯해 보인다. 그러나 균등성이라는 개념은 양의적이다. 하나는 '비교가능한 가치의 크기가 같다는 의미'이고, 다른 하나는 '비교가 불가

13) "딜레마의 최근 연구는 비교불가능성을 버리고 기회손실의 개념을 채택하는 경향이 있었다. 이에 따라 딜레마에 대한 개념은 초기에 비해 훨씬 합리적인 개념으로 변환되었다고 판단된다. 이 글에서는 오히려 비교불가능성의 개념을 살리고 기회손실의 개념을 버리고자 한다. … 보호된 가치의 개념은 가치에 대한 합리적 의사결정이론과 정면으로 배치된다"(김동환, 2002: 30-31).

능한 가치들은 모두 균등한 것으로 취급된다'는 것이다. 일례로, 수의 개념이 발달되지 않은 원시인이나 미개종족들 중에는 손가락으로 셀 수 있는 것만 세고, 그 이상의 수는 모조리 '많다'고 표현한다고 한다. '많다'는 '셀 수 없다'는 것이고, 그들의 셈법에 따르면 100과 1,000은 셀 수 없는 수라는 의미에서 '균등하다.' 이와 마찬가지로 비교불가능한 가치를 균등하다고 보는 것은 실제로 가치의 양적인 크기를 측정한 결과에서 나오는 것이 아니라, '측정할 수 없다'는 측면에서 '균등한 것이다.'

넷째, 왜 딜레마 개념이 외양상 합리적인 형태로 바뀌었는가? 그것은 기회손실과 같은 애매한 개념이 자칫 딜레마를 불확실성이나 모호성과 같은 선택곤란성을 초래하는 여타의 요인들과 혼동되게 만들 수 있는 우려가 있었기 때문이다. 주지하다시피 딜레마의 독특성은 '합리적 결정 상황에서도 선택의 곤란성이 나타날 수 있음'을 보여주는 데 있다.

다섯째, 딜레마 이론은 처음부터 줄곧 딜레마에는 가치상충의 딜레마와 이해상충의 딜레마가 있음을 인정하고 있다.

여섯째, 가치가 비교불가능하다는 것은 항상 그러한 것은 아니다. 예컨대, 사람의 목숨이라는 가치와 신체의 자유라는 가치는 어느 쪽이 더 큰가를 비교할 수 있다. 똑같은 보호된 가치라도 다수가 관련된 경우가 소수의 그것보다 일견 무겁게 평가될 수 있다. 물론, 이는 자명하게 그러한 것은 아니다. 예컨대, 10명의 목숨을 구하기 위해 무고한 한 사람을 희생시키는 것이 정당한지의 문제는 쉽게 답할 수 있는 것은 아니다. 비교가 불가능한 가치란 그 크기나 비중에 있어서 '모호성'의 특징을 가지고 있다고 볼 수 있다. 가치 간 대립에서 나타나는 선택의 어려움 속에는 딜레마적 속성과 모호성의 속성이 같이 결부되어 있는 것이다. 현실에서 딜레마는 이렇듯 불확실성이나 모호성 등 다른 요소들과 결합된 형태로 나타나는 경우가 많다. 오히려 딜레마의 개념적으로 '순수화된' 형태는 불확실성이나 모호성이 없는 상태에서도, 즉 비교가 불가능해서 선택이 어려운 것이 아니라 비교가 가능하다 해도 어려운 경우에 나타나는 딜레마일 것이다.

결론적으로, 기존의 딜레마 이론이 가치적 측면을 무시했다거나 비교불가능성의 개념을 버렸다고 주장하는 것은 지나친 비판이며, 정책딜레마를 아예 '기술적인 것이 아니라 규범적인 문제'로 정의하는 것은 오히려 딜레마의 외연을 축소시키는 결과가

될 수 있다.

6. 유사개념과의 비교

갈등이나 패러독스와 같은 유사개념들과 딜레마의 구별도 꾸준히 제기되어온 문제이다. 논리적 수준이 아닌 실제 현실에서 종종 딜레마와 갈등, 패러독스가 혼동되기 때문이다. 갈등같은 용어는 매우 다의적으로 사용되기 때문에 그 중에는 딜레마와 같은 의미도 포함된다는 점 역시 개념의 구분을 어렵게하는 요인이다. 또한 유사개념과의 차이를 명확히 하는 것은 그 자체 딜레마 개념의 명확화에 도움이 될 것이다.

1) 갈 등

현실적으로 딜레마의 객관적 조건, 즉 딜레마 상황은 갈등 상황과 유사하거나 동일하다. 차이가 있다면 심각한 갈등 상황이 딜레마 상황이라 할 수 있을 것이다.

갈등은 "둘 이상의 사람이나 집단이 동일한 대상을 소유하려 하거나 동일한 지위 혹은 공간을 점유하려 할 때 발생하는 현상"이다(North, 1968). 갈등에는 집단 간 갈등과 개인의 심리적 갈등이 있으며, 후자는 의사결정자의 선택곤란성을 나타내는 딜레마와 유사하다(윤견수, 2006). 따라서 이종범(2005)은 딜레마를 "결정자의 입장에서 선택을 하여야 하나 뚜렷한 해결책이 없고, 있다고 하여도 그것을 수용할 수 없고, 결정을 하였으나 집행하기 어렵고, 집행하여도 번복될 가능성이 높은 피하고 싶은 갈등"이라 정의한다. 심리적 갈등은 인문학적으로 의미가 있겠지만 정책학적 의미는 떨어진다고 볼 때, 우리가 관심을 갖는 것은 집단 갈등이다. 즉, 딜레마를 초래하는 사회적 조건도 집단갈등이기 때문에 집단갈등에 관한 기존 이론이 딜레마 이론을 대체할 수 있는 것은 아닌가 하는 질문이 제기될 수 있는 것이다.

그러나 갈등은 몇 가지 면에서 딜레마와 구분된다.

첫째, 정책갈등은 의사결정자를 전제로 하는 것이 아니라 객관적 상황을 나타내는 용어이다. 정책이 참여자들의 갈등과 경쟁, 타협의 결과로 만들어진다고 할 때(Model Ⅲ), 정책결정자는 형식적 지위만 지닐 뿐, 그의 결정적 역할은 사라진다.

둘째, 딜레마와 달리 정책갈등은 반드시 선택의 불가피성을 전제로 하지 않는다.

예를 들어, 우리가 자주 언급하는 영호남 지역갈등이나 세대 간 갈등의 경우 수십 년 간을 지속하고 있는 갈등이지만 그에 대해 어떤 해결 요구가 표면화되지는 않는다. 다만, 간헐적으로 구체적 사건(선거 등)을 통해 분출될 뿐이다. 반면에, 딜레마는 선택의 요구가 없으면 존재하지 않는다는 점에서 갈등과 분명히 구별된다.

셋째, 정책갈등은 대부분의 경우 절충이 가능하다. 물론, 갈등이 심각하게 고조되면 절충이 불가능한 상황으로 갈 수도 있다. 그러면 이를 객관적 딜레마 상황으로 볼 수도 있다. 그러나 그러한 상황을 기본조건으로 하는 딜레마와 달리 갈등은 분절성이 필수조건이 아니며, 분절성의 스펙트럼도 딜레마에 비해 훨씬 크다. 안성민(2000: 221)은 그러한 점에 착안하여 딜레마 상황을 '갈등관리가 실패한 상황'으로 정의한다. 즉, 대부분의 갈등은 제도적 관리방안에 의해 관리되는데, 예외적으로 그러한 관리제도가 실패할 경우 딜레마가 발생한다는 것이다.

2) 패러독스

조직에 있어서 카메론과 퀸(Cameron & Quinn, 1988), 반 데 벤과 풀(Van de Ven & Poole, 1988), 정책에 있어서 스톤(Stone, 1988) 등의 패러독스 이론은 딜레마 이론의 출범에 큰 영향을 주었다.

패러독스는 '상호 모순되거나 배타적인 요소들이 동시에 존재하거나 활동하는 현상'(Cameron & Quinn, 1988), 또는 '동일하게 타당한 가정이나 결론들 상호 간에 존재하거나 인식되는 모순'(Van de Ven & Poole, 1988)이라 정의된다. 윌다브스키(Wildavsky, 1988)는 패러독스의 예를 'jogger's dilemma'라는 비유로 나타내고 있다.[14] 조깅은 단기적으로 심장에 부담을 주어 심근경색의 위험을 높인다. 하지만, 장기적으로는 심장 근육을 튼튼히 해줘서 심근경색의 위험을 낮춘다. 조깅이라는 행위에는 심근경색 위험의 고조와 저감이라는 모순된 특징이 공존한다.

패러독스를 인식하는 순간 의사결정자는 상충된 요구 중 어느 쪽을 따를 것인지 어려움을 느끼게 된다. 하지만, 이상의 정의로부터 그 구성조건을 추출해보면 패러독스는 상충성(상호 모순), 분절성(배타)과 결과가치의 균등성(동일하게 타당)이라는 조

14) 비록 딜레마라는 표현을 쓰고는 있지만 이는 상충성을 표현하기 위한 통상적 용법으로서, 우리가 쓰는 딜레마보다는 패러독스에 가까운 개념이다.

건을 갖추고 있지만 당장 결정을 요구하는 대안의 형태로 구체화되지는 않은 상태이다. 즉, 딜레마의 네 가지 기본조건 중 선택의 불가피성이라는 조건이 결여되어 있다.

따라서 조직의 운영자나 의사결정자는 이러한 상충된 요구를 감안할 수는 있으나 그로 인해 당장 어려운 결정을 내려야 하는 곤경에 봉착하지는 않는다. 상충성을 그대로 안고 갈 수 있는 '모순의 공존' 상태인 것이다.[15] 즉, 패러독스는 상충성이 선택의 문제로 표면화되기 이전의 '잠재적 딜레마' 상태라 할 수 있다(소영진, 1994).

이상의 논의로부터 갈등, 패러독스와 딜레마를 간략히 비교하면 다음 [표 2-2]와 같다.

[표 2-2] 갈등, 패러독스, 딜레마의 비교

	갈 등	패러독스	딜레마
상충성	집단 간	요구/가치 간	대안 간
분절성	작다	크다	크다
선택불가피성	없다	없다	있다
결과가치의 균형성	없다	있다	있다
해결방안	절충	공존	리프레이밍

Ⅳ 딜레마 이론의 함의

이상에서 딜레마 이론이 안고 있는 이론적 난점의 해결방안에 대해 토론하였다. 이제 딜레마 이론이 행정학에서 갖는 의미가 무엇인지를 보다 체계적으로 살펴봄으로써 딜레마 이론의 입지를 보다 분명히 드러내고자 한다.

15) 김영평(1991: 241)은 이러한 의미에서 '모순의 관리'를 제안한다. 효과적인 조직은 일방적 요구를 선택하는 것이 아니라 상충되는 요구를 적절히 조화시킬 수 있는 조직이라는 것이다.

1. 이론의 중요성

먼저, 딜레마 이론이 어떠한 점에서 의미를 갖는가 하는 것은 그것이 기존의 이론이나 행정이나 정책현상에 대하여 기존 이론을 넘어서는 새로운 설명을 할 수 있는지, 또한 그러한 설명이 현실 행정을 이해하는 데 얼마나 도움이 되는지에 달려 있다. 이러한 점에 대해 딜레마 이론은 크게 두 가지 점에서 의미를 가질 수 있다.

1) 기존의 정책결정이론의 missing link

우선, 딜레마 이론은 조직이나 정책에 있어서 특이한 결정 또는 현상을 설명하는 데 기존 이론만으로는 부족하다는 인식에서 출발하였다. 그리하여 이러한 현상들은 딜레마라는 상황에서 나타나는 특이한 대응행태로 더 잘 설명이 될 수 있음을 확인한 것이다. 주지하다시피 기존의 정책결정이론들은 합리성의 정도에 따라 서로 다른 대응이 나타난다는 점에 착안하여 각각의 상황에서 나타나는 정책결정의 특징은 무엇인지를 설명하고 있다. 합리성에 대한 제약이 커질수록 선택의 어려움이 커지고 그에 따라 특이한 선택행위가 관찰된다는 것이다. 그러나 딜레마 상황은 '합리성이 보장됨에도 불구하고 선택이 어려운 상황'이고, 딜레마 이론은 그러한 '선택이 불가능한 상황에서의 선택'이라는 일견 모순된 문제가 현실에서 어떻게 해결되는지를 관찰하면서 그러한 특이한 상황에서의 결정에 관한 이론을 발전시켰다. 이는 기존 이론이 다루지 않던 문제 상황과, 그에 대한 대응 행태에 대한 새로운 설명이라는 점에서 이론적 의미를 가질 뿐 아니라, 경우에 따라서는 기존 이론으로 이해되거나 해결되지 않는 문제에 대한 해답을 줄 수 있다는 점에서 현실적 함의도 적지 않다고 할 수 있다.

이러한 현상의 예를 들어 보면 조직에 있어서 책임 전가를 위한 위원회 조직의 설치라든지, 기관 간 딜레마 떠넘기기 현상, 형식주의, 상징적 또는 모호한 결정 등을 들 수 있다.

물론, 이러한 특이한 현상들은 딜레마 이론이 아닌 다른 이론으로도 설명이 가능하다. 예컨대, 쓰레기통모형에서도 에너지부담이 큰 의사결정은 시간을 끌다가 다른 결정자에게 넘기는 현상을 지적하고 있다. 그러나 기존 이론보다 딜레마 이론으로 설명했을 때 더 잘 설명이 되는 경우가 상당수 존재할 뿐 아니라, 기존으로 설명이 충분히 가능한 경우라 할지라도 딜레마 이론으로 또 다른 설명이 가능하다면 이 역시 그러한 현상에 대한 이해의 폭을 넓힐 수 있다는 점에서 의미를 부여할 수 있다.16)

혹자는 갈등이나 패러독스, 모순 등 기존에 제기된 개념들과 딜레마가 별 차이가 없는 것 아닌가 하는 의문을 제기하기도 한다. 만일 그렇다면 딜레마 이론이란 기존 이론에 외피만 바꾼 사이비 이론이 될 것이다. 그러나 이미 앞 절에서 밝힌 바와 같이 이들 개념과 딜레마는 분명한 개념적 차이가 있을 뿐 아니라, 적용되는 상황적 맥락이 상이하여 서로 다른 이론적 체계를 구성하고 있다. 결론적으로, 딜레마 이론은 기존 행정이나 정책 이론의 missing link를 보완하는 새로운 이론으로서 적지 않은 함의를 지니고 있음을 부인하기 어렵다.

2) 한국에서 개발된 토종 이론

딜레마 이론이 갖는 이론적 의미 중 넘어갈 수 없는 점은 보기 드물게 한국에서 개발된 이론이라는 점이다. 그동안 한국의 행정학계에서도 토착화 움직임이 일어나기도 하였고, 국산 이론이나 개념의 개발 시도가 없었던 것은 아니나 일군의 학자들이 지속적인 연구모임을 통해 국산 이론을 개발하고 이를 계속 발전시켜나간 전례는 없었다. 또한 다른 국산 이론과 달리 딜레마 이론은 이미 많은 연구자들에 의해 광범위하게 채택되고 있어서 그동안 발표된 연구논문의 수가 100편을 넘어서고 있다는 점도 성공적인 국산 이론으로 평가받을 만한 것이다.

나아가 이러한 연구 활동은 결과와 무관하게 그 자체로 우리의 행정학계에 신선한 충격을 던져주었고, 시차 이론과 같은 후속적인 집단연구를 통한 이론 개발에도 영향을 주었다고 볼 수 있다.

---

16) 앨리슨(G. T. Allison)은 동일한 정책결정 행위를 동시에 여러 가지 모델로 설명할 수 있음을 보여준다. 그 중 대표적인 것 세 가지를 뽑아 각각 Model Ⅰ, Ⅱ, Ⅲ으로 명명하고 있다. 그는 이러한 점에서 정책결정을 설명하는 모델은 현실을 다양하게 파악하게 만들어주는 시각(lens) 역할을 한다고 설파하였다.

2. 이론의 유용성

딜레마 이론이 뭔가 새로운 설명을 가능케 해준다 하더라도 현실적으로 그 적용범위가 협소하다면 이론의 유용성은 그만큼 떨어질 것이다. 즉, 현실적으로 딜레마 상황이 얼마나 빈번하게 발생하는지, 그리고 그러한 상황을 설명하거나 처방을 제시하는 데 있어서 딜레마 이론이 활용 가능한지가 이론의 유용성을 결정한다고 볼 수 있다. 이에 대해서는 세 가지 측면에서 딜레마 이론의 유용성을 확인할 수 있다.

1) 딜레마의 빈번한 발생

먼저, 우리의 행정이나 정책 현장에서 딜레마가 실제로 많이 발생하고 있음은 이미 수 많은 연구사례들을 통해서도 입증되고 있고, 행정 관료들과의 인터뷰를 통해서도 확인되고 있다. 행정과 정책은 원자력발전, 노사관계 등 전국적 이슈부터 혐오시설 입지, 지역 간 유치경쟁, 부처 간 업무 영역 갈등 등 국지적, 기관내적 규모의 이슈에 이르기까지 무수한 딜레마에 봉착하고 있다. 물론, 이 논문이 취하는 입장에 의하면 딜레마는 객관적 상황의 특징을 의미하는 것이 아니라 주어진 상황에서 정책결정자가 느끼는 것이다. 즉, 정책결정자가 주어진 상황을 딜레마 프레임으로 포착하는 것이다. 따라서 딜레마가 많이 발생한다는 것은 일정한 조건을 갖춘 문제의 발생과 더불어 관련 행위자들의 행태, 결정기관의 조직 문화나 인적 구성 등에 의해 결정자의 프레임은 영향을 받게 된다.[17] 이러한 사실은 이어서 딜레마가 특히 한국적 현실에서, 또한 정치나 경영 현장보다는 행정 분야에서 더욱 빈번히 발생함을 설명해준다.

2) 한국 현실에의 적합성

지금 우리나라는 신생독립국에서 선진국으로 진입하기 위한 변화의 소용돌이에 싸여 있다. 민주화, 분권화, 세계화, 다문화화, 개인화 등이 빠른 속도로 진척되고 있으며, 이에 따른 갈등은 사회의 모든 부문에 걸쳐 증폭되고 있다. 빈부갈등, 지역갈등, 세대 간 갈등, 남녀갈등이 증폭되고 있으며, 심지어 최근엔 인종갈등까지 나타나고 있다.

---

17) 딜레마 발생의 사회적 조건에 대해서는 소영진(1999) 참조.

앞에서 딜레마 이론은 중간 영역에서 더 빈번히 발생한다는 점을 지적하였다. 중간 영역에는 시간적 개념도 포함된다. 즉, 변화가 일어나기 전이나 완성된 단계가 아닌 과도기적 상태가 중간 영역이다. 이 단계에는 변화를 밀고나가려는 세력과 변화를 거부하는 세력 간에 치열한 경합과 갈등이 벌어질 가능성이 크며, 그만큼 딜레마가 발생할 가능성도 크다. 이런 점에 비추어볼 때 딜레마 이론은 상대적으로 안정적인 선진국 행정보다 과도기적 성격을 지니는 한국적 현실에 더 걸맞는 이론이 될 가능성이 크다.

3) 행정 분야에의 적합성

딜레마 이론은 경영학이나 정치학보다 행정학에 적합한 이론이다.

주지하다시피 경영학은 기업의 운영에 관한 학문인 바, 기업은 이윤추구라는 비교적 단일한 가치를 추구하고 있고, 의사결정구조도 권위적으로 체계화되어 있다. 이에 반해 행정은 다의적이고 모호한 공익을 추구할 뿐 아니라 민주화 추세에 따라 권위도 빠르게 분산되고 있다. 따라서 기업보다 행정이 더 자주 딜레마에 봉착할 가능성이 크다.

정치와 행정의 차이는 주로 합리성의 추구에서 나타난다. 정치가 각 참여자의 이익추구의 산물로서 갈등과 경쟁, 타협에 초점을 맞추는 데 반해, 행정은 '효율적 관리'와 그를 위한 합리적 의사결정에 초점을 맞춘다. 이는 행정학이 정치학보다 조직현상을 많이 다루는 이유이기도 하다. 따라서 행정에서는 합리적어야 한다는 책임과 의무를 짊어진 의사결정자가 집단갈등이나 여타 상황으로 합리적 결정을 내리기 어려운 상황에서 고민에 부딪치는 상황이 보다 많이 나타나게 될 것이다.

3. 이론의 발전가능성

이론의 함의를 따지는 데 있어서는 현재의 설명력도 중요하지만, 앞으로 그 이론이 어떠한 새로운 연구 주제를 계속 생산해낼 수 있을 것인지, 즉 이론의 향후 기여가능성도 중요하다. 이에 대하여는 두 가지 점에서 딜레마 이론의 의미를 찾을 수 있다.

1) 딜레마 이론의 보완 여지

딜레마 이론이 만들어진 이래 그 이론의 질적 개선을 위한 보완적 연구들이 많이 나왔고, 이론의 적용 범위도 확장되어 왔다. 이 글 역시 딜레마 이론의 완결성을 강화하기 위한 하나의 새로운 시도이다. 그럼에도 불구하고 딜레마 이론은 지금도 미완성이라 할 수 있다. 딜레마 이론의 내포가 정책결정 행태의 이해에 국한되었던 초기 연구에서 많이 확장되어 딜레마의 원인 및 발생조건, 딜레마의 전개 및 변화 과정, 대응 및 관리방안, 딜레마 강도, 합리성 및 가치와의 관련 등 많은 주제들을 포괄하는 이론의 집합으로 변화됨에 따라 계속 새로운 이론적 보완작업과 이론적 완결성의 보강이 요구되고 있다. 이러한 이론의 확장, 보완, 결속이라는 일련의 작업들은 앞으로도 지속될 여지를 남겨두고 있고, 그에 따라 새로운 연구 주제들이 지속 발굴될 가능성은 충분하다.

2) 새로운 연구 주제의 확장가능성

그동안 딜레마 연구에 있어서 이론의 보완보다 이론의 적용 분야가 더욱 활발히 이루어져 왔다. 정책결정의 행태에서부터 조직 설계, 제도의 도입 및 변화 등 다양한 분야에 딜레마 이론을 적용한 연구들이 이어져 왔다. 딜레마 이론을 적용한 연구 주제의 확장은 다시 두 가지 방향으로 이어져 나갈 수 있을 것으로 보인다.

첫째는 적용 분야의 확장이다. 딜레마 이론을 조직과 정책의 다양한 현상들에 적용하여 봄으로써 기존에 발견하지 못했던 새로운 해석이나 이론을 만들어낼 수 있을 것이다. 예를 들어, 조직 리더의 딜레마 인지 성향 여부가 리더십이나 이노베이션에 미치는 영향을 연구하는 것도 흥미로운 주제가 될 수 있다.[18)]

둘째는 타 이론과의 접목을 통한 연구 주제의 확장이다. 최근 딜레마 이론의 연구

---

18) ① 딜레마 리더십: 조직은 상충된 요구로 둘러싸여 있다. 더욱이 조직을 둘러싼 환경은 나날이 다변화되고 급변하고 있다. 이러한 조직환경에서 요구되는 리더십 스타일로 단선적 사고보다는 상충성을 잘 이해하고 파악할 수 있는 딜레마 리더십이 유용할 것이다.
② 딜레마와 이노베이션: 딜레마는 일상적, 전통적인 해법으로는 해결이 안 되는 문제이다. 딜레마에서 성공적인 리프레이밍을 하기 위해서는 창의적 발상이 요구된다. 따라서 딜레마 상황에서 비전통적인 대응에 의한 정책 이노베이션의 가능성을 찾아볼 필요가 있다. 이에 대한 실례로 강주현(2011)은 서울시가 딜레마 대응 과정에서 '전혀 새로운 선택'을 하게 되는 사례를 보여주고 있다.

정향을 살펴보면 제도론과 딜레마 이론의 접목을 시도하는 연구사례가 늘어나고 있다(김태은 · 박종수, 2008; 김태은, 2009). 기존 제도론은 제도의 도입이나 변화를 경로의존성이나 동형화 등을 통해 설명하고 있지만, 이들 연구에서는 이를 딜레마 이론과 접목하여 그러한 경로가 선택되는 이유를 보다 심층적으로 설명하고 있다. 또한 이 글에서도 채택하고 있는 바와 같이 딜레마 이론과 프레임 이론을 접목한 연구도 다수 등장하고 있다(서준경, 2008; 하민철 · 윤견수, 2010; 소영진, 2010).

이와 같이 딜레마 이론은 조직이론, 정책이론, 제도론, 생태론, 윤리학 등 기존의 다양한 이론들과 접목함으로써 기존 이론을 보다 풍부히 하고 딜레마 이론도 발전해 가는 가능성이 폭넓게 열려 있다.

V 결 론

이상에서 딜레마 이론에 관한 기존의 논의들을 일별하면서 이론적 쟁점을 해결하기 위한 방법론적 전략으로 프레임 이론과의 접목 가능성을 제시하였다. 워낙 많은 논의들이 전개되어온지라 짧은 지면에 상세히 소개하지 못한 한계가 있지만, 복잡한 딜레마 이론의 전체적 모습을 정리하고 이론적 난점들에 대한 일관성 있는 해법을 제시하였다는 데 의미를 두고자 한다. 또한 딜레마 이론의 행정학적 함의를 체계적으로 정리함으로써 그동안의 성과와 향후 발전가능성을 요약하고, 딜레마 이론의 행정학적 입지를 보다 분명히 하는 데 일조하였다. 이제 마지막으로, 딜레마 연구의 발전을 위한 몇 가지 향후 과제를 제시함으로써 결론에 갈음하고자 한다.

첫째, 딜레마 연구도 이제는 연륜이 많이 쌓였다. 개념에 관한 쟁점이 아직도 완전히 해소된 것은 아니지만 어느정도 나올 만한 이야기들은 거의 다 나온 것도 사실이다. 이 시점에는 이론을 만들어가는 것도 중요하지만 이론을 잘 체계화해서 그 토대 위에 현실적 유용성이 있는 연구들을 쌓아나가는 일이 더 중요하다. 즉, 외연을 확대하되 동의반복적 작업은 불필요하다는 말이다. 그런 의미에서 사례분석을 통해 해당 사례가 딜레마였다거나 왜 딜레마가 되었고 어떻게 대응하였다는 식의 연구는 어느 정도 충분하다고 본다. 그러한 사례분석을 통해 새로이 발견한 이론적, 실천적 함의가 무엇인지가 충분히 제시되어야 한다.

둘째, 딜레마 연구에 처음부터 참여하지 않았던 연구자들이 누적됨에 따라 이론의 전체적 궤적을 섭렵하지 않고 부분적으로만 수용하여 연구를 진행하는 일이 빈번해지고 있다. 그러다 보니 딜레마의 개념이나 이론적 가정들이 연구자에 따라 상이한 갈래로 나누어지는 느낌이다. 이 시점에서 이론적 핵심(core)을 재정리하여 가급적이면 연구자들이나 독자들이 공유할 수 있도록 하는 작업이 필요하다. 나아가 딜레마 이론을 보다 압축적이고 이해하기 쉬운 정책결정모형으로 다듬어서 정책학 교육에 활용할 수 있도록 해야 한다.

셋째, 딜레마 이론이 몇 안 되는 한국적 이론이라고 자부하고 있지만 그것은 우리나라에서만의 일일 뿐이다. 이 시점에는 좀 더 세련된 논문을 해외 행정학 저널에 게재하는 노력이 요구된다.

넷째, 딜레마 이론의 발전을 위해서 여타 이론들과의 접목을 꾸준히 시도해볼 필요가 있다. 예컨대, 이미 시도되고 있는 제도 이론이나 프레임 이론 등은 그 좋은 예라 할 것이다. 딜레마에 뒤이어 나온 한국적 이론인 시차 이론과의 연결도 좋은 시도가 될 것으로 보인다.

다섯째, 최근 들어 딜레마 연구팀에서 제도에 대한 관심이 증가하는 것은 딜레마에 대한 적극적인 대응, 또는 효과적인 관리에 관심이 커지고 있는 증좌로 보인다. 이와 더불어 딜레마가 가질 수 있는 긍정적 측면(예, 이노베이션의 촉발, 다원화 사회에서의 리더십, 사회적 비용의 절감 등)을 적극 발굴하여 소개할 필요가 있다.

제3장

비합리적 행동의 합리적 기원: Deborah H. Stone의 정책역설과 딜레마를 중심으로[1)]

윤견수

인간은 끊이지 않고 흘러가는 경험의 어느 한 지점에서 금을 긋는 존재다. '금을 긋는 행위'를 정책에 대한 메타포로 받아들이면 이것은 정책행위자가 자신의 관점이나 아이디어를 기반으로 현실을 해석했다는 뜻이다. 정책분석이란 왜 금을 긋고, 어떻게 금을 그으며, 무엇을 가지고 금을 긋는가 등에 대한 이해를 구하는 행위다. 정책행위자의 입장에서는 지극히 합리적인 행위다. 금을 중심으로 이쪽과 저쪽이 구분되기 때문에 금을 긋는 행위는 곧 범주를 만들며 편을 가르는 행위이기도 하다. 그래서 금이 그어진 상황은 서로 갈등관계를 겪고 있는 두 개의 범주가 동시에 존재하는 역설적인 상황과 본질적으로 같다. 합리성을 강조하는 학자들은 어떠한 것들이 서로 충돌할 때 그것들 간의 우선순위를 매길 수 없으면 비합리적이라고 한다. 하지만, 역설이나 딜레마는 근본적으로 그것을 포함하고 있는 맥락들 간의 충돌을 뜻하기 때문에 교환함수를 만들 수 없는 상황이다. 이런 경우에는 딜레마나 역설을 포함하고 있는 맥락을 이해하고 해석하는 노력이 더 중요하다. 이 글은 스톤(Deborah H. Stone)의

1) 이 글은 『한국정책학회보』 제23권 제4호에 게재된 것을 수정・보완한 것이다.

책을 기반으로 정책에서 역설과 딜레마가 얼마나 보편적인 현상인가, 그리고 해석적 관점에서 정책을 분석한다는 것이 어떤 의미를 갖고 있는가를 논의한다.

> Policy is centrally about classification and differentiation, about how we do and should categorize in a world where categories are not given (p.380) … At every boundary, there is a dilemma of classification: who or what belongs on each side? These dilemmas evoke intense passions because the classification confer advantages and disadvantages, rewards and penalties, permissions and restrictions, or power and powerlessness(Stone, 2002: 382).

I 서 론

이 글의 제목은 "비합리적 행동의 합리적 기원"이지만 반대로 "합리적 행동의 비합리적 기원"으로 읽어도 된다. 외관상 비합리적으로 보이는 행동 안에 숨겨져 있는 합리적 특성을 강조하기 위한 글이기도 하고, 합리적이라고 이해하는 행동 안의 비합리적 특성을 찾기 위한 글이기도 하다. 이렇게 본다면 이 글의 목적은 합리성과 비합리성을 동시에 강조하기 때문에 역설적이다. 그런데 이와 같은 역설을 이해하는 것이 바로 정책분석의 핵심이라는 것이 이 글을 쓰는 목적이다. 이런 목적을 위해 이 글은 스톤(Deborah A. Stone)의[2] 『정책의 역설: 정치적 결정의 수완(*Policy Paradox: The*

2) 그녀는 미시간 대학에서 러시아연구로 학사학위를 받고, MIT에서 정치학 박사 학위를 받았다. 그 후 브랜다이스, MIT, 듀크, 튤레인, 예일, 레드클리프, 다트머스 등의 명문대학에서 때로는 학생을 가르치고 때로는 연구교수로 재직하면서 그녀만의 독특한 연구를 수행하고 있다. 그녀의 또다른 유명한 책은 의료보험체제에서 의사들의 힘이 약한 이유를 다룬 『전문가적 힘의 한계(*The Limits of Professional Power: National Health Care in Federal Republic of Germany*)』(Chicago: University of Chicago Press, 1981), 장애에 대한 사회적 범주가 국가의 복지정책과 어떤 관련을 맺고 있는가를 다룬 『장애국가(*The Disabled State*)』(Philadelphia: Temple University Press, 1984), 정부가 이해관계에 바탕을 두고 정책을 펴는 한 착한 사람이 설 땅이 점차 없어진다는 것을 다룬 『사마리안의 딜레마(*The Samaritan's Dilemma: Should government help your neighbor?*)』(New York: Nation Books, 2008) 등이 있다. 이 글의 목적은 스톤의 저작 전반을 관통하면서 그녀의 업적을 설명하는 것이 아니라, *Policy Paradox: The Art of Political Reasoning*란 책 한 권이 정책연구에서 어떤 의미를 갖고 있는가를 탐색하는 것임을 밝혀둔다. 다른 저작들이 주로 의료나 복지

Art of Political Decision Making)』(1988, 1997, 2002)이라는 책을 주장의 근거로 활용하였다.

미국정치학회에서는 지난 10~20년 간 공공정책 연구에 가장 큰 영향을 끼친 책 한 권씩을 골라 매년 윌다브스키(Aron Wildavsky)상을 수여한다. 이 상을 받은 책들은 대부분의 대학에서 주교재로 사용할 만큼 영향력이 큰 책들이다.[3] 이 상의 2002년 수상작이 바로 『정책의 역설』이다. 이 책은 정책을 가치중립적인 입장에서 과학적으로 분석하는 것은 현실세계를 이해할 때 큰 장애가 되기 때문에 정책에 대한 새로운 접근이 필요하다고 강조한다. 스톤은 종래의 정책분석이 지나치게 추론 과정의 합리성(대안이 가져올 결과들을 비교한 목표 달성에 가장 도움이 되는 대안을 선택), 시장의 합리성(계산을 통해 개인의 이익을 극대화할 수 있는 상황), 정책결정의 합리성(정책이란 일련의 요소들이 연속공정을 거쳐 자동적으로 만들어 내는 것) 등에 토대를 두고 있다고 했다(Stone, 2002: 8-11). 그리고 이와 같은 접근은 분석이라는 것이 정치의 과정과 맞물려 돌아가는 현실세계의 패러다임과 맞지 않는다고 보았다. 스톤은 의사결정 상황에 정치를 끌어들이는 것만큼 어리석고 난삽한 것은 없다고 주장하는 합리주의자들의 주장과 달리, 정치 과정을 거치면서 전략적으로 만들어지는 주장(strategically crafted argument)을 이해하는 것이 바로 분석이라고 보았다(Stone, 2002: 7).

스톤의 방식이 성공적이었는가라는 질문을 던지기에 앞서 우선 책의 구체적인 내용을 살펴볼 필요가 있다. 하지만, 이 글은 스톤의 책을 단순하게 요약하지는 않을 것이다. 스톤이 그랬던 것처럼 이 글은 스톤의 책을 일단 저자의 관점에서 해체해 볼 것이다. 그리고 스톤의 책이 어떤 가치가 있으며, 그런 가치들이 실제의 정책분석 과정에 체화되기 위한 조건들은 무엇인가를 저자의 관점에서 재구성해 볼 것이다. 이러한 해체와 재구성 과정에서 정책현상을 분석한다는 것이 어떤 의미를 갖는가를 논의하는 것이 이 글의 목적이다.

영역의 사례연구를 확대시킨 것이라면, 이 책은 다양한 사례들을 동원하여 정책의 주된 개념과 이론들을 다시 보는 것이기 때문에 스톤의 다른 글들을 낳게 한 플랫폼 역할을 한다.

3) 예를 들어, 1994년은 킹던(John W. Kingdon)의 *Agendas, Alternatives, and Public Policy*, 1995년은 윌슨(James Q. Wilson)의 *The Politics of Regulation*, 1999년은 립스키(Michael Lipsky)의 *Street-level Bureaucracy*, 2000년은 오스트롬(Elinor Ostrom)의 *Governing the Commons: The Evolution of Institutions for Collective Actions*, 2004년은 마치(James G. March)와 올슨(Johan P. Olsen)의 *Rediscovering Institutions: The Organizational Basis of Politics* 등이다.

Ⅱ 정책의 사회적 구성과 범주화

1. 정책에 대한 해석적 시각의 중요성

인간행동의 합리성에 대한 관심은 이미 오래전부터 대부분의 학문 분야에서 있어 왔었다. 그리고 합리성에 대한 글보다는 인지적 한계와 현실의 복잡성 때문에 실제의 현실에서는 합리성에 대한 가정이 적용되지 않는다는 주장, 즉 합리성의 한계에 대한 주장들이 더 많다. 사이먼(Simon, 1959)은 의사결정 과정에서 개인의 이익은 늘 충돌하고, 환경은 항상 변하며, 인지적 한계를 벗어날 수 없기 때문에 완전한 의미의 합리성은 추구할 수 없다고 하였다. 마치(March, 1978; 1994)는 합리성이 중요하게 생각하는 두 가지 개념인 미래 결과의 예측 및 결과에 대한 선호가 실제로는 애매하기 때문에 합리모형은 적용하기 힘든 모형이라고 보았다. 카네만 외(Kahneman et al., 1982)는 불확실한 상황에서의 선택은 분석이 아니라 휴리스틱스를 기반으로 하며 그 과정에서 늘 편견이 동원된다고 보았다. 이와 같이 합리성에 대한 기존의 문헌들을 살펴봤을 때 분석 단위가 개인이건 집단이건 완전한 합리성을 성취하는 것은 불가능한 것이다(최종원, 1995).

스톤의 의도 역시 '합리성(을 지향하는) 기획(rationality project)'을 해체하면서 그것이 갖고 있는 문제점을 현실세계라는 잣대에 비추어 제시하는 것이다.[4] 이 과정에서 스톤은 사회적 구성(social construction)에 바탕을 둔 해석적 시각을 끌어들여 온다. 현실세계를 봤을 때 사람들은 끊이지 않고 흘러가는 경험의 어느 한 지점에서 금을 긋는 존재다. 금을 중심으로 이쪽과 저쪽이 구분되기 때문에 금을 긋는 행위는 곧 범주를 만들며 편을 가르는 행위다. 현실을 이해하고 세상에 질서를 부여할 수 있는 이유는 현실을 범주화하고, 거기에 이름을 붙인 후, 의미를 부여했기 때문이다(Stone, 2002: 378).[5] 사회적 구성에 바탕을 둔 해석적 시각이란 바로 '금을 긋는 행위'라는 메

---

4) 스톤의 입장은 '근대성 기획(modernity project)'을 해체하려고 했던 포스트모더니즘 계열 학자들의 입장과 같다. 그들은 이성과 진보, 그리고 질서가 근대성 기획의 핵심인데, 이것이 인간의 자율과 창의를 억누르고 또한 사회의 문제를 누적시켜 왔다고 한다(Cooper & Burrell, 1989).

5) 이것은 전형적으로 사회적 구성주의의 입장이다. 금을 긋는 것은 유동하는 현실의 일부에 주의를

타포를 통해 정책현상을 이해하는 입장이다. 스톤은 금을 긋는 행위가 곧 (정책)아이디어를 만드는 행위라고 보았는데, 그것은 정책에 대한 해석을 시도하는 것이다.

정책형성 과정에서는 이론과 자료를 둘러싼 토론(분석 담론), 가치에 대한 토론(비판 담론) 등이 존재하는데, 이런 것 못지않게 중요한 것은 정책혁신가가 제시하는 아이디어에 대한 토론(설득 담론)이다(White, 2005). 왜냐하면, 정책은 네트워크를 통해 형성되고 전달되기 때문이다. 후기실증주의 입장을 따르는 학자들은 특히 이런 입장을 선호한다. 이들은 사회적이며 해석적인 판단들을 분석의 가장 기본이라고 봤다(Rein & Schon, 1993; Fischer & Forester, 1993; Fischer, 1998). 정책을 분석한다는 것은 기술적인 규칙이나 문제 해결 공식을 적용하는 것이 아니라, 정책아이디어가 어떻게 등장하고 그것이 다른 아이디어와 어떻게 충돌하면서 하나의 정책으로 형성되는가를 분석하는 것이다. 정책이란 하나의 텍스트에 불과하며, 그 안에 포함된 아이디어와 명제들이 어떻게 해석되는가를 다루는 것이 분석이다(Nutzor, 2009). 정책분석을 하나의 도구로 봤을 때, 그것은 여러 대안 가운데 하나를 선택하는 문제 해결의 도구와 관련된 것이 아니라, 시민들이 이슈에 대한 이해를 높이고 정치 과정에 대한 이해를 높이는 데 기여하는 것과 관련된 도구다(Schulock, 1999). 그러기 때문에 추론 과정에서 무엇이 같고 무엇이 다른가, 무엇이 좋고 무엇이 나쁜가, 무엇이 옳고 무엇이 그른가에 대한 추론이 본질적이며, 얼마나 크고 얼마나 작은가에 대한 추론은 부차적이다(Stone, 2002: 380).

정책행위자들은 자신이 추구하는 가치를 실현하기 위해 정책목표와 상황을 끊임없이 재구성해나간다(강민아 · 장지호, 2007). 정책을 만든다는 것은 아직 범주가 존재하지 않은 세계를 분류하고 다른 것과 구분하는 일이며, 정책논증은 어떤 것을 범주 안에 포함시키고 어떤 것을 배제할 것인가에 대한 추론이다(Stone, 2002: 380). 정책아이디어는 틀짓기의 과정을 거치면서 하나의 정책으로 구성된다(하연섭, 2010). 그래서 정책아이디어는 정책이 형성되는 과정에서 권력처럼 핵심적인 영향력을 행사하

집중하고, 공통점과 차이점들을 기반으로 범주를 만들어 내며, 만들어진 범주에 의미를 부여하는 것이다. 사회를 이해하기 위해서는 사람들이 그 범주에 어떤 의미를 부여했는지 '해석'해야 한다. 그래서 범주는 이해와 해석을 묶어주는 개념이다. 이러한 논의를 사회현상을 분석하는 틀로 소개한 가장 영향력 있는 학자는 버거와 루크만(Berger & Luckman, 1967)이다. 이들은 개인의 주관이 어떻게 객관화되고 객관화된 질서가 어떻게 내면화되는지를 구성과 범주의 개념을 갖고 설명했다.

며, 정치적 동맹을 만드는 힘이 된다. 아이디어는 곧 어떤 범주 안에 누가 포함이 되고 무엇이 포함되는지를 말해준다. 스톤은 자기의 책이 정치적 지지를 획득하고 반대자의 힘을 약화시키기 위해 아이디어를 어떻게 사용하는가를 다루는 책이라고 분명히 말하고 있다(Stone, 2002: 34).

책 제목인 *Policy Paradox: The Art of Political Decision Making*에는 지금까지 설명했던 내용들이 축약되어 있다. 첫째, 정책은 과학처럼 명징한 언어의 세계에 존재하지 않는다. 정책목표와 문제, 그것들을 표현하고 정의하는 방식, 목표를 달성하거나 문제를 해결하는 수단은 미리 주어지지 않고 사회적으로 구성된다(Stone, 2002: xii). 관점에 따라 서로 다른 해석들이 늘 존재하며, 특히 그러한 해석들이 서로 상충하는 '역설(paradox)'적인 상황을 이해하는 것이야말로 현실의 정책을 이해하는 첩경이다. 둘째, 정책의 언어는 늘 애매하기 때문에 그것을 기반으로 이루어지는 의사결정 역시 과학적 방법으로 접근하면 곤란하다. 의사결정 과정은 원인과 결과의 인과관계, 목적과 수단의 순차적 관계가 아니다. 이해관계자들이 다양한 해석적 도구를 동원하며 자신의 아이디어를 납득시키는 상호작용의 과정이다(Stone, 2002: 11). 정책분석은 가치중립적이며 과학적인 행위가 아니라 정책행위자들이 자신의 관점에서 적극적으로 각종 '수완(art)'[6]을 동원하는 행위다. 셋째, 현실세계는 경제학자들의 주장처럼 사익을 극대화하는 합리적 존재로서의 인간관이 그대로 적용되지 않는다. 현실세계에서는 개인의 이익보다 공동체의 이익을 가치 있게 다루기도 하고, 상황이나 맥락의 종류에 따라 이익에 대한 해석이 달라지기도 한다. 즉, 개인의 합리성에 바탕을 둔 분석적 추론보다는 공동체의 관념에 바탕을 둔 '정치적(political)' 추론을 더 비중있게 생각한다(Stone, 2002: 14).

6) 박종민(2009)은 과학(science)와 대비하여 인문학에 가깝게 해석되어야 했던 art를 행정학에서 기술로 잘못 번역했기 때문에 행정학이 방법론적 편협성을 띠게 되었다고 했다. art를 기술로 해석하면 행정학은 처방이나 실천을 강조하며 도구주의적 사고에 갇히게 된다. 이 글에서는 기술이나 인문학적 관점보다는 행위자들이 자신의 입장을 설득시키기 위해 언어와 상징을 적극적으로 동원하는 행위를 art로 이해했던 스톤의 입장을 고려하여 '수완'으로 번역하였다.

2. 정책분석의 범주들

정책문제는 정책목표와 현재 상태 간의 격차를 뜻한다(Stone, 2002: 133). 격차를 줄이기 위해서는 정책의 도구나 해결 전략들이 필요하다. 정책의 목표(goals)는 왜 금을 긋는가라는 질문과 관련되고, 정책의 도구(solutions)는 무엇을 가지고 금을 긋는가라는 질문과 관련된다. 그리고 정책의 문제(problems)는 어떻게 금을 그을 것인가의 질문과 관련된다. 문제가 심각하게 받아들여질수록 목표에 대한 열망과 해결도구의 효과성에 대한 기대가 커진다. 그래서 문제를 정의하는 과정에서 '목표와 현재 상황 간의 격차를 크게 보여주는 전략적 활동'이 필요하다. 상징이나 인상관리 등의 전략들은 모두 그러한 격차가 큰 것처럼 받아들여지게 하는 활동이다. 정책목표와 정책도구 및 정책문제 등의 세 가지 범주는 정책현상을 분석하는 핵심 범주들이다. 스톤 역시 예외는 아니다.

스톤이 정책목표로 제시했던 것들은 형평(equity), 능률(efficiency),[7] 안전(security), 자유(liberty) 등 네 가지였다. 이러한 목표는 정부의 정책이나 행위를 정당화하는 역할을 하고, 정책 프로그램들을 평가하는 표준이 되며, 도달해야 할 분명한 종착점이라기보다는 방향 설정과 관련된 일종의 가치들이다(Stone, 2002: 37). 스톤은 네 가지 정책목표를 제시했지만 이와 같은 정책목표는 각 나라가 처한 역사적 조건과 현재의 상황에 따라 달라질 수밖에 없다. 예컨대, 한국의 경우는 통일이나 평화 등이 정책목표를 구성하는 중요한 범주가 될 수도 있다. 스톤의 목적은 단순히 이러한 개념들을 소개하는 것이 아니다. 그 개념들에 대해 다양한 금들이 그어질 수 있고, 누구나 동의하는 단일의 해석을 강조하는 것이 불가능하며, 그 개념에 대한 기존의 이해를 수정할 필요가 있다고 점을 말하는 것이다. 예를 들어, 효율성의 개념만 해도 무엇을 위한 효율성인가, 누구의 관점이 강조된 효율성인가, 투입을 어떻게 정의할 것인가, 무엇을 산출로 볼 것인가 등등에 따라 그 해석이 달라진다(Stone, 2002: 63-65). 즉, 거버넌스 구조가 달라지면 규칙도 달라질 수 있기 때문에 시장의 규칙만 따르는 효율성과는 다른 형태의 금이 그어질 수도 있다. 토론과 논쟁이 필요한 개념인 것이다. 이런 식으

---

7) 스톤은 효율성이라는 개념이 본래는 가치있는 것을 다루는 수단이 되지만 늘 미국 공공정책의 핵심 담론 가운데 하나이기 때문에 목표 안에 포함시켰다고 말하고 있다(Stone, 2002: 61).

로 스톤은 Ⅱ장에서 다양한 사례와 이론들을 정리하면서 각각의 개념에 대해 어떤 범주들이 존재하고 그것들이 어떻게 충돌할 수 있는지를 설명하고 있다.

정책목표와 현재 상황 간의 격차를 정책문제라고 정의할 때, 그것이 심각한 문제인 것처럼 보이게 하는 것은 중요하다. 금을 긋는 과정은 기본적으로 편을 가르는 과정이기 때문이다. 정책행위자들의 이해관계는 처음부터 고정된 것이 아니라 정책문제를 정의하면서 유동적으로 달라진다. 금을 긋는 과정을 통해 지지자를 끌어모으고 반대자의 목소리를 줄여 나갈 수 있다. 스톤은 자신의 책 Ⅲ부에서 상징, 숫자, 원인, 이해관계, 의사결정 등의 다섯 가지를 정책문제를 정의하는 중요한 범주로 제시하고 있다.

상징(symbol)은 스토리나 신화 혹은 로고나 문양 등에서 보듯 지각의 형성에 영향을 주면서 현상의 한 측면을 부각하는 힘이 있기 때문에 다른 어떤 전략들보다 정책문제를 정의하는 데 도움이 된다(Stone, 2002: 137). 예컨대, 녹색성장이라는 상징은 환경보호와 경제발전이라는 딜레마를 완화하면서 정부의 정책을 성장쪽으로 끌고나가는 문제 정의 방식이다(하민철 · 윤견수, 2010). 숫자(numbers)는 기준이나 규칙처럼 측정을 통해 무엇을 포함하고 무엇을 배제할 지에 대한 경계를 획정하기 때문에 상징 못지않게 정책문제를 정의하는 좋은 방법이다(Stone, 2002: 163-165). 그런데 상징과 숫자는 그 작동방식이 다르다. 상징에는 그것을 받아들이는 사람들이 맥락에 따라 그 상징을 서로 다르게 해석하는 가능성, 즉 애매성이 따라다닌다. 애매성(ambiguity)은 양면적이며 비일관적인 태도를 끌어안는 힘이 있기 때문에 갈등 상황의 긴장을 누그러뜨리고 반대의 목소리를 줄이는 효과가 있다(Stone, 2002: 157-161). 하지만 숫자는 상징과는 반대로 분명한 기준과 규칙에 의해 누가 포함되고 누가 배제되는가를 결정한다. 일단 측정이 시작되면 조직이나 사람이 어떻게 취급되고 어떤 변화가 있어야 하는지를 숫자가 분명히 말해준다(Stone, 2002: 177-187). 예를 들어, 산업통상자원부에서는 2014년의 온실가스를 전년도보다 2.66% 감축하여 15,539,000톤을 줄이기로 했는데, 이때 나온 수치들은 산업부문과 발전부문 등 각 부문에게 허용된 배출량과 그것을 달성하기 위한 노력의 수준을 구체적으로 말해주는 기준들이다. 사람들이 측정의 과정과 결과에 민감해질 수밖에 없는 이유가 분명히 있는 것이다.

상징과 숫자 못지않게 문제를 정의하는 전략으로 많이 사용하는 것은 원인과 결과(혹은 효과)의 인과관계를 만드는 전략이다. 인과적 스토리는 상황이 해롭고 어렵다는 이미지를 통제하기 위한 장치로 많이 활용된다(Stone, 2002: 207). 원인(causes)을 찾는 과정은 책임의 소재가 어디에 있는지를 확인하는 과정이다. 일단 원인을 확인하면 그것을 제거하거나 수정하는 구실이 생기는데, 이것은 다시 말하면 문제의 심각성이 줄어들거나 해소되었다는 것이다(Stone, 2002: 187-188). 반대로 정책문제는 원인이 아니라 효과에 의해 정의될 수도 있다. 효과는 누구의 이해관계(interests)에 영향을 미치는가라는 질문과 직결된다. 예를 들어, 로위(T. J. Lowi)처럼 규제정책이나 재분배정책 등과 같이 손해를 보는 집단이 분명히 존재하는 식으로 정책을 분류하거나, 윌슨(J. Q. Wilson)처럼 누가 혜택을 보고 누가 이익을 보는가 등으로 정책을 유형화한다는 것 자체가, 정책의 인과관계를 통해 문제를 정의하는 방식이 된다. 정책을 정의한다는 것은 무엇이 위험하고, 누구의 이해관계가 영향을 받으며, 누가 우리 편인지를 정의하는 과정인 것이다(Stone, 2002: 227-230). 정책문제를 분석하고 정의하는 마지막 방식은 결정 그 자체다. 결정(decisions)이 되었다는 것은 이미 정책문제가 전략적으로 하나의 방향으로 설정되었다는 것을 뜻한다. 이슈프레이밍의 예에서 보듯 프레임이란 문제가 갖고 있는 다른 측면들은 무시하고 어느 한 측면만을 바라보게 만드는 틀(혹은 경계선)인데, 결정(decisions)이란 이미 프레임이 선택되었다는 뜻이다(Stone, 2002: 247-248).

정책목표와 현재 상태 간의 격차를 줄일 수 있는 전략으로 제시한 정책도구의 범주들은 스톤의 책이 갖고 있는 커다란 통찰력 가운데 하나다(Peters, 1989). 스톤은 정치 과정에 관심을 두었기 때문에 주로 경제학의 영역 내에서 규제를 중심으로 정책도구를 연구해왔던 기존 학자들의 관점과 다르다.[8] 스톤이 제시한 정책도구의 범주들은 유인물, 규칙, 정보,[9] 권리, 권력 등 다섯 가지다.

---

8) 기존학자들의 다양한 관점과 정책도구에 대한 이론적 흐름은 『정부학연구』의 기획특집(2007년 제13권 제2호와 제13권 제4호, 2008년 제14권 제4호를 참조.

9) 스톤이 절의 제목을 Facts라고 했는데 본래 그 절에서 의도했던 의미는 설득 혹은 설득을 위해 사용하는 정보의 성격을 설명하는 것이다. 합리적 이상은 정보의 순수성을 과대평가하고 정보를 사용하는 인간의 순수성을 과대평가한다. 그래서 사람들의 의견은 객관적 사실들에 의해 조정이 가능하다고 본다. 이와는 반대로 조지 오웰(George Orwell)의 『1984년』에 나타난 세계처럼 정보는 순전히 다른 사람들을 조작하기 위한 의도로만 사용된다고 볼 수도 있다. 그러나 실제의 결정에 필요한 정보는 양자의 중간에 존재한다. 즉, 습관, 고정관념, 사회적 관습, 문화적 규범 등에 의해 영향을 받는다(Stone, 2002: 314). 이런 의미에서 Facts를 정보라고 번역했다.

유인물(inducements)은 보상과 처벌로 구성되며 개인의 동기를 집단의 목표와 일치시키기 위해 사용한다(Stone, 2002: 264). 규칙(rules)이란 어떤 맥락에서 어떤 행동을 해야 하는지에 대한 규정을 의미한다. 시장이 보이지 않는 손의 원리에 의해 수요자와 공급자를 맺어주듯, 규칙 안에 내재된 정당성의 원리는 규칙의 제정자와 이행자를 묶어준다(Stone, 2002: 285). 정보(facts)는 당근과 채찍처럼 직접 사람들의 행동을 변화시키는 것이 아니라, 사람들의 마음과 지각에 영향을 주어 행동을 변화시키려는 과정, 즉 설득의 과정에서 전략적으로 활용된다(Stone, 2002: 304). 권리(rights)는 사회의 내재적 규칙들을 재확인하고 재정의 하며, 사회의 구성원이 되기 위해서는 어떤 자격을 가져야 하는가를, 헌법, 법률, 행정규제, 판례 등을 적용하는 과정에서 극적으로 보여주는 정책도구다(Stone, 2002: 351-352). 마지막으로, 권력(powers)은 의사결정 주체와 의사결정 과정을 통제하는 사람을 교체하여 의사결정 과정을 개혁하는 수단이다(Stone, 2002: 354).

스톤이 직접 표현하지는 않았지만 여기서 강조하는 것은 정책수단의 제공자(giver)와 수용자(taker)가 정책수단이나 상대방의 의도 및 행동에 대해 다른 해석을 할 수 있다는 점이다. 즉, 정책의 해결도구에 대해 서로 다른 프레임을 갖고 정책과정에 참여하며 그들의 프레임은 늘 충돌한다. 유인물을 주는 자와 받는 자, 규칙의 제정자와 이행자, 설득정보의 제공자와 수용자, 권리를 판단하는 자와 적용받는 자, 권력을 소유한 자와 피권력자의 정책수단에 대한 프레임이 의도했던 대로 일관성 있게 이어지는 것도 아니다. 예를 들어, 중앙정부의 목적 중 하나가 서민에 대한 복지인데 지방정부를 통제할 수 있는 유일한 방안이 서민복지와 관련된 보조금을 삭감하는 것이라고 해 보자. 이 경우 보조금을 삭감하면 유인이 본래의 목적과는 반대로 유인을 받는 자(즉, 수혜계층)의 복지에 오히려 해가 된다(Stone, 2002: 274-275). 정책도구에 대한 원래의 기대효과와 실제의 부정적 효과가 동시에 존재하는 것이다.

말하고 싶은 정책 범주가 정책목표나 정책도구 혹은 정책문제 그 어느 것이건 스톤이 말하고 싶은 것은 세 가지다. 첫째는 이러한 개념들은 하나의 정책아이디어라는 사실, 둘째는 이러한 아이디어가 사회적 범주의 형태로 만들어진다는 사실, 그리고 셋째는 그러한 범주의 경계를 놓고 다양한 행위자들이 서로 경쟁한다는 사실이다.

Ⅲ 정책분석의 두 영역: 시장과 공동체

단지 금을 긋는 행위만 얘기했다면 스톤의 책은 그 가치를 잃어버렸을 것이다. 스톤은 금을 긋는 과정에서 한편은 시장, 다른 한편은 정치공동체(이하 공동체)의 세계가 서로 충돌한다는 것을 보여주었다. 일찍이 린드블럼(C. E. Lindblom)은 시장체계에서 나타나는 기업의 특권적 지위는 다두제를 형성해 나가면서 진정한 민주주의에 방해가 된다고 하였다(Lindblom, 1977: 12-13장; 하연섭, 2014). 시장과 정치의 영역이 서로 충돌하는 상황을 스톤은 시장과 공동체의 대립이라는 관점에서 크게 경제논리와 정치논리의 대립, 추상적인 세계와 현실세계의 갈등, 개인과 집단의 충돌로 바라보았다. 정책분석가들에게 그것은 단순히 두 세계의 대립이 아니라 정책에 접근하는 패러다임이나 메타포의 충돌을 말한다.

[표 3-1]은 두 가지 메타포가 어떻게 다른지 설명한 것이다. 시장(market)모형은 사회의 출발점을 이익을 추구하며 선호를 가지고 있는 개인으로 본다. 개인의 이익들이 자발적인 교환과 거래관계를 거치는 과정과 결과를 사회로 보기 때문에 사회는 늘 유동적이다. 그래서 공익이라는 것은 독립적으로 존재하는 것이 아니라 개인이 사익을 추구하는 과정에서 생겨나는 결과물로 본다. 공익은 속이 텅 빈 상자의 형태로만 존재하는 것이다. 이 경우 사회의 문제는 사익과 다른 사익들 간의 충돌 때문에 나타난다. 그리고 이러한 문제를 해결하기 위한 동인은 최소의 비용으로 최대의 편익을 확보하려는 경쟁에서 주어진다. 주된 정책결정모형은 순차적이며 인과적 관계를 염두에 둔 생산모형(production model)이다. 이 모형은 이슈가 아젠다로 만들어지고, 문제가 정의된 후, 입법부와 행정부를 거치면서 대안들이 비교와 선택이 이루어지고, 이어 해결책들의 집행이 이루어지는 순서를 강조한다(Stone, 2002: 11). 이 과정에서 가장 많이 쓰는 문제 해결 방식이 분석인데, 그것은 계산과 비교를 특징으로 한다. 문제 해결에 사용하는 정보는 완전하고 충분히 이용할 수 있으며, 누가 그 정보를 어떻게 전달하건 의미의 변형과 수정은 이루어지지 않는다. 문제 해결에 쓰이는 물질적 자원은 '사용할수록 그 양이 줄어든다'고 본다. 유한성의 법칙에 좌우되기 때문에 자원을 사용하는 당사자들은 세상을 제로섬(zero-sum) 경기장으로 파악한다.

[표 3-1] 정책분석의 두 가지 메타포: 시장과 공동체

	시장(market)	공동체(polis)
사회의 출발점(분석 단위)	개인(개인의 이익과 선호)	공동체(집단의 이익과 충성)
사회의 구성방식	• 유동적(이익에 기반) • 자발적 거래와 교환관계	• 결속적(협력, 우정, 충성, 역사) • 멤버십(구성원의 자격)
공익과 사익의 관계	공익은 사익 추구의 결과물	공익은 공동체의 의지
사회문제의 원인	사익과 다른 사익들 간의 충돌	사익이 공익과 조율되지 않음
문제 해결의 동인	최소의 비용과 최대의 편익을 확보하기 위한 경쟁	(정책)아이디어에 대한 통제와 영향력의 확보
문제 해결모형 (정책결정모형)	생산(production)모형 (순차적이며 인과적인 관계)	아이디어 경쟁모형 (병렬적이며 갈등적인 관계)
문제 해결 방식	분석(계산과 비교)	설득(비유와 유추)
문제 해결 수단1: 정보	누가 어떻게 전달하건 그 의미는 변하지 않고 정확함	해석적이며 애매하며 전략적으로 통제될 수 있음
문제 해결 수단2: 자원	유한의 법칙: 물질적 자원은 사용할수록 작아짐	확장의 법칙: 정치적 자원(정치적 기술과 권위)은 사용할수록 늘어남

주: Stone(2002: 7-12, 17-33, 231-257, 378-383)의 책을 중심으로 저자가 정리함.

공동체모형은 기본적인 분석 단위를 개인이 아니라 (정치)공동체인 집단으로 본다. 사회를 구성하는 방식은 개인들의 자발적인 거래나 교환관계가 아니라 구성원들의 멤버십과 자격이다. 그래서 공동체를 유지하고 관리하는 데 필요한 협력, 우정, 충성, 역사성 등의 개념에 주목한다. 사회의 목표, 즉 공익은 개인의 취향이나 선호와는 별도로 독립적으로 존재하는 공동체의 의지 같은 것이다. 개인의 이익도 분명하고 공동체의 이익도 분명하기 때문에 여기서는 사익이 공익과 조율되지 않은 상황을 사회문제라고 본다. 이 상황에서는 정책아이디어에 영향을 미치고 통제할 수 있는 힘을 문제해결의 동인으로 본다. 주된 정책결정모형은 아이디어들 간의 경쟁을 염두에 두고 만들어진 것들이며, 순차적이고 인과적인 모형이라기보다는 병렬적이고 갈등적인 상황을 강조한다. 이런 상황에서 사용하는 주된 문제 해결 방식은 합리적 분석이 아니라 비유와 유추 등의 수사를 기반으로 하는 설득이다. 문제 해결에 필요한 정보는 애매하기 때문에 해석에 따라 달라지며, 정보의 내용과 전달 과정이 전략적으로 통제되기도 한다. 물질적 자원이 희소성의 원칙을 토대로 하는 것과는 달리 정치모형에서 사용하는 기술이나 권위 등의 자원은 사용할수록 늘어나는 확장성의 원리에 기반한다.

시장과 공동체를 대비시키면서 문제 해결 방식의 유형을 각각 분석과 설득으로 했다는 것은 많은 시사점을 준다. 후기실증주의에서는 합리적(rational) 모형을 비판하고 수사적(rhetorical) 모형을 강조한다. 댄지거(Danziger, 1995)는 기술합리적 속성이 있으면 엘리트라는 믿음 때문에 의미심장한 담론들이 정치의 영역에서 배제되었는데, 수사학적 장치들을 눈여겨보면서 그러한 담론들을 부활시켜야 한다고 했다. 공동체에 적합한 모형은 분석이 아니라 수사와 설득이라는 뜻이다. 그는 좋은 수사가 되기 위해서는 말이 논리와 정합성이 갖춰져야 하고(logos), 기꺼이 전하고자 하는 의욕이 있어야 하며(pathos), 개인적인 신뢰(ethos)가 바탕이 되어야 한다고 봤다. 비유나 이미지는 단순한 수사가 아니라 이론가나 실무진들에게 현상에 대한 진단과 처방의 길을 터준다(Morgan, 1986). 아마 이러한 조건들이 각자가 지닌 정책아이디어를 공동체 내의 다른 성원들에게 설득시키는 방법, 스톤이 말한 정치적 이성을 발휘하는 방법일 것이다.

Ⅳ 공동체의 본질: 역설과 딜레마

이해와 해석의 방법으로 정책을 분석한다고 할 때 단지 관점이 다르기 때문에 해석이 모두 다르다고 하는 것은 스톤의 입장이 아니다. 그녀의 관심은 상반된 해석이 팽팽히 맞서고 있는 상황을 분석하는 것이다. 두 개의 해석이 존재하고 그것들이 서로 모순된다면 두 개가 동시에 진리라고 하는 것이 논리적으로는 불가능하지만, 우리가 살고 있는 현실세계에서는 그러한 상황이 오히려 보편적이다(Stone, 2002: 1).[10] 스톤은 이것을 역설이라고 하였다. 이것은 두 개 이상의 현실이 존재하고, 이것들이

10) 예컨대, 유명한 '거짓말쟁이의 역설(혹은 에피메니데스의 역설)'을 보자. 기원전 6세기에 크레타의 유명한 철학자 에피메니데스는 모든 크레타인들은 거짓말쟁이라는 유명한 말을 했다. 이 경우 자신이 크레타인이기 때문에 '모든 크레타인들은 거짓말쟁이'라는 그 말을 믿을 수 없다. 반대로 그 말을 믿게 되면 자신의 크레타인이라는 전제조건을 포기해야 한다. 즉, 논리적으로 어느 하나가 다른 하나를 배제하게 만드는 상호배타적인 상황이다. 하지만, 현실의 세계에서는 모순된 두 개의 해석이 공존할 수 있는데, 스톤은 이것을 바로 역설이라고 보았다(Stone, 2002: 1, 14).

서로 충돌하며, 그 어느 것도 진실이 아니라고 말하기 힘든 상황이다(Thomas, 1989: 566). 두 개의 정책요구나 정책논리가 존재하며, 각각의 요구나 논리 역시 정당하지만, 그것들이 서로 충돌하고 있는 상황이기도 하다(소영진, 1994: 61). 역설은 사람들이 그것을 모르고 지나갈 때는 아무런 문제가 안되지만 선택의 순간 그것이 드러나면 많은 고민을 안겨준다. 이러한 역설이 선택 상황으로 구성되는 상황, 즉 실제의 결정으로 표면화되는 상황이 딜레마다(소영진, 1994: 62). 딜레마는 두 개의 대안이 존재할 때, 두 개의 대안을 동시에 선택할 수 없으며, 그 중 한 개의 대안을 선택하기도 곤란하지만, 제한된 시간 내에 선택을 내려야 하는 상황을 뜻한다(윤견수, 2006: 73).

영속적인 현실의 한 지점에서 금을 그었지만 그것은 늘 불안정하다. 따라서 현실을 이루고 있는 요소들(그것이 사람이건 사물이건 혹은 그 무엇이건)을 금의 어느 쪽에 두어야 할 것인가에 대한 고민이 늘 따라다닌다. 과연 이것을 이쪽이나 저쪽 가운데 어느 쪽에 포함시켜야 할 것인가? 정책의 영역에서는 이와 같은 딜레마로 인해 사람들의 감정이 아주 예민해진다. 왜냐하면, 결정이란 이익과 손해, 보상과 처벌, 허용과 금지, 권력과 무력감 등과 같이 상충하는 영역이 주어졌을 때 어느 한 영역을 선택하는 것이기 때문이다(Stone, 2002: 382). 스톤의 책이 갖는 가장 큰 가치 가운데 하나는 범주화 전략이나 그로 인한 동맹의 결성 등과 같이, 정치적 이성을 활용하는 전략들이 빚어내는 해석체계의 충돌을 이해하는 것이 정책분석의 핵심이라는 것이다.

스톤 자신은 역설과 딜레마를 구분하지 않았고 단순히 상호배타적인 해석의 공존이라는 관점에서 두 개념을 유사하게 바라보았다. 그리고 그것들의 유형을 분류한 적도 없다. 하지만, 그녀의 책을 재구성해보면 해석의 충돌에 대한 유형이 무려 네 가지가 있다는 것을 발견할 수 있다. 첫째는 한 가지 개념과 그것의 반대 개념이 공존하는 방식이다. 이 방식은 역설의 본래 의미와 가장 유사하다.[11] 예를 들어, 평등한 상

11) 역설과 딜레마를 구분한다면 역설은 분석 단위를 바꾸었을 때 해석이 뒤바뀌는 현상과 관련이 있고, 딜레마는 분석단위를 고정시켰을 때 상충적인 해석이 존재하는 상황과 연관되는 듯하다. 거짓말쟁이 역설은 '진술내용 그 자체'와 '진술자의 내용까지 포함한 진술내용' 간의 충돌이다. 예컨대, '낙서금지'라고 벽에 씌여 있을 때 이것이 역설이 되기 위해서는 낙서금지라는 글씨 자체가 낙서일 수 있다는 상위 맥락을 끌고 가야 한다. 하지만, 딜레마는 이런 분석 단위 간의 변화가 없다. 이런 관점에 따르면 죄수의 딜레마는 개인 스스로의 이익만 쫓게 되면 죄수 모두에게 불리한 결과가 초래된다는 내용이므로 엄격히 말하면 딜레마가 아니라 역설에 가깝다. 아람(Aram, 1989)은 공공선택 패러다임을 설명하는 중요한 모형인 죄수의 딜레마, 공유의 비극, 집단행동의 논리 등을 상호

황이 보장받기 위해서는 늘 누군가는 차별을 받는 불평등한 상황이 존재해야 한다(Stone, 2002: 44-45). 최대한의 자유를 보장하기 위해서는 질서와 안전이 필요하고, 질서와 안전을 위해서는 규칙과 법률이 필요하며, 결과적으로 자유를 위해서는 개인의 자유를 제한할 필요가 있다(Stone, 2002: 108-109). 이것은 마치 민주주의를 달성하기 위해서는 민주주의의 본질 가운데 하나인 자율성이 어느 정도 통제될 필요가 있다는 민주주의의 역설과 같다. 예를 들어, 각 부문의 자율성이 보장받기 위해서는 관료제와 같은 강력한 행정질서에 의해 자율성이 어느 정도 통제되어야 한다는 논리와(du Gay, 1994) 같다.

둘째는 하나의 개념에 대한 해석이 다른 개념에 대한 해석과 충돌하는 경우다. 예컨대, 안전과 효율성은 서로 양립할 수 없다. 안전을 도모할수록(혹은 안전이 보장될수록) 근무의욕이 떨어지고 이것이 효율성은 줄이기 때문이다. 하지만, 스톤은 시장의 세계에서는 이러한 주장이 타당할지 모르지만 안전과 효율이 동시에 존재할 수 있는 것이 바로 현실이라고 보았다. 현실에서는 안전할수록 오히려 일의 의욕이 더 높아진다(Stone, 2002: 104-107). 또 다른 예로 합리적 분석가들은 평등을 위해서는 대규모 관료제가 필요하기 때문에 평등과 효율성은 양립할 수 없다고 주장한다. 하지만, 스톤은 오히려 행정이라는 것이 그 자체로 이미 충분히 생산적인 성격을 갖는 업무이기 때문에 양자가 공존할 수 있다고 본다(Stone, 2002: 80).

셋째는 한 개념을 구성하고 있는 하위 요소들이 충돌하는 경우다. 예컨대, 한 사회가 규칙을 제정할 때 좋은 규칙으로서의 조건을 갖추기 위해서는 규칙이 정확해야 하며 동시에 변하는 상황에 맞추어 유연하기도 해야 한다. 규칙성과 신축성은 논리적으로만 보면 동시에 존재할 수 없지만, 현실적인 법체계에서는 늘 두 가지 상황이 맞물려 돌아가고 있다(Stone, 2002: 288-295). 또 다른 경우인 설득을 예로 들어 보자. 설득은 정보를 제공하는 측면과 선전(혹은 의식화)이라는 상반된 측면이 있다. 앞의 경우는 설득을 논리와 증거를 제시하면서 교육과 학습을 시키는 것으로 이해한다. 뒤의 경우는 사람들을 의식화시키고 노예로 만들어 복종을 시키고 결국은 행동을 조작하는 것으로 이해한다. 현실의 세계에서는 순수한 형태는 존재하지 않고 양자의 경계선

작용이 빚어내는 역설이라고 정의하였다. 이론 논점으로 봤을 때 스톤이 제시한 네 가지 충돌 유형 가운데 첫 번째 것은 역설에 가깝고, 나머지 세 가지는 딜레마에 더 가깝다.

[표 3-2] 정책의 역설과 딜레마의 표현 방식

한 개념과 그것의 반대 개념이 공존	• 평등한 상황과 불평등한 상황, 평등한 대우와 불평등한 대우의 공존(44-45면) • 개인의 자유와 자유의 제한의 공존(108-109면)
한 개념과 다른 개념 간의 충돌	• 효율성과 평등(equality)의 딜레마(80-85면, 104면) • 효율성과 안전(security)의 딜레마(104-107면) • 안전과 자유(liberty)의 딜레마(121-127면) • 자유와 평등의 딜레마(128-131면) • 상징(symbol)(스토리, 비유 등)의 충돌(138-144면, 148-149면)
한 개념을 구성하고 있는 하위 요소 간의 충돌	• 효율성을 구성하는 개념인 투입과 산출, 혹은 비용과 편익의 해석에 대한 상충적인 해석(64-67면) • 좋은 규칙을 만들기 위한 조건인 정확한 규칙과 신축적 규칙 간의 딜레마(288-295면) • 설득의 두 가지 이념형인 합리적 설득(사실과 논리에 기반)과 의식화 설득(세뇌와 조작에 기반) 간의 상충적인 해석(308-310면) • 연방주의 달성의 조건인 집권과 분권의 프레임 충돌(371-375면)
한 개념을 둘러싸고 있는 맥락(조건)들 간의 충돌	• 효율성이 작동되기 위한 추상적 맥락(조건)과 현실적 맥락(조건) 간의 충돌(69-72면, 170면) • 측정과 평가를 둘러싼 측정자와 측정대상, 평가자와 피평가자라는 입장의 충돌(177-186면) • 정책효과를 정의할 때(혹은 이익을 해석할 때) 지지하는 상황과 반대하는 상황 간의 해석의 충돌(210-214면) • 유인을 제공하는 맥락과 수용하는 맥락 간의 유인의 내용과 효과에 대한 해석의 충돌(271-278면) • 법적 권리의 해석을 둘러싼 시장과 정치의 딜레마(344-347면)

이 애매한 상황으로 존재한다는 것이 스톤의 주장이다(Stone, 2002: 307-309).

넷째는 한 개념이 적용되는 맥락(조건)들이 서로 충돌하는 경우다. 이것은 앞에서 설명한 세 가지 경우를 모두 포함하는 최상위 조건이다. 예컨대, 개인의 자유과 그것에 대한 규제가 공존한다고 할 때, 사실은 자유를 허용하는 맥락과 금지하는 맥락이 현실세계에 공존한다는 뜻이다. 자유와 평등이 충돌하는 경우도 두 개념이 직접 충돌하는 것이 아니라 자유를 보장하는 상황과 평등을 이루는 상황이 대립한다고 봐야 한다. 조직의 운영 과정에서 집권화와 분권화가 모두 필요한 이유는, 집권화가 발휘되기에 유리한 조건이 분권화가 나타나는 조건과 동시에 존재하기 때문이다. 특히, 행위자들의 관점 차이를 설명할 때 맥락의 속성이 두드러진다. 관점이 다르다는 것은 행위자가 처한 개인적 사회적 역사적 조건들이 다른 사람과 다르다는 의미다. 예컨대,

평가 과정에서 평가자의 관점과 피평가자의 관점 차이는 엄격히 말하면 권력과 영향력을 행사할 수 있는 상황과 그렇지 않은 상황 간의 대립에서 비롯되며, 그러한 상황에 놓인 행위자들은 자신들이 불리하지 않기 위해 다양한 전략들을 구사할 수밖에 없다(Stone, 2002: 177-181). 법정에서 이루어지는 판결을 예로 들어 보자. 밖에서 합리모형을 주장하는 사람들은 판사가 논리와 사실에 바탕을 두고 법적 판단을 한다고 보지만, 공동체모형을 주장하는 사람들은 그것 이외에 판사의 개인적 경험과 소신, 사회적 규범과 신념 등에 의해 판결이 영향을 받는다고 본다(Stone, 2002: 344-347).

V 토론: 정책분석의 초점

지금까지는 스톤의 저서에 나와 있는 내용들을 저자의 입장에서 해체하고 재구성해 본 것이다. 현실에 금을 긋는 사회적 구성의 관점에서 봤을 때 시장보다는 공동체가 현실의 원리에 더 가깝고, 역설적 상황과 딜레마가 공동체의 특징을 이루고 있다는 것이 스톤의 핵심적인 주장이다. 그렇다면 이와 같은 역설과 딜레마를 어떻게 해소할 것인가? 이 질문에 대한 스톤의 대답은 분명하지 않다. 그리고 대답이 분명하지 않기 때문에 실제의 정책분석 과정에서 도움이 별로 되지 않는다는 식으로 접근법의 유용성에 대한 비판도 가능하다. 토마스(Thomas, 1989: 567)는 스톤이 목표, 문제, 해결책의 구도 안에서 자신의 논지를 전개했는데, 이러한 구도 자체가 이미 합리성을 전제로 한다고 했다. 스톤이 비판의 대상으로 삼았던 합리모형을 설명을 위한 구도로 차용했다는 것이다. 그런데도 불구하고 해결책에 대한 논의를 제시하지 못했기 때문에 스톤의 접근법은 더 이상 합리모형이 아니라는 모순을 내포하고 있는 것이다. 피터스(Peters, 1989: 305)는 스톤의 책이 갖는 가장 큰 장점 중 하나가 바로 정책도구 개념을 흥미있게 제시했다는 점인데, 그것에 대한 분류가 아직까지는 경험을 이론화하면서 나온 것은 아니라고 보았다. 더구나 정책도구로 기능하는 '해결책(solutions)'과 '문제(problems)'를 논리적으로 연결시키지 못했기 때문에 이것을 앞으로 보완할 필요가 있다고 하였다.

1. 변화의 도구가 아니라 이해의 대상으로서의 정책

위와 같은 우려는 스톤이 비판하려고 했던 합리성 패러다임 안에서만 가능하다. 이 책의 내용을 어떻게 처방책과 연결시킬 것인가 하는 점은 여전히 정책을 합리적 분석의 세계에서 바라보는 것이다. 그것은 도구적 관점이기도 하다. 하지만, 스톤이 직접 언급한 것은 아니지만 정책을 개혁이나 변화의 대상으로 보는 것이 아니라 이해의 대상으로 보려는 것이 스톤의 입장이라는 것을 분명히 해 둘 필요가 있다.[12] 정책은 도구적이며 동시에 표현적인 속성을 모두 가지고 있다(Yanow, 2000). 이해의 대상으로 간주한다는 것은 정책의 표현적 속성을 강조한다는 뜻이다. 그것은 특정 상황에 놓인 정책행위자들의 의도가 무엇이고 그것이 어떻게 변화되어 가며, 그 과정에서 행위자들이 자신의 의도를 정책에 어떻게 반영해나가며, 그것을 다른 행위자들에게 납득시키기 위해 어떤 노력을 기울이는가 등의 질문에 관심을 갖는 것이다.

이와 같은 관점은 정책이 기본적으로 언어로 구성되어 있다는 사실을 전제로 한다. 행위자와 행위자, 행위자와 연구자의 관계는 사람들이 사용하는 언어에 토대를 둔다. 사회현상이라는 것은 일상 언어에 기반을 두고 이해하는 것이며(Schutz, 1967), 정책도 예외는 아니다. 정책 상황이란 정책결정자, 결정집행자, 정책대상자라는 각각의 공동체가 각자 다른 틀(frame)과 정책언어를 가지고 정책과정에 참여하는 상황이다(Yanow, 2000). 분석가는 각 공동체가 어떤 과정을 거쳐 의미들을 만들어 냈고, 어떤 맥락에서 그 의미들을 사용했는지를 해석해 내야 한다. 정책을 분석한다는 것은 추상적인 원칙이나 기준에 입각하여 우선순위를 결정하는 것이 아니라, 하나의 주장이 정치공동체의 구성원들에게 어떤 식으로 공감대를 이루어 나가거나 반대를 형성해 가는가를 분석하는 것이다. 특히, 조직의 관리자가 될수록 분석에 바탕을 둔 과학적 언어보다는, 스토리텔링의 과정을 통해 상황을 해석하고 전달하는 일상 언어 사용 방식

12) 이러한 논법은 스톤뿐 아니라 이해와 해석의 관점에서 사회현상을 분석하는 학자들 모두에게 적용될 수 있다. 문제 해결의 합리성을 강조하는 사람들은 틀 통제와 예측을 염두에 둔다. 통제와 예측을 결합한 개념이 변화나 개혁이다. 따라서 변화는 합리성 기획의 핵심 주제 가운데 하나다. 합리성의 실현을 이상으로 삼는 실증주의 행정학과 정책학이 처방과 해결책을 강조하는 이유와 그 맥이 닿아있다. 하지만, 해석주의 패러다임을 학자들은 개혁이나 변화에 앞서 현상을 정확히 이해할 필요가 있다고 본다. 특히, 행위자들의 관점과 그것들 간의 상호작용이 어떻게 해서 개혁과 변화의 주제로 구성되는지를 아는 것에 관심이 있다.

을 선호한다(Hummel, 1991). 정책형성 과정에서 제기되는 행위자들의 주장 역시 스토리텔링에 기반을 둔다. 그것이 전문가들이 사용하는 언어보다 더 상상력을 자극하고 이해를 도우며 따라서 상대방을 설득시키는 힘이 강하기 때문이다. 정책분석의 핵심은 정책행위자들이 다양한 수사와 상징을 사용해 자신의 "주장을 펴나가는 과정(argumentation process)", 즉 설득의 과정을 이해하는 것이다(Majone, 1989; Fischer & Forester, 1993; Fischer, 2003).

그렇다면 이해를 위해 어떤 방법이 동원되는가? 이미 스톤은 이 책을 집필하는 과정에서 충분히 그런 방법을 사용했다. 그것은 '해석(interpretation)'활동이다. 표현된 정책을 해석하는 것이야말로 이해의 첫걸음이다. 정책언어는 본질적으로 애매하며 정책언어를 해석하는 행위자들의 해석은 늘 다양하다. 애매하기 때문에 사람들은 대상에 대한 의미를 만들어나가려고 한다. 경험을 조직화하면서 그것을 단순화하고, 거기에 이름을 붙이면서 경험을 안정화시킨다(Weick, 2005). 타인과 상호작용하는 과정에서 필수적인 대화라는 것도 사실은 정보를 정확히 전달하기 위한다기보다는, 애매성을 해소하기 위한 노력과 과정으로 봐야 존재 가치가 있다(Lester, 1998). 마치(March, 1978)는 의사결정 과정에 등장하는 대안들이 애매하게 정의되거나, 다양한 의미를 갖거나, 그 해석이 상반된다고 하였다. 그리고 모호한 상황에서는 의미의 구성이 중요하기 때문에 신화나 상징 스토리 등을 통해 적극적으로 의미를 구성해 나간다고 보았다. 정책을 이해한다는 것은 바로 사람들이 부여한 의미를 밝혀내는 일이며, 그것을 위해 관찰 가능한 각종 행동과 상징을 해석하는 일이다. 그것은 정책을(합리성에 토대를 둔) 분석의 관점이 아니라 작가가 텍스트를 집필하고 독자가 그것을 읽어나가는 관점, 즉 집필의 관점에서 접근하는 것이다(윤견수, 2005; 2008).

실증주의는 순수하게 연구자의 관점만 강조하고, 주관주의는 반대로 순수하게 행위자의 관점만을 강조하지만, 해석주의는 행위자의 관점을 연구자의 관점으로 다시 정리하는 것을 강조한다(Lee, 1991). 해석을 한다는 것은 단순한 '연역(deduction: 이론 중심의 추론)'이나 '귀납(induction: 경험자료 중심의 추론)'이 아니다. 일종의 '소전제가 불명확한 삼단논법 추론(abduction)'이기 때문에 텍스트에 대한 연구자의 적극적인 해석활동이 강조될 수밖에 없는 것이다(Mantere, 2013: 71-72). 정책을 분석한다는 것은 정책행위자들이 상징과 언어에 부여했던 의미를 분석가의 언어로 다시 정리한다는 것을 뜻한다. 정책분석가는 곧 정책언어를 번역하는 사람(translator)이며, 다양한 정책공동체가 사용하는 언어를 중개하는 사람(mediator)이다(Yanow, 1996; 2000). 그러기 때문에 분석가는 일상생활에서 보통 사람들이 취하는 것과 같은 자연스러운 탐구방식을(Lincoln & Guba, 1985) 우선 취하게 된다. 분석가 역시 기본적으로 언어를 사용한다는 제약조건에서 벗어날 수 없기 때문이다. 자연스러운 탐구를 선호하는 사람들은 분석의 토대가 되는 경험 자료를 모으기 위해 특정 상황에서 어떤 일이 벌어지고 있는가를 일단 "빈틈없이 묘사하는(thick description)" 방식을 사용한다(Geertz, 1973). 번역과 중개의 첫걸음은 언어를 그대로 옮기는 것인데 그런 노력이 바로 빈틈없는 묘사인 것이다.

정책을 개혁과 변화의 도구가 아니라 이해의 대상으로 보면 행위자들의 다양한 해석체계들이 상호작용을 거치며 수렴해가거나 변화해가는 과정에 주목하게 된다. 그래서 사례연구 등의 질적 연구방법이 주된 분석방법이 된다. 그리고 해석의 과정은 정책아이디어를 둘러싼 공동체들의 갈등과 긴장에 집중되는 것이 일반적이다. 스톤이 해석의 도구로 역설의 개념을 부각시킨 일은 이런 면에서 상당히 적절했다고 본다. 이 과정에서 비합리적이라고 여겨졌던 것들이 행위자의 입장에서 보면 반드시 그렇지만은 않다는 것을 발견할 수 있다. 반대로 합리적이라고 여겨졌던 행동들이 그것이 근거하고 있는 가정들의 지나친 비현실성 때문에 실제 현실에서 작동될 수 없다는 것을 발견하기도 한다. 즉, 맥락이 무엇이냐에 따라 해석이 달라질 수 있는 것이다.

2. 정책대안이 아니라 맥락 중심의 사고

스톤의 책은 [표 3-2]에서 제시한 것처럼 역설과 딜레마라는 것이 개념의 충돌이 아니라 사실은 두 개의 맥락이 서로 충돌하는 것이며, 이것이 개념을 통해 표현되는 방식으로 짜여져 있다. 물론, 스톤이 이런 식으로 책을 구성하지는 않았고 역설이나 딜레마를 맥락들 간의 충돌이라고 해석하지도 않았다. 하지만, 책의 행간에는 개념이 중요한 것이 아니라 그 개념이 존재하기 위한 조건으로서의 맥락과 그 맥락 속에 존재하는 행위자들의 관점이 중요하다는 사실이 강조되어 있다. 예컨대, 시장과 공동체의 대립이라는 것은 엄격히 말하면 가정과 공리로 이루어진 추상적 조건들이 편견이나 감정 또는 이해관계로 특징지워지는 현실적 조건들과 충돌하는 상황이다. 그리고 공동체 내에서 일어날 수 있는 여러 가지 충돌현상은 그것 자체가 중요한 것이 아니라 충돌을 가져온 맥락들이 서로 조화롭지 않아서 표출되는 현상이다. 그러기 때문에 스톤의 관점을 확대하면 어떤 대안이 다른 대안보다 왜 중요하고 얼마나 중요한가를 따지는 것이 정책분석이 아니다. 정책을 둘러싼 맥락조건들이 다른 맥락조건들과 어떻게 연관을 맺고 있는가를 제시하는 것이 정책분석이다.

이러한 관점에 따르면 정책을 둘러싼 맥락적 조건들이 모순과 긴장으로 가득 차 있는 현실을 분석하는 과정에서 특히 많은 통찰력을 얻을 수 있다. 예컨대, 김영삼 정권 당시 부처 간 정책갈등을 조정하기 힘들었던 이유는 민주화를 추진한다는 것과 위로부터의 개혁을 추진한다는 것이 근본적으로 모순이었기 때문이다(최병선, 1993). 어떤 정책이 더 우선시되어야 하는가에 대한 비교와 평가의 불확실성 때문에 정책갈등이 생기는 것이 아니라, 대안을 포함하고 있는 맥락들이 서로 충돌하는 상황에 있었다는 것이다. 때로는 중요한 정책결정자 개인의 소신과 경험이 결정을 좌우하는 중요한 맥락으로 등장하기도 한다. 예컨대, 상향적이고 점진적 개혁에 대한 소신을 갖고 있던 학자가 실제의 개혁 과정에 참여한다고 하자. 정부의 개혁은 늘 급진적이며 하향적이기 때문에 두 가지 상황은 근본적으로 충돌할 수밖에 없다(김영평, 2007). 분석 단위가 집단이건 개인이건 맥락의 충돌이 발생할 수 있는 것이다. 이 경우 쉽게 결정을 내릴 수 없는 이유는 단지 정책대안의 측정과 비교가 곤란해서가 아니라 맥락을 구성하는 조건들이 역설적 상황에 놓여 있기 때문이다.

스톤이 얘기한 것은 아니지만 역설이나 모순을 이와 같이 개념 간의 대립이 아니라 맥락들 간의 충돌로 본다면 오히려 스톤의 시각을 정책설계 과정에서 유용하게 사용할 수 있다. 예컨대, 효율성을 위해서는 관료제가 필수적이지만 관료제는 신축성을 방해한다는 역설(이것을 톰슨의 역설이라고 한다)이 있다고 하자. 이 역설을 현실 속에서 무리 없이 끌어안는 방법은 관료제를 과거의 지식을 최대한 활용하면서 동시에 새로운 지식을 최대한 흡수할 수 있게끔 양용형 조직(ambidextrous)으로 바꾸어 주는 것이다(Adler et al., 1999; Raisch et al., 2008; 2009). 역설과 딜레마가 생기는 맥락을 재설계함으로써 그것을 오히려 생산적인 에너지로 활용하는 것이다. 또 다른 예로 관료제와 민주주의 시스템이 충돌한다고 가정해 보자. 관료제는 효율성과 합법성을 강조하며 민주주의는 다양성을 강조한다. 이 상황에서 양자의 모순을 해소하는 방법 중 하나는 관료제의 작동조건에 민주주의의 작동조건을 스며들게 하는 것이다. 즉, 맥락들 간의 조정을 통해 개념 간의 조정이 이루어지는 방식이다. 예컨대, 관료조직 안에 절차적 합리성 요소를 끌어들이고 소수자의 가치를 반영하는 규칙을 만들어 내면서 양자의 조정을 이루어낼 수 있다(김창수, 2008). 이번에는 개발과 보존이라는 해석체계가 충돌한다고 해보자. 잠재적인 역설이 실제의 딜레마로 가기 전에 개발이익 중심의 가치평가체제를 바꾸거나, 두 가지 해석이 더 큰 맥락 속의 일부라고 시스템 사고를 구축하거나, 동시공존의 길을 만들어 보거나 등등의 방법으로 역설과 모순을 끌어안을 수 있는 것이다(김종길, 2001). 다시 말해, 정책대안이 포함하고 있는 맥락 및 그 요소들에 주의를 기울임으로써, 실제 선택 상황에 존재하는 표출된 대안들 간의 갈등을 누그러뜨릴 수 있다.

정책이념이나 정책대안들이 서로 충돌할 때 그것들을 포함할 수 있는 상위맥락을 끌어안으면 그러한 충돌로 인해 생기는 사회적이며 심리적 비용을 줄일 수 있다는 것은 이미 많은 학자들이 말한 바 있다. 왜냐하면, 특정 정책이념이나 정책대안을 유일한 것으로 보지 않기 때문이다. 예를 들어, 합리성을 지향하는 실증주의적 정책분석의 결과는 실제의 정책과정에서 수용할 유일한 정보가 아니라 다양한 참고자료 가운데 하나로 봐야 한다(송근원, 2008). 합리성이란 도구적 합리성뿐 아니라 윤리적이며 정치적 합리성, 그리고 절차적 합리성까지 포함할 수 있는 포괄적 합리성의 차원에서 새롭게 검토될 필요가 있다(문태현, 2003). 정책은 이해관계의 망이나 비공식 네트워크를 통해 형성되는 측면이 많기 때문에 자료와 이론을 강조하는 분석적 담론만 받아들이면 실제로 분석이 힘들어지며, 정책담론의 또다른 유형인 비판적 담론(가치에 대한 토론을 강조) 및 설득적 담론(정책아이디어의 수용을 강조)과 함께 포괄적인 수준에서 바라봐야 한다(White, 2005). 이러한 주장들은 합리성 개념이 안고 있는 전통적 문제점을 지적하면서 그 개념을 포기하는 것이 아니라, 기존의 입장을 끌어안되 오히려 그것을 여러 입장 가운데 하나로 간주하는 것이다. 바로 이 점이 스톤이 진정 말하고자 하는 것이다.

이러한 공존은 실제의 정책 상황에서 더 두드러진다. 김종길(2001)은 동강댐에 대한 사례분석(이것은 개발이냐 보존이냐의 딜레마 상황과 관련된 전형적인 사례다)을 통해 산업화 시대와 달리 패러독스의 시대에서는 정책이 딜레마로 빠지기 전에 그것을 동시에 공존시키는 길을 모색할 필요가 있다고 하였다. 개발과 보존을 서로 다른 두 개의 대안이라고 보지 않고, 개발의 맥락과 보존의 맥락을 하나의 맥락에서 조정이 가능한 것이라고 본 것이다. 굳이 인지적 한계나 환경의 불확실성이라는 개념을 끌어들이지 않더라도 정책에는 다양한 유형의 합리성이 존재하고 그것들은 서로 충돌할 수밖에 없다. 실용적, 실질적, 이론적, 도구적 관점에 따라 합리성에 대한 해석이 다르며 이것들은 일상에서 늘 충돌한다(Townley, 2002). 하지만, 이것을 극복하려고 하는 과정에서 오히려 더 큰 재앙이 생길 수 있기 때문에, 모순을 허용하던지 부분적 실패를 허용하든지 등의 방식으로 모순을 관리하는 지혜가 필요하다(김영평, 2008). 정책은 늘 딜레마에 놓여 있기 때문에 객관적 합리성과 관련된 모형을 결정이론으로 사용하는 것은 원천적으로 불가능한 것이다(김태은 · 박종수, 2008). 서로 충돌하는 패러다임이 존재할 때 그것을 대안으로 접근하면 그것들 가운데 어느 하나를 선택해야 한다. 하지만, 맥락적 사고를 하게 되면 정치적 이성을 통해 어느 정도 충돌을 조정할 수 있는 길이 열린다. 역설과 모순을 피할 수 없다는 것을 알고 있기 때문이다. 기술합리적인 패러다임과 구성적 패러다임이 공존하는 것은 역설이지만 오히려 그것으로 인해 사회 전체는 창조적인 방향으로 나갈 수 있다(Blyth, 2013).

Ⅵ 결 론

피터스(Peters, 1989: 304)는 스톤의 책이 한계가 없는 것은 아니지만 그래도 정책에 대한 정치적 접근이 무엇인지를 자세하게 설명하기 때문에 정치학을 공부하지 않은 다른 학자들에게도 대단히 유익한 책이라고 하였다. 적어도 이 책은 정책을 정치과정의 관점에서 이해시키는 데 성공한 책이다. 스톤 스스로 직관적인 활동을 상당히 좋아하기 때문에 합리적 분석에 대한 실망이 있었고, 그러한 실망이 이런 책을 낳았을 것이라고 하는 약간은 냉소적인 평가가 있다(Thomas, 1989: 567). 하지만, 이 책이 제공하는 통찰력에 비하면 그러한 평가는 충분히 감내할 만하다. 스톤은 '합리성 기획' 안에 내재된 여러 가지 문제점들을 시장과 공동체의 대비를 통해 보여주었다. 시장이 작동되기 위해서는 합리성이 전제되어야 하는데, 현실에서는 그것을 찾아볼 수 없기 때문에 공동체 모형이 적합하다고 가정하였다. 물론, 합리적 분석이 잘못되었다고 말하는 것은 아니다. 스톤의 책은 합리적 분석을 정책을 분석하는 과정에서 부분적 접근으로만 받아들여야 한다고 말하는 것이다(Peters, 1989). 공동체 안에서는 구성원들이 이슈나 정책대안들에 대해 다양하게 해석을 하고, 심지어는 그런 해석(체계)들이 상충하면서 공존하기 때문에 역설과 딜레마가 공동체 모형의 핵심을 이룬다고 보았다. 아마도 정책이 그 인과관계가 불확실하고 의도(혹은 선호)가 늘 애매할 수밖에 없는 것은(March, 1994), 이런 이유에서일 것이다.

딜레마나 모순적 사고가 합리모형이 제시하는 편향적 사고를 극복하면서 학자들에게 현상에 대한 비판적 사고를 키워 주고 통찰력을 제공해 준다는 것은 이미 많은 학자들이 지적하고 있다(이종범 외, 1991; 윤견수 외, 2000; 김영평, 2008). 실제로, 역설은 다양한 속성들이 얽혀있는 조직의 변화와 개혁을 이끌어 내는 기제로 작용한다(Jason, 2013). 특히, 포스트모더니즘계열 학자들은 딜레마와 모순 개념을 선호한다. 이들은 모더니즘의 근간이 되는 로고스와 진보의 개념을 해체하면서 중심과 주변, 정상과 광기, 현전과 부재, 말과 글, 의식과 무의식, 진리와 허위 간의 경계를 허물어뜨리면서, 모든 행위의 근저에 있는 역설적 상황을 분석한다(Cooper & Burrell, 1988). 정책이 이루어지는 무대 안에서 그러한 관점을 스톤의 책처럼 구체적으로 제시한 책은 없다.

합리적 사고를 가진 사람들은 역설이나 딜레마가 존재할 때 교환함수를 만들어 그것을 해결하려고 한다. 왜냐하면, 최적의 대안을 찾아내야 하고 그것을 통해 정책이 현실의 문제를 해결해야 하기 때문이다. 여기서는 정책을 목표를 성취하거나 문제를 해결하기 위한 도구로 바라본다. 하지만, 역설이나 딜레마는 그것을 포함하고 있는 맥락들 간의 충돌을 뜻하기 때문에 본질적으로 교환함수를 만들 수 없다. 이런 상황에서는 정책과 관련된 목표 문제 행위자 및 그것을 포함하고 있는 상황에 대한 해석이 필요하다. 즉, 정책을 둘러싼 맥락에 대한 이해가 선행되어야 한다. 도구적 관점인가 이해의 관점인가, 변수 중심인가 맥락 중심인가 등의 질문을 이해하는 과정에서 스톤은 분석과 정치라는 메타포를 사용했다. 그런데 중요한 것은 이 두 가지 메타포 간의 관계다. 분석과 정치를 엄격히 구분하는 사람들은 각자의 입장에서 양자의 혼합을 시도하는 경우가 많다. 스톤의 입장은 그와 같은 양자절충적 시각이 아니다. 분석활동은 늘 어떤 것을 선택하고 다른 것은 배제하는 활동이며, 세상을 여러 방식 중 하나로 바라보는 것을 의미하기 때문에, 필연적으로 정치적일 수밖에 없다고 하였다(Stone, 2002: 378). 이 글의 결론도 동일하다. 도구적 관점보다 이해의 관점이 중요하고 변수 중심의 사고보다 맥락 중심의 사고가 중요하다고 말하는 것이 아니다. 정책분석은 이해의 관점과 맥락 중심의 사고가 바탕이 될 수밖에 없다. 정책이란 정책결정자, 집행자, 지지자 및 반대자, 연구자 등 다수의 정책행위자들의 상호작용이 만들어내는 과정이자 산물로 표현되기 때문이다.

제4장

딜레마 이론: 체계적 평가와 고찰[1)]

김태은

이 연구는 딜레마 이론을 체계적으로 고찰 및 평가하였다. 구체적으로, 네 가지 연구 질문에 대한 해답을 구하기 위해 이론 분석평가틀을 새롭게 설계 및 적용하고 세부 항목에 부합되는 연구방법을 활용하였다. 분석 결과, 딜레마 이론은 첫째, 새로운 의사결정이론으로 새로운 발견과 설명을 하였고 설명력을 지니고 있다는 점에서 '이론적 가치'를, 둘째, 객관적 관찰과 난제 극복을 통한 이론화, 개념의 공고화 및 차별화, 이론 발전과 정교화가 체계적으로 나타나고 있다는 점에서 '이론 개발모델로서 가치'를, 셋째, 공공성 확보, 전략적 활용 차원에서 '행정 및 정책적 가치'를 발견할 수 있었다. 넷째, 이론적 가치에도 불구하고 이론 고유의 문제와 이론 적용의 문제와 같은 '이론적 한계'를 지니고 있었다. 동 분석 결과는 딜레마 이론의 가치와 한계를 체계적으로 이해할 수 있게 하여 주며, 동시에 행정 및 정책적 관점에서 딜레마 이론의 유용성을 새롭게 살펴볼 수 있는 기회를 제공한다.

1) 이 글은 『정부학연구』 제27권 제1호에 게재된 것을 수정 · 보완한 것이다.

I 서 론

1991년 '정책분석에 있어서 딜레마 개념의 유용성'이라는 논문을 통해 행정학계에 소개된 딜레마 이론은 합리, 만족, 점증 모형 등 당시의 지배적인 의사결정이론으로 설명되지 않는 행정현상, 특히 '선택' 자체가 매우 어려운 상황에서의 선택을 설명하기 위해 개발되었다.

딜레마 이론은 신자유주의가 맹위를 떨치고 관련 경제이론이 행정학에 강력한 영향을 미치고 있었던 시대, 미국 행정이론이 지배적으로 영향을 미치고 있던 시대에 등장했다. 이는 곧 당시 학계를 지배하고 있던 인식 및 제도적 제약을 극복하고 행정현상에 대한 객관적 관찰을 통해 이론 개발에 성공하였음을 보여준다. 또한 딜레마 이론은 이론의 개발과 제시에 머무르지 않고 30여 년에 걸쳐 다양한 이론들과 경쟁하면서 지속적으로 이론을 발전시켜 왔다. 실제, 딜레마 이론이 제시된 이후, 딜레마 발생 및 형성 원인, 다양한 딜레마 대응 유형의 발견 및 딜레마 대응 유형 간 관계 설명, 딜레마 인지, 딜레마 강도, 주관적 딜레마의 객관화 등 이론의 발전이 이루어져 왔다. 또한 딜레마 이론이 개발되고 30여 년이 지났음에도 불구하고 행정과 정책현상을 이해하고 설명하는 주된 도구로서 역할을 수행하고 있다. 그러나 딜레마 이론의 발전과 성장에도 불구하고 아직까지 동 이론에 대한 체계적 고찰은 매우 제한적으로 이루어져 왔다.

이러한 배경에서 이 연구는 딜레마 이론이 개발된 30년의 시간이 지난 시점에서 딜레마 이론에 대해 체계적인 검토와 평가를 수행하고자 한다. 구체적으로, 딜레마 이론의 이론적 가치가 무엇인지, 딜레마 이론이 이론 개발모델로서 가치를 지니고 있는지, 딜레마 이론의 행정·정책적 가치가 무엇인지, 딜레마 이론의 한계가 무엇인지에 대한 연구 질문을 설정하고 이에 대한 해답을 찾고자 했다. 이를 위해 첫째, 이 연구는 이론의 본질과 특성을 반영할 수 있는 이론 분석평가틀을 새롭게 설계하고 적용하였다. 둘째, 연구 질문별로 세부 항목들을 개발하고 개별 항목에 적합한 연구방법을 활용하였다. 질적 연구가 필요한 부분은 논문, 서적 등을 포괄하여 일반적인 '문헌연구'를 수행했고, 보다 객관적 근거가 필요한 부분은 딜레마 논문에 대한 '메타분석'

을 통해 수행했다. 메타분석 자료의 시간적 범위는 이종범 외(1991) 논문이 게재된 시점 이후부터 2020년 8월 현재까지로 하여 단계적인 연구물 추출을 수행하여 총 59편의 분석 대상 논문을 설정하였다. 양적 분석은 SPSS 25를 통해 통계분석을 수행했다.

Ⅱ 이론적 배경

1. 행정이론으로서 딜레마 이론

딜레마 이론은 기존의 의사결정모형과 달리, 정보가 완전한 경우나 애매한 경우에 상관없이 최종적으로 나타날 수 있는 기회손실이 크기 때문에 선택이 어려운 경우를 설명하기 위해 개발되었다. 여기서 딜레마는 "비교불가능한 가치나 대안이 선택 상황에 나타날 때, 한 가치의 선택으로 인해 다른 가치가 가져 올 기회손실이 크기 때문에 선택이 곤란한 상황"(이종범 외, 1991: 4)으로 정의되었으며, 딜레마의 조건으로 ① 주어진 맥락에서의 선택을 전제로 하며, ② 상충되는 가치가 선택 상황 속에 동시에 나타나고, 그것이 대안으로 표상될 수 있으며, ③ 대안들 간의 비교가 불가능하지만 그 중요성이 비슷하기 때문에, ④ 대안의 선택이 곤란하다는 것이 제시되었다(이종범 외, 1991: 4; 이종범, 2018: 6).

딜레마 이론은 인간의 선택을 다루고 있는 행정이론으로 몇 가지 특징을 보여주고 있다. 대표적으로 첫째, 딜레마 이론은 기존 의사결정이론들과 달리 '선택' 자체가 어려운 상황에서의 선택을 연구하고 있다. 기존의 의사결정이론은 합리성 여부에 따라 합리모형, 점증모형, 만족모형 등 서로 다른 의사결정모형들을 개발하여 왔다. 이러한 기존의 의사결정모형은 합리성의 여부를 떠나 '선택'의 자유로움을 가정한다. 반면, 딜레마 이론은 의사결정자의 '선택' 자체가 어려운 상황에서 어떠한 의사결정이 이루어지는지에 초점을 두고 있다.

둘째, 딜레마 이론은 기존의 의사결정이론이 간과한 '의사결정자' 자체에 관심을 두고 분석의 핵심을 둔다. 기존의 의사결정이론은 의사결정자를 가치중립성을 지니고 외부환경 조건에 기계적으로 대응하는 주체로 가정하였다. 그러나 현실의 의사결정자는 가치중립성을 지니기보다는 가치를 중시하고 또는 적극적으로 선호할 수도 있다. 또한 외부환경 조건에 기계적으로 대응하기보다는 외부환경을 적극적으로 해석하거나 재구성하기도 한다.

셋째, 딜레마 이론은 의사결정자의 선택을 제약하는 '독립변수로서 딜레마'를 새롭게 제시했다. 합리모형 혹은 표준경제학의 가정과 달리 현실세계에 인간의 선택은 진공상태에서 이루어지지 않는다. 인간의 선택을 제약하는 다양한 변수들이 존재하며, 동 변수들의 제약 하에서 인간의 선택이 이루어진다. 이러한 점은 사회과학 전반을 관통하여 '독립변수로서 제도'를 강조하여 온 신제도주의에서 잘 드러난다. 딜레마 이론은 인간의 선택을 제약하는 원인으로 딜레마를 제시하고 있다. 인간의 선택을 제약하는 원인을 밝히는 것은 곧 인간의 행태, 사회현상, 정책을 설명하는 가장 근원적인 연구 영역이라 할 수 있다.

넷째, 딜레마 이론은 기존에 행정현상에서 광범위하게 존재하지만 그 원인을 적절하게 설명하지 못하여 온 현상을 설명하고 있다. 예를 들어, 형식주의, 비일관적 대응, 지연, 한정적 대응, 무마용 자원 확대 등과 같이 독특하지만 광범위하게 발견되는 행정현상이 왜 발생되는지를 설명하고 있다. 즉, 동 이론은 행정현상을 설명할 수 있는 또 다른 렌즈를 제공하였다 할 수 있다. 이러한 딜레마 이론은 최초의 한국 행정이론으로서 1991년 이론이 공식 제시된 이후, 2020년 현재에 이르기까지 지속·개발되어 왔으며, 다양한 행정현상을 설명하는 주요 이론으로서 역할을 수행하고 있다.

2. 선행연구

이론이 어떠한 가치와 한계를 지니고 있는지를 판단하는 것은 해당 이론뿐만 아니라 행정이론 자체의 발전을 위해서도 매우 중요하다. 다만, 이론 개발, 적용, 이론을 비판한 모든 학술논문이 사실 이론에 대한 가치를 직·간접적으로 담고 있기 때문에 어떠한 연구가 이론에 대한 가치와 한계를 고찰한 연구인지 자체를 특정하는 것이 쉽지 않다. 대표적으로 행정학에서 주로 다뤄진 이론(혹은 모형)에 대한 가치와 한계를 고찰한 선행연구들을 제시하면 다음 [표 4-1]과 같다. 이론의 가치 및 한계의 도출은 연구자에 따라 상이하게 이루어졌으며, 주로 문헌연구와 메타분석, 그리고 소수의 실험연구, 사례연구들이 이루어졌음을 알 수 있다.

[표 4-1] 주요 이론(혹은 모형)에 대한 가치 및 한계 도출방법

연구 대상	연구자	연구방법	가치 및 한계 도출방법
거래비용이론	Macher & Richman (2008)	문헌연구	방대한 경험적 연구 결과들을 통해 거래비용이론의 설명 범위가 넓음을 강조, 해결되어야 할 다양한 과제 제시
	Williamson (2010)	문헌연구	역사적으로 거래비용이론의 발전 과정을 통해 이론의 가치를 제시
공공봉사동기(이론)	김상묵 (2018)	문헌연구 (160편 메타분석)	연구경향과 경험적 연구 결과로 구분, Ritz et al.(2016)과의 비교를 통해 연구 성과 제시
	김호정 (2019)	문헌연구	공공봉사동기이론의 주요 쟁점을 다섯 가지로 구분하고, 쟁점별로 발생배경, 내용, 그리고 평가를 수행
공공선택이론	Quiggin (1987)	문헌연구	이기적 효용 극대화 가정에 대한 경험적 지지 여부 분석, 지지되지 않음을 제시
근거이론	권향원・최도림(2011)	문헌연구	이론의 유용성과 유의점 제시
내러티브정책 분석틀	허성욱 (2015)	문헌연구	과학 철학적 입장, 구성요소, 분석방법, 논리의 일관성 차원에서 이론의 적실성 분석
대리인 이론	권순만・김난도(1995)	문헌연구	행정현상에 대한 설명 가능성 논의를 통해 이론 평가, 인센티브 측면과 효율성 측면에서 행정학적 함의 도출
	Eisenhardt (1989)	문헌연구	조직이론에의 기여 여부 및 경험적 지지 여부
레짐이론	이종원 (1999)	문헌연구	유사 이론과 비교하여 이론적 차별성 제시
복잡성 이론	김기형 (2009)	문헌연구	유용성 여섯 가지, 적용상 유의점 제시
시차이론	최종원 (2003)	문헌연구	현실적 적용 가능성 고찰, 시차이론의 행위자 가정 구현 가능성 논의
신거버넌스이론	한승준 (2007)	문헌연구/사례연구	신거버넌스의 이론적 한계를 사례를 통해 확인
신공공관리론	이영철 (2003)	문헌연구	행위자 가정, 공익 추구 배제, 행정의 주요 가치 손상 차원에서 이론적 비판

역사제도주의	김태은 (2015a)	문헌연구 (116편 메타분석)	연구경향 및 이론적 관점(이론전개 과정, 핵심연구 개념, 독립변수로서 제도, 제도 지속성과 변화 등)에서 분석
옹호연합모형	김순양 (2010a)	문헌연구	이론적 측면에서의 논쟁점 및 적용의 적실성 측면에서 논의
	Pierce et al. (2017)	문헌연구 (161편 메타분석)	이론 구성요소 차원에서 모형을 평가
재산권 이론	이민창 (2006)	문헌연구	연구방법과 대상, 기회주의적 행동에 대한 설명, 정책불응과 실패의 원인 설명, 협력과 자율적 집행 연구 차원에서 구분 제시
전망이론	Barberis (2013)	문헌연구	실험이 아닌 현실에서의 설명력 여부를 검증
정책네트워크	고길곤 (2006)	문헌연구	참여자, 상호작용, 구조 관점에서 모형의 유용성을 비판적으로 검토
	신희영 (2007)	문헌연구	사회적 활동의 변형모델을 통해 비판적 논의
	김순양 (2010b)	문헌연구	이론적 · 실천적 한계를 유용성, 연구방법론, 분석 단위, 분석변수 및 지표, 설명력, 하위 유형화, 정책네트워크의 동태성, 행위자들 간 관계의 성격 등으로 구분 고찰
제도디자인 원리	Cox et al. (2010)	문헌연구 (91편 메타분석)	Ostrom의 '여덟 가지 제도디자인 원리'가 경험적으로 지지되는지 여부를 통해 이론의 설명력 검증

이 연구와 직접적으로 관련된 연구로, 최병선(1994)은 『딜레마 이론』(1994) 서평을 통해 동 이론이 정책의 비일관성, 정책실패, 정책결정의 지연, 명목적 제도의 도입과 기회주의적 집행, 형식주의, 상징적 행동 등을 깊게 이해할 수 있게 한다고 평가했다. 한편, 딜레마 대응행동의 범위를 넓힐 필요성, 딜레마 인식 주체 문제, 딜레마로부터 벗어날 수 있는 여러 선택 대안을 두 가지로 치환해야 하는 이유의 불명확성, 정책관 등에서 비판적 의견을 제시했다. 임도빈(2010)은 『딜레마와 제도의 설계』(2008)에 대한 서평을 통해 딜레마 이론이 한국의 행정현상에 대한 분석틀로 외국 이론들을 사용함에 있어 현실적합성 부족이라는 한계를 인식하고 이를 극복하고자 한 노력의 결과로서 이해했다. 한편, 딜레마 개념 정의가 이론의 적용 범위를 축소하는 결과를 가져왔고, 딜레마 대응으로서 지연과 딜레마 정의 중 '결정시한의 시급성'과 배치될 수 있

음을 지적했다. 소영진(2015)은 여섯 가지 주요 이론적 문제들을 재검토하고 딜레마 이론의 중요성 차원과 활용 가능성 차원에서 딜레마 이론의 유용성을 제시했다. 첫째, 기존의 정책결정이론의 missing link를 보완하는 새로운 이론으로서 가치, 한국에서 개발된 이론이라는 점에서 이론의 중요성을 제시했다. 둘째, 딜레마의 빈번한 발생, 한국 현실에의 적합성, 행정 분야의 적합성 차원에서 이론의 활용 가능성이 높다고 주장했다.

3. 연구의 필요성

1991년 딜레마 이론이 개발된 이후, 동 이론을 통해 다양한 행정현상을 설명하여 왔음에도 정작 이론 자체에 대한 가치와 한계를 종합적이고 체계적으로 고찰하지 못하여 왔다.

이에 첫째, 무엇보다 딜레마 이론의 이론적 가치가 무엇인지를 체계적으로 고찰할 필요가 있다. 즉, 딜레마 이론이 현상을 설명하는 새로운 이론인지, 설명력은 있는지, 설명의 범위는 넓은지, 또한 시간적 제약없이 설명력이 유지되는지 등 차원에서 이론의 가치와 한계를 고찰할 필요가 있다. 둘째, 딜레마 이론이 이론 개발 모델로서 역할을 수행하여 왔는지를 살펴볼 필요가 있다. 딜레마 이론은 한국에서 개발된 최초의 행정이론으로서 30여 년의 시간이 흘렀다. 따라서 딜레마 이론은 이론 개발과 발전 과정을 살펴볼 수 있게 해주는 소중한 자료이며 기회라 할 수 있다. 셋째, 딜레마 이론이 행정이론으로서 행정 및 정책적 가치를 지니고 있는지 살펴볼 필요가 있다. 행정이론은 과학이론으로서의 가치뿐만 아니라 행정 및 정책적 가치를 지닐 수 있다. 특히, 행정이 공공의 이익을 추구한다는 점에서 행정이론 역시 이러한 가치 추구에 기여할 수 있다면 보다 유용하다 할 것이다. 넷째, 딜레마 이론의 한계와 대안적 논의를 수행할 필요가 있다. 모든 이론은 법칙이 아닌 한 이론적 한계를 지니고 있으며, 한편에서 이에 대한 대안적 논의는 보다 설명력 높은 이론 발전의 토대가 된다는 점에서 중요하다. 다섯째, 딜레마 이론의 가치와 한계를 체계적으로 분석할 수 있는 이론 분석틀을 개발·제시하고자 한다. 이론은 고유한 특성을 지니고 있으며, 이론이 가정하는 것 혹은 강조하는 점이 상이할 수 있다. 선행연구에서 살펴보았듯이 이론의 가치, 한계에 대한 고찰은 연구자별로 매우 상이한 접근과 연구방법 등이 활용되었다. 이 연구는 딜레마 이론의 본질과 특성을 반영할 수 있는 이론 분석평가틀을 설계하고 적용하고자 한다.

4. 연구설계

1) 연구내용

이 연구는 딜레마 이론의 가치와 한계 및 대안적 고찰을 수행한다. 딜레마 이론의 가치를 크게 '이론적 가치', '이론 개발모델로서 가치', '행정 및 정책적 가치'로 구분하여 분석한다. 또한 딜레마 이론의 한계와 대안 고찰은 '이론 고유의 문제'와 '이론 적용상 문제'로 구분하여 살펴본다.

(1) 이론적 가치

딜레마 이론의 '이론적 가치'를 크게 '새로운 의사결정이론', '새로운 발견과 설명', '이론의 설명력 차원'에서 구분하여 살펴본다.

구체적으로, 첫째, 딜레마 이론은 이종범 외(1991)에서 제시되었듯이 기존의 의사결정이론과 다른 새로운 의사결정이론을 표방하였다. 이에, 동 이론이 '새로운 의사결정이론'으로서 가치를 지니고 있는지를 살펴보고자 한다. 둘째, 이론의 가장 중요한 역할은 새로운 발견과 설명에 기여하는 것이라 할 수 있다. 이에, 딜레마 이론을 통한 '새로운 발견과 설명'이 무엇인지를 고찰함으로써 이론적 가치를 도출하고자 한다. 셋째, 이론에 있어서 설명력은 매우 중요하다. 이 연구에서는 간접적으로 이론의 설명력을 '설명의 범위'에 '설명의 지속성' 차원에서 살펴본다. 여기서 설명의 범위는 이론을 통해 설명할 수 있는 행정현상의 범위이다. 제한된 범위보다는 보다 다양한 행정현상을 설명할 수 있는 이론이 더욱 가치를 지닌다. 설명의 지속성은 이론이 적용되는 시간적 범위를 의미한다. 즉, 이론이 특정 시점에서만 설명력을 갖기보다는 가능한 긴 시간에 걸쳐 설명력을 유지할 때 이론의 가치가 높아진다. 설명의 범위와 설명의 지속성은 직접적으로 살펴보기 매우 어렵다. 이 연구에서는 설명의 범위를 '연구분야', '게재 저널의 유형'으로, 설명의 지속성은 '연도별 논문 수 추세' 및 '연도별 참여 연구자(딜레마 이론을 토대로 논문을 게재한 자) 수 추세'로 조작적 정의하여 분석한다.

(2) 이론 개발 모델로서의 가치

딜레마 이론은 한국 최초의 행정이론으로서, 딜레마 이론이 새로운 이론을 개발함에 있어 모델로서 역할을 수행할 수 있는지 살펴보고자 한다. 일반적으로 이론은 '관찰을 통한 이론화', '개념의 공고화 및 차별화', '이론 발전과 정교화'의 과정을 거친다. 이에, 첫째, 객관적 관찰을 통한 이론화가 이루어졌는지, 둘째, 딜레마 이론을 구성하는 핵심 개념의 '공고화 및 차별화'가 이루어졌는지, 셋째, 단순한 이론 적용이 아니라 이론 발전이 이루어졌는지를 살펴보고자 한다. 이를 위해, 이론 개발, 이론 발전, 이론 적용으로 구분하고, 특히 이론 발전은 크게 세 가지(① 기존 이론 보완 및 정교화, ② 새로운 개념 및 모형 개발, ③ 이론 확장 및 연계)로 구분하여 살펴본다.

(3) 행정 및 정책적 가치

딜레마 이론이 행정이론으로서 '행정 및 정책적 가치'를 지니고 있는지를 살펴본다. 순수과학과 달리 처방성이 중요하게 고려되는 행정이론에서 딜레마 이론의 가치가 무엇인지를 살펴보고자 한다, 핵심적으로 행정이론으로서 '공공성에 기여'하는지, '전략적 활용' 가치가 무엇인지를 살펴보았다.

(4) 딜레마 이론의 한계와 대안 고찰

딜레마 이론의 한계와 대안 고찰은 딜레마 이론의 한계로서 '이론 고유의 문제'와 이론 개발 모델의 한계로 '이론 적용상 문제'로 구분하여 살펴본다. 특히, 딜레마 이론의 적용상 한계는 '연구방법'과 '연구 주제' 차원에서 구분하여 살펴보았다.

2) 연구방법

이 연구는 문헌연구와 논문 메타분석을 수행했다. 첫째, '문헌연구'는 딜레마 이론이 소개된 1991년부터 2020년 현재까지 서적, 논문자료 일체를 분석하였다.

둘째, 딜레마 이론의 가치와 한계를 보다 객관적으로 분석하기 위해 '논문 메타분석'을 수행했다. 즉, 학술 저널에 게재된 논문을 대상으로 이론의 설명력(설명의 범위,

설명의 지속성), 이론 발전 및 정교화, 이론 적용상 문제(연구 주제, 연구방법)를 분석했다. 논문 메타분석을 위해 아래와 같은 3단계 과정을 거쳐 딜레마 논문자료를 추출했다. ① 1단계는 서로 다른 논문자료기지[한국학술지인용색인(KCI), KISS, DBpia][2]에서, 행정학과 정책학 분야[3]에 한정하여, 제목과 키워드 분석을 통해 딜레마 논문으로 추정되는 논문 196건(KCI 88건, KISS 78건, DBpia 30건)을 추출했다. ② 2단계는 추출된 196건 중 제목분석을 통해 중복되는 자료를 115편을 제외하고 81편을 선별했다. ③ 3단계는 81편의 논문을 내용분석하여 딜레마 서평 2편, 집단행동 딜레마 연구 6편, 딜레마 이론을 실제 적용하지 않은 논문 16편 등 총 24편을 제외하여 총 57편을 선별했다. 최종적으로, 기존에 딜레마 서적(1994, 2000, 2008)에 기술되었으나 위 1, 2단계에서 검색되지 않았던 논문 2편을 추가하여 최종적으로 '59편'을 분석하였다. 연

[표 4-2] 연구내용과 연구방법

대분류	중분류	비 고	연구방법
1. 이론적 가치	새로운 의사결정이론	–	문헌연구
	새로운 발견과 설명	–	문헌연구
	이론의 설명력	설명의 범위(연구 분야, 게재 저널의 유형) 설명의 지속성(연도별 논문 수, 연도별 참여 연구자 수 추세)	논문 메타분석
2. 이론 개발 모델로서 가치	객관적 관찰을 통한 이론화	–	문헌연구
	개념의 공고화 및 차별화	–	문헌연구
	이론 발전	이론 개발, 이론 발전(기존 이론 보완 및 정교화, 새로운 개념 및 모형 개발, 이론 확장 및 연계), 이론 적용 구분	논문 메타분석
3. 행정 및 정책적 가치	공공성 확보 기여	–	문헌연구
	전략적 활용	–	문헌연구
4. 한계 및 대안적 논의	이론의 고유 문제	–	문헌연구
	이론 적용상 문제	연구 주제(핵심 개념), 연구방법	논문 메타분석

2) 1단계에서 세 가지 DB를 이용한 것은 각 DB마다 자료 제공 연도, 제공하는 저널 등이 서로 달랐고, 검색방법 또한 상이하여 세 가지 DB를 종합했다.

3) '딜레마'는 행정학 및 정책학뿐만 아니라 인근 정치학 및 교육학에서도 흥미롭게 활용되는 개념이다. 다만, 이 연구 대상인 '딜레마 이론'을 활용한 연구를 좀처럼 찾기 어려웠다. 이에 행정과 정책 분야 한정하여 자료를 추출했다(자료 추출 기준일: 2020.8.10).

구내용과 연구방법은 [표 4-2]와 같다.

Ⅲ 행정이론으로서 딜레마 이론의 가치

1. 이론적 가치

1) 새로운 의사결정이론

딜레마 이론은 기존의 의사결정이론과는 다른 새로운 의사결정이론이다. 새로운 의사결정이론으로서 딜레마 이론의 주요 특징은 다음과 같다.

(1) 선택이 어려운 상황에서의 '선택'을 설명

딜레마 이론은 기존의 의사결정이론과 달리, 의사결정자의 '선택' 자체가 어려운 상황에 대해 연구하고 있다. 행정학에서 의사결정이론은 곧 사람들이 어떻게 결정을 하는가와 관련되어 있으며, 핵심은 의사결정 주체의 합리성 정도에 따라 달라졌다.

일반적으로 완전한 합리성[4]에서는 의사결정자들이 잘 정의된 문제, 고려될 수 있는 대안의 완벽한 배열과 정보, 각각의 대안의 결과에 대한 완벽한 정보, 시민들의 선호나 가치에 관한 완전한 정보, 충분한 시간, 기술, 자원의 보유를 지니고 있음을 가정한다. 그러나 현실의 사람들은 다양한 원인에 의해 합리성이 제약받는다. 대표적으로, 사이먼과 마치(Simon & March, 1958)는 의사결정자들은 모호하거나 빈약하게 정의된 문제, 대안, 문제의 배경, 제안된 대안의 결과, 정보, 가치, 선호, 이해의 맥락과 범위에 관한 불완전한 정보 및 제한된 시간, 기술, 자원에 놓여 있음을 강조하면서 제한된 합리성(bounded rationality)을 강조한다(Forester, 1984: 23-24; 김태은·박종수, 2008: 373). 이러한 제한된 합리성 하에서는 정보도 부족할 뿐만 아니라 가능한 모든 대안을 고려할 수도 어렵기 때문에 결정을 단순화할 것을 강조한다(March & Simon,

4) 사이먼(H. A. Simon)은 이를 객관적 합리성(objective rationality)로 칭하고 있다(Simon, 1997: 84-85 참고).

1958; Lindblom, 1959; Radner, 1975; March, 1978: 591). 이에 따라 만족할 만한 수준에서 결정하는 만족모형, 점증모형 등이 제시되었다.

이러한 기존의 의사결정이론들은 의사결정 주체의 합리성 정도에 따라 서로 다른 결정모형을 제시하였고, 이는 현실에서 이뤄지는 정책결정을 설명하여 왔다. 이들 이론의 중요한 핵심은 완전한 합리성 하에서 최적 대안을 선택하든, 아니면 제한된 합리성하에서 만족할 만한 수준에서 선택하든 간에 선택 자체가 가능하고 자유롭다. 그러나 의사결정자의 선택이 항상 자유로운 것은 아니다. '선택' 자체가 어려운 상황이 존재할 수 있고 동 상황에서 어떻게 의사결정이 이루어지는지에 대해서는 적절한 이론과 모형이 존재하지 않았다. 즉, 딜레마 모형은 의사결정자의 '선택' 자체가 어려운 상황에서 의사결정모형(이종범 외, 1991: 5; 윤견수, 2017: 3; 소영진, 2015: 3)이라 할 수 있다.

(2) 현실적인 행위자 가정과 의사결정자 분석

딜레마 이론은 기존의 의사결정이론과 달리 보다 현실적인 행위자 가정을 토대로, 기존 의사결정이론에서 블랙박스로 처리하여 온 '의사결정자' 자체를 분석한다.

첫째, 기존의 의사결정이론은 의사결정자들의 '가치 중립성'을 가정한다. 그러나 딜레마 모형에서 의사결정자는 가치에 영향을 받는 주체로 가정하고 의사결정자의 선택 혹은 결정을 이해하는 데 있어 가치를 중요하게 고려한다. 즉, 종래의 의사결정이론이 선택을 정보와 지식의 함수로 보고 가치의 중립성과 의사결정자의 독립성을 전제한 것과는 달리, 딜레마 이론은 조금 더 현실적인 정책 상황을 고려했다. 즉, 의사결정은 가치가 개입되고 그것들이 서로 충돌하는 상황에서 이루어진다고 가정한다(윤견수, 2017: 5). 다시 말해, 기존의 의사결정모형은 의사결정에 가치가 영향을 미치지 않는 것으로 가정했다. 그러나 현실에서 의사결정자들은 나름의 고유한 가치를 지니고 있을 수 있으며, 한편에서는 어떠한 가치(예, 환경보호)를 어떠한 가치(예, 경제성)보다 선호할 수도 있고, 한편에서는 그러한 가치가 선택에 중요하게 영향을 미칠 수도 있다. 즉, 우리 주변에서 쉽게 발견되는 인간은 다양한 가치를 내면화하고 다양한 가치 간에 서로 다른 선호를 지니고 있으며, 심지어는 그러한 가치를 타인에게 내세우고 강요하기도 한다. 따라서 대통령과 장관 등 주된 의사결정자들을 가치 중립적으로 가정하는 것보다 특정 가치를 선호하거나 가치에 영향을 받는 행위자로 가정하는 것이 행정현상을 이해하고 설명하는 데 보다 적절할 수 있다.

둘째, 기존의 의사결정이론들은 의사결정을 설명함에 있어서 주어진 조건, 특히 합리성 충족 여부에 따른 기계적 결정론에 기초하고 있었다. 또한 기존 이론들은 의사결정자가 어떻게 결정하는지를 설명하지 않고 블랙박스로 남겨두었다. 그러나 사람들은 주어진 조건에서 자동적으로 반응하는 기계와 다르며, 이러한 점은 주어진 조건이 동일함에도 서로 다른 의사결정이 나타나는 점에서 잘 알 수 있다. 딜레마 이론은 의사결정의 주체인 의사결정자 자체에 초점을 맞추고 딜레마라는 상황에서 의사결정자의 '결정 메커니즘'을 분석하고 있다.

(3) 독립변수로서 딜레마 제시

딜레마 이론은 기존의 이론에서 제시되지 않았던, 의사결정자의 선택에 영향을 미치는 새로운 변수로 '딜레마'를 제시했다. 표준경제이론의 행위자 가정과 달리, 현실의 의사결정자는 진공상태에서 선택하지 않는다. 즉, 의사결정자는 다양한 제약조건하에 의사결정을 수행한다. 보다 현실적이고 설명력이 높은 행정이론을 위해서는 어떠한 변수들이 의사결정자의 선호와 선택에 영향을 미치는지를 분석할 필요가 있다. 대표적으로 행태주의 이후, '독립변수로서 제도'를 핵심으로 하는 신제도주의(new institutionalism)는 제도가 인간의 선호, 선택에 영향을 미침을 설명함으로써 행정현상의 설명에 커다란 기여를 한 바 있다.

딜레마 이론은 의사결정자의 선택에 영향을 미치는 '독립변수로서 딜레마'를 고찰하고 있다. 특히, 1991년 동 이론이 나오기 전까지 사람, 의사결정자의 선택에 제도, 선호, 물질적 이해 등 동기요인이 영향을 미치는 것으로 밝혀져 왔으나 딜레마 상황이 의사결정자의 선택에 영향을 미칠 수 있다는 점은 체계적으로 연구되지 않았다. 딜레마 이론은 딜레마가 행위자의 선택에 영향을 미칠 수 있음을 보여주고, 이를 처음으로 이론화하고 증명하여 왔다.

(4) 기존의 의사결정모형으로 설명이 어려운 현상 설명과 예측

딜레마 이론은 기존의 의사결정모형으로 설명이 제한되어져 왔던 다양한 행정현상

을 설명하는 데 기여할 뿐만 아니라 미래 예측을 가능하게 한다. 특히, 조직 및 정책 연구에서 상징, 형식주의 대응, 비일관적 대응, (일정한 시간적 범위에서) 지연, 한정적 대응, 무마용 자원 확대, 분리, 리프레이밍, 메타프레임 형성 등 다양한 현상들이 왜 발생되는 것인지에 대해 적절한 설명도구를 찾지 못하여 왔다. 기존의 의사결정이론 혹은 행정이론들과 달리 딜레마 이론은 이러한 행정현상의 원인이 딜레마 상황에서의 선택에 따른 것임을 보여주었다. 이에 따라 딜레마 상황에서는 형식주의, 비일관적 대응과 같은 현상이 나타날 수 있음을 예측할 수 있게 되었다. 즉, 딜레마 이론은 행정현상의 원인을 설명할 뿐만 아니라 예측을 가능하게 한다.

2) 새로운 발견과 설명

이론의 가장 중요한 측면은 새로운 발견과 설명이라 할 것이다. 이하에서 딜레마 이론의 주된 발견과 설명을 제시하면 다음과 같다.

(1) 딜레마 발생 및 형성 원인 설명

딜레마 이론은 딜레마 발생 및 형성 원인이 무엇인지를 설명하여 왔다. 즉, '종속변수로서 딜레마'에 관한 연구라 할 수 있다. 초기 이종범 외(1991)의 딜레마 개념 제시 이후, 소영진(1999)은 딜레마 발생의 형식적, 배경, 사회적 조건을 체계적으로 제시하였고, 윤견수(2001)는 선택 상황이 부정-행위자 인식틀로 구성될 때 딜레마로 수용하는 확률이 높음을, 김동환(2002)은 보호된 가치로 인식할수록 딜레마 형성 가능성이 높음을 보여주었다. 하민철·윤견수(2004)는 조직 딜레마의 원형으로 양면적 상황설정을 제시했다. 김태은(2007)은 딜레마에서의 딜레마 대응이 또 다른 딜레마를 형성하는 '딜레마의 경로의존성'을 통해 딜레마 형성을 설명하고자 했다. 서준경(2008)은 구성주의 관점에서 딜레마 형성을 이해했고, 윤견수(2017)는 기존 이론들에 대한 리뷰를 통해 공직자를 딜레마에 빠뜨리는 네 가지 중요한 맥락을 제시했다.

(2) 딜레마와 대응 간 관계 설명 및 대응 유형 발견

딜레마 이론은 딜레마 상황과 딜레마 대응 간 관계를 설명하였고, 동시에 다양한 유형의 딜레마 대응을 발견하였다. 적극적 대응으로 제도적 장치(이종범, 1995; 2005;

2018)뿐만 아니라 비일관성(염재호 · 박국흠, 1992; 김동환 외, 1998; 노명순, 2008; 김태은, 2008; 2009; 김태은 · 윤견수, 2011), 형식주의(박통희 · 김동환, 1992; 이종범, 2008; 김태은 · 박종수, 2008; 소영진 · 안성민, 2011), 상징(윤견수, 1992; 이종범, 1994), 이원화 및 분리(윤견수, 1997; 김태은 · 윤견수, 2011), 딜레마 전가(김태은, 2009; 김선희 · 김현준, 2019), 메타프레임(하민철 · 윤견수, 2010), 무마용 자원 확대(소영진, 1993; 이종범, 1994; 김태은 · 박종수, 2008; 최흥석 · 김은미, 2011), 지연(조경호 · 주재복, 1994; 최흥석 · 김은미, 2011; 신현두 · 김정수, 2013; 김미연, 2013; 김창수 외, 2014; 김창수, 2015a; 2016, 김선희 · 김현준, 2019), 한정적 대응(김태은, 2008) 등 다양한 딜레마 대응 연구가 이루어졌다.

(3) 딜레마 인지와 대응관계 설명

딜레마 인지와 딜레마 대응 간에 관계가 상당부분 설명되었다. 대표적으로, 조경호 · 주재복(1994)은 딜레마 인지 여부에 따라 대응이 달라졌음을 보여줬다. 즉, 딜레마 인지 시 지연이 나타났으나 딜레마 무시 후 쌀시장 개방이 이뤄졌음을 분석했다. 송위진(1998)은 딜레마에 대한 미인지 시 사회적 합의 수용이, 딜레마에 대한 인지 시 상징과 선택지연이 나타났음을 보여줬다. 김태은(2013)은 무시된 딜레마로 인해 절차적 합리성의 미충족이 나타나고, 이로 인해 막대한 사회적 비용이 발생되었음을 보여주었다.

(4) 딜레마 강도 차이 및 딜레마 강도와 대응 간 관계 설명

딜레마 강도의 개념이 정립되었고 딜레마 강도 차이의 원인, 그리고 서로 다른 딜레마 대응의 원인으로서 딜레마 강도가 제시되기도 했다. 대표적으로 이종범(1999)은 딜레마 강도에 부합하는 제도적 해결장치 마련을 강조하였고, 윤견수(2001)는 선택상황의 구성방식에 따른 딜레마 강도 차이를 증명하였고, 김태은 · 윤견수(2011)는 딜레마 강도에 따른 딜레마 대응의 차이를 정립하여 '역동적 딜레마' 모형을 제시했다. 즉, 딜레마 강도가 높아질수록 결정의 지연, 딜레마 전가, 딜레마 상황의 분리, 형식주의 대응이 순차적으로 나타남을 보여줬다.

(5) 주관적 딜레마의 객관적 검증

주관적인 딜레마를 객관적으로 검증하고자 하는 시도가 진행되었다. 김동환(1999)은 인과지도를 통해, 윤견수(2001)와 김동환(2002)은 설문조사 방식을 활용한 실험연구를 통해 딜레마를 객관적으로 입증하고자 했으며, 최흥석 · 윤견수(2000)는 딜레마와의 유사개념 간의 차이를 실증적으로 밝히고자 했다. 김서용(2018)은 내재적 동기가 딜레마 상황에서 고객지향적 행동선택을 촉진하는 데 영향을 미침을 설문조사를 통해 밝혔다. 이유현 · 정일영(2019)은 전문가조사를 통해 신약 및 신의료기기 규제에 있어 딜레마가 있는지를 조사했다.

3) 이론의 설명력

딜레마 이론의 설명력을 '설명의 범위'와 '설명의 지속성'을 통해 살펴보면 다음과 같다.

(1) 설명의 범위

딜레마 이론의 설명의 범위를 크게 '연구 분야'와 '게재 저널의 유형'으로 구분하여 59편의 논문에 대한 메타분석을 수행했다. 분석 결과 딜레마 이론은 폭넓은 설명 범위를 보여준다.

첫째, '연구 분야'와 관련하여 완전히 이론지향적인 7편의 논문을 제외하고 52편의 논문은 60개의 분야를 연구한 것으로 나타났다([표 4-3] 참고). 구체적으로, 광의의 '정책과 제도(규제 포함)'에서 51건의 다양한 현상이 연구되었다. 입지가 9건으로 가장 많고, 이외에도 보건복지 8건, 노동 6건, 수자원 4건, 경제, 무역, 에너지, 건설, 산업, 안전, 정보화, 교육 각각 2건, 기타 예산, 주택, 교통, 금융, 통일 부분에서 각각 1건이 연구되었다. 이외에도 조직에 초점을 둔 연구가 5건, 의사결정자 자체에 대한 연구가 4건 진행되었다.

둘째, '게재 저널의 유형'을 살펴보면, 1991년 『한국행정학보』에 최초 게재된 이후, 15종의 학술 저널에 총 59편이 게재되었다. 행정학과 정책학 분야 전반에서 딜레마 연구가 게재되었음을 알 수 있다. 구체적으로, 『한국행정학보』 15편(25.4%), 『한국정책학보』 11편(18.6%)으로 총 26편(44%)이 게재되었다. 이외에, 『정부학연구』 6편,

[표 4-3] 딜레마 연구 분야[1)]

대분류	중분류	건 수	세부 연구 분야
정책과 제도 (규제 포함) (51)	입지	9	수도권 공장입지 규제, 기업형 슈퍼마켓 규제, 경마장, 폐기물매립장, 위험시설입지, 방폐장, 한수원 본사 부지, 주일미군 후텐마 기지, 영남권 신공항
	보건복지	8	성매매특별법(2), 신약 및 의료기기 규제, 의약분업, 베이비박스, 국민기초생활보장(2), 퇴폐업소 정비
	노동	6	시간강사처우개선, 노조전임자 임금지급 금지, 해외이주근로자의 고용, 장애인고용정책, 특수형태근로종사자 산재적용 특례제도, 비정규직보호법
	수자원	4	댐건설, 낙동강수계기금배분, 상수도, 물기본법
	경제	2	녹색성장정책, IMF
	도시 및 지역개발	2	서울시 도시재개발사업, 위천공단 설치와 지역갈등, 항명칭 및 해상경계
	무역	2	쌀시장 개방정책(2)
	에너지	2	발전차액치원제도, 의무할당제도
	건설	2	신행정수도, 신규원전건설정책
	산업	2	벤처지원정책, 온라인게임 아이템 현금거래
	안전	2	원전안전관리(2)
	정보화	2	전자정부, 인터넷실명제
	교육	2	대학입학제도, 로스쿨
	기타	5	예산(충청북도 환경보호 예산), 주택(주택정책수단), 교통(중앙버스전용차로제), 금융(금산분리정책), 통일(6공화국 통일정책)
조직 (5)	정부위원회	2	노사정위원회, 행정쇄신위원회
	이익집단 및 중간조직	3	전국교직원노동조합
			한국교원단체총연합회
			한국노총
의사 결정자(4)[2)]	의사결정자	4	공직자, 김대중 대통령, 대학생(2), 일선공무원(2)
계		60	

주: 1) 총 59편의 논문 중 이론 개발, 정책과 제도 일반을 다루고 있는 7편을 제외하고 52편의 논문 분석 결과임. 한 연구물에서 다중 사례를 연구한 경우 각각 분류함.

2) 4편의 연구물은 의사결정자 자체를 연구한 것.

『지방정부연구』와 『한국행정논집』이 각각 5편, 『국가정책연구』 4편, 『한국행정연구』 3편, 『한국거버넌스학회보』와 『행정논총』 등에 2편이 게재되었다. 기타 『융합사회와 공공정책』, 『지방행정연구』 등에 각각 1편이 게재되었다.

(2) 설명의 지속성

딜레마 이론의 설명 지속성을 '연도별 논문 수 추세'와 '연도별 참여 연구자 수 추세'를 통해 살펴보았다. 논문 메타분석 결과, 첫째, 딜레마 이론과 관련되어 게재된 '연도별 논문 수'가 점진적으로 증가하였다. 즉, 1991년 1편, 1992년 3편 이후 2003년까지는 1999년 3편을 제외하고, 매년 편수가 1편 이하로 게재되었다. 이러한 점은 이론 개발과 제시 이후, 약 10여 년 동안 주변 연구자들에게 확산이 이루어지지 못하였음을 보여준다. 반면, 이론 개발 이후 20년, 30년이 되어 갈수록 이론을 적용한 논문 편수가 절대적으로 증가하였다. 즉, 1999년까지 총 12편, 2000~2009년까지 19편, 2010년에서 2020년까지 28편으로 시간이 지날수록 딜레마 이론을 적용한 논문이 완만하게 증가하고 있다는 점에서 특징적이다.

둘째, '연도별 참여 연구자 수'가 점진적으로 증가하였다. 1991년부터 2020년 8월 현재까지 중복 포함 누적 총 85명이 딜레마 이론을 활용하여 논문을 게재했다. 분석 대상 총 기간(1991~2020.8) 동안 중복 연구자를 제외하면 완전히 서로 연구자 47명이 딜레마 연구를 통해 논문을 게재했다. 특징적으로 10년 단위로 볼 때, 시간이 지날수록 참여자 연구자 수가 21명, 23명, 40명으로 증가하였다. 단독은 38편, 공저는 21

[그림 4-1] 연도별 딜레마 이론 관련 게재 논문 추이

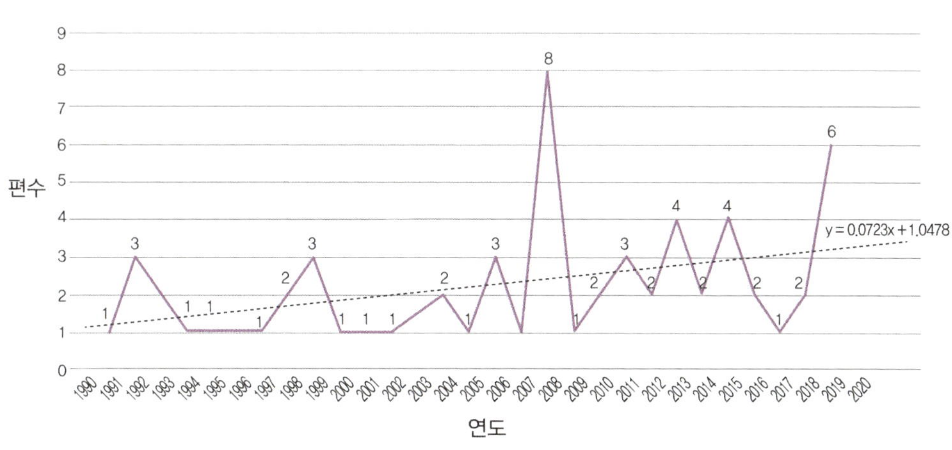

[표 4-4] 딜레마 연구 연도별 참여 연구자 수 추이

시 기		논문 편수(단독/공저)				참여 연구자 수(명)	
		단독	공저	계	비고(공저)		
1	1991~1994	1	4	5	4인 1편, 2인 3편	11	21
	1995~1999	6	1	7	4인 1편	10	
2	2000~2004	3	2	5	2인 2편	7	23
	2005~2009	11	3	14	2인 3편	16	
3	2010~2014	5	8	13	2인 7편, 3인 1편	22	40
	2015~2020.8	12	3	15	2인 3편	18	
기간 계 (1991~2020.8)		38 (64.4%)	21 (35.6%)	59		84(중복 제외 시 47명)	

편으로 단독 연구가 상대적으로 많았고, 공저는 주로 2인 공저(18편)가 이루어졌다.

2. 이론 개발 모델로서 가치

딜레마 이론이 이론 개발 모델로서 가치가 있는지를 객관적 관찰을 통한 이론화, 개념의 공고화 및 차별화, 이론 발전과 정교화 차원에서 구분하여 살펴보면 다음과 같다.

1) 객관적 관찰을 통한 이론화

(1) 이론 적재성의 극복

'관찰'은 좋은 행정이론을 위한 시작이다. 그러나 연구자에게 이론은 하나의 이념, 종교처럼 영향을 미쳐 객관적 관찰을 어렵게 한다. 새로운 이론을 개발하기 어려운 가장 큰 이유 중 하나는 기존 이론에 영향을 받기 때문이다. 기존 이론은 현상을 이해하고 설명하는 데 매우 유용하지만, 동시에 현상을 객관적으로 관찰하는 것을 방해하기도 한다. 어떤 사람이 연구를 수행할 수준에 이르렀다는 것은 한편에서 이미 많은 이론들을 학습하고 또 영향을 받았음을 의미하기도 한다. 즉, 연구자들은 관찰을 중립적, 객관적으로 수행하기보다는 이미 하나의 인식 프레임으로 작용하는 이론이 전제된 판단을 수행하게 된다. 관찰에 앞서 특정 이론에 영향을 받는 연구자는 올바

른 관찰을 수행할 수 없고, 심지어는 왜곡된 판단을 내릴 수 있다. 예를 들어, 천동설이 지배적인 사회구조에서 지동설을 뒷받침한 관찰이 쉽지 않고, 심지어는 관찰이 되더라도 왜곡된 판단을 내리게 된다.

딜레마 이론은 의사결정과 관련된 주된 이론이나 모형이 존재하지 않는, 이론의 공백 영역에서 이론이 개발된 것이 아니다. 당시 행정학과 사회과학 전반에서 합리모형과 제한된 합리성에 의사결정이론이 매우 발달되어 있었다. 특히, 제한된 합리성에 기초한 다양한 이론과 모형들이 파생되어 오랜 기간 연구되어 왔고 하나의 공식처럼 학습・교육되어 왔다. 동 상황에서 새로운 의사결정이론을 개발하였다는 것은 일정한 수준에서 이론 적재성(theory-ladenness)을 극복하고 객관적 관찰에 성공하였음을 보여준다.

(2) 이론 개발의 환경적・제도적 난제를 극복

최초의 한국 행정이론이라는 점에서 알 수 있듯이, 딜레마 이론은 환경적・제도적 난제를 극복하고 개발되었다. 한국에서 이론 개발의 대표적인 난제는 다음과 같다.

첫째, 행정이론 개발을 위한 학문적 토대가 마련되지 못했었다. 학문은 오랜 시간 동안 고유한 분석 대상과 연구 질문을 갖고 인근 학문과의 경쟁과 연계 속에서 등장하여야 하나, 한국 행정학은 미군정기를 거치면서 미국 행정학의 이식으로 시작되었다. 더욱이, 한국전쟁과 이후 군부독재, 외환위기를 겪으면서 단기적인 처방적 요구에 대응하여 왔다.

둘째, 새로운 이론은 객관적 관찰과 기존 이론에 대한 비판적 사고에서 비롯된다. 그러나 오랜 기간 미국 행정이론에의 일방적 의존은 하나의 문화 혹은 제도가 되었고, 이는 이론 개발에 핵심인 비판적 사고를 제약했다. 정용덕(2017: 5)이 지적하듯이, 한국 행정학의 적실성과 과학성 미흡은 한국 행정학자들이 외국(미국) 행정학 이론에 거의 배타적으로 의존하는 경향과 불가분의 관계가 있다. 미국 이론이 한국 상황에 적실성을 지니는지를 고려하지 않고 수입되어 보급되었으며, 과학적 이론인지 여부에 대한 비판적 고찰 역시 이루어지지 못했다. 이러한 점은 박동서(1967), 이종범(1977), 박통희(2010), 박종민(2012), 정용덕(2017) 등 여러 학자들의 문제 제기에도 불구하고 현재까지 이어지고 있다.

셋째, 미국 행정학, 미국 행정이론의 지배구조는 하나의 '제도'가 되어 행위자들을 인식과 선호를 형성했다. 동 제도는 학자들로 하여금 이론 개발의 필요성, 중요성에 대한 인식을 낮추었고, 또한 이론의 자체 개발보다는 미국 이론의 수입을 선호하게 만들었다. 더욱이 동 제도는 '역 선택의 보상구조'를 형성했다. 즉, 미국 이론을 수입하는 것이 오랜 시간과 노력이 필요한 이론 개발보다 사회적으로 더 큰 보상을 받았다. 이는 다시 행정이론의 토대를 구축하고 미국 행정이론에 대한 의존을 강화시키는 자기강화(positive feedback), 즉 경로의존성(path dependency)을 나타나게 했다. 결론적으로, 딜레마 이론은 학문적 토대가 부족한 환경에서, 미국 행정이론에 대한 일방적 의존에 따른 비판적 사고의 제약과 선호의 왜곡 및 역 선택의 보상구조를 극복하고 개발에 성공하였다 할 수 있다.

2) 딜레마 개념의 공고화 및 차별화

딜레마 이론은 개념의 공고화 및 유사개념과의 차별성을 확보를 통해 지난 30여 년 간 지속적인 후속연구들을 파생시켜 이론 적용, 검증, 확산을 가능하게 하였다. 첫째, 이종범 외(1991)의 딜레마 개념 제시 이후, 소영진(1994; 1999)과 윤견수(2006)의 개념이 공고화되었고, 동 과정에서 딜레마 개념은 학자들 간에 크게 이견 없이 공유되어 왔다. 대표적으로 소영진(1994)은 이종범 외(1991)에서 제시된 개념을 분석적으로 검토하였고, 소영진(1999)은 이종범 외(1991)에 의해 제시된 딜레마 특징에 모호한 부분이 존재함을 지적하고 딜레마 발생의 형식적 조건으로 분절성(discreteness), 상충성(trade-off), 균등성(equality), 선택의 불가피성(unavoidability)을 제시했다(이하 소영진, 1999: 187). 이후, 윤견수(2006: 73-74)는 소영진(1999)의 연구의 연속선상에서 딜레마가 되기 위한 형식적 조건을 보다 명료하게 정리하였다.

둘째, 딜레마 이론은 딜레마 개념과 기존 유사개념 간 차이를 분명히 하고자 하였으며, 이러한 유사개념과의 차별성 연구는 1991년 이론 제시 초기부터 2020년 현재까지 지속되고 있다. 대표적으로 이종범 외(1991)는 갈등과의 차별성을, 이종범(1994)은 모순(contradiction), 갈등, 역설(paradox) 간의 차이를 제시했다. 염재호(1994), 소영진(1994)은 딜레마와 패러독스와의 차이를, 이종범(2005)은 불확실성, 모호성, 딜레마 간의 개념적 차이를 정립하고 김태은 · 박종수(2008)는 갈등과 딜레마의 수준(차원)을 정리하였다. 윤견수(2006; 2017), 소영진(2015)은 갈등, 패러독스와 딜레마의 차이를 강조하고 정립하여 왔다.

3) 지속적인 이론 발전

딜레마 이론은 이론의 개발된 이후, 단순히 이론의 적용에 머무른 것이 아니라 '기존 이론 보완 및 정교화', '새로운 개념 제시 및 모형 개발', '이론 확장 및 연계'가 이루어져 왔다.

논문 메타분석 결과, '이론 개발 및 이론 발전' 논문이 총 35편(59.3%)으로 '이론 적용' 24편(40.7%)에 비해 높게 나타났다. 특히, 이론 발전(31편, 52.5%)과 관련하여, 기존 이론 보완 및 정교화 18편, 새로운 개념 및 모형 개발 10편, 이론 확장 및 연계 3편으로 나타났다. 이러한 점은 1991년 딜레마 이론이 제시된 이후, 단순히 이론을 적용하는 것은 넘어 지속적인 이론 개발과 정교화가 이루어졌음을 보여준다. 특징적인 것은 초기 이론 개발자들과 핵심 연구자들이 이론의 단순 적용을 지양하고 지속적으로 이론을 발전시키는 데 연구를 집중하였다는 점이다. 이하, 이론 개발, 발전, 적용 연구 분포는 다음 [표 4-5]와 같다.

[표 4-5] 딜레마 이론-개발, 발전, 적용 연구 분포

구 분		빈도(편)	비 율
이론 개발		4	6.8
이론 발전	① 기존 이론 보완 및 정교화	18	30.5
	② 새로운 개념 및 모형 개발	10	16.9
	③ 이론 확장 및 연계	3	5.1
	소계	31	52.5
이론 적용		24	40.7
계		59	100.0

주: 1) 어떤 연구물이 교차되는 성격을 지닐 경우(예, ②, ③ 성격 모두 지님)보다 강한 성격을 지니는 분야로 분류.

(1) 이론 개발

딜레마 이론은 1990년 공식 및 비공식 세미나, 이종범 외(1991)의 논문이 게재된 이후, 염재호 · 박국흠(1992), 박통희 · 김동환(1992), 윤견수(1992)의 논문이 게재되면서 이론 개발이 이루어졌다. 이종범 외(1991)는 딜레마 이론을 종합적으로 제시하였다. 즉, 합리성, 딜레마와 유사개념 간 비교, 불확실성과 애매성, 딜레마 정의, 딜레마 대응(제도적 설계, 비결정, 지연, 분리, 비일관성, 형식주의), 연구방법(전체적 접근법, 개체적 접근법), 딜레마 인지 여부에 따른 딜레마 유형 네 가지 중 세 가지 강조[일치된, 무시된, 의사(가짜) 딜레마], 구성주의적 접근 중요성 등이 제시되었다. 염재호 · 박국흠(1992)은 정책 비일관성의 원인을 딜레마에 찾고 있을 뿐만 아니라 딜레마 대응을 적극적 대응과 소극적 대응으로 구분했다. 박통희 · 김동환(2002)은 딜레마 대응으로서 형식주의를 체계적으로 논의하였고, 윤견수(1992)는 딜레마 대응으로서 상징에 대한 체계적 연구를 수행했다.[5)]

(2) 기존 이론 보완 및 정교화

기존 이론 보완 및 정교화가 지속적으로 이루어졌다. 대표적으로, 윤견수(1997)는 딜레마 대응으로서 이원화(분리)를 중간조직을 대상으로 하여 분석하였고, 김동환 외(1998)는 시스템 다이내믹스를 활용하여 정책 딜레마가 예산투자 변동에 영향을 미쳤음을, 송위진(1998)은 '무시된 딜레마'를 다루면서 딜레마 인지 여부가 중요함을 한국노총 사례로 분석했다.

소영진(1999)은 딜레마 개념을 정교화하고 딜레마 발생의 형식적, 배경, 사회적 조건을 제시했다. 이종범(1999)은 '딜레마 강도'에 부합하는 '제도적 해결방안'을 제시했다. 하민철 · 윤견수(2004)는 구성주의적 관점에서 조직 내 딜레마의 근원이 '양면적 상황설정'에 있음을 노사정위원회 사례로 밝혀냈다. 이종범(2005)은 이종범 외(1991)에서 제시된 개념을 크게 발전시켜, 선택의 어려움을 유발하는 서로 다른 원인(모호성,

5) 게재 논문은 아니나 이론 개발에 중요한 역할을 담당한 초기 연구물로, 소영진(1994)은 패러독스와 딜레마와의 관계를 통해 딜레마의 개념 정교화를 시도하였다. 이종범(1994)은 조직원이 주어진(객관적) 상황을 주관적으로 설정하는 과정에 영향을 주는 요인에 관심을 갖고, 구조적 차원의 변수, 개인적 차원의 변수 등이 딜레마 설정에 미치는 영향을 고찰했다. 김동환(1994)은 딜레마의 발생조건을 시뮬레이션을 통해 살펴보았다. 이종범(1994)은 딜레마 상황에서의 대응행동인 선택지연과 선택행동 이후의 상징적 행동을 연구했다. 박통희(1994)는 규제합리화에 딜레마가 존재하며, 동 딜레마에 '지연'과 '기회주의적 대응'이 나타났으며 이에 따른 과잉규제의 악순환이 발생되었음을 지적했다.

불확실성, 딜레마 개념)별로 서로 다른 대응을 체계적으로 제시했다. 윤견수(2006)는 딜레마 개념, 딜레마 강도, 딜레마 대응, 예방 및 관리 정교화 등 이전까지 딜레마 이론을 보다 체계적으로 정립했다.

사용진 · 최흥석(2008)은 정책결정자의 정책딜레마 구조의 차이가 존재함을 제시했다. 이종범(2008)은 '형식주의'에 대한 보다 체계적인 연구를 통해, '상징적 형식주의'의 개념을 제시하고 정교화했다. 소영진 · 안성민(2011)은 '형식주의'에 대한 개념을 크게 보완했다. 정책결정 단계에서의 형식주의와 집행 단계에서의 형식주의를 구분하고, 형식주의에 대한 사회적 순기능 측면을 강조했다. 김태은(2013)은 '무시된 딜레마'와 사회적 비용의 발생 메커니즘을 '절차적 합리성'의 개념을 통해 설명하였다. 윤견수(2014)는 스톤(Deborah H. Stone)의 논의를 토대로, 정책과 분석에 있어서 딜레마적 사고의 중요성을 강조했다. 소영진(2015)은 그동안 제기되어온 이론적 문제들을 여섯 가지로 구분하여 검토하고, 이론적 난점을 해소하기 위한 방법론적 도구로서 구성주의적 관점을 제시했다. 주재현 · 한승주(2015)는 책임성 딜레마의 유형을 연구하고, 김서용(2018)은 딜레마 상황에서 일선관료의 행동선택을 체계적으로 조사했다.[6]

(3) 새로운 개념 제시 및 모형 개발

이종범 외(1991)에서 제시된 개념 외에 추가적인 새로운 개념과 관계가 제시되었다. 이종범(1995)은 '딜레마 확률' 개념을 제시했고, 윤견수(2001)는 '딜레마 수용확률' 개념과 더불어 선택 상황의 구성방식에 따른 딜레마 강도 차이를 분석했다. 김동환(1999)은 딜레마 연구에 있어 '보호된 가치'의 개념을 적용하였고, 동 개념과 딜레마 형성 간 관계를 연구했다. 김동환 · 김순희(2006)는 '딜레마 지도(dilemma map)'를 제시했고, 하민철 · 윤견수(2010)는 딜레마 대응으로서 '메타프레임(meta frame)'을, 김태은(2007)은 '딜레마의 경로의존성' 개념을, 김태은(2015b)은 '딜레마적 동형화' 개념을 제시했다.

새로운 관점 제시 및 모형이 개발되었다. 김태은 · 박종수(2008)는 제한된 합리성

6) 게재 논문은 아니나 최흥석 · 윤견수(2000)는 불확실성, 갈등, 딜레마 상황에서의 선택이 서로 다름을 설문조사를 통해 밝혔다. 안성민(2000)은 딜레마 상황과 제도의 관계를 보다 심층적으로 연구하였고, 안성민(2008)은 신호중복(double signaling) 상황에서 딜레마 관리 중요성을 강조했다.

하에서의 정책결정모형으로 딜레마 모형을 이해하고 정책대응을 설명했다. 김태은 · 윤견수(2011)는 딜레마 강도와 딜레마 대응 간 관계를 체계화하여 '역동적 딜레마 모형'을 제시했다. 윤견수(2017)는 공직자를 딜레마에 빠트리는 네 가지 중요한 맥락을 통해 '공직자 딜레마 모형'을 개발했다.[7]

(4) 이론 확장 및 연계

김태은(2008)은 기존에 정책수단 선택이론으로 설명되지 않았던 부분을, 딜레마와 탈딜레마 대응을 통해 설명했다. 김태은(2009)은 기존의 제도 변화와 대체이론의 한계를 지적하고, 딜레마 대응 중 전가와 비일관적 대응을 통해 제도 변화와 대체를 동시에 설명하였다. 김창수(2015b)는 딜레마 이론과 시차이론의 연계를 시도했다.

3. 행정 및 정책적 가치

1) 공공성 확보에 기여

딜레마 이론은 중요한 사회적 가치의 균형적 고찰을 가능하게 하고 이는 곧 공공성을 높이는 데 기여할 수 있다. 공공성은 이념과 학문 배경에 따라 서로 달리 정의[8] 되어 왔다. 이하에서는 논의를 명료하게 하기 위해, 공익 추구를 그 중심 개념(임의영, 2003: 8; 이종범, 2018: 3)으로 이해한다.

행정학은 다른 학문과 달리 효율성, 형평성, 민주성, 공정성 등 다양한 가치를 고려할 뿐만 아니라 이들 간 바람직한 균형을 찾고자 노력한다. 그러나 실제 다양한 가치 간 균형을 고찰하는 이론을 발견하기 쉽지 않다. 대부분은 이론들은 가치 중립적이거나 혹은 특정 가치 지향성을 띤다. 그러나 딜레마 이론은 '가치의 균형적 고찰'을 강조하며, 이는 딜레마의 개념적 정의에서, 또 동 이론의 행위자 가정에서 잘 드러난다.

---

7) 게재 논문은 아니나 안문석 · 김태은(2009)은 대표적인 의사결정모형인 합리모형과 만족모형의 논리를 딜레마 관점에서 재해석하여 기존의 이론을 새로운 시각에서 바라봤다.

8) 예를 들어, "윤리적으로 사회정의 혹은 공익을 의미하고, 참여와 동의로서 공공성의 이념은 정치적으로 실질적 민주주의를 의미한다"(임의영, 2003: 32), "정부나 공직자가 또는 공공 영역에 참여하는 사람들이 지켜야 하고 또한 이룩하여야 할 공공가치로서, 민주적 절차와 정의의 실현"(이종범, 2018: 4), 한편, 최태현(2018: 339-340)은 공공성을 주체 및 영역, 내용, 절차 차원에서 구분하여 제시했다.

구체적으로, 첫째, 이종범 외(1991)에서 제시된 딜레마의 개념적 정의에서 알 수 있듯이, '가치' 자체뿐만 아니라 가치의 충돌과 균형을 핵심으로 하고 있다. 서로 다른 가치의 충돌이 존재하고, 결과가치가 엇비슷하기 때문에 선택이 어려운 상황으로 딜레마의 개념적 정의 자체에서 가치의 균형이 반영되어 있다. 둘째, 딜레마 이론은 가치 중립적인 행위자가 아닌 가치에 영향을 받는, 가치를 중요하게 고려하는 행위자를 가정한다. 특히, 이러한 점은 오직 이기적으로 물질적 이익만을 추구하는 표준경제이론과 달리, 효율성, 형평성, 민주성 등 사회적 가치를 중요하게 고려하는 행위자임을 보여준다. 이러한 행위자 가정은 최근의 심리학 및 행태 경제학 등의 연구에서 지지되고 있다. 즉, 최후통첩 게임, 독재자 게임, 공공재 게임, 신뢰 게임 등 다양한 행태 및 실험연구들은 사람들이 오직 이기적이지 않으며, 공정성 등 다른 사회적 가치를 고려하여 선택한다는 것을 보여 왔다(Chaudhuri, 2011; Dawes et al., 1977; Komorita et al., 1992; Fehr & Schmidt, 2000; Henrich et al., 2005; Kurzban & DeScioli, 2008; Pavitt, 2018; Van Lange et al., 2013 참고).

딜레마 이론이 강조하는 가치의 균형적 고찰은 공공의 이익 혹은 공공성을 높이는 데 기여할 수 있다.[9] 이와 관련하여, 윤견수(2017)는 공직자가 딜레마 상황에 놓여 있다는 것은 재량을 행사하는 과정이 많은 고민과 성찰을 통해 이루어진다는 반증일 수 있으며, 의사결정자가 성찰과 숙고를 거듭할 때 사회적으로 보다 바람직한 결과가 도출될 가능성이 더 높다고 주장한다. 또한 무시된 딜레마에서의 집행은 가장 큰 사회적 비용을 초래시킬 수 있다(소영진 · 안성민, 2011: 93). 실제, 김태은(2013)은 무시된 딜레마에서 절차적 합리성의 충족이 나타나지 않고, 이에 따라 사회갈등, 비효율성 유발, 정책불신 확산 등 막대한 사회적 비용이 발생됨을 보여주었다. 즉, 객관적 딜레마를 딜레마로 인식하고 대응하는 것이, 그렇지 않은 경우보다 사회적 비용을 최소화하고 공공성 확보에 기여할 수 있음을 보여준다.

2) 전략적 활용

딜레마 이론은 조직관리, 국토, 교육 등 다양한 행정 및 정책 영역에서 유용한 전

9) 이러한 점은 딜레마 이론이 본시 심각한 가치의 충돌 상황에서 정부의 공공성을 높일 수 있는 정책대응방법을 찾으려는 것이라는 이종범(2018: 5)의 주장을 뒷받침한다.

략적 가치[10]를 지니고 있다. 딜레마 이론의 전략적 가치는 첫째, 딜레마 창출 · 표방 차원에서, 둘째, 딜레마 대응 차원에서 구분하여 살펴볼 수 있다.

(1) 딜레마 창출 · 표방과 전략적 가치

딜레마 창출과 관련된 전략적 가치는 다음과 같다. 첫째, '의도적인 딜레마 창출'은 딜레마 상태가 아닌 상대방을 의도적으로 딜레마 상태에 빠트리는 것을 말한다. 이를 통해 목적을 달성하거나 자신에게 부과되는 압력(예, 통상압력,[11] 이익집단의 집단행동 수준)을 낮추는 데 활용할 수 있다. 대표적으로 안문석(2000)은 국제 핵개발 사례 분석을 통해 딜레마 이론의 전략적 가치를 증명하고자 했다. 즉, 저자는 미국을 딜레마에 빠뜨린 나라들은 핵협상을 유리하게 이끌어 나가면서 핵개발에 성공하였지만, 그렇지 못한 나라들은 핵협상에서 소기의 목적을 달성하지 못하였음을 보여주었다.

둘째, '의사(가짜) 딜레마를 형성'하여 상대방의 압력을 낮추는 데 활용할 수도 있다. 의사(가짜) 딜레마는 딜레마가 아님에도 불구하고 딜레마 상황으로 결정자가 설정하는 것을 의미하는데, 이는 인지상의 오류로 일어날 수도 있고 의도적으로 창출될 수도 있다(이종범 외, 1991: 17). 예를 들어, 이익집단의 압력이 강하게 존재할 경우, 정책결정자는(실제는 딜레마 상황에 빠져 있지 않지만) 자신이 딜레마 상황에 빠져 있다는 점을 강조함으로써 상대방의 압력을 낮추는 데 활용할 수 있다.

셋째, '일치된 딜레마의 표방'으로, 자신이 딜레마에 빠져 있음을 보여줌으로써 상대방의 압력을 낮출 수 있다. 예를 들어, 초등학교 저학년의 자녀가 핸드폰을 사달라고 요구할 경우, 무조건 안 된다고 주장하기보다는, 핸드폰을 사줘야 하는 이유(예, 정보화에 대응)와 동시에 사주지 말아야 되는 이유(예, 범죄, 게임, 음란물 중독 피해) 사이에서 결정을 하지 못하고 있다고 말하는 것이 자녀의 압력을 낮출 수 있다.

(2) 딜레마 대응과 전략적 가치

딜레마 이론은 딜레마 상황에서의 특이한 정책대응들을 발견하여 왔다. 대표적으

---

10) 딜레마 이론이 전략적 가치를 지닐 수 있을 것이라는 주장은 이론 개발 초기부터 제시되었다(염재호, 1994; 최병선, 1994). 다만, 이후 관련된 후속연구가 안문석(2000) 외에는 이루어지지 않았다.

11) 과거 일본의 자민당 정권은 의도적으로 미국을 딜레마에 빠지게 함으로써 미국의 농수산물 수입개방 압력으로부터 벗어나거나 압력을 약화시켰다(이종범 외, 1994: 42).

로 비일관적 대응, 형식주의, 상징, 이원화 및 분리, 딜레마 전가, 메타프레임, 무마용 자원 확대, 지연, 한정적 대응 등이다. 행정 및 정책 영역에서 이러한 대응들은 하나의 전략으로서 가치를 지니고 있으며, 이러한 전략들은 딜레마 상황에서 선택의 압력을 낮추는 데 활용될 수 있고, 이상과 현실 간의 격차를 메우기도 하며 탈딜레마의 도구로 활용되어질 수 있다. 몇 가지 대표적인 대응의 전략적 가치를 논의하면 다음과 같다.

첫째, '비일관성'은 의사결정이 일관적이지 못한 것을 의미한다. 두 대안 중 특정 대안을 선택하게 되면 일관적인 정책이 나타난다. 반면, 딜레마처럼 두 대안 중 선택이 매우 어려운 상황에서는 결정된 정책이 포기 혹은 중단되거나, 규제의 완화와 강화가 반복적으로 나타나거나, 사안별로 서로 다른 결정이 이루어지는 등의 비일관적 대응이 나타난다. 이러한 비일관적 대응은 정책의 예측가능성을 낮추기 때문에 정책 불신의 주된 원인 중 하나이나 동시에 딜레마 대응으로서 비일관성은 전략적 가치를 지닌다. 특히, 윌슨(Wilson, 1980)의 이익집단 정치 상황처럼 이익집단의 충돌이 매우 심한 영역이나 강대국의 충돌 상황에서처럼 강한 힘이 부딪치는 상황에서 선택을 해야 할 때 유용하다. 예를 들어, 미중 간 패권경쟁 구조 속에서 선택을 요구받아 딜레마에 빠질 경우, 정치・군사 이슈는 미국을 선택하고, 경제이슈는 중국을 선택하는 등의 비일관적 대응은 유용한 전략도구가 될 수 있다.

둘째, 딜레마 대응으로서 '형식주의'는 유용한 도구이다. 형식주의는 다양하게 정의되지만 일반적으로 법과 제도가 요구하는 행동가 실제 행동 간의 불일치로 정의된다(이종범, 2008: 6). 즉, 딜레마 관점에서 보면, 두 가지 대안 중 하나를 분명하게 선택하기 어렵기 때문에 형식적으로는 어떤 대안을 선택한 것처럼 보이지만 내용적으로는 그러한 대안을 선택한 것으로 이해하기 어려운 경우이다(김태은・윤견수, 2011: 90). 형식주의는 행정의 비효율의 대명사로 불리기도 하지만 딜레마 대응으로서 형식주의에 대한 재고찰과 긍정적 측면에 대한 논의가 이루어지고 있다(소영진・안성민, 2011 참고). 특히, 형식주의는 집단의 저항을 낮추고 제도를 도입하여 적용하는 데 기여할 수 있다. 예를 들어, 공익 관점에서 환경규제의 필요성은 크나 이익집단의 강력한 저항이 존재하여 딜레마에 빠져 있는 경우 형식주의적 대응은 환경규제 도입에 유용한 전략이 될 수 있다.

셋째, 그림, 문자, 물건, 사건, 의식 등으로 나타나는 '상징'은 그 자체가 전략적 도구일 정도로 조직, 국가를 막론하고 광범위하게 활용되고 있다. 상징은 현상 이해를 도와주며, 집단, 조직이나 사회의 통합에 기여하고, 구성원들에게 사회·심리적 만족을 주고 이해관계자들의 불평을 해소하는 데 기여한다. 또한 상징은 행동을 유발하고 상징의 변화는 행동의 변화를 수반하는 기능을 지닌다(이종범, 1994: 221-224). 특히, 딜레마 대응으로서 상징은 이해관계자들의 저항을 감소시키고 자신의 행동을 정당화시키는 도구가 될 수 있다(윤견수, 1994: 95).

넷째, '딜레마 전가(dilemma toss)'는 "주체 A의 딜레마를 어떠한 매개를 통해 제3의 주체 B로 넘겨주는 것"을 의미한다(김태은, 2009: 186). 이러한 딜레마 전가는 딜레마 주체를 변화시킬 수 있다는 점에서 전략적 가치를 지니고 있을 뿐만 아니라 심지어는 딜레마에서 벗어날 수 있는 대표적인 방법 중 하나이다. 예를 들어, 김태은·윤견수(2011)는 기업형 슈퍼마켓 규제분석을 통해, 중소기업청은 기업형 슈퍼마켓 규제와 관련된 주요 권한을 시·도지사에게 넘겨주는 사업조정제도를 통해 SSM 딜레마에서 벗어나고자 하였음을 보여줬다.

다섯째, 딜레마 대응으로서 '분리(decoupling)'는 각 대안이 지니고 있는 하위 구성요소들을 분리시켜 각 대안의 결과가치에 변화를 주는 것을 말한다. 즉, 특정 대안(a) 내 하위 구성요소들의 연계성을 끊어냄으로써 특정 대안(a)의 결과가치를 낮추어 주게 되면, 상대적으로 상충적인 또 다른 대안(b)의 결과가치가 상대적으로 높아짐으로써 딜레마 강도를 낮추거나 심지어는 딜레마에서 벗어날 수 있게 하여 준다.

Ⅳ 딜레마 이론의 한계와 대안적 논의

1. 이론 고유의 한계—딜레마 증명과 예측의 문제

딜레마 이론은 의사결정자가 딜레마에 처할 수 있고, 동 상황에서 의사결정자는 선택의 제약을 받으며, 이에 따라 독특한 딜레마 대응이 나타날 수 있다는 것이다. 따라서 의사결정자가 딜레마 상황에 처해 있는가를 증명하는 것은 과학적 연구를 수행함에 있어 매우 중요하다. 그러나 딜레마를 객관적으로 측정하고 증명하는 것이 용이하지는 않다. 더욱이 딜레마가 매우 주관의 영역이라는 점에서, 또 분석 대상 자체가 주로 고위 의사결정자들이라는 점에서 딜레마의 측정과 증명의 어려움이 가중되어 왔다. 물론, 딜레마를 측정하고 객관적으로 증명하는 것이 용이하지 않다고 해서 이론적 가치가 없는 것은 아니다. 실제, 사회과학을 구성하고 있는 대부분의 핵심 개념들은 객관적 측정과 증명이 용이하지 않다. 예를 들어, 코즈(Coase, 1937)에서 비롯된 거래비용이론의 '거래비용'은 사회과학의 다른 개념에 비해 추정과 검증이 용이해 보이나 아쉽게도 거래비용 자체를 측정하고 객관적으로 검증하는 데 어려움을 겪고 있다. 즉, 개념의 중요성과 개념을 객관적으로 증명하는 것은 다른 문제임을 보여준다.

딜레마를 객관적으로 측정하고 증명하는 것이 매우 어려운 일임에도 과학적 이론을 위해 포기할 수 없는 과제이다. 특히, 딜레마의 객관적 측정과 증명은 딜레마의 인식을 용이하게 할 뿐만 아니라 보다 설명력 높고 정확한 예측을 가능하게 하여준다. 이를 위한 몇 가지 방안을 제시하면 다음과 같다.

첫째, 딜레마의 형성조건에 대한 연구를 보완할 필요가 있다. 딜레마 형성조건에 대한 연구는 딜레마의 존재 여부를 객관화시키는 핵심연구이다. 예를 들어, 태풍의 형성조건이 온도, 습도, 바람이라면, 이를 통해 태풍의 존재를 알 수 있고 또한 예측이 가능해진다. 소영진(1999), 윤견수(2006) 등의 연구가 진행되었으나 어떠한 조건에서 딜레마가 형성되는지는 설명의 대상으로 남아 있다. 둘째, 딜레마 증명은 단일 연구방법보다는 다양한 연구방법을 결합하는 종합적 접근이 필요하다. 일반적으로 군사부분에서 위성정보, 인적자원, 감청 등을 종합하여 판단하듯, 딜레마 증명 역시 질적·양적으로 다양한 연구방법들을 활용하고 이를 종합하여 판단할 필요가 있다. 셋째, 딜레마 대응을 통해 딜레마를 추적하는 연구를 보강할 필요가 있다. 부연하면, 보통사람들이 사랑에 빠지면 일반적인 의사결정과는 다른 결정과 행동이 나타난다. 따라서 자신이 사랑에 빠졌다는 말을 하지 않더라도, 주변 사람들이 약간 관심있다면 쉽게 알아보게 된다. 결국, 이는 딜레마로 인해 나타난 현상과 딜레마 간에 인과관계에 대한 보다 깊은 연구가 필요함을 의미한다.

2. 이론 적용상 한계

1) 연구방법의 편향성

딜레마 이론과 관련된 연구물들은 연구방법이 사례연구에 집중되어 있고, 다국가 비교연구가 존재하지 않는 한계를 나타낸다.

첫째, 딜레마 이론을 활용한 연구들은 주로 질적 연구, 특히 사례연구를 주로 활용하여 왔다. 논문 메타분석 결과, [표 4-6]에서 알 수 있듯이, 총 59편의 논문 중 50편(84.7%)이 질적 연구물로 나타났다. 이 중 사례연구 41편(69.5%), 문헌연구 9편(15.3%)이다. 양적 연구는 총 9편으로, 설문조사 3편[12)](김동환 · 김순희, 2006; 주재현 · 한승주, 2015; 김서용, 2018), 설문조사 방식을 활용한 실험연구 2편(윤견수, 2001; 김동환, 2002), 인과지도 및 시스템 다이내믹스 3편(김동환 외, 1998; 김동환, 1999; 사용진 · 최흥석, 2008), 전문가조사 1편(이유현 · 정일영, 2019) 등이 수행되었다. 딜레마 연구가 질적 연구, 특히 사례연구에 집중되어 있다는 것 자체는 딜레마 이론의 맥락을 고려할 때 당연한 결과이다. 그러나 연구방법이 집중되어 있다는 것은 그만큼 이론에 대한 접근이 편향될 수 있다는 것을 의미하기도 한다. 따라서 향후 딜레마 이론을 활용한 연구를 수행함에 있어서 보다 다양한 연구방법을 활용할 필요가 있다. 특히, 딜레마는 곧 심리와 연결되어 있다는 점에서 윤견수(2001)와 김동환(2002)의 개척적인

[표 4-6] 딜레마 연구의 연구방법

	연구방법	빈 도	비율(%)
질적 연구	사례연구	41	69.5
	문헌연구	9	15.3
	소계	50	84.7
양적 연구	설문조사	3	5.1
	실험(설문조사방식 활용)	2	3.4
	인과지도 및 시스템 다이내믹스	3	5.1
	전문가조사	1	1.7
	소계	9	15.3
계		59	100.0

12) 이외에 게재 논문은 아니나 최흥석 · 윤견수(2000)는 설문조사 수행.

실험연구 이후 중단된 다양한 심리학적 실험연구들이 적극 활용될 필요가 있다.

둘째, 딜레마 이론은 공간적으로 한국을 대상으로 한 연구에 한정되어 있다. 이론이 시간적 · 공간적으로 제약없이 보편 타당하게 받아들여질 수 있다면 이론 개발자, 또 학계 모두에게 큰 기쁨이다. 동 차원에서 한국의 사례를 넘어 공간적으로 서로 다른 국가, 지역에 대한 연구가 필요하다. 특히, 딜레마 이론을 활용한 국가 간 비교연구는 국가 간 정책 차이 등을 설명하는 데 유용한 설명도구로 발전될 가능성이 있다.

2) 연구 주제(대상)의 편향성

딜레마 연구의 주요 연구 주제에 대한 메타분석 결과([표 4-7] 참고) 다양한 연구 주제 중 딜레마 대응에 대한 연구가 집중되어 왔음을 보여준다. 즉, 딜레마 대응 32편(54.2%), 딜레마 발생과 형성 8편(13.6%), 분야별 딜레마 5편(8.5%), 총괄연구 4편(6.8%), 딜레마 강도 3편(5.1%), 딜레마 인지와 딜레마 강도 3편(5.1%), 딜레마 객관적 검증 시도 2편(3.4%), 딜레마 사고 및 딜레마 구조 차이 각각 1편(1.7%)으로 나타난다. 이러한 점은 아직까지 연구가 크게 부족한 딜레마의 객관적 검증, 딜레마 인지 여부와 대응 차이, 딜레마 강도, 딜레마 전략, 딜레마 연구방법 등에 대한 연구 필요성을 보여준다. 또한 다른 사회과학이론과의 연계 연구 역시 필요한 것으로 판단된다.

[표 4-7] 딜레마의 주요 연구 주제(핵심 개념)

구 분	세부 내용	편 수	비 중
딜레마 대응(33)	딜레마 대응	30	50.8
	딜레마 대응, 딜레마 해결	1	1.7
	딜레마 대응, 탈딜레마 대응	1	1.7
딜레마 발생과 형성원인(8)	딜레마 발생의 배경과 조건	1	1.7
	딜레마 형성 원인과 과정	4	6.8
	딜레마 형성원인과 딜레마 대응	2	3.4
분야별 딜레마(5)	전자정부, 원전안전 감시체계, 자유주의적 거버넌스, 상수도정책, 공론조사, 책임성 딜레마	6	10.2
딜레마 연구 총괄(4)	딜레마 총괄 모델	1	1.7
	공직자 딜레마 모델	1	1.7
	딜레마 총괄 연구	2	3.4

딜레마 강도(3)	선택 상황의 구성방식과 딜레마 강도	1	1.7
	딜레마 강도와 딜레마 대응	1	1.7
	역동적 딜레마 모형	1	1.7
딜레마 인지와 딜레마 대응(3)	딜레마 인지 여부와 대응	2	3.4
	무시된 딜레마와 사회적 비용	1	1.7
딜레마 객관적 검증(2)	인과지도 활용	1	1.7
	전문가조사 활용	1	1.7
딜레마 구조 차이(1)		1	1.7
딜레마 사고(1)		1	1.7
계		59	100.0

주: 중복을 제외하고 가장 중심적 성격을 지니는 분야로 분류함.

V 결 론

이 연구는 최초의 한국 행정이론으로서 딜레마 이론이 개발된 지 30여 년이 지난 시점에서 딜레마 이론을 체계적으로 고찰 및 평가하였다. 구체적으로, 딜레마 이론의 이론적 가치, 이론 개발모델로서 가치, 행정·정책적 가치, 딜레마 이론의 한계와 대안이 무엇인지에 대한 연구 질문을 설정하고 이에 대한 해답을 찾고자 했다. 이를 위해, 이론의 본질과 특성을 반영할 수 있는 분석방안을 새롭게 설계 및 적용하였고, 연구 질문별로 세부 항목들을 개발하고 개별 항목에 적합한 문헌연구 및 논문 메타분석을 수행하였다. 분석 결과는 다음과 같다.

첫째, 딜레마 이론은 '이론적 가치'를 지니고 있다. 이는 동 이론이 새로운 의사결정이론으로 새로운 발견과 설명을 하였고, '설명력'을 지니고 있다는 점에서 알 수 있다. 구체적으로, ① 딜레마 이론은 '새로운 의사결정이론'이다. 즉, ⓐ 딜레마 이론은 선택이 어려운 상황에서의 '선택'을 설명하고, ⓑ 현실적인 행위자 가정과 의사결정자 자체에 대한 분석을 시행하였고, ⓒ 의사결정자의 선택에 미치는 새로운 독립변수('딜레마')를 개발하고, ⓓ 기존의 이론으로 설명이 어려운 현상 설명과 예측을 가능하게 하였다. ② 딜레마 이론을 통해 '새로운 발견과 설명'이 이루어졌다. 즉, 그동안 베일에 싸여 있던 딜레마 발생 및 형성원인, 딜레마 인지, 딜레마와 대응 간 관계 설명 및 대응 유형 발견, 딜레마 인지와 대응관계 설명, 딜레마 강도 차이 및 딜레마 강도와 대응 간 관계 설명, 주관적 딜레마의 객관적 검증 등을 통해 새로운 발견 및 인과관계의 고리를 밝혀냈다. ③ 딜레마 이론은 폭넓은 설명 범위와 설명의 지속성을 보여준다는 점에서 의미있는 '설명력'을 지니고 있는 것으로 판단된다. 구체적으로, 동 이론은 ⓐ '연구 분야'와 '게재 저널의 유형'을 볼 때 폭넓은 설명 범위를 지니고 있었고, ⓑ '연도별 게재 논문 수'와 '연도별 참여 연구자 수'가 지속적으로 증가하고 있다는 점에서 설명의 지속성을 보여주었다.

둘째, 딜레마 이론은 '객관적 관찰을 통한 이론화', '개념의 공고화 및 차별화', '이론 발전'이 체계적으로 나타나고 있다는 점에서 '이론 개발모델로서 가치'를 지닌다. 즉, ① 딜레마 이론은 이론 적재성을 극복하고 객관적 관찰에 성공하였으며, 다양한 환경적・제도적 난제(부족한 학문적 토대, 미국 행정이론 의존과 비판적 사고 제약, 선호의 왜곡과 역 선택의 보상구조 극복)들을 극복하여 이론 개발에 성공하였다. ② 딜레마 이론은 개념의 공고화 및 유사개념과의 차별성 확보를 통해 지속적인 후속연구들을 파생시켜 이론 적용, 검증, 확산을 가능하게 하였다. ③ 딜레마 이론은 이론의 개발 후 단순 적용에 머무르지 않고, ⓐ 기존 이론 보완 및 정교화, ⓑ 새로운 개념 및 모형 개발, ⓒ 이론 확장 및 연계와 같은 이론 발전이 지속되었다.

셋째, 딜레마 이론의 '행정 및 정책적 가치'를 지닌다. 즉, ① 딜레마 이론은 사회적 가치의 균형적 고찰을 가능하게 하고, 이는 곧 공공성을 높이는 데 기여할 수 있다. 또한 ② 딜레마 창출[의도적인 딜레마 창출, 일치된 딜레마의 표방, 의사(가짜) 딜레마 형성]과 딜레마 대응(비일관적 대응, 형식주의, 상징, 딜레마 전가, 분리 등) 차원에서 전략적으로 활용될 수 있다.

넷째, 딜레마 이론의 한계로서 '이론 고유의 문제'와 '이론 적용의 문제'를 지니고 있다. ① 딜레마 이론 고유의 문제는 딜레마가 주관의 영역이라는 점에서 비롯된다. 즉, 주관의 영역인 딜레마를 객관적으로 측정하고 증명하는 문제가 내재되어 있다. 이에, 딜레마의 형성조건, 다양한 연구방법의 결합을 통해 딜레마 증명, 딜레마와 대응 간 인과관계 연구를 강화할 필요가 있다. ② 이론 적용상 문제로서, ⓐ 딜레마 이론을 적용한 연구물의 '연구방법'이 한국을 대상으로 한 사례연구(69.5%)에 집중되어 있다. 이에 실험연구, 의료과학기술 활용 등 연구방법의 다양화, 국가 간 비교연구가 필요하다. ⓑ '연구 주제'가 딜레마 대응(54.2%)에 크게 편향되어 있으므로, 딜레마의 객관적 검증, 딜레마 인지 여부와 대응 차이, 딜레마 강도, 딜레마 전략, 딜레마 연구 방법 등에 대한 연구가 이루어질 필요가 있다.

이러한 연구 결과는 행정이론으로서 딜레마 이론의 가치와 한계가 무엇인지를 체

[표 4-8] 연구 결론

구 분	중분류	주요 내용
1. 이론적 가치	새로운 의사결정이론	• '선택'이 어려운 상황에서의 '선택' 설명 – 정보, 합리성의 정도와 무관하게 '선택' 자체가 어려운 상황에서 '선택'을 설명
		• 현실적인 행위자 가정과 의사결정자 분석 – 가치 중립적이기보다 특정 가치를 선호, 가치에 영향을 받는 행위자 가정 – 기존 의사결정이론과 달리 의사결정자 자체 분석
		• 독립변수로서 딜레마 제시 – 의사결정자의 선택에 영향을 미치는 새로운 변수('딜레마') 제시, 이론화, 증명
		• 기존의 이론으로 설명이 어려운 현상 설명과 예측 – 다양한 행정현상(상징, 형식주의, 비일관적 대응 등)의 원인 설명 가능
	새로운 발견과 설명	• 딜레마 발생 및 형성원인 설명 – 형식 및 사회적 조건, 양면적 상황 설정, 사회적 구성주의, 보호된 가치 인식, 딜레마의 경로의존성, 공직자 딜레마 모형 등
		• 딜레마 상황과 딜레마 대응 간 관계 및 다양한 딜레마 대응 유형 발견 – 적극적 대응, 비일관성, 형식주의, 상징, 이원화 및 분리, 전가, 메타프레임, 자원 확대, 지연, 한정적 대응 등
		• 딜레마 인지와 대응 간 관계 설명 – 딜레마 인지 여부에 따른 대응 차이, 무시된 딜레마와 사회적 비용 발생 간 메커니즘 설명
		• 딜레마 강도 차이 및 딜레마 강도와 대응 간 관계 설명 – 딜레마 강도 개념, 강도 차이의 원인, 서로 다른 대응 원인 설명
		• 주관적 딜레마의 객관적 검증 – 인과지도, 실험, 설문조사, 전문가조사 등 활용

	이론의 설명력	설명 범위	• 연구 분야: 정책과 제도(입지, 입지, 보건복지, 노동, 수자원, 경제 등) 51건, 조직 5건, 의사결정자 자체 분석 4건 • 게재 저널의 유형: 행정학 분야 다양한 학술 저널(15종) 학술저널에 게재
		설명 지속성	• 연도별 논문 수: 점진적 증가(10년 주기로 11편 → 18편 → 28편) • 연도별 참여 연구자 수: 점진적 증가(10년 주기 21명 → 24명 → 39명)
2. 이론 개발 모델로서 가치	객관적 관찰을 통한 이론화		• 이론 적재성 극복 • 환경적·제도적 난제 극복(부족한 학문적 토대, 미국 행정이론 의존과 비판적 사고 제약, 선호의 왜곡과 역선택의 보상구조 극복)
	개념의 공고화 및 차별화		• 딜레마 개념의 공고화 – 이종범 외(1991)를 개념을 유지하면서 개념의 모호성을 극복
			• 딜레마 개념의 차별화 – 갈등, 패러독스, 불확실성, 모호성 등과 차별성 정립
	이론 발전		• 지속적인 이론 발전이 나타남 – 이론 개발 6.8%, '이론 발전' 52.5%(기존 이론 보완 및 정교화 30.5%, 새로운 개념 및 모형 개발 16.9%, 이론 학장 및 연계 5.1%), '이론 적용' 40.7%
3. 행정 및 정책적 가치	공공성 확보 기여		• 딜레마 이론은 가치 균형적 고찰 강조 → 이는 공공의 이익 혹은 공공성 확보에 기여
	전략적 활용		• 딜레마 창출·표방(의도적인 딜레마 창출, 의사 딜레마 창출, 일치된 딜레마 표방)의 전략적 활용
			• 딜레마 대응(비일관적 대응, 형식주의, 상징, 딜레마 전가, 분리 등)의 전략적 활용
4. 한계 및 대안적 논의	이론의 고유문제		• 딜레마의 객관적 측정과 증명문제 → 형성조건 연구 보완, 다양한 연구방법 결합, 딜레마와 딜레마 대응 간 인과관계 보완 연구 필요
	이론 적용상 문제	연구 방법	• 한국 사례연구(69.5%)에 집중에 따라 이론의 보편성 제약 → 실험, 의료과학기술 등 다양한 연구방법 활용, 다 국가 비교연구 필요
		연구 주제	• 딜레마 대응(54.2%)에 편향 → 딜레마 검증, 딜레마 인지와 대응, 딜레마 강도, 딜레마 전략, 딜레마 연구방법 등 필요

계적으로 살펴볼 수 있게 하여 준다. 더욱이 딜레마 이론의 발전 과정을 세밀하게 살펴보고 있다는 점에서 향후 또 다른 한국 행정이론의 개발에 기여할 수 있을 것이다. 또한 이 연구에서 새롭게 설계된 이론 분석평가틀은 다양한 행정이론을 평가할 수 있

는 분석도구로서 활용될 수 있을 것이다. 특히, 딜레마 이론의 행정·정책적인 함의는 그동안 동 이론의 유용성을 새롭게 살펴볼 수 있는 기회를 제공할 수 있을 것으로 판단된다. 다만, 이 연구가 딜레마 이론의 모든 부분을 평가하고 있다고 보기는 어렵다. 또한 가능한 모든 연구자료를 수집하고자 하였으나 포함되지 못한 유용한 연구물이 있을 수 있다. 더욱이 논문 메타분석을 통해 가능한 객관성을 확보하고자 하였으나 주관적 판단의 한계가 존재할 수 있다.

제 2 부

의사결정과 딜레마 모형

제5장

공직 수행의 딜레마와 의사결정의 어려움[1)]

윤견수

이 글은 그동안 딜레마 연구에서 소극적으로 다루었던 의사결정자를 딜레마 모형에 포함시켜 공직자의 딜레마 모형을 제시한 리뷰글이다. 모형을 제시하는 과정에서 딜레마에 대한 연구업적들과 함께 행정이념과 공직가치, 윤리적 행동과 행정책임 등과 같이 딜레마와 유사한 선행연구들도 검토하였다. 공직자가 두 개의 맥락을 동시에 선택할 수 없고, 어느 하나의 맥락만 선택할 수도 없지만, 그렇다고 두 개의 맥락 모두를 배제할 수도 없다면 공직자는 딜레마에 빠진다. 이 글은 상관의 명령과 조직에 대한 충성, 선출직 공직자의 요구, 조직 내・외 고객의 기대에 덧붙여, 공직자 개인의 신념체계와 전문직업인으로서의 경험이 공직자를 딜레마에 빠뜨리는 네 가지 중요한 맥락이라고 봤다. 공직자의 딜레마 모형은 문제 해결을 잘 하는 유능한 공직자보다는, 이도저도 아닌 양자택일의 상황을 자각하고 자신의 선택에 대해 끊임없이 반성하고 성찰하는 공직자를 강조한다.

1) 이 글은 『정부학연구』 제23권 제3호에 게재된 것을 수정・보완한 것이다.

I 서 론

공직을 수행하는 과정에서 공무원들은 많은 어려움을 겪고 있으며, 그러한 어려움은 대부분 의사결정 상황과 직결된다. 불확실성, 애매성, 갈등, 비일관성, 혼선, 스트레스 등의 용어는 선택 상황의 어려움을 전달하는 용어들이며, 그 가운데에서도 딜레마는 "두 개의 선택지 사이에서 이도저도 못하는 어려운 선택 상황"을 대변하는 용어다. 이 글은 공직을 수행하는 과정에서 공직자가 겪는 결정의 어려움을 '딜레마'라는 관점에서 정리한 글이다.

행정학 분야에서 딜레마에 대한 연구가 본격화된 것은 1991년부터다. 이종범 외(1991)의 연구논문을 시작으로 『딜레마 이론』(이종범 외, 1994), 『딜레마와 행정』(윤견수 외, 2000), 『딜레마와 제도의 설계』(소영진 외, 2009) 등 세 권의 단행본이 출간되었고, 학술논문과 학위논문 등을 통해 수많은 연구업적이 축적되었다. 그런데 이들의 연구가 갖고 있는 중요한 가정 가운데 하나는 분석 단위를 조직이나 시스템 혹은 제도로 설정하고, 개인에 대한 연구는 배제했다는 점이다. 그 이유는 '개인'을 분석 단위로 한 연구는 자칫하면 심리적 갈등이나 도덕적 갈등에 대한 연구로 경도될 우려가 있었기 때문이다. 그래서 의사결정자가 딜레마에 빠졌다고 할 때, 그 의사결정자를 개인으로 보지 않고 '시스템의 조정자'로 추상화한 후에 연구가 진행되었다. 예컨대, 국무총리의 딜레마를 연구할 때, 자연인으로서의 총리가 아니라 여러 부처의 이해관계를 조정하는 자, 혹은 총리실이라는 시스템의 조정자라는 암묵적인 가정이 있었다.

이와 같은 암묵적 가정은 연구의 초점을 정책과 제도 쪽으로 묶어둠으로써 행정학의 고유한 성격을 잘 살리는 데 도움이 되었지만, 딜레마 현상을 이해하고 딜레마에 대한 이론을 개발하는 과정에서 걸림돌로 작용한 것도 사실이다. 행정윤리나 행정책임 등 개인을 분석 단위로 한 연구들을 배제시켰고, 이들 연구에서 얻을 수도 있는 많은 통찰력을 스스로 제한시켰기 때문이다. 개인에 대한 연구는 그동안 딜레마 연구에서 소극적으로 다루어질 수밖에 없었다.

이 글은 기존의 딜레마 이론을 보완하여 의사결정의 주체인 공직자에게 초점을 맞춘 딜레마 이론을 제시하는 것이 목적이다. 이를 위해 먼저 그동안의 딜레마 연구가 출발하게 된 계기와 그 이후의 이론 개발 과정을 소개하고, 그 과정에서 기존의 이론들이 개인에 대한 논의를 어떻게 다루었나를 살펴본다. 이어서 딜레마 연구는 아니지만 공직자의 딜레마에 대한 모형 개발에 도움이 될 수 있는 유사 선행연구들을 살펴본다. 이 글에서는 역할갈등, 윤리적 의사결정, 행정책임과 통제, 행정이념과 가치 등에 대한 연구들을 딜레마의 관점에서 재해석하였다. 그리고 주로 한국에서 축적된 연구들을 리뷰의 대상으로 선정하였다. 마지막으로, 앞의 두 가지 논의를 기반으로 공직자의 딜레마 모형을 제시한다. 이 글은 경험자료를 분석한 논문이 아니라, 그동안의 딜레마 연구업적 및 딜레마 연구에 참여해 왔던 연구자로서의 경험을 토대로, 딜레마 이론의 확장 가능성을 염두에 둔 리뷰글이다.

Ⅱ 딜레마 이론의 출발점: 선택이 곤란한 상황에 대한 이론

딜레마 이론은 대부분의 정부정책이 대안이나 가치의 우선순위를 정할 수 없는 어려운 상황 속에서 이루어짐에도 불구하고, 기존의 이론들은 이런 상황을 제대로 반영하지 않았다는 인식에서 비롯되었다. 마치(J. G. March)와 사이먼(H. A. Simon)은 '일상적인 의사결정이 붕괴될 때 생기는 상황'을 갈등이라고 하며 그것을 세 가지로 분류하였다(March & Simon, 1958: 113). 첫째는 각 대안이 가져올 결과를 알고, 그것들을 비교할 수 있지만, 만족스럽지 않은 수용불가능한(unacceptable) 상황, 둘째는 각 대안의 결과를 알지만 비교하기는 힘든 비교불가능한(incomparable) 상황, 셋째는 각 대안이 가져올 결과도 모르는 불확실한(uncertain) 상황이다. 이들 세 가지 상황은 대안들 간의 충돌 때문에 선택이 어려운 상황이며 의사결정자는 그때 갈등을 겪는다.[2)]

2) 그들은 대안이 가져올 결과는 긍정적인 것(+)과 부정적인 것(−)이 공존한다고 봤다. 그리고 +와 −가 모두 작으면 '밋밋한' 대안, +와 −가 모두 크면 '뒤섞인' 대안, +가 −보다 크면 '좋은' 대안, +가 −보다 작으면 '나쁜' 대안, +와 −를 잘 모르면 '불확실한' 대안이라고 가정을 세웠다. 만약 두 개의 대안 중 하나를 선택하는 상황이 있다고 하자. 둘 중 한 개의 대안이 '좋은' 대안이라면 어려움 없이 그것을 선택하면 된다. 그러나 그렇지 않은 경우는 수용불가능하거나, 비교불가능하거나, 불확실한 상황이라서 의사결정자가 갈등을 겪는다.

이러한 상황에 대한 해결책은 대안에 대한 정보와 지식을 넓히거나 결정자가 갖고 있는 욕망의 수준을 낮추는 것이다. 예를 들어, 불확실한 상황에서는 대안들이 가져올 결과를 분명히 하거나 새로운 대안을 탐색하고, 수용불가능한 상황에서는 새로운 대안을 탐색하며, 수용가능하지만 비교불가능한 상황은 보통 시간이 제약된 상황인 경우가 많은데, 이 경우는 먼저 제시된 대안을 선택한다(March & Simon, 1958: 115).

즉, 의사결정은 지식과 욕망의 함수이기 때문에[3] 어려운 선택 상황을 벗어나려면 첫째, 지식과 정보를 동원하거나, 둘째, 욕망의 강도를 낮추면 된다고 본 것이다. 그러나 대안을 평가할 정보와 지식을 완벽히 갖고 있지만 대안을 비교할 수 없는 상황이 존재한다. 이런 상황은 대안을 비교하는 함수가 서로 충돌하는 상황, 다시 말해 대안 비교의 근거가 되는 가치나 가정이 서로 충돌하는 상황이다. 대안을 비교하는 교환함수가 서로 충돌하는 상황이기도 하다. 예컨대, 대안 A와 B가 서로 충돌하는 상황에서 두 개의 대안을 비교할 수 있는 교환함수 K가 존재한다고 하자. 교환함수가 존재한다는 것은 지식과 정보가 완벽에 가까울 만큼 충분하다는 것을 의미한다. K를 근거로 두 대안을 비교하면 A가 B보다 낫다는 식의 결론을 얻을 수 있다. 그러나 K와는 또 다른 교환함수 L이 동시에 존재하는데, L을 근거로 두 대안을 비교했더니 B가 A보다 낫다는 결론을 얻었다고 하자. 이런 경우 두 개의 대안은 서로 비교할 수도 있지만, 동시에 서로 비교할 수도 없는 모순적 상황에 놓이게 된다. 즉, 지식과 정보를 동원하여 두 대안을 비교할 수는 있지만 선택할 수는 없는 상황에 빠진다. 이것은 대안의 선택이 지식과 정보의 함수가 아니라는 것을 뜻한다.[4] 김동환(2002)은 보호된 가치에 대한 실험을 통해 이 점을 분명히 밝혔다. 보호된 가치는 공리주의적 세계관

3) 이 두 가지는 제한된 합리성의 핵심을 구성하는 요인이다. 마치(March, 1978)는 현재 행동이 가져올 미래의 결과가 불확실(uncertain)하고, 그 결과에 대한 선호가 애매하기(ambiguous) 때문에 인간행동의 합리성은 제약을 당할 수밖에 없다고 봤다. 앞의 경우는 지식과 정보를 탐색하는 인지적 능력의 한계, 뒤의 경우는 선호의 불안정성과 비일관성, 그리고 모호성을 강조한다.

4) 이종범(2005)은 어려운 선택 상황이라고 해도 그 원인이 다르면 처방도 달라진다고 하면서 딜레마와 다른 상황을 분명하게 구분하고 있다. 불확실성(uncertainty)으로 인해 선택이 곤란한 정책문제는 부족한 정보를 탐색하며 그런 활동을 지원하는 방향으로 제도를 개선하거나 설계한다. 모호성(ambiguity)으로 인해 선택이 곤란한 정책문제는 의미를 해석하거나 합의 과정을 유도하는 방향으로 제도를 설계한다. 그러나 딜레마로 인해 선택이 곤란한 상황에서는 각 대안의 상반된 가치입장을 밝히고 공적 결정을 가능하게 하는 방향으로 제도를 설계한다. 그리고 선택 상황의 어려움이 커질수록 세 가지 방법을 공존시키는 방법을 찾는다.

에서 주장하는 것과는 달리 생명이나 도덕 등 다른 가치와의 교환을 거부하는 가치다(Baron, 1997). 정책의 딜레마라는 것은 규범적으로 두 가지 가치를 비교하는 것 자체가 사회적으로 허용되는 않는 상황을 말한다는 것이 보호된 가치 개념을 통해 주장하는 내용이다.

딜레마 이론에서는 이와 같이 의사결정이라는 것이 지식과 정보의 함수가 아닐뿐더러, 가치의 중립성을 전제로 하지도 않는다고 본다. 오히려 딜레마 연구자들은 딜레마처럼 어려운 선택 상황에서는 가치의 개입이 필수적이며 그것들이 서로 충돌한다고 보았다. 딜레마 연구는 이와 같은 상황에 대한 호기심에서 비롯되었으며, 의사결정의 딜레마는 ① 특정 맥락 속에서이루어지는 선택을 전제로 하며, ② 상충되는 가치가 선택 상황 속에 동시에 나타나고 그것이 대안으로 표시될 수 있으며, ③ 대안들 간의 비교가 불가능하지만(가치 간의 교환함수가 존재하지 않음), 그 중요성이 비슷하기 때문에, ④ 대안의 선택이 곤란한 상황이라고 정의된다(이종범 외, 1991). 이렇게 본다면 딜레마 이론은 제한된 합리성에 대한 논의를 확장한 의사결정이론이라고 볼 수도 있다(김태은 · 박종수, 2008).

딜레마 이론은 두 개의 대안이 충돌하는 상황에서 의사결정자가 자신의 욕구를 낮추면 만족스러운 결정을 할 수 있다는 가정에 대해서도 의문을 제기하였다. 왜냐하면, 의사결정을 지나치게 개인의 문제로 끌고 들어가면서 그 개인이 처한 상황이나 맥락의 힘을 과소평가했기 때문이다. 이것은 의사결정자의 독립성을 지나치게 강조한 것이다. 그러나 대부분의 정책문제는 집단적 상황을 대변하는 구조적 문제다. 마찬가지로 인간의 욕구도 정책결정자 개인이 아니라 구조화된 욕망의 형태로 존재한다. 서로 다른 행위자들의 욕구가 각자가 주장하는 대안을 중심으로 팽팽하게 맞서는 상황이 구조적 상황이다. 딜레마 연구진들은 바로 이 점이 기존의 갈등이론과 딜레마 이론을 구별하는 점이라고 봤다(이종범 외, 1991). 갈등이론은 갈등의 당사자들 이외에 정책결정자나 조정자들의 입장을 별로 고려하지 않는다. 설령 고려한다고 해도 정책결정자의 심리적 갈등에 치우쳐 갈등의 당사자들 간에 벌어지는 동태적 맥락에 대해서는 큰 관심이 없다. 그러나 딜레마 이론은 갈등당사자들이 자신의 욕망(혹은 이해관계나 선호)을 분명하게 표현하며 상호작용하는 상황을 받아들인다. 이와 동시에 시스템 전체를 조정해야 하는 정책결정자의 입장을 딜레마의 이론체계에 포함하였다.

적어도 신중한 의사결정자라면 딜레마 상황을 만들어 내는 갈등당사자들의 영향력을 무시하지 않는다. 의사결정자의 욕구를 낮춘다는 것은 문제를 해결할 의지를 포기하는 행동이며, 동시에 상황에 대한 책임을 지지 않으려는 행동이다. 자신의 욕망수준을 낮춘다고 해서 상황이 해결되는 것이 아니다. 미시적 갈등 상황이나 거시적 갈등 상황과는 달리, 특정 맥락에 처한 갈등당사자들 간의 충돌을 조정해야 하는 상황이 분명히 존재하며, 딜레마 이론은 이런 상황을 다룬다.

요약하면 종래의 의사결정이론이 선택을 정보와 지식의 함수로 보고 가치의 중립성과 의사결정자의 독립성을 전제한 것과는 달리 딜레마 이론은 조금 더 현실적인 정책 상황을 고려했다. 의사결정은 가치가 개입되고 그것들이 서로 충돌하는 상황에서 이루어진다고 가정한다. 그리고 종래의 갈등이론이 지나치게 의사결정자 개인의 내면적 갈등이나, 갈등당사자들 간의 이해충돌을 강조한 반면, 딜레마 이론은 갈등당사자들 간의 대립 상황이라는 맥락 속에서 이루어지는 의사결정자의 결정을 강조한다. 이렇게 본다면 딜레마 이론은 의사결정이론과 갈등이론을 결합한 것이며, 거시적 갈등과 미시적 갈등이론을 결합한 것이다. 이러한 논의를 반영하면 딜레마를 "두 개의 단절적인 대안이 존재하고, 두 대안이 가져올 결과가치가 상충적이며, 각 대안을 지지하는 행위자들이 서로 대립하고 있지만, 주어진 시간 내에 결정을 내려야 하는 문제상황"으로 정의할 수 있다(윤견수, 2006: 75). 이것은 딜레마 모델을 구성하는 요소인 대안, 가치, 행위자의 개념을 정의에 포함시킨 것이다. 딜레마에 대한 연구 결과들이 25년 이상을 거치며 축적되고 있지만 딜레마의 개념이 크게 이 정의에서 벗어나지는 않았다. 이런 점에서 딜레마 연구가 정책이나 제도를 유난히 강조한 것은 당연한 결과일 것이다. 정책과 제도는 법이나 규정이라는 것이 대안의 형태로 주어지는 상황이며, 그것들이 다양한 기준으로 비교되며 선택되는 상황이고, 행위자들의 이해관계와 그것들 간의 충돌이 나타나는 맥락을 함께 제공하기 때문이다.

Ⅲ 딜레마에 대한 연구방법

딜레마에 대한 정의는 큰 편차가 없지만 연구의 성격과 연구자의 성향에 의해 딜레마 연구의 접근법과 강조점은 달랐다. 이종범 외(1991)는 딜레마 상황 자체를 하나의 분석 단위로 간주하는 전체적 접근과, 딜레마를 구성하는 개별 요소들에 대한 분석을 통해 딜레마를 이해하는 개체적 접근으로 연구방법을 분류하였다. 통상적으로 앞의 상황은 객관적 접근을 강조하고, 뒤의 상황은 주관적 접근을 강조한다. 전체적 접근은 특정의 정책결정자를 상정하지 않고 구조나 제도처럼 딜레마 상황 자체를 원인이나 결과로 보고 접근하는 방식이다. 예컨대, 상황이 딜레마였기 때문에 제도가 형식주의화된다거나(박통희 · 김동환, 1992), 정책이 주기적으로 순환하며 비일관성을 보인다거나(염재호 · 박국흠, 1992; 김상돈, 2004; 노명순, 2008) 하는 논의는 모두 딜레마 상황 자체를 원인으로 본 연구다. 논의를 확대하면 사회의 제도적 장치들이 딜레마에 대한 반응의 과정에서 설계되고 변형을 거친다는 연구들은 모두 여기에 속한다(이종범, 1999; 2000; 이종범 · 윤견수, 2000; 김태은, 2007; 2009; 김창수, 2009; 2010; 2011; 2013; 2015; 2016).

개체적 접근은 결정자의 상황에 대한 인식을 전제로 하는 접근방법이다. 의사결정자에 따라 하나의 상황을 딜레마로 볼 수도 있고 그렇지 않을 수도 있다고 본다면, 이것은 개체적 접근을 취한 것이다. 객관적 딜레마 상황을 그대로 딜레마로 인식하는 상황, 객관적으로는 딜레마 상황인데 그것을 딜레마가 아닌 것으로 인식하는 무시된 딜레마 상황, 객관적으로는 딜레마가 아닌데 그것을 딜레마로 인식하는 가짜 딜레마 상황에 대한 연구들이 개체적 접근이다. 이러한 연구의 예로는 여과장치의 성격에 따라 딜레마의 인식이 좌우된다는 연구(이종범, 1994), 정책결정과 집행 과정에서 딜레마를 어떻게 인지하는가에 따라 형식주의나 비일관성 등과 같은 반응의 차이가 나타난다는 연구(소영진 · 안성민, 2011), 객관적으로는 딜레마 상황인데 그것을 무시했기 때문에 절차적 합리성을 지키지 않았고, 따라서 사회적 비용을 초래했다는 연구(김태은, 2013) 등이 있다.

그러나 소영진(2015)은 이러한 접근을 다시 분류하여 전체적 접근은 소박한 의미에서의 실증주의에 가깝고, 주관적 접근은 엄격한 의미에서 보면 실증적이기는 하지만 주관의 인지작용에 의해 딜레마의 해석이 달라지므로 인지적 접근에 가깝다고 봤다. 그리고 실증적이라는 개념을 사용한다면 주관과 객관의 분리를 당연하게 생각하지만, 현상이라는 것은 엄격히 보면 객관이나 주관 어느 한쪽에 속한 것이 아니라 양자의 결합에 의해 만들어지는 것이라고 봤다. 이렇게 주관과 객관의 결합을 전제로 현상을 설명하는 방법론이 구성주의이다.[5)]

프레임(frame) 혹은 프레이밍(framing)을 현상 이해의 개념적 도구로 주로 사용하는 구성주의의 접근은 딜레마가 형성되고 없어지는 과정에 대한 논의를 충실하게 할 수 있는 장점이 있다. 딜레마의 전개 과정에 대한 많은 사례연구들이 엄격한 의미의 구성주의적 접근을 따른 것은 아니지만, 프레임이라는 개념을 사용했는가의 여부와는 상관없이 넓은 의미에서 보면 구성주의적 인식을 토대로 했다고 봐야 할 것이다(윤견수, 1992; 송위진, 1998; 소영진, 1999; 이종범 · 윤견수, 2000; 소영진, 2003; 하민철 · 윤견수, 2005; 서준경, 2008; 김창수, 2010; 2011; 소영진 · 안성민, 2011; 심원섭, 2016). 서로 상반되는 프레임을 하나로 묶는 제3의 범주를 통해 딜레마 상황에서 벗어날 수 있거나(윤견수, 1993; 하민철, 2010), 행위자들이 상황을 양면적으로 설정하기 때문에 딜레마에 처하게 된다는 연구는(하민철 · 윤견수, 2005), 딜레마의 원인과 반응을 프레임이라는 개념으로 접근한 것이다. 행위자의 구성적 활동에 의해 딜레마가 나타나며 강화되기도 한다는 연구나(서준경, 2008), 프레임 변화의 개념을 통해 딜레마의 전개 과정을 분석한 것은(심원섭, 2016; 이순희 · 정지현, 2017), 딜레마의 과정을 프레이밍의 관점으로 이해한 것이다. 구성적 관점은 딜레마 상황의 존재와 그에 대한 인식이 관련 행위자들의 해석적 활동에 의해 좌우된다고 가정한다.[6)] 해석적 활

---

5) 그러나 상황을 적극적으로 이해하고 그것을 하나의 프레임으로 만드는 과정은 인지의 작용이기 때문에, 경험연구를 할 때 해석의 틀이나 프레임만 강조한다면 인지적 접근과 구성적 접근을 구분하는 실익이 크지 않을 수도 있다.

6) 이 두 가지를 감안한 딜레마의 개념 개발에는 소영진(1999)의 연구가 많은 기여를 했다. 그는 딜레마 발생의 조건을 형식적(본질적)인 것과 사회적인 것으로 구분하여 설명했다. 딜레마가 되기 위한 혹은 형식적 요소는 네 가지인데, 대안의 분절성(대안 간의 절충이 불가능함), 대안의 상충성(서로 상충적이기 때문에 둘 중 하나만 선택해야 함), 결과가치의 균등성(대안이 가져올 결과가치의 크기가 같음), 선택의 불가피성(선택을 안하고 넘어갈 수 없고 최소한 하나의 대안을 선택해야 함) 등이 그것이다. 그러나 이러한 형식적 조건들만으로는 딜레마가 발생할 수 없고 특정한 배경조건이나 사회적 조건이 무르익어야 잠재적인 딜레마가 현재화된다. 여기서 사회적 조건의 중요한 축을

동을 수행하는 행위자 안에는 갈등의 당사자뿐 아니라 그것을 조정해야 하는 의사결정자까지 포함된다.

일찍이 스톤(Stone, 1988)은 『정책의 역설(*Policy Parodox*)』이라는 책에서 딜레마가 표현되는 네 가지 방식을 제시하고 있다(윤견수, 2014: 514-516). 첫째는 한 개념과 그것의 반대되는 개념이 공존하는 것을 보여줌으로써 딜레마 상황을 제시한다. 예컨대, 자유를 보장받기 위해서는 질서가 필요하고, 질서를 위해서는 규칙이 필요한데, 규칙은 개인의 자유를 억압한다. 이런 논리로 자유를 보장하는 것과 자유를 억압하는 상황이 공존할 수밖에 없다는 것을 제시한다. 둘째는 한 개념과 다른 개념이 충돌하는 상황, 예를 들어 하나의 이념이나 가치가 다른 이념이나 가치와 충돌한다는 것을 보여주며 딜레마 상황을 제시한다. 예컨대, 자유를 보장하는 것과 평등을 추구한다는 것이 정책과정에서 서로 충돌하는 것을 보여주거나, 안전을 확보하는 전략과 효율성을 추구하는 전략이 서로 충돌하는 것을 보여주면서, 딜레마 상황을 제시한다. 보호된 가치에 대한 논의를 비롯하여 가치 간의 갈등을 보여주는 것은 모두 여기에 속할 것이다(김동환, 2002; 김창수, 2008; 2010; 2013). 셋째는 한 개념을 구성하는 하위 요소들이 충돌하는 것을 보여주며 딜레마 상황을 제시한다. 예를 들어, 좋은 규칙을 만들기 위해서는 정확한 규칙과 신축적인 규칙이 둘 다 필요한데, 이 두 가지 조건을 동시에 충족시킬 수 없다는 것을 보여줌으로써 좋은 규칙이 갖고 있는 딜레마 상황을 제시한다. 마지막으로, 하나의 현상을 둘러싸고 있는 맥락(조건)들이 서로 충돌하는 것을 보여주며 딜레마 상황을 제시한다. 예를 들어, 정책효과를 측정할 때 정책을 지지하는 집단과 반대하는 집단 사이에 측정 기준과 방법을 놓고 해석상의 충돌이 나타난다거나, 평가의 과정에서 평가자와 피평가자의 해석 기준과 원칙이 서로 충돌한다는 것을 보여줌으로써, 딜레마 상황을 제시한다.[7] 이상 네 가지 가운데 지금까지의

형성하고 있는 것이 바로 행위자(갈등당사자들)의 존재다. 갈등당사자들의 응집성 수준, 반발의 강도, 그들 간의 세력균형, 결정자에 대한 불신 등이 형식적으로 존재하는 딜레마를 현재화하는 중요한 요인들이다.

7) 네 가지 상황 가운데 첫째와 셋째는 역설에 가깝고 나머지 두 개가 딜레마에 가깝다. 역설은 분석의 수준을 바꾸었을 때 생기는 상충적인 해석이며, 딜레마는 분석수준을 바꾸지 않고 그대로 두었을 때 나타나는 상충성과 연관된다. 예를 들어, 죄수의 딜레마는 개인의 이익추구가 사회적인 손해를 가져온다는 논리이기 때문에 엄격이 말하면 분석 단위가 달라질 때 나타나는 충돌현상이다. 딜레마 연구에서는 이러한 이유 때문에 죄수의 딜레마, 집단행동의 논리, 혹은 공유의 비극과 같은

딜레마에 대한 사례연구에서 가장 많았던 것은 네 번째 방식이며, 그것은 구성적 방식과 흡사하다.

그렇다면 맥락이 충돌하는 상황에서 의사결정자의 행동을 어떻게 이해할 것인가? 이종범 외(1991)는 개인을 분석 단위로 하는 연구가 되기 위해서는 정책결정자로서의 역할과(사회적 기대를 충족시켜야 한다는 점) 개인의 가치입장(개인의 이해관계나 선호를 갖고 있다는 점)을 모두 고려해야 한다고 했다. 그러나 딜레마의 연구 과정에서 실제로 이 두 가지를 모두 반영하면서 정책결정자를 연구한 적은 없다. 정책결정자라는 용어를 사용하기는 했지만, 그때의 정책결정자는 선택 상황이나 시스템을 관리하고 조정하는 추상화된 개인이었고, 실제 분석 과정에서 개인을 다루지는 않았다. 서베이나 실험 등의 방법으로 딜레마 상황에서의 반응을 확인한 연구들은(최흥석 · 윤견수, 2000; 윤견수, 2001; 김동환, 2002) 분석 단위가 개인이기는 하지만, 이 경우에는 개인의 가치입장만 확인한 것이지 정책결정자로서의 역할, 즉 개인이 처한 상황적 맥락은 고려하지 않았다.

구성주의적 접근은 이와 같이 선택이 곤란한 '상황'에 초점을 두었기 때문에 유보시켜 놓았던 의사결정자 개인에 대한 논의를 다른 관점에서 끌고 들어올 수 있는 장점이 있다. 의사결정자는 선택이 이루어지는 맥락에서 벗어나 내면적 갈등만을 겪는 독립된 존재가 아니며, 딜레마로 주어진 상황에서 구조적으로 반응할 수밖에 없는 추상적 존재도 아니다. 구성적 접근에 의하면 딜레마는 맥락으로부터 만들어진 상충적인 두 개의 프레임 사이에서 정책결정자가 고민하는 상황이다. 맥락을 지나치게 강조하면 딜레마는 객관적 상황으로 간주된다. 의사결정자 개인의 능동적인 입장을 과도하게 수용하면 딜레마는 개인의 심리적 상태로만 해석된다. 구성적 관점은 의사결정자에 대한 양 극단의 입장을 절충하는 장점이 있다. 과연 이도저도 못하는 양자택일 상황에서 의사결정자가 겪는 어려움을 어떻게 설명할 것인가? 의사결정자의 딜레마 모형을 제시하기 전에 유사 선행연구들을 먼저 살펴보기로 한다.

사회적 딜레마는 논의에서 배제시켰다.

Ⅳ 선택의 어려움에 처한 의사결정자에 대한 이론들

유사 선행연구로 살펴볼 분야는 역할갈등에 대한 연구, 윤리적 의사결정과 재량적 판단에 대한 연구, 행정책임과 통제에 관한 연구, 행정이념과 공직가치에 대한 연구다.8)

1. 역할갈등에 대한 연구

선택의 과정에서 맥락과 의사결정자의 상호작용이 강조된다면 개인에 대한 연구를 위해 심리학이 아니라 사회학(혹은 사회심리학)의 통찰력이 필요하다. 카츠(R. Katz)와 칸(R. L. Kahn)은 조직을 물리체계나 생물체계와는 다른 사회체계로 간주하고 그것의 사회심리적 기반을 이루는 것이 바로 역할(role)이라고 봤다. 역할은 특정 기능을 담당하는 사람에게 요구되는 표준화된 행동 유형인데, 이것은 개인의 소망과는 무관하며 자연인으로서의 대인 간 의무관계와도 무관하다(Katz & Kahn, 1978: 43-44). 하나의 역할 속에는 역할을 담당하는 사람들에게 요구하는 일반적 기대인 규범(norm)과, 역할과 규범에 대한 좀 더 일반화된 이념적 근거인 가치(value)가 내재되어 있다. 이렇게 본다면 조직이란 여러 개의 역할들이 집합되어 있는 상태, 즉 일종의 역할집합(role set)이며, 개인은 역할집합을 구성하는 한 원소다.

역할전달자가 역할수행자에게 특정 역할에 대한 기대를 보내면, 역할수행자는 그것을 수용하여 기대된 행동을 하면서 비로소 하나의 역할이 수행된다. 이 과정에서 "둘 이상의 역할기대가 동시에 발생하기 때문에 한 쪽의 기대를 따르면 다른 쪽의 기

8) 네 가지로 선정한 이유에 대해 자의적이라는 비판이 있을 수 있고, 네 개 영역들이 서로 중복될 수 있다는 비판도 가능하다. 사회과학의 용어나 이론들이 통섭적인 속성을 가질 수도 있고 영역별로 독자성을 강조할 수도 있다고 말한다면 어느 정도는 그러한 비판으로부터 자유롭겠지만, 이 연구에서는 이론 선정의 기준이 두 가지였다. 첫째는 심리적 연구에 치우치지 않으면서도 의사결정자 개인의 입장을 잘 설명할 수 있는 이론들이고, 둘째는 행정학자들만의 연구 이외에 다른 학문 분야의 연구들도 포함해야 한다는 것이었다. 그 결과 선정된 이론들이 일반 사회과학에서 범용적으로 활용되는 역할갈등이론과 윤리적 의사결정에 대한 이론들, 그리고 행정학 분야에서 주로 강조된 행정책임과 행정이념 등에 대한 이론들이었다.

대를 따르기가 더 힘들어지는" 역할갈등 상황이 나타난다. 이것은 어떤 사람의 행동에 대한 둘 이상의 양립할 수 없는 기대가 동시에 나타나는 상황이다(Biddle, 1986: 82). 역할갈등은 둘 이상의 역할전달자 간에 나타나는 불일치 상황, 한 역할전달자가 보내는 둘 이상의 기대가 서로 충돌하는 상황, 역할집합의 기대와 역할수행자 자신의 기대가 불일치하는 상황, 역할수행자 자신이 담당하는 둘 이상의 역할이 서로 충돌하는 상황으로 분류된다(Katz & Kahn, 1978: 204).

역할갈등이론은 선택 상황이라는 것이 결정자와 그를 둘러싼 상황, 즉 역할집합이나 역할전달자라는 맥락을 동시에 고려하는 상황이라고 전제한다. 그리고 바로 이러한 가정이 역할이론이 딜레마 연구에 던지는 통찰력이다. 역할수행자는 의사결정자라고 볼 수 있고, 역할전달자는 의사결정자를 둘러싼 맥락이라고 볼 수 있으며, 역할수행은 의사결정 행위라고 볼 수 있다. 특히, 역할이론에서는 역할수행자 자신의 기대를 역할이 충돌하는 상황 가운데 하나로 간주했다. 왜냐하면, 자신의 기대라는 것은 분석 단위를 개인으로 할 때 이해되는 그러한 심리적 자아와 연관된 것이 아니라, 다양한 기대의 그물망 속에 자리잡고 있는 사회적 자아의 한 형태로 이해되기 때문이다.

역할이론이 애초에 갖고 있었던 사회학적 장점을 계속 살렸더라면 딜레마 연구에 많은 도움이 되었을 것이다. 그러나 많은 연구들이 역할갈등 '상황'에 대한 분석에서 벗어나, 역할갈등을 역할모호성이나 역할과다와 함께 스트레스를 유발하는 심리적 독립변수로 간주하였다. 예를 들어, 연구의 대상만 경찰공무원, 사회복지공무원 등으로 바뀔 뿐, 일선공무원의 역할스트레스로 인해 직무성과와 직무만족이 줄어들고 직무소진과 이직 충동이 나타난다는 식의 논리가 대부분이다(박희서 외, 2001; 정윤길 · 이준호, 2005; 문영주, 2010; 전병주, 2013; 김성환, 2014). 이들 연구는 역할갈등을 "역할담당자가 하나의 직위를 갖고 역할을 수행하는 과정에서 서로 모순되는 역할기대로 인하여 느끼는 심리적 상태"라고 정의를 내린다(김영돈, 2006: 202). "역할갈등이란 여러 상충적인 역할 사이에 역할 담당자가 놓여 있는 사회적 상황(Parsons, 1951: 138-168)"이라는 사회학적 분석의 장점을 제대로 살리지 못하는 것이다.

역할 불일치와 정체성 혼란에 대한 관심이 질적 연구와 함께 증가하면서 최근에는 연구의 관심이 사회적 상황으로 확대되고는 있지만, 초점은 여전히 행위자의 내면에 머물러 있다. 예컨대, 자치단체의 사회복지전담 공무원이 클라이언트 중심 업무처리와 기계적 업무처리 사이에서 정체성 혼란을 겪고 있다는 연구(김경호 · 소순창, 2010), 국민기초생활보장법(2000)과 주민생활지원서비스개편(2006)에 의해 사회복지 행정조직이 확대되었지만 여전히 일반 행정직이 많은 관료조직의 특성을 보이기 때문에 사회복지담당자들의 전문직업적 정체성이 낮다는 연구(전기우, 2013) 등은 분석의 초점이 모두 행위자의 내면이다. 쉽게 말해, 심리적 갈등 연구와 큰 차이가 없다. 분석 과정에서 역할수행자를 둘러싸고 있는 '맥락의 충돌'이 잘 드러나지 않는다.

그러나 사회복지담당 공무원의 역할갈등에 대한 연구라 할지라도 딜레마 이론의 통찰력을 수용한 연구는 행위자가 처한 맥락과 상황을 더 강조하는 경향이 있다. 이철주와 한승주(2014)는 사회복지담당 공무원들이 딜레마를 겪는 이유를 사회복지업무는 비정형적, 대면적, 가치지향적인 인격성을 강조하고 있는 반면, 그들이 몸담고 있는 조직은 정형적, 공식적, 위계적인 속성이 강조되고 있다는 데서 찾았다. 즉, 고객과의 접촉이라는 특성을 가진 업무가 기대하는 것과 조직이 요구하는 맥락이 서로 상충적이기 때문에 역할의 불일치를 경험하면서 정체성의 혼란을 겪는다는 것이다. 그래서 사회복지공무원들은 재량행위의 전문성을 상실하면서 표준화되고, 자기방어적이며, 규제 지향적인 행동을 보인다. 이러한 연구는 공직 수행이 공무원과 다른 행위자들 간의 상호 기대의 그물망 속에서 이루어지고 있다는 역할이론의 장점, 즉 역할수행자와 그를 둘러싼 맥락 간의 관계를 충분히 활용한 연구다. 그리고 공무원이 처한 딜레마 상황과, 그 상황 속에서 공무원이 취하는 행동에 대한 설명을 동시에 제공한다.

이와 같이 역할갈등이론이 주관적 연구로 흐르는 경향은 있지만 딜레마 상황에 놓인 의사결정자의 어려움을 설명할 수 있는 많은 통찰력을 제시한 것은 사실이다. 특히, 이론의 초점이 역할전달자와 역할수행자의 상호결합을 전제로 하기 때문에, 선택의 맥락과 의사결정자를 동시에 고려해야 한다는 이론적 근거를 제공해 줄 수 있다고 판단된다.

2. 윤리적 의사결정과 재량적 판단에 대한 연구

윤리적 책임이나 도덕적 의무를 강조한 학자들은 이미 오래전부터 윤리적 의사결정, 혹은 윤리적 딜레마에 대해 관심을 보여왔다. 예컨대, 환자와 함께 생활해야 하는 간호사들은 생명윤리, 환자의 권리, 환자 보호자의 기대, 조직의 요구, 의사와 동료 간호사의 압력 속에서 늘 모종의 선택을 해야 한다(김현경, 2003; 2016; 박현주·김미예, 2004; 김현아·김귀분, 2011). 비서들은 회사와 상사의 비밀을 접할 기회가 많기 때문에 다른 조직원들에 비해 윤리적 갈등을 더 크게 느낀다(이시연·최애경, 2004). 대학 현장에서 학생을 대상으로 진로와 취업 업무를 담당하는 실무자들은 두 개 이상의 윤리적 원칙들이 상충하여 어느 한쪽으로 결정을 내리기 곤란하거나, 상황이 복잡하여 어떤 윤리적 원칙과 기준을 적용해야 할지 명확하지 않은 경우를 자주 겪는다(양명주 외, 2016). 비영리조직의 모금활동 실무자들은 늘 기부자와 수혜자의 신뢰, 조직의 모금목표액에 대한 압력, 사회적 환경 등의 상황조건들이 서로 충돌하기 때문에 윤리적 선택을 하는 데 많은 어려움이 있다(이민영·윤민화, 2015). 이와 같이 실무현장에서 고객과 접촉하는 조직원들은 윤리적 판단의 어려움을 자주 겪는다. 특히, 사회복지에 대한 연구들은 다른 어떤 학문 분야보다 현장에 있는 공무원들의 윤리적 판단에 많은 관심을 보여왔다(유연숙·이효선, 2016; 주재현·한승주·임지혜, 2016).

윤리적 딜레마는 두 개의 상호모순적인 윤리적 원칙이나 지침들 가운데 하나를 선택하거나 어떤 대안을 선택하건 누군가에게는 좋지 않은 결과를 가져오는 상황이며, 여기에는 둘 이상의 이해관계자들 간에 벌어지는 윤리적 갈등이 포함된다(Kadushin & Egan, 2001: 137). 돌고프(R. Dolgoff) 외에 따르면 사회복지서비스 전달 과정에서 윤리적 딜레마가 발생하는 맥락은 두 가지인데, 하나는 행동의 근거가 되는 가치들 간의 경합(competing values)에서 오는 딜레마이고, 다른 하나는 사회복지사들과 연관을 맺는 행위자들에 대한 충성, 즉 의무들 간의 경합(competing loyalties)에서 나타난 딜레마다(Dolgoff et al., 2012: 5-14).[9] 예컨대, 고객의 자기 결정권을 존중하는 것이 중요한가, 아니면 그 사람을 다치지 않게 하는 것이 중요한가라는 딜레마는 가치들 간의 경합과 연관된 딜레마다. 자신이 속한 사회복지기관의 요구를 따라야 하는가, 고객의 입장을 따라야 하는가 하는 딜레마는 의무들 간의 경합과 관련된 딜레마

9) 이 두 가지는 딜레마 모형의 구성요소 가운데 두 가지인 가치 및 행위자와 같다는 점에서 흥미롭다. 그러나 딜레마 이론이 행위자와 그가 주장하는 가치와의 관련성을 강조하는 데 반해, 돌고프 외의 윤리적 딜레마 이론은 가치와 행위자 간의 연관성을 강조하지 않는다.

다. 그러나 이들은 이러한 두 가지 맥락이 있다고 그대로 딜레마가 되는 것이 아니라 사회복지사가 전문가로서의 역할을 수행하기 때문에 딜레마가 발생한다고 봤다.[10) 전문직업인으로서의 사회복지사는 고객을 도와주는 역할과 사회의 통제자로서의 역할을 동시에 수행해야 하는데, 이것들 간의 충돌이 딜레마를 가져온다는 점이다. 그리고 이러한 딜레마는 자신의 선택이 어떤 결과를 가져올지 모르는 애매성(ambiguity) 상황, 대개는 전쟁이나 자연재난이 닥치는 상황과 결합될 때 나타난다고 봤다.[11)]

교사, 소방관, 경찰관, 사회복지사들과 같이 현장에서 민원인을 상대하는 일선관료들에 대한 연구들은 대부분 관료들의 재량을 강조한다. 윤리적 행동은 당사자가 지녀야 할 책임의 차원과 밀접한 관련이 있고, 책임의 기반을 이루는 것은 재량과 자유의지다. 의사결정자가 윤리적 딜레마를 경험한다면 그 이유는 업무수행 과정에서 발휘해야 할 재량이 부여되어 있기 때문이다. 립스키(Lipsky, 1980)의 책인 『일선관료제(*Street-Level Bureaucracy: Dilemmas of the Individual in Public Service*)』는 일선공무원의 재량과 딜레마를 다룬 최초의 연구서다. 그는 현장에서 고객과 마주쳐야 하는 일선관료들, 예컨대 교사, 경찰, 사회복지공무원들은 조직의 규정, 고객의 요구, 자신의 전문지식 등이 충돌하는 상황에서 끊임없이 판단을 내려야 하는 존재라고 봤다. 주어진 업무를 기계적으로 수행하는 피동적인 존재가 아닌 것이다. 우리나라의 연구들도 사회복지공무원들은 경험이 없고, 지침이 없으며, 지침이 있어도 불완전한 경우가 많기 때문에 재량권을 행사하고 그 과정에서 어려움을 겪는다(김소정, 2014). 간호사들에 대한 연구에서도 간호사들이 환자와 의사 및 동료 간호사 사이에서 자신의 전문성을 기초로 끊임없이 생명과 치료를 둘러싼 윤리적 판단의 어려움을 겪는다고 밝히고 있다(이광자 · 유소연, 2011; 박현주, 2009). 이들 연구에서 중요한 것은 딜레마 상황에서는 의사결정자가 갖고 있는 전문지식인으로서의 재량성이 중요하다는 사실이다. 즉, 단지 맥락의 충돌만 있다고 상황이 딜레마로 구성되는 것은 아니다.

그렇다면 이러한 딜레마 상황에서 의사결정자들은 어떻게 반응하며, 또 어느 정도

---

10) 이런 논리는 소영진(1999)이 딜레마 모형의 형식적 조건과 사회적 조건을 구분한 논리와 유사하다. 그는 딜레마가 나타나기 위해서는 형식적 조건만으로는 부족하고(이 상황은 딜레마가 되기 전의 상황이며 역설에 가깝다고 봤다), 이것이 실질적 조건과 결합되어야 한다고 봤다.

11) 이런 논리는 딜레마 이론의 중요한 구성조건 중 하나인 '제한된 시간'과 흡사하다. 위기나 재난 상황은 기다릴 여유가 없는 결정을 해야 하는 상황이기 때문이다.

의 어려움을 표현하고 있는가? 콜버그(L. Kohlberg)의 도덕발달이론을 토대로 발달한 윤리적 딜레마 연구는 특히 이 질문에 대해 많은 통찰력을 제시하고 있다. 도덕발달이론에서는 딜레마 상황에서 그 사람이 내리는 답변의 내용을 가지고 그 사람의 도덕발달 수준을 확인할 수 있다고 본다. 예컨대, 도덕발달은 복종, 이기심, 규범에 대한 순응, 법과 질서, 인권, 보편적 윤리의 순서를 거치는데, 딜레마에 대한 그 사람의 반응을 보고 어느 단계인지 측정할 수 있다는 이론이다(Kohlberg et al., 1983). 이론에 대한 많은 비판이 있는 것은 사실이지만 이 이론은 도덕발달 수준을 정확히 측정하기 위해 다양한 측정도구과 기법들을 개발해 왔다. 그 과정에서 딜레마 상황을 보여주는 많은 시나리오들이 개발되었다. 예컨대, 레스트(J. R. Rest)에 의해 개발된 DIT (Defining Issues Test)는 응답자에게 다음과 같은 딜레마 시나리오를 제시한다(Rest, 1986). "… Heinz는 죽어가는 부인을 위해 약값을 갑자기 10배로 올린 신약개발자의 집을 털 것인가?", "… 성실하고 친절한 이웃이 8년 전 탈주한 죄수라는 것을 알았을 때 신고할 것인가?", "… 너무 고통스러우니 몰핀 양을 늘려 죽여달라고 애원하는 환자의 말을 들어줄 것인가?" 이러한 딜레마 상황에서 그 사람이 기록한 답변을 보고 그 사람의 도덕발달이 현재 어느 수준인가를 측정한다. 예를 들어, 어떤 대답을 하건 법과 질서라는 이유를 제시하는 것보다는 인간의 생명을 근거로 제시하는 사람의 도덕발달이 더 높은 수준이라고 하는 것이 콜버그의 이론이다. 이 이론이 딜레마 이론 개발에 줄 수 있는 통찰력은 세 가지다. 첫째는 실제 의사결정자의 반응에 주목한다는 점, 둘째는 반응의 유형을 분류할 수 있다는 점, 셋째는 그 과정에서 반응의 강도를 측정할 수 있다는 점이다. 이러한 통찰력은 딜레마 이론 개발 과정에서 논란이 되었던 질문이었던 강한 딜레마와 약한 딜레마의 구분, 결과가치의 크기 등에 대한 논의를 진전시키는 데 도움이 될 것이다. 그리고 딜레마에 대한 반응을 유형화할 때도 많은 아이디어를 얻을 수 있다고 본다. 예를 들어, 도덕발달이론에서 개인적 딜레마 상황에서는 상벌을 중심으로 자기중심적 판단을 하지만, 비개인적 딜레마에서는 상벌보다는 보다 상위의 도덕들을 중심으로 딜레마 상황을 해석하는 경향이 있다(서미옥, 2012). 딜레마 상황의 성격에 따라 딜레마에 대한 반응이 달라진다는 논의가 가능한 것이다.

일목요연하게 하나의 모형으로 제시한 것은 아니지만 윤리적 딜레마 이론은 가치의 경합, 행위자의 갈등, 상황의 압력 등과 같이 딜레마 이론의 구성요소에 대한 논의들을 연구의 성격에 따라 부분적으로 언급하고 있다. 그리고 기존의 딜레마 이론이 보류했던 의사결정자를 분석의 핵심으로 한다. 많은 연구들이 의사결정자를 전문직업주의에 입각한 재량적 판단의 수행자로 분명히 규정하고 있다.

3. 행정책임과 행정통제에 관한 연구

행정학자들은 윤리적 의사결정 상황을 행정책임과 행정통제에 대한 이론들을 통해 구체화하였다. 일찍이 프리드리히(Friedrich, 1940)는 공무원은 해당 분야의 전문가이기 때문에 전문직업주의(professionalism)에 입각한 자율통제 방식이 효과적이라고 봤었다. 그러나 파이너(Finer, 1941)는 공무원에게 필요한 것은 감시와 처벌 기제를 통한 외부통제 방식이라고 주장했다. 공무원을 통제할 때 내부통제 방식으로 할 것인가 외부통제 방식으로 할 것인가 하는 문제는 그 후 행정의 책임과 통제를 논하는 기본적인 주제가 되었다. 많은 학자들은 공무원에 대한 두 가지 통제방식이 있고, 그 둘은 서로 충돌하며, 그래서 책임에 대한 평가가 쉽지 않다는 식의 논리를 편다. 기능적 책임과 정치적 책임(김운태, 1984), 합리적 책임과 도덕적 책임(김호섭, 1989; 1991), 제도적 차원의 윤리와 개인적 차원의 윤리(윤병태, 1996), 법적 책임과 도덕적 책임(대응성 포함)(최승범, 2002) 간의 충돌은 모두 이와 관련된다. 비교적 최근까지도 내부와 외부를 구분하면서 책임을 논하는 분위기는 유지된다. 예컨대, 개방형 직위는 전문성(실적과 정치적 중립을 강조)과 반응성(형평, 민주, 참여를 강조) 사이에서 고민을 해야 하는 자리이며, 고위공무원은 법적이고 계층적 책임을 져야 하지만, 동시에 윤리적이며 개인적 책임을 져야 하는 존재다(박천오, 2016). 심지어는 전문직이라고 생각되는 연구개발 담당자의 경우에도 연구개발에 대한 내부 책임과 외부 책임이 있으며, 성과 책임과 자율 책임 간의 충돌이 존재한다(황광선, 2016).

이와 같이 서로 다른 두 가지 책임이 존재하는 이유는, 인간은 자유의지를 갖고 있지만 동시에 어디에 기속될 수밖에 없는, 즉 자유와 책임의 양면성을 띠고 있는 존재이기 때문이다. 하몬(Harmon, 1995)은 그것을 행정책임의 역설이 주는 통찰력으로 설명했다. 예를 들어, 공무원은 규범 선택의 자유가 있지만 제약을 준수해야 하며, 재량적 결정을 하지만 상벌체계에 종속되어 있으며, 시민과 의회의 요구를 따라가지만 동시에 자신의 전문성이나 경험을 중시하는 존재다. 그런데 존재의 양면성 가운데 어느 하나를 무시하면 문제가 생긴다. 예컨대, 공무원의 행동이 지나치게 관리주의(도구적 합리성)에 의해 지배당하면 도덕적 가치(가치합리성)가 억눌리게 되면서 행정의 많은 문제들이 악화된다(임의영, 1996; 1999). 공무원의 무사유와 악의 평범성 같은 문제들은 윤리적 사유를 방해하는 합리주의적 책임관에서 비롯된다(임의영, 2014). 규범적으로 인간이라는 존재는 조직의 문제를 해결해야 하는 존재이자 동시에 윤리적 사유를 하는 존재인 것이다.

공무원의 책임이 공무원의 행동을 이해하는 데 중요한 개념이기는 하지만, 기존의 연구들은 이성의 역할을 과대평가하고 개인의 행동에 지나치게 초점을 맞추는 경향이 있다(신희영, 2014). 신충식과 김성준(2015)은 현실적인 상황에서 공무원의 행동을 설명하는 윤리적 틀이 중요하다고 하면서 책임의 개념을 강조한 쿠퍼(R. Cooper)의 아이디어가 필요하다고 봤다. 쿠퍼는 공무원의 행동과 책임의 충돌이 나타나는 상황을 세 가지로 분류하였다(Cooper, 2013). 첫째는 조직의 상관의 기대, 선출직 공무원의 기대, 시민의 요구 등과 같이 권위의 원천이 서로 충돌하는 상황이다. 둘째는 공무원의 역할에 대한 조직 내·외부의 기대가 서로 충돌하는 상황이다. 셋째는 뇌물수수, 지위남용, 정보유출의 예에서 보듯 사적인 이해관계와 공적인 역할이 충돌하는 상황이다. 그는 이 세 가지 가운데 첫째 상황을 윤리적 딜레마로 볼 수 있으며, 그것은 주관적 책임(예, 전문직업적 윤리)과 객관적 책임(예, 위의 첫째 항목에서 설명한 서로 다른 권위의 원천)이 서로 충돌하는 상황이라고 봤다.

권위의 원천이 서로 다르기 때문에 책임의 충돌이 생긴다는 관점은 두 가지 측면에서 딜레마 연구와 친화력을 갖는다. 첫째는 윤리와 책임에 대한 연구를 규범적인 틀 속에 가둬두지 않고 실제의 문제 해결 과정에 적용시킬 수 있는 길을 제시하였다. 그것은 행정과 정책의 실제 선택 상황을 염두에 두었기 때문이다. 책임과 윤리는 개인 행동의 통제가 아니라 정책의 파급효과 때문에 중요하다(임도빈, 2002). 모든 결정은 윤리적 판단과 상호작용 하며, 윤리적 행위는 결정의 질에 영향을 미친다. 윤리와 정책은 서로 따로 떼어놓을 수 없는 주제인 것이다. 둘째는 권위의 원천에 대한 이해는 곧 윤리적 행동의 맥락에 대한 이해이기 때문에, 딜레마를 두 맥락의 충돌로 보는 입장과 일맥상통한다. 윤태범(2013)은 윤리적 행동의 맥락이 왜 중요한지에 대해 흥미로운 연구 결과를 제시했다. 1967년부터 2011까지 우리나라의 행정윤리에 대한 연구경향을 분석한 결과, 맥락은 공직윤리의 개인적 측면이나 규범적 측면보다 더 중요한 요인이었던 것이다. 한국과 미국의 행정윤리를 서로 비교해 보면, 한국은 미국에 비해 법이나 규정보다는 윤리를 강조하고, 개인윤리보다 집단윤리를 앞세우며, 결과에 대한 윤리보다 의도나 과정에 대한 윤리를 강조하고, 능력보다는 도덕을 강조하는 특징을 보인다(임도빈, 2013). 윤리적 행동의 판단은 그 행동이 처한 맥락에 상대적인 것이다.

윤리적 행동의 성격을 맥락이 결정하지만 맥락의 내용이 늘 가변적이고 상대적인 것이라고만 할 수는 없다. 위에서 쿠퍼가 제시한 권위의 세 가지 원천은 어떤 시대, 어떤 나라의 정부조직이건 공무원을 고민에 빠뜨리는 요인들이다. 롬젝(B. S. Romzek)과 듀브닉(M. J. Dubnick)은 공무원을 둘러싼 맥락의 성격을 일반화하려는 시도를 하였다. 그들은 행동에 대한 통제의 원천이 내부인가 아니면 외부인가, 통제의 수준이 높은가 아니면 낮은가라는 차원을 중심으로 공무원의 책임을 계층적 책임(내부통제+높은 수준), 법적 책임(외부통제+높은 수준), 전문가적 책임(내부통제+낮은 수준), 정치적 책임(외부통제+낮은 수준)으로 분류하였다(Romzek & Dubnick, 1998). 그리고 각각의 책임들이 서로 충돌하기 때문에 공무원들의 윤리적 판단이 어려울 수 있다고 하였다. 이러한 책임의 유형과 그것들 간의 충돌은 문제의 성격과 상황의 특성에 따라 강조점이 조금씩 달라질 뿐, 상당히 보편적이다. 예컨대, 고전적 행정은 법-계층적 책임, 신행정학은 정치-전문적 책임, 신공공관리는 법-정치적 책임, 거버넌스 이론은 정치적 책임을 강조한다(엄석진, 2009). 상황에 따라 책임에 대한 강조점이 달라지는 것이다. 각 유형이 충돌할 때 위기 상황에서는 법-관료적 책임이 전문적 책임성을 압도하고 있었다(정주용·이철주, 2010). 자치단체공무원들은 법적 책임, 전문적 책임, 계층적 책임, 정치적 책임의 순서로 충돌에 대한 반응을 보였다(주재현·한승주, 2015).

행정책임과 행정통제에 대한 이론들은 맥락이나 상황 등과 같은 구조적 요인들과 의사결정자의 상호작용 관계를 분석하는 과정에서 많은 통찰력을 제공한다. 특히, 행정책임에 대한 많은 연구들이 말해주고 있는 것은 책임과 자유 사이의 본원적 갈등 혹은 갈등의 객관적 요인과 주관적 요인 간의 충돌이다. 공무원에 대한 기대가 공무원에 대한 책임을 요구하며, 책임의 충돌은 곧 공무원 개인에 대한 의무를 뜻하는데, 그러한 의무는 기본적으로 공무원의 자유재량과 갈등을 겪을 수밖에 없다. 이와 같이 책임의 충돌을 통해 알 수 있는 것은 딜레마 상황에 놓인 의사결정자를 배제하면 딜레마에 대한 연구의 깊이와 폭이 제한될 수밖에 없다는 사실이다.

4. 행정이념과 가치에 대한 연구

딜레마 이론이 기존의 의사결정이론과 다른 것 중 하나가 이념과 가치의 중립성을 가정하지 않는 것이다. 즉, 가치와 이념을 설명변수로 보고 그것을 모형에 포함시킨 것이다.[12] 이념이나 가치의 연구가 딜레마 연구에 도움을 주려면 그것은 보호된 가치처럼 공직 수행의 본질적 가치를 찾을 수 있다는 기대가 있어야 한다. 과연 무엇이 공직자의 행동을 좌우하는 본질적 가치일까? 행정이념이나 공직가치라는 표현을 직접 사용한 연구들은, 이념이나 가치의 차원을 상위 차원과 하위 차원으로 분류하며 근원적 가치를 찾아내려고 했었다. 예컨대, 백완기(1981)는 이념을 정치이념과 행정이념으로 나누고, 앞의 것은 주로 목적이나 연성가치와 관련되고 뒤의 것은 수단이나 경성가치와 연관된다고 봤다. 이종수(1997)는 유사한 맥락에서 행정에 필요한 가치를 본질적인 것과 수단적인 것으로 분류하였다. 본질적 가치는 공공성과 공익 등과 연관된 가치이며, 수단적 가치는 그런 것을 달성하기 위한 도구가 되는 효율성 등과 연관된 가치다. 이를 좀 더 세분하여 본질적 가치(예, 공익), 절차적 가치(예, 합법, 민주, 형평, 책임 등), 수단적 가치(예, 능률, 효과 등) 등 세 가지로 분류하는 것도 가능하다(박상필, 2009).[13]

---

12) 공직 수행에 필요한 가치에 대해서는 이미 행정학 분야에서 많은 연구들이 축적되어 있다. 행정학의 핵심 용어 중 하나인 관리의 능률성과 효과성이라는 개념, 그리고 공공성이나 공공봉사 등의 개념은 그 자체로 이미 행정이 추구해야 할 대표적인 행정이념이다. 권위주의 정권의 쇠퇴와 함께 나타난 책무성이나 반응성 등의 개념들도 이미 공직 수행의 중요한 가치척도가 되었다. 성과, 개방, 시장, 경쟁 등과 같은 신자유주의-신공공관리 이념을 옹호하거나 비판할 때, 또는 형평성, 불편부당성, 법의 지배 등과 같은 굿거버넌스의 구축과 관리방안을 제시할 때, 대부분의 학자들은 직·간접적으로 행정이념이나 가치를 언급한다.

13) 하지만, 이들 연구들은 이념이나 가치를 본질적인 것과 도구적인 것으로 분류하기만 했고, 실제로

이념과 가치에 대한 연구들은 본질적 이념과 가치가 행정의 영역별로, 그리고 시대별로 달라진다는 상대성을 암묵적으로 받아들이고 있다. 예컨대, 인사행정 영역에서는 무엇보다도 효율성, 공무원의 개인적 권리, 민주성 등의 가치가 중요하며(노종호, 2003), 고충민원행정 영역에서는 행정이념을 내용적 측면(공정성, 정확성, 전문성)과, 서비스 전달적 측면(신속성, 친절성, 편의성)으로 나뉘어 파악하는 것이 중요하다는(박통희, 1999) 식의 접근이다. 지방자치를 시작한 후부터 봉사 이외에 대응, 책임, 공개, 참여 등의 가치와 태도가 일선행정에서 더 두드러지게 나타나고 있다거나(김호정, 1994), 역대정부의 행정이념이 민주성에서 형평성으로 이동하고 있고, 대응성이 합법성, 민주성, 효과성, 능률성 등의 다른 이념들보다 강조되어 가는 경향이 있다는(선종근 외, 2013) 식의 시대 변화와 연결된 연구들도 크게 보면 이념과 가치의 상대성을 주장한 연구들이다.

이념과 가치가 상대적이며, 본질적인 것을 말하기 곤란하다면, 자연스럽게 그것들 간의 충돌에 주목하게 된다. 이것은 딜레마 연구의 관점에서 보면 다행스러운 현상이다. 왜냐하면, 이념이나 가치에 대한 연구를 직접 딜레마에 대한 연구로 전환시킬 수 있기 때문이다. 더구나 가치 간의 충돌에 대한 연구를 통해 오히려 행정의 본질적 가치에 대한 탐구가 가능해지는 측면도 있다. 백완기(1984)는 합법성, 민주성, 능률성, 효과성, 중립성 등의 행정이념이 서로 충돌하기 때문에 그것을 어떻게 조화시켜 나갈 것인가에 대한 고민이 필요하다고 하였다. 그것은 크게 보면 관료주의가 갖고 있는 합리성(좋은 행정)과 민주주의가 요구하는 가치(옳은 행정) 간의 충돌이다(김호섭, 1989). 유사한 맥락에서 이것은 능률성과 효과성을 기조로 하는 관리적 가치와 인간의 존엄 및 절차의 존중을 강조하는 헌법적 가치 간의 충돌로 해석될 수도 있다(표시열, 1994). 그러나 김항규(1996; 2002; 2009)는 다른 어떤 가치보다 한국에서는 합법성이라는 가치를 강조하기 때문에 현실적으로 합법성을 축으로 능률성, 효과성, 민주성, 형평성 등의 가치가 충돌하는 것이라고 봤다.

이념과 가치들 간의 충돌이 딜레마 이론과 직결되는 것 같지만 기존의 연구들이 지나치게 규범적이었기 때문에 딜레마 연구진들이 이 개념을 적극적으로 사용하지는

그런 분류를 통해 설명하려는 현상을 제시하지 않았기 때문에 딜레마의 이론을 개발하는 과정에서 별로 도움이 되지 못했다.

않았다. 더구나 경험적 연구를 시도했던 많은 연구들이 실제 연구 과정에서 이념과 가치를 공무원의 행동을 결정하는 심리적 태도나 가치관과 유사한 것으로 바라보았다. 예컨대, 효율성, 민주성, 형평성 등과 같은 행정이념이 발전적이거나 병리적인 공무원의 행태를 가져온다든가(김호정, 1990), 효율성과 민주성 같은 인사행정의 이념적 정향이 가족친화적인 인사정책에 대한 인식을 결정하기도 한다는 식의 연구에서 보듯(노종호, 2003), 이념과 가치를 근본적으로 개인의 인식과 가치관 수준에서 다루었다. 이념과 가치를 공무원 교육훈련의 교육목적으로 간주하는 많은 노력들도 이런 범주에서 크게 벗어나지 않는다.[14] 이런 연구들은 과거의 딜레마 이론이 개인의 심리 연구이기 때문에 배제시켰던 범주에 속한다.

그러나 이념과 가치는 그것이 논의되는 수준에 따라 거시적인 상황과 미시적인 상황 모두를 포함하는 장점이 있다. 예컨대, 성과와 경쟁은 하나의 이념으로서 관료제를 평가하는 기준이 되기도 하지만, 관료들의 내면에 존재하는 태도와 가치관으로서 실제 관료의 행동을 좌우하는 요소이기도 한 것이다. 이념과 가치가 갖는 이러한 속성은 인간형을 분류하는 연구들에서 두드러진다. 공무원의 유형(혹은 인간형)을 분류하는 학자들은 모순적 상황에 놓인 공무원이라는 존재를 설명하기 위해 이념과 가치의 충돌을 제시한다. 예컨대, 임의영(1996; 1999)은 조직을 관리해야 한다는 가치와 실존적 윤리를 지녀야 한다는 가치가 서로 충돌한다는 것을 설명하기 위해, 관리주의적 인간과 도덕주의적 인간 간의 대립을 제시한다. 여기서 관리주의와 도덕주의는 거시적으로 관료의 행동을 설명하는 맥락이라고 볼 수도 있지만, 미시적으로는 관료의 행동에 영향을 주는 태도와 가치관이기도 한 것이다. 윤태범(2002)은 신공공관리 하의 관료들에게 윤리적 부담이 가중되고 있는데, 그 상황에서 갈등을 수용하는 인간형과 갈등을 무시하는 인간형이 공존하고 있다는 것을 제시했다. 새로운 시대의 이념과

---

14) 행정이념이나 가치를 공무원의 행동규범과 연결시킨 것이 공직가치이기 때문에 공직 수행의 차원에서 보면 공직가치는 행정가치 및 행정이념과 대동소이하다. 다만 공직가치는 개인의 윤리적 판단과 신념체계가 더 반영된 표현이다. 한국 인사행정학회(2014)는 공직가치를 공직 수행 및 바람직한 행동의 판단 기준이며, 도덕과 윤리의 토대가 되는 기본적 신념이라고 하였다. 인사행정학회의 아이디어를 기반으로 인사혁신처에서 제정한 공직가치는 국가관(자긍심, 준법정신, 헌법정신), 윤리의식(전문직업주의, 성실, 청렴), 공직관(책무성, 공정성, 투명성, 선공후사, 고객지향 등)을 들고 있다. 이선우 · 조경훈(2016)은 공직으로서의 가치와 공무원 개인의 직업적 가치를 합쳐 공직가치로 설명했다. 즉, 어느 경우나 행정에 대한 가치나 이념에 덧붙여 개인의 윤리와 신념을 포함한다.

기존의 이념 간의 갈등과 공존을 서로 다른 인간형의 갈등과 공존으로 설명하는 것이다. 이문수(2010)는 이러한 시대 변화를 감안하여 기존의 관료들이 관료로서의 소명과 형식적 법규를 강조하는 베버적 관료였다면, 현재의 관료는 시장의 영향으로 인해 목표 달성과 자율적 책임을 존중하는 개혁적 관료라면서 서로 다른 관료형을 제시했다. 이것 역시 관료의 유형 분류를 통해 거시적으로는 관료제의 가치와 시장의 가치가 충돌하는 상황을 보여주고 있으며, 미시적으로는 모순적 관료들의 태도와 가치관을 보여주고 있다.

행정이념과 가치에 대한 연구는 그동안 딜레마 연구진들에게 큰 영향을 주지 못했다. 경험연구들보다는 규범적인 연구가 많고, 거시적 차원의 연구보다는 미시적 관점의 연구가 많았기 때문이었다. 그러나 '의사결정자의 딜레마'라는 관점에서 기존의 선행연구들을 검토해봤을 때, 이 연구들이 한국 행정의 본질적인 가치나 공무원들이 생각하는 보호된 가치가 무엇인가에 대한 성찰의 기회를 준 것은 사실이다. 그리고 많은 연구들이 비록 사용하는 용어들은 다르지만 관료제 내부의 상황과 외부(환경)의 상황이 서로 충돌하고 있거나, 현재의 상황과 변화를 가져오는 상황이 서로 충돌하고 있다는 것을 본질적인 충돌로 언급하고 있다.

V 공직자의 딜레마 모형

혼란스럽기는 하지만 의사결정자의 딜레마에 대한 이론 개발에 도움이 된다고 생각하는 선행연구들을 네 개의 영역으로 나누어 살펴보았다, 네 개 영역의 범주는 크게 보면 내적인 가치들 간의 충돌(가치, 이념, 윤리)과 외적인 요구들 간의 충돌(역할, 책임)로 나눌 수 있을 것이다.[15] 하지만, 많은 이론들이 본질적으로는 내적인 가치와 외적인 요구들 간의 충돌을 본질적으로 보고 있다. 역할갈등이론은 의사결정자와 의

15) 이러한 분류는 논문의 심사 과정에서 익명의 심사자가 제시한 분류 방식이다. 가치나 이념이 갖고 있는 사회통제와 규범적 속성을 무시할 수 없기 때문에 이러한 분류에 전적으로 동의하는 것은 아니지만, 논문을 수정하는 과정에서 많은 도움이 되었다. 익명의 심사자에게 감사를 표한다.

사결정 맥락이 서로 분리될 수 없다는 것과, 역할전달자의 기대와 욕구가 의사결정의 중요한 맥락이라는 점을 보여주고 있다. 윤리적 의사결정에 대한 연구들을 통해 의사결정자의 전문지식과 신념체계가 선택 상황의 중요한 결정요인이라는 점을 알 수 있었다. 행정책임과 통제에 대한 이론들을 통해 알 수 있었던 것은 공무원이 책임을 져야 하는 이유는 복수로 주어질 수밖에 없으며, 특히 책임에 대한 의무와 공무원이 갖고 있는 재량이 충돌의 그 어떤 것보다 근원적인 충돌이라는 것을 알 수 있었다. 행정이념과 가치에 대한 연구가 보여주는 것은 관료제의 성격과 연관된 가치들이 늘 다른 가치와 충돌하고 있다는 점이다.

그렇다면 이러한 논의들을 토대로 공직자의 딜레마에 대해 어떠한 논의가 가능할까? 공직이란 개인과 관료조직이 만나는 접점이며, 관료조직과 사회가 만나는 접점이다(윤견수, 2011a; 2011b; 2013; 2015). 공직자의 딜레마는 기본적으로 자연인으로서의 개인이 겪는 양자택일 상황이 아니라, 조직의 요구와 사회의 기대라는 맥락 안에서 공무원이 겪는 어려움이다. 이것은 역할갈등이론을 통해 유추할 수 있는 내용들이다. [그림 5-1]은 이러한 유추를 통해 제시한 공직자의 딜레마 모형이다.

공직 수행 과정은 대안에 대한 선택의 과정이며, 특정 대안의 선택은 반드시 그것

[그림 5-1] 공직 수행의 맥락과 공직자의 딜레마

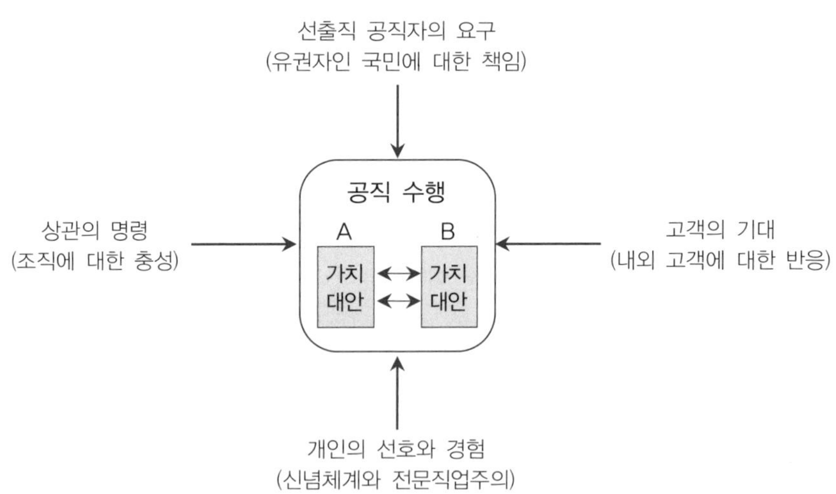

의 존재를 정당화하는 가치를 전제로 한다. 이것은 원래의 딜레마 이론이 주장한 이론의 구성요소다. 공직자의 딜레마 모형에서도 이러한 전제조건을 그대로 수용한다. 공직의 수행이란 어떤 대안을 선택할 것인가를 놓고 고민하는 상황이며, 대안이 서로 충돌한다는 것은 그것을 비교할 수 있는 가치가 서로 충돌한다는 뜻이다. 엄밀히 말하면 특정 대안과 그것의 당위를 제시하는 가치가 결합하여 하나의 프레임을 형성하고, 이것이 다른 프레임(역시 대안과 가치가 결합되어 있음)과 충돌한다. 모형에서는 이것을 프레임 A와 프레임 B의 충돌로 표현하였다.

원래의 딜레마 모형에서는 대안과 가치를 주장하는 행위자들 간의 대립을 이론의 구성요소로 포함했었다. 공직자의 딜레마 모형에서도 이것을 부정하지 않는다. 다만, 행위자를 의사결정자인 공직자와 독립된 존재가 아니라, 역할이론이 제시하는 것처럼 공직자(역할수행자)를 둘러싼 맥락을 대변하는 존재(역할전달자)로 가정한다. 그러기 때문에 행위자는 구체적인 개인이나 집단일 수도 있고, 범주나 분류체계의 성격을 가진 잠재적인 존재일 수도 있다. 공직자의 딜레마 모형에서는 그런 성격을 감안하여 행위자 대신 맥락이라는 개념을 주로 사용한다.

과거 딜레마 이론 모형이 공직자를 둘러싼 맥락으로 제시하는 것은 세 가지이다.[16] 첫째는 공직자가 속한 정부조직이다. 정부조직은 베버(Max Weber)가 말한 관료제의 구조를 띠고 있기 때문에 상관이나 상급기관에 대한 헌신과, 법규와 규범(혹은 공직문화)에 대한 순응을 강조한다. 이 글에서 검토한 선행연구들은 윤리, 이념, 책임 등 그 어느 이론들이 되었건 관료조직을 딜레마 구성의 중요한 맥락으로 지적하

16) 이러한 맥락의 형성은 1980년대 중반부터 급격하게 불어닥친 공직환경의 변화와 밀접한 관련이 있다(박종민 · 윤견수, 2015). 1980년대 후반의 민주화운동과 1990년대 중반부터 시작된 지방자치로 인해 막스 베버식의 전통적인 직업 관료제에 대한 정치적 견제 장치가 확대되었다. 상관과 조직에 대한 충성을 강조했던 관료제가 국민과 유권자에게 했던 약속에 대한 공적 책임을 강조하기 시작했다. 그리고 1990년대 중반의 자본의 국제화 흐름과 더불어 나타난 신자유주의-신공공관리 원칙들은 관료제에 대한 통제의 방법으로 시장에서 통용되는 원칙들을 제도화시켜 나갔다. 경쟁과 성과 중심의 기업운영 원칙들이 관료제의 중요한 환경 요건으로 등장한 것이다. 관료의 정치화와 시장화는 직업관료의 전통적 직무 수행 패러다임에 변화를 가져왔다. 공직 수행의 원칙과 기대가 다양해지고, 특히 관료제의 전통적 운영 원칙, 정치적 통제의 원칙, 시장주의 원칙들 간의 충돌이 일상화된 것이다. 공직시험을 시작으로 자신의 경력을 쌓아올린 직업관료의 이미지와, 정치적 역학관계에 의해 임용되는 정치관료 및 시장의 성과를 기반으로 임용된 개방형 관료의 이미지들이 서로 충돌하는 상황이다.

고 있다. 둘째는 조직의 장들을 임명할 권한을 가진 선출직 공직자와 연관된 맥락이다. 선출직 공직자들은 국민과 헌법을 강조하면서 주어진 임기 내에 민의를 반영한 정책을 추진하려고 한다. 선행연구에서 제시한 민주주의, 헌법, 기본권, 변화, 개혁 등의 이념이나 가치들은 모두 선출직 공직자들이 의사결정자에게 요구하는 내용들이다. 셋째는 공직 수행의 상대자인 고객, 예컨대 행정서비스 전달 대상이나 정책 대상집단과 연관된 맥락이다. 공직의 수행은 조직 내·외의 고객들과의 상호작용을 통해 이루어진다. 업무의 성격에 따라 그 고객이 정부나 공공조직일 수도 있고, 조직 밖의 시민집단이나 기업이 될 수도 있다. 역할이론, 윤리적 의사결정, 행정책임과 통제, 행정이념과 가치 등의 연구들은 모두 의사결정자가 선택의 어려움을 겪는 이유로 조직 밖의 환경적 요소인 고객을 언급하고 있다.

공직자의 딜레마 모형은 여기에다 실제 의사결정을 해야 하는 공직자 선호와 경험을 공직 수행의 또 다른 맥락으로 포함시켰다. 지금까지의 딜레마 모형은 앞에서 지적한 바와 같이 딜레마 상황의 조정자라는 추상적인 개인을 전제로 했기 때문에 실제 연구 과정에서 개인을 배제했었다. 그러나 이 글에서 검토한 선행연구들은 맥락들 간의 충돌 못지않게 의사결정자의 신념이나 가치체계를 딜레마의 원인으로 내세운다. 특히, 윤리와 책임을 연구하는 학자들은 개인의 전문직업주의와 신념이 의사결정의 중요한 기준 가운데 하나라는 점을 강조했다. 예컨대, 신자유주의와 신공공관리 원칙이 유행하기 시작할 무렵 행정연구원 원장으로 재직했던 김영평 교수는 원장의 역할을 한마디로 모순을 적절하게 관리하는 것이라고 설명했다(김영평, 2007). 여기서 모순이라는 것은 개혁에 대한 통치세력의 집권적이고 급진적인 기대와, 개혁은 분권적이고 점진적이어야 한다는 개인적 소신 간의 충돌이다. 즉, 개인의 신념체계가 역할을 수행하는 과정에서 생기는 충돌의 중요한 축이 된 것이다. 일반 공직자들에게도 개인의 신념과 원칙은 딜레마의 중요한 원인이 된다. 예컨대, 입법부 공무원들은 대통령, 국회, 법원의 의견이 서로 다를 때, 일반적 윤리와 전문가적 윤리 사이에서, 그리고 개인적 신념과 관료로서의 의무 사이에서 딜레마를 경험한다고 한다(박수영, 2006). 맥락들 간의 충돌에 덧붙여 개인의 신념체계와 전문직업주의가 딜레마의 중요한 원인이라는 것을 알 수 있다.

[그림 5-1]에서 제시한 공직자의 딜레마 모형을 요약하면 다음과 같다. 첫째, 공직

수행은 자연인이 아니라 공권력과 공적 자원을 사용하는 역할수행자로서의 의사결정자를 통해 이루어진다. 공직자 개인은 경험을 통해 특정 영역의 전문성과 신념체계를 가지고 있다. 둘째, 공직의 수행은 특정 대안과 그것을 정당화시키는 가치가 결합된 프레임을 선택하며 이루어진다. 셋째, 특정 프레임의 선택 과정은 그것과 상충하는 다른 프레임을 배제하는 과정이다, 프레임이 충돌할 때는 가치들 간의 타협이 불가능하기 때문에 각각의 가치를 대변하는 대안들을 서로 비교할 수 없다. 넷째, 공직자는 주어진 시간 내에 특정 프레임을 선택해야 한다. 즉, 프레임을 선택해야 하지만 데드라인이 존재한다. 다섯째, 프레임의 충돌은 공직 수행을 둘러싼 맥락의 충돌에서 비롯된다. 공직자는 자신이 속한 조직에 충성(loyalty)과 헌신을 보여야 하고, 민의를 반영한 정권의 요구에 책임(accountability)을 져야 하며, 직무 수행 과정에서 핵심 고객들이 갖고 있는 기대에 반응(responsiveness)을 보여야 한다. 또한 그동안의 경험을 통해 형성된 전문가로서의 소양(professionalism)과 신념을 무시할 수 없다. 여섯째, 프레임의 충돌을 가져오는 맥락은 두 개 이상일 수 있다. 예를 들어, 새로 들어선 '정권'과 '고객'은 시장역량 향상이라는 가치를 주장하며 성과평가라는 정책대안을 요구하는데, 내가 몸담고 있는 '조직'과 '나의 신념체계'는 다른 가치와 다른 대안을 주장하며 그 성과평가를 반대한다면, 네 개의 맥락이 두 개씩 짝을 이루며 서로 팽팽히 맞서는 상황이다. 일곱째, 맥락들 간의 결합의 정도와 특성에 따라 의사결정자가 경험하는 딜레마의 반응과 강도는 달라질 것이다. 예컨대, 두 개의 프레임 A(조직의 안정이라는 가치를 위해 내부채용이라는 대안을 주장)와 프레임 B(조직의 혁신이라는 가치를 위해 외부채용이라는 대안을 주장)가 팽팽히 맞서고 있다고 하자. 이때 위에서 제시한 네 가지 맥락은 1 : 1, 1 : 2, 1 : 3, 2 : 2 등 네 가지의 결합을 통해 프레임의 충돌을 구성할 수 있는데,[17] 이러한 결합의 특성에 의해 의사결정자가 겪는 어려움의 수준과 반응의 형태가 달라질 수 있다.

---

17) 마지막 특성은 익명의 심사자 중 한 명이 제시한 아이디어를 토대로 제시한 것이다. 예컨대, 1 : 1이라는 것은 프레임 A를 지지하는 맥락은 선출직 공직자이고, 프레임 B를 지지하는 맥락은 조직의 상관인 경우다. 1 : 2는 프레임 A를 지지하는 맥락은 선출직 공직자인데, 프레임 B를 지지하는 맥락은 조직의 상관과 전문직업주의인 경우다. 이런 식으로 맥락의 결합에 대한 수많은 조합이 가능하다. 맥락의 결합이 갖고 있는 속성에 따라 반응의 강도와 형태가 달라질 수 있다면 공직자의 딜레마에 대한 경험연구의 폭과 깊이가 그만큼 다양해질 것이다. 익명의 심사위원에게 감사를 드린다.

공직자의 모형은 대부분의 모형이 그렇듯 이념형적 특징을 갖고 있다. 그리고 실제의 공직 수행 과정이 딜레마를 경험하면서까지 이루어진다고 볼 수만은 없다. 그것은 네 개의 맥락이 늘 팽팽하게 긴장상태에 있었던 것이 아니기 때문이다. 우리나라의 경우 전통적으로 공직 수행에 영향을 끼쳤던 맥락은 상관에 대한 복종과 조직에 대한 충성이었다. 이것은 관료제라는 거대한 조직이 움직여지기 위한 조건이기도 하다. 민주화를 거치면서는 유권자의 선호와 헌법정신의 구현과 같은 정치적 맥락이 행정업무에 반영되기 시작했다. 정치적 관료가 나타날 수 있는 맥락이 만들어진 것이다. 이어서 시장원리를 중심으로 작동되는 기업의 이해관계가 공직 수행의 중요한 제약조건으로 등장했다. 고객, 서비스, 경쟁, 성과 등의 개념들이 서로 친화력을 가지며 기존의 행정과 정책을 평가하는 기준이 되었다. 경험적인 연구 결과를 보면 현재 우리나라는 이상과 같이 시기적으로 발달해 온 세 가지 형태의 관료가 뒤섞여 있다(박종민·윤견수, 2015). 그러므로 단순한 이념형이 아니라, 공직자를 둘러싼 맥락이 공직자의 전문직업주의라는 맥락과 맞물려 돌아가면서 공직자의 의사결정에 있어서 다양한 변이를 만들어 낼 수 있다.

Ⅵ 결 론

1992년에 딜레마 연구를 시작하게 된 계기 중의 하나는 기존의 의사결정이론이 갖고 있는 한계 때문이었다. 기존의 의사결정이론은 선택 행위를 정보와 지식의 함수로 간주했다. 그래서 결정과 연관된 가치의 중립성을 전제로 해야 했고, 결정자의 선택 행위가 다른 행위자들로부터 영향을 받지 않는 상황, 즉 결정자의 독립성을 암묵적으로 가정했다. 그러나 딜레마 이론은 그런 이론이 현실의 어려운 결정 상황을 설명하는데 한계가 있다고 봤다. 딜레마처럼 어려운 결정 상황은 가치의 개입과 그것들 간의 충돌이 존재하는 상황이며, 그런 충돌이 실제의 대안선택에 반영되기 때문에 선택이 어려운 상황이다. 그리고 결정자는 다른 행위자들의 기대와 요구를 통해 자신의 역할이 규정되었기 때문에 기본적으로 독립적이지 않다.

이 연구는 기존의 딜레마 이론이 잘 다루지 않았던 의사결정자의 역할에 초점을 두고 공직자의 딜레마 모형을 제시하였다. 다양한 선행연구들을 검토하면서 가급적 그 이론들이 제시한 통찰력을 딜레마의 모형 개발에 활용하였다. 예를 들어, 역할(갈등)이론은 공직자와 그를 둘러싼 맥락이 서로 분리될 수 없다는 것과, 역할전달자의 기대와 욕구가 의사결정의 중요한 맥락이라는 점을 보여주고 있다. 윤리적 의사결정에 대한 연구에서는 단순히 개인의 심리적 상황이 아니라 의사결정자의 전문지식과 신념체계가 선택 상황의 중요한 결정요인이라는 점을 알 수 있었다. 행정책임과 통제에 대한 이론들을 통해 알 수 있었던 것은 공무원이 책임을 져야 하는 원인은 늘 복수로 주어지지만, 공무원이 갖고 있는 재량성과 책임 간의 충돌이 그 어떤 충돌보다 본질적이라는 점이었다. 행정이념과 가치에 대한 연구들은 공직자의 딜레마를 구성하는 가장 중요한 맥락은 (관료)조직과 연관된 것, 즉 관리주의, 질서, 조직의 규범, 상관의 명령 등과 연관된 것임을 말해주고 있었다.

과거의 딜레마 이론에서는 프레임의 충돌을 일으키는 맥락 가운데 의사결정자 개인의 경험을 통해 축적된 전문직업주의와 신념체계는 인정하지 않았다. 프레임의 충돌은 외부 행위자들 간의 갈등에서 비롯된 것으로만 보았다. 그러나 이 글은 많은 선행연구를 검토하며, 결정자가 갖고 있는 경험과 가치가 실제의 정책결정 과정에서 중요한 고려조건이 된다는 점을 강조한다. 이 글에서 제시한 공직자의 딜레마 모형은 이러한 점들을 고려하여 만들었다. 다른 학문 분야나 이론에서 개발된 딜레마의 유사개념들은 그동안 딜레마 연구가 외면해왔던 많은 부분들에 대한 이해를 심화시키며 딜레마 연구의 외연을 확장시키는 데 도움이 된다. 특정 학문 분야의 패러다임에 묶이지 않고 실제의 자료를 통해 공직자의 딜레마에 대한 경험연구를 확대하는 것이 앞으로의 이론 발전의 핵심이 될 것이다.

이와 같은 딜레마 상황을 어떻게 극복할 것인가? 딜레마 이론은 그동안의 연구를 통해 딜레마 상황을 벗어나는 많은 방법들을 제시하고 있다. 그러나 공직자의 딜레마 모형에서 강조하는 것은 딜레마에 대한 해결방식을 제시하는 것이 아니라, 공직자가 그러한 맥락들 간의 충돌 안에 놓여 있다는 것을 자각해야 한다는 사실이다. 문제 해결을 잘 하고 유능한 공직자의 이미지가 아니라 성찰과 반성이 필요한 존재로서의 공직자의 이미지다. 예를 들어, 공직자를 중심으로 서로 충돌하는 두 개의 맥락이 존재한다고 하자. 공직자가 두 개의 맥락을 동시에 선택할 수 없고, 어느 하나의 맥락만 선택할 수도 없지만, 그렇다고 두 개의 맥락 모두를 배제할 수도 없는 상황이 공직자의 딜레마다. 두 개의 맥락 모두를 수용하지만 동시에 두 개 맥락 어디에도 속하지 않는 이도저도 아닌 어중간한(betwixt and between) 상황이다. 하지만, 바로 이러한 상황에서 공직 수행에 대한 반성과 성찰이 시작된다. 공직자가 고민을 하지 않는다면 그 이유는 네 가지 맥락의 우선순위가 정해졌기 때문이다. 상관의 명령과 법규를 최우선시 한다면 공직 수행이 관료주의에 입각해 이루어진다. 고객만 배려한다면 고객지상주의나 시장만능주의로 인해 공익과 공정성을 무시한다. 선출직 공직자의 요구에 맹종한다면 행정이 정치의 도구가 되어 공직 수행의 일관성이 무너진다. 개인의 전문직업적 경험과 신념만 내세우면 공직 수행이 경직화되고 할거주의가 나타난다. 공직자가 딜레마 상황에 놓여 있다는 것은 재량을 행사하는 과정이 맹목적이고 기계적으로 이루어지는 것이 아니라 많은 고민과 성찰을 통해 이루어진다는 반증이다.

제6장

결정의 엣센스, 제4시각: 딜레마 관점에서 본 쿠바 미사일 위기[1)]

이영철

딜레마 이론의 강점은 기존의 정책결정이론이 다루지 못한 특정한 조건인 딜레마 상황에서의 정책결정을 설명하는 데 있다. 기존의 딜레마 연구는 딜레마 상황에서의 여러 가지 결정행태에 대한 사례연구에 치중하여, 다른 정책결정이론과의 비교를 통해서 딜레마 이론의 강점을 부각시키지 못하였다. 이 연구는 잘 알려진 사례인 쿠바 미사일 위기 상황에서의 정책결정을 딜레마 시각에서 분석하였고, 가장 대표적인 분석틀인 합리모형에 따른 분석과 딜레마 모형에 따른 분석을 비교하였다. 이 연구는 쿠바 미사일 위기의 해결 과정 중에서 이제까지 주목을 받지 못한 측면 — 즉, 외교적 대안이 주변적인 대안이 된 점, 군사적 대안과 간접적 군사적 대안이 딜레마 대응이 된 점, 대안모색은 핵전쟁의 회피라는 틀 안에서 이루어진 점, 대안모색 과정에서 최고 결정자의 가치관이 중요한 점, 소위 비둘기파나 매파는 위기를 딜레마로 보지 않은 점 — 을 밝혀내었고, 그에 따라 논의의 과정이 딜레마 대응이라는 각도에서 해석된다는 점을 밝혔다. 딜레마 시각은 쿠바 미사일 위기의 해결 과정을 새롭고, 의미있

1) 이 글은 『정부학연구』 제27권 제1호에 게재된 것을 수정・보완한 것이다.

게 분석하였다.

"최종 결정의 엣센스를 관찰자로는 헤아릴 수 없다 — 실은 종종 결정자 자신도 헤아릴 수 없다.… 의사결정의 과정에는 언제나 어둠 속에 묻힌 얽혀진 가닥 — 아주 속속들이 관여한 사람에게마저도 신비로 남는 가닥이 있기 마련이다." – J. F. Kennedy[2)]

I 서 론

1962년 10월에 전개된 쿠바 미사일 위기는 소련이 쿠바에 공격형 핵미사일을 배치하려는 작전을 둘러싸고 발생한 위기로서 냉전 시대에 미국과 소련이 정면으로 충돌한 최악의 사태며, 제3차 세계대전, 핵전쟁이 발생할 수도 있었던 일촉즉발의 상황이었다. 위기의 중요성을 고려하고, 미래에 미칠 교훈을 찾기 위하여 미국 정부와 학계 관계자들이 위기의 전개 과정과 해결을 둘러 싼 정책결정 과정을 상세하게 논의하였다.

쿠바 미사일 위기에 관하여 고전이 된 『결정의 엣센스』를 저술한 앨리슨(Allison, 1971)은 쿠바 미사일 위기를 정책결정의 세 가지 모델, 즉 합리적 행위자 모델, 조직행태 모델,[3)] 정부정치 모델로 분석하였다. 앨리슨(G. T. Allison)은 당시 자료, 대화 녹취록, 인터뷰 등 풍부한 자료를 바탕으로 쿠바 미사일 위기라는 동일한 사태의 세 가지 국면 — 소련의 미사일 설치 결정, 미국의 봉쇄 대응, 소련의 미사일 철수 — 이 세 가지 서로 다른 가정과 시각에 따를 때 어떻게 분석되는지를 입체적으로 보여주었다.

쿠바 미사일 위기에 대한 상세한 분석에도 불구하고, 서두에 인용한 케네디(J. F.

2) 1962년 10월 쿠바 미사일 위기를 다음 해 봄에 케네디 대통령의 특별 보좌관인 소렌슨(T. Sorensen)은 『백악관의 정책결정: 올리브 가지냐 화살이냐』를 출판한다. 인용문은 케네디가 쓴 서문에 있다.

3) 첫판(Allison, 1971)에서는 조직행태 모델 대신 조직 절차 모델로 표시하였다. 조직행태는 제2판인 Allison & Zelikow(1999)에서 사용된 용어다. 조직 절차를 따르는 행태로 현상을 설명하고 있으므로, 조직행태가 보다 적절한 표현이다. 이 글은 사태를 기술하고 논의할 때는 주로 증보판인 앨리슨 외(Allison et al., 2005)를 바탕으로 삼았다.

Kennedy) 대통령의 말은 해명되지 못한 부분이 있음을 강력히 시사한다. 긴박한 상황에서 내려진 결정 과정에서 "어둠 속에 묻혀진 가닥"이란 무엇일까? 관여한 사람에게도 풀리지 않는 신비는 무엇인가? 세 가지 시각은 당시의 결정 상황을 비추어 보는 데 충분한가?

이 글의 목적은 두 가지다. 첫째, 쿠바 미사일 위기를 딜레마 시각에서 살펴보고, 기존의 대표적 시각인 합리모형에 따른 분석과의 차이를 밝히고자 한다. 둘째, 비교분석을 통해서, 딜레마 시각이 지닌 장점을 부각시키고자 한다. 이 글이 제시하는 딜레마 시각은 말하자면, 합리모형, 조직행태 모형, 관료정치 모형에 이은 제4의 시각이다. 기존의 3개의 렌즈로 보지 못했던 측면이 있을까, 있다면 어떤 측면일까, 딜레마 시각은 기존의 시각과 비교할 때 새로운 면을 비추어 줄까, 보다 밝게 여러 측면을 밝혀줄까?

이 글은 연구 목적을 달성하기 위해서 연구의 초점을 제한하였다. 이 글은 앨리슨이 다룬 위기의 세 가지 국면 중 미국의 봉쇄적인 대응의 결정 과정에만 초점을 두었다. 논의를 한정하는 것은 무엇보다 방대한 관련 자료를 충분히 검토하는 일이 쉽지 않은 일이기 때문이다. 그렇다고 글의 의의가 크게 줄어들지는 않는다. 미국의 봉쇄적 대응은 미사일 위기 중 가장 중요한 정책과정이며, 풍부한 자료를 근거로 하여 상이한 시각에서 분석되었다. 이 부문을 제4의 시각에서 집중적으로 분석하고, 비교함으로써 각 시각의 차이점을 보다 뚜렷하게 부각시킬 수 있다면, 우리가 제시한 목적을 보다 효과적으로 달성할 수 있다.

이 글은 딜레마 시각이 다른 시각에 비추어 현실적이며, 특히 쿠바 미사일 위기와 같은 상황에 적합하다는 사실을 밝히는 데 초점을 두었다. 딜레마 시각은 제한된 시간 안에서 양립하기 어려운 결정을 내리게 될 때, 어떤 절차가 진행되며 어떤 결과에 이르는가를 보여주는 시각이기 때문에 이 사태의 분석에 매우 적합하다. 쿠바 미사일 위기를 해소하는 결정의 엣센스는 선택의 결과가 매우 중대하며, 어떠한 선택도 엄청난 결과를 초래할 수 있는 상황에서 양자택일에 몰린 정책결정자가 긴급하게 선택을 해야 했던 딜레마에 대한 대응이었기 때문이다. 앨리슨(Allison, 1971)과 앨리슨과 젤리코(Allison & Zelikow, 1999)는 각 시각 중 어떤 시각이 더 설득력이 있다거나 적합한 시각이란 주장을 내세우기보다는 다양한 시각을 보여주는 데 주력하고 있는데, 우리는 딜레마 시각이 결정의 심연을 보다 잘 밝혀줄 것으로 본다.

이 글은 세 부분으로 구성된다. 첫째, 앨리슨의 분석을 간략히 요약한 후, 둘째, 딜레마 시각을 소개하고, 합리적 행위자 시각과 딜레마 시각에 따를 때 예상되는 행위의 유형에 대해 논의한다. 셋째, 쿠바 미사일 위기 중 미국이 해상봉쇄를 선택하는 과정을 분석한다.

Ⅱ 쿠바 미사일 위기에 대한 봉쇄전략을 보는 세 가지 시각

1962년 10월 15일 미국 대통령 케네디는 미국 정보국으로부터 긴급한 보고를 받는다. 소련이 쿠바에 공격용 미사일 기지를 설치하고 있다는 보고다. 쿠바에 핵미사일을 배치하는 작전이 전개되고 있다는 의구심과 관련된 정보는 이미 8월부터 보고되었지만, 1962년 10월 14일 고공 정찰기 U-2가 촬영한 항공사진의 판독을 통하여 쿠바에 배치되는 미사일이 핵미사일이며, 미국 본토를 공격할 수 있는 공격형 핵미사일인 점이 확인된 것은 10월 15일이었다. 케네디는 10월 16일 핵심참모회의를 소집하고, 대응방안을 논의하기 시작한다. 10월 20일 위기에 대한 대응책으로 소련의 무기와 군사적 물품이 쿠바에 반입되는 것을 막기 위한 해상봉쇄와 강력한 군사적 조치를 취할 수 있다는 엄중한 경고를 천명하는 방안을 결정하였다. 10월 22일 대통령은 공개 기자회견을 통하여 사태의 중대성을 강조하고, 미국의 봉쇄정책을 발표한다. 동시에 소련의 흐루쇼프(N. S. Khrushchev) 서기장에게 서한을 보낸다. 10월 24일 해상봉쇄 작전이 실행에 옮겨지고, 미국의 군함과 소련의 핵잠수함이 물리적으로 충돌할 수도 있었던 일촉즉발의 순간이 전개된다. 다행히 물리적인 충돌은 발생하지 않았다. 이 사태는 10월 28일 흐루쇼프가 미국이 쿠바를 침공하지 않는다고 약속한다면, 쿠바의 미사일 기지는 필요 없으며, 이를 철거하여 소련으로 회수하겠다는 편지를 보냄으로써 일단락된다.

쿠바 미사일 위기와 대응 과정을 앨리슨은 세 가지 정책결정 모델을 통하여 설명했다. 앨리슨은 합리적 행위자 모델, 행정행태 모델, 관료정치 모델의 가정과 분석틀을 다듬어 공식화하고, 각 모델에 따를 때 예상되는 행동을 제시한 후, 각 모델에 따라 위기의 세 가지 국면에 대한 질문, 즉 왜 소련은 쿠바에 공격용 미사일을 배치하였나? 왜 미국은 해상봉쇄로 대응했나? 왜 소련은 미사일 기지 철수 결정을 내렸나?에 대한 미국과 소련의 대응을 분석하였다.

이 글은 세 가지 국면 중 해상봉쇄로 대응한 미국의 결정을 초점에 두고, 봉쇄결정을 내릴 때 기본적인 분석틀로 사용되었다고 간주된 합리적 결정자 모델과 대안으로 제시하는 딜레마 모델을 비교하려고 한다. 합리적 행위자 모델은 국가 간의 전략적 행위를 분석할 때 기본적으로 사용되고, 앨리슨의 분석에서도 중심적인 자리를 차지한다. 이에 덧붙여 행정행태 모델과 관료정치 모델에 따른 분석이 논의된다.[4] 여기서는 후자의 두 모델에 대해서는 간단히 언급하고, 이어서 합리적 행위자 모델에 따라 위기를 어떻게 분석할 수 있는지 논의하고자 한다.

1. 행정행태 시각

행정행태 시각은 해상봉쇄가 결정하는 과정에서 ① 소련의 공격용 미사일이 쿠바에서 발견되는 과정에 작용한 정보활동의 세계를 보여주고, ② 소련의 공격용 미사일이 발견되기 이전에 전술공군사령부(Tactical Air Command)가 이미 검토한 제한된 공습, 족집게 공습, 대규모 공습안을 만든 과정, 그리고 ③ 해군이 봉쇄안을 만들어가는 과정을 조직의 일상적(routine) 작업의 결과로 설명한다.

이 시각에 따르면, 조직의 규칙에 따라 움직이는 공군과 해군의 역할이 부각되며, 합리적 행위자로서의 대통령의 역할은 상대적으로 줄어든다. 이런 과정의 핵심은 다음의 인용문에 잘 요약되었다(Allison & Zeliko, 1999: 288-289).

> 케네디와 그의 참모들은 그들이 제대로 이해하지 못하는 계산방법에 따라 조직 차원에서 마련한 대안 사이에서 선택을 강요받고 있었다. 그들이 제대로 이해하지 못하는 논리에 따

4) 앨리슨 외(Allison et al., 2005)는 "대부분의 분석가들은 정부의 행위를 합리적 행위자 모델의 견지에서 정부의 행태를 설명하고 예측하며", 제2, 제3모델은 "향상된 설명과 예측의 기반을 제공한다"고 정리하고 있다(Allison et al., 2005: 43-44).

라 공격규모는 커져만 갔다. 그에 따라 소련이 베를린이나 심지어 미국 본토에 대해 보복을 할 위험성도 커져만 갔다. 그러면서도 누구도 성공을 장담하지 못했다.

2. 정부정치 시각

정부정치 시각은 정부의 행위(정책결정을 포함하여)는 조직 과정의 산출물이 아니라, 협상게임의 결과로 본다. 정부에는 단일한 행위자가 아니라 많은 행위자가 있고, 각각은 자신이 속한 조직의 관점에서 문제를 보며 게임에 참여한다. 정부정치 모델은 다른 두 모델과 비교하여 이렇게 요약된다(Allison et al., 2005: 318-319).

> 장기판의 말은 (합리적 행위자 모델이 말하는 것처럼) 어느 한 경기자가 심사숙고한 결과에 따라 움직이는 것도 아니고, (행정행태 모델이 말하는 것처럼) 조직의 일상적 절차가 반자동적으로 작동한 결과에 따라 움직이는 것도 아니다. 게임에 참여한 여러 사람이 서로 다툰 결과에 따라 움직인다.

이 시각에 따라 도출된 구체적 명제를 보면, "의사결정의 결과는 문제의 성격이 행동과 관련하여 어떻게 규정되는지에 따라 크게 달라진다. 행동이 점진적 행마의 한 단계로 규정되고, 그 결과가 불확실하여 여러 경기자들이 서로 달리 해석할 여지가 클수록 강경한 행동의 가능성은 높아진다", "군사력의 사용에 관한 중대한 결정은 대통령이 독단적으로 결정하거나 다수결로 결정하지 않는다. 대신 다양한 의견을 가진 사람들의 절충으로 이루어지는 경향이 있다"(Allison et al., 2005: 381).

앨리슨과 젤리코(Allison & Zeliko, 1999)는 정부정치의 눈으로 1962년 10월 16일~19일 사이의 위기대응팀의 회의내용과 10월 20, 21, 22일 간의 국가안전보장회의, 국가안보장회의 내 ExComm(Executive Committee, 핵심참모회의)의 회의내용을 재구성하고 해석한다. 그 최종 결과는 우리가 보았듯이 봉쇄-최후통첩안이었지만, 그 과정을 보면 복잡하고 혼란스럽기까지 하다. 최종안이 결정되는 순간까지, 온건노선에서 강경노선으로 전환, 침공안, 외교안, 봉쇄안, 제한된 공습안, 기습공격안 등이 국방부, 국무부, 해군, 공군, 안보특별보좌관, 국무장관, 법무장관[대통령의 동생인 로버트 케네디(R. F. Kennedy)], 대통령 사이에서 막판까지 논의되었다. 외교노선은 초기에 논의되다가 사라졌지만, 후에 다시 제기되었고, 족집게 공습안은 사라졌다가 봉쇄안이 주도적인 안이 된 이후, 다시 막판에 등장해 고려되기도 하였다.

단순화한 위의 서술로부터 우리가 미루어 볼 수 있듯이, 결정 과정은 확연한 특정한 모습을 띠지 않는다. 케네디 대통령의 봉쇄 발표는 "부분적으로는 선택이며, 부분적으로는 결과다. 보다 전통적인 설명에서 고려되는 국가안보의 이해관계, 목표, 정부의 계산의 혼합물일 뿐 아니라, 잘못된 인식(misperception), 잘못된 의사전달, 잘못된 정보, 협상, 끌기, 당기기, 확밀어주기의 혼성물이다"(Allison, 1971: 210).

3. 합리적 행위자 시각

합리적 시각은 소련과 미국의 결정이 모두 합리적 행위자의 행동에 따라 이루어졌을 것이라는 가정 하에 분석을 수행한다.

미국의 봉쇄결정의 과정은 여섯 가지 대안, 즉 미사일 배치의 묵인, 외교적 압박을 통한 해결, 카스트로(F. Castro)와의 비밀접촉을 통한 해결, 전면공격, 족집게 공습, 해상검역(봉쇄)와 강력한 대응의 천명 등을 합리적인 관점에서 검토하여 예상되는 효과를 모두 고려한 후, 최적의 대안을 선택한 것으로 본다. 다음의 두 인용문은 합리적 행위자 모델에 따라 봉쇄방안이 결정되었음을 이렇게 요약하고 있다.

> 소련이 쿠바에 미사일을 배치한 것에 대한 미국의 대응은 가치극대화식 확전전략의 전형적 형태라고 볼 수 있다. 미국의 우세한 핵전력은 소련의 핵전략을 무력화시킬 수 있었다.… 카리브 해역에서 미군사력의 우위는 가히 압도적이었다.… 미국은 미사일의 철수에 대한 단호한 입장을 과시해야만 했다. 그러면서도 소련에게는 생각할 시간과 체면을 잃지 않은 채 후퇴할 수 있는 여지를 주어야 했다. 불필요한 국제법적 논쟁을 피하기 위해 해상검역(naval quarantine)이라고 불렀던 해군력을 동원한 해상봉쇄가 바로 그 일을 했다(Allison & Zeliko, 2005: 157).

> 봉쇄에는 몇 가지 이점이 있었다. 첫째, 이것은 일종의 중간책이었다. 무시하거나 외교적 항의에 그치는 것에 비해 단호한 의지를 과시할 수 있어서 좋았다. 반면, 공습하는 것에 비

해서는 급하거나 위험하지 않아서 좋았다. 둘째, 이것은 말하자면 공을 흐루쇼프에게 넘기는 격이었다. 이제 선택의 고민은 그가 져야 했다. 그는 단지 선박에게 회항을 명령함으로써 위기를 피할 수 있었다. 셋째, 굳이 군사적 대결을 벌여야 한다면 미국의 앞마당에서 해군으로 하는 것 이상 유리한 것이 없었다. 넷째, 봉쇄는 핵대결에 이르기 전에 일련의 확전단계를 열어 놓은 결과가 되는데, 매 단계에서 상황은 미국에게 유리하게 전개될 수 있었다 (Allison et al., 2005: 169).

합리적 행위자 시각에 의하면, 해양검역선 설치를 통해 소련의 쿠바 무기 반입을 막으면서, 기존 미사일의 철수를 요구하는 선택은 당시의 다양한 조건을 고려한 선택으로서 가치극대화 전략이며, 다른 선택에 비해 여러 이점이 있는 선택으로 해석된다. 더욱이, 봉쇄는 경고사격처럼 제1단계일 뿐으로 쿠바에 대한 추가적 군사행동은 여전히 가능했다.

그런데 봉쇄의 결정이 유일한, 그리고 확고한 결정이었는가는 의문으로 남는다. 다름 아닌 케네디의 말을 들어보자. 핵심참모회의의 의견은 10월 18일부터 봉쇄 쪽으로 기울어졌지만, 봉쇄를 공식 발표한 22일에도 케네디는 다음과 같이 말했다: "처음부터 나는 공습이 마음에 들었고, 어제 아침까지도 포기하지 않았소. 그건 진주만 공습 작전처럼 모든 어려움을 감내해야 하면서도 일은 끝내지 못하는 그런 작전이었소. 일을 끝내려면 침공밖에 없지 않소?"(Allison et al., 2005: 170). 봉쇄를 깊은 고민과 심각한 문제 의식, 폭넓은 대안의 제시와 치열한 논쟁의 결과로 선택된 합리적 결정으로만 보기에는 무언가 다른 요인, "어둠 속에 얽혀진 가닥" 신비로운 측면이 막판까지 작용하고 있었음을 시사하는 대목이다. 케네디가 의식하지 못했던 "속속들이 관여한 사람에게마저도 신비로 남는 가닥"을 설명해 줄 길은 없을까? 우리는 딜레마 이론이 하나의 길이 될 수 있다고 본다.

Ⅲ 딜레마 시각과 합리적 행위자 시각의 비교

딜레마 시각은 기존의 결정이론과는 다른 전제를 갖고 있다. 딜레마 이론은 딜레마 이론은 "상충된 두 대안 중 하나만을 선택해야 하는데, 대안의 포기가 초래하는 비용(기회손실)이 너무 커서 선택하기 어려운 상황" 또는 "두 개의 대안이 존재할 때, 두 개의 대안을 동시에 선택할 수 없으며, 그 중 한 개의 대안을 선택하기도 곤란하지만, 제한된 시간 내에 선택을 하지도 않을 수 없는 상황"에 정책결정자가 어떤 대응(혹은 선택)을 하는가에 관한 이론이다(이종범 외, 1991; 윤견수, 2006; 소영진, 2015). 딜레마 상황에 처한 의사결정자가 대응하는 방식은 가능한 한 (a) 결정을 하지 않거나, (b) 결정을 늦추거나, (c) 책임회피를 하려고 한다. 그러나 (a), (b), (c)는 일시적이다. 사태 해결의 긴급성이 크기 때문에 일정한 선택이 강요된다. 일단 딜레마 상황에서 대안이 선택되고 나면, (d) 상징적 행동이 현저하고, 선택된 대안을 충실히 실행에 옮기지 않으려는, (e) 형식주의가 나타나고, 일정 기간 동안 행동이 오락가락하는, (f) 일관성이 없는 행동이 나타나기 쉽다(염재호 · 박국흠, 1992; 박통희 · 김동환, 1992; 김태은, 2008; 노명순, 2008; 김태룡, 2010).

딜레마 모델의 분석적 틀과 함의는 합리적 행위자 모델의 그것과 아주 다르다. 상황이나 행위자의 결정 행위에 대한 가정이 다르며, 이 모델이 예상하는 행위 유형도 다르다. 두 모델의 특징을 비교해 보자. 앨리슨은 합리적 행위자 모델을 머튼(R. K. Merton)이 말한 하나의 분석적 패러다임의 시각에서 보아, 그 요소를 네 가지 범주 — ① 분석의 기본단위, ② 조직화 개념(행위자, 문제, 선택), ③ 지배적인 추론패턴, ④ 일반적 명제 — 로 나누어 제시하였다. 네 가지 범주에 따라 합리적 행위자 모델을 제시하면 다음과 같다.

합리적 행위자 모델(Allison et al., 2005: 65-66)은 ① 기본단위는 정부의 행동이며, ② 조직화 개념을 보면, ㉠ 행위자: 국제문제에 대하여 통일된 국가 행위자가 일관된 효용함수, 즉 하나의 선호집합과 하나의 선호집합, 그리고 각 대안에 따른 결과에 대한 단일한 예상치를 갖고 있다고 여긴다. ㉡ 문제: 행동은 행위자가 당면한 전략적 상황에 대응하여 선택된다. ㉢ 행동은 합리적 선택이다.

합리적 행동의 구성요소는 다음과 같다(Allison et al., 2005: 66). ⓐ 목적: 국가안보와 국가이익의 관점에서 목적을 설정한다; 분석가가 국가의 전략적 선호를 명시적인 효용함수로 표현하는 경우는 드물지만, 이들은 주요한 목표들에 초점을 맞추고, 목표들을 직관적으로 조합한다. ⓑ 대안: 목적을 달성하는 행동들이 선택지다. ⓒ 결과: 선택지를 실행하면 일련의 결과가 초래된다. 각 결과에 따른 수익과 비용이 전략적 목표와 목표를 기준으로 산정된다. ⓓ 선택: 합리적 선택은 가치를 극대화한다. 합리적 행위자는 목표와 목적에 비추어 최대의 결과를 가져 올 대안을 선택한다. 요약하면, 합리적 행위자는 잘 구성된 목표를 달성하기 위한 대안 중에서 효용을 최대화하는 대안을 선택한다는 것이다.

③ 지배적인 추론패턴은 국가가 선택하는 행동은 행위자의 목적을 달성하는 데 있어서 가치를 극대화시키는 수단으로 선택되었다고 본다. 모델의 설명력은 바로 이 추론패턴에서 나온다. 분석상의 퍼즐은 행동이 추구한 목적을 찾으면 풀리게 된다.

④ 이 설명법에 따라 도출되는 명제는 두 가지다. 효용극대화의 원리로부터 보면, ⓐ 어느 대안에 동반하는 비용이 증가하면, 그 대안을 선택할 확률이 낮아진다. ⓑ 어느 대안에 동반하는 비용이 감소하면, 그 대안을 선택할 확률이 높아진다.

머튼의 분석적 패러다임에 따라 보면, 딜레마 모델은 다음과 같다. 합리적 행위 모델과의 차이를 분명히 알 수 있다. 딜레마 모델은 ① 기본단위는 정부(결정자)의 행동이며, ② 조직화 개념을 보면, ㉠ 딜레마(에 처한) 행위자: 국제문제에 대하여 국가행위자가 일관된 효용함수를 갖는다고 가정하지 않는다. 상이한 선호의 집합이 존재하되, 각 선호의 우선순위를 정하는 것이 곤란하다고 여긴다. ㉡ 문제: 행동은 행위자가 당면한 전략적 상황에 대응하여 선택된다. ㉢ 행동은 딜레마 상황에서의 선택이다. 즉, 기회손실이 크며, 동등해 보이는 대안 간의 선택으로 나타난다.

딜레마 상황에서의 행동의 구성요소는 다음과 같다. ⓐ 목적: 국가안보와 국가이익의 관점에서 목적을 설정한다; 분석가가 국가의 전략적 선호를 명시적인 효용함수로 표현하는 경우는 드물지만, 이들은 주요한 목표들에 초점을 맞추고, 목표들을 직관적으로 조합한다. ⓑ 대안: 목적을 달성하는 행동들이 선택지다. ⓒ 결과: 선택지를 실행하면 일련의 결과가 초래된다. 각 결과에 따른 수익과 비용이 전략적 목표와 목표를 기준으로 산정된다. ⓓ 선택: 딜레마 상황에서의 선택은 기회손실이 큰 두 가치(대안) 사이에서 이루어진다. 딜레마 행위자는 목표와 목적에 비추어 기회손실이 큰 두 개의 대안 사이에서 고민한다. 요약하면, 딜레마 행위자는 기회손실이 동등하다고 판단되는 두 가지 대안 사이에서 고민한다.

③ 지배적인 추론패턴으로 딜레마 행동은 기회손실이 같은 두 가지 대안 사이에서 고민 하는 일련의 대응이다. 결정을 내리기 전의 고민행동으로 무결정, 결정 지연, 결정 회피가 발생하며, 하나의 대안이 선택되면, 상징적 행동, 형식주의적 행동, 비일관된 집행행동이 관찰된다. 모델의 설명력은 바로 이 추론패턴, 다양한 대응행동을 예상한다는 점에 있다. 분석상의 퍼즐은 관찰된 행동이 딜레마 상황으로부터 귀결된 것임을 밝히면 풀리게 된다.

④ 이 설명법에 따라 도출되는 명제는 두 가지다. 딜레마 행동 유형으로부터 ⓐ 딜레마 행동이 초래할 기회손실이 적을수록, 결정의 긴급성이 적을수록 대안선택을 하지 않는 고민행동이 지속될 가능성이 높아진다. ⓑ 딜레마 행동이 초래할 기회손실이 클수록, 긴급성이 클수록 대안선택을 할 가능성이 높아지며, 상징적 행동, 형식주의적 집행, 비일관된 집행행동이 관찰될 가능성이 높아진다.

Ⅳ 쿠바 미사일 위기와 해상봉쇄

케네디 대통령이 1962년 10월에 직면한 현실은 딜레마 상황으로 볼 수 있다. 진행되고 있는 쿠바의 핵미사일 배치를 방치하면 "아랫배에 칼을 꽂고 사는" 격이며 (Allison et al., 2005: 144), 그렇다고 선불리 핵미사일을 제거하기 위한 행동을 취했다가는 핵전쟁이 발발할 위험성이 있었다. 방치도 적극행동도 모두 매우 큰 안보상의 위험성을 내포한다고 판단하며, 쿠바의 핵미사일 배치를 용납할 수 없다면 미사일 배치가 완료되기 전에 긴급히 결정을 내려야 할 상황이었다.

딜레마 시각은 앨리슨이 제시한 세 가지 모델 상황과 비교하여 보면, 그 독특함이 뚜렷이 드러난다. 딜레마 상황에서의 정책결정자는 합리적 행위자 모델에서처럼 더 많은 정보를 획득하고, 대안을 가다듬어 이익을 극대화하는 대안을 선택하는 것은 아니다. 딜레마 상황에서는 대안이 초래할 결과가치에 대해서는 확인된 상태인데, 문제는 하나의 선택에 따르는 기회손실과 대안적 선택에 따르는 기회손실을 비교하기 어렵다는 점이다. 하나의 선호에 따르는 효용함수, 예상치는 있지만, 여러 선호를 비교할 수 있는 통합적인 선호의 체계나 하나의 효용함수가 성립하지 않는 상황이다. 양립하는 대안을 통합할 효용함수가 존재하지 않기 때문에 쉽사리 결정을 내리지 못하는 것이다. 더욱이, 결정의 긴급성을 합리적 모델은 이론적으로 포함하기 어렵다.

딜레마 결정자의 행태를 조직행태 모델로 이해하기 어렵다. 딜레마 상황은 일상적인 작업 상황이 아니기 때문에 딜레마 상황에 대처하는 일상적 작업규칙(routines for non-routine work)을 조직은 제공하지 못한다. 조직행태 모델은 딜레마 상황에서의 대응을 설명하는 데 도움을 주지 못한다. 기껏해야 딜레마 상황을 기존의 일상규칙(routines)으로 대응하게 되었다는 설명을 할 수 있을 것이다.

딜레마 의사결정은 관료정치 시각으로도 설명되기 어렵다. 무엇보다, 관료정치 시각은 서로 다른 관점과 이해관계를 가진 행위자와 각 행위자가 내세우는 대안 사이의 밀고 당기는 게임을 의사결정 과정의 핵심적 요소로 보는데, 딜레마 시각에 의하면 다수의 행위자가 존재한다는 사실이 딜레마 상황을 바꾸는 것은 아니다. 딜레마 결정자는 이해관계자들의 관점을 반영하여 각 대안의 결과 예상치를 수정해 볼 수 있겠지만, 그렇다고 대안의 분절성이 약화되는 것은 아니다. 말하자면, 딜레마 결정은 다수결의 원칙이 아니라, 딜레마 상황의 원칙에 따른다. 또 다수가 하나의 효용함수를 만들 수도 없다.

1. 합리적 행위자 시각에서 본 쿠바의 해상봉쇄

앨리슨은 1962년 10월 14일 쿠바에서 핵미사일 기지를 발견하고, 16일 첫 참모회의를 소집한 이후부터 10월 20일 국가안전보장회의에서 쿠바의 해상을 봉쇄하는 결정을 내리기까지의 과정을 기본적으로 합리적 결정자 모델로 분석하였다. 검토된 대안을 여섯 가지로 제시하면서, 각 대안에 대한 판단과 종합적인 합리적 판단의 결과로 봉쇄결정이 내려졌다고 보았다. 이에 덧붙여, 행정행태 시각과 관료정치 시각을 부가적으로 활용했다. 여기서는 쿠바 미사일 위기에 대한 대응을 딜레마 대응행동이라고 보고, 앨리슨의 설명과 딜레마 시각의 설명을 대비시켜 보았다. 두 가지 렌즈를 통해 시시각각 변했던 모습을 일자별로 재구성하고 해석해 보았다.

1) 10월 15일~16일: 핵미사일 기지 발견

쿠바 해상에 선박의 활동이 급증하고, 미사일 기지가 건설되고 있다는 정보는 1962년 8월부터 정보 관련 기관에 접수되고 있었다. 항공 사진촬영에 의한 정밀한 분석의 필요성이 제기되었지만, 9월 19일 열린 국가정보평가회의는 소련이 쿠바에 공격용 미사일을 반입하지 않을 것이라고 결론지었다. 9월 5일부터 10월 4일에 이르는 한 달간 U-2기는 의심지역인 쿠바 서부를 고공정찰하지 않았다. 이 기간 동안 미국은 쿠바에 공격형 핵무기 설치를 해선 안 된다는 입장을 거듭 밝혔고, 소련은 그럴 필요가 없다는 공식 입장을 밝혀 미국의 입장에 공감을 표시했다. 10월 1일, 중앙정보부 내에서 중거리 핵미사일 기지가 건설 중일지 모른다는 가설이 제기되고, 10월 14일 쿠바 서부에 대한 최초의 항공정찰이 이루어져, 10월 15일 공격형 핵미사일을 최초로 확인하게 된다. 10월 16일 오전 케네디는 보고를 받은 후, 그날 오후 쿠바 사태에 대처하기 위한 첫 핵심참모회의(후일, 국가안전보장위원회의 간부회의 — ExComm — 로 불린다)를 소집한다.

2) 10월 17일~20일: 대안 검토

대통령은 핵심참모회의에 매번 참석하지는 않으면서, 동생인 법무장관을 좌장으로 회의를 진행토록 맡겼다. 회의는 기탄없이 의견을 주고 받는 토론장이었으며, 동등한 자격자들의 격의 없이 갑론을박을 펼쳤다. 6개의 대안이 제시되고 토론되었다. 먼저, 탁상에 올라온 안들은 외교적인 대안(묵인, 외교적 압박, 쿠바와의 비밀외교)이었지만, 직접적인 군사적인 대안(족집게 공습, 전면공격)과 간접적인 군사적 대안(해상봉쇄)도 함께 논의되었다. 합리적 행위자 시각은 이 과정을 통해, 앞서 인용했듯이 미국의 국가이익을 최대화할 수 있는 방안, 즉 쿠바의 해상봉쇄와 군사행동의 가능성을 경고했다고 본다. 합리적 행위자 시각에 따라 제시된 각 대안의 검토내용을 살펴보고(Allison et al., 2005: 159-170), 이어서 딜레마 시각으로 상황을 재구성해 본다.

(1) 묵인(Do Nothing)

맨 처음 토의의 대상이 된 대안이다. 이 대안에 의하면, 이미 미국은 소련의 대륙간 탄도 미사일의 사정권에 이미 들어가 있었는데, 쿠바 미사일 배치가 군사적으로 새로울 것이 없다. "미사일의 배치를 알고 있다는 정도의 반응만 보이고, 소련이 먼저 움직이는 것을 기다리는 것이 나을 것이다." 10월 18일 안보보좌관 번디(McGeorge Bundy)의 의견이다. 이에 대한 반대의견이 제시된다. 아무런 조치를 취하지 않으면, 동맹국들은 미국이 베를린 문제도 방치할 것으로 볼 것이고, 동맹국과 미국의 여론이 분열될 것이다. 쿠바에 미사일 기지가 완성된 후, 베를린을 둘러 싼 새로운 위기가 닥칠 것이다. 그때는 더 어려운 입장에서 대응해야 한다. 또 11월 초에 있을 선거도 고려해야 한다. 국내정치적 요소도 고려해야 한다. 쿠바의 미사일 배치가 군사적으로 큰 의미를 지니지 못한다고 인정하더라도, 국제적인 동맹 때문에, 국내적인 정치적 이유 때문에 모종의 행동을 취하지 않을 수 없다.

(2) 외교적 압박

두 가지 외교적 압박방안이 제시되었다. 첫째, 흐루쇼프에게 비밀리에 최후통첩을 하자는 제안이다. 군사대결을 벌이기 전에 자발적으로 미사일을 제거할 것을 외교적으로 요구하자. 둘째, 유엔이나 미주기구(Organization of American States: OAS)를 통한 미사일의 사찰을 주장하며, 동시에 소련과 미사일 철수를 협상하자. 이를 통해 쿠바를 중립화하고, 대신 쿠바의 관타나모에 있는 미 해군기지를 반환하거나 터키나 이탈리아에 있는 미사일의 철수도 보상하는 방법을 고려하자. 이 안의 문제점은 밀사를 보내 미사일 철수를 요구하는 것은 외교적 주도권을 빼앗길 우려가 있고, 소련도 최후통첩을 하게 되면 회담의 성격상 주고받기를 하게 되고 일정부분의 양보는 불가피해진다. 터키, 이탈리아 미사일과 쿠바 미사일의 맞바꾸기를 제시하면, 동맹국의 미국 불신을 유발하게 될 것이고, 외교적 수세에 몰리게 될 수 있다.

(3) 카스트로에게 비밀접근

카스트로에게 비밀접근하여 미사일 기지가 오히려 쿠바에 군사적 위험을 초래할 수 있다고 설득하여 "소련과 멀어지든지, 미국의 공격을 감수하라"고 요구하는 방안이다. 카스트로가 수락할 가능성이 낮으며, 소련에 최후통첩을 보내는 방안과 마찬가지로 미국이 외교적 수세에 몰릴 수 있다는 점에서 비판을 받는다. 더군다나, 미사일은 소련군이 통제하고 있기 때문에, 쿠바의 재량은 제한된다는 점이 지적되었다.

(4) 전면공격

쿠바를 전면침공하여 미사일뿐만 아니라 카스트로도 제거하여 문제를 완전 해결하자는 방안이다. 10월 16일, 케네디는 실제로 이렇게 말했다: "피그스만 사건이 옳았음"이 미사일 기지 건설로 입증되었다. "그때 제대로 했어야 했는데"(Allison et al., 2005: 164). 합참의장인 테일러 장군은 이견을 제시했다. 25만 명의 육해공군이 필요하다. 쿠바라는 "깊은 진흙구덩이"에 빠질 수 있다. 결국, 이 방안은 최종 방안으로 고려되었다. 이같은 벼랑끝 전략은 핵전쟁을 무릅써야 하며, 소련이 유사하게 베를린을 공격하게 될 수 있기 때문이다.

(5) 공 습

공습을 통해 미사일 기지를 파괴하는 방안이다. 공습을 통해서 미사일 기지가 완성되어, 미국을 위협하기 전에 그것을 제거할 수 있다. 소련이 대처하기 전에 기습하는 방안이며, 소련의 속임수에 대한 응전이기도 하다. 케네디가 매력을 느낀 안이었고 끝까지 미련을 가진 방안이었지만, 네 가지 문제점이 있었다. 첫째, 한정된 족집게 공습이 가능한가? 소련 폭격기가 미국 남동해안을 공습할 수 있다. 이를 막으려면 결국 소규모 공습은 대규모 공습이 되어야 하고, 전면적인 군사작전에 나서지 않을 수 없다. 둘째, 미사일 기지 공격으로 소련군이 희생되고, 소련이 베를린 혹은 터키에 보복공격을 하게 되면, 결국 전면전이 되고, 전면 핵전쟁이 발발할 것이 예상되었다. 셋째, 사전 족집게 공격이 효과가 좋을 텐데, 그것은 진주만을 연상시키며, 미국과 어울리지 않는 방법이었다. 넷째, 공습으로 미사일을 모두 제거하기 어려우며, 소련이 다시 배치할 수 있다. 합참본부는 결국에는 공습에 이어 침공을 해야 완벽히 문제를 해결할 수 있다는 의견을 제시한다. 합참의장 테일러도 처음에는 침공에 반대했지만, 소련의 미사일 배치 상황을 보고 받은 후 찬성하게 된다. 공습은 결국 전면적인 핵전쟁의 확률을 높이는 단계적 방안이다.

(6) 해상봉쇄

간접적 군사행동으로 10월 16일 국방장관 맥나마라가 최초 제기했다. 다른 대안들을 면밀히 검토하는 동안 점차 관심을 끌었다. 물론, 문제점이 제기되었다. 첫째, 봉쇄란 전쟁 시 사용하는 적대적 용어로 전쟁을 선포해야 한다. 이 사안에 대해서는 전미기구(OAS)의 3분의 2가 동의하면 서구의 방어를 위한 리우 조약을 근거로 봉쇄만 발동할 수 있다고 법률 전문가가 확인해 주었다. 둘째, 쿠바 봉쇄가 소련의 베를린 봉쇄로 이어지지 않을까? 그럴 경우, 봉쇄의 동시해제가 제시될 것이고, 결국 소련에 시간만 벌어주는 결과로 귀결될 것이다. 셋째, 공습과 마찬가지로 확전의 위험이 있다. 소련 함정이 정선 명령에 불응하여, 발포하면, 소련이 보복하게 되고, 이런 식으로 확전이 전개될 수 있다. 넷째, 봉쇄는 조만간 실전태세에 들어가 이미 배치된 미사일 문제를 풀 수 없다. 문제는 지연된 채, 소련은 기지 건설에 박차를 가할 시간을 벌 수 있게 된다. 넷째 문제에 대해서 소련대사직을 막 마치고 귀임한 톰슨 무임소 대사는 10월 18일 이렇게 간단히 대답했다. "미사일 해체를 요구하세요. 그리고 우리는 정찰을 계속할 테니, 실전배치하면 제거하겠다고 말하세요. 그렇게 하게 될지도 모릅니다." 물론, "공습을 하게 될 지도 모른다는 점에 대해서는 환상을 가져서는 안 됩니다. 그렇더라도, 그때는 완전히 다른 입장과 맥락에 놓이고, 대규모 전쟁에 돌입할 위험은 훨씬 낮아질 겁니다"(Allison et al., 2005: 168-169).

봉쇄방안은 두 가지로 구분되었다. 첫째 안은 톰슨과 전 재무장관 딜론이 제시한 최후통첩과 봉쇄를 결합한 방안이었다. 일단 봉쇄를 시작하되, 세부적인 협상은 거부하고 추가적인 군사행동을 위협하면서, 미사일의 철수를 요구하는 방안이다. 둘째 안은 봉쇄를 협상의 시작으로 보자는 방안으로, 봉쇄를 통해 현상을 동결하되 이미 있는 미사일의 제거를 요구하지는 않는다. 대신, 해상봉쇄가 진행되는 동안, 정상회담 등의 협상을 통해 쿠바 미사일과 관타나모 기지 혹은 터키와 이탈리아의 주피터 미사일에 대한 양보를 교환하는 거래를 하자는 방안이다. 두 가지 방안이 10월 20일 케네디에게 제출되었다.

둘 중 어느 것이든 봉쇄에는 몇 가지 이점이 있다. 첫째, 그것은 무시와 공격 사이의 중간책이다. 단호한 의지를 표현할 만큼 공격적인 반면, 공습처럼 급박스런 행동은 아니다. 둘째, 다음 단계의 선택의 부담을 흐루쇼프(N. S. Khrushchev)에게 넘기는 것이다. 그가 선박을 물러나게 하면 직접적인 군사적 충돌을 회피할 수 있다. 셋째, 군사적 대결을 해야 한다면, 카리브해에서의 해전만큼 유리한 게 없다. 넷째, 해상봉쇄를 하게 되면 미국은 전통적 무기를 활용하여 비핵전쟁의 위협을 매 단계마다 유리하게 이끌어 갈 수 있다.

3) 10월 20일~21일: 봉쇄와 최후통첩안 결정

해상봉쇄는 10월 20일~21일 사이에 봉쇄와 최후통첩안을 더 다듬어 놓은 이후에야 비로소 최종적으로 선택된다. 봉쇄를 취하고, 미사일의 철수를 요구하며, 핵심사항을 지연시키거나 혼동스럽게 만들 정상회담 등 다른 직접적 협상 채널은 가동하지 않는다. 이렇게 함으로써 봉쇄라는 군사적 움직임은 긴급성을 알리고 대결이 임박했다는 의미를 전할 것이다. 하지만, 봉쇄는 경고사격처럼 첫 단계일 것이다. 직접적 군사행동은 연기되었지만, 그 가능성은 여전히 위협적으로 남아 있었다. 사실, 거의 군사행동을 취할 뻔하였다. 10월 22일에도 케네디는 이렇게 말하고 있었다: "처음부터 나는 공습에 끌렸었소. 어제 아침까지도 공습을 포기하지 않았소. … 이 일은 침공에 의해서만 끝날 일일지 모르오." 케네디는 아직 할 일이 남아 있으리라는 점을 알고 있었다.

이제까지 살펴 본 6개의 대안 검토와 최종안의 결정 과정은 합리적 행위자 모델에 근거하여 앨리슨과 젤리코(Allison & Zelikow)가 제시한 설명이다. 진지하고, 치열한 논의 가운데 합리적인 대안 검토가 이루어졌음을 시사한다.

2. 딜레마 시각에서 본 쿠바의 해상봉쇄

각 행위자의 주장과 주장의 변경, 그리고 봉쇄와 최후통첩안의 결정에 이른 상황을 딜레마 상황에서의 대응방식으로 보면 어떻게 될까? 단순히 합리적 논쟁의 결과로 보거나, 정치적 배경과 입장이 반영된 결과로 보기에는 주요 행위자의 입장의 선회 혹은 변경을 설명하기 어렵고, 최종 결정이 내려진 이후에도 표출된 강한 이견의 대립을 설명하기 어렵다. 딜레마 시각을 따른다면, 결정에 이르는 과정은 사안을 딜레마 상황으로 보는가, 그렇지 않은가에 따라 입장의 표명과 입장의 유지에 대한 설명이 가능하고, 대안의 검토 과정상의 격론과 이견, 입장의 동요를 딜레마 대응행동이란 시각에서 볼 수 있게 된다.

케네디 대통령은 여러 의심스런 상황에도 불구하고, 1962년 9월 중순까지는 쿠바에 방어형 미사일만이 쿠바에 배치된다고 믿고 있었고, 소련과의 공식적·비공식적 통로를 통하여 그렇게 확인하고 있었다. 10월 15일 공격형 핵미사일 기지 건설이 확인되었을 때, 케네디가 직면한 현실은 딜레마라고 볼 수 있을까? 볼 수 있다면, 딜레마 렌즈를 통해 우리는 위에서 확인한 의사결정 과정에 대해 어떤 새로운 면모, 새로운 측면을 확인할 수 있을까? 새로운 점은 어떻게 설명될 수 있을까?

1) 미사일 발견과 딜레마 상황

정밀 사진촬영으로 공격형 핵미사일 시설을 확인했을 때, 케네디와 그의 참모들 사이에는 사태를 바라보는 다양한 시각 차이가 있었다. 첫째, 외교적·정치적 해법을 모색하고자 했던 사람들은 쿠바에 설치된 무기가 비록 공격형 핵무기라고 할지라도 군사적으로 큰 의미를 갖지 못한다고 생각하였다. 시간적 압박 속에서 문제를 해결해야 한다는 긴급성을 느끼지도 않았다. 처음부터 쿠바 미사일 문제를 정치적 문제로 본 국방장관 맥나마라의 표현을 빌면, "미사일은 미사일이다." 딜레마 상황이 벌어진 것은 아니다. 미국이 압도적인 핵전력의 우위를 지키고 있으므로 핵전쟁이 임박했다고 보지는 않았고, 쿠바에 장거리 핵미사일이 설치되어도 핵전력의 불균형에 변화를 줄 수 없다고 보았다. 터키에 배치된 미사일을 철수시키고, 쿠바의 미사일을 철수시키는 등 주고 받기를 통한 문제의 해소가 가능하다고 본 이유다.

둘째, 전면공격을 주장한 장성들도 쿠바 미사일 문제의 해결은 딜레마로 보지 않았다. 이들은 설사 전쟁이 일어난다고 해도 전면전으로 전환하기 전에 문제가 해결될 수 있다고 보았고, 비록 핵전쟁이라고 해도 전쟁 발생 시 미국이 승리한다는 데는 추호의 의심도 없었기 때문에, 그로 인해 발생할 피해를 그들이 해결해야 할 방정식의 큰 변수로 계산하지 않았다. 피해 정도는 비교될 수 있으며 이를 통해서 승패를 판단할 수 있다는 암묵적인 군사적 계산법을 사용하고 있었다.

셋째, 케네디 및 그의 측근 보좌관, 법무장관 로버트 케네디 등은 기본적으로 핵전쟁이 가져올 참혹할 현실은 절대적으로 회피해야 한다는 입장에서 출발하였다. 이들은 또한 외교적 접근은 소련에게 미사일 기지를 건설할 시간을 벌어주고, 그 이후 공세적 조처를 취할 기회를 제공하며, 동맹국 — 특히, 서베를린 문제로 불안한 서독 — 으로 하여금 미국에 대한 신뢰를 잃게 할 것으로 보았다. 그렇다면 문제의 해결책은 쿠바에서의 미사일 기지가 완성되기 이전에 찾아야 한다. 다시 말하면, 군사적 해결방법은 지나친 인적인 물적인 피해 때문에 선택할 수 없는 반면, 외교적 접근은 대통령의 개인적 입지를 악화시키며, 동맹을 약화시키고, 미국의 지위를 훼손한다는 점에서 택할 수 없었다. 더욱이 이 문제는 시간을 끌수록 불리하게 전개될 사안으로 제한된 시간 안에 문제를 해결해야 하는 문제였다.

이 상황은 딜레마일까? 먼저, 케네디의 반응을 직접 들어보자. 10월 16일 저녁 케네디는 큰 소리로 물었다. "그게(쿠바에 공격형 핵미사일 배치-저자) 그들의 군사력을 크게 증진하는 것이 아니라면 도대체 왜?" "우린 여태 이와 같은 문제를 한 번도 겪은 적이 없지 아마"(Allison et al., 2005: 146). 잠시 후 케네디 스스로 찾은 해답은 베를린이었다. 아마 흐루쇼프는 베를린 문제를 자기 뜻대로 해결하려고 미사일 문제를 써 먹을 것이다(Allison et al., 2005: 146-147). 3일 후, 10월 19일 합참에서 케네디는 이렇게 상황을 정리했다. "우리 문제는 쿠바인 동시에 베를린이다. … 베를린이 유럽에 중요하고 우리 동맹국이 우리에게 중요하다는 것이 지난 3일 간 우리가 고민했던 딜레마의 핵심이다. 그렇지 않다면 문제는 아주 쉬웠을 것이다. … 우리는 아무런 조치를 취하지 않고 있을 수만은 없다. 그래도 베를린 문제는 여전히 닥쳐올 것이기 때문이다. … 이제 우리는 아랫배에 칼을 꽂은 채 살게 될 것이다"(Allison et al., 2005: 151). 만일 쿠바 미사일 기지가 완공된다면 말이다.

케네디의 상황 인식을 더 살펴보자. 흐루쇼프는 쿠바에 핵미사일 기지를 완공한 후 베를린에서 미군과 나토군을 강제로 몰아낼 생각이다; 쿠바 핵미사일이 완성된 후, 미국이 협상에 나서면 쿠바와 베를린을 맞교환하자고 들 것이다. 미국이 쿠바를 봉쇄하거나 공격하면, 소련은 이를 이유로 베를린을 봉쇄하거나 공격할 수 있을 것이다. 다시 말하면, 기지를 완성하게 두면 쿠바냐 베를린이냐는 선택의 문제에 직면하게 된다. 케네디의 입장에서는 쿠바에 핵무기를 둔 채 베를린을 지키는 일은 가능치 않으며, 쿠바 핵무기를 철수하는 조건으로 베를린에서 군대를 철수하는 일도 수용할 수 없다. 쿠바의 핵무기 묵인은 미국의 아랫배에 칼을 꽂은 채 사는 격이며, 베를린에서의 철수는 미국의 동맹국들의 신뢰를 잃는 일이며, 소련의 기세를 세워주는 일이다. 무언가 행동을 취해야 하는데, 두 대안 모두 기회손실이 너무 크다. 케네디가 보기에 문제는 "(A) 쿠바 문제로 지금 핵전쟁을 감수하느냐, 아니면 (B) 베를린 문제로 다음 달에 핵전쟁을 감수하느냐였다"(Allison et al., 2005: 151). 당장 행동해도(A) 예상 결과치가 핵전쟁이고, 기다려도(B) 예상 결과치가 핵전쟁이다. 게다가, 긴급하게 결정을 내리지 않으면 더욱 불리해질 뿐이다. 딜레마가 아닐 수 없다.

2) 딜레마 대응: 6개의 대안

케네디는 10월 16일 핵심참모회의를 주재한다. 그 참석자에 대해서 로버트 케네디는 이렇게 말했다. "결정 과정에 참여한 14명은 모두 대단한 사람들이었다. 똑똑하고 유능하고 헌신적인 사람들로 미국에 대해 커다란 애정을 가지고 있었다 … 만일 그들 중 여섯이 미국 대통령이었다면 세계는 폭발했을지 모른다"(Allison et al., 2005: 395). 즉, 케네디가 딜레마 상황에 처하여 수행한 첫 번째 과제는 공식적·비공식적으로 최고의 전문가를 불러서 핵심참모회의(ExCom)를 구성하여, 이들로 하여금 해결안을 모색케 하는 일이었다. 이들 참모회의 구성원이 16~19일에 걸쳐 다양한 대안을 논의하였고, 논의를 거치는 동안 봉쇄-최후통첩안을 작성하게 되었다. 이들 중 일부는 전쟁을 불사하는 적극적인 행동을 주장하였다.

케네디는 시간 나는 대로 회의에 참석하였고, 10월 20일부터 열린 국가안전보장회의에는 본격적으로 참석하였는데, 국가안전보장회의 이전인 18~19일 저녁에 거의 합의에 이르렀음을 보았다. 대통령의 역할은 토의된 대안에 대하여 근본적인 질문을 던지며, 대안 탐색의 범위를 좁혀 나간 것으로 판단된다. 또 대통령은 법무장관인 로버트 케네디와의 통화로 자신의 생각을 수시로 전달하였다고 한다.

각 대안이 논의되며 부상했다가 약화되고, 최종적으로 해상봉쇄 및 미사일 제거를 요구하는 최후통첩안이 채택되는 과정을 딜레마 대응행동의 시각에서 해석할 수 있다. 우리는 딜레마 결정자의 딜레마 대응행동으로 중요한 행동을 선택하기 전에 무결정, 결정 지역, 책임전가를 예상했고, 일단 중요한 행동이 취해지면 상징적 행동, 형식주의, 비일관된 행동이 나타날 것을 예상했다.

(1) 무결정으로서의 묵인(Do Nothing)

딜레마 상황의 결정자는 자신이 선택할 대안의 기회손실이 크고, 어느 한쪽을 고를 수 없을 만큼 비교가 어려운 상황에 처하기 때문에, 가능하면 아무런 결정을 내리지 않으려 한다. 핵심참모회의에서 가장 먼저 제기된 안은 소련의 미사일 배치에 대하여 아무런 행동도 취하지 말자는 무결정안(Do-Nothing)이었다. 무결정안은 미사일 배치가 지니는 정치적 결과를 계산에 넣지 않은 방안이다. 동맹국 간의 유대와 국내 정치적 반향을 고려하지 않은 안이다. 무엇보다 사안이 시간이 흐름에 따라 불리하게 변한다는 점을 고려하지 않은 안이다. 사안의 긴급성을 고려하지 않음으로써 심각한 딜레마 상황이 발생했다고 보지 않는 방안이다.

(2) 지연으로서의 외교적 압력

두 가지 방안이 고려되었다. 비밀리에 최후통첩을 보내는 방안과 UN이나 OAS(미주기구)가 미사일 사찰을 하자고 주장하면서, 정상회담 등의 형식으로 미사일 철수를 위한 협상을 벌이자는 방안이다. 이 방안은 군사적 대결이 가져 올 커다란 재앙을 막기 위해 외교적으로 풀려는 방안이다. 딜레마 대응으로 본다면, 군사적 대결과 외교적 압력을 두 개의 대안으로 놓고 보면서, 군사적 대응의 기회손실이 외교적 대안이 지니는 기회손실보다 크다고 보는 가운데, 외교적 주도권의 상실이나 동맹의 반대를 외교적 대안에 따르는 기회손실에 비중을 크게 두지 않는 방안이다. 또 미사일 배치가 진행됨에 따라, 시간이 미국 측에 불리하게 흐른다는 점을 고려하지 않은 방안이다. 쿠바 미사일 위기를 심각한 딜레마로 보지 않는 방안이다. 결정을 미루면서, 해결의 실마리를 찾으려 한다는 점에서 딜레마 대응행동 중 지연행동으로 볼 수 있다.

무결정방안이나 외교적 압박방안은 10월 18일과 10월 19일에 걸쳐 새롭게 공중 촬영한 미사일 기지 건설의 규모와 진척 상황이 알려지면서 논의에서 거의 자취를 감춘다. 사안 해결의 긴급성이 인정되었고, 무결정이나 지연으로 사태를 풀 수 없다는 인식이 자리를 잡아갔다. 구체적으로, 10월 18일 무결정방안을 제기했던 번디(McGeorge Bundy)의 경우, 그 다음 날 마음을 바꿔 공습안을 지지했다.

(3) 책임회피로서 카스트로 비밀접근

딜레마 결정자는 무결정과 지연으로 딜레마 상황에서 벗어날 수 없을 때, 책임의 전가나 책임회피의 행동을 선택할 수 있다. 상위의 행위자, 다른 영역의 행위자에게 결정의 책임을 넘겨주는 행동이다. 카스트로에게 비밀접근하여 "소련으로부터 떨어지든지, 미국의 공격을 감수하라(split or fall)"는 양자택일을 요구하는 방안은 이런 책임회피에 해당한다. 이를 제안한 국무장관 Rusk도 인정했듯이, 카스트로가 소련과 단절할 가능성은 100분의 1이나 될 정도로 낮고, 이는 상대방에게 자신의 소유도 아닌 소련 미사일을 제거하는 결정을 요구하는 일이다. 이 방안은 별다른 관심을 끌지 못했다.

(4) 무시된 딜레마로서 공습안과 전면공격안

합동참모부는 처음부터 전면공격방안을 선호했고 이 입장을 끝까지 고수했다. 미사일 위기를 해결하는 방안은 미사일을 제거해야 가능한데, 정찰을 통해서 밝혀진 쿠바의 군사적 대응능력과 대응시간을 고려한다면 대규모의 비밀공습이 필요하고, 전면전을 치룰 수밖에 없다. 공습만으로는 문제 해결이 어려워지므로, 공습은 전면전으로 이어질 것이라고 인식된 것이다. 합동참모부의 입장에서는 일단 전투가 벌어지면, 승리냐 패배냐가 중요하며, 승리하기 위해 치르는 희생은 피할 수 없는 대가다. 합동참모의장인 테일러 장군도 처음에는 전면공격에 회의적이었으나, 전면공격안으로 돌아선다.

공습안이나 전면공격안 등 적극적 공격방안은 사태를 딜레마로 보지 않은 행동이다. 공습이나 전면공격에 따르게 될 핵전쟁의 재앙이 쿠바 기지 건설이 주는 위험성과 비교되지도 않았고, 소련의 베를린 침공도 중요하게 고려되지 않았다. 쿠바의 핵무기가 군사적으로는 의미 없다는 국방부 장관의 의견은 주의깊은 주목을 받지 못했고, 합참의장인 테일러 장군은 국방부 장관인 맥나마라가 공습이 곧 침공이나 다름없다고 필요한 공습의 규모를 과장한다고 생각하기까지 했다(Allison et al., 2005: 414). 쿠바 미사일 위기는 압도적인 군사력을 지닌 미국이 바로 앞마당에 위치한 작은 공산주의 국가인 쿠바를 군사적으로 제압하는 기회로 여겼다. 테일러는 지금이야말로 카스트로와 쿠바의 소련 미사일을 파괴할 마지막 기회로 생각했다(Allison et al., 2005:

418).

(5) 지연도 공습도 아닌 봉쇄-최후통첩의 조합

쿠바를 공격하면 베를린에 대한 보복공격이 뒤따를 것이고, 그러면 케네디는 핵보복 이외 다른 대안이 없는 상황에 몰리게 된다. 케네디는 자신의 입장을 분명히 해 둘 필요가 있었다. 10월 18일 회의에서 그는 이렇게 정리했다: "진짜 문제는 무슨 행동을 취하든 가급적 핵전쟁의 가능성을 낮추어야 한다는 것이오. 핵전쟁이야말로 최대의 실패요. 그건 두말할 여지가 없소"(Allison et al., 2005: 416). 그는 10월 18일~19일 전후하여 미사일에 대한 기습공격안을 포기했다. 이제, 외교안도, 공습안도 포기하여, 봉쇄안만 남게 된다.

그렇지만, 10월 19일, 20일, 21일 사이의 핵심참모회의에서 공습안은 사라지는 듯했다가, 다시 논의의 핵심으로 떠오르는 등 의견은 여전히 엇갈렸고, 공습파와 봉쇄-협상파, 봉쇄-최후통첩파의 입장은 더욱 굳어지며, 최종 결정의 순간까지 논란이 이어졌다.

봉쇄와 최후통첩의 조합, 즉 해상봉쇄를 하고, 그것을 미사일의 철수 요구에 결부짓고, 그 요구를 직접적인 군사행동의 위협을 통해 뒷받침하기로 한 최종 결정은 케네디가 당면한 딜레마, 혹은 케네디가 설정한 딜레마에 대한 대응이라고 볼 수 있다. 이것은 무언가 강도 높은 조치를 취해야 한다는 케네디의 초기 결정, 기습적 공습에 대한 반대의견, 쿠바와 베를린을 연결지은 의견을 반영한 대응이었다.

케네디는 외교적 해결방안 — 무결정, 외교적 압박, 카스트로 비밀접촉 — 이 시간끌기일 뿐이며, 자신과 미국에게 불리하게 돌아간다는 점을 들어 택하지 않았다. 기습적 공습과 전면공격은 그에 따른 전쟁 위험 때문에 택할 수 없었다. 외교냐 전면전이냐는 딜레마의 상황에서 그가 취할 수 있는 방안은 없었다.

이런 가운데, 국방장관인 맥나마라는 미사일 기지 건설과 배치문제를 동결토록 해상봉쇄를 실시하고, 외교적 협상을 벌이자는 봉쇄안을 가다듬어서, 외교방안과 군사적 충돌방안 사이의 대안으로 제시하였다. 이 봉쇄안은 다시 재정의되어, 봉쇄-협상안과 봉쇄-최후통첩안으로 나뉘어 논의되었다.

봉쇄협상안을 제기한 맥나마라는 쿠바 미사일 문제가 기본적으로 국내정치문제라는 관점에서 접근하여, 협상을 통한 문제의 해결가능성을 높게 보았다. 미사일 문제를 계속해서 국제관계의 시각에서, 특히 베를린과의 연계 속에서 본 케네디와 일부는 미사일 배치는 시급히 막아야 하고, 이미 설치된 미사일은 제거해야 한다는 입장에서 문제에 접근한 케네디는 봉쇄-협상안을 배제하고, 봉쇄-최후통첩안을 채택하였다.

봉쇄-최후통첩안은 딜레마 시각으로 보면, 당장의 군사적 충돌을 피하면서, 미래의 더욱 큰 전쟁 가능성을 막는 방안이다. 그것은 외교적 압박과 협상안에 포함된 불리함을 수용하지 않은 방안이며, 또 직접적인 군사적 충돌에 의한 끔찍한 결과도 수용하지 않는 방안이다.

한편, 봉쇄-최후통첩안은 소련으로 하여금 행동을 취할 시간을 주면서, 언제까지 미사일을 제거하라는 시간 설정은 하지 않았다. 봉쇄 이후, 언제 어떻게 군사적 행동을 취하겠다는 돌이킬 수 없는 약속을 하지 않음으로써, 봉쇄 조치라는 강한 물리적 압박을 가하면서도, 조급한 군사행동에 빠질 언급은 하지 않았다. 새로운 딜레마에 빠지지 않고 위기의 해결을 기대하는 방안이다. 또 모호한 상태에서 소련을 압박하여, 공을 상대방에게 넘겨주고, 그 이후에 행동을 선택하려고 한 방안이다.

요컨대, 봉쇄-최후통첩안은 쿠바 미사일 사태가 무결정, 지연, 책임회피 등의 딜레마 대응으로는 해결될 수 없는 긴박한 상황의 문제로 보아, 무언가 적극적 행동을 취한 대응방안이었다. 봉쇄-최후통첩안의 내용을 보면, 강한 물리적 압박과 군사적 행동을 위협함으로써 상대방으로 하여금 미사일 제거를 유도하면서도, 대응의 시간을 설정하지 않음으로써 새로운 딜레마에 빠지지 않는 조치였다.

(6) 해상격리와 상징적 행동

딜레마 결정은 택하지 않은 선택지의 기회손실이 크기 때문에, 딜레마 결정자는 상징적 행동을 통하여 선택한 대안의 장점을 부각시키고, 선택하지 않은 대안의 문제점을 강조하는 활동을 펼치게 된다. 미국이 선택한 해상격리란 용어와 미주기구(OAS)로부터의 해상격리에 대한 인정을 받는 일이 이에 해당한다.

해상봉쇄가 외교와 군사적 충돌 사이의 절충방안으로 국방부 장관에 의해서 처음 제안되었을 때, 두 가지 문제가 쟁점이 되었다. 봉쇄(blockade)는 전쟁을 염두에 둔 적대적 행위로 간주된다는 점과 주변국가가 이런 대결로 가는 선택을 수용할 것인가의 문제가 그것이다. 군사적 충돌 없이 위기를 풀기 위하여 강력한 행동을 보이면서도 상대방과 협상을 염두에 둔 행동이 봉쇄이었으나, 이를 적대행위가 아닌 자위적 행위임을 나타내기 위한 용어의 선택이 해상격리(naval quarantine, 정확한 의미는 쿠바로 향하는 군사 관련 물자의 반입을 막기 위한 선상검사)이었다. 해상검역이란 용어의 선택은 딜레마 상황에서 사태가 원치 않는 방향으로 흘러가는 것을 막기 위하여 고심한 결과다. 말로만 하는 최후통첩은 넘어서서 전쟁도 불사하겠다는 의지를 행동으로 보여주되, 군사적 충돌로 이어질 가능성을 줄이고자 다듬어 낸 방안이 해상검역이다. 해상검역(봉쇄)의 군사적 성격은 문제의 심각성과 긴급함을 부각시킬 수 있는 반면, 실제적인 군사적 충돌 자체는 아니다. 봉쇄-최후통첩과 군사적 충돌 사이에는 실제로 매우 가는 선이 그어진 것이었고, 그 선은 비록 가늘긴 했어도 두 가지 대안을 구분지어 주었다. 해상격리란 용어의 선택 또한 그 가는 선의 존재를 확인시켜주고, 그 의미를 전달하는 방법이었다.

해상봉쇄는 적대적 행위로 간주되기 때문에, 전쟁을 선포하지 않고도 해상봉쇄를 사용할 수 있을지에 대해서 참모들은 법률적 자문을 구하게 되고, 사용 가능하다는 근거를 미주기구의 조약(Inter-American Treaty of Reciprocal Assistance)에서 구한다. 신속하게 소집된 미주기구(OAS)는 만장일치로 해상검사를 승인해 주어, 미국의 짐을 덜어 준 반면, 쿠바와 소련을 어려운 상황으로 몰았다.

막판까지 선택의 대상이 되었던 공습안과 해상봉쇄안, 두 방안의 차이를 도드라지게 하려는 상징적인 노력으로 하나로 사전 경고의 문제도 들 수 있다. 공습을 하되, 전면적으로 가지 않고, 효과를 발휘하려면 기습공습이어야 하는데, 이를 채택할 것인가의 문제가 제기되었다. 기습공격안은 미국답지 않은 방안이며, 진주만을 연상시키는 안으로서 카인의 낙인이 찍히는 방안이라는 점에서 배제되었다. 봉쇄안의 경우, 소련이 받아들이지 않을 경우, 공습을 하더라도 이미 사전 경고를 한 상태이므로, 기습공격이란 오명을 벗어날 수 있었다. 요컨대, 긴박한 딜레마 상황에서 하나의 대안을 선택할 경우, 상징적인 측면이 강조된다는 딜레마 시각은 기습공습안과 해상봉쇄-최후통첩안을 고려할 때에 반영되고 있었다.

해상격리라는 용어의 선택, 해상봉쇄의 국제적 승인 획득, 기습공습안의 배제 과정은 딜레마 상황에서 해상봉쇄방안과 군사적 충돌방안을 구분지어 별개의 방안(discrete alternatives)으로 제시하려는 노력이며, 동시에 군사적 충돌방안과의 차이를 부각시키려는 상징적 행동이다.

(7) 봉쇄의 집행: 속도조절과 조심스런 집행

봉쇄-최후통첩안을 발표한 날, 의회 지도자와의 대화에서 봉쇄하더라도 "앞으로 24시간 안에 전쟁이 날 수 있다"고 말했다. 봉쇄방안은 소련이 베를린에 유사한 조치를 취하거나, 소련 함정이 정선 명령에 응하지 않거나, 쿠바가 미해군 함정을 배후에서 공격하게 되면, 미국은 발포하게 될 수밖에 없게 될 것이기 때문이었다. 또 소련이 문제의 해결을 지연시킨 채 미사일 기지의 건설에 박차를 가할 수도 있었기 때문에 위기를 해결하는 방안이 되지 못할 수도 있다. 딜레마 시각의 용어로 표현하면, 적지 않은 기회손실을 초래하는 방안이다.

봉쇄-최후통첩안의 집행 과정에서 우리는 딜레마 상황에서의 결정을 반영하는 여러 행동을 볼 수 있다. 10월 23일 봉쇄를 실행에 옮기기 위한 상세한 부분에 대한 토론이 진행되었다. 케네디는 봉쇄가 10월 24일 아침에 발효하는 것에 동의했다. 백악관은 봉쇄가 자칫 실수나 오해로 확전될 가능성을 낮추기 위하여, 매우 신경을 썼다. 무기를 실은 선박들을 추적하여 정선시키는 방식을 원했고, 봉쇄-협상안을 주장했던 국방장관 맥나마라는 쿠바로부터 800마일 거리의 원에서, 즉 쿠바에서 발진하는 전투기의 작전 반경 밖인 멀찍이 떨어진 봉쇄가 이루어져야 한다고 주장하며, 의도치 않은 상황을 회피하고자 했다. 케네디는 해상승선 과정의 우발적 사고가 발생하지 않도록 상세한 지령을 원했고, 러시아어 통역병이 있는지 알아보라고도 지시했다. 결국, 케네디는 미 함정이 위험에 처할 수도 있는 500마일로 봉쇄선을 정해 쿠바쪽에 접근시켰는데, 소련 측에 좀 더 시간을 주기 위한 조치였다(Allison et al., 2005: 292-293).

봉쇄의 집행 과정은 우리가 결정 이후의 딜레마 대응이라고 예상한 형식주의에 반대되는 치밀하고 조심스런 집행지침으로 나타났다. 이는 딜레마 결정에 따른 딜레마 대응행동에 반하는 행동방식이라기보다, 봉쇄-최후통첩안이 실수나 통신상의 오류 등으로 사소한 잘못에 의하여 별개의 방안이었던 공습안으로 전환되는 것을 막기 위한 주의깊은 노력의 일환으로 보인다.

V 결 론

쿠바 미사일 위기는 냉전 시기 중 가장 위험한 순간이라고 불린다. 1962년 10월 16일부터 10월 21일까지의 쿠바 봉쇄 결정이 내려진 시간은 핵전쟁의 그림자가 어리는 가운데 다양한 시각에서 문제의 해결을 위한 대안을 검토한 시간이었다. 봉쇄 국면에 대해, 앨리슨의 합리적 행위자 시각에서 행동을 예측하고, 설명했다. 이 글에서 우리는 그 기간에 벌어졌던 입장의 표출, 공고화, 반론, 입장의 변화와 최종안이 결정된 이후의 상징적 행동과 집행 과정을 보면서, 합리적 행위자 모델이 아닌 딜레마 모델이 상황을 더 잘 설명할 수 있다고 보고 분석했다. 최종 결정자인 케네디가 사안을 딜레마로 보았다는 전제 하에 외교적 방안의 포기, 공습안의 포기를 이해하였고, 최종 결정의 순간에는 봉쇄-최후통첩안과 즉각 공습방안이 양자택일적 방안으로 제시되었다고 보았다. 봉쇄-최종안을 다듬어 즉각 공습안과 구별짓는 과정과 집행 과정에서의 조심스러움은 딜레마 시각에서야 비로소 제대로 이해될 수 있다고 보았다.

이 글은 딜레마 대응을 대표적인 대안적인 대응인 합리적 행위자 대응과 비교하여 쿠바 미사일 위기에 대한 대응을 분석하였다. 이 글의 장점은 다른 이론과 딜레마 이론의 분석틀을 직접 대비하면서 분석을 진행한 점에 있다. 딜레마 이론은 기존의 정책결정이론에 대한 대안적 시각임을 강조했지만(이종범 외, 1991), 기존의 연구를 보면 명시적으로 다른 대안적 시각과 딜레마 시각을 비교분석한 사례보다는 딜레마 시각을 확인하는 분석틀을 확증하는 사례연구가 주류를 이루었다. 분석틀의 비교를 통한 연구가 축적되면, 딜레마 이론의 장점이 보다 선명하게 부각될 수 있을 것이다.

제 3 부

딜레마 인지와 제도 설계

제 7 장 딜레마 예방을 위한 제도적 설계 / 소영진 · 안성민
제 8 장 무시된 딜레마의 사회적 비용 발생원인 연구 / 김태은
제 9 장 혁신과 규제 사이의 딜레마: 타다 사례를 중심으로 / 김다은 · 윤견수
제10장 공공부문 종사자는 어떻게 딜레마를 느끼는가? 딜레마 인지 과정에 관한 경험적 연구 / 박종수

제7장

딜레마 예방을 위한 제도적 설계[1)]

소영진 · 안성민

딜레마는 대립하는 두 대안 사이에서 선택이 어려운 상황이다. 딜레마 상황에서는 선택이 어려울 뿐 아니라, 어떠한 선택이 이루어지더라도 그에 대한 반발 내지는 가치의 훼손으로 커다란 사회적 비용을 야기한다. 기존 딜레마 연구들은 주로 결정자가 자기의 비용을 최소화하기 위하여 어떠한 대응을 하는지에 치중하였다. 이 글은 사회적 비용의 관점에서 딜레마가 야기하는 비용을 최소화하기 위해서는 사후적 대응보다는 사전적 예방이 효과적이라는 점에 착안하여 딜레마를 예방할 수 있는 제도적 방안들을 검토하였다. 먼저, 딜레마 상황임에도 이를 인지하지 못할 경우 예방노력이 원천적으로 불가능하다는 점에서 딜레마 인지를 원활하게 하는 방안들을 검토하였고, 다음으로, 딜레마를 예방하려면 사전에 딜레마를 구성하는 요소들의 존재를 제거해야 한다는 점에서 딜레마의 논리적 구성요소인 분절성과 상충성을 제거 또는 완화할 수 있는 다양한 방안들을 제시하였다.

1) 이 글은 『정부학연구』 제27권 제1호에 게재된 것을 수정 · 보완한 것이다.

I 서 론

딜레마란 "비교불가능한 가치나 대안이 선택 상황에 나타날 때, 한 가치의 선택으로 인해 다른 가치가 가져올 기회손실(opportunity loss)이 크기 때문에 선택이 어려운 상황"(이종범 외, 1991)을 말한다. 딜레마 상황에서는 선택이 어려울 뿐 아니라, 어떠한 선택이 이루어지더라도 그에 대한 반발 내지는 가치의 훼손으로 커다란 사회적 비용을 야기한다.

딜레마 상황에서 나타나는 비용은 양면적으로 검토되어야 한다. 하나는 정책결정자의 비용이고 다른 하나는 사회적 비용이다. 전자는 상충되는 요구나 가치 중 어느 하나를 선택했을 때 다른 한편에서 제기될 비난과 반발 때문에 결정자가 부담하게 되는 비용이고, 후자는 그러한 선택이 어느 한쪽의 가치를 포기함으로써 실제로 발생하게 될 사회적 비용을 의미하는 것이다. 물론, 결정자의 결정이 좋은 결과를 가져올 수 있다면 그것은 결정자에게도 좋은 결과를 가져올 것이라는 점에서 이 양자는 밀접히 관련되어 있다. 그러나 딜레마 상황에서의 결정은 좋은 결과를 기대하기 어렵다. 그랬을 때 결정자가 사회적 비용의 증가에도 불구하고 자신의 비용을 줄이는 회피적 결정을 내릴 수 있다. 즉, 양자 간의 관계는 밀접히 관련은 되어 있지만 일치하는 것은 아니라는 것이다.

기존의 딜레마 연구에서는 주로 전자에 초점을 맞추어 연구가 진행되어 왔다. 딜레마 이론이 정책결정이론의 하나로 시작되었기 때문에 딜레마라는 어려운 상황에서 정책결정자가 어떻게 결정을 하는가라는 사실적 관점에 초점을 맞추었고, 상대적으로 어떻게 결정하는 것이 최선의 결과를 가져올까라는 규범적 관점에서의 관심은 적었다고 볼 수 있다. 심지어 딜레마 상황에서는 어떠한 결정을 내리더라도 '좋은 결과'를 기대할 수 없기 때문에 결과에 대한 논의는 무의미하다는 생각이 은연중에 깔려 있기도 하였다. 그러다 보니 이론적 측면에서의 함의에 비해 행정 개선을 위한 현실적 함의는 상대적으로 약했다.

딜레마 이론의 현실적 함의를 높이기 위해서는 딜레마 상황이 초래할 사회적 비용을 최소화하거나 사회적 편익을 최대화하는 노력, 즉 딜레마 관리방안에 대한 다각적인 논구가 필요하다. 이러한 딜레마 관리는 딜레마의 예방, 대응, 사후관리, 전략적 이용 등 딜레마의 모든 국면에서 이루어져야 한다.

그런데 딜레마가 일단 표면화되면 선택의 어려움은 가중된다. 그러다 보면 어떻게 대응하더라도 좋은 결과를 얻기가 어렵다. 딜레마 상황에서 보다 나은 결과를 얻으려면 딜레마가 표면화되는 것을 사전에 막는 것이 더 효과적일 것이다. 따라서 딜레마 관리에 있어서 '딜레마 상황에서 어떻게 결정할 것인가'보다는 '딜레마를 어떻게 예방할 것인가'가 더 유효한 질문이 될 수 있다는 것이다.

이러한 이유에서 이 글에서는 딜레마의 예방에 초점을 맞추어 이를 위한 제도적 설계를 어떻게 할 것인지를 모색해보고자 한다. 먼저, 딜레마의 개념 및 구성요소에 대한 기존 이론을 검토하고, 여기서 추출된 딜레마 구성요인별로 이를 억제할 수 있는 제도적 방안이 무엇인지를 논구할 것이다. 이러한 논의는 사회적 실험이나 사례분석 등을 통하여 검증되어야 할 것이나, 여기에서는 일단 기존 논의들에 대한 비판적 검토를 통하여 가설을 세우는 단계까지만 논의를 진행하고자 한다.

Ⅱ 딜레마 예방을 위한 기존의 연구

1. 딜레마 예방을 위한 기존의 연구

딜레마를 예방하기 위한 연구들은 딜레마의 논리적 구성요건들을 형성한 사회적 조건에 관심을 기울였고, 딜레마 상황으로 가게 하는 요인들을 검토하였다(소영진, 1999; 윤견수, 2006). 딜레마를 구성하는 조건들에 대한 검토는 딜레마 연구의 초기부터 논의되었고, 딜레마의 논리적 구성요건으로 분절성(discreteness), 상충성(trade-off), 선택의 불가피성(unavoidability), 가치 균등성(equality) 및 큰 결과가치로 정리하였다(이종범 외, 1991; 소영진, 1994). 만일 분절성이 없다면 두 개의 대안은 절충에 의해 통합될 수 있고, 이 경우에 딜레마는 발생하지 않는다. 상충성은 두 대안을 동시에 선택할 수 없고, 하나만 선택해야 한다는 것이다. 비록 대안이 분절적이고 상충적인 성격을 가지고 있다고 하여도 선택이 요청되지 않는다면 딜레마는 발생하지 않는다. 그래서 선택을 지연시킬 수 없어서 하나의 대안을 반드시 선택해야 한다는 선택의 불가피성이 딜레마를 구성하는 조건이 된다. 마지막으로, 가치 균등성 및 큰 결과가치는 대안이 가져올 결과에 관한 조건이다. 만일 대안들이 가져올 결과가치가 상이하다면, 보다 좋은 결과가치를 가져오는 대안을 선택할 수 있기에 딜레마는 발생하지 않는다. 대안들이 가져올 결과가치가 균등하다 할지라도 결과가치가 크지 않다면, 대안선택에 따른 기회손실이 크지 않을 것이고, 이런 경우는 딜레마 상황이 아니다. 즉, 분절적이고 상충적인 대안들의 결과가치가 균등하지만, 크지 않은 경우는 높은 기회손실을 가져오는 딜레마 상황은 아니다. 딜레마를 구성하는 네 가지 논리적 구성요건 중에서 어느 한 가지라도 충족되지 않는다면 딜레마는 발생하지 않는다.

딜레마의 구성요건에 대한 검토는 딜레마의 수준 또는 강도에 관한 연구로 이어져서 선택이 불가피하고 대안이 가져올 결과가치가 균등하고 큰 경우를 딜레마의 강도가 높다고 보고, 딜레마의 강도를 높이는 요건들을 검토하였다. 김동환(2002)은 정책대안들에 대하여 '보호된 가치(protected value)'(Baron & Spranca, 1997)로 인식할수록, 딜레마의 수준이 높아지고 정책 딜레마가 형성될 가능성이 높고, 보호된 가치 간의 충돌로 특징지어지는 정책 딜레마는 상호 토론이나 조정을 통하여 해소되기는 거의 불가능하다고 설명하였다. 윤견수(2006)는 대안의 상징성이 높으면 대안이 가지고 있는 단절적인 성격을 강화시키며 범주 간의 타협과 조정을 힘들게 만들며(분절성), 결과가치의 성격이 부정적 가치와 보호된 가치의 성격을 가지고 있거나 대립집단의 응집력이 강할수록 결과가치의 크기가 커진다고 보았다. 또한 딜레마 강도와 대응에 관한 연구에서는 딜레마로 인해 생길 '결과가치의 크기'와 딜레마 상황에서 결정자가 겪는 '선택에 주어진 시간(시간의 압박)의 정도'에 따라 딜레마의 강도가 결정되고, 딜레마의 강도에 따라 서로 다른 딜레마 대응이 나타난다고 지적하였다(김태은 · 윤견수, 2011).

딜레마의 수준 또는 강도에 관한 연구는 딜레마의 수준 또는 딜레마의 강도가 높은 경우 상호 토론과 조정을 통한 딜레마의 해소가 어렵다는 점을 지적하였다. 이는 딜레마의 강도가 높아지면 높은 사회적 비용이 초래되고 관리가 어려워지기에 딜레마가 형성되고, 딜레마의 강도가 높아지는 것을 예방하는 방안에 대한 검토가 필요하다는 것을 보여주었다. 소영진(1999)은 위천공단 사례분석을 통하여 조정기능의 미비, 이익과 비용의 분리, 대안의 구체성, 정책결정자에 대한 불신, 자원의 빈곤, 영역의 중복, 집단 간 세력균형, 요구의 강도, 조직화 정도, 전략적 행동 여부, 비결정에 대한 반발 가능성 등을 딜레마 형성의 사회적 조건으로 설명하고, 딜레마가 발생하는 형식적 조건과 사회적 조건을 탐색하여 이들 조건을 사전에 차단하는 방안을 딜레마의 예방방안으로 제시하였다. 와이크(Weick, 1976), 메이어와 로완(Meyer & Rowan, 1977), 윤견수(2006) 등은 분해(decoupling)를 통한 상충성의 공존방안을 제시하였으며, 이종범(2005)과 윤견수(2006)는 토론장치의 설계 및 공적 결정을 할 수 있도록 하는 합의 절차의 설계를 제시하였다.

기존 연구에서 딜레마의 형성을 막는 방안 또는 딜레마의 강도가 높아지는 것을 예방하는 방안이 모색되었고, 이러한 노력은 딜레마와 제도의 관계에 대한 논의에서도 나타난다. 이종범(1994)은 인사제도를 여과장치(filtering mechanism)로 간주하여 인사제도가 조직원의 딜레마 상황설정 또는 딜레마의 인지에 미치는 영향을 검토하였고, 안성민(2000)은 제도와 정책결정의 규칙들이 정책을 둘러싼 갈등들을 관리하는 기제로 사용될 수 있다고 지적하고, 딜레마를 관리할 수 있는 제도의 역할을 두 단계로 나누어 설명하였다. 첫 번째 단계가 적절한 제도와 규칙들을 통하여 다양한 가치들과 이해를 공존시킴으로써 딜레마 상황의 발생가능성을 낮출 수 있다면, 두 번째 단계는 가치 혹은 이해의 상충이 정책대안으로 표상되어 갈등이 나타날 때, 적절한 제도와 정책결정의 규칙들을 통하여 갈등을 관리할 수 있다면 갈등이 딜레마로 발전하는 것을 예방할 수 있다고 설명하였다. 제도적 설계를 통해 딜레마를 예방할 수 있다는 지적과 함께 특정 제도가 딜레마 인지를 어렵게 하거나 딜레마 강도를 높이는 결과를 초래한다는 지적도 있다. 이종범(1994)은 특정 제도가 딜레마 인지를 어렵게 하거나 딜레마를 전략적으로 사용하도록 하는 경향이 있음을 설명하였고, 소영진과 안성민(2011)은 딜레마가 인지되지 못하고 무시된 딜레마 상황이 될 때 높은 사회적 비용이 초래될 수 있다고 지적하였다. 김창수(2016)는 딜레마 상황에서 기존의 이해관계 형성으로 인한 경로의존성이 대안선택을 제약하고 있다고 지적하였다. 딜레마의 강도를 높이는 제도의 영향과 관련하여 김태은(2017)은 상호 단절적이고 경쟁적인 관계를 갖는 비공식적 제도와 공식적 제도의 작동이 해상 매립지를 둘러싼 딜레마의 강도를 높였다고 평가하였다.

딜레마 예방과 관련한 기존의 연구들이 한편에서는 딜레마의 논리적 구성요건들을 형성한 사회적 조건들을 검토하고 이들 조건을 사전에 차단하는 방안을 딜레마 예방 방안으로 제시하였다면, 다른 한편에서는 딜레마 상황과 제도와의 관계를 탐색하였다고 할 수 있다. 그렇다면 딜레마를 예방하기 위해서 제도적 설계를 통해 딜레마의 논리적 구성요건들을 형성한 사회적 조건들을 차단하거나 변경하는 방안을 검토할 필요가 있다. 이를 위해서 이제까지 논의된 사회적 조건들 가운데에서 변경 가능한 것이 무엇인지를 검토하고, 사회적 조건들을 변경시키는 방안을 찾아야 한다. 이 글은 딜레마를 예방하기 위해 딜레마의 논리적 구성요건들을 형성하는 사회적 조건들을 변경할 수 있는 제도와 규칙을 검토하고자 한다.

2. 딜레마의 논리적 구성요건에 대한 검토

이제까지의 딜레마 연구에서 제시된 딜레마의 논리적 구성요건은 분절성, 상충성, 가치 균등성 및 큰 결과가치, 선택의 불가피성으로, 이들 네 가지 논리적 구성요건 중에서 어느 한 가지라도 충족되지 않는다면 딜레마는 발생하지 않는다고 보았으며, 나아가 현실에서 이러한 딜레마 구성요건을 발생시키는 사회적 조건들에 대한 검토도 이루어졌다(소영진, 1999; 김동환, 2002; 윤견수, 2006). [표 7-1]은 기존의 연구에서 검토된 딜레마의 논리적 구성요건과 이를 발생시키는 사회적 조건들을 보여주고 있다.

분절성을 발생시키는 사회적 조건은 조정기능의 미흡, 이익과 비용의 분리, 대안의 상징성, 대안의 구체성, 결정자에 대한 불신 등이다. 만일 조정기능이 작동하고 이익과 비용이 분리되지 않는다면, 분절적인 대안의 형성을 억제할 수 있을 것이다. 이는 조정기능이 역할을 하고 이익과 비용을 분리하지 않게 하는 제도와 규칙들이 작동한다면 딜레마를 예방할 수 있다는 것이다. 대안의 상징성과 대안의 구체성은 주관적 인식을 통해 형성되기에 딜레마를 예방하는 다른 방안은 주관적 인식을 변화시키는 것이다. 결정자에 대한 불신이 분절적 대안의 형성에 기여하기에 상호 신뢰의 회복 방안이 딜레마 예방의 또 다른 방안이다. 분절성을 발생시키는 사회적 조건을 예방하는 방안으로 조정기능이 역할을 하고 이익과 비용을 분리하지 않게 하는 방안을 마련

[표 7-1] 딜레마의 구성조건

논리적 구성요건	사회적 조건	사회적 조건의 예방방안
분절성	• 조정기능의 미흡 • 이익과 비용의 분리	• 조정기능 및 이익과 비용의 분리를 억제하는 방안
	• 대안의 상징성 • 대안의 구체성	• 주관적 인식의 변화방안
	• 결정자에 대한 불신	• 상호 신뢰의 회복방안
상충성	• 자원의 빈곤	• 자원의 추가 투입방안
	• 영역의 중복	• 영역의 중복 또는 관할권의 중첩을 관리하는 방안
가치 균등성 및 큰 결과가치	• 대립집단 간 힘의 균형 • 집단의 응집력(조직화의 정도)	
	• 요구의 강도(이해관계의 크기) • 보호된 가치 또는 부정적 가치의 성격을 갖는 결과가치	• 주관적 인식의 변화방안
선택의 불가피성	• 결정 지연에 대한 반발 가능성	• 결정 지연이 가져오는 사회적 손실의 관리방안 • 상호 신뢰의 회복방안

출처: 소영진(1999)을 수정 인용.

하는 것, 주관적 인식을 변화시키는 것, 상호 신뢰를 형성하는 것 등을 검토할 수 있다.

상충성을 발생시키는 사회적 조건은 자원의 빈곤(대체방안의 부재)과 영역의 중복이다. 자원의 빈곤문제는 추가적인 자원의 투입을 통하여 회피할 수 있다. 다시 말해서, 추가적인 자원의 투입(또는 대체방안의 마련)은 동시에 선택할 수 없던 두 대안을 함께 선택할 수 있게 하고, 이를 통하여 상충적인 대안의 문제를 회피할 수 있게 한다. 영역의 중복 또는 관할권의 중첩은 특정 자원의 이용을 둘러싼 이용권(또는 재산권)의 다툼이기에 적절한 이용권(또는 재산권)을 규정할 수 있는 제도와 규칙들을 통하여 상충적인 대안의 형성을 억제할 수 있다. 상충성을 발생시키는 사회적 조건을 예방하는 방안으로 추가적인 자원의 투입과 영역의 중복 또는 관할권의 중첩을 관리하는 방안들을 검토할 수 있다.

가치 균등성 및 큰 결과가치는 대안이 가져올 결과에 대한 조건으로 분절적이거나 상충적인 대안의 결과가 균등하고 가치가 큰 경우이다. 가치 균등성 및 큰 결과가치를 발생시키는 사회적 조건은 대립집단 간 힘의 균형과 집단의 응집력, 요구의 강도

(이해관계의 크기), 보호된 가치 또는 부정적 가치의 성격을 갖는 결과가치 등이다. 대립집단 간 힘의 균형과 집단의 응집력 등을 민주사회에서 제도적으로 억제하는 것은 적절하지 않다. 그렇다면 가치 균등성 및 큰 결과가치를 발생시키는 사회적 조건을 예방하는 방안은 요구의 강도(이해관계의 크기), 보호된 가치 또는 부정적 가치의 성격을 갖는 결과가치 등을 관리하는 방안에서 찾아야 한다. 요구의 강도(이해관계의 크기), 보호된 가치 또는 부정적 가치의 성격을 갖는 결과가치 등은 주관적 인식을 통해 형성되기에 딜레마를 예방하기 위해서는 주관적 인식을 변화시켜야 한다.

선택의 불가피성을 가져오는 사회적 조건은 결정 지연에 대한 반발 가능성이다. 결정 지연에 대한 반발은 대립하는 집단들에게 결정 지연이 가져오는 사회적 손실이 큰 경우, 결정자에 대해서 신뢰하지 못하는 경우 등에 커진다. 그렇다면 선택의 불가피성을 가져오는 사회적 조건을 예방하는 방안은 결정 지연이 가져오는 사회적 손실을 낮게 관리하는 방안, 상호 신뢰를 회복하는 방안 등에서 검토할 수 있다. 결정 지연이 가져오는 사회적 손실은 상황 및 환경적인 변수에 의해서 좌우되는 경우가 많기에 관리가 쉽지 않다.

가치 균등성 및 큰 결과가치를 발생시키는 사회적 조건 중 대립집단 간 힘의 균형과 집단의 응집력을 제도적으로 관리하는 방안은 적절치 않다. 그리고 요구의 강도(이해관계의 크기), 보호된 가치 또는 부정적 가치의 성격을 갖는 결과가치 등은 높은 딜레마 강도를 보이기에 분절적이거나 상충적인 대안으로 형성된 이후의 예방방안을 검토하기보다는 상충적인 대안이나 분절적인 대안으로 형성되는 것을 예방하는 것이 효과적일 것이다. 선택의 불가피성을 가져오는 결정 지연에 대한 반발 가능성을 예방하기 위해서는 결정 지연이 가져오는 사회적 손실을 낮게 관리하는 방안을 찾아야 한다. 결정 지연이 가져오는 사회적 손실은 상황 및 환경적인 변수에 의해서 좌우되는 경우가 많기에 관리가 어렵다. 그렇다면 딜레마를 예방하는 방안은 상충성과 분절성을 발생시키는 사회적 조건을 예방하는 방안에서 찾을 필요가 있다. 이상의 논의에서는 딜레마의 사회적 조건을 예방하는 방안으로 ① 조정기능 및 이익과 비용의 분리를 억제하는 방안, ② 주관적 인식의 변화방안, ③ 상호 신뢰 회복의 방안, ④ 추가적인 자원의 투입방안, ⑤ 영역의 중복 또는 관할권의 중첩을 관리하는 방안 등을 찾았다.

단, 분절성과 상충성의 예방책을 모색함에 있어서 분절성과 상충성의 유형을 고려해볼 필요가 있다. 즉, 분절성이나 상충성이 대안 자체의 성격에서 오는 경우와 문제 상황의 조건에 의해 구성되는 경우로 나누어 볼 수 있다는 것이다. 예컨대, 분절성의 경우 물에 빠진 쌍둥이 중 누구를 구할 것인가라는 문제에서는 대안의 성격 자체가 절충 불가능하다. 그러나 이와 달리 대부분의 정책문제에서 분절성은 대안의 본질적 성격에서 오기보다는 다양한 상황적 조건들 속에서 '분절화'되는 경우가 많다.

상충성의 경우도 대안들이 본질적으로 상충적 성격을 띠고 있는 경우도 있지만(예, 환경과 개발), 대안 자체가 상충되는 것은 아님에도 상황적 조건 속에서 양자택일이 강요되는 경우도 있다. 영남권 신공항의 입지를 밀양으로 할 것인지 가덕도로 할 것인지를 놓고 대구·경북권과 부산·경남권의 대립은 이러한 경우에 속한다.[2] 또한 문제 상황의 조건에 따라 본질적 상충성이 딜레마로 연결되지 않을 수도 있고(절충이나 cyclic choice 등), 본질적으로는 상충적이지 않은 대안들이 딜레마로 비화될 수도 있다.

이러한 딜레마의 논리적 조건들의 유형에 따라 딜레마의 유형도 나뉠 수 있다. 즉, 대안의 본질적인 성격이 분절적이고 상충적인 순수 딜레마(pure dilemma)와, 대안의 본질적 성격과 무관하게 문제 상황의 조건에 의해 발생하는 구성된 딜레마(constructed dilemma)로 나누어질 수 있다는 것이다. 순수 딜레마도 예방이나 해결이 전혀 불가능한 것은 아니지만, 그것이 주로 제도적 차원보다는 인지적 차원에서 가능하며, 대부분의 정책문제에서 나타나는 딜레마는 구성된 딜레마라는 점에서 이 글에서는 주로 구성된 딜레마의 경우를 대상으로 그러한 구성이 이루어지지 않도록 예방하는 방안이 무엇인지를 살펴보고자 하는 것이다.

딜레마 예방을 위한 제도적 설계를 함에 있어서 추가적으로 검토되어야 할 것은 '딜레마 인지'이다. 제도(institution)는 인간이 특정한 신호체계를 구성하여 상호 간의 관계에 질서와 예측가능성을 높이고자 만드는 것이기에, 딜레마가 초래하는 높은 사회적 비용에 대한 인지가 되지 않는다면 딜레마를 예방할 수 있는 제도의 설계 또는

2) 정책문제에 있어서는 대개의 경우 상반된 가치의 대립(낙태 찬반)이거나 가치와 이해관계의 대립(환경과 개발이익)의 경우에는 대안의 본질적 특성에 의한 상충성이 나타나고, 이해관계의 대립에서는 문제 상황의 특성에 의해 구성된 상충성이 나타나는 경향이 있다.

딜레마 상황에서 사회적 비용을 최소화하고자 하는 관리에 흥미가 없을 것이다. 다시 말해서, '딜레마의 인지'는 딜레마 예방을 위한 제도의 설계 및 딜레마로 인한 사회적 손실을 최소화할 수 있는 관리에 영향을 미치는 변수이다. 이 글은 딜레마 예방을 위한 제도 설계를 ① 딜레마 인지, ② 분절성, ③ 상충성 등 세 가지 측면에서 살펴보고자 한다.

Ⅲ 딜레마 예방을 위한 제도 설계(Ⅰ): 딜레마 인지

선택의 어려움을 가져오는 딜레마를 일종의 병리적 현상으로 가정한다면 딜레마에 대한 대응은 질병에 대한 대응에 비유하여 이해할 수 있다. 질병은 표면화되기 이전에 이미 그 소인이 몸 속에서 발생하고 일정 기간이 경과한 후 증상으로 나타난다. 따라서 증상이 발현되기 이전에 대응할수록 쉽게 나을 수 있고, 피해도 줄일 수 있다.

그런데 질병이 발생한 위치나 개인적 민감도의 차이에 의해 증상 초기에 치료를 받는 경우도 있고 한참 진행된 뒤에야 치료를 시작하는 경우도 있다. 신체의 감각기관은 불쾌한 감각을 통해 신체에 가해지는 위험을 조기에 인지하도록 해준다. 감각기관이 마비되거나 둔감할수록 불쾌감은 적게 느낄지 모르나 위험 대응의 지연으로 인한 피해 가능성은 커진다.

딜레마도 많은 경우 딜레마의 요소들이 존재는 하고 있으나 표면화되지 않고 있다가 대립이 격화되면서 딜레마로 표면화되곤 한다. 따라서 딜레마 발생의 초기에 이를 포착하여 예방적 대응을 할 수 있다면 딜레마로 인한 사회적 비용을 경감시킬 수 있다.

결정 상황의 딜레마를 인지하지 못한(혹은 아니한) 정책결정자는 특정 대안의 선택이 초래하는 기회손실이 크다는 것을 알지 못한 채 특정 대안을 선택하게 된다. 정책결정 과정에서 인지하지 못한 딜레마를 '무시된 딜레마'라고 칭할 수 있으며, 무시된 딜레마의 경우 정책결정자는 딜레마 상황임에도 초기에는 딜레마로 인지하지 못하기 때문에 특정 대안의 선택에 어려움을 겪지 않지만, 그러한 선택에 대한 반대 움직임으로 딜레마 강도가 커지면 문제 해결은 더욱 어렵게 되고, 사회적 비용이 커진다.

무시된 딜레마에 의한 정책결정은 왕왕 딜레마를 집행 과정에 전가하는 결과를 가져오기도 한다. 정책집행자는 막상 결정된 내용을 집행하는 시점에서 결정자가 인지하지 못한 딜레마에 봉착하게 되어 정책의 변동이나 재결정, 집행 과정의 파행 등 다양한 문제가 야기되고, 이는 높은 기회손실로 귀결될 수 있다(소영진 · 안성민, 2011).

이러한 이유에서 딜레마의 인지가 딜레마 예방에 있어서 중요한 의미를 가지는 것으로 볼 수 있는 것이다. 즉, 딜레마를 잘 인지할수록 예방활동이 효과적으로 이루어질 수 있다는 것이다.[3] 딜레마 민감도는 정책결정자의 개인적 성향이나 스타일과도 관련이 있지만, 이를 개인적 차원에 맡기기보다는 지속적으로 높은 민감도를 유지할 수 있는 방안을 생각해보아야 한다.[4]

정책을 둘러싸고 대립되는 주장들은 어떠한 형태로든 정책과정상에서 표출되게 마련이다. 정책결정자가 특정 대안으로 기울어지려 할 때 그에 대한 반대 움직임은 더욱 거세어져서 정책결정자의 결정을 어렵게 만든다. 이러한 움직임을 정책결정자에 대해 이 문제가 딜레마임을 일깨우는 경보로서의 의미를 갖는다. 따라서 이를 '딜레마 경보'라 부를 수 있다.

정책결정 상황에서 딜레마가 인지되기 위해서는 정책 관련 집단으로부터 딜레마 경보가 울리고, 이러한 경보가 정책결정자에 의해 무시되지 않고 결정에 반영되어야 한다. 얼핏 보기에 경보의 발령과 포착은 각각 별개의 과정으로 보이지만, 엄밀한 의미에서 양자는 분리된 것으로 보기 어렵다. 경보가 아예 울리지 않는다거나 깡그리 무시되는 경우를 제외하면 경보의 크기와 포착의 민감도는 상호 연동되어 있기 때문이다. 즉, 미약한 강도의 경보도 포착 주체의 민감도가 높으면 잘 들리고, 강한 경보도 민감도가 낮으면 안들린다. 따라서 이하에서는 양자를 구분하지 않고 딜레마 신호(경보)가 결정 과정에 잘 반영되는지 무시되는지의 여부만을 두고 논의를 전개하고자

---

3) 예컨대, 우리가 조직의 리더십에서 딜레마 리더십이 그렇지 않은 리더십에 비해 유효하다고 주장하는 것은 딜레마를 느끼는 리더는 딜레마에 대한 민감도가 높아서 딜레마의 조짐이 보이면 초기부터 이를 완화하거나 예방하기 위한 노력을 하는 데 반해, 딜레마를 고민하지 않는 리더는 딜레마 상황에서도 이를 딜레마로 인지하지 않고 일방적 대안을 밀어붙이기 때문에 오히려 더 큰 결과가치의 손실을 가져오게 된다는 점에 착안한 것이다. 결국, 딜레마 인지 능력이 딜레마 예방에 보다 효과적이라는 점에서 딜레마 리더십의 유효성을 찾을 수 있다는 것이다.

4) 전자는 딜레마 리더십의 주제라면, 후자는 제도 설계의 문제가 된다.

한다.[5)]

1. 무시된 딜레마의 발생원인

무시된 딜레마는 의사결정구조나 대안의 성격, 또는 정책결정자의 속성 등 다양한 원인으로부터 비롯될 수 있다.

첫째로 의사결정구조의 특징을 들 수 있다. 의사결정구조가 이해 관련자들에게 정책결정의 내용을 공개하지 않고, 그들의 의견을 제시할 기회를 주지 않는 폐쇄적인 구조이면, 정책결정 과정에 이해관련자들이 제기하는 딜레마 경보가 발생하기 어렵다. 일례로, 영덕 및 안면도를 대상으로 한 제1차 및 제2차 방사성폐기물처리장 부지선정 작업은 의사결정구조에 있어서 선정 작업과 관련된 정보의 비공개와 지역주민 의견수렴 부재라는 폐쇄성을 안고 있었기에, 부지선정 과정에서 지역주민들의 의견제시를 통한 딜레마 경보가 발생할 수 없었고, 이는 향후 부지선정을 어렵게 하는 심각한 반발을 야기하였다(이민창, 2010).[6)]

또한 분산된 의사결정구조 역시 무시된 딜레마를 야기할 수 있다. 분산된 의사결정구조 하에서 각 의사결정자들은 전체로 볼 때는 딜레마인 문제라도 각자의 분산된 이해관계나 관점에서만 생각함으로써 이를 인지하지 못하는 경우가 많기 때문이다. 예컨대, 과거 권위주의 정권 시절 화장장, 쓰레기 매각장 등 혐오시설들을 서울시 외곽에 무차별 설치한다든지, 서울시민들의 수돗물 공급을 위해 팔당 수원지 주변의 토지소유권을 극심하게 규제한 사례 등은 서울시의 입장에서만 정책이 결정되었고, 그로 인한 주변 지역의 비용은 등한시된 결과였다.

5) 엄밀히 말해서, 딜레마 인지는 '예방'이라기보다는 '초기 대응'의 성격을 갖는다. 그러나 인지하지 못한 딜레마가 표면화될 때는 이미 커다란 기회손실을 초래하게 될 것이라는 점에서 초기 대응은 커다란 기회손실의 가능성을 사전에 차단한다는 점에서 예방적 함의를 갖는다고 볼 수 있다.

6) 바흐라흐(P. Bachrach)와 바라츠(M. Baratz)의 무의사결정론(non-decision making theory)은 이러한 의사결정의 폐쇄성이 특정 정책을 넘어서 사회적으로 구조화될 수 있음을 지적하고 있다. 지배엘리트들은 자기들 이해에 맞지 않는 요구를 다양한 수단을 동원하여 억압한다. 여기서 엘리트의 이해와 일반대중의 이해 간에 딜레마적 관계가 형성될 수 있으나 후자의 목소리가 의도적으로 억압되고 축소됨으로써 딜레마 경보는 울리지 않게 된다. 그러나 이러한 억압의 결과는 비엘리트 집단의 항구적 희생을 요구할 뿐 아니라, 간헐적으로 흑인폭동과 같이 폭력적인 저항을 야기하는 등 매우 큰 사회적 피해를 유발한다(Bachrach & Baratz, 1962).

분산된 의사결정구조가 야기하는 무시된 딜레마는 공간적 분산뿐 아니라 분산된 정책결정 과정에서도 나타나게 된다. 다단계로 분산된 결정 과정 중 특정 단계에서 나타난 딜레마 경보가 다음 단계로 전달되지 못함으로 인하여 딜레마 경보를 무시한 정책결정이 이루어질 수 있는 것이다. 그 예로는 노무현 정부가 추진한 분권교부세의 결정 과정을 들 수 있다. 분산된 분권교부세 정책결정 과정 중에서 '지방이양사업의 결정 단계'에서는 복지사업의 지방이양에 관한 딜레마가 인지되었으나, 이 딜레마 인지가 '지방이양사업의 재원마련 단계'로 전달되지 못하고 지방교부세의 결정방식과 유사한 방식으로 분권교부세의 재원이 결정됨으로써 이후 분권교부세의 시행의 문제가 지속 야기되었다(안성민 · 손희준 · 배준구, 2007).

둘째로 대안의 특성도 무시된 딜레마의 원인으로 작용할 수 있다. 예컨대, 특정 대안이 높은 도덕성을 수반하고 있을 때는, 정책결정 과정에서 이해관계자들이 그에 대한 의사표시나 반대를 자유롭게 표출하기가 쉽지 않다(Nelson, 1984; 목진휴 · 홍성걸, 2006). 이러한 사례로 2004년에 제정된 성매매방지법의 결정 과정을 들 수 있다. 여성단체들을 주축으로 한 법안의 추진은 '성매매 근절'과 '성산업이 불가피한 현실'이라는 대립을 가져왔지만, '성매매 근절'이라는 주장이 도덕적으로 반박하기 어려운 '보호해야 할 가치(protected value)'의 위치를 점함에 따라 국회의 논의 과정에 '성산업'과 관련된 사람들의 이해관계 및 성산업을 불가피한 현실로 인식하는 일반국민들의 정서가 반영되지 못한 채 성매매방지법은 국회에서 압도적인 다수로 통과되었다(소영진 · 안성민, 2011).

셋째로 정책결정자의 파워나 가치관 등의 속성들이 무시된 딜레마의 원인이 될 수 있다. 파워를 지닌 최고 정책결정자의 뜻이 분명할 경우 딜레마 여부에 상관없이 그에 따라 정책결정이 이루어지는 사례를 자주 볼 수 있다. 사회에서 발령된 딜레마 경보는 곧바로 최고 정책결정자에게 전달되는 것이 아니라 다양한 중간매개집단을 거쳐 전달된다. 그런데 최고 정책결정자의 파워는 실제 정책의 수립 및 집행을 담당하는 관료집단이나 그를 둘러싼 전문가집단들의 이견을 잠재우는 역할을 하게 되므로 딜레마 경보는 차단되고 오히려 최고 정책결정자의 의지에 부합되는 정보만 선별적으로 전달될 가능성이 크다. 노무현 정부 때에는 '수도이전'을 둘러싼 첨예한 대립 속에서 신행정수도의 건설이 추진되었고, 이명박 정부에서는 대통령의 의지에 따라 천

문학적인 비용과 극심한 반대에도 불구하고 4대강 사업이 일사천리로 진행되었다. 이러한 예는 모두 최고 정책책임자의 강력한 파워가 정책과정에서 울리는 딜레마 경보를 무시하게 만든 사례라고 할 수 있다.

또한 정책결정자 또는 집단이 특정 가치나 이데올로기에 대한 강한 신념을 가지고 있을 경우, 그 가치에 반하는 주장에는 의도적이든 아니든 귀를 기울이지 않을 가능성이 크다. 이러한 신념이 강할수록 무시된 딜레마가 나타날 확률은 더 커진다. 예컨대, 진보적 이데올로기를 표방하는 문재인 정부의 소득주도성장이나 원전폐기 정책은 매우 큰 사회적 논란을 빚었고, 그를 추진해야 할 관료집단까지도 불편해했던 정책이지만 정치권의 확고한 신념으로 강행되었다.

2. 딜레마 민감도를 높이기 위한 제도적 방안

이상의 분석으로부터 딜레마 민감도를 높이고, 그럼으로써 무시된 딜레마를 회피할 수 있는 제도적 방안을 살펴보면 다음과 같다.

첫째, 권위주의 정권이나 엘리트 지배 사회에서는 정권에 반대하는 목소리나 비엘리트 집단의 요구는 묵살되고 억압된다. 따라서 딜레마 상황에서도 경보가 울리지 못하게 되고 상황이 악화된 뒤에야 딜레마의 모습이 드러나게 된다. 딜레마 경보가 잘 울리게 하려면 사회적으로 민주화와 다원화가 이루어져야 한다. 그래야 세력이 약한 집단의 목소리도 대등하게 표출될 수 있고, 다양한 가치와 이해관계를 대변하는 집단적 움직임이 결집될 수 있다. 사회 모든 부문에서 딜레마 경보가 억눌림 없이 활발히 일어날 수 있어야 한다. 민주주의의 역사에서 비교적 뒤늦게 일어나고 있는 참여민주주의 운동이나, 행정에 있어서 다양한 주체와의 협치가 강조되는 현상은 그러한 면에서 긍정적으로 평가된다.[7)]

---

7) 딜레마 인지를 촉진하기 위한 제도들이 오히려 딜레마를 촉발하는 것은 아닌가 하는 의구심이 들 수도 있다. 권위주의 시절에는 혐오시설의 설치가 아무런 반대도 없이 원활하게 이루어졌었는데, 민주화가 되니까 님비(NIMBY) 현상이 심화되고 그로 인한 딜레마가 빈발하는 것을 볼 수 있다. 그러나 이는 딜레마가 없었던 것이 아니라 권위주의적 억압에 의해 표출되지 못하고 무시되어 있었던 것 뿐이다. 민주화나 분권화는 억압된 딜레마를 겉으로 드러낼 뿐이지 딜레마를 만들어 내는 것은 아니다. 딜레마의 인지와 예방은 딜레마적 요인을 막거나 완화함으로써 사회적 비용을 줄이

둘째, 조직 내에서나 사회적으로 분권화가 이루어져야 한다. 단일의 결정자가 절대적 권력을 행사하면 그의 의지에 반하는 요구나 목소리는 외면당하기 쉽고, 그에 반대하는 움직임은 억눌리기 쉽다. 과거 지방자치가 실시되기 이전에는 지방은 중앙정부의 하위기관에 불과했고 중앙의 지시에 복종만 했을 뿐 자체적인 요구를 제기하거나 추진하기 어려웠다. 지방자치와 분권은 지방이 각자 제 목소리를 내고 자체적인 사업을 추진하는 데 크게 기여하고 있다. 딜레마의 인지를 활성화하기 위해서는 권력은 분산되어야 하고 견제와 균형이 이루어져야 한다.

셋째, 의사결정구조는 개방화되어야 한다. 정책결정 과정이 공개되지 않으면 이해관계의 투입이 원천적으로 불가능해진다. 결정 이전 단계에서 원활한 이해관계의 투입과 조정의 과정을 거치지 않으면 이후 결정된 정책을 둘러싸고 벌어지는 반발이나 논란은 훨씬 증폭될 가능성이 크다. 또한 정책결정 과정에의 투입이 이루어지더라도 그 내용이나 강도 등이 정책결정자에 의해 왜곡될 수도 있어서 향후 논란의 소지가 지속적으로 남게 된다.

넷째, 외부성이 있는 문제는 정책결정 이전 단계에서 이해 관련 집단과의 협의를 제도화해야 한다. 실제로, 정부의 정책결정 과정을 보면 관계부처 협의가 제도화되어 있다. 실무협의, 차관회의, 국무회의 등 다중적인 협의 절차를 통해 부처 간 조율을 하는 것이다. 그러나 단일의 조직으로 구성된 중앙정부의 경우와 달리 다수의 주체로 구성된 지방자치단체 간 협의는 아직도 제도화가 잘 되어 있지 않다. 그러다 보니 특정 정책을 둘러싼 이해관계의 상충성이 곧바로 지역 간 갈등으로 비화되는 경우가 많이 발생하고 있다. 지역 간 이해관계의 조율을 위한 협의제도를 보다 촘촘하고 실효성 있게 재정비할 필요가 있다.

고자 하는 것이지, 비용 여하를 막론하고 딜레마를 억누르고자 하는 것은 아니다.

Ⅳ 딜레마 예방을 위한 제도 설계(Ⅱ): 분절성

분절성은 두 대안이 분절되고, 대안 간 절충이 불가능하다는 것이다. 일반적인 갈등의 경우 중재와 타협을 통해 절충안을 찾을 수 있고, 이를 통해 갈등은 해소될 수 있다. 딜레마와 갈등을 구분짓는 가장 뚜렷한 특징이 분절성이다. 즉, 딜레마에서는 각 대안에 대한 가감이 불가능하여 절충안을 찾을 수 없기 때문에 갈등 해결방식의 딜레마 해소를 기대하기 어렵다는 점이다.

딜레마 예방을 위해서는 대안이 분절적으로 고착화되기 이전에 절충 가능한 형태로 만드는 방안을 찾아야 한다. 이를 위해서 먼저 분절성이 발생하는 원인을 살펴보고, 분절성이 고착화되지 않도록 예방하는 방안을 검토하겠다.

1. 분절성의 발생원인

분절적인 대안이 발생하는 이유로 다섯 가지 경우를 들 수 있다. 첫 번째는 선택대안이 가치를 표방하게 되는 경우이다. 가치를 표방하는 대안이 형성되면 대안 간 절충은 가치를 훼손하는 것으로 생각되므로 절충을 할 수 없게 된다. 일례로, '생명존중'을 표방하는 'pro-life'의 대안은 성폭력 등을 경험한 여성의 보호 등 다양한 사례들을 고려하여 여성의 선택권을 존중할 수 있는 절충을 불가능하게 하였다. 특히, 선택대안이 보호된 가치(protected value)로 인식될수록 딜레마의 강도가 높아지고 큰 결과가치를 초래하게 된다(김동환, 2002).

두 번째는 이익과 비용이 분리되는 경우이다. 사회적 편익이 사회적 비용보다 큰 정책을 결정하더라도, 많은 경우에 정책집행으로 인하여 이익을 보는 집단과 손해를 보는 집단이 있게 된다. 그런데 특정 정책의 집행으로부터 발생하는 이익으로 그 정책의 집행으로 인해 손해를 보는 집단의 손실을 보상하는 제도가 제대로 작동하지 않고 이익과 비용이 분리된다면 이익을 보는 집단과 손해를 보는 집단은 정책에 대하여 일방적 찬성과 일방적 반대라는 입장을 취하게 되어 대안의 분절화를 초래하게 될 것이다.

세 번째는 정책결정 과정에 참여하는 집단의 수가 대립하는 두 집단으로 제한되어 있는 경우이다. 위천공단 설치를 둘러싸고 대구·경북지역과 부산·울산·경남지역은 각기 다른 이해관계를 가지고 있었기에 '경제회복을 위한 위천공단의 설치'와 '먹는 물 확보를 위한 위천공단 설치 불가'라는 분절적인 대안을 구성하게 되었다. 또한 노동자의 권리 보호를 주장하는 노동자 집단과 경영의 효율성을 지향하는 기업경영자 집단도 각기 자신들에게 최선이라고 생각되는 대안만을 지지하게 되어 분절성을 초래할 수 있다.

네 번째는 참여자 집단이 폐쇄적이고 동질적인 선호를 가진 경우이다. 폐쇄적이고 동질적인 선호 집단은 그렇지 못한 집단보다 응집력이 높고 성공적인 집단행동을 할 가능성이 크다(Olson, 1971). 그런데 폐쇄적이고 동질적인 선호 집단은 집단의 성격으로 인하여 집단사고(groupthink)에 빠지기 쉽고, 다양한 대안을 검토하고 제시하지 못한 채 특정 대안을 고집하는 경우가 많다. 처음에는 다양한 대안들이 제시되지만 그 과정에서 일단 특정 대안이 다수의 지지 등으로 부각되면 더 이상 다른 대안을 고려하지 않고 고착화되는 것이다. 또한 집단이 제안한 대안에 대한 반대를 집단에 대한 반대로 인식하여 대안의 절충을 시도하지 않는 경우가 많다.

다섯 번째는 결정자에 대한 불신의 경우이다. 정책결정자에 대한 불신은 정책의 영향을 받는 사람들과 정책결정자 간의 의사소통을 어렵게 하고 왜곡된 정보의 교환을 가져오게 한다. 정책결정자에 대한 불신은 정책의 영향을 받는 사람들이 자신들의 손실을 과장하여 대안을 제시하게 만들기도 하고 정책결정자가 제시하는 타협안을 자신들의 일방적인 손실로 인식하게 만들기도 하기에 정책결정자가 절충안을 제시할 수 범위를 축소하고 분절적인 대안이 구성되게 한다.

2. 분절성의 제거를 통한 딜레마 예방방안

1) 문제 제기 형식의 전환

각 대안이 분절적인 형태로 발전되기 이전에 절충 가능한 대안으로 관리하는 방안으로서 대안이 '가치의 선택이 아닌 이해관계의 절충'이 될 수 있도록 하는 방안을 고려할 수 있다. 허쉬만(Hirschman, 1977)은 신념이나 명예 등과 같은 열정(passion)의 추구는 통제하기 어렵고 파괴적일 수 있는 반면에, 이해관계(interests)의 추구는 재화의 분배를 통한 절충이 가능하기에 열정보다 안전하게 관리될 수 있다고 설명하고 있다. 이는 시장을 통한 개인들의 이익 추구가 다양한 이해관계의 절충을 가져오는 방안이라는 것이고, 이를 통해 분절적인 대안으로 발전시키지 않고 절충 가능한 대안으로 관리하는 방안이라는 것이다. 시장은 효율적인 자원배분의 기제로서 정보와 계산상의 요구를 감소시킴으로써 한정된 자원과 불확실성의 제한조건을 완화하며 동시에 개인들에게 개별적 결정의 기회를 부여하고 가격체계와 공식적이고 비공식적인 시장규칙들을 통하여 상호관계를 조정하는 역할을 하고 있다.

예컨대, 특정 시설의 입지를 둘러싸고 제기되는 문제가 환경이냐 개발이냐의 가치적 형태로 나타날 경우 대안들은 분절적이 되고 양자 간 절충이 어렵다. 그러나 이를 환경파괴로 인한 사회적 비용과 개발을 통한 사회적 이익이라는 형태로 치환하는 경우에는 비용과 이익의 조절과 절충이 가능해진다. 따라서 분절성에 의한 딜레마 발생을 예방하기 위해서 문제가 제기되는 방식을 조절하는 방법도 유용할 것으로 보인다.

2) 이익과 비용의 분리를 억제

비록 특정 시설의 입지를 둘러싸고 제기되는 문제가 가치적 형태로 나타나지 않고 사회적 비용과 사회적 편익의 형태로 제시될지라도, 정책의 집행으로부터 발생하는 이익으로 그 정책으로 인해 손해를 보는 집단의 손실을 보상하는 제도가 미비하거나 제대로 작동하지 않는다면 이익을 보는 집단과 손해를 보는 집단은 정책에 대하여 일방적 찬성과 일방적 반대라는 입장을 취하게 되어서 대안의 분절화를 초래하게 될 것이다. 많은 국책사업의 입지를 둘러싸고 나타나는 딜레마 상황이 이를 반증한다. 이를 예방하기 위해서는 딜레마의 민감도를 높이는 방안에서 제시되었던 이해 관련 집단과의 협의를 제도화하는 방안, 적절한 손실보상을 보장할 수 있는 법 규정의 마련 등 이익과 비용의 분리를 억제하는 제도화가 필요하다.

3) 선택가능한 대안의 수를 증가

두 개의 대안만을 놓고 이것이냐 저것이냐를 따질 것이 아니라 제3, 제4의 대안을 아울러 검토할 수 있다면 두 대안의 분절성은 상당부분 제거되거나 완화될 수 있다. 각 정책 관련 집단은 통상 자기들에게 가장 유리하다고 생각되는 대안만을 지지하고 여타의 대안을 동시에 고려하지 않는다. 서로 대립하는 두 집단이 각각 자신들에게 최선이라 생각되는 하나만의 대안을 주장할 때는 분절성이 나타난다. 이때 정책결정 과정에 여타의 참여자(예, 중립적 시민단체나 전문가집단 등)를 추가로 참여시키면 이들은 대립하는 두 집단과는 다른 나름대로의 시각에서 새로운 대안을 들고 참여할 가능성이 크기 때문에 정책결정 과정에서 논의되는 대안은 다양화되고 분절성이 완화될 수 있다. 실제로, 한약분쟁이 발생했을 때 양측은 한치의 양보도 없이 대립하고 있어서 정부가 딜레마에 빠졌지만 경제정의실천시민연합이 참여하면서 중재와 타협이 가능해졌다. 이렇게 볼 때 예방적 차원에서 딜레마의 소지가 있는 정책의 경우 제3의 대안이나 이해관계집단 이외의 중립적 참여자의 참여를 의무화하는 제도를 도입하는 것을 고려해볼 수 있다.

또한 정책결정 과정에서 정책결정자가 새로운 대안을 추가함으로써 대안의 수를 늘리는 방안도 분절성 완화를 통한 딜레마 해소에 도움이 될 수 있다. 실제로, 밀양과 가덕도를 놓고 대립하던 영남권 신공항 입지논쟁의 과정에서 정부가 타당성 검토 대상으로 양 지역뿐 아니라 인천공항을 추가함에 따라 두 개의 대안 간 선택을 강요하는 분절성은 완화되었고, 결국 치열한 대립과 논쟁도 수그러들게 되었던 예가 있다.

4) 인지적 분절화의 제거

분절성은 객관적인 대안이나 문제 상황의 성격에서 오는 경우도 있지만, 대개의 정책문제에서는 객관적 상황에 대한 주관적 인식에서 비롯되는 경우가 많다. 객관적으로 절충이 가능한 문제임에도 불구하고 관련 집단의 인식 속에서는 다른 대안이 고려되지 않음으로써 분절화되는 경우를 '인지적 분절화'라고 한다면, 이를 예방하기 위한 방안으로는 다양한 의견이 함께 개진될 수 있는 공론장을 들 수 있다. 일방적인 주장만을 제기할 경우 분절화될 수밖에 없는 대안들도 다자가 모여서 소통하고 토론하는 공론장이 형성되면 그 분절적 성격이 완화될 수 있다. 즉, 대안이나 문제 상황, 정책 참여자들에 대한 이해 등에 관한 주관적 인식이 변화됨으로써 분절성의 완화가 일어날 수 있다는 것이다.

이를 위해서는 다양한 정책의제들이 소통될 수 있는 공론의 장을 확보하고, 의사소통의 원활화와 조정기능을 강화할 수 있는 제도화가 필요하다. 이종범(2005)과 윤견수(2006)도 딜레마 예방의 방안으로 토론장치의 설계 및 공적 결정을 할 수 있도록 하는 합의 절차의 설계를 제시하였다. 대안들이 함께 논의되고 조정될 수 있는 장치의 설계에서 먼저 확보해야 하는 것은 사회의 다양한 목소리가 반영될 수 있고, 참여자들이 동등한 권한을 가지고 토론할 수 있는 여건의 조성이 필요하다. 개인이나 집단이 저마다 가지고 있는 가치관, 이념, 또는 추구하는 목표 등이 서로 다를 수 있다는 것을 인정하는 다원주의 문화가 정착된다면, '다양한 가치의 공존'이 가능할 것이고 특정한 가치를 선택하는 것이 '옳다'는 주장은 설득력을 잃게 될 것이다. '다양한 가치의 공존'을 가능하게 하는 다원주의에서 특정 대안의 선택이 필요한 경우에는 특정한 대안의 선택이 옳다는 주장보다는 서로의 의견을 존중하면서 결정을 하는 방법을 모색하게 될 것이다. 즉, 내용적 합리성보다는 절차적 합리성을 중시하여 결정이 이루어지도록 하는 방안이 필요하다. 의사소통의 원활화와 조정기능을 강화하는 제도화를 위해서는 ① 관련된 이해관계자들이 참여하고 의견을 제시할 수 있도록 하는 참여자의 범위에 관한 규칙, ② 정보 공유의 규칙, ③ 손실과 이득의 문제를 처리할 수 있는 비용분담의 규칙, ④ 서로의 의견을 존중하면서 의사결정을 할 수 있는 결정의 규칙 등이 마련되어야 한다.[8)]

의사소통의 원활화와 조정기능을 강화할 수 있는 제도로서 위원회 및 협의회제도가 있다. 노동문제를 둘러싼 노동조합과 회사 측의 대립으로 인한 딜레마를 회피하기 위해 노사정위원회를 구성하고 노사정위원회를 통하여 논의하는 것은 두 대안의 절충을 통하여 분절성을 관리하고자 하는 사례이다. 노사 측의 대안과 회사 측의 대안이 분절되고 상충하는 대안으로 발전한다면 노사정위원회를 통한 대안의 절충은 상당히 어렵다. 다원주의 문화의 정착을 통해 다른 입장과 견해가 가능하다는 이해를 바탕으로 서로의 손실을 낮추는 대안의 모색이 대안의 절충을 가져올 수 있다.[9)]

---

8) 공론의 장을 만들고 공론의 장을 통한 의사결정의 성공조건으로 유추할 수 있는 연구로서 오스트롬(Ostrom, 1990)은 공유자원을 고갈시키지 않고 지속적으로 사용하는 집단들의 특징으로 공유자원의 사용자 범위가 대체로 작고 명확하며 그들이 자치권을 가지고 지역적 특성이 고려된 사용규칙을 개발하고 필요에 따라 변경하여 온 점을 들고 있다.

9) 이상의 논의를 통해 볼 때 딜레마 발생의 빈도는 사회 상황에 따라 다를 수 있다. 즉, 다원주의 문

V 딜레마 예방을 위한 제도 설계(Ⅲ): 상충성

상충성은 상충된 요구 또는 정책전제가 동시에 존재하는 것을 말하며, 이 때문에 '두 대안을 동시에 선택할 수 없음'을 의미한다. 하나의 대안의 선택이 다른 대안의 가치 훼손을 가져오기 때문에, 하나의 대안의 선택이 다른 대안의 선택 가능성을 낮추기 때문이다.

딜레마의 논리적 구성요건으로서의 상충성은 단순히 상충되는 대안의 존재만을 의미하는 것은 아니다. 소영진(1994)은 상충성이 선택의 문제로 표면화하기 이전은 패러독스 상황이고, 선택의 문제로 표면화했을 때는 딜레마 상황으로 구분하였다. 상충성이 존재하더라도 일정 조건 하에서는 딜레마가 아닌 패러독스의 형태에 머물러 있을 수 있다는 것이다.

1. 상충성의 발생원인

딜레마 조건으로서의 상충성은 다음과 같은 요인들을 통하여 발생하게 된다.

첫째, 상충되는 두 대안의 공존이다. 만일 상충되는 두 대안이 각각 시·공간적으로 분리될 수 있다면 의사결정 상황에서 상충성 자체가 사라지게 될 것이다. 그러나 이들이 동일한 공간과 시간대에 만나면 딜레마 구성조건으로 작용하게 된다. 예컨대, 한 사회 내에 낙태에 대한 찬성론과 반대론은 항상 존재하고 있다 하더라도 그 자체로 딜레마가 형성되지는 않는다. 그러나 선거 등의 특정 상황에서 대립하는 정당들의 공약 형태로 만나게 되면 딜레마 상황을 구성하게 되는 것이다. 마찬가지로 환경론과 개발론은 평소에는 각자의 영역에서 공존할 수 있지만 원자력발전소나 공단 등 특정 시설의 설치에 관한 의사결정 상황에서 만나게 되면 딜레마로 비화되기 쉽다.

둘째, 자원의 부족이다. 주어진 상황에서 자원을 추가로 투입하면 상충되는 요구들을 동시에 만족시킴으로써 딜레마를 제거할 수 있다. 예컨대, 물에 빠진 두 쌍둥이 중

화의 정착 정도, 시장을 통한 조정의 활성화 정도, 공론의 장을 통한 의사조정의 정도에 따라서 딜레마 발생의 빈도가 다르게 나타날 가능성이 있다.

누구를 먼저 구해야 하는가라는 상황에서 만일 추가적인 구조 인력을 투입할 수 있다면 둘 중 하나의 선택의 문제는 사라지게 된다. 영남권 신공항이나 위천공단 설치의 사례와 같은 입지를 둘러싼 딜레마의 경우에도 두 지역에 각각 국제공항을 지어준다든지, 대구에 공단 설치를 허락하되 새로이 부산시민들을 위한 깨끗한 취수원을 개발 제공하면 딜레마는 사라지게 된다. 물론, 자원의 추가 투입은 언제나 가능한 것은 아닐뿐더러 대개의 문제 상황은 자원이 제한된 상태이기 때문에 자원의 부족으로 인한 상충성이 나타나게 되는 것이다.

셋째, 시간의 부족이다. 의사결정 상황에서 선택을 무한정 지연시킬 수 있다면 딜레마는 나타나지 않는다. 그러나 주어진 시간 안에 상충되는 두 대안 중 하나를 불가피하게 선택해야 할 때, 즉 선택의 불가피성이 존재할 때 딜레마가 나타나게 된다. 어느 하나를 선택하기 어렵다고 하여 아예 선택을 하지 않으면 더 큰 기회손실에 봉착하게 되는 경우, 어렵더라도 하나를 선택할 수밖에 없게 되고 이는 딜레마를 야기한다. 코즈(Coase, 1960)는 갈등의 상황에서 어느 쪽이 옳으냐를 따지느라 시간을 보내기보다는 아무 쪽의 손이나 들어주는 것이 비용을 최소화하는 방법이라고 지적하고 있다. 물에 빠진 쌍둥이의 예에서 어느 하나라도 잃기 싫다고 하여 누구를 먼저 구할지를 선택하지 않고 우물쭈물하다가는 둘 다 잃게 된다. 따라서 어렵더라도 누구를 먼저 구해야 할지를 결정해야 하고, 여기서 딜레마가 발생하는 것이다.

2. 상충성의 제거를 통한 딜레마 예방방안

상충성이 딜레마의 핵심적 구성요소이므로 상충성을 제거하거나 완화할 수 있는 제도적 설계를 해놓을 수 있다면 딜레마의 발생은 상당부분 예방할 수 있다. 상충성은 대안 간 제로섬 관계(zero-sum relation)가 존재하는 것이다. 딜레마를 예방하기 위해서 상충성을 제거하거나 완화한다는 것은 이들 관계를 윈윈 관계(win-win relation) 또는 무관계(unrelatedness)로 바꾸는 것을 의미한다.

이전의 논의에서 딜레마를 야기하는 문제 상황의 조건으로 (상충된) 두 대안이 동일한 시 · 공간에서 만나고, 두 대안을 모두 충족시킬 만한 자원이 없으며, 선택을 무한정 지연시킬 수 없고 일정한 시간 내에 반드시 하나를 선택해야 하는 선택의 불가피성 등을 들었다. 따라서 문제 상황으로부터 이러한 조건들을 제거하거나 완화함으로써 딜레마의 예방 또는 완화가 가능하다.

1) 의사결정구조의 분해(decoupling)

분해(decoupling)는 시스템이나 상황을 구성하고 있는 요소들을 서로 분리시키는 방안으로, 요소들 간의 결합 강도를 낮추거나 분리함으로써 상이한 결정들이 조직 안에 공존할 수 있게 하는 것이다(Weick, 1976; Meyer & Rowan, 1977; 윤견수, 2006). 이러한 방법을 통해 상충되는 대안들이 동일한 공간에서 충돌하지 않도록 할 수 있다면 딜레마는 발생하지 않을 것이다. 정책결정 권한을 지역적으로 분산시키는 방법도 있고, 정책결정의 대상을 조직 내 소규모 단위로 분산시키는 방법도 있다.[10]

첫째로 공간적 분리는 장소에 따라 다른 결정을 가능하게 하는 방안으로 분권적 성격을 가진 지방자치제도가 그 예가 될 수 있다. 이러한 방법을 통해 상충성을 갖는 정책의 선택불가피성을 회피한 사례로 볼 수 있는 것이 미국의 'pro-choice'와 'pro-life'를 둘러싼 딜레마이다. 'pro-choice'와 'pro-life'를 둘러싼 첨예한 대립은 연방의회나 연방법원의 결정을 어렵게 했고, 주정부 단위의 의사결정으로 분권화함으로써 미국 전체를 대상으로 하는 선택의 불가피성을 회피하였다. 이 경우 물론 각 분산된 단위에서의 결정에 상충성은 여전히 존재하지만 전국적 단위의 상충성은 해소되고, 부분적으로나마 두 개의 대안이 모두 선택되는 결과를 가져온다.

둘째로 의사결정 대상의 분리이다. 공간적 분리가 동일한 주제의 의사결정을 지역적으로 분산화한 것이라면, 이는 각각의 분산된 의사결정 주체로 하여금 각각 서로 다른 업무를 처리하게 함으로써 시스템 전체의 의사결정의 대상을 분산화시키는 방법이다. 예컨대, 조직의 업무를 기획부서, 생산부서, 판매부서 등으로 나누면 생산과 판매 간의 목표갈등이 각 하위시스템에서는 사라진다.[11] 하위시스템들이 제각기 다른 결정을 내림으로써 상충되는 대안들이 동시에 수용될 수 있는 것이다. 이러한 하위시스템별 의사결정의 분산화는 수평적으로도 이루어지지만 수직적으로도 이루어질

10) 의사결정구조의 분해가 상충성의 문제를 완화하거나 억제하는 방안이지만 분권교부세의 사례에서 보여지듯이 무시된 딜레마를 만들 수도 있기에 의사결정구조의 분해를 설계할 때 '딜레마 민감성'을 확보할 수 있는 전략의 고려가 필요하다.

11) 이러한 방법으로 갈등을 해결하는 것을 갈등의 사이비 해결(pseudo-resolution)이라 부른다.

수 있다. 즉, 상위계층의 결정과 하위계층의 결정의 범위를 나누는 것이다. 미국에서 연방경찰의 업무는 마약, 테러, 외사 등에 국한하고 민생치안은 지역 경찰이 맡는 것도 그러한 예로 볼 수 있다.

2) 자원의 추가 투입

앞에서 언급한 바와 같이 상충되는 요구를 모두 들어줄 수 있는 자원이 제한되어 있을 때 선택이 불가피해지고 딜레마가 발생한다. 따라서 추가적인 자원투입을 통해 양측의 요구를 모두 만족시킬 수 있다면 상충성은 해소되고 딜레마는 발생하지 않을 것이다. 이와 같은 경우는 가치대립의 경우보다는 이해관계의 대립에서 오는 딜레마에 해당된다. 자원은 한정된 것이어서 모든 딜레마의 경우에 적용할 수는 없지만 딜레마가 심각해지는 경우에는 그 해소를 위하여 추가적인 자원의 투입이 결정되는 경우도 있다. 예컨대, 방사성폐기물처리장의 입지를 둘러싸고 지역주민의 반대와 폐기물 관리의 한계 상황이라는 딜레마에 봉착한 정부는 2005년 소위 「중·저준위 방사성폐기물 유치지원에 관한 법률」을 제정하여 지역발전기금이라는 형태로 지역주민들에 대한 인센티브를 제공한 결과 마침내 경주에 입지를 정할 수 있었다.[12] 시간이 지남에 따라 방사성폐기물의 안전한 관리를 위한 처분장 건설의 필요성은 계속 높아져서 그에 따라 자연히 딜레마의 강도도 커지게 되었다. 초기에는 유치지원을 위한 자원투입을 생각하지 않았던 정부가 딜레마 강도가 높아짐에 따라 추가적인 자원을 투입하게 되어 딜레마를 해소하게 된 것이다.[13]

그러면 이러한 자원의 추가 투입을 통한 딜레마 해소 가능성을 예방 전략의 차원에서는 어떻게 이용할 수 있을까? 발생가능한 딜레마의 해소를 위하여 예비적으로 자원의 버퍼(buffer)를 확보하는 방안을 생각할 수 있다. 이러한 버퍼가 준비되어 있다면 딜레마 발생 시 추가적인 자원을 투입할 수 있어서 딜레마 해소가 용이해질 것이다. 물론 딜레마가 발생한 것도 아닌데 막대한 자원을 유보해놓기는 현실적으로 어려울 것이라는 점에서 딜레마 예방 전략으로서의 함의는 떨어질 수도 있다. 하지만, 자

12) 당시 유치지역에 주어진 혜택은 유치지원금 3천억 원, 방사성폐기물 반입 수수료 월 50~100억 원, 한국수력원자력 본사 이전 등이었다.

13) 이민창(2010)은 강한 유인(경제적 보상방안)과 강한 규범(필요한 규범의 제도화)이 정책갈등을 해소할 수 있는 조건이라고 지적하고 있다.

원의 추가 투입이 딜레마 상황에서 제기되는 요구들을 100% 만족시킬 만큼 이루어져야 되는 것은 아니다. 일종의 마중물 형태로 정부가 일부만 부담해도 대립하는 주체들의 양보나 타협의 실마리를 얻을 수 있다는 점에서 실천적 함의는 충분히 찾을 수 있다. 딜레마가 발생하기 쉬운 상황에 접했을 때 미리 이를 해결하기 위한 공동기금이나 예산을 확보해 놓으면 딜레마 발생 시 유용하게 사용할 수 있을 것이다.

3) 결정의 다단계화

주어진 시간 안에 선택을 해야 하는 '선택의 불가피성'에서 오는 딜레마를 예방하기 위해서는 선택을 단일의 시간대 안에 완결짓기보다는 다양한 시간대에 걸쳐 이루어지도록 하는 방안이 있을 수 있다. 즉, 의사결정의 시간적 분해(decoupling)의 전략이다.

딜레마 대응에 있어서 시간에 따라 결정을 달리하는 교차선택(cyclic choice)는 이러한 시간적 분해를 통한 딜레마 대응의 한 형태라 할 수 있다. 이러한 교차선택은 딜레마의 사후적 대응뿐 아니라 예방적 전략으로도 이용될 수 있으며, 그 예로는 결정의 다단계화, 한시적 결정, 집행의 유예 등을 들 수 있다.

결정의 다단계화는 현재의 선택이 완결된 것이 아니라 다음 단계에서 다른 결정이 이루어질 수 있다는 전망을 가능케 함으로써 결정에 대한 반발을 완화할 수 있다. 이와 비슷하게 한시적(잠정적) 결정도 현재의 결정의 효력을 시간적으로 제한함으로써 추후 다른 결정의 가능성을 열어두는 것이다. 한편, 형벌에 있어서 집행유예제도와 같이 정책의 경우도 일단 결정은 하되, 일정 기간 집행을 유예함으로써 선택의 불가피성을 우회하는 전략으로 사용될 수 있다.

다음으로, 두 개의 상충된 대안이 동일한 시간대에 만나지 않도록 단계를 분리(decoupling)시키는 방법, 즉 하나의 시간대에는 하나의 대안만을 고려하고 그와 상충되는 다른 대안은 다른 시간대에 별도로 고려하는 방법도 생각해볼 수 있다.

예컨대, 영남권 신공항의 입지를 둘러싸고 발생한 딜레마의 경우 대구와 부산을 포괄하는 영남권 신공항이 아니라 대구·경북 주민을 위한 신공항을 먼저 추진하고, 부산은 당분간 기존의 김해공항으로 소화하되 김해공항의 포화문제는 나중에 별도로 대책을 세우는 방안이 추진되었다면 두 지역 간 대립이 첨예하게 나타나지는 않았을 것이다.

4) 인지적 상충화의 제거

정책 관련 집단들은 주관적으로 자신의 이해관계나 가치와 특정 대안의 그것을 대립되는 것으로 인식하는 경우가 있다. 이러한 인식은 객관적 현실에 비교적 부합하는 경우도 있지만 현실과 괴리되는 경우도 종종 있다.[14] 원전이나 방사성폐기물처분장, GMO와 같이 기술적 불확실성이 큰 문제일수록 상충성은 객관적이기보다는 주관적 성격을 강하게 띠게 된다. 전문가들은 대체로 이러한 기술들이 충분히 안전하게 관리될 수 있다고 보는 반면에, 주민이나 환경단체는 결코 안전할 수 없는 것으로 본다. 이러한 상충적인 인식은 정책결정자에게서도 나타난다. 예컨대, 가치적 신념으로 무장된 정책결정자는 자신의 가치에 반하는 주장을 객관적으로 판단하기보다는 정치적 공격으로 인식하여 부정적으로 반응하기 쉽다.

이러한 경우 상충성은 서로 대립하는 집단이나 정책결정자의 생각(frame) 속에 존재하는 것이므로, 이를 재정의(reframe)하여 상충되지 않음을 설득할 수 있다면 대안의 상충성을 완화 또는 해소할 수 있다(reframing and persuasion). 즉, 주관적인 생각 속에서 대안의 성격을 변화시킬 수 있다는 것이다.

문제는 정책결정자가 딜레마 상황에 대한 재정의를 한다고 해도 이를 대립하는 주체들이 수용하도록 설득하기가 어렵다는 것이다. 따라서 재정의와 설득을 촉진시킬 수 있는 제도적 장치로서 공적 토론장의 활성화가 필요하다. 활발한 공적 토론 과정에서 상황에 대한 새로운 프레임들이 나타날 수도 있고, 토론을 통하여 참여 주체들을 설득할 수도 있다.[15]

---

14) 영남권 신공항을 둘러싼 지역 갈등에서 대구·경북 주민들이 가덕도 신공항에 대해 반대한 것은 밀양에 비해 거리가 멀고, 신공항으로 인한 지역발전의 효과에 있어서 상대적으로 대구·경북권이 소외될 것이라는 판단에 기초한 것이다. 이는 어느 정도 현실에 부합하는 인식이라 할 수 있다. 반면에, 미국의 의료보험 도입 초기에 의사들은 의료수가 저하를 우려하여 반대에 나섰지만, 의료보험 도입으로 내원 환자 수가 급증하여 오히려 의사들의 수입은 올라가는 결과가 나타났다. 이 경우는 현실과 괴리된 인식의 예에 해당된다.

15) 신고리 5·6호기의 건설 중단 여부를 둘러싸고 심각한 논쟁이 벌어졌을 때 정부는 즉각 의사결정을 하지 않고 이를 공론화위원회에 부친 결과 2017년 10월에 건설 재개 59.5%, 건설 중단 40.5%로 신고리 5·6호기의 건설 재개를 결정했다. 이와 같은 공론화제도는 GMO, 원전 등 안전과 편익/경제성이라는 가치 간 딜레마 사례에 많이 적용되어 왔다.

이를 위한 제도적 처방으로서 내용적 합리성에서 절차적 합리성으로의 전환, 공론화제도의 활성화 등을 들 수 있는데, 그 구체적 내용은 앞에서 분절성의 관리방안으로 제시한 것과 대동소이하다.

Ⅵ 결 론

이 글에서는 정책결정자의 관점이 아니라 사회적 관점에 초점을 맞추어 딜레마가 초래하는 비용을 줄일 수 있는 방안을 모색해보았다. 딜레마의 사회적 비용의 감소는 사전적 예방과 사후적 대응을 통해 이루어질 수 있는데, 이 글에서는 그 중 전자에 국한하여 딜레마 예방을 위한 제도적 방안들을 모색한 것이다.

딜레마를 예방하기 위해서는 딜레마의 구성요소를 제거하거나 완화해야 하므로 딜레마 구성의 핵심적 요소인 분절성과 상충성을 제거하는 방안을 검토하였고, 아울러 딜레마 인지에 대해서도 살펴보았다.

먼저, 딜레마 예방을 촉진하기 위해서는 딜레마 인지를 활성화해야 함을 지적하였고, 이를 위한 방안으로 사회적 민주화와 다원화, 조직 내 권력의 분권화와 개방적 의사결정구조의 필요성, 그리고 외부성이 있는 문제에 대한 사전협의제도 강화 등을 제시하였다.

다음으로, 분절성을 제거하기 위한 방안으로서 문제 제기의 형식을 가치보다는 계산가능한 비용편익의 형태로 전환하고, 비용과 편익이 연결되도록 하며, 정책결정 과정에 다양한 대안이나 참여자를 제도화하고, 공론장의 활성화와 절차적 합리성의 강조, 의사소통 및 조정기능의 강화 등을 통하여 분절성을 가져오는 참여자들의 인식에 변화를 꾀하는 방안 등이 제시되었다.

마지막으로, 상충성을 제거하기 위한 방안으로서 대안들이 동일한 시·공간에서 만나지 않도록 하는 공간적·시간적 분해(decoupling), 추가적 자원투입을 가능케 하는 버퍼의 확보, 결정의 다단계화, 리프레이밍과 설득을 활성화할 수 있는 방안 등이 제시되었다.

이상의 논의 전체를 통틀어 볼 때 딜레마 예방을 위한 제도적 장치들은 탈권위주의와 의사결정점의 분산, 다양성과 참여의 보장, 조정기능의 강화, 절차적 합리성과 의사소통의 원활화 등을 들 수 있다. 이러한 제도들이 일견 다양한 요구를 촉발하여 오히려 딜레마를 촉진시킬 수도 있고, 더 큰 사회적 비용을 초래한다고 보일 수 있지만 무시된 딜레마를 감소시킨다거나 딜레마로 발현되기 이전 단계에서 해결점을 찾을 수 있도록 한다는 점에서 딜레마 예방책으로서나, 장기적인 사회적 비용의 축소 방안으로서 충분한 의미를 갖고 있다고 볼 수 있다.

일반적으로 정책에 있어서 예방책은 문제가 발생하고 그에 대한 대응의 결과를 학습하여 차후 동일한 문제가 발생하지 않도록 제도를 만들거나 보완함으로써 이루어진다. 그러므로 대응과 예방은 전혀 별개의 과정이 아니라 일정부분 연관성을 가질 수밖에 없다. 그러한 의미에서 이 글은 향후 딜레마의 사회적 비용을 줄이기 위한 사후적 대응방안을 모색하는 데 도움이 될 수 있을 것으로 기대한다.

이 글의 한계는 다음과 같다. 먼저, 이 글에서는 딜레마를 결정의 어려움과 사회적 비용을 초래하는 병리적 현상으로만 파악하고 있다. 그러나 딜레마는 리더십이나 국면운용 전략에 유용하게 이용될 수 있는 긍정적인 측면도 가지고 있다는 점에서 이 글의 시각은 일면적임을 인정할 수밖에 없다. 딜레마의 유용성에 관한 연구는 추가로 이루어져야 한다.

또한 이 글은 딜레마 예방을 위한 제도적 방안들을 고안하는 데 있어서 기존의 이론들로부터 도출한 개략적 아이디어들을 가설적 수준에서 제시하는 데 그치고 있다. 보다 정교한 사례분석이나 검증 과정을 통한 제도적 방안의 실천적 구체화는 차후 연구의 몫이 될 것이다.

제8장

무시된 딜레마의 사회적 비용 발생원인 연구[1)]

김태은

이 연구는 무시된 딜레마가 사회적 비용을 유발하는 원인이 무엇이고, 이에 따라 어떠한 유형이 나타나는지를 분석하고자 하였다. 특히, 무시된 딜레마가 사회적 비용을 유발시키는 핵심요인으로 절차적 합리성의 미충족을 가설로 설정하여 분석하였다. 세 가지 사례(신행정수도, 행정중심복합도시, 행정중심복합도시 원안 수정)에 대한 분석 결과 첫째, 객관적인 딜레마임에도 이를 딜레마로 받아들이지 않는 무시된 딜레마가 나타났다. 둘째, 무시된 딜레마에서는 절차적 합리성이 충족되지 않았다. 즉, 상충적인 대안 간 가치수렴을 위한 제도(혹은 조직)는 존재하지 않았고, 특정 대안만을 위한 가치수렴이 이루어졌으며, 정책결정 및 법제화는 비상식적으로 매우 빠르게 이루어졌다. 셋째, 무시된 딜레마에서 절차적 합리성의 미충족은 사회적 갈등 비용, 행정 비효율성 비용, 정책불신 심화같은 사회적 비용을 초래시켰다. 이러한 연구 결과는 무시된 딜레마와 사회적 비용 간의 인과관계를 설명하고 있다는 점에서 이론적 가치를 지니며 동시에, 제도 설계를 위한 정책적 함의를 제시하고 있다.

1) 이 글은 『한국정책학회보』 제22권 제3호에 게재된 것을 수정·보완한 것이다.

Ⅰ 서 론

2002년 이후 10여 년 간 한국 사회는 새로운 행정수도(세종시) 건설과 관련하여 심각한 혼란을 경험하였다. 2003년 참여정부의 신행정수도, 2005년 행정중심복합도시, 2009년 행정중심복합도시 원안 수정은 심대한 사회적 갈등과 혼란, 국론분열로까지 이어지는 막대한 사회적 비용을 유발하여 왔다. 2013년 현재에도 세종시의 비효율성 문제를 포함하여 우리 사회의 주요 이슈로 지속되고 있다. 행정수도(도시) 건설에 있어 무엇이 이러한 혼란과 그에 따른 사회적 비용을 반복적으로 유발시킨 것일까?

이와 관련하여 딜레마 이론은 설명을 위한 하나의 가능성을 제시한다. 딜레마 이론은 초기부터 객관적 상황과 정책결정자의 인식 간에 차이를 존재할 수 있다는 점이 강조되어져 왔다(이종범 외, 1991). 예를 들어, 어떤 정책결정자는 주어진 딜레마를 주관적으로도 딜레마로 인식하는 반면, 주어진 딜레마를 딜레마로 인식하지 않는 혹은 무시하는 경우로가 있을 수 있다는 것이다. 객관적인 딜레마를 딜레마로 인식하는가 여부에 따라 제도와 정책에 차이를 가져올 수 있다는 주장이 제기되거나(이종범·윤견수, 2000). 또한 객관적 딜레마를 주관적으로도 딜레마로 인식하는 것이 사회적 관점의 어떤 측면에서는 바람직할 수도 있다는 주장(소영진·안성민, 2011b)이 제기되기도 하였다.

이러한 배경에서 이 연구는 객관적인 딜레마를 정책결정 주체가 딜레마로 인식하지 못하는 것이(무시된 딜레마) 어떠한 원인에 의해 사회적 비용을 유발시키는지를 분석하고자 한다. 구체적으로, 첫째, 무시된 딜레마가 사회적 비용을 유발하는 원인이 무엇이고, 둘째, 그러한 원인에 따라 어떠한 사회적 비용의 유형들이 나타나는지를 분석하고자 한다. 동 연구 질문에 대한 해답을 찾음으로서, 무시된 딜레마와 사회적 비용간의 관계를 제시하고, 무시된 딜레마가 사회적 비용을 유발하는 원인이 무엇인지를 설명하고자 하는 이론적 목적 외에 국정혼란과 분열의 반복을 예방하고자 하는 의도를 지니고 있다.

이 연구는 연구 질문에 대한 해답을 2002년부터 2013년이라는 시간적 범위를 갖는 세 가지 사례, 즉, 노무현 정부의 신행정수도와 행정중심복합도시, 이명박 정부에서의 행정중심복합도시 원안 수정(세종시 수정안) 사례를 분석하였으며, 학술 및 정부자료, 언론자료, 국정자료, 통계자료 등을 토대로 문헌연구와 내용분석을 수행하였다.

Ⅱ 이론적 배경

1. 딜레마와 인지 여부, 그리고 유형

딜레마(dilemma)는 한 대안의 선택으로 인해 포기된 다른 대안이 가져올 기회손실이 큰 상황(이종범, 1994: 216)이다. 부연하면, "두 개의 대안이 존재할 때, 두 개의 대안을 동시에 선택할 수 없으며, 그 중 한 개의 대안을 선택하기도 곤란하지만, 제한된 시간 내에 선택을 하지 않을 수도 없는 상황"(윤견수, 2006: 73)을 의미한다.

그러나 모든 사람들이 동일한 인지 틀로 주어진 정보, 상황을 인지하는 것은 아니다. 동일한 현상도 사람들의 인지체계에서 서로 달리 인지되기도 한다. 딜레마 역시, 객관적으로는 딜레마이나 정책결정자는 이를 딜레마로 인지하지 않을 수 있고, 객관적으로 딜레마가 아닌 것을 딜레마로 인지할 수도 있을 것이다. 따라서 딜레마 조건을 충족하여 딜레마 상황인데, 정책결정자(혹은 핵심 정책결정 주체들)는 이를 딜레마로 인지하지 않을 수 있다. 즉, 역할 담당자 개인은 주어진 상황을 그 개인의 성격, 이해관계, 책임이나 맥락의 특징 등의 여과장치에 따라서 상이하게 인식하거나 설정할 수 있다(Weick, 1979; Pfeffer & Salancik, 1978; 이종범 외, 1991: 15 재인용). 다시 말해, 딜레마는 단순히 객관적인 상황뿐 아니라 정책결정자의 주관적 인식과도 관련된다(소영진 · 안성민, 2011b: 361).

딜레마의 객관적 상황은 딜레마의 조건, 즉, 딜레마가 되기 위한 조건에 대한 검토에서 이해될 수 있다. 즉, 딜레마의 객관적 상황은 딜레마가 두 개의 대안 존재, 대안 간 단절성(분절성), 대안 간 상충성, 결과가치의 등가성 및 선택을 전제(선택의 불가피성)로 한다는 특성을 지니고 있다(이종범 외, 1991; 소영진, 1994; 1999; 김동환, 1999; 최흥석 · 윤견수, 2000; 김태은 · 윤견수, 2011: 69)는 점에서 알 수 있다.

이는 딜레마 발생의 사회적 조건이라 할 수 있으며, 이들이 충족된다면 객관적 딜레마 상황이라 할 수 있다. 즉, 단절성은 두 개의 대안이 서로 분절되어 절충이 불가능하다는 것이고, 상충성은 두 대안을 동시에 선택할 수 없고 하나만 선택이 가능하다는 것이며, 결과가치의 등가성은 두 대안의 가져올 결과가치가 균등하다는 것이며, 선택의 불가피성은 시간의 제약이 존재하기 때문에 두 가지 대안 중 선택을 해야 하는 상황이라는 의미이다(윤견수, 2006: 73-74; 소영진 · 안성민, 2011b: 362). 물론, 이러한 조건은 매우 엄격한 기준이며, 동 조건들의 정도는 딜레마 강도에 영향을 미칠 것이다(김태은 · 윤견수, 2011 참조).

딜레마에 대한 객관적 상황과 정책결정자의 인식 간의 차이를 통해, 이종범 외(1991)는 일찍이 딜레마의 유형을 크게 네 가지로 구분하였다. 주어진 딜레마를 주관적으로도 딜레마로 설정하는 일치된 딜레마, 반대로 주어진 딜레마를 주관적으로 딜레마로 파악하지 않는 무시된 딜레마(neglected dilemma), 또한 딜레마가 아닌 상황을 딜레마로 파악하는 의사 딜레마(pseudo-dilemma)가 있다. 마지막으로, 딜레마가 아닌 것을 주관적으로도 아닌 것으로 파악하는 유형(일치된 비딜레마)이 있을 수 있다(이종범 외, 1991: 15).

보충하면, 무시된 딜레마는 주어진 딜레마를 주관적으로 인지 · 해석하는 과정에서 딜레마가 아닌 것으로 설정하는 경우이다(이종범 외, 1991: 16). 무시된 딜레마는 객관적 상황은 딜레마인데, 이를 정책결정자가 주관적으로 딜레마가 인지하지 못하거나 혹은 아니한 경우라 할 수 있다(소영진 · 안성민, 2011: 77). 즉, 이러한 경우는 크게, 정책결정자가 인지 자체를 하지 못하였을 수도 있고, 인지는 하였으나 무시함에 따라 나타날 수 있을 것이다.

2. 무시된 딜레마와 사회적 비용

무시된 딜레마는 다양한 원인에 기초할 수 있다. 즉, 결정자 자신이 갖고 있는 가치의 우선순위, 의도, 이해관계, 또는 인지상의 오류 때문에 상황 변화를 무시하거나 인식하지 못함으로써 딜레마를 딜레마 아닌 것으로 설정하는 경우가 생기고, 외부의 압력이나 정보의 성격, 과거의 성공 또는 실패, 조직의 비학습 성향, 표준운영절차 등은 무시된 딜레마를 발생시키고 지속시키는 중요한 요인이 될 수 있다(이종범 외, 1991: 16). 한편, 소영진 · 안성민(2011b: 368-370)은 무시된 딜레마가 발생하는 원인으로 딜레마 경보가 되지 않는 경우(의사결정구조가 폐쇄적일 때, 특정 정책이 도덕성과 관련 쟁점을 수반할 때)와 무시되는 경우(정책결정자의 의지와 분권화된 의사결정구조를 가질 때)로 구분 제시한다.

구체적으로, 무시된 딜레마는 크게 두 가지 차원에서 발생할 것으로 생각된다. 첫째는 딜레마인 것 자체를 인지하지 못하는 경우이다. 이는 인간의 본질적 제약인 인지체계상의 한계로, 즉 인지편향 혹은 인지오류, 특정 성향 등과 관련되어 있으며 일찍이 제기되어 왔다(예, Simon, 1947; Katona, 1951). 구체적으로, 이는 트버스키와 카네만(Tversky & Kahneman, 1974)의 불확실성 하에서 휴리스틱(heuristic)과 인지편향(cognitive bias), 탈러(Thaler, 1980)와 크네치(Knetsch, 1989)의 보유효과(endowment effect)와 새뮤엘슨과 제크하우저(Samuelson & Zeckhauser, 1980)의 현상유지 바이어스(status quo bias), 트버스키와 카네만(Tversky & Kahneman, 1981)의 프레임 효과(framing effects), 탈러(Thaler, 1985)의 심적회계(mental accounting), 손실회피(loss aversion)의 아이디어가 포함된 카네만과 트버스키(Kahneman & Tversky, 1979)와 트버스키와 카네만(Tversky & Kahneman, 1992)의 전망이론(prospect theory), 스쿨러 외(Schooler et al., 2003)의 기대효과(expectations effects) 등에서 잘 제시되어 왔다.

둘째는 딜레마 자체를 무시(neglect)하는 경우로, 결정주체가 특정 대안과 관련하여 신념을 지니고 있거나 강한 이해관계를 구축하고 있는 경우, 또는 대안 자체의 성격이 도덕이나 윤리적인 것, 혹은 공동체에 어떤 불문율과 같은 규범을 포함할 경우 경우에도 대안 간 균형적인 고려가 현실적으로 어려워져 무시된 딜레마가 나타날 수 있다.

이러한 무시된 딜레마는 사회적 비용 관점에서 중요하게 강조되어 왔다. 예를 들어, 무시된 딜레마는 일치된 딜레마에 비해 보다 낳은 정책결과를 가져올 수도 혹은 많은 부작용과 사회적 비용을 초래시킬 수 있다고 주장한다(이종범, 1994: 112-113). 그러나 최근 무시된 딜레마가 사회적 비용을 더 크게 유발시킬 수 있다는 주장이 제기되고 있다(안성민, 2008: 112). 또한 무시된 딜레마가 정책결정자에게는 선택의 어려움을 주지 않지만, 정책집행 과정에서 딜레마에 봉착하게 만들고 정책의 변동이나 재결정, 집행 과정의 파행 등 다양한 문제를 야기하여 높은 기회손실로 귀결될 수 있다고 주장한다(소영진 · 안성민, 2011b: 361). 즉, 무시한 딜레마를 정책집행 단계에서도 인지하지 못할 경우에는 집행 대상집단의 강한 반발에 직면하여 결국 원래의 결정 자체의 정당성을 훼손함으로써 기존의 결정을 뒤엎는 '결과의 비일관성'으로 귀결될 수 있고, 높은 사회적 비용을 낳게 될 것이라고 주장한다(소영진 · 안성민, 2011a: 82). 이러한 맥락에서 안성민(2008: 120)은 무시된 딜레마가 초래하는 사회적 비용이 크다면 딜레마 상황을 인지함으로써 나타나는 단기적 대응에 대해서 재평가할 필요가 있다고 주장한다. 또한 이종범 외(1991: 17)는 정책실패의 반복 원인, 즉 무시된 딜레마의 개념은 결정자가 함정에 빠지는 행위(entrapment)나 인과관계의 악순환 같은 행정의 문제를 다루는 데도 유용함을 지적한다.

3. 선행연구와 새로운 연구의 필요성

무시된 사회적 비용에 대한 기존의 연구는 개념적 중요성이 강조되어져 왔음에도 불구하고 개념 소개 수준 혹은 제한적으로 이루어져 왔다. 우선, 이종범 외(1991)는 딜레마 유형 중 하나로 무시된 딜레마를 제시하였다. 이종범(1994)은 집단수준의 여과장치로서 인사제도가 조직원의 딜레마 설정(일치된 딜레마, 의사 딜레마, 무시된 딜레마)에 서로 다른 영향을 미치고, 이에 따라 서로 다른 성향(모험 회피 혹은 모험 성향)이 나타난다고 주장한다. 송위진(1998)은 노총이 딜레마를 인지하였을 때와 그렇지 않았을 때 대응이 서로 상이하였음을 보여주었다. 이종범 · 윤견수(2000)는 딜레마 인지 여부에 따라 제도 운영에 차이가 있을 것이라는 가설을 노동위원회의 사례를 통해 분석하였다. 이종범(2008)은 성매매 특별법은 성매매의 특성상 도덕적 이유로 인해 공개적 논쟁을 하는 것이 한계가 있어 무시된 딜레마의 형태로 정책이 결정되었음을 보여주었다(이종범, 2003: 21). 안성민(2008)은 무시된 딜레마 사례로서 분권교부세의 정책결정 과정을 살펴보았고, 소영진 · 안성민(2011a)은 정책결정 단계에서 딜레마 인지 여부와 집행 단계에서의 딜레마 대응 양상에 따라 나타나는 상이한 형식주의 발생원인, 양태 등을 사례를 통해 제시하였다. 소영진 · 안성민(2011b)은 사회적 비용과 편익 관점에서 딜레마 관리를 논하면서 딜레마 발생을 예방하는 제도적 방안,

무시된 딜레마의 원인, 그리고 딜레마 인지 상황에서 효과적인 대응 유형을 제시하였다.

기존의 연구들은 딜레마 인지 여부에 대한 중요성 강조부터, 무시된 딜레마 상황에서의 제도적 차이, 그리고 최근 사회적 비용에 대한 중요성 강조로 이어지고 있음을 보여준다. 이러한 연구의 이론적 가치의 유용성이 매우 높다 할 것이다. 그러나 기존 연구는 무시된 딜레마가 실제 사회적 비용을 유발하는지에 대한 실증적 연구가 거의 이루어지지 않았으며, 특히 무시된 딜레마가 어떠한 유형의 사회적 비용을 초래시키고, 또한 사회적 비용을 발생시키는 원인 및 그 메커니즘이 무엇인지에 대해서는 더욱이 설명되지 못하여 왔다. 이 연구는 이러한 부분에 대한 설명 필요성에서 시작하였다.

4. 무시된 딜레마와 절차적 합리성, 그리고 사회적 비용

절차적 합리성의 개념적 정의의 어려움에도, 사이먼(H. A. Simon)은 행태가 적절한 숙고(appropriate deliberation)의 산물일 때 절차적으로 합리적이라 말한다. 사이먼은 심리학적 관점에서 절차적 합리성을 이성적 추론이라 불리는 특별한 사고 과정(thinking process)으로 이해하며(Simon, 1976: 131), 선택의 과정(특히, 효율적인 절차)을 선택의 결과보다 중요시한다(Simon, 1976; 최종원, 146-147; 임의영, 2006: 12-13). 한편, 이종범(2005: 2)은 절차적 합리성을 체제가 목적을 달성하기 위하여 제도나 절차에 따라 행동하는 것으로 보았다.

이 연구에서 절차적 합리성은 (인간은 제한된 합리성으로 인해 최선의 결과를 얻는다는 것은 불가능함으로) 만족할 만한 수준의 결과를 얻기 위한 절차나 과정의 충족으로 정의하고자 한다. 물론, 어떠한 절차가 합리적인가는 또 다른 어려운 문제를 제시한다.[2] 행태가 적절한 숙고(deliberation)의 결과일 때 절차적으로 합리적이라고 말할 수도 있을 것이고(Simon, 1976: 131), 디싱(Diesing, 1962)의 정치적 합리성에 강조하듯이, 사회적 합의를 도출할 수 있는, 정당성을 갖추고자 노력하였는지를 중요하

2) 사이먼의 절차적 합리성은 도구적 합리성의 한 범주에서 바라보기 때문에 무한회귀에 빠질 수 있다는 비판이 존재한다(김영평, 1993: 18-19; 임의영, 2006: 13; 김기영, 2012: 37).

게 바라볼 수도 있다.

일치된 딜레마에서 정책결정 주체가 이를 회피하거나 지연하는 등과 같은 소극적 대응[3]을 통해 딜레마의 압박에서 벗어나는 데 그치지 않고 적극적으로 딜레마에 대응하고 해결하고자 한다면 절차적 합리성을 충족하고자 할 것이다.

일치된 딜레마 상황에서 적극적인 대응을 하고자 하는 정책결정자가 절차적 합리성을 추구할 가능성은 첫째, 딜레마 상황 자체가 합리성이 제약받는 상황이라는 점, 둘째, 절차적 합리성이 제한된 합리성의 강조에서 비롯되었다는 점과 관련되어 있다. 딜레마 상황은 상충적이고 분절적이고 결과가치가 동등하기 때문에서 특정 대안을 선택하기 어려운 상황이다. 즉, 딜레마는 합리성이 제한받는 상황(김동환, 1994: 136)이라 할 수 있다. 한편, 사이먼(Simon, 1976; 1997), 사이먼과 마치(Simon & March, 1958), 마치(March, 1978)가 지적하듯이, 완전한 합리성 혹은 내용적 합리성의 추구는 현실적이지 못하다.[4] 합리성은 인지, 사회분화, 다원주의, 구조적 왜곡 등 다양한 요인에 의해 제약을 받으며(Foster, 1984: 24-30), 특히 사회적 가치 혹은 대안이 충돌할 경우 두 개의 목표가 서로 양립하기 어려운 상황에 처할 수 있고, 이에 따라 합리성이 제약받을 수도 있다(Simon, 1995: 45-46). 따라서 제한된 합리성 하에서, 주어진 목표를 달성하는 데 최선의 대안을 선택하는 것이 현실적으로 어렵기 때문에, 결과보다는 과정의 중요성을 강조함으로써 가능한 적절한 결과를 얻고자 하는 절차적 합리성이 강조되어져 왔다.

다시 말해, 딜레마 상황은 두 개의 가치가 충돌하는 선택하기 어려운 상황, 즉 합리성을 제한받는 상황이다. 따라서 딜레마 상황에서 적극적으로 대응하고자 한다면, 절차적 합리성을 충족하고자 하는 노력을 기할 것이다. 실제, 경험적 연구들은 인지된 딜레마 상황에서 대안간 가치를 균형적으로 고려할 수 있는 절차적 합리성이 충족될 때 해결이 가능함을 보여왔다. 구체적으로, 이는 토론기회를 활성화하는 절차 강조(윤견수, 1997), 절차적 정당성 강조(이종범, 1999; 이종범 · 윤견수, 2000), 절차적

---

3) 동 맥락에서 딜레마를 인지하였으나 소극적으로 대응할 경우에는 절차적 합리성을 충족할 것인가 여부는 이론적 · 경험적 증거들을 찾기 어렵기에 판단하기 어렵다. 사례에 따라 상이할 것으로 판단되며 동 영역에서의 연구가 필요하다.

4) 동 맥락에서 사이먼은 경제학의 합리성을 내용적 합리성으로, 심리학에서의 합리성을 절차적 합리성으로 이해하기도 한다. 합리성에 대한 비교논의는 사이먼(Simon, 1976; 1985; 1986) 참조.

합리성 강조(이종범, 2005)로 이어져 왔다. 특히, 이종범(2005)은 세 가지 사례연구를 통해 딜레마 인지 상황에서 딜레마를 근본적으로 해결하기 위한 적극적 대응의 핵심은 절차적 합리성의 확보라고 주장한다.

반면, 무시된 딜레마는 객관적으로 딜레마임에도 불구하고 인지 주체가 이를 딜레마로 인지하지 않거나 무시하는 경우이다. 이는 곧 딜레마로 인지하는 경우와 달리, 특정 대안에 대해 높은 가치를 부여하기 때문에 분명한 선호를 지니게 된다. 따라서 딜레마 상황과 달리 어떤 대안을 선택할 것인가와 관련한 어려움이 존재하지 않는다. 다시 말해, 특정 대안을 선택하는 것이 최선이기 때문에 두 가지 대안을 균형적으로 고려해야 할 필요성 자체를 인식하지 못할 가능성이 크다. 따라서 대안 간 균형적 고려를 위한 과정, 절차, 그리고 제도들은 존재하지 않거나 존재하더라도 형식적으로 활용하거나 혹은 특정 대안만을 위한 과정과 절차, 제도가 운영될 가능성이 크다. 다시 말해, 무시된 딜레마에서는 일치된 딜레마에 상황에 비해 절차적 합리성을 충족할 가능성이 낮다 할 것이다.

무시된 딜레마에서 절차적 합리성을 충족하지 않는 특정 대안의 선택은 사회적 비용을 유발시킬 것이다. 이는 정책결정 주체가 딜레마를 무시하였다 하더라도 딜레마는 객관적으로 존재하기 때문이다. 즉, 정책결정 주체가 무시된 딜레마에서 특정 대안(A)을 선택했다 하더라도, 객관적으로는 딜레마(두 대안 간 결과가치의 동등성)이기 때문에 상충하는 대안(B) 선택하지 않음에 따른 사회적 저항 혹은 갈등과 같은 사회적 비용이 유발될 것이다. 결국, 무시된 딜레마에서는 절차적 합리성이 미충족될 가능성이 높으며, 절차적 합리성이 충족되지 않은 상황에서의 결정, 즉 특정 대안의 선택에 따라 사회적 비용이 발생될 가능성이 높다.

이를 종합한 이 연구의 분석틀은 다음 [그림 8-1]과 같다. 객관적인 딜레마인데 이를 정책결정 주체가 딜레마로 인지하지 않는 혹은 무시하는 무시된 딜레마가 나타난다. 무시된 딜레마는 곧 특정 대안에 대한 선호가 분명하기 때문에 상충하는 대안 간 가치를 균형적으로 살펴보지 않을 것이다. 이에 절차적 합리성의 미충족으로 나타나며, 이는 곧 사회적 비용을 유발한다는 것을 보여준다. 이러한 가설을 증명하기 위해 신행정수도, 행정중심복합도시, 그리고 행정중심복합도시 원안 수정(세종시 수정안)을 사례분석하였다.

이 연구에서 딜레마 인식 주체는 동 사례와 관련된 핵심 정책결정자(대통령, 총리 등)으로 하였다. 절차적 합리성 충족 여부는 딜레마 연구 맥락에서, 상충하는 두 개의 대안을 균형적으로 고려하여 수렴하고자 하는 노력을 기울였는지 여부로서 판단하였다. 구체적으로, ① 상충적인 대안 간 가치수렴을 위한 제도(조직)의 유무, ② 상충적인 대안 간 가치수렴의 여부, ③ 정책결정에 걸린 시간이라는 변수를 통해 파악하였다. 여기서 정책결정에 걸린 시간은 이 연구사례의 특성상 절대적인 기준을 제시하기 어려우므로 상충하는 대안을 균형적으로 살펴보기에 충분한 시간인지를 정책과정에 소요된 절대시간 분석 및 문헌과 언론자료를 통해 파악하고자 하였다. 또한 사회적 비용은 사회적 순편익(총편익－총비용)의 개념으로 접근하지 않고, 질적 연구의 특성상 비용 발생의 유형만을 분석하였다. 다만, 문헌자료 및 언론기사를 활용한 통계자료를 통해 주장의 근거를 분명히 하고자 하였다.

[그림 8-1] 연구분석틀

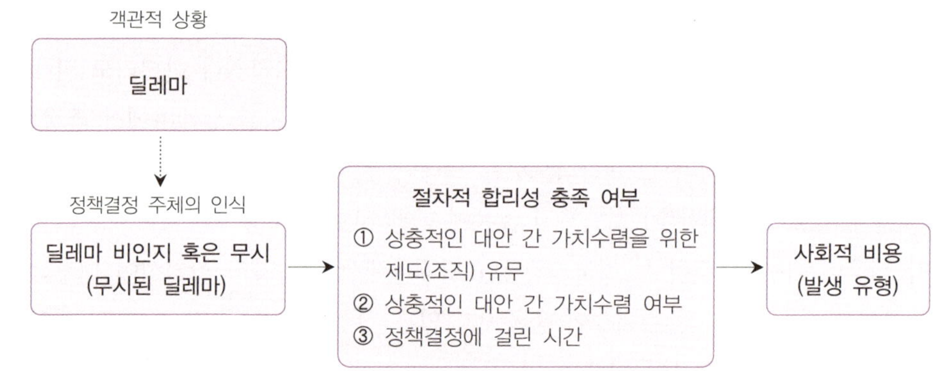

Ⅲ 무시된 딜레마에서의 특정 대안 선호

2003년 노무현 정부에서의 신행정수도, 2004년 행정중심복합도시, 2009년 이명박 정부의 행정중심복합도시 원안(세종시) 수정은 각각 객관적으로 딜레마 상황이었으나 정책결정 주체는 이를 딜레마로 받아들이지 않았으며, 이에 따라 무시된 딜레마가 나타났다.

1. 신행정수도건설에서의 객관적 딜레마와 무시된 딜레마

1) 신행정수도건설의 딜레마

노무현 정부는 2003년 취임 직후부터 행정부뿐만 아니라 국회 동의를 전제로 헌법기관기관까지 이전 대상으로 하는 신행정수도를 추진하였다(신행정수도건설추진위원회, 2004). 이러한 신행정수도건설은 객관적 딜레마로 건설을 할 수도 하지 않을 수도 없는 상황이었다. 건설의 필요성은 균형발전과 충청권의 정치적 고려에 있었으며, 건설이 어려운 이유는 수도권을 중심으로 한 지배세력의 강력한 저항과 이를 극복할 수단 마련이 사실상 어렵기 때문이다.

(1) 신행정수도건설 필요성

참여정부의 신행정수도건설은 정권의 핵심 정책인 균형발전의 가치를 구현해야 하고, 정치적으로는 충청권의 정치적 가치에 대한 고려에서 비롯되었다. 첫째, 노무현 정부의 국가균형발전정책은 7대 과제를 중심으로 추진되었으며, 그 중 신행정수도는 균형발전정책의 핵심이었다(국가균형발전위원회, 2003: 18). 현재와 동일하게 당시 수도권 집중은 심각하였으며, 단적으로 수도권은 인구 47.2%, 산업 46.3%, 제조업 56.4%, 대학교 40.5%, 금융 68.2%, 공공청사의 78.6%가 집중되어 있었다(신행정수도건설추진기획단, 2004: 391 표 내용 인용). 수도권 문제를 해결하기 위한 대안, 국토균형발전을 위한 핵심 대안으로서 행정수도이전이 제시되었다. 실제, 균형발전에 대한 참여정부의 의지는 분명하였으며, 이는 노무현 대통령이 재임기간 지속적으로[5] 강조한 점에서 잘 드러난다(노무현 사료관, 균형발전).

5) 노무현 대통령의 균형발전 강조는 공식적인 언급횟수만 44회(2003.2.12~2007.9.12)에 이른다(노무현 사료관, 균형발전).

"균형발전은 실질적 첫 번째 역점사업이고 우선순위 1번이 균형발전입니다." - 노무현 대통령, 2004.8.20. 강원 충북지역 혁신발전 5개년 계획 토론회 (출처: 노무현 사료관)

둘째, 정치적으로 충청권이 갖는 가치의 고려이다. 충청권은 정치적으로 호남과 영남이라는 전통적인 지역구도 하에서 대통령 및 국회위원 선거 결과 등에 중요한 역할을 미치는 지역으로 자리잡아 왔다(중앙선거관리위원회 선거통계시스템 참고). 실제, 당시 노무현 후보는 제16대 대선에서 2.3%라는 근소한 차이로 승리하였는데, 충청권에서의 승리가 대선 승리에 결정적인 기여를 하였다(중앙선거관리위원회 선거통계시스템). 즉, 충청권은 대선 및 국회의원 선거에서 캐스팅 보트(casting vote)를 쥐고 있었기 때문에 충청권의 지지를 유지하는 것은 정권의 안정과 지배력을 유지하는 데 중요하였다. 충청권의 정치적 가치는 노무현 대통령의 신행정수도건설을 위한 야당 협조 논의에서 잘 드러난다.

"신행정수도를 반대하면 한나라당이 정치적으로 계속 불리해질 수 있다." - 노무현 대통령 신행정수도건설 국정과제 회의 중 (동아일보, 2003.11.6)

(2) 신행정수도건설의 어려움

참여정부 초기 기획한 신행정수도는 헌법기관까지 이전을 계획하였다는 점에서 사실상 천도로 이해되기도 하였다(양현모, 2004: 175; 변창흠, 2003: 10). 이는 곧 서울과 수도권의 강한 저항, 특히 수도권 집중이 역설적으로 보여주듯이, 지배계층의 강력한 저항에 직면할 수 있음을 짐작하게 한다. 수도권 집중에 따른 문제 해결의 필요성은 오랜 역사(예, 대도시 인구집중방지책, 1964년, 수도권 인구과밀 억제에 관한 기본지침, 1970년, 1971년 김대중 후보의 수도이전공약 등)를 지닌다. 그러나 1975년 과천 제2청사 건립계획, 1977년 박정희 대통령의 백지 계획(신행정수도건설추진기획단, 2004: 409-424)에서 알 수 있듯이 신행정수도 계획은 수도이전이라는 막대한 정치적 부담에 의해 제한적으로만 실행되었다. 신행정수도건설은 수도권이라는 지역적 저항과 더불어 수도권에 중심을 두고 있는 자본, 종교, 언론[6] 등 우리나라 지배계층

6) 당시 거의 모든 중앙언론은 신행정수도건설에 대한 반대 입장을 분명히 하였다[카인즈 사설 검색(2003.1.1~2004.10.31), 182건 내용분석].

의 강력한 저항에 직면할 수 있다 할 것이다.

> "균형발전은 아무리 말을 해도 이해관계가 다르므로 수도권은 시큰둥하거나 총론에 찬성해도 각론에 가면 하나 둘 반대하는 경우 많습니다. 그래서 그만큼 어려우므로 …" (이하 중략) – 노무현 대통령 강원 충북지역 혁신발전 5개년 계획 토론회(2004.8.20) (출처: 노무현 사료관)

실제, 노무현 후보의 신행정수도공약이 제시된 시점부터 조직적이며 강력한 저항이 수도권에 기반을 둔 정치, 경제, 언론, 종교 등 거의 전부분에서 나타났다. 2002년 당시 이회창 한나라당 후보, 조계종 등 종교계, 그리고 서울시, 경기도, 인천광역시 등 수도권 3단체장의 반대가 이어졌다. 이들은 초기 수도권 공동화 등을 제시하며 반대를 분명히 하였다(문화일보, 2002.12.17). 2004년 신행정수도의 건설을 위한 특별조치법(이하 '신행정수도특별법')[법률 제7062호, 2004.1.16, 제정] 제정 이후에도 수도권의 조직적인 행정수도건설 반대는 정치 및 행정, 그리고 언론기관을 중심으로 체계적이고 지속적으로 진행되었다.7)

2) 신행정수도건설에 있어 딜레마의 무시

살펴본 바와 같이, 2003년 본격 추진된 노무현 정부의 신행정수도건설은 신행정수도건설은 할 수도 하지 않을 수도 없는 객관적으로 딜레마였다. 즉, 이 두 가지 대안이 서로 상충하며, 분절적이고 결과가치가 엇비슷하여 선택하기 어려운 상황으로 딜레마라 할 것이나, 노무현 정부는 이를 딜레마로 인식하지 않는 무시된 딜레마가 나타났다. 이에, 참여정부의 정책결정 주체들은 이를 딜레마로 받아들이지 않았으며, 특정 대안, 즉 신행정수도건설에 보다 큰 가치를 부여하고 동 선호에 따라 정책을 추진하였다.

---

7) 예를 들어, 2003년 신행정수도 재고를 촉구하는 국민포럼(수도이전반대국민연합) 조직, 2004년 국회 청원 1차, 2차 제출, 2004년 7월 12일 특별조치법 위헌확인 헌법소원 및 추진위원회 활동정지 가처분신청을 제기하였다(신행정수도후속대책위원회, 2004: 357-361). 또한 한나라당은 2004년 수도이전 반대 당론을 확정하여 수도이전을 반대하였다(SBS TV, 2004.9.22).

"행정수도를 건설할 거냐 말 것이냐는 실익없는 논쟁보다는 세계에 자랑할 도시를 어떻게 건설할지 연구해야 할 때" - 2004.7.13. 충북 청주에서 개최된 '신행정수도건설 전국 순회 공청회'에서 신행정수도건설추진위원회 자문위원장 (문화일보, 2004.7.14)

"행정수도 계획은 참여정부의 핵심과제이기 때문에 정부의 명운, 진퇴를 걸고 반드시 성사시켜야 한다." … "행정수도 계획이 무너지게 되면 수도권 재정비 계획과 균형발전계획이 전체적으로 무너지게 됩니다." - 노무현 대통령 국무회의(2004.6.15) 중 (출처: 노무현 사료관)

2. 행정중심복합도시건설에서의 객관적 딜레마와 무시된 딜레마

1) 행정중심복합도시에서의 딜레마

무시된 딜레마에서 추진된 신행정수도는 반대집단의 강력한 저항의 연속선상에서, 2004년 7월 수도이전반대연합의 신행정수도특별법 폐지를 위한 헌법소원에 의해 2004년 10월 헌법재판소[8]의 위헌판결에 따라 무효화되었다. 이에 노무현 정부는 행정부 중 일부만을 이전하는 '신행정수도 후속대책을 위한 연기・공주지역 행정중심복합도시 건설을 위한 특별법'(이하 '행정중심도시특별법')[법률 제7391호, 2005.3.18]을 제정하여 행복중심복합도시(이하 '행정중심도시')를 건설하고자 하였다. 그러나 행정기관의 일부만 이전하는 행정중심도시는 건설할 수도 하지 않을 수도 없는 객관적으로 딜레마였다.

(1) 행정중심도시건설의 필요성

행정중심도시건설 필요성은 신행정수도와 동일하게 신행정수도와 동일하게 균형발전과 충청권에 대한 정치적 고려라 할 것이다. 특히, 충청권에서 헌재판결 이후 민란수준의 강력한 저항(충청남도신행정수도건설추진지원단, 2004)이 지속됨에 따라 이를 고려하지 않을 수 없는 상황이었다.

---

8) 헌재는 수도의 설정과 이전을 헌법사항으로 보고, 헌법이 정하는 바에 따라 국민이 스스로 결단하여야할 사항으로 보았다[헌법재판소 결정문, 224헌마554・556(병합)].

(2) 행정중심도시건설의 어려움

행정중심도시를 건설하기 어려운 이유는 행정기관의 부분이전에 따라 발생될 비효율성의 문제였다. 특히, 동 비효율성의 문제는 일시적인 것이 아니라 지속적이고 누적적으로 발생될 수 있다는 점이다. 비효율성은 크게 첫째, 행정기관과 입법, 사법기관 등 헌법기관 간의 분리를 전제하고 있었기 때문에 광의의 정부 영역에서 비효율성 문제가 나타날 수 있다. 둘째, 행정부 내에서도 지리적 분산배치에 따른 비효율성 문제이다. 행정중심도시건설에 따라, 당시 18부 4처 16청 중 12부 4처 2청의 이전(245개 단위기관 중 196개 제외되고 49개가 이전하며, 이전인원은 10,374명)이 결정되었다(행정자치부고시 제2005-9호). 세종시 이전 대상기관을 결정함에 있어서 총 10가지 예외조건에 충족하는 기관들은 행정중심도시로의 이전[9]을 배제하였다(행정자치부, 2005: 3-4). 즉, 이는 대통령과 국무총리, 그리고 각 부가 지리적으로 분산되어짐을 의미한다.

광의의 정부 분산, 그리고 행정부 내의 분산은 이를 해결할 어떤 수단이 충분히 마련될 수 없다면, 정부기관 간, 행정부 내 연계성 약화 및 거래비용의 증가, 정부정책의 적시성 약화 등에 따른 비효율성의 문제가 유발될 수 있다(행정자치부, 2005: 17-18; 전영평, 2005).

2) 행정중심도시건설에 있어 딜레마의 무시

행정중심도시건설은 건설하기도 하지 않기도 어려운 딜레마 상황이었다. 즉, 건설할 것인가 하지 말 것인가와 관련되어 선택이 어려운 상황이라 할 것이다. 그러나 당시 결정 주체들은 이를 딜레마로 인지하지 않았다. 즉, 건설의 필요성에 더 큰 가치를 부여하고 행정중심도시건설을 추진하였다.

> "수도권 과밀은 오래전부터 국민 모두가 우려한 현상이다. …(중략)… 이 전제가 사실이라면 신행정수도, 또는 큰 행정기능의 이전 이외에 또 다른 과밀해소방법이 있는 것인가?"
> - 노무현 대통령 신행정수도 위헌판결 직후(2004.10.25) 시・도지사 간담회 중 (출처: 노무

9) 대통령 직속기관은 14개 중 3개, 국무총리 직속기관은 20개 중 13개, 부・청 단위 중앙행정기관은 209개 중 33개, 독립기관은 2개 중 0개가 이전 대상기관이었다(행정자치부, 2005: 21).

현 사료관)

3. 행정중심복합도시 원안 수정에서의 객관적 딜레마와 무시된 딜레마

1) 행정중심복합도시 원안 수정의 딜레마

이명박 정부는 행정중심복합도시 원안(이하 '행정중심도시 원안') 수정을 2009년 국무총리 임명 과정을 통해 공식화하였다. 그러나 동 원안 수정은 이를 추진하기도, 추진하지 않기도 어려운 객관적 딜레마 상황이었다. 행정중심도시 원안 수정의 필요성은 비효율성 문제 해결 필요성이 있는 반면, 원안 수정이 어려운 이유는 균형발전의 필요성과 수년 간 사업이 추진됨으로써 막대한 매몰비용이 존재한 점, 충청권의 저항, 기업 및 혁신도시로 인해 원안 수정을 위한 대안 마련이 어렵다는 점에 기초한다.

(1) 행정중심도시 원안 수정의 필요성

행정중심도시 원안 수정의 필요성은 무엇보다 신행정수도에 대한 위헌판결 이후, 객관적 딜레마를 무시하고, 헌재의 판결을 반영하여 정략적으로 결정됨에 따라 내재된 비효율성의 문제였다.[10] 비효율성의 문제는 행정중심복합도시의 건설이 가시화됨으로서 본격적으로 제기되었다(양현모 외, 2007; 전영평, 2009; 국무총리실・관계부처 합동, 2010: 7-8). 특히, 행정부와 입법부 간의 분리, 행정부와 청와대 간의 분리, 그리고 행정부가 크게 서울, 과천, 세종, 대전으로 분리되었고, 정부부처와 긴밀한 관계에 있는 공공기관들 148개(혁신도시 114개+개별이전 18개+세종시 16개)가 전국에 분산배치하기로 예정되어(국토교통부 공공기관지방이전추진단, 2013) 있었기 때문에 심각한 문제로 인식되었다. 비효율성에 대한 기존 대책은 분권형 국정운영 혹은 정보시스템에 의존(행정자치부고시 제2005-9호)하고 있어 그 실효성에 한계가 지적되었다.

10) 추가적인 원인으로 이명박 대통령의 개인적 신념 혹은 지지세력과도 관련되어 있을 것이다. 실제, 이 대통령은 서울시장 재직시절 신행정수도 및 행정중심도시건설에 핵심적인 역할을 수행하며 반대하였다(신행정수도후속대책위원회, 2005: 357; 행정중심복합도시건설청, 2006a: 101-115).

(2) 행정중심도시 원안 수정의 어려움

첫째, 행정중심도시는 수도권 과밀화 해소와 균형발전의 위한 유용한 대안이라는 점이다. 행정중심복합도시는 균형발전이라는 신행정수도의 본질적 가치를 승계하고 있으며, 이는 후속대책의 기본원칙과 추진 방향에서 잘 드러난다(신행정수도후속대책위원회, 2004: 3). 특히, 2011년 최초로 시행된 '경제총조사' 결과(예, 전산업 기준 54.1%, 금융 및 보험업 72.4%, 교육서비스업 49.5% 집중)에서 알 수 있듯이 수도권 과밀화가 지속되고 있었다(통계청, 2011). 핵심은 수도권 과밀화를 해소하고 균형발전을 도모하는 데 있어 행정중심도시만큼 유용한 정책수단을 찾기가 사실상 어렵다는 점에 있다.

둘째, 기존 사업 추진에 따른 매몰비용이 매우 크다는 것이다. 2005년 이후 사업이 추진되었다는 점이다. 2005년 10월 이전계획이 수립 및 고시, 동년 12월부터 예정지역에 대한 보상 착수, 2006년 행정중심도시건설 기본계획이 확정, 2007년 기공식과 더불어 정부청사 1단계 1구역 설계 착수, 2008년 12월 정부청사 건축공사가 착공, 2009년 3월 첫마을 건축공사가 착공되는 등 행정중심도시건설이 계획에 기초하여 추진되어져 왔다(행정중심복합도시건설청, 2008; 2012). 실제, 2009년 9월 말 기준, 행정도시 토지보상 현황은 면적 대비 99.2%, 금액 대비 99.5%(3조 1,765억 원)의 보상이 이루어졌으며, 2009년 10월 말 현재, 지장물 보상은 79.8%(8,182억 원)의 보상이 이루어졌다(행정중심복합도시건설청, 2009a; 2009b).

셋째, 토지보상 등 행정중심도시건설사업의 추진된 상황에서 이를 수정하는 것은 해당 지역, 특히 충청권의 강력한 저항을 쉽게 예상할 수 있는 일이었다. 실제, 이명박 정부에서 원안 수정의 논의가 제시되자마자 민란수준이라고 불릴 정도로 극렬한 저항이 지속되었다. 충청권의 저항은 노무현 정부에서 추진한 신행정수도건설이 위헌판결 이후 나타난 극렬한 저항을 통해서도 쉽게 예측할 수 있었다.

넷째, 행정중심도시가 기업도시 및 혁신도시와의 연계되어 있어 행정중심도시 수정을 위한 대안 마련(예, 다른 공공기관 이전, 대기업 및 기업 유치 등)이 매우 어렵다는 것이다.

혁신도시는 2005년 12월 전국 10개 지역에 입지선정이 마무리되고(건설교통부, 2005) 이를 지원하기 위한 특별법[11]이 제정됨에 따라 추진되었다. 혁신도시는 149개

공공기관, 46,005명의 이전인원, 사업비 9조 9,498억 원의 계획을 갖고 추진되었으며, 2007년 지구지정 완료, 2007~2008년 사이 개발계획 확정 및 실시설계가 완료되고, 용지보상은 2009년 10월 말 99.2%가 완료되었다(국토해양부, 2013; Innocity.molit.go.kr). 전국경제인연합회의 제안을 수용하여 균형발전과 투자활성화를 위해 추진된 기업도시는 2005년 기업도시개발특별법[2004.12.31]을 제정하고, 2005년 8월 주요 대기업(현대, 롯데, 포스코 등)이 참여한 시범사업 6개 지역이 선정되었다. 이후 기업도시는 2007년 초 개발계획 승인 신청 및 개발계획 승인 완료, 2008년 실시계획 승인 완료, 2007년에서 2008년 착공되었다(건설교통부, 2007: 3).

2) 행정중심도시 원안 수정에서 딜레마의 무시

행정중심도시 원안을 수정하는 것은 원안을 수정할 수도 수정하지 않을 수도 없는 객관적으로 딜레마 상황이었다. 이러한 점은 당시 여론조사(2009.11.25~2010.2.26 기간 매주 총 13회 연속 조사)에서 원안과 수정안에 대한 찬성비율이 오차 범위 내에서 팽팽하게 나타난 것에서도 잘 드러난다.

[그림 8-2] 세종시 원안 및 수정안에 대한 여론조사

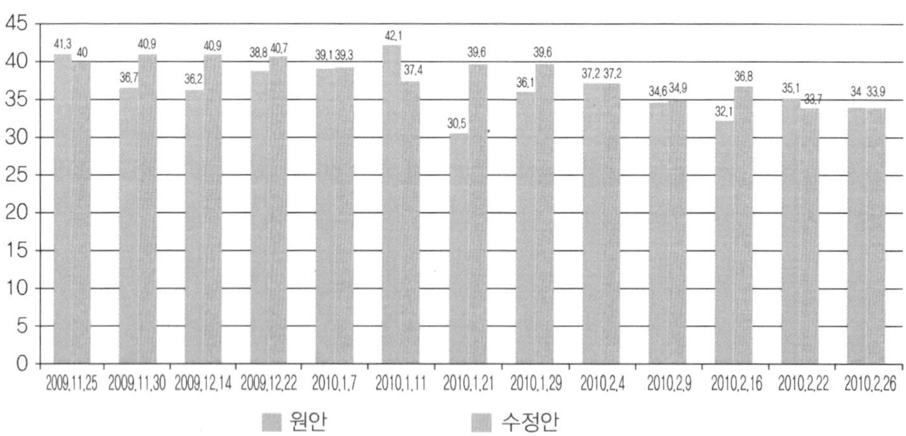

주: 전국 19세 이상 성인남녀 1,000명, 가구전화 자동응답조사, 95% 신뢰수준 ±3.1%p.
출처: 리얼미터(2009.12.1, 2010.1.21, 2010.3.2).

11) 공공기관 지방이전에 따른 혁신도시 건설 및 지원에 관한 특별법[법률 제8238호, 2007.1.11].

그러나 당시 정책결정 주체들은 이를 딜레마로 받아들이지 않음에 따라 무시된 딜레마가 나타났으며, 이에 따라 행정중심도시 원안을 수정하는 대안을 선택하고 추진하였다.

"행정복합도시는 경제학자인 제 눈으로 보기에 아주 효율적인 플랜(계획)은 아니다"며, "이미 계획을 발표했고 사업도 많이 시작했기 때문에 복합도시를 세우되 충청도 분들이 섭섭하지 않을 정도로 계획을 추진해야 한다고 본다." - 정운찬 총리 내정자 내정 직후 기자 인터뷰 (동아일보, 2009.9.4)

"세계 어떤 나라도 수도 분할하는 나라는 없다." - 이명박 대통령, 2009.11.27. 대통령과의 대화 중 (연합뉴스, 2009.11.28)

Ⅳ 무시된 딜레마에서의 절차적 합리성 미충족과 사회적 비용

1. 신행정수도에서 절차적 합리성의 미충족과 사회적 비용

1) 무시된 딜레마에서의 절차적 합리성 미충족과 정책결정

2003년 노무현 정부에서 추진된 신행정수도는 객관적 딜레마(건설할 것인가 말 것인가)이었음에도 불구하고 이를 무시하였다. 이에 따라 무시된 딜레마에서 특정 대안, 즉 신행정수도건설을 선택하고 이를 추진하였다. 상충하는 대안 중 특정 대안에 대한 선호가 분명하였기 때문에 절차적 합리성의 충족은 나타나지 않았다.

첫째, 상충적인 대안 간 가치수렴을 위한 제도(혹은 조직)가 존재하지 않았다. 신행정수도건설추진기획단 및 지원단, 그리고 민관합동 신행정수도건설추진위원회와 같은 조직은 오직 신행정수도건설만을 위한 조직이었다. 예를 들어, 추진위원회는 이전계획, 건설기본계획 수립, 예정지역 등 지정을 위한 기초조사 및 지정, 건설 사업시행자 지정, 개발계획수립 및 실시계획 승인 등의 업무만을 수행하였다(신행정수도후속대책위원회, 2005: 23).

둘째, 상충적인 대안 간 가치수렴이 진행되지 않았다. ① 공개토론회 3회, 공청회(2004.6.9~7.30) 16회, 시민단체 간담회(2004.7.23~10.7) 지역별로 11회 등이 이루어졌다(신행정수도후속대책위원회, 2005: 261-305). 그러나 이러한 것들은 오직 특정대안, 즉 신행정수도건설을 위한 과정으로 진행되었다. 즉, 방향은 결정되어 있었고 그러한 방향을 합리화하고 시행상 문제를 해결하기 위한 의견수렴만이 진행되었다. 특히, 여야 간 정략적 합의[12]에 따라 다양한 토론과 의견수렴의 과정이 이루어지지 않았고 반대의견에 대한 수렴도 이루어지지 않았다. ② 상충하는 이해를 수렴하여 신행정수도건설안이 마련된 것이 아니라 정권 인수위원회에서 완료된 기본구상이(신행정수도후속대책위원회, 2004: 25-40) 추진되었다. 전문가 토론, 37개의 연구과제, 그리고 홍보활동 모두 신행정수도건설을 자체에 의견수렴이 아닌 건설은 결정하고, 이를 구체화 혹은 발생될 문제점 해결방안에 초점이 맞추어져 있었다. ③ 다양한 이해집단 간의 수렴은 찾아보기 어려우며 주된 연계는 신행정수도 찬성집단과의 연계만이 나타난다. 예를 들어, 지방자치단체와 시민단체 간 연계도, 충청권 3개 시 · 도와의 공조가 중심이었으며, 시민단체 역시, 신행정수도건설을 찬성하는 충북기반의 신행정수도건설추진 충북범도민협의회(지방분권국민운동 포함), 충남지역을 기반으로 하는 행정수도이전범국민연대와의 연계가 중심에 있었다(신행정수도후속대책위원회, 2004 본문 전반).

셋째, 절차적 합리성의 미충족은 신행정수도건설 추진의 신속성[13]에서 더욱 잘 드러난다. 국가대사임에도 불구하고, 2003년 4월 신행정수도건설추진기획단 · 지원단을 발족, 동년 7월 신행정수도특별조치법(안)이 입법예고하였고, 동년 10월 21일 신행정수도특별조치법(안)이 추진단 발족 7개월도 안 되어 국회에 제출되었다. 이후, 신행정수도건설추진위원회가 출범한지 3개월도 안 된 2004년 10월 주요 국가기관(행정부)

12) 당시 신행정수도특별법은 당시 제17대 총선을 앞두고 충청권 표를 의식한 여야 간 정치적 합의에 따라 의견수렴 과정을 배제한 채 진행되었다. 당시 한나라당 역시 충청도 표를 의식하지 않을 수 없었고, 법안이 만들어진다 하더라도 일본처럼 예산배정 등으로 얼마든지 무력화시킬 수 있다고 보았다(김형국, 2004: 24). 한나라당은 이후 특별법 통과는 제17대 총선을 앞두고 특정 지역 표심을 의식한 정략적 행동이었음을 솔직히 시인하였다(국민일보, 2004.6.16).

13) 이러한 빠른 추진은 노무현 대통령 후보자가 2002년 9월 30일 중앙선대위원회 출범식에서 충청권 행정수도 건설을 공약에서의 제시된 이행계획과 거의 일치한다(신행정수도건설추진기획단, 2004: 27-28; 동아일보, 2002.12.8).

[표 8-1] 신행정수도 주요 건설 과정과 상충하는 대안의 수렴 여부

일 시	내 용	상충하는 대안 수렴 여부[1]
2002.12.8	노무현 대통령 후보 충청권 신행정수도건설 공약 발표	–
2003.4.14	신행정수도건설추진기획단 · 지원단 발족	×
7.9	신행정수도건설 파급효과 공개토론회 개최	×
9.24	신행정수도 규모 및 도시형태 공개토론회 개최	×
10.21	신행정수도특별조치법(안) 국회 제출	
10.21	신행정수도 입지선정기준에 대한 공개토론회	×
10.29~10.30	후보지 기본평가항목 가중치 설정을 위한 1차 국민설문조사	×
11.27~12.19	신행정수도 추진방향 충청, 전주, 강원, 대구경북, 광주전남, 부산경남, 수도권 공청회 개최	×
11.21	국회 신행정수도건설특별위원회 구성 부결	×
12.20~12.27	후보지 기본평가항목 가중치 설정을 위한 2차 국민설문조사	×
12.29	신행정수도특별조치법(안) 국회 본회의 가결, 국가균형발전특별법, 지방분권특별법 등 3대 특별법 통과	–
2004.1.4	서울, 경기, 인천 광역 및 기초 자치단체장, 의회 전원 신행정수도특별조치법에 대한 반대 성명	–
2004.4.10	신행정수도특별조치법 시행령 공포	
5.21	신행정수도건설추진위원회 출범	×
6.9	수도이전반대연합의 특별법 폐지 청원서 국회 제출	–
6.21~23	건설기본계획 시안 충청권, 서울권 공청회	×
7.12	신행정수도특별법 헌법소원 제기	–
7.12~7.30	국가균형발전을 위한 신행정수도건설 전국 순회 공청회(대전 등 13개 도시)	×
8.10	주요 국가기관(행정부) 이전계획 확정 · 고시(추진위 고시 제2004-2호)	–
8.11	신행정수도건설 최종 입지 확정	–
10.21	헌법재판소의 신행정수도특별법 위헌 결정	–

주: 1) 해당 항목이 상충하는 대안 간 가치수렴을 위한 제도(혹은 조직)이거나 대안 간 가치수렴에 해당할 경우는 ○, 그렇지 않을 경우 ×, 해당 항목이 아닐 경우 – 표시(해당 분야 내용분석, 주제, 참여진, 토론 내용분석).

출처 및 내용분석 자료: 신행정수도후속대책위원회(2005).

이전계획 확정·고시(추진위 고시 제2004-2호)되어 신행정수도이전에 관한 전체적인 계획이 완료되었다. 특히, 특별법 폐지를 위한 국회 청원, 헌법소원 등 반발이 지속됨에도 불구하고 신행정수도건설추진위원회 출범 3개월 만에 주요 국가기관 이전계획, 최종 입지를 확정하였다.

이에 따라 동 과정은 일사천리로 조급하게 밀어붙였다는 표현(연합뉴스, 2004.7.26)처럼 특별법에 포함되어야 할 기본적인 요소(신행정수도의 규모, 형태 등)조차 포함되지 않을 정도로 신속하게 처리되었다. 이에 따른 사회적 우려가 다양한 분야에서 제기되었다(양현모, 2004: 171; 김영봉, 2004: 130; 한국일보, 2004.6.16).

2) 절차적 합리성 미충족에 따른 사회적 비용 발생

노무현 정부는 신행정수도건설은 무시된 딜레마에서 절차적 합리성을 충족하지 않고 행정수도건설이라는 대안을 선택하였다. 즉, 딜레마 상황에서 상충하는 대안에 대한 체계적인 고려 과정 없는 특정 대안의 선택(건설하는 것)은 선택의 정당성을 훼손하였고, 이에 따라 선택되지 못한 대안(건설하지 않는 것)을 지지하는 집단의 저항을 유발하고 강도를 심화시켰다. 이에 따라 심각한 사회적 갈등과 같은 사회적 비용이 나타났다.

여러 연구자(김태영, 2004; 양현모, 2004)들의 논의한 바대로 지역 간 갈등, 즉 충청권과 수도권 간의 갈등이 심화되었다. 갈등의 주체는 충청권의 지방자치단체(광역, 기초, 단체장 및 의회)와 연계된 시민단체와 수도권의 지방자치단체(광역, 기초, 단체장 및 의회) 및 수도이전을 반대하는 수도권 시민단체(예, 수도이전반대국민연합), 그리고 이들의 연합체(예, 수도이전반대국민연합) 간의 집단갈등으로 나타났다. 특히, 한나라당 위원(121명 중 78명이 반대), 수도권 광역자치단체, 특히 서울시와 서울시의회, 그리고 각 기초자치단체는 반대의 중심에 있었다(연합뉴스, 2004.9.17). 또한 정치 및 사회 각계 구성원 간 찬성과 반대로 심각한 국론분열이 초래되었다. 예를 들어, 국회 내에서도 수도권과 비수도권 의원 간 갈등이 나타났으며, 종교단체, 언론, 학계 및 전문가집단, 기업 등에서도 신행정수도건설에 대한 입장 차이(찬성, 혹은 반대)에 따라 심각한 분열과 갈등이 초래되었다. 즉, 이 시기의 사회적 갈등은 대표적인 사회적 비용으로 나타났다.

실제, [그림 8-3]에서 볼 수 있듯이, 2003년 신행정수도건설추진단이 발족한 이후부터 급격하게 신행정수도와 갈등이 언급된 기사 수가 분기별로 증가함을 알 수 있다. 2003년 1분기에는 19건이었으나 2003년 4분기 62건, 2004년 2분기 156건, 위헌판결 시점인 2004년 4분기는 234건으로 크게 증가하여 갈등이 확대되고 있음을 보여준다.

2. 행정중심도시건설에서 절차적 합리성의 미충족과 사회적 비용

1) 무시된 딜레마에서의 절차적 합리성 미충족과 정책결정

2004년 10월 신행정수도건설의 위헌판결 이후 진행된 행정중심도시 역시 딜레마였으나 정책결정 주체들은 이를 딜레마로 받아들이지 않았다. 건설할 것인가 말 것인가가 아니라 건설에 대한 분명한 선호가 있었기에 절차적 합리성은 충족되지 않았다.

첫째, 상충적인 대안 간 가치수렴을 위한 제도(혹은 조직)가 존재하지 않았다. 신행정수도건설특별법이 위헌판결 직후 정부 내 구성된 특별위원회와 국회 내 구성된 특별위원회 모두, 신행정수도를 건설할 것인가 하지 않을 것인가에 대한 본질적 논의는 진행되지 않았으며, 헌재결정의 범위 내에서 대안을 마련하는 데 한정되었다.

구체적으로, 위헌판결 직후, 정부는 '신행정수도후속대책위원회'를 출범시켰으며, 2차 회의에서 대안 선정 5대 원칙을 확정하였다. 핵심은 헌재결정을 반영하되 기존의 핵심결정을 유지한다는 것이다(행정중심복합도시건설청, 2006a: 17). 이러한 선정원칙은 국회 '신행정수도후속대책 및 지역균형발전 특별위원회'에서 역시 동일하게 적용되었다(행정중심복합도시건설청, 2006a: 17, 164). 실제, '신행정수도후속대책위원회'는 유력 대안(행정특별시, 행정중심복합도시, 교육과학연구도시)을 2005년 1월 22일 선정(행정중심복합도시건설청, 2006a: 34-35)하였으며, 동 대안은 국회 내 '행정수도후속대책 및 지역균형발전 특별위원회'에서 동일하게 수용되었다(행정중심복합도시추진위원회 · 추진단, 2005: 163).

둘째, 상충적인 대안 간 가치(혹은 의견)수렴이 근본적으로 이루어지지 않았다. ① 일정 기간 동안(2004.11.22~2005.2.19) 토론회 10회, 간담회 55건을 수행하였으나, 이러한 토론회 및 간담회는 주로 신행정수도를 건설해야 하는가 말아야 하는가에 대한 논의가 아니라 현재의 판결을 반영하여 후속대책을 어떻게 할 것인가, 그리고 신행정수도의 지속추진 홍보에 초점이 맞추어져 있었다(행정중심복합도시추진위원회・추진단, 2005: 57-157 관련 토론회 및 간담회 내용 분석). ② 심지어 대안 마련 과정에서도 절차적 합리성의 지켜지지 않았다. 국회 내 여야 간 구성된 특별위원회(2005.1.10~2.23) 역시 파행을 거듭하였다. 7차 전체회의에서 법안명칭, 이전제외대상 중앙부처 범위, 국가예산지출상한(8조 5천억 원)이 간신히 결정되었으나 동안은 여야 간 입장 차이로 국회 법제사법위원회 표결처리가 무산되었고, 동년 3월 2일 22시 47분 찬반토론도 없이 국회의장 직무대리가 직권상정하여 표결처리(재석 177명, 찬성 158명, 반대 15, 기권 4인)되어 행정중심복합도시 특별법이 통과되었다(행정중심복합도시추진위원회・추진단, 2005: 185-186). 그러나 당시 야당인 한나라당은 특별법에 반대(전체 121명 중 오직 8명이 찬성)하였고, 법안 통과 이후에도 특별법 폐지 법률안(국회위원 59명 서명) 및 국민투표 촉구결의안 제출(국회의원 91명 서명)하는 등 반대를 지속하였다.

셋째, 2004년 10월 21일 헌재의 위헌판결 이후, 2004년 11월 18일 후속대책을 위한 정부위원회를 조직하고 후속법률인 행정중심복합도시특별법은 2005년 3월 2일 제정하는 데 약 4개월 정도가 소요되었다. 실제로, 이러한 신속한 추진은 이미 후속대책의 기본원칙 중 하나였다. 즉, 신행정수도 후속대책위원회 1차 회의에서 마련된 기본원칙 중 하나로 조속한 시일 내에 대책수립을 마무리하는 것이라고 명시하고 있으며(신행정수도후속대책위원회, 2004: 4), 심지어 후속대책을 위한 국회 특위에서는 3개월 이내 처리하기로 여야가 합의하였다(행정중심복합도시건설추진위원회・추진단, 2005: 161).

이에 따라 후속대안 마련 과정이 조급하게 진행되어 실패가능성이 높으니 천천히 진행해야 한다는 주장(오마이뉴스, 2005.1.11)이 제기되거나 급속한 정치 과정을 거친 것은 또 다른 정치권력의 독주라는 비판(김찬동, 2005: 13)을 받기도 하였다. 실제, 다양한 영역에서 대안 마련을 서두르지 말아야 한다는 사회적 지적이 지속되었다(한국일보, 2004.11.26; 한겨레, 2005.2.11). 실제, 정부는 중앙부처 분산이전에 따른 체계적인 분석 없이 계획이 수립되었음을 인정하였다(국무총리실・관계부처 합동, 2011: 6).

[표 8-2] 행정중심도시건설 과정과 상충하는 대안의 수렴 여부

일 시	내 용	상충하는 대안 수렴 여부[1]
2004.10.21	헌법재판소의 신행정수도특별법 위헌 결정	–
11.18	신행정수도후속대책위원회 발족 및 1차 회의	×
12.17	신행정수도후속대책위원회 발족 및 2차 회의	×
12.23	국회 신행정수도후속대책 및 지역균형발전 특별위원회 구성 및 1차 회의	×
2005.1.12	신행정수도후속대책위원회 발족 및 3차 회의 – 유력대안 선정(행정특별시, 행정중심복합도시, 교육과학도시)	×
1.10	국회 특위 내 신행정수도후속대책 소위원회 1차 회의	×
2.05	국회 특위 내 신행정수도후속대책 소위원회 3차 회의 열린 우리당 및 비교섭단체 151명 공동명의의 특별법안 발의	×
2.17	국회 특위 내 신행정수도후속대책 소위원회 7차 회의 – 법안 명칭, 예산상한(8조 5천억 원), 추진조직(건설청) 합의	×
2.23	국회 신행정수도후속대책 및 지역균형발전 특별위원회 7차 회의	×
2.23	행정중심복합도시특별법 여야 간 입장 차이로 법제사법위원회 표결처리 무산	–
3.2	특별법에 대한 법제사업위원회 표결처리 무산, 야당 내 법안처리 합의 지연, 22시 47분 국회의장 직무대리가 직권 사정, 토론없이 표결처리하여 특별법 통과	–
3.21	행정중심복합도시건설특별법 재심요구 청원서 국회 제출	–
4.7	특별법 폐지법률안(국회위원 59명 서명) 및 국민투표 촉구결의안 제출(국회의원 91명 서명)	–
4.12	행정중심복합도시건설특별법 재심요구 청원서 국회 2차 제출	–
6.15	특별법에 대한 위헌확인 헌법소원 제기	–
7.21~10.17	임만수 등 3,801명 건설 반대 청원서 제출 서울시, 과천시, 수도분할반대범국민운동본부 등 위헌취지 의견서 제출	–
11.24	행정중심복합도시건설특별법 헌법소원 결정(각하)	–

주: 1) 해당 항목이 상충하는 대안 간 가치수렴을 위한 제도(혹은 조직)이거나 대안 간 가치수렴에 해당할 경우는 ○, 그렇지 않을 경우 ×, 해당 항목이 아닐 경우 – 표시(해당 분야 내용분석, 주제, 참여진, 토론 내용분석).

출처 및 내용분석 자료: 행정중심복합도시건설추진위원회・추진단(2005), 행정중심복합도시건설청(2006a: 104-113).

2) 절차적 합리성 미충족에 따른 사회적 비용 발생

행정중심도시 역시 무시된 딜레마에서 절차적 합리성을 충족하지 않고 대안의 선택이 이루어졌다. 절차적 합리성의 미충족에 따라 첫째, 사회적 갈등이 유발되었다(배일섭, 2005: 118; 나태준, 2005: 46-47; 박용성 · 최정우, 2011: 113-114). 즉, 딜레마 상황에서 상충하는 대안에 대한 체계적인 고려 과정 없는 특정 대안의 선택(건설하는 것)은 선택의 정당성을 훼손하였고, 이에 따라 선택되지 못한 대안(건설 안하는 것)을 지지하는 집단의 저항을 유발하고 강도를 심화시켰다. 2003년 신행정수도건설 과정에서 나타난 사회적 저항 및 갈등이 동일하게, 동일한 주체에서, 동일한 저항방법(청원, 군중대회, 헌법소원)까지 나타났다(행정중심복합도시건설청, 2006a: 101-137). 이러한 사회적 갈등은 [그림 8-3]에서 잘 드러난다. 위헌판결 이후 후속대책으로 행정중심도시가 논의된 2005년 1분기와 2005년 4분기 신행정수도와 갈등이 포함된 기사 수는 각각 169건, 32건, 행정중심복합도시와 갈등이 논의된 기사 수는 32건, 67건으로 갈등이 지속되고 있었음을 보여준다.

둘째, 행정중심복합도시특별법은 비효율성이라는 사회적 비용을 내재시켰다. 무시된 딜레마에서 절차적 합리성을 충족하지 않고 행정중심복합도시는 건설을 하되 헌법재판소의 결정을 반영하기 위해, 즉 위헌소지를 없애기 위해 신행정수도보다 대폭 축소된 행정기관의 부분이전을 결정함으로써 미래 지속적인 비효율성 문제를 내재시켰다(허준영, 2013; 한국행정연구원 사회조사센터, 2013 참조). 다시 말해, 행정부, 입법부 등 헌법기관 간, 그리고 행정기관 간 지리적 분리 및 분산을 초래시킴으로써 지속적인 비효율성이 발생될 수밖에 없는 구조를 잉태시켰다.

3. 행정중심도시 원안 수정(세종시 수정안)에서 절차적 합리성의 미충족과 사회적 비용

1) 무시된 딜레마에서의 절차적 합리성 미충족과 정책결정

2009년 공식화된 행정중심도시 원안 수정은 객관적으로 딜레마임에도 불구하고, 당시 정책결정 주체들은 이를 딜레마로 받아들이지 않고 특정 대안(행정중심도시 수정안)을 선택하였다. 수정안은 세종시 민관합동위원회 구성, 정부지원협의회 운영, 세종시기획단 출범, 이명박 대통령의 세종시 수정의 공식적 표명과 행정기관 이전 백지화(2009.11.27) 이후 '교육 · 과학 중심의 경제도시'가 제시되었다(국무총리실 · 관계부처 합동, 2010: 14-15). 그러나 동 과정에서 절차적 합리성의 충족을 발견하기는 어렵다.

첫째, 상충적인 대안 간 가치수렴을 위한 제도(조직)는 존재하지 않았다. 행정중심도시 수정안은 '세종시 민관합동위원회'와 동 위원회를 지원하기 위해 각 부처 차관급을 중심으로 한 '세종시 추진 정부지원단'을 중심으로 진행되었고, 동 민관합동위원회는 국무총리와 8개 각 부처 장관, 민간위원 16명 내외 등 약 25명 내외로 구성하였다(국무총리실, 2009). 그러나 동위원회는 1차 회의부터 11차 최종 심의까지 행정중심복합도시에 대한 수정을 전제로 수정안 마련을 위한 활동을 진행했다(국무총리실 · 관계부처 합동, 2010 민관합동위원회 주요 활용 내용 분석).

둘째, 상충적인 대안 간 가치(혹은 의견)수렴은 이루어지지 않았다. 다양한 여론수렴은 수렴을 전제로 이루어졌으며, 그나마도 최소한 이루어졌다. 세미나 1회, 연찬회 5회, 전문가 토론회 4회, 현지방문 5회를 수행하였으나 이 역시 수정방향은 결정하고 이를 정당화하는 차원에서 이루어졌다.

셋째, 매우 빠른 속도로 행정중심도시 수정안이 마련되었다. 민관합동위원회는 2009년 11월 16일 첫 회의 이후, 2달 만인 2010년 1월 11일 행정중심도시 발전방안을 최종 심의하였다(국무총리실 · 관계부처 합동, 2010: 1-2). 이후, 다시 2달 안에 행정중심도시 수정안 최종 확정 및 검토를 완료하고, 2013년 3월 23일 행정중심도시 수정안을 국회에 제출하였다. 수정안을 마련에서 국회에 제출하는 데 약 4.5개월이 소요되었다.

이러한 신속한 추진은 이명박 대통령이 "여론수렴을 서둘러 진행하라"고 명하고(연합뉴스, 2009.11.4), 정운찬 총리가 "될 수 있으면 빨리 결정을 해야 한다"(데일리안, 2010.1.9)는 언급에서 예상할 수 있는 일이었다. 이에, 세종시 수정안의 물리적 시간 자체가 부족하다는 비판(변장흠, 2010: 88; 하혜수, 2011: 352)과 사회적인 우려가 제기되었다(한겨레, 2009.11.18).

[표 8-3] 행정중심도시수정안 수립 과정과 상충하는 대안의 수렴 여부

일 시	주요 진행 과정	상충하는 대안의 수렴 여부[1]
2009.9.3	정운찬 총리 내정자 세종시 수정론 제시	
2009.11.16.~ 2010.1.11	세종시 민관합동위원회 1차~10차 회의 - 세종시 계획 문제점, 자족기능 보완방안, 행정기관 이전에 따른 행정비효율성 등 논의	×
2010.1.11	세종시 민관합동위원회 11차 회의, 세종시 발전방안 최종 심의	×
2009.11 초~ 2010.1 말	3개 국책연구기관(KDI, 국토연구원, 한국행정연구원) 공동연구로 발전방안 검토 및 경제적 파급효과 분석	×
2009.11.27	대통령과 대화(세종시 수정 공식 천명)	×
2009.12.16	한국행정연구원 주관 세미나 1회 주제: 중앙부처 분산이전과 행정효율성	×
2009.12.18.~ 2010.1.7	국토연구원 주관 전문가 토론회 3회(전문가 각 11명, 총 33명 참석), 주제: 세종시 발전방안 3회, 수정안 경제성 분석	×
2009.11.28.~ 2009.12.24	대전충청지역 3회 방문, 대덕 현지시찰 1회, 독일 현지시찰 1회	×
2010.3.23	세종시 수정안 국회 제출	
2010.6.29	세종시 수정안 국회 부결	

주: 1) 해당 항목이 상충하는 대안 간 가치수렴을 위한 제도(혹은 조직)이거나 대안 간 가치수렴에 해당할 경우는 ○, 그렇지 않을 경우 ×, 해당항목이 아닐 경우 - 표시(해당 분야 내용분석, 주제, 참여진, 토론 내용분석).

출처 및 내용분석 자료: 서울신문(2009.11.28), 국무총리실・관계부처 합동(2010).

2) 절차적 합리성 미충족에 따른 사회적 비용 발생

행정중심도시 원안 수정은 객관적으로 딜레마임에도 정책결정 주체들은 이를 딜레마로 인지하지 않았다. 실제, 원안을 수정하기도 어려운 상황임에도, 결정 주체들은 원안을 수정하는 정책을 선택하였으며, 이에 따라 사회적 비용이 초래되었다.

사회적 비용은 첫째, 선택되지 않은 대안에 따른 사회적 갈등에 따라 유발되었다(박용성・최정우, 2011: 115-116). 야당의 강력한 저항, 여당 내 계파 간 분열, 충청권을 중심으로 한 불복종 운동(경향신문, 2009.10.20) 같은 대규모 저항과 사회적 갈등, 분열이 초래되었다. 더욱이 원안 수정을 위해 제시된 대안, 특히 기업유치를 핵심으로 하는 수정안(국무총리실・관계부처 합동, 2010: 56 참조)은 혁신도시나 기업도

시와 같이 기업유치가 중요한 다른 지역의 저항을 초래시켰다. 특히, 기업유치를 촉진하기 위해 세종시에 제시된 세제 및 재정 지원(특히, 원형지 공급논란)에 따라 다른 지역으로 유입될 기업이 세종시로 빨려들어간다는 블랙홀 논란[14]이 제기되었다. 이로 인해 행정중심도시 수정안에 대한 저항과 국론분열은 전국의 기업 및 혁신도시를 중심으로 전국적으로 확대되어져 갔다(경향신문, 2009.12.9). [그림 8-3]에서 알 수 있듯이, 세종시 수정안과 갈등이 포함된 기사 수가 정운찬 총리의 수정론이 제시된 2009년 3분기부터 급격하게 증가하여 2009년 4분기 371건, 2010년 1분기는 2,348건, 2분기 761건, 2011년 2분기 146건 등 2011년까지 지속되었음을 보여준다. 즉, 수정안을 둘러싼 사회적 갈등이 표출되었음을 짐작하게 한다.

둘째, 정책불신의 확산에 따른 사회적 비용을 유발했다. 초대형 정부사업이 정권에 따라 쉽게 바뀔 수 있다는 것을 보여줌으로서 정부정책에 절대적으로 중요한 요소인 정부 신뢰의 문제를 유발했다. 특히, 이명박 대통령이 후보자 시절부터 취임 이후까지 총 15회에 걸쳐 행정중심도시건설에 확고한 의지를 표명(민주당, 2009)했기 때문에 정부정책에 대한 불신의 강도를 심화시켰다.

> "'이명박이 (당선)되면 행정중심도시는 없다'는 말로 나를 모략하고 있으나 난 한 번 약속하면 반드시 지킨다. 대통령이 되면 행정중심도시건설은 정책의 일관성 측면에서 예정대로 추진할 것임을 분명히 밝힌다." - 이명박 후보자 행정도시 건설청 방문(2007.11.28) 중 (출처: 민주당, 2009)

즉, 세종시 수정안은 약속이행과 신의성실의 측면에서 국민적 신뢰를 확보할 수 없었고 불신을 확대시켰다(하혜수, 2011: 354; 김갑성, 2010: 63). 이러한 정책불신의 확대는 [그림 8-3]이 잘 보여준다. 세종시 수정논란 기간 동안 증가하였고, 수정안 국회부결 이후에도 한동안 지속됨을 보여준다. 세종시 수정안과 불신이 포함된 기사 수가 2009년 3분기 이후 증가하여 2010년 1분기 161건으로 높아졌다. 특히, 세종시 수정안과 갈등이 포함된 기사 수와 거의 정비례하여 불신이 포함된 기사 수가 증가됨을

---

14) 예를 들어, 행정중심도시 원형지 공급으로 토지공급가격이 $3.3m^2$당 36~40만 원인데 비해, 혁신도시인 울산 299만 원, 충북 96만 원으로 세종시에 두 배 이상 높았다(한겨레, 2010.1.7).

[그림 8-3] 사회적 비용의 유형으로서 사회적 갈등과 불신

[단위: 년(분기), 언론기사 건수]

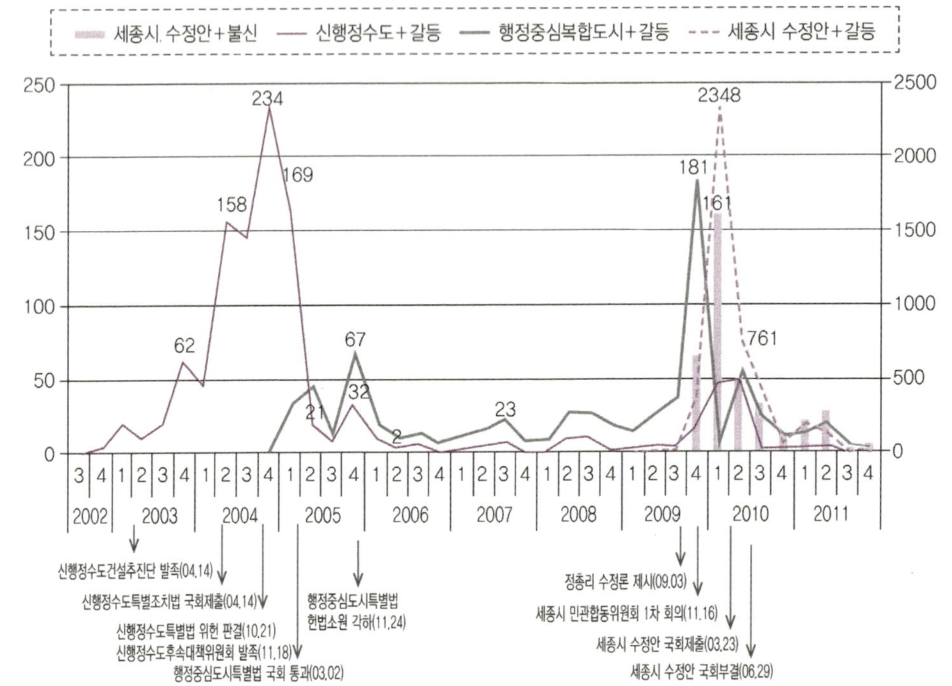

주: 1) 2002년부터 2011년까지 1년을 4분기로 나누어 그림에서 제시된 키워드를 검색함.
   2) 동 분석기간 동안 인터넷 및 전자신문을 제외하고 전국종합일간, 지역종합일간, 경제일간, 지역주간, TV뉴스, 시사잡지를 대상매체로 하여 검색함.

검색도구: 한국언론진흥재단 기사검색시스템(카인즈, www.kinds.or.kr).

보여준다.

V 결 론

이 연구는 무시된 딜레마가 사회적 비용을 유발하는 원인이 무엇이고, 이에 따라 어떠한 유형이 나타나는지를 분석하고자 하였다. 특히, 이 연구는 무시된 딜레마가

사회적 비용을 유발시키는 핵심적인 요인으로 절차적 합리성의 미충족을 가설로 설정하여 분석하였다.

이러한 연구질문에 대한 해답을 찾기 위해, 세 가지 정책사례, 노무현 정부의 신행정수도, 행정중심복합도시, 그리고 이명박 정부에서의 행정중심복합도시 원안(세종시) 수정사례를 분석하였다. 분석 결과, 첫째, 세 가지 사례 모두 객관적으로 딜레마를 딜레마로 받아들이지 않는 무시된 딜레마가 나타났다. 신행정수도와 행정중심복합도시, 그리고 행정중심복합도시 원안 수정은 각각 객관적 딜레마 상황에 놓여 있었다. 즉, 신행정수도와 행정중심복합도시의 경우는 건설할 것인가 말 것인가, 행정중심복합도시 원안 수정의 경우는 수정할 것인가 말 것인가라는 객관적 딜레마 상황이었다. 그러나 당시 정책결정 주체들은 이를 딜레마로 받아들이지 않고 무시된 딜레마에서 특정 대안을 선택하고 이를 추진하고자 하였다. 이에, 신행정수도건설 추진, 행정중심복합도시건설 추진, 그리고 이명박 정부에서는 행정중심복합도시 원안 수정안이 추진되었다.

둘째, 무시된 딜레마에 특정 대안에 대한 정책선택 후 이를 구현하기 위한 정책추진 과정을 살펴보면, 절차적 합리성의 미충족이라는 공통된 현상을 발견할 수 있었다. 실제, 세 가지 사례 모두에서, ① 상충적인 대안 간 가치수렴을 위한 제도는 존재하지 않았고, 오직 특정 대안만을 위한 조직 및 제도가 존재하였다. ② 가치수렴은 특정 대안만을 위하여 진행되었다. 즉, 신행정수도건설, 행정중심복합도시건설, 그리고 행정중심복합도시 수정의 방향이 결정된 채, 이를 합리화하고 정당화하며 또한 진행상의 문제들을 해결하기 위한 의견수렴만이 진행되었다. ③ 정책결정 및 법제화는 비상적일만큼 빠르게 이루어져, 추진조직을 만들고 관련법안을 국회 제출하는 데 걸린 시간은 약 4개월에서 6개월 정도 소요되었다.

셋째, 무시된 딜레마에서 절차적 합리성의 미충족은 곧 사회적 비용을 초래시켰다. 구체적으로, 신행정수도건설은 사회적 갈등에 따른 비용을, 행정중심복합도시건설은 사회적 갈등비용과 비효율성에 따른 사회적 비용을 내재시켰고, 행정중심복합도시 원안 수정의 경우는 사회적 갈등비용과 더불어 정책불신 심화라는 사회적 비용을 초래시켰다.

더욱이, 세 가지 정책사례는 무시된 딜레마, 절차적 합리성의 미충족, 사회적 비용

[표 8-4] 무시된 딜레마와 절차적 합리성의 미충족, 그리고 사회적 비용

<table>
<tr><th colspan="2">구 분</th><th>신행정수도</th><th>행정중심복합도시</th><th>행정중심복합도시 수정</th></tr>
<tr><td rowspan="2">딜레마와 무시된 딜레마</td><td>객관적 딜레마</td><td>건설할 것인가 말 것인가</td><td>건설할 것인가 말 것인가</td><td>수정할 것인가 말 것인가</td></tr>
<tr><td>무시된 딜레마 여부</td><td>무시된 딜레마 (건설추진)</td><td>무시된 딜레마 (건설추진)</td><td>무시된 딜레마 (수정안 추진)</td></tr>
<tr><td rowspan="7">절차적 합리성의 충족 여부</td><td>1. 상충적인 대안 간 가치(혹은 의견) 수렴을 위한 제도(조직)의 유무</td><td>없음</td><td>없음</td><td>없음</td></tr>
<tr><td>1.1 특정 대안만을 위한 제도 (조직)</td><td>신행정수도건설추진 기획단 · 지원단 신행정수도건설추진 위원회</td><td>신행정수도후속대책 위원회 신행정수도후속대책 및 지역균형발전 특별위원회 및 소위원회</td><td>세종시 · 민관합동위원회 세종시 추진 정부지원단</td></tr>
<tr><td>2. 상충적인 대안 간 가치(혹은 의견) 수렴의 여부</td><td>없음</td><td>없음</td><td>없음</td></tr>
<tr><td>2.1 특정 대안만을 위한 가치 (의견)수렴</td><td>신행정수도건설만을 위한 의견수렴 예) 공개토론회 3회, 공청회 16회, 시민단체 간담회 지역별 11회 등</td><td>행정중심복합도시 건설만을 위한 의견수렴 예) 3개월 간 총 65회 세미나, 토론회, 간담회 개최</td><td>행정중심복합도시 수정만을 위한 의견수렴 예) 세미나 1회, 토론회 3회, 충청 3회, 대덕 1회, 독일 1회 현장방문</td></tr>
<tr><td>3. 정책결정에 걸린 시간</td><td>신행정수도건설 추진단 발족– 특별법 국회 제출 (2003.4.14~ 2004.10.21), 약 6개월</td><td>신행정수후속대책 위원회 발족– 특별법 국회 제출(통과) (2004.11.18~ 2005.3.2), 약 4개월</td><td>세종시 민관합동 위원회 1차 회의–세종시 수정안 국회 제출 (2009.11.16~ 2010.3.23), 약 4.5개월</td></tr>
<tr><td>절차적 합리성 충족 여부</td><td>미충족</td><td>미충족</td><td>미충족</td></tr>
<tr><td colspan="2">사회적 비용의 유형</td><td>사회갈등</td><td>사회적 갈등 비효율성 내재</td><td>사회적 갈등 정책불신 확산</td></tr>
</table>

의 발생이 반복적으로 나타나며, 특히 무시된 딜레마가 반복될수록 새로운 유형의 사회적 비용이 추가됨으로써 전체적인 사회적 비용을 증가시킬 수 있음을 보여준다.

이 연구는 무시된 딜레마가 사회적 비용을 발생시키는 원인을 설명하고 있으며, 또한 구체적인 사회적 비용의 유형을 제시하고 있다는 점에서 이론적 가치를 지니고 있다. 특히, 무시된 딜레마가 절차적 합리성의 미충족을 가져와 사회적 비용이 발생될 수 있음을 보여주고 있다는 점에서 딜레마와 사회적 비용에 관한 유용한 설명도구를 제시하고 있다. 정책적으로 왜 정책결정자가 객관적으로 딜레마를 딜레마로 인지해야 하는지 그 중요성에 대해 해답을 제시한다. 또한 사회적 비용을 최소화하기 위한 방안으로서, 객관적 딜레마를 딜레마로 인지하게 하는 제도 설계(예, 대선 직후 핵심공약에 대한 딜레마 지표를 통한 검증제도 등)의 중요성을 제시한다.

이 연구는 이외에도 중요한 추가연구를 제시한다. 왜 무시된 딜레마가 나타나는지에 대한 연구는 무엇보다 중요할 것으로 판단된다. 이외에도 무시된 딜레마와 절차적 합리성 간의 인과관계 혹은 그 역의 관계에 대한 추가적인 연구 필요성을 제기한다. 이 연구는 객관적 딜레마와 무시된 딜레마를 증명하고자 노력하였으나 딜레마 자체가 주관적임에 따라 이를 증명하는 것이 어려운 과제였다. 또한 이 연구의 목적은 아니나 무시된 딜레마가 객관적 딜레마를 인지하지 못한 것인지, 아니면 인지하고도 무시한 것인지를 구분하여 제시하지 못하고 있다. 연구목적과 방법상의 한계이나 사회적 비용의 유형만을 제시하고 있다는 점 역시 아쉬운 부분이다.

제9장

혁신과 규제 사이의 딜레마: 타다 사례를 중심으로[1)]

김다은 · 윤견수

운송네트워크 플랫폼 기업(TNC)인 우버(Uber)의 최초 시장 진출 이후 한국 정부는 ICT 기술 기반 모빌리티 플랫폼 서비스를 기존의 시스템에 어떻게 받아들일 것인가, 즉 이를 신산업 영역으로 인정할 것인지, 아니면 전통적인 운수업 규제 안에 포함할 것인지를 두고 결정의 어려움을 겪었다. 이 글은 새로운 산업의 출현이 기존 산업 중심 규제체제와 충돌하면서 빚어내는 딜레마 상황과 정책결정자로서 정부의 대응에 주목하였다. 기존 딜레마 모형을 프레임 중심으로 재구성하고, 개념적 장치로서 프레임 결합과 프레임 충돌을 추가하여 신문 기사와 국회 회의록 등을 토대로 사례를 분석하였다. 그 결과, 프레임 결합이 약하고 프레임 간 충돌이 임계점을 넘지 않아 딜레마에 대한 신호가 정부에게 제대로 감지되지 않고 딜레마가 무시된 상황이었다. 무시된 딜레마 상황이 계속되면 정책실패의 악순환을 초래한다. 공론의 장이 활성화되고 각각의 프레임에 대한 충분한 관심과 토론의 기회가 보장된다면 이를 방지할 수 있을 것이다.

1) 이 글은 『정부학연구』 제27권 제1호에 게재된 것을 수정 · 보완한 것이다.

I 서 론

혁신을 통한 신기술의 발달은 이전의 산업 영역과 다른 새로운 산업 모델의 출현으로 이어진다. 그리고 신산업의 등장에 수반되는 새로운 생산 및 소비방식의 도입은 소비자를 포함하여 기존의 시장 사업자들, 나아가 사회 전반에 큰 영향을 미친다. 특히, 신산업 모델이 기존 산업과 맞닿는 영역에서는 기존 시장 사업자들과의 갈등이 쉽게 목격된다. 신산업으로 향하는 소비자의 관심이 새로운 수요의 창출인 동시에 기존 유사산업으로부터의 이탈을 의미하기 때문이다. 이것의 대표적인 사례 가운데 하나가 정보기술 플랫폼 산업의 발달 과정에서 나타난 택시 등 전통적인 운수업과 모빌리티 플랫폼을 기반으로 하는 새로운 형태의 운송서비스업 간의 충돌이다. 이러한 현상은 처음 우버가 서비스를 시작한 미국을 포함하여 한국에 이르기까지 세계적 논쟁이 되어 왔으며, 이를 일컫는 '우버화(Ubernization)'라는 신조어가 만들어질 정도다(황혜림, 2019).

이처럼 새로운 산업 영역의 출현으로 인한 신규 사업자와 기존 시장 사업자들 사이의 긴장관계는 산업의 진흥과 규제를 담당하는 정부에게 제도적 대응책 마련에 앞서 중요한 선결과제를 부여한다. 바로 모빌리티 플랫폼 기반 운송서비스를 어떤 정책영역으로 분류할 것인가, 즉 정부가 이를 ICT 기술 기반 서비스를 제공하는 새로운 형태의 산업으로 인정할 것인지, 아니면 전통적인 운수업 관련 규제 안에 포함할 것인지의 문제이다. 강력한 규제체계 아래에서 운영되고 있는 기존의 택시산업은 정부를 상대로 모빌리티 플랫폼을 기반으로 한 새로운 형태의 운수업 역시 택시 유사서비스에 불과하므로 전통적인 운수업 관련 규제를 적용할 것을 주장한다. 반면, 우버, 카카오모빌리티, 타다 등의 모빌리티 플랫폼 서비스 업체들은 ICT 기술을 기반으로 스마트폰 애플리케이션을 통해 운전자와 승객을 연결해주는 중개서비스(P2P)를 제공하는 운송네트워크 플랫폼 기업(Transportation Network Company: TNC)으로 자신들을 정의한다. 그리고 기존 여객운송산업과 차별화되는 플랫폼 산업 영역으로서, 여객자동차 운수사업법(이하 여객자동차법)상의 규제체계에 편입하기보다 신산업에 적합한 제도를 새롭게 마련할 것을 정부에 요구한다.

정부는 정책을 결정하는 과정에서 대안이나 가치의 우선순위를 쉽게 정할 수 없는 어려운 상황에 처할 수밖에 없다. 두 개의 선택지 사이에서 이도저도 선택하지 못하는 딜레마에 빠지는 것이다. 그러나 신산업의 발전과 함께 충돌이 이어지는 상황에서 정부의 제도적 대응이 부재한 정책 공백 상황이 계속된다면 신산업의 활성화도 어렵고 기존 시장 사업자들의 불만도 누적되어 사회적 문제로 곪아갈 수밖에 없다. 따라서 정부는 신산업과 연관된 패러다임이 기존의 패러다임과 충돌하는 구조적 상황 속에서 어느 한쪽의 패러다임을 지지하는 대안을 선택해야 한다. 딜레마는 "두 개의 대안이 존재할 때, 두 개의 대안을 동시에 선택할 수 없으며, 그 중 한 개의 대안을 선택하기도 곤란하지만, 제한된 시간 내에 선택하지 않을 수도 없는 상황이다(윤견수, 2006: 73). 딜레마에 빠지면 정부는 결정을 지연하거나 남에게 결정의 책임을 전가하며, 정책은 비일관적이고 형식주의화되는 경향이 있다(이종범 외, 1994). 그래서 정책결정자가 딜레마에 빠지기 전에 최대한 공론의 과정을 거치고 제도를 수정할 필요가 있다. 그러기 위해서는 현재의 정책결정 상황이 딜레마여야 한다는 신호가 정책결정자에게 충분히 전달되어야 한다. 과거에 딜레마 연구자들은 객관적 딜레마 상황의 존재 여부와 이를 해석하고 받아들이는 정책결정자의 인식을 서로 구분한 후, 객관적으로는 딜레마 상황이지만 이것을 딜레마로 파악하지 않는 상황을 무시된 딜레마(neglected dilemma)라고 했다(이종범 외, 1994: 37-42). 그러나 객관-주관의 개념을 사용하지 않더라도 정책결정 상황이 구조적으로 딜레마의 특성을 갖는데, 그 신호가 정책결정자에게 충분히 전달되지 않는다면 딜레마가 무시된다.

이 글은 새로 발달한 정보기술 플랫폼 기반 운송서비스 산업이 기존의 여객운송산업 관련 규제체제와 구조적으로 딜레마 상황에 놓여 있는데도 불구하고, 정책결정자로서 정부가 그것을 무시하게 되는 상황에 주목하였다. 그리고 우버가 한국에 진출한 2013년부터 모빌리티 플랫폼 산업을 기존 택시 규제에 편입시켜야 하는가를 두고 이어져 온 논쟁이 여객자동차법의 개정을 통해 일단락된 2020년까지의 사례를 분석한다. 딜레마를 중심으로 사례를 재구성하기 위하여, 신문 기사와 국회 회의록, 관련 문헌자료를 수집하였다. 사례는 모빌리티 플랫폼 산업과 택시산업을 중심으로 이들을 지지하는 행위자들의 주장, 사안에 대한 정부의 대응 중심으로 시간의 흐름과 사건의 전개에 따라 정리하였다. 글의 전반적인 순서는 다음과 같다. Ⅱ절은 위 사례를 분석하기 위한 이론적 틀로서 무시된 딜레마의 개념을 설명한다. 딜레마 상황은 두 개의 프레임이 서로 충돌하는 구조적 특징을 그 이념형으로 한다. 무시된 딜레마는 그러한 충돌이 보내오는 가시적인 신호가 약해 상황을 딜레마로 보지 못하는 현상이다. Ⅲ절은 모빌리티 플랫폼 서비스의 도입과 그 이후 벌어진 택시운송사업 규제와의 충돌 과정을 사례연구를 통해 혁신과 규제의 딜레마라는 관점으로 분석한다. Ⅳ절은 그러한 충돌 과정에서 정부의 결정이 딜레마를 무시하고 택시운송사업자의 입장을 반영하게 된 원인을 설명한다. Ⅴ절에서는 정책을 둘러싼 의사결정 상황이 무시된 딜레마로 가지 않으려면 어떻게 해야 하는지, 만약 정부가 딜레마를 수용한다면 무엇을 해야 하는지에 대한 정책적 함의를 제시하겠다.

Ⅱ 이론적 배경: 무시된 딜레마

1. 딜레마 상황의 이념형

딜레마 이론은 정책과 행정현상에서 이도저도 못하는 양자택일 상황이 의외로 많다는 사실에 주목하면서 개발되었다. 딜레마 이론을 처음으로 소개했던 논문들이 제시했던 딜레마 상황의 특징은 두 개의 선택지가 단절적이고, 각 선택지가 가져올 결과가치가 균등하며, 그것들의 선택이 서로 상충적이지만, 결정이 이루어져야 하는 상황이다(이종범 외, 1994; 소영진, 1994). 구성조건을 조금 더 자세히 설명해 보자. 첫째, 단절적이라는 것은 두 개의 대안이 서로 순서를 따질 수 없는 명목척도로서의 성격을 갖고 있다는 뜻이다. 서열척도, 등간척도, 비율척도 등은 모두 두 개 대안의 우열을 비교할 수 있기 때문에 선택이 가능하다. 그러나 명목척도는 비교가 불가능하기 때문에 교환함수를 만들어낼 수가 없다. 둘째, 결과가치가 균등하다는 것은 하나의 대안을 선택했을 때 그것이 가져올 결과가치가 다른 대안을 선택했을 때의 결과가치의 크기와 같다는 뜻이다. 초기의 딜레마 이론에서는 결과가치라는 용어 대신 기회손실이라는 개념을 사용했다. 경제학에서는 기회비용의 개념을 '한 대안을 선택했을 때 선택하지 않은 다른 대안이 초래할 비용'으로 설명한다. 딜레마 이론에서는 양자택일 상황에서 하나를 선택했을 때, 선택하지 못한 다른 대안이 결정자에게 주는 심리적 스트레스와 부담에 주목하고 그것을 기회손실이라고 개념화하였다. 두 개의 대안이 존재하는데 각 대안의 선택에 따른 기회손실의 크기가 서로 같다면 이 상황이 바로 딜레마가 된다. 셋째, 선택이 서로 상충적이라는 것은 한 대안을 선택하면 다른 대안은 포기할 수밖에 없는 상황, 즉 두 개의 대안을 동시에 선택할 수 없는 상황이다. 단절적이고 결과가치가 균등하지만, 두 대안을 동시에 선택할 수 있는 상황도 존재한다. 그것은 자원이 아주 풍부한 상황이다. 그러나 자원이나 역량의 한계가 존재하면 두 개의 대안 중 한 개만 선택해야 하고, 이때 한 대안의 선택은 다른 대안의 선택을 방해하는 상충적인(trade-offs) 상황이 된다. 넷째, 결정이 이루어져야 한다는 것은 대안을 선택해야 하는 시점이 정해져 있는 상황, 즉 시간의 제약이 있는 상황이다.

딜레마 이론이 제시하는 함의 가운데 하나는 딜레마는 결정이 불확실하거나 애매한 상황처럼 어려운 선택 상황이기 때문에, 상황이 딜레마라는 것을 알고 있다면 결정의 질이 높아질 것이라는 점이다. 즉, 딜레마를 무시하면 그만큼 결정자에게 부담이 된다는 것을 의미하기도 한다. 딜레마가 무시되는 경우는 정책결정자가 딜레마를 인지하지 못하거나 의도적으로 딜레마 상황을 회피하는 것이다. 그런데 그 어느 경우건 무시한다는 말을 하기 위해서는 관련된 상황이 딜레마라는 사실, 그리고 그것을 의사결정자가 딜레마로 보지 않았다는 사실이 존재해야 한다. 딜레마 이론의 네 가지 요건이 중요한 이유는 그것들이 상황을 딜레마로 만드는 필요조건이 되기 때문이다. 즉, 관련된 상황이 딜레마인지를 사실적으로 판단하는 기준들이다. 이것은 막스 베버(Max Weber)가 현실의 관료조직을 설명하기 위해 이념형(ideal type)을 구성한 것과 같은 논리다.

이념형이 현실에서 완벽하게 구현되는 것이 힘든 것처럼 현실적으로 맞닥뜨리는 상황을 딜레마라고 단정하기는 쉽지 않다. 딜레마 상황이 되기 위한 형식적 조건이 현실의 상황과 일대일로 맞춰지는 것은 아니다. 예를 들어, 대안이나 가치의 상충성이 존재하지만, 그것이 실제의 선택 상황에서 표면화되지 않으면 그것은 잠재적으로만 딜레마 상황이다. 소영진(1994; 2015)은 이와 같은 잠재적 딜레마 상황을 딜레마와 구분하여 역설이라고 불렀다. 딜레마 이론을 개발한 학자들이 고민했던 것은 바로 이

부분이다. 딜레마의 논리적이고 형식적인 조건 못지않게 실제 현실의 사례를 설명할 때 필요한 조건에 주목했다. 그 과정에서 만들어졌던 이론적 구성물이 개인이나 집단 등의 행위자라는 개념이다.

2. 프레임의 충돌과 딜레마 모형

딜레마 이론의 출발점인 이종범 외(1991)의 논문에서 흥미로운 것 중 하나는 딜레마 '이론'의 구성조건에는 언급되지 않았던 행위자 개념을 딜레마 '모형'을 그릴 때는 포함했다는 사실이다. [그림 9-1]에서 볼 수 있듯이 저자들은 한 대안과 상충적인 다른 대안이 존재하고, 하나의 가치와 충돌하는 다른 가치가 존재할 때, 각각의 대안과 가치를 서로 지지하면서 갈등을 겪는 '행위자'를 모형 안에 포함하였다.

[그림 9-1] 딜레마 모형

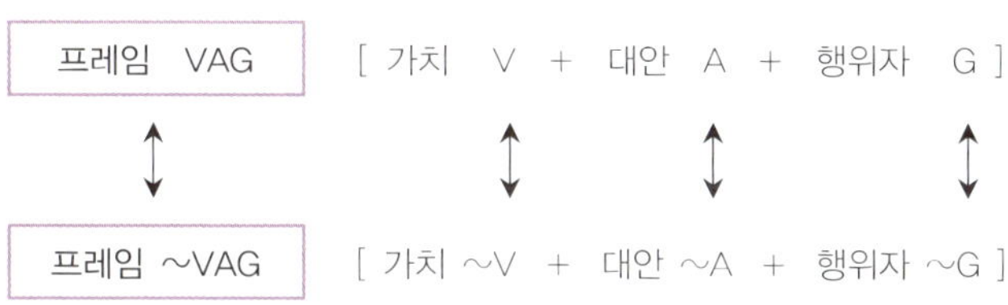

딜레마 이론이 실제의 결정 상황을 분석하는 틀로 효과적인 이유는 바로 행위자 개념을 모형 안에 끌어들였기 때문이다. 인간을 가치중립적인 존재나 이기적인 존재로 가정을 하면, 정책결정 상황을 분석할 때 인간에 대한 분석을 할 필요가 없다. 인간은 상수처럼 다 같은 존재이기 때문이다. 그러나 실제 선택 상황에서는 선호와 가치가 다른 행위자들 간의 갈등과 타협이 일상적이다. 대안의 충돌, 가치의 충돌, 행위자의 충돌을 동시에 고려하기 때문에 딜레마 모형은 의사결정이 정보와 지식의 함수라는 경제학적 관점과는 다르다. 딜레마 모형은 가지고 있는 정보와 지식을 충분해도 결정이 어려울 수 있다는 점을 강조한다. 개인의 가치관과 태도를 기반으로 판단을 내리는 심리적 갈등이론과도 차이가 있다. 결정의 주체가 개인이라고 할 때의 개인은 자연인이 아니라 사회나 국가 등의 시스템을 관리할 책임이 주어진 개인, 즉 역할수행자로서의 개인이기 때문이다. 물론, 사회적 갈등과 이념적 충돌의 산물이 곧 정책결정이라는 거시이론과도 그 궤를 달리한다. 딜레마 모형은 미시와 거시의 양극단을 피하고 중범위수준에서 의사결정의 구조적 상황을 설명하는 이론으로서의 장점이 있다. 예컨대, 어떤 정책이 왜 만들어졌는가를 분석한다고 해보자. 경제학자는 정책대안의 선택과 그것이 가져올 결과를 비교하면서 분석한다. 리더십이나 개인심리를 연구하는 학자들은 그 정책을 만드는 데 주도적 역할을 한 정책창도가의 역량과 가치를 분석할 것이다. 딜레마 연구자는 대안이 팽팽히 맞서고, 가치 간의 충돌도 존재하며, 행위자들이 양분되어 서로 갈등을 겪는 '상황'을 분석할 것이다. 쓰레기통모형처럼 의사결정의 구조에 주목하는 것이 딜레마 모형이다.

딜레마 모형은 그 이후 딜레마와 연관된 사례연구를 할 때 실질적인 나침판 역할을 하였다. 그런데 1991년에 시작되어 거의 30여 년 간을 이어온 딜레마 연구의 흐름에서 딜레마 모형을 수정하거나 보완하는 작업은 한 번도 없었다. 딜레마 모형을 하나의 분석틀처럼 사례에 적용하기만 했지, 모형이 성립하기 위한 조건에 대한 충분한 설명이 상대적으로 부족했다. 딜레마 이론이 초기의 조건들을 계속 보완하면서 나름대로 이론의 정교함을 높여오려고 했던 것과는 다르다. 그러나 [그림 9-1]의 딜레마 모형을 실제 사례에 적용하기 위해서는 모형이 존재하기 위한 추가적 조건들을 함께 고려할 필요가 있다.

먼저, 가치, 대안, 행위자가 결합하여(coupling) 하나의 프레임을 구성해야 한다는 점이다. 여기서 프레임은 사람들로 하여금 삶의 사건들을 위치시키고, 지각하고, 확인하고, 이름을 붙이게 하는 일종의 해석틀이다(Snow et al., 1986: 464). 이를 바탕으로 이 연구는 딜레마 모형에서 프레임은 한 행위자가 '자신이 주장하는 가치를 실현하기 어떤 대안을 주장하는 상황'으로 가정한다. 즉, 행위자 G, 대안 A, 결과가치 V가 결합된 프레임 VAG와 행위자 ~G, 대안 ~A, 결과가치 ~V가 결합된 프레임 ~VAG이 동시에 존재해야 딜레마 상황이 된다. 건설업자(G)가 지역경제 발전(V)을 위해 도로와 산업단지 부지를 마련하기 위해 야산을 개발(A)하려는 VAG 프레임과, 환경보호론자(~G)가 야산에 자리잡고 살아온 동식물과 농민들의 삶의 터전을 보호(~V)하기 위해 야산을 보전하라는(~A) 프레임을 예로 들 수 있다. 이때 결합의 강도는 프레임의 강도를 결정한다. 만약 행위자 G가 대안 A와 가치 V를 강하게 주장하고, 이 둘 사이의 인과관계가 강하다면 프레임 VAG는 대안, 가치, 행위자 간의 결합이 강한 프레임이다. 행위자 ~G가 대안 ~A와 가치 ~V를 강하게 주장하고 있지만 ~A와 ~V의 인과관계가 약하다면 프레임 ~VAG는 대안, 가치, 행위자 간의 결합이 약한 프레임이다. 대안과 결과가치의 인과관계는 강하지만, 대안과 가치를 지지하는 행위자가 별로 없다면, 이것 역시 약한 프레임이다.

그러나 항목들의 결합만으로 딜레마가 형성되지는 않는다. 동시에 이러한 프레임 간의 충돌이 결정의 임계 영역 안에 들어와야 비로소 정책결정자는 딜레마 상황에 놓인다. 즉, 대안, 가치, 행위자의 결합으로 구성된 두 개의 프레임 VAG와 ~VAG가 충돌하고, 이러한 충돌이 실제의 선택 상황에서 표면에 드러나야 한다. 여기서 프레임의 충돌은 앞서 딜레마의 구성조건에서 언급하였던 대안이나 가치의 상충성과는 구별된다. 대안이나 가치에 내포된 상충성이 표면화되어 상대 프레임과의 충돌로 이어져야 한다는 뜻이다. 대안 A를 선택하면 대안 ~A를 포기해야 하고, 가치 V를 수용하면서 동시에 가치 ~V를 수용할 수 없고, 행위자 G는 행위자 ~G와 서로 갈등을 겪고 있어야 한다. 만약 대안, 가치, 행위자 간의 충돌이 동시에 존재한다면 프레임 간의 충돌이 강하게 나타날 것이다. 건설업자와 환경보호론자가 동네의 야산을 개발할 것인가 아닌가를 놓고 서로 갈등을 겪고 있는데, 건설업자는 야산을 개발하면 지역을 발전시킨다고 주장하고, 환경보호론자는 야산개발이 생태계와 지역농업 등 삶의 터전을 파괴한다고 주장하는 상황을 예로 들 수 있다. 건설업자와 환경보호론자의 갈등, 야산개발을 할 것인가 아닌가의 충돌, 지역경제의 발전과 삶의 터전 파괴의 대립이 존재하는 상황이다. 이에 더하여 개별 구성요소 자체로는 충돌이 뚜렷하게 드러나지 않는 상태에서도 다른 구성요소와 강력하게 결합되어 하나의 프레임을 구성하게 됨으로써 충돌이 강화될 수 있다. 예컨대, 건설업자와 환경보호단체가 대립한다고 해서 매번 관련 사안에 정책결정자가 개입하는 것은 아니지만, 지역경제 활성화와 생태계 및 삶의 터전 보호라는 각각의 프레임이 내세우는 가치가 결합되면 공공정책 영역에서 해결해야 하는 중요한 이슈로서 이들 프레임 사이의 충돌이 주목받는다.

이처럼 두 개 프레임과 연관된 이슈가 사회의 공공의제로 발전하여 충돌하는 두 개 프레임 가운데 하나를 사회가 선택해야 하는 상황, 즉 결정의 임계 영역 안으로 들어올 때 딜레마가 된다. 세 가지 구성요소의 결합뿐 아니라 결합을 통해 이루어진 프레임 간의 충돌이 동시에 강한 상황일 때 이전보다 강력한 신호를 보내게 되는 것이다. 만약 두 개의 가치가 부정적으로 표현되거나 물러설 수 없는 근본적 가치 간의 충돌이라면, 그리고 선택해야 하는 대안의 상징성이 크다면, 그리고 행위자의 응집력이 크다면, 딜레마의 강도는 더 커진다(윤견수, 2006). 반면, 프레임의 결합이 약한 경우 정책결정자의 관점에서 딜레마 상황으로 인지하기 어렵다. 예컨대, 행위자가 특정 대안과 그것의 결과가치를 주장하지만, 대안과 결과가치의 결합, 즉 인과관계가 느슨하다면 전반적으로 프레임 결합의 신호가 약하고,[2] 마찬가지로 대안이나 가치를 주장하는 행위자의 존재나 위상이 약한 경우에도 결합의 신호는 약해진다.[3] 그리고 프레임 간 결합 강도가 서로 다른 경우에도 충돌이 나타내는 신호가 줄어든다. 예를 들면, 프레임 VAG를 구성하는 항목들 사이의 결합은 강하지만, 프레임 ~VAG를 구성하는 항목들 사이 결합은 약한 경우는 상대적으로 강한 결합의 프레임이 논쟁 과정에서 우위를 점하기 쉬우므로 충돌의 강도가 크지 않다. 마지막으로, 두 개의 프레임 모두 강력하게 결합된 경우에도 충돌의 강도가 낮게 나타나기도 한다. 예컨대, 행위자들 간의 갈등이 극렬하고 대안 역시 팽팽하게 맞서고 있지만, 대안이 가져올 결과가치가 대중에게 공감을 사지 못하여 중요한 사회 이슈로 여겨지지 않는 경우라면 정책결정자 역시 이를 자신이 해결해야 하는 딜레마 상황으로 신호를 인식하기 어려울 것이다.

앞에서 살펴본 바와 같이 프레임 간의 충돌이 결정의 임계 영역 안으로 들어오지 않는 이유는 결합과 충돌이 보내는 신호가 약하기 때문이다. 딜레마 상황이 보내오는 신호가 약하다면 구조적으로 딜레마가 되기 위한 조건은 갖추었어도 그것을 무시한다. 이 글은 그런 상황을 무시된 딜레마라고 규정한다. 물론, 정책결정자가 의도적으로 딜레마를 무시하기도 한다. 정책결정자의 정치적 이해관계나 욕망, 혹은 이념적 편향은 딜레마를 무시하는 요인이 된다. 그러나 이 글에서는 정책결정자가 시스템의 조정자로서 공적 역할을 수행한다고 가정하기 때문에 자연인으로서의 주관적 감정과 이해관계에 치우쳐 의도적으로 딜레마를 무시하는 상황은 배제한다.

2) 앞의 예에서 야산 개발이 지역을 발전시킨다는 인과적 관계에 대한 논리와 근거가 부족해 사람들을 설득시키지 못한 경우다.

3) 야산을 개발하면 지역이 발전한다고 주장하는 행위자의 존재가 충분히 가시적이지 않다면 결합의 신호가 약할 수밖에 없다.

그 어느 경우건 딜레마 상황을 무시하지 않고 딜레마로 보기 위해서는 이해당사자들이 참여하는 기회를 확대하여 정책결정자의 판단을 균형 있게 만들어주는 장치가 필요하다. 예를 들어, 관련 이슈의 공론화 과정을 거칠 수 있는 합리적 토론장치가 작동되어야 한다. 무시된 딜레마는 상충적인 대안을 균형있게 보지 못하고 특정 대안과 연관된 가치만 수렴하기 때문에 절차적 합리성이 충족되지 않음으로 인해 발생하는 사회적 비용이 크다(김태은, 2013). 소영진과 안성민(2011: 78)은 무시된 딜레마의 경우 정책결정자는 딜레마를 인지하지 못하기 때문에 특정 대안의 선택에 어려움을 겪지 않지만, 정책집행의 단계에 이르게 되면 결정 과정에서 인지하지 못했던 딜레마와 그로 인한 기회손실 때문에 집행이 어려워진다고 하였다. 결정 때 무시했던 딜레마를 집행의 과정에서 경험하게 된다는 것이다.

이 글은 과거의 딜레마 연구처럼 딜레마를 무시하면 초래되는 현상에 관한 연구가 아니다. 딜레마를 무시하는 상황이 구체적으로 어떤 의미인가에 초점을 맞추었다. 정책결정자가 딜레마를 무시하는 상황은 첫째, 딜레마를 구성하는 대안, 가치, 행위자들 간의 결합이 약해 프레임의 강도에 따른 신호 역시 약하거나, 둘째, 프레임 간의 충돌 자체에 대한 신호가 크지 않기 때문에, 대립하는 프레임의 충돌이 결정의 임계 영역 안에 들어오지 못한 상황이다. 무시된 딜레마에 대한 논의가 중요한 이유는 딜레마로 인해 발생할 수 있는 부정적인 측면을 미리 예방하는 데 도움이 되기 때문이다. 프레임 내 항목들의 결합과 프레임 간 충돌의 강도는 약하지만 그것이 딜레마 상황이라는 것을 안다면, 즉 딜레마 구조를 무시하지 않는다면, 정책결정의 질을 높일 수 있는 것이다.

Ⅲ 사례분석: 모빌리티 플랫폼의 등장과 무시된 딜레마

1. 모빌리티 플랫폼의 등장과 정책 딜레마

우버(Uber)를 비롯하여 타다와 카카오카풀, 카카오택시 등은 ICT 기술을 활용하여 스마트폰 애플리케이션을 매개로 운전자와 승객을 연결해주는 운송네트워크 플랫폼 기업, 즉 TNC이다. 모빌리티 플랫폼(mobility platform) 서비스는 소비자들에게 더 많은 선택의 기회를 제공하고 유연한 고용형태의 새로운 일자리를 제공하는 등 여러 가지 장점으로 인해 급속도로 그 규모가 팽창했다. 그러나 이 과정에서 기존 운송산업 관련 법률체계와의 충돌이 발생하자 새로운 산업정책으로 혁신을 촉진하고 확산해야 한다는 주장과 기존 시장을 보호하고 현존하는 규제체제에 맞춰 신산업을 규제해야 한다는 주장이 각 나라에서 대립하고 있다(윤승영, 2019: 241). 각국 정부는 공유 경제와 기술 혁신 등을 내세워 모빌리티 플랫폼의 사용을 규제하지 않지만, 동시에 TNC의 존재를 무시하거나, 시장 진입을 차단하는 등 정치적, 사회적, 문화적 맥락에 따라 서로 다른 방식으로 통제를 시도하고 있다(Chen et al., 2019: 1). 일례로, 유럽 사법재판소(The European Court of Justice: ECJ)는 우버가 기존 유상운송산업의 규제를 받지 않는 새로운 '정보사회서비스(Information Society Service: ISS)' 분류에 해당하는지를 법리적으로 검토하기도 했다(신정은, 2020).

우리나라 역시 2013년 우버의 한국 진출로부터 시작되어 2014년 우버엑스(X) 서비스 출시, 2018년 카카오모빌리티의 '카카오카풀' 서비스 출시 및 쏘카 VCNC의 '타다' 서비스 출시 등에 이르기까지 다양한 형태의 모빌리티 플랫폼 서비스가 나타나고 있지만 그럴 때마다 논란이 커지고 있다. 과연 모빌리티 플랫폼을 기존의 여객운송 서비스 산업으로 분류할 것인가, 아니면 새로운 형태의 정보사회서비스 산업으로 분류할 것인가? 기존의 택시운전자처럼 운수사업 안에서 면허를 통해 규제할 것인가, 아니면 모빌리티 플랫폼 산업에 대한 새로운 규제를 만들 것인가? 각 나라가 어떤 선택을 하건 그것은 [그림 9-2]와 같은 규제프레임과 혁신프레임의 딜레마 구조 속에서 이루어지는 선택이다.

위 딜레마 상황에서는 택시사업자와 모빌리티 플랫폼 사업자라는 중요한 행위자가 등장한다. 택시운수업체와 개인 및 법인택시 운전자를 포괄하는 택시사업자는 TNC의 등장을 기존의 여객 유상운송사업 영역에 포함시켜 택시와 함께 여객자동차법에서 이를 다루어야 한다고 본다. 그래야만 기존 규제로부터 자유로운 TNC 업체와 불공정한 경쟁을 방지하고 면허를 취득하기 위해 많은 비용을 투자한 택시업자의 생존권을 보장할 수 있다는 논리다. 그러나 모빌리티 플랫폼 사업자는 TNC를 정보사회서비스

[그림 9-2] 모빌리티 플랫폼 도입과 정부의 딜레마

	[규제프레임]	↔	[혁신프레임]
가치:	생존권/공정경쟁	↔	소비자 편의/새로운 일자리
행위자:	택시사업자	↔	모빌리티 플랫폼 사업자
대안:	운송 분야 서비스 (여객운수법)	↔	정보사회서비스 (TNC 관련법)

나 IT 서비스 같은 신산업에 포함시켜 TNC 관련법으로 관리해야 한다고 주장한다. 그래야만 새로운 운송서비스 모형의 개발을 통해 소비자에게 선택의 기회를 넓히고 새로운 일자리를 만들어 낼 수 있다는 것이다. 이러한 상황은 딜레마 모형이 갖추어야 할 전형적인 조건을 충족한다. 행위자들 간의 갈등이 있고, 기존 산업인가 신산업인가라는 서로 충돌하는 단절적 대안이 존재하고 (혹은 기존 산업을 대변하는 여객운송법과 신산업을 대변하는 TNC 관련법이 존재하고), 그런 대안이 가져올 결과가치가 팽팽히 맞서는 상황이다. 즉, 구조적으로 두 개의 프레임이 충돌하기 때문에 정부의 입장에서 어느 하나의 프레임을 선뜻 고르기 힘든 상황이다. 미국은 이런 상황에서 TNC 관련법을 정리하면서 모빌리티 서비스를 신산업의 규제 영역 안에 포함시켰고, EU는 반대로 기존의 여객운수법의 테두리 안에 포함시켰다. 미국은 혁신프레임을 선택했고, EU는 규제프레임을 선택한 것이다.

2. 한국 정부의 선택: 딜레마 상황의 무시

1) 한국 내 모빌리티 플랫폼의 등장과 좌절 과정[4]

국내에서 모빌리티 플랫폼 산업은 아시아 시장에서 두 번째로 우버가 한국에 2013년경 진출하면서 본격적으로 시작되었다. 우버는 다른 나라에서와 마찬가지로 운수사

4) 모빌리티 플랫폼 산업의 국내 시장 진출 이후 발생한 사건들을 <부록 1>에 시간의 흐름에 따라 표로 정리하였다.

업자로 등록하지 않은 상태에서 리무진과 렌터카를 대상으로 하는 배차서비스, 우버블랙을 개시하였다. 2014년 10월 23일에는 자가용 운전자들을 대상으로 앱을 통해 승객과 연결해주는 우버엑스(X) 서비스를 시작하였다. 이에 택시업계는 관계 당국의 철저한 관리와 감독을 요구하였다. 그들은 업계의 생존권 침해뿐 아니라 여객운송질서를 파괴하고 나아가 택시산업의 기반을 무너뜨릴 수 있다는 이유로 우버 영업에 반대하였다. 반면, 우버는 공유경제 서비스를 적법한 절차에 따라 제공할 뿐이라며 이에 반발하였다. 자신들은 기술 제공 플랫폼이기 때문에 여객자동차법상 규제를 적용받는 운송사업자에 해당하지 않는다고 주장한 것이다. 이에 대하여 유상운송사업 관련 관리·감독을 담당하는 국토교통부는 우버의 영업행위는 여객자동차법에서 규정한 유상운송, 운전자 알선행위 규제 등에 저촉된다고 판단하였다. 또한 택시업계의 업역을 침해하여 운송질서를 문란하게 할 소지가 크다는 해석을 내렸다. 이후 서울시는 2014년 12월 우버 서비스에 대한 신고포상금 조례를 제공해 신고당 최대 백만 원의 포상금을 제공하는 소위 '우파라치' 제도를 도입하는 등 강력한 단속에 나섰다.[5] 우버 측은 기사등록제 도입을 제시하는 등 합의를 위해 노력했지만, 서울지방경찰청에서 우버코리아 한국지사장과 법인, 렌터카 업체 대표와 운전자 등을 불구속 입건하였고, 서울중앙지법은 이들에게 벌금을 선고하였다.[6] 마침내 2015년 3월 우버는 서비스를 종료했다.[7]

그러나 모빌리티 플랫폼 서비스가 시장에서 완전히 자취를 감춘 것은 아니었다. 한국형 TNC 업체들은 현행법상의 예외규정을 적극적으로 활용하여 자신들의 서비스 영역을 택시와 분리하고자 노력하였다. 예컨대, '카카오카풀'과 '타다'처럼, 출퇴근 시간의 카풀을 표방하거나, 렌터카와 운전기사를 함께 대여하는 방식으로 서비스 범위를 차별화한 것이다.[8] 2015년 4월 한국형 모빌리티 서비스를 표방한 카카오모빌리티

5) 여객자동차 운수사업법 위반행위 신고포상금 지급 조례(서울특별시 조례 제5819호) 제2조 및 제3조 제11호: 적발된 우버 운전자나 렌터카 업체에는 2년 이사의 징역이나 2,000만 원 이하의 벌금이 부과된다.

6) 서울중앙지방법원 2014고단9688-1(분리).

7) 2014년 12월 검찰은 우버코리아 한국지사장과 국내 법인인 우버코리아테크놀로지, 렌터카 업체 등을 여객자동차법 위반 혐의로 불구속 기소하였으며, 2017년 4월 서울 중앙지법은 우버코리아 테크놀로지에 벌금 1,000만 원을 선고하였다[서울중앙지방법원 2014고단9688-1(분리)].

8) 이러한 타다 측의 입장은 2019년 2월 11일 서울개인택시조합의 전현직 간부들이 여객자동차법 위

가 택시를 대상으로 앱을 통하여 승객과 연결해주는 '카카오택시' 서비스를 출시하였다. 이후 카카오택시의 성공에 힘입어 카카오모빌리티에서는 2018년 이용자 편의와 제4차 산업혁명 등을 내세워 '카카오카풀'의 시범 서비스를 개시하였다. 기존 법인택시와 개인택시를 대상으로 서비스하였던 '카카오택시'와 달리, '카카오카풀'은 일반 운전면허를 지닌 운전자들이 자신이 보유한 자가용을 활용하여 서비스를 제공한다는 점에서 차이가 있었다. 우버 등의 전례가 있음에도 '카카오카풀' 서비스를 출시한 기반이 된 것은 다름 아닌 여객자동차법의 카풀 예외조항이었다. 당시 여객자동차법은 택시와 같은 사업용 자동차가 아닌 일반 자가용을 활용한 사업을 금지하고 있지만, '출퇴근길에 동승하는 경우는 예외'라는 조항을 두고 있었다.[9] 카카오 측에서는 이를 근거로 '카풀'이라는 명목 하에 유상운송 서비스를 시도한 것이다. 카풀 업계는 출퇴근 시간이 자유로워진 사회적 분위기를 들어 예외로 허용되는 시간대를 넓게 해석하여 제한을 최소화해야 한다고 주장하였다. 그러나 이와 달리, 택시업계는 운송사업법의 취지와 업계의 어려움을 고려해 카풀을 제한해야 한다고 주장하면서 다시금 갈등이 재점화되었다. 정식 서비스를 앞두고 연말 대규모 택시파업과 택시기사의 자살 등이 불거지면서 카풀을 둘러싼 갈등이 사회적으로 고조되었고, 결국 '카카오카풀'은 서비스를 잠정 연기하였다.

이후 정부와 여당, 택시노사 4단체,[10] 카카오모빌리티는 택시-카풀 사회적 대타협기구를 구성하였다. 그리고 2019년 3월, 모빌리티 플랫폼을 활용한 택시서비스의 출시와, 카풀이 허용되는 출퇴근 시기를 명확하게 지정하는 등 합의안을 도출하였다.

반으로 모기업인 쏘카와 VCNC의 대표를 고발한 것에 대해 쏘카의 이재웅 대표가 개인 페이스북에 "'타다'는 여객자동차운수사업법에 근거한 지극히 합법적 차량 대여 및 기사 알선 서비스"라는 입장을 분명히 밝힌 것에서도 볼 수 있다.

9) (구)여객자동차운수사업법(법률 제15735호) 제81조 제1항 사업용 자동차가 아닌 자동차(이하 "자가용자동차"라 한다)를 유상(자동차 운행에 필요한 경비를 포함한다. 이하 이 조에서 같다)으로 운송용으로 제공하거나 임대하여서는 아니 되며, 누구든지 이를 알선하여서는 아니 된다. 다만, 다음 각 호의 어느 하나에 해당하는 경우에는 유상으로 운송용으로 제공 또는 임대하거나 이를 알선할 수 있다. 1. 출퇴근 때 승용자동차를 함께 타는 경우, 2. 천재지변, 긴급 수송, 교육 목적을 위한 운행, 그 밖에 국토교통부령으로 정하는 사유에 해당되는 경우로서 특별자치도지사 · 시장 · 군수 · 구청장(자치구의 구청장을 말한다. 이하 같다)의 허가를 받은 경우.

10) 전국택시운송사업자조합연합회, 전국택시노동조합연맹, 전국민주택시노동조합연맹, 전국개인택시운송사업조합연합.

그러나 곧이어 서울시개인택시운송사업조합이 조합의 동의 없는 졸속 합의라는 이유로 원천 거부를 선언하였다. 중소 카풀 업체들 역시 공동 입장문에서 카카오모빌리티는 카풀 업계의 대표로 보기 어려우며, 따라서 카카오 중심의 합의안이라는 비판과 함께 무효를 주장하였다(CBS노컷뉴스, 2019.3.16). 법인택시 업계 또한 월급제 시행에 난색을 표하면서 반대로 돌아서자 합의안을 입법하겠다던 국회 논의는 중단되었다(문화일보, 2019.5.29). 이후 카카오모빌리티는 '카카오카풀' 서비스의 재개가 아닌, 기존 택시업계와의 상생 모델을 내세워 기존 택시업체의 인수 등 기술플랫폼을 이용한 플랫폼 택시사업으로 가닥을 잡게 되었다.

여객자동차법의 예외조항을 이용한 카카오카풀과 마찬가지로, 2018년 10월 쏘카의 자회사인 VCNC에서 출시한 '타다' 서비스 역시 동법과 시행령의 예외조항을 근거로 출시되었다. '타다'를 서비스하는 VCNC는 자신들을 고객이 초단기로 대여하는 일종의 새로운 렌터카 시스템을 제공하는 일종의 '차량대여사업자'라고 표현한다. 렌터카에 운전자를 알선하는 것은 금지이지만, 11~15인승 승합차에는 예외적으로 허용되는 시행령 조문을 토대로 VCNC가 쏘카로부터 빌린 11인승 승합차를 운전기사와 함께 고객에게 대여하기 때문이다.[11] '타다'는 이전의 택시 서비스와 차별화되는 이용자 편의 중심의 프리미엄 서비스를 내세워 2019년 7월에 이르러 가입자가 100만 명을 돌파하는 등 소비자들에게 많은 호응을 얻었다. 그러나 2019년 2월 서울개인택시조합의 전현직 간부들은 '타다'가 여객자동차법상 사업면허에 관한 제4조 및 렌터카 유상운송을 금지한 제34조를 위반했다며, 쏘카 대표와 VCNC 대표를 서울 중앙지방검찰청에 고발하였다.[12]

---

11) 구)여객자동차운수사업법 시행령(대통령령 제28969호) 제18조 운전자 알선 허용 범위 제1호 바. 승차정원 11인승 이상 15인승 이하인 승합자동차를 임차하는 사람.

12) (구)여객자동차운수사업법(법률 제15735호) 제4조 제1항 여객자동차운송사업을 경영하려는 자는 사업계획을 작성하여 국토교통부령으로 정하는 바에 따라 국토교통부장관의 면허를 받아야 한다. 다만, 대통령령으로 정하는 여객자동차운송사업을 경영하려는 자는 사업계획을 작성하여 국토교통부령으로 정하는 바에 따라 특별시장·광역시장·특별자치시장·도지사·특별자치도지사(이하 "시·도지사"라 한다)의 면허를 받거나 시·도지사에게 등록하여야 한다. 동법 제34조 제1항 자동차대여사업자의 사업용 자동차를 임차한 자는 그 자동차를 유상(有償)으로 운송에 사용하거나 다시 남에게 대여하여서는 아니 되며, 누구든지 이를 알선(斡旋)하여서는 아니 된다. 제2항 누구든지 자동차대여사업자의 사업용 자동차를 임차한 자에게 운전자를 알선하여서는 아니 된다. 다만, 외국인이나 장애인 등 대통령령으로 정하는 경우에는 운전자를 알선할 수 있다.

국토교통부(이하 국토부)는 2019년 7월 발표한 '혁신성장과 상생발전을 위한 택시제도 개편방안'과 무관하게 '타다' 측이 독자적으로 서비스지역과 증차 계획 등 사업확장을 발표하자 이를 사회적 갈등을 일으킬 수 있는 부적절한 조치라고 비판하였다. 그리고 타다 서비스의 근거가 되는 예외적인 허용 범위를 명확히 규정하기 위해 여객자동차법 시행령을 개정할 것임을 시사하였다. 그러나 모빌리티 플랫폼 업계는 국토부가 신규 모빌리티 스타트업의 진입장벽을 높임으로써 기존 택시업계만 보호하고 혁신성장을 저해한다고 비판하였다. 코리아스타트업포럼은 "자유로운 서비스를 통해 혁신을 시도할 수 있는 규제프리형 운송사업의 약속을 믿었는데, 협의 과정과 다른 조건들은 플랫폼 운송사업의 존립을 어렵게 하는 것으로 수용하기 어렵다"고 주장하였다(머니투데이, 2019.7.17). 그리고 플랫폼 사업제도를 기존 관련 규제체제 안에 편입시키는 여객자동차법 개정안이 국회에 발의되자, 정부규제는 혁신사업을 저지하는 것이라며 법안의 철회를 요구하였다. 공정거래위원회 역시 여객자동차법 개정안이 경쟁촉진 및 소비자 후생의 측면에서 신중하게 검토될 필요가 있다고 국회에 공식적으로 반대의견을 제출하였지만, 여객자동차법 개정안은 2020년 3월 국회 본회의를 통과했다. 이후 타다는 렌터카를 이용한 베이직 서비스 중단을 공지하였으며, 개정안에 대해 대통령이 거부권을 행사해줄 것을 요청하였다. 2020년 5월에는 여객자동차법이 소위 '타다금지법'으로서 국민 기본권과 기업 재산권 등을 침해한다는 헌법소원을 제기하였다.

2) 모빌리티 플랫폼: 규제와 혁신의 딜레마

대부분의 TNC는 '기술'을 강조하면서 자신들을 운전자와 승객 간 중개서비스, 또는 승차공유서비스라고 홍보하였다. 따라서 자신들이 하는 중개업무는 유상 여객운송사업과 구별되어야 한다고 주장하였으며,[13] 기존 여객자동차법상 규제에 모빌리티 플랫폼을 편입시키는 것에 부정적이었다. TNC는 여객자동차법의 여객 유상운송사업자가 아니므로, 관련 규제를 적용하여 택시운수사업을 위한 면허 또는 택시면허를 가진

13) 예외적으로 카카오 T택시의 경우 영업면허를 가진 법인택시 회사를 인수하였지만, 초기에는 다른 TNC와 마찬가지로 중개서비스라는 점을 강조하였다. 기존 택시기사와 승객 간 중개서비스를 표방한 카카오 T택시 이외에 다른 TNC들은 마찬가지로 택시운수종사자가 아닌 서비스별로 내세운 특정 조건들을 충족하는 일반 운전면허 소지자들이 대다수였다.

운전자들을 직접 채용할 필요가 없다는 것이다(김병오, 2018: 321). 여객자동차법상의 택시산업에 대한 면허규제는 사업운영 주체와 면허, 운전자에 대한 종사자격과 운행 차량에 대한 제한에 이르기까지 기존 택시산업 및 관련 시장에 강력한 통제로 작용한다.[14] 반면, TNC들은 이러한 규제의 영향력으로부터 상대적으로 자유로웠다. 이들은 기술의 혁신이 기존의 택시산업이 해소하지 못하였던 소비자들의 수요를 해결하고 새로운 일자리를 창출한다고 주장한다. 국내 TNC는 신기술의 활용이 주로 소비자들의 이용성과 접근성의 개선과 같은 편익이 크다고 강조하였다. GPS를 기반으로 모빌리티 플랫폼은 스마트폰 애플리케이션을 통해 운전자와 승객을 연결함으로써 수요와 공급을 효율적으로 연계한다. 소비자는 이러한 기술을 통해 길거리에서 지나가는 택시를 잡아야 하는 불편함이나, 목적지에 따른 승차거부 등의 어려움을 덜고 앱을 통해 지금 운전자가 어디에 있는지, 가는 경로는 어떤지 쉽게 알아보는 등 여러 편익을 누릴 수 있다(윤승영, 2019: 238). ICT 기술의 활용은 인력운용의 효율성을 높이고 근무 시간 및 형태가 다양한 일자리의 창출에도 기여한다. '타다'의 경우 '바로배차' 시스템을 통해 승객이 호출하는 순간에 가장 빠르게 도착할 수 있는 차량을 배차하고 데이터분석을 통해 호출이 많은 시간대에 운행 차량 수를 늘리는 등 적극적으로 ICT 기술을 활용하였다(매일경제, 2018.10.9). 따라서 어렵게 택시면허를 취득하여 전업으로 근무하지 않더라도 자신이 소유한 차량을 이용하여 여유 시간에 손쉽게 수익을 창출할 수 있다는 것이다.

이에 반발하여 택시산업은 유상운송 사업 간 형평성 등 불공정한 경쟁으로부터 택시 시장 보호와 관련 업계 종사자들의 생존권을 내세워 TNC에도 마찬가지로 관련 규제를 적용할 것을 주장한다. 택시업계는 TNC 플랫폼을 이용한 다양한 운송서비스를 '유사택시 서비스'라고 여긴다. ICT 기술을 일부 활용하더라도 그 실질은 중개업무를 수행하는 것이 주된 사업 영역이기 때문에 기존 콜택시 등 택시회사와 큰 차이가 없다는 것이다. 따라서 TNC들이 여객자동차법상 무면허임에도 독자적인 요금체계를 갖추고 운전자를 모집하는 등 서비스를 한 것은 불법 여객 유상운송사업이라고 본다. 그리고 이는 실질적으로 택시사업에 직·간접적으로 관여하는 것으로 안전문제와 불공정한 경쟁환경 조성 등의 영향을 미칠 수 있다고 주장한다(윤승영, 2019: 240). 이

---

14) 여객자동차 운수사업법 제4조 및 제24조 등.

러한 입장은 우버의 시장 진출 이후부터 카카오카풀과 타다 등 TNC에 대한 일관적인 반대로 이어졌다(매일경제, 2018.10.9). 카카오카풀과 타다 서비스가 여객자동차법의 예외조항을 우회적으로 이용하여 불법 영업을 한 것에 불과하다는 것이다. 택시노사 단체들은 전국 규모의 총파업뿐 아니라 여러 차례에 걸쳐 집회를 열고 성명서를 발표하여 거대 자본을 앞세운 TNC가 영세한 택시산업을 황폐화시키고 사회적 약자인 택시기사의 생계를 위협한다고 주장하였다. 또한 면허제로 엄격히 규제받는 택시와 달리 거대 플랫폼 기업이 사익 추구를 위해 국민의 이동권과 교통안전을 위험에 빠트려 시민들이 불편과 불이익을 겪을 위험성을 제시하면서 대중과 정치권의 지지를 얻어내기 위해 노력하였다.

이처럼 택시업자들은 모빌리티 플랫폼 서비스가 기본적으로 택시사업의 영역에 속한다고 본다. 때문에 TNC 역시 기존 여객자동차법상의 규제체계에 편입되는 것이 당연하다고 주장한다. 그러나 TNC를 비롯한 모빌리티 플랫폼 신산업의 혁신을 지지하는 행위자들은 기존의 택시사업과 동일한 규제를 적용하면 수요나 공급에 따라 신축적인 운영이 가능한 혁신적 서비스가 방해를 받는다고 본다(Rassman, 2014). 기존의 규제체제와 모빌리티 플랫폼이 추구하는 혁신사업은 공존하기 어렵다고 여기기 때문이다(Kassan & Orsi, 2012: 13). 그래서 여객자동차법을 개정하여 TNC에 기존 규제체계를 적용하는 것에 반대한다. 따라서 이 연구에서는 이 사례가 혁신과 규제라는 두 개의 프레임이 충돌하는 구조를 갖춘 전형적 딜레마 상황이라고 본다.

3) 정부의 대응: 딜레마의 무시

위와 같은 딜레마 상황에서 정부가 선택한 것은 규제프레임이었다. 문재인 정부는 2017년 100대 국정과제 중 하나로서 정보통신기술(ICT) 개발 및 투자를 통해 신산업을 육성하고 제4차 산업혁명에 대응하겠다고 밝혔다. 이처럼 정부는 기술 혁신을 통한 신산업이 시민에게 편의를 가져올 수 있으며, 일자리 확보에 도움이 될 수 있다는 것을 알고 있었으며, 정부 내에 그러한 프레임을 지지하는 행위자들도 존재하였다. 그러나 결과적으로 정부는 모빌리티 플랫폼 측이 주장하는 혁신프레임과는 다른 결정을 내렸다.

기획재정부(이하 기재부)와 4차산업혁명위원회 등 신산업 혁신에 관련된 기관들은 기술 혁신과 경쟁 촉진 등의 이점을 들어 모빌리티 플랫폼 산업에 우호적인 입장을 지니고 있었다. 2018년 5월 문재인 대통령이 경제부총리에게 혁신성장정책 활성화를 주문하면서 기획재정부는 2018년 6월 혁신성장정책을 추진하기 위해 민관 합동 조직인 혁신성장본부를 출범하였다.[15] 당시 김동연 부총리 겸 기재부 장관은 가장 먼저 규제를 개혁할 분야로 공유경제를 지목하였다(한국경제, 2018.7.30). 모빌리티 플랫폼 외에도 에어비앤비와 같은 숙박공유 서비스 등 이해관계가 얽혀있는 핵심규제를 해소하겠다는 목적이었다. 대통령 직속 4차산업혁명위원회는 규제혁신 해커톤을 개최하여 ICT 관련 단체와 시민단체, 정부부처뿐 아니라 택시업계의 참여를 독려하고 교통 혁신방안을 검토하기 위해 노력하였다. 4차산업혁명위원회 위원장은 모빌리티 플랫폼 관련 사안을 두고 국토부의 미온적인 태도를 비판하며, “국민 편의 제고를 위해 적극적인 대응이 필요하다”고 지적할 정도였다(매일경제, 2018.10.9). 즉, 정부 안에 모빌리티 플랫폼을 중심으로 하는 혁신프레임에 우호적인 분위기들이 충분히 있었다. 2019년 10월에 검찰이 타다를 사실상 ‘위법콜택시’라는 이유로 여객자동차법 위반으로 불구속 기소하자, 홍남기 부총리 겸 기재부 장관은 “상생해법이 충분히 강구되고 작동되기 전에 이 문제를 사법적 영역으로 가져간 것은 유감이다. 여타 분야 신산업 창출의 불씨가 줄어들까 우려스럽다”는 입장을 밝혔다(아시아경제, 2019.10.31). 신산업 혁신프레임에 대한 고려가 충분하지 않은 상태에서 기존 규제프레임을 적용해 위법 여부를 판단한 검찰을 비판한 것이다. 중소벤처기업부 장관 역시 이러한 검찰의 기소를 “너무 전통적 생각에 머문 것”이라며 비판했다(조선일보, 2019.11.1). 심지어 검찰의 의견조회에 공식답변을 내놓지 않아 사실상 기소를 방치했다고 비난을 받던 국토부 역시 사법적인 접근은 성급하다고 비판했다.

그러나 여객자동차법의 주관부처로서 국토교통부는 우버의 한국 시장 진출부터 실질적으로 TNC를 기존 규제프레임의 관점에서 판단하고 있었다. 일례로, 국토교통부 역시 우버엑스(X) 서비스가 불법 택시에 해당한다고 주장했던 택시업계와 마찬가지

15) 이때 벤처 1세대로 불리는 이재웅 쏘카 대표가 민간 공동본부장으로 위촉되었다. 그러나 규제혁신과 관련된 공론화 추진 등의 작업을 본격 추진하지 못하였고, 결국 경제부총리와 혁신성장본부 공동본부장을 겸임하였던 기재부 1차관 등이 교체되면서 민간 공동본부장이었던 이재웅 대표도 사퇴하였다. 이후 혁신성장추진기획단으로 개편되었지만, 여전히 택시와 모빌리티 플랫폼 간 갈등에 대해서는 국토부가 소관부처이기 때문에 먼저 작업을 해야 한다고 봤다.

로 우버가 여객자동차법상 불법 유상운송행위를 한다는 해석을 내렸다.[16] 2014년 8월 관할관청인 서울시에 공문을 보내 우버에 대한 철저한 단속과 위법사항 적발 시 고발할 것을 지시한 것이다(연합뉴스, 2014.8.29). 이후에 등장한 여객자동차법 규제의 예외조항에 근거한 TNC들의 서비스에 대해서는 국토교통부(이하 국토부)는 불법으로 볼 규정이 없다고 밝혔으며, 직접적으로 위법이라고 선을 긋지는 않았다.[17] 그러나 이러한 반응은 이들 TNC가 주장하는 프레임을 받아들였다기보다 기존 규제프레임을 통해 위법 여부 판단이 모호하기 때문이었다. 실제로, 기재부를 통한 모빌리티 플랫폼 측의 규제 완화 주장에 대하여 국토부 관계자가 "면허제 안에서 (TNC를) 운영하는 것이 제도의 연속성을 위해 바람직하다"고 답하는 등(매일경제, 2018.10.9), 기본적인 국토부의 입장은 모빌리티 플랫폼 서비스에 기존의 규제프레임 적용을 당연시하는 쪽에 가까웠다.

이처럼 서로 충돌하는 두 개의 프레임이 대립하는 상황에서 국회와 정치권의 개입은 정부가 딜레마 상황을 무시하고 규제프레임 중심의 정책결정을 내리게 된 결정적인 계기가 되었다. 2018년 말 TNC에 대한 택시업계의 대규모 시위와 파업이 가속화되고, 택시기사들이 분신자살과 같은 극단적 선택을 하면서 해당 이슈에 대해 사회적 관심이 늘어났다. 그러자 이전과 달리 정치권은 이러한 상황들을 민감하게 받아들였으며, 더불어민주당 정책위원회에서는 '택시-카풀 TF'를 출범하였다. 2019년 1월에는 국토부가 주축이 되어 택시업계와 여당 TF, 카카오모빌리티가 함께 택시와 플랫폼의 상생발전을 위한 사회적 대타협기구를 출범하였지만, 결국 이들의 합의안은 택시업계

16) 여객자동차운수사업법 제81조 제1항 사업용자동차가 아닌 자동차(이하 "자가용자동차"라 한다)를 유상(자동차 운행에 필요한 경비를 포함한다. 이하 이 조에서 같다)으로 운송용으로 제공하거나 임대하여서는 아니 되며, 누구든지 이를 알선하여서는 아니 된다.

17) 실제로, 2018년 시장 진출 초기 불법성 여부를 판단해달라는 타다 측의 요청에 국토부는 "불법으로 볼 규정이 없다"고 하였으며, 서울시 역시 "불법성이 없다는 정부의 판단을 받았다"고 밝혔다. 이후 2018년 카풀서비스의 출시에 직면한 택시업계의 강력한 반발에도 불구하고, 국토교통부는 사회적 대타협을 통해 갈등을 해결하겠다는 입장 외에 정작 12월 카카오카풀에서 정식 서비스를 잠정 연기할 때까지 미온적인 태도를 보였다. 당시 국토교통부가 '택시-카풀 갈등' 해결방안을 마련하면서 세운 추진계획에 따르면 '카풀 반대 집회 등 택시 단체의 대외적 활동에는 대응을 최소화'하고, 마찬가지로 카풀서비스에 대한 관여도 최소화한다는 방침이 담겨 있다(국민일보, 2019.1.13). 명시적으로 카풀을 반대하는 택시업계의 편을 들지도 않지만 동시에 카풀서비스 사업자의 책임 하에 사업을 시행하는 것을 반대하지도 않겠다는 것이다.

와 모빌리티 플랫폼 업계 양측의 반대에 부딪혀 시행으로 이어지지 않았다.[18] 본격적으로 정부의 대응이 가시화된 것은 2019년 7월 발표된 '혁신성장과 상생발전을 위한 택시제도 개편방안'부터였다. 국토부는 개편방안을 통해 기존 규제체계에 규제혁신형 플랫폼을 추가하는 형태의 대안을 제시하였다.[19] 이는 TNC를 제도권 틀 안으로 들어오게 하여 운송면허를 취득할 수 있는 길을 열어준 것이지만, 동시에 면허를 받지 못하면 불법이 된다는 것을 뜻한다. "중요한 것은 타다를 제도권 안으로 흡수해 택시산업이 혁신적인 산업으로 거듭나게 만드는 것"이라는 국토부 장관의 발언과 같이, 이는 모빌리티 플랫폼을 기존 여객자동차법 규제체계에 편입하려는 시도였다(한국경제, 2019.12.8).

이후 타다 측이 국토부가 제시한 방안을 비판하는 동시에 공격적인 사업확장을 시도하며 타다와 국토부 간의 갈등이 본격화되었다.[20] 국토부는 타다의 사업확장이 그간의 제도화 논의를 원점으로 되돌리고 사회적 갈등을 재현시킬 수 있는 부적절한 조치라고 보았다. 나아가 이전과 달리 타다 서비스의 근거가 되는 여객자동차 운수사업법 시행령을 개정해 예외적인 허용 범위를 명확히 규정하는 방안을 추진할 것이라고 강경하게 대응하였다. 이러한 상황에서 2019년 10월 국토교통위원회 소속 더불어민주당 박홍근 의원은 국토부가 발표한 개편방안을 토대로 '여객자동차 운수사업법 일부개정법률안(의안번호 2022993)'을 제출하였다. 개정안은 제안 이유로 "사실상 기존 택시운송사업과 중복되는 서비스를 제공하면서도 제도가 동등하게 적용되지 않는 한편, 주로 현행법상 예외규정들을 활용한 사업들을 추진함에 따라 기존 택시운송사업자들과의 갈등이 심각한 상황"이라고 밝혔다. 즉, 규제프레임 측의 주장과 마찬가지로 기존 모빌리티 플랫폼들이 규제 밖에서 운영되었기 때문에 갈등이 발생했다고 보

18) 사회적 대타협기구에서 제시한 합의안에는 출퇴근 시간 카풀 허용, 택시 월급제 시행, 규제혁신형 플랫폼 택시 출시 등의 내용이 담겨 있었다.

19) 국토교통부의 택시제도 개편방안에는 플랫폼 사업자가 운송사업을 할 수 있도록 허가하고 차량과 요금 등 기존의 규제를 완화하지만, 대신 정부는 택시허가 총량을 관리하고 플랫폼 운송사업자로 하여금 기존 택시 면허권을 매입하도록 하고, 플랫폼 사업자가 얻은 수익의 일부를 사회적 기여금으로 납부하도록 하는 내용이 포함되었다(이데일리, 2019.7.17).

20) 박재욱 VCNC 대표는 이 자리에서 "택시 면허를 대당 기여금을 내고 사는 형태로 하면 사용자를 만족시키는 데 한계가 있을 것"이라며, "우리가 면허를 샀다가 잘못되어 망하면 국가가 면허권을 다시 사줄 것인가"라고 되물었다(중앙일보, 2019.10.7).

고, 이들을 규제체계 안으로 편입시키려고 한 것이다. 추가로 타다 서비스의 근거조항이 되었던 렌트카 임차 예외조항을 개정함으로써 더이상 서비스를 운영할 수 없도록 하였다. 해당 법안은 2019년 12월 6일 국토교통위원회의 심의를 거쳐 위원장안(의안번호 2024710)에 반영되었다. 여객자동차법 개정안을 두고 청와대 정책실장은 "이 법은 '타다 금지법'이 아니다 … 타다가 지금과 같은 형태로 미래에 똑같이 사업을 한다는 것은 말이 안 된다 … 수십만 택시 운전사가 입는 피해를 방치할 수 없다"고 옹호하는 입장을 밝혔다.

공정거래위원회는 상임위원회 심의에 앞서 "특정한 형태의 운수사업을 법령에서 원칙적으로 배제하는 것은 경쟁촉진 및 소비자 후생 측면에서 신중하게 검토할 필요가 있다"는 반대의견을 제시하였으나 하루 만에 갑자기 법안에 반대의견을 제시한 것은 아니라는 입장으로 물러섰다(중앙일보, 2019.12.9). 기재부와 경제부총리 역시 법안의 개정을 두고 별다른 입장을 표명하지 않았다(조선일보, 2019.12.6). 여당과 청와대에서 공개적으로 지지를 보낸 정책사안에 대하여 반대를 표명하는 것이 부담스럽기 때문이다. 다시 말해, 규제프레임에 대한 선택이 가져오는 문제점을 알고 있는데도 불구하고 공개적인 논의로 이어지지 못한 것이다. 2020년 2월 19일 1심 법원에서는 법리 해석을 통해 타다 서비스가 "초단기 승합차 임대차(렌트)로 보는게 타당하다"고 밝혀 불법 영업에 해당하는 유상 여객운송이 아니라는 무죄 판결을 내렸다. 그렇지만, 선거를 앞두고 택시업계를 의식한 여야가 여객자동차법 개정을 당론으로 추진하면서 해당 위원장안은 2020년 3월 4일 법제사법위원회의 심의를 거쳐 3월 6일 본회의를 통과하였다. 현재 개정된 여객자동차법은 2021년 4월 8일부터 시행되고 있으며, 제4장의2로 여객자동차운송플랫폼사업을 추가하여 사업의 종류, 허가, 기여금의 납부, 운임・요금의 신고 의무 등을 규제하고 있다. 그리고 플랫폼운수종사자 역시 택시기사와 마찬가지로 여객자동차운송사업의 운전업무 종사자격의 취득을 의무화하고 있다.

IV 왜 딜레마 상황이 무시되었는가?

1. 임계점을 넘지 못한 프레임 충돌

1) 프레임 결합의 느슨함

상황을 딜레마로 보지 않은 첫 번째 이유는 딜레마를 구성하는 항목들, 즉 대안, 가치, 행위자들은 존재하지만, 그들 간의 결합이 느슨하여 견고한 프레임이 만들어지지 않기 때문이다. 택시업계는 처음부터 기존 유상운송사업의 규제체계 안에 모빌리티 플랫폼 역시 편입되어야 한다고 일관하여 주장하였다. 국토교통부 역시 여객자동차법의 주관부서로서 전반적으로 택시업계와 같은 의견이었다. 이들이 주장하는 대안의 내용도 "TNC 역시 택시 서비스와 마찬가지로 대가의 지불을 전제로 승객을 운송하는 서비스이므로 여객자동차법의 규제를 받아야 한다"는 것으로 분명하다. 대안이 채택되었을 때의 결과가치도 택시업계의 생존권 보호와 승객의 안전 등과 같이 명확하다. 주요 행위자와 이들이 주장하는 대안, 그리고 그 대안을 통해 달성하고자 하는 결과가치가 강력하게 결합되어 있는 상황이다. 즉, 프레임의 결합이 공고하기 때문에 프레임이 보내오는 신호가 명확하게 감지할 수 있다.

반면, 이들과 대립하는 모빌리티 플랫폼 업계는 자신들이 ICT 기술을 활용한 중개서비스업자이며, 기존 택시면허 규제의 적용을 받는 유상운송사업과는 관련이 없다고 여겼다.[21] 정부 내에서도 4차산업혁명위원회, 기획재정부, 중소벤처기업부, 공정거래위원회 등은 모빌리티 플랫폼이 혁신성장을 위한 신산업에 속하기 때문에 기존에 있는 규제체계를 그대로 적용하는 것은 문제가 있다고 본다. 그러나 이들은 규제프레임을 지지하는 택시업계와 국토교통부(이하 국토부)처럼 단일의 행위자처럼 활동하지 않는다. 여러 행위자들이 신산업이라는 미래의 막연한 기대를 중심으로 느슨하게 연결되어 있을 뿐이다. 그러므로 대안을 제시한다고 했을 때 그 대안은 단일 행위자의

21) 우버는 자신들을 '자가용 운전자와 승객을 앱으로 연결해주는 승차공유 중개서비스'라고 설명하였으며, 카카오카풀은 '목적지가 동일한 이들이 한 대의 차량에 동승하는 서비스', 타다의 경우 '승합차 렌터카 기반 모빌리티 서비스'라고 설명한다.

대안이 아니다. 더구나 우버의 실패 이후로 TNC 업체는 존립의 정당성을 주장하기 위해 기존의 여객자동차법상 예외조항들에 의지했고, 반대에 부딪히면 서비스를 종료하였다. 이후 또 다른 예외조항에 기반한 새로운 TNC가 등장하였다. 이처럼 업체마다 제공하는 서비스의 특성이 다르기 때문에 국토부 또는 택시업계와의 개별 사안을 협의하는 과정에서 각자가 주장하는 대안 역시 일관적이지 않았다. 예컨대, 카카오모빌리티의 경우 카카오카풀 서비스로 인해 택시기사가 분신자살하는 등 택시업계와 극심한 대립을 경험하였으나, 사회적 합의안까지 도출하였음에도 카풀서비스를 결국 종료하였다. 이후에는 기존 택시 중심의 카카오택시 서비스를 운영하고 택시운수법인을 매입하는 등 오히려 택시업계와 국토부의 주장을 받아들여왔다. 여객자동차법상의 규제라는 대안에 맞서 TNC를 보호하는 구체적인 대안이 없는 것도 문제였다. 총량제와 기여금 등 유연하고 합리적으로 제도를 구체화해야 한다는 의견을 제안하는 것 이외에, 개별 TNC와 모빌리티 플랫폼 업계, 심지어 정부 내에서 혁신프레임을 지지하였던 행위자들 역시 신산업 성장을 위한 대안을 구체적으로 제시하지는 않았다.

기존의 규제체계로 편입하는 것을 반대하고 각종 예외조항들을 끌어들였지만 과연 그것을 통해 얻는 결과가치가 무엇인가에 대한 점도 불분명하다. 혁신성장이나 신산업 활성화 등의 가치는 미래의 잠재적인 편익에 불과하다. 택시업계가 주장하는 생존권 박탈이라는 가치에 비해 가시적이지 않다. 소비자들이 누리는 편익 역시 특정 집단을 위한 것이 아니라 불특정 다수에게 넓게 분산되어 있다. 조직화된 소비자들이 없기 때문에 누구를 위한 편익인가라는 질문에 대한 확실한 답이 없는 것이다. 혁신성장과 소비자편익이라는 결과가치가 반드시 기존 규제체계와 별도로 모빌리티 플랫폼이 운영될 때만 달성될 수 있다는 인과관계 역시 확실하지 않다. 일자리 창출이라는 부가적인 가치 역시 불안정한 고용형태와 불확실한 처우로 인해 긍정적으로 받아들여지지 않았다.

[그림 9-3]은 모빌리티 플랫폼 도입 과정이 딜레마 구조 속에서 이루어졌지만 프레임의 결합이 느슨했기 때문에 딜레마에 대한 신호가 충분히 전달되지 않은 상황을 보여준다. 실선은 가시화되어 신호가 전달되는 상황이고, 점선은 아직 신호가 밖으로 전달될 만큼 가시화되지 않은 상황이다. 택시업계와 국토교통부의 규제프레임은 프레임을 구성하는 요소들의 결합이 강하기 때문에, 그것이 하나의 프레임이라는 신호가

[그림 9-3] 모빌리티 플랫폼 도입 과정과 무시된 딜레마

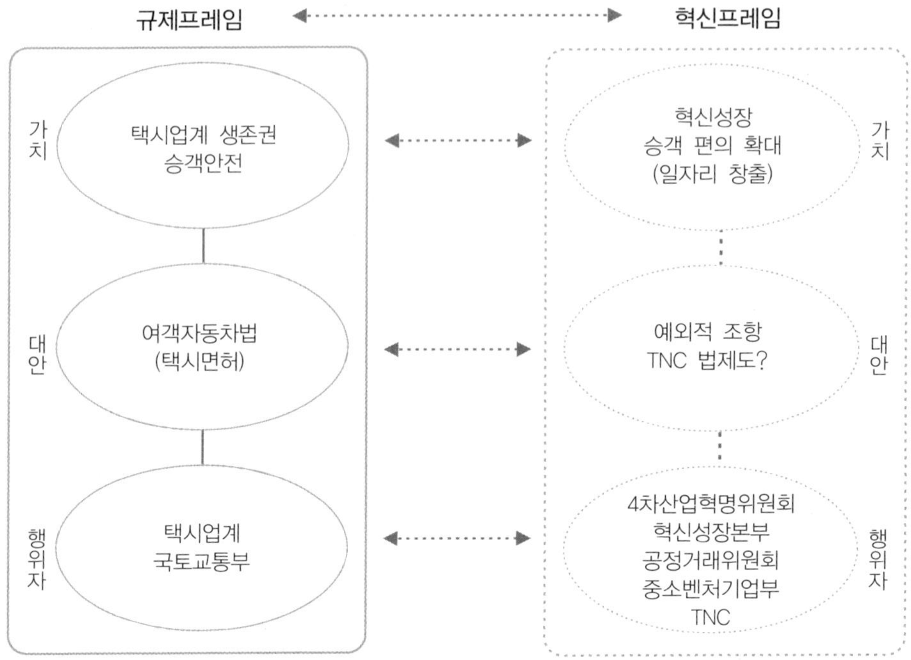

분명하다. 그러나 TNC 등과 같이 신기술의 가치를 인정하는 행위자들의 혁신프레임은 결합의 강도가 낮기 때문에, 그것이 하나의 프레임이라는 가시성이 약하다. 프레임을 구성하는 요소들 중에서도 가치는 비교적 가시적이지만, 대안이나 행위자는 상대적으로 가시성이 작다. 그래서 프레임으로서 보여주는 신호가 약하다. 이러한 상황에서 정부는 택시업계의 그것과 비교하여 모빌리티 플랫폼 측의 대안과 이들이 주장하는 결과가치에 대해 상대적으로 소극적인 태도를 보일 수밖에 없다. 여객자동차법의 개정 과정에서 국토부의 한 고위관계자가 "혁신 산업을 '죽일거냐, 살릴거냐'라는 이분법적인 논쟁으로 몰고 가지 말고 택시와의 구체적인 상생 대안을 제시하라"며, 모빌리티 플랫폼 업체에 대해 비판을 했는데, 그것은 이러한 상황을 딜레마로 보지 않겠다는 태도를 반영한 것이다.

2) 프레임 충돌의 미약함

딜레마를 무시하게 된 두 번째 이유는 프레임 간의 충돌은 존재하지만 충돌의 강도가 약하기 때문이다. 위의 [그림 9-3]을 보면 행위자들 간의 충돌이 그리 가시적이지 않다. 택시업계와 국토교통부는 비록 피규제자와 규제자의 관계지만 여객자동차법과 기존 택시면허라는 제도를 지키려고 한다는 점에서는 단일의 행위자라고 볼 수 있다. 그들은 모빌리티 플랫폼 서비스가 나타났을 때 그것을 전통적인 여객운수사업의 법질서 안에 포함하려 했다. 그것이 유리하기 때문이다. 택시업계의 경우 택시 4개 단체라고 불리는 전국택시운송사업조합연합회, 전국택시노동조합연맹, 전국민주택시노동조합연맹, 전국개인택시운송사업조합연합회 등 다양한 단체들이 존재한다. 이들은 주장하는 대안이 택시업계의 존속과 생존권 보호라는 결과가치를 위한 것임을 강조하기 위해 여러 차례 성명서를 발표하고 집회와 대규모 파업을 강행하였으며, 심지어 카풀 반대를 위해 분신자살을 선택하는 등 적극적인 행동에 나섰다.

반면에, 혁신프레임을 지지하는 행위자들은 단일의 행위자라고 하는 것이 힘든 만큼 결속력이 느슨하다. 해당 논란의 대상이 되는 당사자 TNC를 제외하고는 택시업계와 국토교통부와 적극적으로 맞서려고 하지 않는다.[22] 이는 개별 기업들의 사업모델이나 사업규모 등 특성 등이 제각각 달라서 조직화를 통해 응집되기 힘들기 때문이다. 코리아스타트업포럼의 경우에도 모빌리티 플랫폼 업계를 대표하여 관련 이슈를 다루는 주도적 행위자라기보다는, 다양한 스타트업 기업들의 연합체로 볼 수 있다. 2017년 11월 국토부와 서울시가 카풀앱 업체를 고발한 사안을 두고 성명서를 발표하거나, 국토부의 택시제도 개편방안 발표를 앞두고 간담회를 갖는 등 TNC 회원사들을 대표하는 입장을 일부 보였지만 택시업계와 비교하여 응집력이 현저히 떨어진다.

결과적으로, [그림 9-3]에 나온 것처럼 규제프레임을 지지하는 행위자들과 혁신프레임을 지지하는 행위자들 간의 충돌은 결속력이 강한 행위자들과 느슨하게 결합되어 있는 행위자들 간의 충돌이다. 택시업계의 반발이 크기 때문에 충돌이 있는 것 같

22) 모빌리티 플랫폼 업계의 경우, 2019년 택시-카풀 사회적 대타협기구에는 카카오모빌리티만 참여하는 등 개별 기업 중심으로 대응이 이루어졌다. 이후 2019년 12월 여객자동차법 개정 후속조치를 논의하기 위해 국토부가 마련한 플랫폼 업계와의 간담회 자리에서도 플랫폼 업계를 대변해서 참석한 코리아스타트업포럼을 제외하면 카카오모빌리티, KST 모빌리티, 벅시, 타고솔루션즈, 우버, 파파 등 개별 TNC 중심으로 논의가 진행되었다.

지만 행위자들 간의 갈등이 보내오는 신호가 임계점을 넘지는 않았다. 프레임의 다른 구성요소인 대안과 가치 간의 충돌이 보내오는 신호도 임계점을 넘을 수준은 아니었다. 택시업계와 국토교통부의 프레임을 구성하는 여객자동차법의 규제는 대안으로서의 성격이 뚜렷하다. 법적으로 허용할 것인가 말 것인가를 직접 다루고 있기 때문이다. 그러나 혁신프레임을 지지하는 행위자들은 일관된 대안을 제시하기보다, 실질적으로 개별 TNC 중심의 해법, 즉 여객자동차법의 예외조항을 대안으로 제시하고, 그것이 반대에 부딪히면 또다른 예외조항을 찾는 방식으로 접근했다. 그런데 이러한 예외조항은 기본적으로 여객자동차법이라는 기존의 제도를 수용하는 것을 전제로 하기 때문에 상대방의 주장을 반대하는 대안으로서의 근거가 약하다. 바람직한 것은 TNC 생태계를 보호하는 법과 제도를 중심으로 대안이 형성되고, 이것이 규제프레임 안의 택시면허라는 대안과 서로 맞설 수 있어야 하지만, 그럴 기회를 갖지도 못했다. 결국은 두 프레임 내에 있는 대안들 간의 충돌이 보내오는 신호가 약할 수밖에 없다. 이러한 현상은 가치들간의 충돌에서도 나타난다. 택시업계가 주장하는 생존권 보장이라는 가치에 비해 모빌리티 플랫폼 업체가 주장하는 혁신성장이라는 가치는 지나치게 다의적이고 또 애매하기까지도 하다. 승객의 편의 확대라는 가치는 택시업계가 주장하는 승객안전이라는 가치와 서로 충돌한다기보다는 보완해야 할 성격을 갖고 있다. 논란의 여지는 있지만, 일자리 창출이라는 가치가 부각되었더라면 오히려 프레임을 지지하는 가치로서의 가시성이 더 높아졌을 것이다.

이처럼 임계점에 도달하지 못한 프레임 충돌이 정책결정자인 정부에게 어떻게 인식되는가에 대해서는 기존의 규제정치 이론을 통해 설명이 가능하다. 규제와 관련된 행위자들은 인식하는 규제의 비용과 편익이 상대적으로 어떻게 분포하는지에 따라 행위자들의 정치적 행동이 달라진다. 규제정치를 둘러싼 여러 상황 가운데 편익은 소수에게 집중되지만 비용이 다수에게 분산되는 유형은 고객정치 상황에 해당한다(Wilson, 1980). 고객정치 상황에서 수혜집단은 소규모로 동질성이 높고, 조직화가 잘 되어 집단행동을 통해 규제정책에 개입하기 쉽다. 이들은 기존에 투자한 비용에 대한 손실에 민감하며, 자신들에게 돌아올 것으로 기대되는 편익이 제도적으로 보장될 수 있도록 정치적 압력을 적극적으로 행사한다. 그러나 대립관계에 놓이는 상대편은 특정되지 않거나 분산되는 경우가 많아서 세력을 조직화하기 어렵다. 이 경우 규제로 인한 편익을 얻는 소수의 동질적 수혜집단으로서의 피규제산업(regulated industries)은 관료들에게 유일한 '고객'으로 인식되며, 규제 과정 전반에 영향력을 행사할 수 있다(최병선, 2015). 위 사례에서 정부는 이러한 충돌을 모빌리티 플랫폼 업계 전체가 아닌, 개별 TNC와 '고객'으로 기존 규제체계 내에서 보호받는 택시업계 간의 대립 상황으로 인식했을 것이다. 대립하는 행위자들의 갈등은 존재하였지만, 대안이나 가치 간의 충돌이 가시적이지 않았기 때문에 두 개의 프레임이 충돌하고 있다는 신호가 임계점을 넘을 만큼 크지는 않았다. 이처럼 기존의 '고객'에 해당하는 택시업계와 이들이 주장하는 규제프레임이 이와 대립하는 혁신프레임을 압도하는 전형적인 고객정치 상황에서 정부의 대응은 딜레마 상황을 무시한 규제프레임의 선택으로 기울게 되었다.

2. 미흡한 공론화의 과정

프레임 간의 충돌이 임계점을 넘지 못한 근본적인 이유는 프레임을 가시화하고 프레임 항목들 간의 충돌을 드러내는 장치가 제대로 작동하지 않았기 때문이다. 국토부는 여러 차례에 걸쳐 이해당사자와 협의를 거쳐 방안을 도출해왔음을 강조했다. 그러나 '택시-카풀 사회적 대타협기구'의 경우처럼 여기에서 이해당사자와의 협의란 당시 논란이 된 TNC와의 개별적인 합의 시도에 가까웠다. 여러 해에 걸쳐 사안을 논의해왔지만 사안의 중요성에 비해 정작 실제 이해당사자들 간 논의가 이루어진 것은 몇 차례에 불과했다.[23] 국토부는 대안을 내놓을 때마다 이해관계자 협의를 거쳤다고 하지만 이후 택시업계와 모빌리티 플랫폼 업계에서는 협의 내용과 다르거나, 현실적으로 어렵다는 이유를 들어 반대를 표명한 경우가 많았다. 공론화의 과정이 실효성 있게 운영된 것은 아니었다.

---

23) 예외적으로 2019년 7월 택시제도 개편안 발표 이후 결성된 실무기구에는 카카오모빌리티, VCNC(타다), KST 모빌리티(마카롱), 스타트업 단체 코리아스타트업포럼과 교통 분야 전문가, 한국소비자원과 녹색소비자연대 대표 등이 참석하였다. 그러나 1차 회의에서 VCNC의 참여를 이유로 개인택시 단체인 전국개인택시운송사업조합연합회를 제외한 법인택시 단체와 노조가 불참하였다. 이후 택시와 모빌리티 플랫폼 업계의 참여를 이끌어내기 위해 개별 협의를 진행하여 2차 회의에는 추가로 택시 3단체(전국택시연합회 · 전국개인택시연합회 · 전국민주택시노조연맹)가 참여하였지만, 택시업계와 VCNC 간의 의견 차이가 완전히 좁혀진 상황에서 이루어진 회의는 아니었다.

우버를 비롯한 TNC가 기존 규제체계와의 충돌 같은 이슈에도 불구하고 전 세계적으로 확산된 바탕에는 소비자들의 지지가 있었기 때문이다. 타다의 경우 기존 택시보다 요금이 비쌌음에도 불구하고 더 쾌적한 이용 환경과 서비스 품질을 이유로 선호하는 소비자들도 많았다.[24] 즉, 유상운송서비스에 대한 국민의 수요가 점차 다각화되고 있으며, 기존의 택시가 해소하지 못하는 소비자의 수요가 분명히 존재하고 있다. 모빌리티 플랫폼이 가져온 잠재적 편익과 위험을 포괄적으로 고려하기 위해서는 모든 이해당사자가 공개적으로 참여할 수 있는 토론장치의 마련이 필요하지만, 정작 중요한 이해당사자인 소비자는 공론의 과정에서 배제되어 왔다. 이들의 목소리가 공론의 과정에 제대로 올라오지도 않았고, 올라와도 결속력이 약하기 때문에 중요한 행위자로 수용하지는 않았다. 소비자와의 협의를 거쳐 만들어졌다는 여객자동차법 개정안에 한국소비자연맹·한국YWCA연합회·녹색소비자연대 등 11개 단체가 참여하고 있는 한국소비자단체협의회가 "소비자편익과 선택권을 외면한 법"이라고 우려를 표현했지만(뉴시스, 2020.3.6), 그것을 심각하게 받아들이지는 않았다.

공론화의 과정이 미흡할 수밖에 없는 이유는 갈등 상황에 대한 관리가 '국토부'의 관점에서 이루어졌기 때문이다. 혁신과 연관된 정책은 법령과 제도의 주관부처가 없는 경우가 많기 때문에 기존의 틀 안에서 혁신안을 관리하려고 한다. 위 사례에서도 모빌리티 플랫폼 사업을 여객운수 및 교통에 대한 주무부처인 국토부가 담당했다. 그러나 국토부는 기본적으로 갈등을 둘러싼 당사자들을 좁게 해석할 수밖에 없는 부처다. 고객정치 상황의 규제 영역이기 때문에 택시업계 종사자들을 가장 중요한 고객으로 생각한다. 적어도 모빌리티 플랫폼과 관련된 정책을 결정할 때 국토부와 다른 부처를 포함할 수 있는 상급기관의 관점에서 상황을 바라볼 필요가 있다. 그랬다면 공론의 과정이 활발해지면서 현재의 상황이 딜레마라는 신호를 보내왔을 것이다.

---

24) 실제로, 여론조사 결과 타다 서비스는 "공유경제 개념에 기반한 혁신적인 신사업으로 육성할 가치가 있는 서비스"라는 응답이 절반에 가까웠다(서울경제, 2019.11.4). 개정안이 국회 상임위원회를 통과한 이후 수행된 여론조사에서는 전체 응답자 가운데 과반에 가까운 48.4%가 타다 규제에 반대하는 입장을 보였고, 옳은 방향이라는 응답은 23.8%에 불과하였다(서울신문, 2020.1.1). 길거리에서 택시를 잡기 위해 배회하지 않아도 되고 목적지에 따라서 승차를 거부당하는 경우도 없는 등 TNC 서비스의 장점은 소비자들에게 큰 호응을 얻었다(윤승영, 2019: 241).

V 마무리 논의

정부가 상황을 딜레마로 보는가 그렇지 않는가에 따라 정책의 선택과 설계 방향이 달라진다. 이 글은 딜레마로 봐야 할 상황을 무시하는 현상이 왜 발생하는지를 딜레마 모형의 조건들을 사례에 적용하면서 탐구한 글이다. 우리는 이미 여러 차례 신산업의 시장 진입을 기존 규제체계 속에서 '고객'으로 보호받던 기존 산업 종사자들이 반대하고, 소관부처가 이러지도 저러지도 못하는 사이에 사회적 갈등이 증폭되면서 정치권이 합류하지만, 끝내 찬반으로 갈라진 여론을 봉합하지 못하고 신산업 혁신이 무산되는 현상을 겪어 왔다(한국경제, 2020.6.9).[25]

이 연구는 새로운 혁신이 나타났을 때 그것이 기존의 프레임과 충돌한다는 것을 말하기 위한 것이 아니다. 논의를 확대하여 그 혁신을 기존의 틀 속에서 수용할 것인가 아니면 새로운 해석의 틀로 설정하여 수용할 것인가라는 관점을 강조했다. 만약 전자의 입장이었다면 과거의 딜레마 이론이나 갈등이론만으로도 설명이 가능했을 것이다. 그러나 기존의 딜레마 모형은 프레임과 새로운 프레임 간의 충돌 상황을 충분히 설명하지는 않았다. 모빌리티 플랫폼 서비스는 여객운송 서비스라는 프레임 안에서도 존재하지만, 정보사회서비스라는 새로운 프레임 안에서도 존재한다. 이것은 외관상 대안의 충돌인 것 같지만 사실은 프레임 간의 충돌인 것이다. 그러한 관점을 이론화하기 위해 이 글은 프레임 결합과 프레임 충돌이라는 개념적 장치를 만들었다. 무시된 딜레마는 "프레임 결합이 제대로 이루어지지 않고 프레임 충돌이 임계점을 넘지 않아서 딜레마에 대한 신호가 제대로 감지되지 않는 상황"이다.

딜레마가 보내오는 신호를 무시하면 정부는 정책실패의 악순환에 빠지기 쉽다. 예컨대, 우리나라도 우버, 타다, 카카오, 등이 등장할 때마다 매번 갈등이 되풀이되고 심지어는 커지기까지 했다. 상황이 딜레마 구조를 띠고 있으면 어느 한쪽이 패배하고 다른 쪽이 승리하는 방식으로 문제가 해결되지 않는다. 딜레마 구조에서 무시되었던

25) 공유차량 서비스 '타다'를 비롯하여 기술 혁신을 통해 새로운 사업모델을 제시하고자 하였던 기업들의 상당수가 이러한 전철을 밟았으며, '농촌 빈집 숙박' 활용을 내세운 공유경제 분야 스타트업 '다자요'와 하동군의 '지리산 산악열차'사업 또한 이러한 우려를 받고 있다.

프레임이 어느 한순간 과거의 정책결정을 뒤집기도 한다. 이러한 상황에서 벗어나기 위해서는 프레임에 대한 관심과 토론의 기회가 주어져야 한다. 상황이 딜레마라는 것에 대한 신호가 충분히 전달되면 정책결정의 질은 높아질 것이다. 정부 내에서 부처의 입장을 벗어나 다른 부처의 입장까지 균형 있게 고려할 수 있는 토론장치를 어떻게 설계하고 어떻게 운영할 것인가의 질문은 다음번 연구과제로 남겨둔다.

〈부록 1〉 모빌리티 플랫폼 산업 관련 사례 정리

일 시	주요 내용
2013.8	우버 한국 진출
2014.10	일반인 참여 승차공유 서비스 '우버엑스(X)' 서비스 시작
2014.12	서울시 우버 서비스에 대한 신고 포상금 조례 제정 및 우버 단속과 여객자동차법 위반으로 우버 기소
2015.3	'우버엑스(X)' 서비스 종료
2015.4	카카오모빌리티 '카카오택시' 출시
2016.5	풀러스, 카풀 시범서비스 실시
2017.4	서울 중앙지법우버택시한국법인 우버코리아테크놀로지에 벌금 선고
2017.11	풀러스, 카풀 출퇴근 시간 선택제 시범서비스 시작, 정부 4차산업혁명위원회, '카풀' 문제 공론화
2018.3	카카오T 기자간담회에서 카풀 서비스 가능성 시사
2018.6	기획재정부 혁신성장본부 출범 및 이재웅 쏘카대표를 혁신성장본부 민간 공동본부장으로 위촉
2018.7	택시업계 카풀 반대성명서 발표
2018.8	4개 택시단체, 카풀 비상대책위원회 구성
2018.10	쏘카산하 VCNC, 렌터카 기반 승합차 호출 서비스 '타다' 출시
2018.11	더불어민주당 정책위 '택시-카풀 TF' 구성
2018.12	카카오카풀 시범서비스 개시
	택시업계 반발 및 분신 자살
2019.1	카카오, 카풀 서비스 잠정 중단 발표
	택시와 플랫폼의 상생발전을 위한 사회적 대타협기구 출범
2019.2	서울개인택시조합, 쏘카와 VCNC 대표 서울 중앙지검에 고발
2019.3	사회적 대타협기구, '출퇴근 시간 카풀 허용' 등 합의안 발표
2019.6	상생방안 모색을 위한 국토부-모빌리티 플랫폼 업계 간담회
2019.7	국토교통부 '혁신성장과 상생발전을 위한 택시제도 개편방안' 발표
2019.8	정부, 택시, 모빌리티업계가 참여하는 택시제도 개편방안 실무논의기구 출범
2019.10	타다의 서비스 확장 발표와 이에 대한 국토교통부 및 택시업계의 반발
	박홍근 더불어민주당 의원, 여객자동차운수사업법 개정안 발의
	검찰, 여객법 위반 혐의로 쏘카대표 불구속 기소
2019.12	여객자동차법 개정안 국회 국토교통위원회 통과
	국토부와 플랫폼 업계의 간담회
2020.2	서울 중앙지법, 타다 1심 무죄 선고
2020.3	여객자동차법 개정안 국회 본회의 통과(재석 185, 찬성 168, 반대 8, 기권 6)
2020.4	타다 베이직 서비스 중단
2020.5	타다, 타다금지법 헌법소원 제기

제10장

공공부문 종사자는 어떻게 딜레마를 느끼는가? 딜레마 인지 과정에 관한 경험적 연구[1)2)]

박종수

이 연구는 공공부문 종사자의 딜레마 인지에 영향을 주는 개인적 및 조직적 요인을 탐색하는 것을 목적으로 하여, 중앙 및 지방공무원, 그리고 공공기관 종사자를 대상으로 책임성의 딜레마 상황의 인지 과정을 경험적으로 분석하였다. 연구의 주요 분석 결과는 공직자의 개인적 특성으로서 공적성취동기가 딜레마 인지 확률에 부정적 영향을 주고, 조직적 특성으로 조직적 집합주의가 딜레마 인지 확률에 긍정적 영향을 주는 것으로 요약할 수 있다. 이 연구는 책임성의 딜레마 상황에서 공공부문 종사자는 딜레마를 유발하는 이해관계자 사이의 선호의 비교불가능성으로 선택의 어려움을 경험하기보다 의사결정자 자신의 선호를 반영할 확률이 높음을 발견하였다. 관료제적 전통에서 강조되던 계층적 책임성에서 고객으로서의 시민의 권익을 보호하는 정치적 책임성으로의 전환과 함께 책임성의 다양성과 상충성이 강조되는 상황에서, 책임성의 딜레마의 인지 확률과 정치적 책임성을 반영한 대안의 선택은 개인의 적극적인 성격과 심리적 안전감과 같은 개인적 특성 요인에 의해 영향을 받기도 한다. 연구 결과는

1) 이 글은 『정부학연구』 제27권 제3호에 게재될 것을 수정 · 보완한 것이다.

2) 이 글은 대한민국 교육부와 한국연구재단의 지원을 받아 수행한 연구이다.

실재하거나 사회적으로 구성되는 책임성의 딜레마 상황에 대한 의사결정 행위자인 공공부문 종사자의 딜레마 인지수준과 편차에 대한 이해를 제공하며, 딜레마의 현실과 인식의 격차의 해소를 위한 이론적 및 실재적 함의를 제공한다.

I 서 론

공익 실현과 연계한 적극행정에 대한 정책적 관심의 증가는 공직자가 직무 수행과 관련한 의사결정 상황에서 경험하는 선택의 어려움을 가중시키고 있다. 적극행정은 내・외 고객으로서의 시민들이 협의한 결과를 적극적으로 집행하도록 함으로써 직무 수행에서의 공직자의 역할을 제한함과 동시에 확장한다(최태현・정용덕, 2020). 하지만, 공직자의 적극행정에 대한 관심이 그리 새로운 것은 아니며, 근래의 적극행정의 제도화 과정은 공익 실현의 합목적적 정당성을 전제하여 공직자에게 부여한 재량행사의 자율권 확대와 조직에 대한 책임의 완화에 초점을 두고 있다. 적극행정 제도화의 주요 접근방법은 공직자가 직무 수행 과정을 절차 준수 위주의 계층적 책임성에 대한 부가적 또는 대체적 성격의 정치적 및 전문가적 책임을 다할 것을 요청한다. 이러한 적극행정의 강조는 공직자로 하여금 최소한 책임성의 딜레마 상황을 인지할 것을 전제로 하는데, 가장 대표적인 딜레마 상황의 예가 공익 실현의 가치 추구를 위한 계층적 책임(상관의 명령, 조직에 대한 충성)과 정치적 책임(고객의 기대, 내・외 고객에 대한 반응)의 행동 경로의 상충과 이로 인한 선택의 어려움이다(주재현・한승주, 2015; 윤견수, 2017). 책임성과 관련한 딜레마 상황은 관료제의 제도적 틀 내에서 계층제 중심의 제도적 책임성에 대한 강조에서 벗어나 전문가적 책임 및 공익 실현의 가치 추구에 있어서 비제도화된 개인적 책임성에 대한 관심의 병행 또는 충돌 상황의 존재 인식을 반영하기도 한다.

공직자가 직면하는 책임성의 딜레마 상황에 대한 기존 연구는 공직자의 직무 수행이 딜레마 상황이라는 논의(엄석진, 2009; 한승주, 2013; 한상일 2013)와 딜레마 상황에서 이루어지는 공직자의 의사결정 결과에 대한 논의(최흥석・윤견수, 2000)를 중심으로 진행되었다. 책임성의 딜레마에 대한 논의는 공직 수행의 준거를 조직의 절차 및 상관의 명령에 둠으로써 계층적 책임 중심의 의사결정 맥락이 공직자가 개인의 전문가적 판단을 활용하거나 고객으로서의 시민을 충분히 배려하지 못하는 책임성의 다양한 측면 또는 한계 상황에 주목한다(윤견수, 2017). 공직자에게 요청하는 책임성은 다양하며 상호 경쟁 및 충돌의 관계에 있으므로, 직무 수행의 방향으로서의 책임성의 중첩과 균형의 추구가 필요하다는 주장이다. 그리고 딜레마 상황에서 이루어지는 의사결정에 대한 논의는 공직자가 자신에게 허용된 재량을 행사해야 하는 상황에서 다양한 맥락 간에 충돌을 경험하는지, 그리고 충돌하는 맥락 중에 어떠한 맥락에 우선순위를 두는지에 주목한다(한승주, 2013; 주재현 · 한승주, 2015; 윤견수, 2017).

하지만, 딜레마 상황에 처한 공직자가 실제로 책임성의 딜레마를 인식하고 의사결정의 어려움을 경험할까? 다른 질문으로 연구자들이 책임성의 딜레마 상황으로 정의한 것(윤견수, 2017)을 왜 실천 영역의 공공부문 종사자들은 딜레마로 인지하지 못하는 것일까? 기존의 딜레마 연구는 주요 정책의 의사결정 상황을 딜레마 상황으로 개념화하여 사회적으로 구성한 딜레마 상황에 대한 공직자의 행동대응을 효과적으로 설명하고 있다(김태은, 2021). 하지만, 딜레마 연구가 이론적인 수준에서 객관적인 딜레마 상황으로 정의한 현상을 현장의 공직자가 실제로 딜레마로 인지하는지와 딜레마 인지 과정에 영향을 주는 요인에 대한 설명은 상대적으로 부족한 상황이다. 딜레마 연구가 딜레마 개념의 정교화와 딜레마의 원인과 결과에 대한 이해의 심화와 같은 이론적인 성숙을 보이는 것과 비교하여, 딜레마 학계에서 제시하는 객관적 딜레마의 상황을 공직을 수행하는 공무원과 공공기관 종사자가 동일하게 딜레마로 인식하고 실제로 체감하고 있는지는 아직 확인되지 않은 질문이다. 예를 들어, 윤견수(2017)는 공직자의 딜레마 모형을 제시하면서, 공직자가 다양한 맥락들 간의 충돌을 자각하는 것의 중요성을 강조하였다. 하지만, 현장의 공직자들은 공익 실현의 결과가치의 동등성과 가치 실현을 위한 수단의 맥락 간 충돌이 발생할 수 있을 책임성의 다양성을 이해하고 선택 상황에서의 곤란함을 실질적으로, 그리고 통계적으로도 유의미하게 경험하고 있지는 않다(주재현 · 한승주, 2015).

이 글은 의사결정의 주체인 공직자가 책임성의 딜레마 상황을 딜레마로 인지하는 딜레마의 지각 과정에 주목하여, 딜레마 인지에 대한 개인 및 조직적 영향요인을 분석하는 것을 연구의 목적으로 한다. 상당수의 딜레마 연구는 개별 정책사례를 중심으로 하여 딜레마 상황에서의 정책과정을 제3자적 관점에서, 개별적인 설명(idiographic explanation)을 시도하는 경향을 보인다. 하지만, 저자가 알고 있는 범위에서 딜레마 상황에 놓인 개인 공직자의 태도 및 행동을 개체주의적인 관점(individualistic approach)에서 이론화 및 개념화하여 분석한 경험적 연구는 찾기 어렵다. 더욱이 특정 정책현상을 딜레마로 정의 및 판단하는 과정이 전적으로 딜레마 현상의 이해를 시도하는 연구자의 제3자적 관점에 의존하고 있어, 공직자가 딜레마 상황을 실제로 인지하고 선택의 어려움을 체감하고 있는지, 그리고 의사결정에서 딜레마적 요소를 어느 정도 고려하였는지에 대한 논의는 상대적으로 제한되어 있다.

책임성의 딜레마 상황은 누구의 이익을 공익을 볼 것인가에 대한 행정이념이나 공직가치 간 차이 및 충돌을 반영한다. 공직가치에 대한 관점의 분화는 공직자의 역할 기대에 영향을 주며, 책임성의 관점에서 딜레마 상황은 공직자의 의지나 선호와 관계없이 외부적으로 조성될 수 있다. 하지만, 공직가치가 행정에 대한 가치 및 이념에 대한 개인의 윤리와 신념을 수반한다는 점에서(이선우 · 조경훈, 2016), 공직자의 책임성 딜레마 인지 과정은 개인의 성격 및 동기요인과 같은 사회심리적인 특성과 직무를 수행하는 조직의 문화적 요인의 영향에서 완전히 자유로울 수는 없다. 관료적 성격이 강한 조직에서 근무하는 전형적인 관료는 계층적 책임의 이행을 기대 역할로 이해하여 다양한 책임성의 존재를 인지하지 않거나 책임성 간 맥락의 충돌을 경험하지 않을 수 있다. 베버(Max Weber) 관료제는 관료가 개인의 신념 및 가치를 배제하고, 조직의 결정 및 상관의 명령에 순종할 것을 선택의 준거로 가정하고 있기도 하다.

하지만, 조직의 관료제적 특성의 완화와 공직자에 대한 역할 기대의 변화는 공공부문 종사자의 역할을 관료제의 구성원으로서의 관료보다 시민에 대한 봉사자 또는 청지기(steward)로 전환하고 있다. 관료가 계층적 책임성을 우선하였다면, 청지기로서의 공직자는 재량을 행사하는 과정에서 보다 다양한 책임성의 맥락을 인지하고 맥락 간 충돌을 경험할 것을 기대받는다. 공직자의 의사결정에서 개인의 신념 및 가치체계가 반영될 영역이 확장됨에 따라 공공부문 종사자는 조직 차원에서의 역할 기대에 대한 순응과 적절한 범위의 일탈의 행동대응을 보일 수 있다. 이는 공직자의 의사결정에서 개인과 조직의 관점이 일정 수준 반영되며, 재량을 수반한 직무 수행 과정에서 결과가치의 내용 및 대응행동의 맥락 간의 충돌을 인지하고 이해하는 수준에서 개인 간 차이가 발생할 수 있음을 시사한다.

이 글은 공직자의 책임성 딜레마 모형(윤견수, 2017)을 활용하여 공직자가 재량행사 과정에서 (계층적 vs. 정치적) 책임성 딜레마 상황을 인지하고 체감하는 수준을 결정하는 요인을 경험적으로 분석한다. 이 글에서의 공직자의 책임성 딜레마 상황은 공직자가 속한 조직에 충성 및 헌신하는 책무성(accountability)의 맥락과 시민을 포함한 핵심 고객의 역할기대를 충족시켜 가는 반응성(responsiveness)의 맥락이 충돌하는 상황을 의미한다. 공직자의 딜레마 인식의 선행변수의 확인은 책임성 딜레마에 대한 이론적인 정의(객관적 딜레마 상황)와 딜레마 상황을 해석하는 공직자의 인지 과정(주관적 딜레마 인식) 사이의 격차에 영향을 주는 개인 및 조직적 특성에 대한 경험적인 검증을 통해 진행한다. 분석은 이론적으로 정의한 딜레마 상황을 현직의 공직자가 딜레마를 인지할 확률에 대한 개인의 사회심리적인 특성과 조직의 문화 및 풍토적인 특성의 영향을 비교한다. 보다 구체적으로, 설문조사를 통하여 수집한 자료를 활용한 경험적 분석은 중앙 및 지방공무원과 공공기관 종사자들이 사회적으로 구성한 이념형으로서의 책임성 딜레마 상황을 실제로 딜레마로 인지하는지, 그리고 공직자의 개인 및 조직 특성이 딜레마 인지의 수준에 어떻게 영향을 주는지를 확인한다.

이 글은 아래의 Ⅱ절에서 공직자의 책임성 딜레마 상황에 대한 기존 연구를 소개하고, 딜레마 인식과 개인 및 조직 특성의 선행 요인 간 관계를 이론적인 모형으로 제시한다. Ⅲ절은 연구질문의 해결을 위해 이 글이 설계한 연구방법을 소개하고, Ⅳ절은 중앙 및 지방공무원과 공공기관 근무자의 딜레마 인식 과정에 대한 경험자료의 통계 분석 결과를 제시한다. 마지막으로, Ⅴ절은 연구의 주요 결과를 요약하고, 결과의 이론적 및 정책적 시사점을 논의한다.

Ⅱ 이론적 배경

1. 공직자의 책임성 딜레마 현상

공직자의 책임성(accountability)에 대한 논의는 공직자의 권한에 근거한 재량행사 등의 작위 및 부작위 행위를 누구에게 설명할(answerability) 것인가에 대한 질문과 연결된다. 공직자의 책임성은 책임을 묻는 자의 위치와 묻고 있는 책임의 수준을 기준으로 위계질서에 의한 계층적 책임, 정치적 관계에 의한 정치적 책임, 전문 행정가로서의 전문가적 책임, 법 적용에 의한 법적 책임으로 나타난다(Romzek & Dubnick, 1987). 다양한 유형의 책임성은 공직자의 역할 및 가치에 대한 기대의 다양성으로 나타나며, 각각의 책임성은 서로 경쟁하여 공직자에게 다중적 부담을 안겨 준다. 공직자가 직무 수행에서 중첩된 다양한 책임성 사이에서 무엇을 선택할 것인가, 그리고 이러한 선택에 있어서 서로 다른 내용의 책임성 사이의 충돌이 발생한다면 어떻게 조정할 것인가는 공무원 책임성의 주요 쟁점이다(Romzek & Dubnick, 1987; 한상일, 2013; 주재현 · 한승주, 2015).

롬젝과 듀브닉(Romzek & Dubnick, 1987)이 정의하여 유형으로 제시한 공공부문의 책임성은 상황에 따라 경쟁적 관계, 모순적 관계, 보완적인 관계를 가진다(한상일, 2013; Roberts, 2002; Harmon, 1995; Romzek & Ingraham, 2000). 관료제 속의 공직자는 권위의 계층제 하에서 부하로서의 역할, 결정된 법을 절차와 규정에 따라 집행하는 대리인으로서의 역할, 행정 관료의 경력 개발에 따른 전문가로서의 역할, 그리고 시민(납세자)을 위한 봉사자로서의 역할과 같이 두 개 이상의 역할을 수행할 것을 기대받는다(주재현 · 한승주, 2015). 일상적으로 공직자는 직무 수행에 있어 다중적인 역할을 수행하고 있으며, 이러한 역할들 사이의 관계는 상호보완적이기보다는 모순적 또는 경쟁적인 경우가 많다(한상일, 2013).

공직자의 책임성 딜레마 모형(윤견수, 2017)은 공직자가 갈등관계의 다중적인 책임을 다하여 하는 특정한 상황을 기술하고 있다. 공직자의 딜레마는 개인으로서의 관료, 조직으로서의 관료조직, 제도로서의 관료제에 기대하는 내적인 가치와 외적인 요구 간의 충돌 상황을 가정한다. 공직자의 공직 수행 과정은 전통적으로 상사의 명령에의 복종과 조직에의 충성을 지향하는 계층제적 책임을 강조하는 방향으로 이루어졌지만, 최근의 적극행정의 장려와 같은 행정환경의 변화는 공직자 개인의 내적인 가치와 시민과 사회의 외적인 요구에 반응하는 전문가 및 정치적 책임의 중요성을 강조한다. 공직자가 개인적인 수준에서 관료제와 연결한 계층적 책임을 이행하는 과정을 통하여 기대할 수 있는 공익의 결과가치와 공직자 개인의 재량행사를 통해 시민에게 편익을 제공함으로써 기대할 수 있는 공익의 결과가치가 동등해지는 상황이 발생하고 있는 것이다(주재현 · 한승주, 2015).

공직자의 딜레마 상황은 경쟁 및 충돌하는 책임성의 유형에 따라 다양한 변이로 나타날 수 있다. 윤견수(2017)의 공직자 딜레마 모형은 공직 수행 과정에서의 맥락을 중심으로 자신이 속한 조직에 충성과 헌신, 민의를 반영한 정권의 요구에 책임, 직무 관련 핵심 고객의 기대에 반응, 그리고 공직 경험을 통해 형성한 전문가로서의 소양과 신념의 맥락이 충돌할 수 있는 다양한 상황을 포함한다. 주재현 · 한승주(2015)의 연구는 계층적, 법적, 전문가적, 정치적 책임성의 개념을 활용하여 책임성이 상호 충돌하는 여섯 가지의 상황을 정의하고 있기도 하다. 공직자에 대한 역할 기대가 계층적 책임을 다하는 관료에서 정치 및 전문가적 책임을 다하는 공공의 봉사자로 변화함에 따라(박종민 · 윤견수, 2015), 공직자가 처한 딜레마 상황은 복종과 충성의 관료제적 전통이 강한 맥락과 공직자의 전문직업주의적 가치 실현의 맥락 간의 충돌로 발전하기도 하다.

최근에 증가한 적극행정에 대한 관심은 공직자의 공직 수행, 특히 재량행사의 의사결정을 책임성 딜레마 상황으로 사회적으로 구성해가고 있다. 조직의 규칙준수에 따른 소극행정과 시민을 위해 규정을 확대 적용하거나 재해석하는 등의 적극행정은 서로 분절적인 관계에 있으며, 소극행정과 적극행정의 두 개 대안 모두 공익 실현을 목적으로 한다는 점에서 동등한 수준의 결과가치를 가진다. 공익 실현의 목적에서 중대하지 않은 법규 및 절차의 위반에 대한 면책과 시민의 편의를 위한 재량의 행사를 장려하는 적극행정에 대한 정치 및 사회적 요구는 공직자의 직무 수행 과정을 계층적과 정치적 책임성이 상충하는 책임성의 딜레마 상황으로 구성한다. 적극행정의 기본철학은 공직자의 역할 기대 및 가치 지향을 기존의 계층적 및 법적 책임성에서 전문가 및 정치적 책임으로 전환하거나 확대하는 것과 연관된다. 적극행정의 제도화는 관료적 조직에서 상사의 명령을 따르고 절차에 따라 규정을 집행하는 과정 중심의 맥락에 더하여 주요 이해관계자인 선출직 공직자와 일반시민 및 고객을 위한 직무를 수행하는 결과 중심의 맥락을 추가하고 있다. 공직자에 대한 조직 내부의 절차 중심과 조직 외부의 결과 중심의 역할 기대 및 가치 지향은 서로 양립하기 어려운 상황이다. 공직자가 과정과 결과 맥락의 충돌 상황에서 선택을 해야 하는 상황은 선행연구를 통해서 객관적인 딜레마 상황으로 정의되고 있으며(주재현・한승주, 2015; 윤견수, 2017), 딜레마 상황의 인지 여부는 공직자의 직무 관련 태도 및 행동에 영향을 줄 수 있다.

2. 딜레마의 이론과 실제: 객관적 딜레마 상황과 주관적 딜레마 인식

딜레마 이론은 경쟁관계에 있는 두 개의 대안이 분절하여 서로 충돌하는 상황이 공직자의 의사결정을 제한하는 현상을 설명하는 시각(lens)을 제공한다. 정책과정을 대상으로 한 행정학 연구에서의 딜레마는 동등한 결과가치를 가진 두 개의 대안이 서로 단절적이고 상충적인 관계를 가지는 상황에서, 주어진 시간 내에서 선택을 해야 하는 어려움을 의미한다(이종범 외, 1991; 윤견수, 2006). 딜레마 연구는 주로 제도의 설계나 정책의 선택과 같은 중범위 및 거시적인 접근을 취하여 정책결정 과정을 분석 대상으로 하고 있지만(김태은, 2021), 미시적인 접근으로 정책을 집행하는 일선관료로서의 공직자가 재량을 행사하는 상황에서 추구하는 공적가치의 충돌과 그에 상응하는 책임성의 딜레마 상황에 적용될 수 있기도 하다.

딜레마 상황은 의사결정자 및 주변 이해관계자의 선호를 기반으로 의사결정의 과정 및 결과를 설명하는 전통적인 접근방법과는 달리 의사결정 과정 자체를 제한할 수 있는 상황적 조건 또는 맥락으로서의 딜레마의 영향에 주목한다. 의사결정의 합리성을 추구하는 의사결정모형은 대안선택에 대한 개인 및 집단적 선호의 영향에 주목하여 선호의 계산 및 추정에 왜곡을 가져오는 정보 처리 과정의 한계요인을 극복하려는 시도와 연결된다. 선택을 위한 불확실성과 모호성의 영향을 통제하고 최근 빅데이터와 인공지능 기술을 활용하여 알고리즘을 중심으로 정보수집 및 처리역량을 강화하려는 시도는 의사결정의 합리성을 강화하는 노력을 반영한다. 공직자가 행사하는 재량의 의사결정 역시 직무 수행 과정에서 충족하는 선호와 생산하는 효용을 최적수준에서 달성할 수 있는 균형점의 탐색 과정으로 볼 수 있다.

의사결정과 관련하여 딜레마 이론은 대안과 연계한 결과가치가 가지는 동등성이 대안에 대한 선호의 비교를 불가능하게 하는 상황에서의 의사결정자의 선택 및 대응을 강조한다. 의사결정에 필요한 정보를 충분히 확보하고 선호가치의 계산 및 추정을 보완하여 고도의 합리성을 추구한 이후에도, 대안 간의 비교가 불가능한 딜레마 상황이 나타날 수 있다(이종범, 2005). 이 때문에 딜레마 이론은 의사결정의 맥락에서 경쟁하는 두 개의 대안 사이에서의 선택의 어려움이 있을 수 있으며, 딜레마의 존재와 강도를 인지함의 인식함의 중요성을 강조한다(이종범 외, 1991; 김태은 · 박종수, 2008; 윤견수 2017). 공직자는 자신의 직무를 다양한 방식으로 수행할 수 있으며, 각각의 선택은 행정이념 및 공적가치, 그리고 공익의 다차원성을 반영한 결과가치를 생산한다. 공익이 다의적으로 정의될 수 있고 공익 실현을 위한 직무 수행의 방향 역시 다차원적으로 나타날 수 있다는 점에서, 공직자는 재량행사가 동등한 효용 또는 가치를 가지는 다양한 맥락 간의 충돌 상황에서 선택을 하는 딜레마 상황임을 인지하는 것이 필요하다.

하지만, 객관적인 딜레마의 상황이 누구에게나 동일하게 딜레마 상황으로 인지되는 것은 아니다. 행정현상으로서의 딜레마의 실재를 확인하고 이를 개념적으로 정의하려는 노력은 “딜레마”를 존재론적으로 관찰하려는 객관적인 접근과 이를 맥락적인 관점에서 “딜레마 상황”으로 구성하여 해석하려는 주관적인 접근으로 구분이 가능하다. 딜레마의 초기 연구는 딜레마를 객관적인 현상으로 이해하고, 딜레마의 구성요건을 두 개의 대안이 상호 배타적인 가치를 지향하는 분절성과 상충성, 대안의 결과 가치의 기댓값이 동일한 균등성, 그리고 두 개의 대안 중의 어느 하나를 반드시 선택해야만 하는 선택의 불가피성 등으로 정의하였다(이종범 외, 1991; 소영진, 1994; 소영진, 2005). 딜레마의 후속연구는 딜레마의 구성조건을 가시성(visibility), 현저성(salience), 또는 강도(strength)의 차원에서 다양하게 측정하면서, 딜레마가 사회적으로 구성될 수 있고 딜레마의 존재 및 수준이 상이하게 나타날 수 있다고 보았다. 구체적으로, 딜레마의 강도는 상징적인 성격을 가지는 두 대안 간의 상충성, 두 대안이 추구하는 결과가치의 비교불가능성, 대안의 주요 이해관계자들이 추구하는 가치의 동질성과 응집력의 크기 등에 의해 결정될 수 있다(김태은 · 박종수, 2008).

그렇다면 실재하는 현상으로서의 딜레마는 객관적으로 누구나 관찰 가능한 행정 현상일까? 아니면, 딜레마가 사회적으로 구성됨에 따라 특정인에게는 딜레마로 인지되고 다른 누군가에게는 딜레마로 인지되지 않는 것은 아닐까? 기존의 딜레마 연구는 대안의 결과가치의 계산 및 추정 과정을 통해 딜레마 상황을 객관화하여 딜레마의 존재와 강도를 관찰 및 측정 가능한 것으로 보았다. 하지만, 딜레마의 존재 여부 및 강도는 딜레마 상황에 직접 참여하는지 아니면 간접적으로 관찰하는지에 따라 인지수준의 차이로 나타나기도 한다. 딜레마가 객관적인 상황으로 관찰될 수도 있지만, 주관적인 현상으로 딜레마가 당사자에게 인식 및 체감되어야만 그 의미를 가질 수 있기도 하다(이종범 외, 1991; 윤견수, 2017). 딜레마의 존재 인지 및 그 강도의 체감은 딜레마 상황에 처한 개인의 인구사회통계적 요인과 개인 및 조직수준의 사회심리적인 요인에 따라 다양한 수준으로 나타난다(주재현 · 한승주, 2015; 김서용, 2018).

딜레마의 개념은 동일한 딜레마 상황이 동일한 수준의 딜레마로 인지되지 않는 현상을 설명하는 과정에서 더욱 확장이 이루어졌다. 실재로서 정의한 딜레마 상황(객관적 딜레마)이 의사결정자가 딜레마로 인지하는 상황(주관적인 딜레마)이 일치하지 않는 대표적인 사례가 "딜레마가 아닌 것을 딜레마로 인지(가짜 딜레마)"하거나 "딜레마인데 딜레마가 아닌 것으로 인지(무시된 딜레마)"하는 것이다. 딜레마 이론은 딜레마의 실재와 인지 사이의 격차가 발생할 때 발생하는 의사결정의 오류를 경고하며, 의사결정의 합리성 확보를 위한 중요한 처방으로 딜레마의 인지를 강조한다. 하지만, 연구자들이 딜레마를 맥락을 동반한 상황으로 개념화하여 객관적으로 관찰이 가능하다고 접근하는 것과 비교하여, 딜레마 상황의 참여자인 현장의 공직자들은 상황 자체를 주관적으로 해석하여 비의도적 또는 의도적으로 딜레마를 인지하거나 인지하지 못하고 있다. 딜레마의 실체 정의를 위한 딜레마의 상황적 조건 충족과 같은 개념화 과정의 유용성과 별개로, 딜레마의 인지는 딜레마적 상황에서 행동해야 하는 의사결정자가 처한 맥락적 배경 및 사회적 조건에 따라 다양해지며 주관적인 지각 과정을 거치는 현재화 과정으로 나타난다(소영진, 1999).

딜레마 개념의 확장에도 불구하고 딜레마연구는 연구자가 제3자의 시점에서 딜레마 상황을 정의함으로써 딜레마 상황에 처한 공직자의 관점을 충분히 반영하지 못하는 한계를 보이고 있다(윤견수, 2017). 공직자가 의사결정 과정에서 실재하거나 사회적으로 구성한 딜레마 자체를 인식하고 자신이 경험한 딜레마의 강도에 따라 대응행동을 다르게 하고 있는가에 대한 연구는 상대적으로 미흡한 상황이다. 기존의 딜레마 연구는 주로 제도나 정책을 분석 대상으로 하여 딜레마 상황에서의 공직자의 대응행동 및 정책 결과에 대한 사례 중심의 개별적 설명을 축적하여 왔다. 하지만, 딜레마 이론이 정의한 관찰자 관점에서의 정책 딜레마 상황이 의사결정의 참여자적 관점에서도 동일한 수준으로 딜레마로 인지되는가 대한 연구는 충분하지 않다. 중앙 및 지방공무원의 딜레마 인지에 주목한 소수의 일부 연구가 있지만(주재현・한승주, 2015; 김서용, 2018), 이들 연구는 딜레마 상황에서 어떤 대안에 보다 우선순위를 두는지에 주목하였다. 연구의 주요 분석 결과 역시 공직을 수행하는 당사자들이 의사결정 과정에서 특정 대안에 대한 특정한 선호를 가짐을 보여줄 뿐, 실제로 상충하는 대안 간의 선택의 어려움을 경험하지는 않고 있음을 보여주고 있다.

3. 딜레마 이론의 한계: 공직자의 딜레마 인지 과정의 불충분한 설명

공공부문에서의 의사결정 맥락에서의 딜레마는 그 존재 또는 상황을 규정하는 여러 가지 기준에 의해 결정된다. 하지만, 이러한 기준을 충족한 딜레마가 실재하는가와 딜레마를 의사결정의 제약요인으로 인식하고 실제 조직 내 행동에 반영하고 있는가에 대한 논의는 구별될 필요가 있다. 딜레마의 존재를 딜레마를 구성하는 조건의 충족 여부를 중심으로 보는 것이 이론적, 추상적, 개념적인 영역에서 딜레마 상황의 의미를 강조하는 것이라면, 의사결정에 참여하는 행위자가 실제로 딜레마를 인식하여 체감하는 것은 인지 과정을 중심으로 한 경험적인 영역을 강조하는 것이기 때문이다.

딜레마 이론은 책임성의 딜레마 상황을 의사결정자를 제외한 이해관계자들의 효용이 상충하는 실재하거나 사회적으로 구성된 현상으로 정의한다. 계층적 책임성과 정치적 책임성이 상충하는 딜레마 상황은 공직자가 어떤 책임성을 선택하는가에 따라 조직과 고객이라는 쌍방의 이해관계자가 서로 효용을 교환하는 일종의 제로섬(zero-sum) 게임 상황이 될 수 있기도 하다. 하지만, 의사결정의 주체인 공직자는 상충하는 선택지에 대한 자신의 선호에 따라 딜레마 상황을 해석함으로써 현실의 딜레마와 인지한 딜레마 사이의 차이(gap)가 발생할 수 있다.

동일한 딜레마 상황이라 하더라도 누가 그 딜레마를 인식하는가에 따라 개인별 변이(variation)가 발생할 수 있다. 딜레마의 실재를 객관적으로 정의하고 딜레마 강도를 계량화할 수 있다 하더라도, 딜레마 상황에 처한 개인이 인지하는 딜레마의 실재와 수준은 외부 관찰자의 그것과 다를 수 있으며, 딜레마의 당사자들 사이에서도 집단 내 차이로 나타날 수 있다. 예를 들어, 정책과정에서 빈번하게 논의되는 딜레마 상황으로 효율성과 형평성의 맥락 또는 가치의 충돌 상황에 주목해 보자. 효율성을 강조하는 집단과 형평성을 강조하는 집단 간의 갈등 또는 경쟁은 선택의 분절성, 상충성, 불가피성 등의 딜레마 상황의 구성요건을 충족하여 많은 연구에서 객관적인 딜레마 상황으로 정의된다. 하지만, 객관적인 딜레마 상황이 실재한다고 하더라도 해당 정책 및 사업의 의사결정자인 공직자가 상황을 항상 딜레마로 인식하는 것은 아니다. 형평성의 가치에 대한 우선순위를 개인의 신념으로 하거나 조직 규범으로 하는 행위자는 외부적인 관점에서는 동등한 것으로 보이는 형평성과 효율성의 가치 충돌 상황을 딜레마 상황으로 인식하거나 체감하지 않을 수 있다. 의사결정자의 가치 및 신념이 특정 대안에 대한 강한 선호로 나타나 대안 간의 교착 상태를 딜레마로 인지하는 것을 방해하는 것이다. 효율성의 가치를 우선하는 조직에 속한 구성원 역시 사회화 및 조직학습 등의 과정을 통해 가치의 비교 과정에서 효율성에 대한 가중치를 상대적으로 높게 부여하는 방식을 통해 딜레마를 인식하지 못할 가능성이 존재한다.

이러한 인식의 오류는 조직목표의 모호성에 대한 행정학 및 공공관리 분야에서의 연구와 그 결을 같이한다. 조직의 목표 모호성에 대한 연구는 주로 사명 선언문(mission statement), 전략체계도, 및 사업계획서 등에 포함된 조직의 주요 목표 간 충돌이나 중첩에 주목하여 제3자인 연구자가 외부인의 시선으로 목표의 모호성을 정의하고 측정하는 방식을 취하였다. 목표 모호성이 공직자의 직무태도 및 행동, 그리고 성과를 결정하는 역할에 대한 경험적 발견에도 불구하고, 목표 모호성에 대해서는 응답자 특성별로 차이가 나타나기도 한다. 흥미로운 점은 조직구성원들은 외부 관찰자보다 목표 모호성의 수준이 낮은 것으로 응답하는 경향성이다. 조직 외부에 있는 연구자들은 조직목표를 전사적인 목표로 이해하지만, 조직 내부의 구성원들을 팀 또는 과 수준의 목표 및 성과목표 등으로 이해한다. 조직목표를 정의하는 수준이 상이함에 따라 동일한 조직목표에 대해서 내부 구성원과 외부 관찰자의 평가가 다르고(평가자 집단 간 차이), 내부 구성원들 사이에도 모호성 수준에 대한 평가의 차이(평가자 집단 내 차이)가 나타난다. 목표 모호성이 공직자의 태도, 행동, 성과 등에 미치는 영향에 대한 연구는 사업 또는 조직 단위에서 측정한 모호성이 개인수준에서 측정한 태도, 행동, 및 성과에 미치는 영향을 보는 분석수준의 차이를 가진다. 외부 관찰자가 정의한 목표 모호성이 조직수준이고 내부 구성원이 인식하는 목표 모호성이 개인수준이면, 목표 모호성의 외부 관찰과 내부 구성원 인지는 분석수준의 불일치와 같은 한계를 가진다.

동일한 맥락에서 딜레마에 대한 연구 역시 딜레마의 존재 여부를 딜레마의 성립요건 또는 내용조건을 중심으로 외부자가 판단한 후 딜레마에 대한 공직자의 의사결정 및 행태를 비교하여 분석수준의 불일치 문제를 해결하지 못하고 있다. 딜레마에 대한 객관적 접근은 딜레마 상황을 주관적으로 인식하여 태도와 행동을 결정하는 공직자의 심리적 또는 사회조직학적 과정을 연구 관심에서 배제하였다는 한계를 지니고 있기도 하다. 딜레마 연구가 딜레마의 인지 여부가 의사결정에 미치는 영향을 설명하고 있지만(딜레마 인지의 효과), 딜레마의 실재에 대한 규명 및 증명 이외에 주관적 경험으로서의 딜레마의 인지 과정(딜레마 인지의 원인)에 대한 연구는 여전히 부족하다. 더욱이, 객관적 딜레마의 존재와 주관적 딜레마의 인지 사이의 격차에 대한 물음은 여전히 해결되지 않고 있다.

Ⅲ 공직자의 책임성 딜레마 인식의 개인 및 조직의 결정변수

객관적인 딜레마 상황에 놓여 있는 공무원이 실제의 공직 수행 과정에서 딜레마를 인지하여 선택의 어려움을 경험할까? 기존 연구는 객관적으로 딜레마로 간주한 의사결정 상황이 딜레마 상황에 직면한 의사결정자에게 항상 딜레마로 인식되는 것은 아님을 보여준다(주재현 · 한승주, 2015). 딜레마 상황의 존재와 그 강도의 체감은 의사결정자 개인의 경험으로 나타나며, 딜레마에 대한 지식이나 관심, 또는 감수성의 수준에 따라 딜레마 상황에 대한 인식수준이 다양하게 나타날 수 있는 것이다.

딜레마의 인지 과정은 의사결정자가 개인의 가치 및 선호의 고려를 최대한 배제하고 대안의 맥락을 파악하여 각 대안의 선택이 가져 오는 결과가치의 충돌 상황을 이해하는 과정이다. 정책과정에서의 딜레마는 개인의 신념체계, 가치 및 선호와 타인의 신념체계, 가치, 및 선호가 서로 충돌하는 윤리적인 딜레마 상황과는 차이가 있다. 정책 딜레마는 외부적인 상황으로 조성되며, 딜레마 상황에 처한 의사결정자는 딜레마를 인지하여 선택의 어려움을 경험할 것을 전제한다. 하지만, 의사결정자가 딜레마의 발생을 인지하지 못하여 개인의 신념이나 선호에 따라 선택을 하거나 개인의 의지를 가지고 적극적으로 개입하여 딜레마 상황을 반대로 조성할 가능성도 있다. 딜레마 연구는 의사결정자가 딜레마를 인지하지 못하는 무시된 딜레마 상황과 선택의 곤란함을 만들기 위하여 딜레마 상황을 인위적으로 만들어 가는 가짜 딜레마 상황을 구분하고 있으며, 객관적으로 실재하는 딜레마 상황이 의사결정자에게 정확하게 딜레마로 인지될 필요성을 강조한다.

그렇다면 외부적으로 딜레마 상황으로 정의하거나 합의하여 사회적으로 구성하고 있는 책임성 딜레마 상황을 공직자가 딜레마로 인지하여 선택의 어려움을 경험하지 않는 이유는 무엇일까? 공직자의 책임성 딜레마 상황은 직무 수행에 대한 계층제적 책임을 강조하는 관료제의 성격이 강한 조직에서는 딜레마로 잘 인지되지 않을 수 있다. 위계적 관료제의 전통이 강한 한국의 조직 문화 속에서 공직자는 직무 수행에서 조직에 대한 충성이나 상사의 명령에 대한 복종과 같은 계층적 책임에 법규 및 절차의 준수의 법적 책임에 우선순위를 둔다(박종민 · 윤견수, 2015). 관료제적 조직 내에서 사회적인 학습을 거친 공직자가 적극행정 등의 제도 변화가 가져 온 계층적 책임과 정치적 책임이 상충하는 책임성 딜레마 상황을 인지하기 위해서는 책임의 다양성과 책임성의 맥락 간의 우선순위에 대한 고민이 공직자들에게 확산되어야 한다. 정치적 책임이 공직자에게 직무를 위임한 시민에 대한 책임이라고 본다면, 정치적 책임을 중요하게 생각하는 공직자는 직무 수행에서 시민의 권익 강화를 공익 실현으로 이해할 수 있게 된다. 이러한 공익 실현에 대한 관점의 변화는 전통적인 계층적 책임을 이행하는 조직에 대한 충성이나 상사의 명령에 대한 복종이 공익의 실현으로 간주하는 생각의 방식에 영향을 주어 계층적 책임과 정치적 책임 간의 충돌의 인지로 나타날 수 있다.

공직자의 직무 수행 태도는 성격(personality)과 동기요인(motive)과 같은 개인적 특성과 직장 풍토(workplace climate)와 조직 문화(organizational culture)와 같은 조직적 특성의 영향을 받는다. 이 글은 특히 공직자의 책임성 딜레마 인지(또는 미인지)에 대한 적극적인 성격 및 공적성취의 동기의 개인적 특성과 심리적 안전감과 조직적 집합주의의 조직(풍토)적 특성의 영향에 주목한다. 관료적 조직에서 근무하는 관료는 정해진 절차와 규정에 따라 직무를 수행할 것을 기대받으며, 권위의 위계 질서에 따른 계층적 책임성을 실현한다. 외부의 정책결정자 및 내부의 상위 관리자가 공직자의 직무 수행 방식을 결정하기 때문에, 관료적 개인 또는 관료적 조직의 사회적 학습화가 이루어진 공직자는 자신에게 할당된 과업을 충실히 이행하며 직무 수행의 다차원성을 고려하지 않는다. 하지만, "영혼 없는" 가치 중립적인 공직자의 모습에 대한 비판을 반영한 적극행정의 맥락은 덜 관료화된 공직자의 역할을 기대하며 이에 따라 직무 수행 방식과 그 결과로서의 공익 실현의 다차원성을 이해할 것을 강조한다. 이는 공직자에게 자신의 영혼을 가지고 보다 적극적인 자세로 직무에 접근하고 계층적 책임과 경쟁하는 다양한 책임을 동시에 고민할 수 있는 기회를 제공한다. 관료적 조직이 강조하는 조직의 내부 절차에 대한 순응은 사회적 학습을 통하여 집단의 규범으로 형성될 수 있는데, 계층적 책임은 상사와 조직에 대한 충성의 역할 기대 및 조직 규범에서 일탈하는 것을 억제하고 일탈행위에 대한 불안감을 가져 온다. 하지만, 관료적 성격의 완화를 통해 조직 규범의 영향력이 약화되고 일탈행동을 어느 수준 허용하는 경우 공직자는 계층적 책임 이외에 다양한 책임성을 지향할 수 있게 된다.

1. 적극적 성격과 책임성 딜레마 (미)인지

적극적 성격은 주어진 환경이나 상황을 그대로 받아 들이기보다는 변화를 만들어 문제를 해결하고자 하는 성향을 의미한다(Bateman & Crant, 1993). 적극적인 성향을 가진 사람은 상황이 주는 영향을 극복하여 자신이 주도권을 가지고 기회를 찾는 경향이 있으며, 자신의 관심이나 이익의 실현을 추구한다(Allen, Weeks, & Moffitt, 2005).

적극적 성격의 책임성 딜레마 인지에 대한 효과는 크게 두 방향으로 다르게 나타날 수 있다. 첫째, 적극적 성격의 공직자는 자신의 과업의 내용을 적극적으로 해석하여 직무 수행의 계층제 및 법적 책임 지향에 의문을 제기하고, 과업의 목적 달성과 같은 결과 중심으로 재량을 행사하는 등 정치적 및 전문가적 책임 지향의 주도적인 행동을 하고자 할 것이다. 정해진 절차를 벗어나 새로운 시도를 하는 행동으로는 발언행동(voice behavior), 주도적 행동(proactive behavior), 혁신 행동(innovative behavior), 그리고 창의성(creativity) 등을 들 수 있다(Crant, 2000). 이러한 행동은 직무수행 방식의 변화를 요청하고 기존 방식의 개선을 장려하는 적극행정의 정책적 노력과 연계하여 더욱 강하게 나타날 수 있다. 조직 중심의 계층적 책임과 경쟁관계에 있는 다양한 맥락의 책임성을 지향하는 적극적인 성격의 공직자는 계층적 책임 이외의 다른 유형의 책임성의 실현이 제약되는 상황을 보다 잘 이해하고 맥락의 충돌로 인한 딜레마를 더욱 잘 인지할 수 있을 것이다.

둘째, 적극적 성격의 공직자는 개인이 이해하는 직무의 내용이 상사의 명령이나 조직의 방향과 충돌할 때, 개인의 가치를 실현하는 방향으로 결정할 수 있기도 하다. 적극적 성격의 구성원은 자신 또는 타인의 행위를 행위가 조직을 변화시킬 가능성을 긍정적으로 평가하며, 상황의 변화를 위해서라도 의식적으로 주도적인 행동을 위해 노력할 것이다. 공직자가 고객으로서의 시민을 위해 정해진 절차와 규정을 적극적으로 해석하는 비관료적 성격(DeHart-Davis, 2007)을 가지는 것은 적극행정의 차원에서는 장려되는 내용이다. 적극적 성격의 공직자는 적극행정 정책의 방향에 따라 고객을 위한 정치적 책임 또는 개인의 전문가적 책임성에 우선순위를 둘 수 있으며, 그 결과 의사결정 상황에서 고객에게 이익을 주는 맥락의 대안에 선호를 가져서 선택의 어려움을 경험하지 않을 것이다. 이러한 내용을 다음과 같은 가설로 제시할 수 있다.

가설 1. 공직자의 적극적 성격은 책임성의 딜레마 상황 인식에 영향을 미칠 것이다.

가설 1-1. 적극적인 성격을 가진 공직자일수록 [계층적 책임성(조직규정준수)을 덜 지향하여] 딜레마를 더욱 잘 인지할 것이다.

가설 1-2. 적극적인 성격을 가진 공직자일수록 [정치적 책임성(시민권익실현)을 더 지향하여] 딜레마를 더욱 인지하지 않을 것이다.

2. 공적성취동기와 책임성 딜레마 (미)인지

공적성취동기는 공공봉사동기로 발현하는 규범적, 정서적, 합리적 차원 중 개인의 공공선(public good)의 가치 실현을 의미하는 합리적 차원과 관련성이 높다. 공공봉사동기는 ① 국가와 사회에 공헌하거나, ② 타인에 대한 봉사의 의지를 가지거나, ③ 정책결정 과정에 참여하여 공익을 실현하기를 원하는 개인의 내재적 또는 외재적 동기를 포함한다(Perry & Wise, 1990; Perry, 1996). 공공봉사동기는 사회 전체의 이익에 대한 관심으로 타인의 이익과 복지 및 사회에 대한 헌신으로 발현될 때는 내재적 동기와, 정책결정 과정에 주도적으로 참여하는 과정을 통해 개인의 신념 및 가치를 반영한 공공선을 실현하는 방식으로 발현될 때에는 외재적 동기로 작동할 수 있다. 공공부문 종사자가 가지는 고유한 자질 또는 특성으로 정의되는 공공봉사동기에 대한 연구는, 특히 이타심과 친사회적 가치 실현의 공공선을 추구하는 동기를 반영하는 규범 및 정서적 측면을 중심으로 진행되어 왔다(Perry, Hondeghem, & Wise, 2010; Vandenabeele, Ritz, & Neumann, 2018). 공공봉사동기가 높은 공직자일수록 조직과 사회에 긍정적으로 기여하는 친사회적인 의사결정과 행동을 할 것으로 기대받으며(Esteve et al., 2017), 직업으로서의 공공부문에 대한 선호 결정과 직무 수행의 중요한 근무동기로서의 역할로 나타나고 있다(Christensen & Wright, 2011). 공공봉사동기는 업가치(work value)로서 책임성과 공적가치에 대한 지향에도 영향을 주어, 공직자의 직무 태도(직무만족 및 조직 몰입 등), 직무 행동(조직시민행동), 그리고 개인 및 조직 성과 등에 긍정적인 영향을 주고 있다(김상묵, 2018; 김호정, 2019; Bellé, 2013; Camilleri, 2006; DeHart-Davis, 2007; Homberg, McCarthy, & Tabvuma, 2015; Horton & Hondeghem, 2006; Houston, 2011; Taylor, 2007; 2008; Vandenabeele, 2009; Ritz et al., 2016).

하지만, 공공봉사동기의 다른 한 차원인 합리적 측면에 대한 논의는 상대적으로 부족하게 진행되고 있다(O'Leary, 2019). 공공봉사동기 개념의 발전은 자기 이익을 추구하는 행태(self-interested behavior)와의 구별을 통하여 진행되고 있지만, 사적 이익의 추구 행태가 아닌 개인의 신념 및 가치의 표현 행태(expressive behavior)로서 정책과정에 매력을 느끼고 참여하는 비이타적인 행태 역시 공공봉사동기의 주요한 구성요소이기도 하다(O'Leary, 2019). 공직자의 동기 유형과 관련한 다운스(Downs, 1967)의 주장과 같이 공직자는 이기심과 이타심을 동시에 추구하는 존재일 수 있으며, 공직자의 공공봉사동기 역시 순수하게 이타심에 기반한 것으로 보기보다는 자신의 신념 및 가치 실현의 도구로서 공직을 활용하는 이기심에 기반한 합리적인 동기로 이해될 필요가 있다.

공공봉사동기의 책임성 딜레마 상황 인지에 대한 효과는 공공봉사동기를 구성하는 차원에 따라 다양하게 나타날 수 있다. 첫째, 공공봉사동기의 규범적 또는 정서적 차원은 공공봉사동기가 높은 공직자들에게서 시민의 이익을 위해 헌신하며 청지기로서의 자세를 지향하는 행동이 나타날 것을 가정한다. 책임성의 딜레마 상황에서 공공봉사동기가 높은 공직자는 사회의 공공선을 실현하는 의지를 반영하여 정치적 책임을 보다 우선적으로 고려할 것이다. 이는 이타적 및 친사회적 가치를 반영한 공공봉사동기의 규범 및 정서적 차원이 공직자의 상황 인식과 가치 판단에 있어서 공적가치를 우선하는 편향성을 가져올 수 있음을 시사한다. 친사회적 가치 및 이타적 기여의 동기 유인을 가지는 공직자는 조직의 규정으로 인해 국민의 권익이 침해되는 것을 문제로 인식하고, 그 규정을 적극적으로 해석하거나 적정한 범위 내에서 일부 규정을 위반하더라도 시민을 위해 재량을 행사하는 적극행정을 보여줄 가능성이 높다.

하지만, 공공봉사동기의 합리적 측면은 공직자가 책임성의 딜레마 상황을 보다 민감하게 인식하게 할 수 있다. 공직자는 직무 수행을 자신의 가치 및 신념을 수행하기 위한 도구로 인식하며, 조직의 절차와 규정을 직무의 도구적 가치 및 효용을 극대화하는 데 활용한다. 관료제적 조직 내에서의 공직자의 합리적인 행동은 조직을 우선시하여 규칙을 준수하는 계층적 책임에 대한 편향을 반영하여, 계층적 책임과 정치적 책임의 맥락 간 충돌의 인지를 어렵게 할 가능성이 있다.

공공봉사동기의 합리적 측면은 공직(public service)에 대한 규범(norm)과 연계하여 공직자가 순수하게 자신의 이익을 추구하는 것이 아니라 공공의 이익을 함께 고려하는 혼합적 동기로 공공봉사동기를 작동하게 한다(O'Leary, 2019). 일반적으로 공직의 직무 수행은 공공선 또는 공익의 추구를 과업의 목표 및 역할 규범으로 하며, 공직 수행의 합리성 역시 개인 차원의 자기 신념 추구로서의 공익의 정의와 조직 차원의 조직목표 및 가치 추구로서의 공익의 정의를 모두 반영한다. 공직을 수행하는 환경이 높은 수준의 관료제적 특성으로 나타난다면 공직자의 합리적인 선택의 기준은 개인수준의 차이를 배제하고 조직 차원에서 정의한 공익이 되며, 낮은 수준의 관료제적 조직에서의 개인의 행동규범은 개인의 신념체계와 선호를 반영한 개인적 차원의 공익이 된다. 공공봉사동기의 합리적 차원 또는 신념 표현의 도구로서의 외재적인 동기요인은 공직자가 기존 절차를 그대로 준수하는 소극적인 행동을 통하여 공익을 보호하거나 국민의 권익보호라는 취지에서 정책결정에 적극적으로 참여하거나 의미 및 효능감을 인식하는 것과 연결될 수 있기도 하다.

외재적 요인으로서의 공공봉사동기로 정의될 수 있는 공적성취동기가 높은 공직자는 자신이 추구하는 공익 실현을 위한 도구로서 공직을 인식하며, 도구로서의 직무수행의 결과와 그 효용성의 평가에 따라 딜레마 상황을 상이하게 인지할 수 있다. 특히, 관료제적 특성이 높은 공공조직의 공직자는 직무 수행에서의 계층적 책임성에 가치를 높게 부여하여 계층적 책임성과 다른 책임성 요소가 충돌하는 상황을 딜레마로 인식하지 않을 수 있다. 하지만, 개인 차원의 공직규범이 시민에 대한 봉사와 연결될 경우, 공직자는 계층적 책임성의 준수가 시민의 권익 실현 또는 구제와 충돌할 가능성을 인지할 수 있다. 이 경우 공직자는 규칙준수와 소극행정에 대한 기존 선호에서 벗어나 규칙준수-권익보호 또는 소극행정-적극행정의 맥락이 충돌하는 상황에 보다 더 민감해질 수 있다. 이러한 내용을 다음과 같은 가설로 제시할 수 있다.

가설 2. 공직자의 공적성취동기는 책임성의 딜레마 상황 인식에 영향을 미칠 것이다.

가설 2-1. 공적성취동기가 높은 공직자일수록 [계층적 책임성(조직규정준수)을 더 지향하여] 딜레마를 더욱 인지하지 않을 것이다.

가설 2-2. 공적성취동기가 높은 공직자일수록 [정치적 책임성(시민권익실현)을 덜 지향하여] 딜레마를 더욱 잘 인지할 것이다.

3. 심리적 안전감과 책임성 딜레마 (미)인지

심리적 안전감(psychological safety)은 직무 관련 대인관계에서 발생할 수 있는 위험의 결과에 대한 인식(perception) 또는 믿음(belief)을 의미하며(Edmondson, 1999), 자신의 선호를 표현하는 위험을 감수하는 행동을 할 경우에 비난이나 오해를 받지 않을 것으로 믿는 정도를 의미한다(Deter & Burris, 2007). 심리적 안전감은 도전적이고 주도적인 의견을 자유롭게 제시하는 행동에 대한 효과가 감수해야 할 위험의 비용보다 높은 상태로, 조직구성원이 조직 분위기 또는 조직 문화를 위협적이지 않다고 믿는 심리적 상태와 관련이 있다. 개인이 인식하는 심리적 안전감은 조직 차원에서 심리적 안전 분위기(psychological safety climate)로 나타나며, 심리적 안전감을 확보한 조직구성원들은 의사표현에 대한 위험 부담은 낮게 인식하고(Liang, Fang, & Fang, 2012), 정보와 아이디어를 보다 자유롭게 공유하는 발언행동을 자주 하며(Edmondson, 1999; Zhang et al., 2010), 조직의 혁신 제고와 성과 향상 등 조직에 긍정적으로 기여하는 행동을 보여준다(Frazier et al., 2017; Newman, Donohue, & Eva, 2017).

심리적 안전감의 책임성 딜레마 인식에 대한 효과 역시 크게 두 방향으로 나타날 수 있다. 첫째, 심리적 안전감은 조직구성원이 조직과 일치하지 않는 의견을 제시하거나 다른 가치를 추구할 수 있는 조직 풍토로 구체화된다. 계층제적 책임성을 강조하는 관료제적 조직에서 근무하는 공직자라 하더라도 조직으로부터 심리적 안전감을 경험할 때 정치적 책임성 등의 다른 책임성을 추구하는 행동을 위협으로 인식하지 않으며 책임성의 다차원을 인식할 수 있게 된다. 또한 심리적 안전감이 높은 조직의 구성원은 개인의 신념이나 가치가 조직의 그것과 동일한 것에서 편안함을 인식하거나 상이한 것에 대한 불편감을 덜 인식할 수 있다. 공직자의 행동 정향과 관련하여 우리는 대부분의 공직자가 계층적 책임성을 추구하며 절차와 규정의 준수와 조직에의 충성을 위해 소극적인 행정을 보일 것이라 가정한다. 공직자가 고객의 권익을 보호하는 것과 같은 정치적 책임성을 추구하려 할 때에는 공직자에 대하여 기대하는 행동과는 다른 적극행동을 허용하거나 장려하는 환경이 조성되어야 하며, 심리적 안전감은 이러한 적극적인 행정을 가능하도록 하는 조직 풍토의 조성과 관련이 있다. 이러한 내용을 종합하여 다음과 같은 가설을 제시할 수 있다.

가설 3. 공직자의 심리적 안전감 경험은 책임성의 딜레마 상황 인식에 영향을 미칠 것이다.

가설 3-1. 조직으로부터의 심리적 안전감을 높게 경험하는 공직자일수록 [계층적 책임성(조직규정준수)을 덜 지향하여] 딜레마를 더욱 잘 인지할 것이다.

가설 3-2. 조직으로부터의 심리적 안전감을 높게 경험하는 공직자일수록 [정치적 책임성(시민권익실현)을 더 지향하여] 딜레마를 더욱 인지하지 않을 것이다.

4. 조직적 집합주의와 책임성 딜레마 (미)인지

조직적 집합주의(organizational collectivism)는 직무 수행의 의사결정이 개인의 신념과 가치에 의한 판단에 따르기보다 소속한 집단의 구성원들과 공유하여 참여형으로 이루어지는 의사결정의 조직 문화적 특성이다(Robert & Wasti, 2002). 조직적 집합주의가 높은 환경에서 직무를 수행하는 개인은 자신의 전문가적인 판단이나 가치기준, 또는 개인 선호를 의사결정과 그에 따른 행동의 선택에 활용하는 데 많은 제약을 인식할 수 있다. 로버트와 와스티(Robert & Wasti, 2002)는 참여형 의사결정(participatory decision-making)과 공동체주의적 특성을 조직적 집합주의로 정의하며, 의사결정의 과정과 책임의 공유를 강조하였다. 조직적 집합주의를 높은 수준으로 경험하는 공직자일수록 높은 확률로 공동체로서의 조직의 성공과 안녕을 추구하며, 조직과 개인이 추구하는 가치와 신념 사이의 균형점 또는 적합점을 탐색하는 노력을 할 것이 기대된다.

딜레마 상황과 관련하여 조직적 집합주의는 딜레마 상황의 인지 확률을 증가시키거나 감소시킬 수 있다. 두 개의 단절적 그러나 균등한 대안이 충돌하는 딜레마 상황은 맥락에 따라서 조직의 안정과 조직의 분열을 가져올 수 있으며 조직적 집합주의는 조직의 안정과 성공에 대하여 가치 지향을 고정하는 닻(anchor)의 효과를 가져올 수 있다. 즉, 조직적 집합주의가 강한 조직 문화 또는 풍토에서 직무를 수행하는 공직자는 조직의 이익을 우선하는 것을 하나의 행동규범으로 인식할 수 있다. 또한 조직적 집합주의는 조직구성원으로 하여금 개인의 전문가적 판단보다는 조직이 공유하는 규범과 목표에 따른 판단을 하도록 만들며, 조직이 추구하는 가치를 맹목적 또는 우선적으로 수용하여 딜레마 상황에 적용할 수 있기도 하다. 집단이 추구하는 것이 조직의 절차 및 규칙의 준수인 경우 집합주의적 성향이 강한 구성원은 절차 및 규칙의 준수에 해당하는 소극행정에 가중치를 부여한다. 반대로, 집단이 추구하는 가치가 고객 또는 국민의 권익 실현 및 보호인 경우에는 조직적 집합주의는 조직구성원의 직무 수행 방식 또는 규범으로 절차 및 규칙의 한계를 넘어서 시민에 대한 정치적 책임성을 다하는 적극행정을 추구하도록 한다.

딜레마 상황을 인지하는 경우와 연결하며, 결국 조직 문화적 특성으로 집합주의적 성향을 강하게 지니는 구성원일수록 행동의 규범이 집단에 의해 결정됨으로써 딜레마 상황에 대한 개인적인 판단을 유보하고 조직이 결정하는 방향에 따라 조직의 규칙 준수나 시민의 권익보호 중의 특정 가치를 선택함으로써 딜레마를 부정하거나 무시할 수 있다. 또는 집단이나 조직이 제시하는 방향성에 따라 행동하는 것을 선호하는 개인일수록 딜레마 상황에서의 인식하는 딜레마의 강도의 수준이 낮아질 수 있기도 하다. 이러한 내용을 종합하여 다음과 같은 가설을 제시할 수 있다.

가설 4. 공직자의 조직적 집합주의 인식은 책임성의 딜레마 상황 인식에 영향을 미칠 것이다.

가설 4-1. 조직적 집합주의를 높게 인식하는 공직자일수록 계층적 책임성(조직 규정준수)을 더 지향하여 딜레마를 더욱 인지하지 않을 것이다.

가설 4-2. 조직적 집합주의를 높게 인식하는 공직자일수록 정치적 책임성(시민 권익실현)을 덜 지향하여 딜레마를 더욱 잘 인지할 것이다.

Ⅳ 연구방법

1. 자료 수집

이 연구는 중앙행정기관과 지방자치단체의 공직자, 그리고 공공조직에 종사하는 직원을 연구 대상으로 선정하였으며, 일반행정, 연구·지도직, 기술직 등 다양한 직종을 포함하여 자료를 수집하였다. 설문대상자는 설문조사기관에 의뢰하여 구성한 온라인 패널을 통하여 무작위 확률 표집 방법으로 선정하였으며, 자료조사는 구조화된 온라인 설문지를 사용하였고, 자료 수집은 2020년 11월 26일부터 12월 8일까지의 2주간 진행하였다. 설문대상자에게 설문 응답 방식 및 설문자료의 익명성 보호에 대한 설명을 충분히 제공하였고, 성실한 응답이 이루어질 수 있도록 시간적 여유와 일정한 보상을 제공하였다. 9,900명 이상의 온라인 패널을 대상으로 설문조사를 실시하였으며, 이 중 설문조사를 완료한 총 800명의 응답자의 설문 응답(응답률 8.1%)을 연구분석에 활용하였다.

분석에 활용한 응답자는 남성 486명(60.8%)-여성 314명(39.3%)의 성별 분포를 보이며, 35~44세 연령집단(44%), 대졸 이상(87%), 7급 이하(69%), 행정직(60%), 지방자치단체(53%)를 대표적인 인구사회통계적 특성으로 가지고 있다. 응답자의 구체적 연령별 분포는 25세 이하가 3명, 25~34세가 212명(27%), 35~44세가 351명(44%), 45세 이상이 234명(29%)이며, 직급별 분포는 9급 119명(15%), 8급 150명(19%), 7급 286명(36%), 6급 161명(20%), 5급 이상 84명(11%)으로 나타났다. 직렬별 분포는 행정직 481명(60%), 기술직 181명(23%), 특정직 78명(10%)이며, 소속기관별 분포는 중앙행정기관 215명(27%), 광역지방자치단체 119명(15%), 기초지방자치단체 301명(38%), 공공기관 165명(21%)으로 나타났다.

2. 변수 측정

이 연구는 공직자의 딜레마 인식과 성격 및 동기, 조직 분위기 및 조직 문화에 관한 자료를 얻기 위하여 설문지 방식을 사용하였다. 연구의 독립 및 종속변수는 설문 응답자인 조직구성원이 자기보고식 설문에 응답하는 방식으로 측정되었으며, 조사에 활용한 변수들 중 딜레마 인식과 공적성취동기를 제외한 개념의 측정은 선행연구들에서 사용하였던 다차원 척도를 활용하여 이루어졌다. 종속변수인 딜레마 인식과 독립변수 중 공적성취동기는 이 연구의 목적으로 새로 개념화되었으며, 딜레마 인식은 단일척도, 그리고 공적성취동기는 다차원척도로 측정되었다. 딜레마 인식을 제외한 각각의 설문문항은 '전혀 그렇지 않다'=1점에서 '매우 그렇다'=5점까지의 동의의 응답을 담은 리커트(Likert) 유형의 5점 척도를 활용하였다.

1) 종속변수

딜레마 인식은 김서용(2018)이 딜레마 상황의 측정도구로 개발한 설문문항을 활용하였으며, 설문문항은 '정해진 규정/절차와 안타까운 고객(민원인)의 사정이 상충될 때, 어떤 선택을 하는 것이 합리적이라고 판단하십니까?'의 단일문항을 사용하였다. 설문응답자에게는 해당 문항에 대하여 '규정/절차 준수'=1점에서 '고객사정배려'=10점까지 개인의 견해를 바탕으로 10점 척도로 표시하도록 하였다. 쌍대비교의 형식을 가진 딜레마 인식의 측정문항의 구조는 1점에 근접할수록 관료지향적 행동선택(계층적 책임성)을, 그리고 10점에 근접할수록 고객지향적 행동선택(정치적 책임성)의 의미를 갖는다.

이 연구는 딜레마 인식의 조작적 정의를 보다 정교화하여 딜레마 인식에 대한 설문응답을 명목변수로 변환하였다. 딜레마 이론에서 제시하는 책임성의 딜레마 상황은 두 선택지 간에 심리적 갈등을 의미하며(윤견수, 2017), 특정한 선택지에 선호를 보이지 않는 현상으로 나타난다. 이 연구는 선택지에 대한 선호의 강도를 반영하여 딜레마 인식을 딜레마의 인지/미인지의 이산변수 또는 딜레마 인지와 관료지향적 및 고객지향적 행동선택의 명목변수로 새롭게 정의하였다. 보다 구체적으로, 선택 상황에서 중심성 경향의 응답(5점과 6점)은 어느 하나의 선택지를 선호하지 않는 딜레마 상황의 인지로, 그리고 그 외 응답(4점 이하 및 7점 이상)은 특정 선택지에 대한 강하거나 약한 선호를 보이는 딜레마 상황의 미인지로 정의하였다. 공직자의 입장에서 규정 및 절차를 준수하는 선택이 보다 일반적이고 효용이 클 경향성을 고려하여(김서용, 2018), 이 연구는 공직자의 딜레마 미인지 상황을 다시 4점 이하의 관료지향적 행동 선호와 7점 이상의 고객지향적 행동 선호의 유형으로 분류하였다. 최종적으로, 이 연구에서 사용하는 딜레마 인식 변수는 딜레마 인지, 관료지향적 딜레마 미인지, 고객지향적 딜레마 미인지의 세 유형의 명목변수로 정의되어 측정되었다.

2) 독립변수

딜레마 인식에 영향을 주는 독립변수들 중 일부(적극적 성격, 심리적 안전감, 조직적 집합주의)의 측정은 대부분 선행연구에서 타당도와 신뢰도가 확인된 문항의 전체 또는 일부를 참조하여 개발하였으며, 공적성취동기의 측정문항은 이 연구에서 자체적으로 구성하였다.

적극적 성격(proactive personality)은 파커와 스프리그(Parker & Sprigg, 1999)가 베이트맨과 크랜트(Bateman & Crant, 1993)의 적극행동과 관련한 성격요인을 활용하여 개발한 4개 문항을 사용하였다. 적극적 성격을 측정하기 위한 설문문항의 예는 "어떤 일이 있더라도 나는 내가 믿고 있는 것을 실제로 일어나게 할 것이다", "다른 사람들이 반대하더라도 내 아이디어를 옹호하고 지켜가는 것을 좋아한다" 등을 포함한다. 변수의 신뢰도에 대한 Cronbach's alpha(α)는 0.83이며, 서열척도를 기반으로 한 서열신뢰도(ordinal reliability, α)는 0.87이다.

공적성취동기(public achievement motivation)은 공공봉사동기의 합리적 차원과 연관성이 높은 공직의 도구적 가치 및 효용의 개념은 반영하여 자체적으로 개발한 5개 문항을 활용하여 측정하였다. 공적성취동기를 위한 설문문항의 예는 "나에게는 타인이나 사회에서 인정받을 만한 성과를 만드는 것이 중요하다", "나는 다른 사람들이 잘못된 결정을 내리지 않도록 이끄는 역할을 해야 한다고 느낀다" 등이다. 변수의 신뢰도에 대한 Cronbach's α는 0.78이며, 서열신뢰도(ordinal α)는 0.81이다.

심리적 안전감(psychological safety)은 에드먼드슨(Edmondson, 1999)이 팀 및 조직 단위에서의의 심리적 안전감 측정을 위해 개발한 5개 항목을 사용하였다. 심리적 안전감의 설문문항의 예는 "우리 조직에서는 누구나 직장에서 발생한 복잡한 문제를 직장 내에서 감추지 않고 의논의 주제로 삼을 수 있다", "우리 조직에서는 위험을 감수하는 도전이 허용된다" 등이다. 변수의 신뢰도에 대한 Cronbach's α는 0.80이며, 서열신뢰도(ordinal α)는 0.83이다.

조직적 집합주의(organizational collectivism)는 로버트와 와스티(Robert & Wasti, 2002)가 조직 문화의 개인주의적 차원과 집합주의적 차원을 측정하기 위하여 개발한 항목 중 집합주의 차원의 7개 문항을 활용하여 측정하였다. 조직적 집합주의의 측정을 위한 설문문항의 예는 "기관장과 관리자는 조직에 충성하는 직원을 더 많이 보호해주고 더욱 관대하다", "우리 부서는 조직구성원 모두가 조직의 성공뿐 아니라 실패에 대해서도 공동의 책임감을 느낀다" 등이다. 변수의 신뢰도에 대한 Cronbach's α는 0.90이며, 서열신뢰도(ordinal α)는 0.92이다.

3) 통제변수

끝으로, 성별, 관리자의 직위, 입직경로, 근무경력, 근무기관의 유형, 근무부서 등 인구사회통계학적인 요인을 통제변수로 활용하였다. 성별은 '남성'과 '여성'으로, 직위는 '관리자'와 '비관리자'로, 입직경로는 '공채'와 '경채'로 구분해 측정하였다. 근무경력의 경우 6개 집단으로 구분해 측정하였는데, 범주 간 간격이 일정하다는 점을 고려해 등간변수로 취급하였다. 근무기관의 유형은 3개 집단으로 구분해 측정하였으나 '행정기관'과 '공공기관'의 2개 집단으로 재구분해 측정하였으며, 근무부서는 '본부', '1차 소속기관', '2차 소속기관', '3차 소속기관'의 4개 집단으로 범주화하여 측정하였다.

V 분석 결과

1. 예비적 분석

이 연구는 연구변수의 측정문항이 이론적으로 정의한 구성개념과 일치하는지 확인하기 위하여 탐색적 요인분석(exploratory factor analysis: EFA)와 확인적 요인분석(confirmatory factor analysis: CFA)을 실시하였다. 독립변수를 대상으로 한 요인분석(종속변수는 단일문항으로 측정하여 요인분석에서 제외) 결과 평행 분석(parallel analysis) 기준으로 변수 측정 과정에서 계획한 것과 같이 4개의 요인이 발견되었으나, 고윳값(eigenvalue)이 1보다 큰 요인은 2개로 나타났다. 고윳값을 기준으로 2개 요인에 대한 요인분석 결과는 적극적 성격과 공적성취동기의 개인적 특성과 관련한 요인과 심리적 안전감과 조직적 집합주의의 조직적 특성과 관련한 요인의 경계는 명확한 것으로 나타났다. 변수 간 이론적인 관계와 구조를 기준으로 한 4요인 모형과 고윳값을 기준으로 한 2요인 모형 모두 첫 번째 요인의 분산의 설명량이 각각 24.5%, 27.2%로 나타났다. 하나의 요인이 설명하는 분산의 크기에 대한 Harmon test 결과, 종속변수를 추가한 요인분석에서도 첫 번째 요인의 분산 설명량이 모두 26.7% 이하로 나타나 동일방법편의(common method variance: CMV)는 심각한 수준은 아닌 것으로 판단된다(Podsakoff et al., 2003).

확인적 요인분석 결과, 모형의 적합도는 $\chi^2=642.496(df=183)$, RMSEA=0.056(95% CI=0.051, 0.061), CFI=0.975, TLI=0.972, SRMR=0.031로 나타나 연구를 설계한 측정모형은 분석을 위하여 수집한 자료와 높은 적합도를 보여주었다(Hu & Bentler, 1998; 1999). 적극적 성격, 공적성취동기, 심리적 안전감, 조직적 집합주의의 모든 설문문항들의 표준화된 요인적재치는 최소 0.522에서 최대 0.844의 범위를 가지며, 모든 문항의 요인적재치는 모두 0.5 이상으로 나타났다. 따라서 이 연구에서 사용한 측정문항은 의도한 변수들을 잘 설명하여 변수들의 수렴타당도(convergent validity)를 확보한 것으로 평가할 수 있다.

한편, 이 연구는 개별 변수의 집중타당도과 판별타당도을 검증하기 위하여 확인적 요인분석 결과를 활용하여 개념신뢰도(construct reliability)와 평균분산추출값(average variance extraction: AVE)을 산출하였다. 분석 결과 적극적 성격의 개념신뢰도는 0.87, 공적성취동기는 0.82, 심리적 안전감은 0.84, 그리고 조직적 집합주의는 0.92로, 개념신뢰도의 기준이 0.7보다 높은 것으로 확인되었다(Fornell & Larcker, 1981). 평균분산추출값의 경우 적극적 성격은 0.62, 공적성취동기는 0.47, 심리적 안전감은 0.51, 그리고 조직적 집합주의는 0.63으로, 공적성취동기를 제외한 3개 변수는 평균분산추출값의 기준 0.50 이상을 만족시켰다.

2. 기초분석

[표 10-1]은 연구의 종속, 독립, 그리고 통제변수의 기술통계(평균과 표준편차)와 상관관계 분석 결과를 보여준다. 독립변수들 간의 상관관계값들이 높은 것을 고려하여 추가적으로 다중공선성 진단을 실시하였고, 이를 위하여 이 연구에서 사용한 통제변수(성별, 관리직위 여부, 입직경로, 근무경력, 소속기관, 근무부서)와 적극적 성격,

공적성취동기, 심리적 안점감, 조직적 집합주의의 변수를 독립변수로 설정하고, 딜레마 인지 여부를 종속변수로 설정하여 회귀분석을 실시하였다. 더미변수로 측정한 종속변수에 대한 이항로지스틱 회귀분석을 통해 독립변수 간 다중공선성을 진단하였고, 그 결과 분산팽창지수(variance inflation factor: VIF)는 1.01~1.64, 공차(tolerance)는 0.61~0.99의 범위로 나타나 다중공선성의 문제는 심각하지 않은 것으로 판단된다.

공직자의 딜레마 인지과 관련하여 설문응답자 800명 중 36%에 해당하는 286명이 책임성의 딜레마를 강하게 인지하였으며, 딜레마를 인지하지 않거나 약하게 인지한 다른 64%의 설문응답자 중 관료지향선호를 보여준 집단이 전체의 42%, 고객지향선호를 보여준 집단이 전체의 22%를 차지하였다. 딜레마 인식이 공직자의 책임성 딜레마 상황에 대한 선택의 어려움을 의미하는 것을 고려하면, 공직자의 상당수가 특정한 책임성과 맥락적 행동대응에 대한 선호를 강하게 가지고 있으며, 책임성 딜레마 상황에 대한 민감도가 있는 공직자는 상대적으로 소수임을 알 수 있다. 관료지향적인 규정중시를 1점, 고객지향적인 고객배려를 10점으로 하는 딜레마 인지에 대한 전체 응답자의 평균값은 4.81(표준편차=2.14)로 척도의 중간값인 5.5보다 낮게 나타났다. 이는 설문에 참여하여 응답한 공직자들이 책임성의 딜레마 상황에서 관료지향적인 선택을 하는 경향성이 있음을 보여준다.

딜레마 인지의 결정요인으로 설정한 개인적 성격과 조직적 특성 중 공적성취동기

[표 10-1] 주요 변수의 기술 통계 및 상관관계

	평 균	표준편차	1	1-a	1-b	2	3	4	5
1. 딜레마 인식(인식=1)	0.36	0.48							
a. 딜레마 미인식(관료지향)	0.42	0.49							
b. 딜레마 미인식(고객지향)	0.23	0.42							
2. 적극적 성격	2.92	0.74	-.04	-.14**	.21**	(.62)			
3. 공적성취동기	3.36	0.57	-.10**	.02	.09**	.54**	(.47)		
4. 심리적 안전감	2.99	0.68	-.06†	-.16**	.26**	.49**	.49**	(.63)	
5. 조직적 집합주의	2.95	0.76	-.01	-.18**	.23**	.49**	.49**	.76**	(.51)

주1: 통제변수는 생략. 괄호 안 숫자는 변수의 평균분산추출값(AVE)을 의미.
주2: † $p<.1$, * $p<.05$, ** $p<.01$.

(r=−.10, p<.05)와 심리적 안전감(r=−.06, p<.10)은 딜레마 인지 상태와 부정적인 관계를 가지며, 이 관계는 통계적으로 유의한 것으로 나타났다. 딜레마의 미인지와 상충 관계의 대안에 대한 선호도와 관련하여, 관료지향적인 선호를 보이는 공직자들은 덜 적극적이고, 조직 내에서 심리적인 안전감을 낮게 체감하고, 조직 문화의 집합주의적 경험을 적게 하는 등의 경향을 보이고 있으며[공적성취동기를 제외한 3개 독립변수의 상관관계계수(r)<0, p<.01], 이러한 경향은 고객지향적인 선호를 보이는 공직자들[4개 독립변수의 상관관계계수(r)>0, p<.01]과는 상반된다. 독립변수가 종속변수의 2개 항목(고객지향, 관료지향)에 대하여 가지는 관계의 상이함은 딜레마 인지를 어렵게 하는 선호의 형성 과정이 선호의 방향성에 따라 다를 수 있음을 의미하며, 가설에서 설정한 변수 간 관계의 방향성의 상이함과도 연결된다.

3. 회귀분석 – 이항회귀분석 및 다항회귀분석

딜레마의 인지 여부와 선호를 반영한 딜레마 미인지를 종속변수로 하여 일련의 이항 및 다항회귀분석을 실시하였으며, 그 결과는 [표 10-2]와 [표 10-3]과 같다. 연구모형의 종속변수는 공직자가 책임성의 딜레마 상황을 딜레마로 인지할 확률을 의미하며, 모형이 추정한 독립변수의 회귀계수가 통계적으로 유의하다는 것은 딜레마 인지 여부에 영향을 줄 수 있는 변수가 존재함을 의미한다. 이 연구는 딜레마 상황에 대한 공직자의 인지수준을 딜레마 인지, 관료지향적 선호로 인한 딜레마 미인지, 고객지향적 선호로 인한 딜레마 미인지를 구분하고, 각각의 상황에 대한 확률을 종속변수로 한 3개의 이항로지스틱모형을 추정하였고, 이후 동일한 독립변수를 활용하여 다항로지스틱모형을 추정하였다. 이항과 다항로지스틱분석 결과를 비교하는 것은 딜레마의 인지의 결정요인들이 특정한 대안의 선택 결정을 변화시키는 요인으로도 작용하는지를 검증하기 위한 목적을 가진다. 이항로지스틱과 다항로지스틱모형의 적합도는 DEVIANCE(=2 * Log Likelihood), AIC, BIC 등의 적합도 지표를 활용하였다.

[표 10-2]는 이항로지스틱분석 결과를 정리한 것으로, 딜레마 인식에 대한 독립변수의 영향을 분석한 모형 1은 개인적 특성 중 공적성취동기와 조직적 특성 중 조직적 집합주의가 딜레마의 인식과 유의미한 상관관계를 가지고 있음을 보여준다. 구체적

[표 10-2] 이항로지스틱 회귀분석 결과 - 딜레마 인지와 가치지향별 딜레마 미인지

변 수	모형 1 딜레마 인지 (vs. 미인지)			모형 2A 딜레마 미인지-관료지향			모형 2B 딜레마 미인지-고객지향		
	B	*SE*	Odds Ratio	*B*	*SE*	Odds Ratio	*B*	*SE*	Odds Ratio
상수	1.03	0.55	2.79†	0.19	0.56	1.20	−4.41	0.72	0.01**
개인적 특성									
적극적 성격	0.00	0.13	1.00	−0.38	0.13	0.68**	0.59	0.17	1.81**
공적성취동기	−0.43	0.17	0.65*	0.78	0.17	2.19**	−0.68	0.23	0.51**
조직적 특성									
심리적 안전감	−0.29	0.18	0.75	−0.23	0.18	0.79	0.80	0.23	2.23**
조직적 집합주의	0.33	0.16	1.39*	−0.47	0.16	0.62**	0.28	0.20	1.32
성별:									
(여성 vs. 남성)	−0.03	0.16	0.97	−0.09	0.16	0.91	0.20	0.19	1.22
관리직위:									
(비관리직 vs. 관리직)	−0.35	0.25	0.70	0.24	0.26	1.27	0.13	0.32	1.14
입직경로:									
(경채 vs. 공채)	0.45	0.22	1.57*	−0.48	0.23	0.62*	0.02	0.27	1.02
근무경력	0.01	0.05	1.01	0.00	0.05	1.00	−0.02	0.06	0.98
소속기관:									
(공공기관 vs. 행정기관)	0.08	0.19	1.09	−0.14	0.19	0.87	0.06	0.22	1.06
근무부서:									
(1차 소속기관 - 본부)	−0.17	0.18	0.84	−0.09	0.18	0.91	0.33	0.22	1.39
(2차 소속기관 - 본부)	−0.06	0.22	0.94	−0.04	0.22	0.96	0.13	0.27	1.14
(3차 소속기관 - 본부)	0.16	0.26	1.17	−0.17	0.27	0.84	−0.03	0.33	0.97
모형적합도(R^2_{McF})			0.02			0.05			0.10
Deviance			1021.11			1027.46			771.67
AIC			1047.11			1053.46			797.67
BIC			1108.01			1114.36			858.57

주: † p<.1, * p<.05, ** p<.01.

으로, 공적성취동기와 딜레마의 인식 사이에는 부정적인 상관관계가 있으며(b=−0.43, p<.05), 이는 공직자의 공적성취동기가 1점 증가할 때 해당 공직자가 딜레마를 인식할 확률이 0.65배로 증가하여 딜레마를 보다 적게 인식함을 보여준다. 조직적 집합주의와 딜레마의 인식 간의 관계는 긍정적인 상관관계를 가지며(b=0.33, p<.05),

이는 공직자가 지각하는 조직 문화의 집합주의적 성향이 1점 증가할 때 해당 공직자가 딜레마를 인식할 확률이 1.39배로 증가하여 딜레마를 보다 강하게 인식함을 보여준다.

딜레마 상황을 인지하지 않고 특정한 가치를 지향하는 현상과 관련하여, 관료지향적, 계층적 책임성을 선택하는 경우와 고객지향적, 정치적 책임성을 선택하는 경우를 각각 이항의 종속변수로 정의하여 추가적인 이항로지스틱분석을 실시하였다. 관료지향적, 계층적 책임성을 선택하여 딜레마를 미인지하는 경우를 분석한 모형 2A는 딜레마의 미인식이 개인적 특성 중 적극적 성격과 부정적인 상관관계를($b=-0.38$, $p<.01$), 공적성취동기와는 긍정적인 상관관계를($b=0.78$, $p<.01$) 가지고 있음을 보여준다. 딜레마의 미인식은 조직적 특성 중 집합주의적 문화 경향과 부정적인 상관관계를($b=-0.47$, $p<.01$) 가지고 있기도 하다. 고객지향적, 정치적 책임성의 선택으로 딜레마를 미인하는 경우를 분석한 모형 2B는 딜레마의 미인식이 개인적 특성 중 적극적 성격과 긍정적인 상관관계를($b=0.59$, $p<.01$), 공적성취동기와는 긍정적인 상관관계를($b=-0.68$, $p<.01$) 가지고 있음을 보여준다. 딜레마의 미인식은 조직적 특성 중 심리적 안전감과 긍정적인 상관관계를($b=0.80$, $p<.01$) 가지고 있기도 하다.

[그림 10-1]은 딜레마 인지를 종속변수로 한 이항로지스틱분석 결과를 딜레마 인지 확률로 계산하여 시각화한 결과를 보여준다. 딜레마 인지에 통계적으로 유의미한 영향을 가지는 개인 특성의 공적성취동기와 조직 특성의 집합주의문화의 한계효과를 분석한 결과, 공적성취동기가 증가할수록 딜레마의 인지 확률이 하락하며 공적성취동기가 높은 집단에서는 딜레마 인지 확률의 개인차가 높지 않은 것으로 나타났다. 이와 대조적으로 공직자가 자신의 조직 문화를 집합주의적이라고 인식할수록 딜레마의 인지 확률은 상승하는 것으로 나타났다.

[표 10-3]은 딜레마의 인지를 기준으로 관료지향적 가치지향과 고객지향적 가치지향으로 인한 딜레마의 미인지를 예측하는 다항로지스틱분석의 결과를 보여준다. 공직자의 적극적인 성격은 관료지향적 가치지향의 딜레마 미인식과 부정적 관계[Odds Ratio(OR)$=0.78$, $p<.10$], 그리고 고객지향적 가치지향의 딜레마의 미인식과 긍정적 관계(OR$=1.46$, $p<.05$)를 가지며, 공적성취동기는 관료지향적 가치지향으로 인한 딜레마의 미인식과의 관계에서만 통계적으로 유의미한 긍정적인 상관관계(OR$=1.92$,

[그림 10-1] 개인(공적성취동기) 및 조직(조직적 집합주의) 특성의 한계효과분석 - 이항로지스틱모형

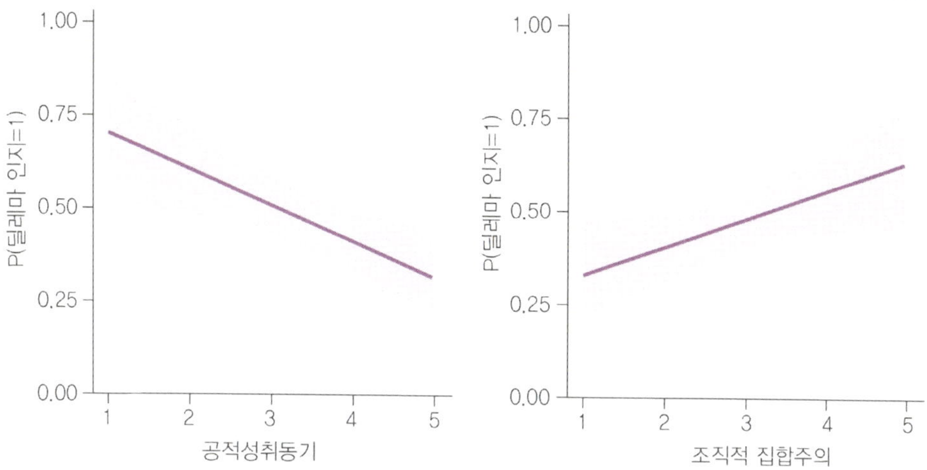

$p<.01$)를 가지는 것으로 나타났다. 조직적 특성과 관련하여 조직구성원의 심리적 안전감의 수준은 관료지향적(OR=1.46, $p<.10$)과 고객지향적(OR=3.67, $p<.01$) 딜레마 미인식과 긍정적인 상관관계를 가지며, 집합주의 문화 성향은 관료지향적 가치지향의 딜레마의 미인식과의 관계에서만 부정적인 상관관계(OR=0.56, $p<.01$)를 가진다.

다항로지스틱분석 결과는 딜레마를 인지하는 것과 대비하여 관료지향의 계층적 책임성 선택 또는 고객지향의 정치적 책임성 선택의 상대적 확률의 변화를 추정한다. 따라서 딜레마 인지 수준의 범주별 확률을 계산하여 다항로지스틱모형을 통해 추정한 회귀계수나 오즈비(OR)의 해석과 함께 독립변수의 증감에 따른 범주별 확률의 변화를 추가적으로 살펴볼 필요가 있다. 다음 [그림 10-2]와 [그림 10-3]은 각각 개인과 조직적 특성이 딜레마를 인지할 확률과 특정 대안을 선택할 확률에 대한 효과를 시각화하여 보여준다.

[그림 10-2]는 공적성취동기가 증가할수록 딜레마의 인지와 고객지향의 정치적 책임성의 대안을 선택할 확률이 감소하는 것과 비교하여 관료지향의 계층적 책임성의 대안을 선택할 확률이 증가함을 보여준다. 공직자의 적극성의 성격요인은 고객지향의

[표 10-3] 다항로지스틱분석 - 딜레마 인지 대비 가치지향별 딜레마 미인지의 비교

변 수	딜레마 미인지-관료지향 Odds Ratio (95% CI)	딜레마 미인지-고객지향 Odds Ratio (95% CI)
상수	0.40 (0.11–1.45)	0.01 (0.00–0.04)**
개인적 특성		
적극적 성격	0.78 (0.59–1.04) †	1.46 (1.01–2.13) *
공적성취동기	1.92 (1.34–2.76) **	0.71 (0.44–1.14)
조직적 특성		
심리적 안전감	1.46 (0.93–2.28) †	3.67 (2.06–6.53) **
조직적 집합주의	0.56 (0.41–0.76) **	1.01 (0.68–1.50)
성별:		
(여성 vs. 남성)	0.96 (0.68–1.35)	1.22 (0.80–1.84)
관리직급:		
(비관리직 vs. 관리직)	1.38 (0.79–2.39)	1.27 (0.65–2.50)
입직경로:		
(경채 vs. 공채)	0.57 (0.35–0.93) *	0.81 (0.46–1.41)
근무경력	1.00 (0.89–1.11)	0.98 (0.85–1.12)
소속기관:		
(공공기관 vs. 행정기관)	0.86 (0.57–1.30)	0.97 (0.60–1.57)
근무부서:		
(1차 소속기관 - 본부)	1.04 (0.71–1.54)	1.43 (0.89–2.29)
(2차 소속기관 - 본부)	1.02 (0.64–1.64)	1.18 (0.66–2.12)
(3차 소속기관 - 본부)	0.83 (0.47–1.46)	0.93 (0.46–1.89)
모형적합도(R^2_{McF})	0.07	
Deviance	1588.766	
AIC	1640.766	
BIC	1770.485	

주: † p<.1, * p<.05, ** p<.01.

정치적 책임성의 대안선택 확률을 증가시키고, 관료지향의 계층적 책임성의 대안 선택 확률을 감소시키지만, 딜레마의 인지 확률은 유의미하게 변화시키지 않고 있다. 따라서 공직자가 공직 수행을 개인의 성취 및 자아실현의 욕구와 연계할수록 딜레마 상황을 딜레마로 인지하지 못하여 선택의 어려움을 경험하기보다는 계층적 책임성 추구의 특정 대안에 대한 선호를 강하게 가질 수 있다. 이는 공직자가 딜레마 상황을 의사결정의 맥락으로 이해하고, 선택의 과정에서 보다 다양한 관점을 추가적으로 고

[그림 10-2] 개인 특성(공적성취동기와 적극적 성격)의 한계효과분석 - 다항로지스틱모형

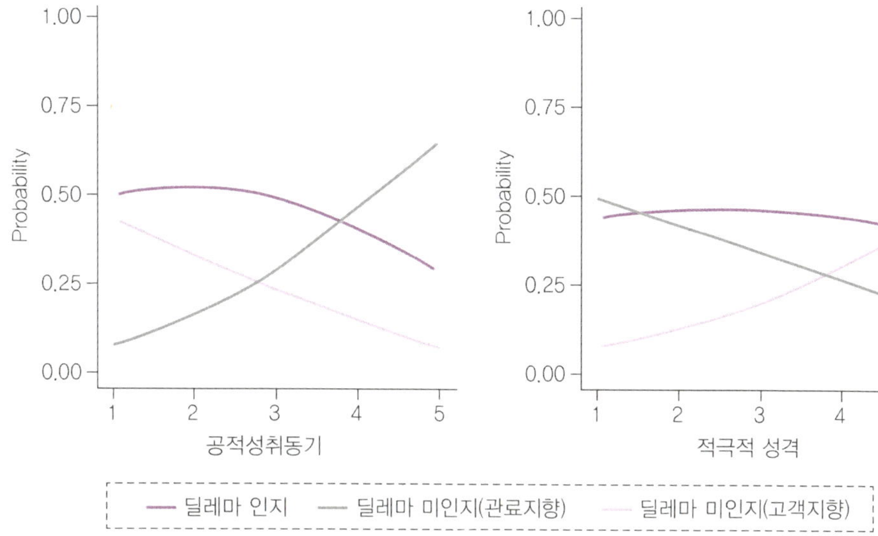

려할 수 있는 가능성을 확대하기 위한 수단으로 공직자 개인의 공적 영역에서의 성취동기를 통제할 필요가 있음을 시사한다.

[그림 10-3]은 공직자가 직무를 수행하는 조직으로부터 심리적 안전감을 경험할수록 딜레마를 인지할 확률이 감소하고, 반대로 고객지향적인 정치적 책임성의 대안을 선택할 확률이 증가함을 보여준다. 비교하여, 공직자가 조직의 문화를 집합주의적이라고 평가할수록 딜레마 상황을 보다 딜레마로 인지할 확률이 상승하며, 관료지향적인 계층적 책임성의 대안을 선택할 확률은 하락한다. 심리적 안전감이 개인의 신념 및 가치가 조직의 그것과 충돌하더라도 개인의 가치를 추구할 수 있는 환경에 대한 인식으로 작용할 경우, 공직자가 체감하는 심리적 안전감은 공직자에게 딜레마를 인지해야 할 유인으로 작용하기보다는 조직에 대한 충성과 반대되는 고객에 대한 배려의 정치적 책임성에 대한 선호를 자극하는 방식으로 작용할 수 있다. 이 연구에서 사용한 집합주의 문화는 조직에 대한 충성보다는 조직과의 일체감 또는 동화의 정도를 반영하고 있는데, 집합주의 문화의 한계효과는 공직자가 집단과 일체감을 경험할수록 계층적 책임성에 대한 선호가 감소하고, 고객지향의 정치적 책임성에 대한 선호를 자

[그림 10-3] 조직 특성(심리적 안전감과 집합주의 문화)의 한계효과분석 – 다항로지스틱모형

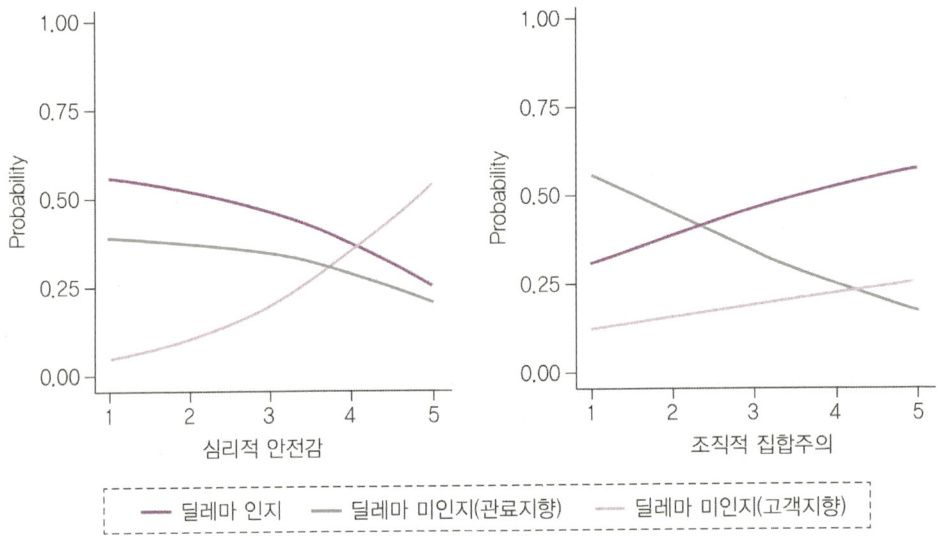

극하거나 기존에 간과하였던 정치적 책임성과 계층적 책임성 간의 상충성을 이해할 수 있음을 시사한다.

이상의 결과는 책임성의 딜레마 상황에 대한 딜레마의 인지 여부와 특정한 책임성에 대한 가치지향으로 인한 딜레마의 미인지 상태가 개인의 성격과 동기요인, 그리고 개인이 속한 조직이 제공하는 조직 풍토와 문화에 따라 달라짐을 보여준다. 특히, 분석 결과는 공적성취동기가 높은 공직자들이 딜레마를 덜 인식하고 조직적 집합주의가 강해질수록 딜레마를 더 인식하는 경향성을 보여주고 있다. 분석 결과의 의미는 아래에서 보다 구체적으로 논의하도록 한다.

Ⅵ 결 론

이 연구는 공직자가 책임성 딜레마 상황에 직면하였을 때 그 상황을 실제로 딜레

마로 인지하는 과정에 영향을 미치는 요인을 분석하는 것을 주요 목적으로 하였다. 공직자가 직무 수행 과정에서 중요하게 고려하는 책임성은 다차원적이며, 이들 차원은 서로 다른 결과가치를 반영한다는 점에서 결과가치의 상충이 발생될 때 책임성의 딜레마 상황이 발생할 수 있다(윤견수, 2017). 딜레마와 관련한 기존 연구들은 딜레마 상황을 정의하고 사회적으로 구성하는 과정에 주목한 반면에, 책임성과 관련한 기존 연구들은 책임성의 다양한 유형을 정의하고 책임성에 대한 공직자의 선호 또는 우선순위를 주로 분석하였다. 이와 비교하여, 이 연구는 기존 연구에서 책임성의 딜레마로 정의된 상황을 응답자인 공직자에게 제시하고, 이들이 딜레마 상황을 실제로 딜레마로 인지하는지, 그리고 딜레마로 인지하지 않은 경우에는 어떤 선택을 하는지를 측정하여 분석하였다.

이 연구의 주요 분석 결과가 제시하는 이론적 및 실천적 함의와 기여는 다음과 같다. 첫째, 연구의 분석 결과 중 흥미로운 발견으로 공직자의 상당수가 딜레마 상황을 딜레마로 지각하지 않는다는 것에 주목할 필요가 있다. 서로 다른 대안이 대립하여 상충하는 딜레마의 상황에 대한 인지에서 공직자 간 개인의 차이가 발견되며, 이러한 개인 차이는 선택해야 할 대안에 대한 선호체계의 차이를 반영한다. 선호체계가 딜레마 상황에 미치는 영향은 김서용(2018)의 연구에서도 확인되는데, 구체적으로 공직자의 인구통계적 요인 중 계급, 사회심리적 요인 중 내재적 동기와 공직 윤리, 조직구조적 요인 중 관료제적 특성이 대안의 선호 및 선택에 영향을 주고 있다. 이 연구는 기존 연구에서 고려하지 않았던 공직자의 적극적 성격과 외재적인 동기와 같은 개인수준의 선호체계와 심리적 안전감과 조직적 집합주의와 같은 조직수준의 선호체계가 딜레마의 인지 여부와 대안의 선택에 미치는 영향을 분석하였다는 점에서 의의를 가진다.

둘째, 이 연구는 딜레마 상황을 딜레마로 인지하는 과정에서 인지하는 사람의 특성과 인지하는 상황의 특성의 역할을 확인하였다. 공직자의 공적성취동기는 딜레마의 인지를 방해하는 요인으로 작용하는데, 구체적으로 공적인 영역에서의 승진과 지위의 상승을 기대하는 공직자는 고객 또는 시민에 대한 책임보다 조직이라는 이해관계자에 대한 책임으로부터 높은 효용을 기대하여 현실의 딜레마를 딜레마로 인지하지 않게 된다. 조직의 환경적 특성 중 조직적 집합주의는 직무 수행의 과정 및 결과에 대한 권한과 책임을 조직구성원들이 공유하는 과정에서 책임성의 다양한 측면을 논의할 수 있는 상황을 조성한다. 집합주의적 조직 풍토에서 근무하는 공직자는 개인이 선호하는 책임성이 조직이 추구하는 책임성과 일치하는지를 탐색하고 균형을 찾아가는 노력의 결과로 딜레마 상황을 인지한다. 관료제적 조직 문화가 높은 조직은 책임성의 딜레마 상황에서 계층적 책임을 지향하는 선택을 하지만, 고객지향의 정치적 책임을 추구하는 구성원이 있는 경우 계층적 책임과 정치적 책임의 상충 가능성을 인지하고 책임성의 딜레마의 상황에 대한 공직자의 민감도가 높아질 수 있는 것이다.

셋째, 이 연구는 딜레마 상황에서의 대안선택에 대한 개인과 조직적 특성의 영향을 새로운 변수로 설명하고 있다. 관료지향적-계층적 책임성을 선택하는 공직자는 높은 공적성취동기와 낮은 적극적 성격과 조직적 집합주의의 특징을 가지고 있다. 한계적으로 유의미한 결과이긴 하지만, 심리적인 안전감을 체감하는 공직자는 상대적으로 딜레마를 인지하기보다는 계층적 책임성을 선택하는 경향을 보여준다. 이와 반대로, 고객지향적-정치적 책임성을 선택하는 공직자는 높은 적극적 성격, 낮은 공적성취동기, 높은 심리적 안전감으로 특징될 수 있다. 내재적 동기로서의 적극성이 고객지향적 행동 선택에 가지는 긍정적 영향은 공익적 목적의 규칙위반을 포함한 적극행정의 활성화를 위한 비관료적 성격의 중요성을 강조한다(DeHart-Davis, 2007). 공적성취동기의 외재적 동기요인은 개인의 신념으로서 공적가치 또는 친사회적 동기로서 공공봉사동기의 기대와는 반대의 방향으로 관료지향적 행동 선택에 긍정적인 기여를 한다. 이는 적극행정에 대하여 승진이나 금전적 보상과 같은 외재적인 동기유인을 적용할 때, 의도한 적극행정의 제도화를 지연 또는 왜곡시키며, 친사회적 동기를 구축(crowding out)할 가능성을 시사한다(Frey & Jegen, 2001; Bellé, 2015).

넷째, 심리적 안전감은 다른 변수들과는 달리 딜레마의 인지를 방해하지만, 계층적과 정치적 책임성의 두 대안선택의 확률을 증가시키는 역할을 한다. 이 연구에서는 조직과 다른 의견 및 행동을 표현할 수 있는 조직 풍토로 심리적 안전감을, 그리고 의사결정에서 조직의 의견을 중요하게 생각하는 조직 풍토로 조직적 집합주의를 경쟁하는 관계로 설정하였다. 하지만, 설문응답자들은 조직적 집합주의를 높게 인식할 때 심리적 안전감을 경험하는 경향을 보여주고 있다. 이는 조직적 집합주의와 심리적 안전감이 공동체로서의 조직에 대한 인식을 공통의 요인으로 공유하기 때문인 것으로 판단된다. 하지만, 심리적 안전감은 계층적 책임성 선택에 대하여 조직적 집합주의와 동일한 방향으로 긍정적 효과를 가지지만, 정치적 책임성 선택에 대해서는 조직적 집합주의와는 관계 없이 긍정적 효과를 가지고 있다. 이 결과는 공동체로서의 조직과 개인의 정체성의 일치 노력이 딜레마를 인지하지 못하도록 하며, 조직과의 일탈을 허용하는 분위기를 조성할수록 딜레마를 인지하고 더 나아가 계층적 책임에서 정치적 책임으로 책임성의 전환이 이루어질 가능성을 제시한다.

이 연구에 보완이 필요한 여지는 다음과 같다. 첫째, 이 연구는 설문조사기관에 의뢰하여 자료 수집을 하였고, 분석에 사용한 데이터는 할당 표집을 통해 추출된 표본에 대한 설문조사에서 나온 것으로 모집단에 대한 표본의 대표성이 충분하지 않을 수 있다. 표본을 구성하는 중앙 및 지방공무원과 공공기관 종사자가 지역별 및 계층별로 다양하게 분포하여 있지만, 지방정부 공무원의 비중이 비교적 높아 연구 결과의 외적 타당성이 충분히 확보되지 않았다. 추후 연구는 표본추출 방식과 표본의 범위를 보완할 필요가 있으며, 더 나아가 정부별 및 영역별로 구분하여 딜레마 인지 과정의 심층화 및 맥락화를 추진할 필요가 있다. 둘째, 연구는 횡단면적 자료를 활용하여 상관관계를 중심으로 변수 간 인과관계를 간접적으로 추론하고 있다. 추후 연구는 실험연구를 통한 자료 수집이나 시계열적 자료의 구성을 통하여 딜레마 인지에 대한 영향요인의 역할을 인과적으로 추론할 필요가 있다. 셋째, 이 연구는 딜레마 상황의 인지 과정에서 인지하는 대상과 상황적 특성의 효과는 고려하였지만, 딜레마 상황 자체의 특성을 고려하지는 못하였다. 딜레마를 구성하는 상황적 조건을 변수화하여 딜레마 인지에 영향을 주는 요인들 간의 상대적 영향력을 비교할 필요가 있다.

제 4 부

딜레마와 다양한 정책대응

제11장

코로나19 방역을 위한 마스크 정책의 딜레마: 딜레마에 대한 대응과 제도, 그리고 표준[1)]

김동환 · 조수민

2020년 전 지구적으로 코로나19 팬데믹이 확산되면서 세계 모든 정부가 전염병 확산이냐, 경제사회적 마비냐의 딜레마를 경험하였다. 이 글은 이러한 정책 딜레마 상황에서 정부의 방역 정책이 어떻게 이루어져 왔는지, 특히 마스크 정책의 변화를 중심으로 살펴본다. 코로나바이러스 확산 초기에 마스크 착용 의무화 정책을 시행했다면 방역 효과를 극대화할 수 있었지만, 마스크 공급 부족으로 인해 마스크 대란이 발생했기 때문에 선불리 정책적 결정을 내릴 수 없었다. 마스크 착용 의무화를 통한 방역과 마스크 대란의 사회적 비용 사이의 딜레마 속에서 정부는 공적 마스크 유통, KF-AD 마스크 표준 제정을 통해 대응해 왔다. 이 글에서는 이러한 전염병 딜레마에 대한 정책은 단기적 대응과 장기적 · 제도적 대응으로 구분되기보다는 단기적이면서 동시에 제도적인 대응으로 이루어져 왔다는 점을 논의하고자 한다. 아울러 이 글에서는 이러한 제도적 대응에 있어서 표준의 역할을 제시한다.

---

1) 이 글은 『정부학연구』 제27권 제1호에 게재된 것을 수정 · 보완한 것이다.

I 서 론

세계 각국에 있어서 2020년은 코로나19[2]의 해였다. 대부분의 정부들에 있어서 코로나19의 확산을 억제하는 것이 가장 중요한 정책 과제였다. 장기간 고강도의 방역 정책은 국가 사회의 각 부문에 막대한 타격을 주었다. 특히, 방역 정책은 시민들에 대한 통제를 강화하였으며, 이로 인한 경제적 활동의 위축은 국가 경제의 후퇴를 초래하였다. 코로나바이러스 확산 방지를 위해 일부 국가에서 이동제한과 경제봉쇄조치가 내려지면서 생산, 소비, 투자, 수출이 위축되고 실업률이 증가하며 2020년 1, 2분기 경제성장률이 하락하였다. IMF는 2020년 세계경제성장률을 전년 2.8% 대비 7.2% 하락한 −4.4%에 이를 것으로 전망했다(IMF, 2020). 국회예산정책처는 한국 경제의 2020년 성장률에 대한 전망치를 −1.6%로 제시하였다(국회예산정책처, 2020). 방역 정책은 시민의 건강을 보호하는 데 초점을 두었지만, 국가 사회의 경제적 건강을 해치는 것으로 인식되었다. 결국, 세계 각국의 정부는 방역이냐, 경제냐의 갈림길에서 선택해야 하는 딜레마에 빠져 2020년 한해를 헤쳐나가야만 했다.

코로나 대응에 있어서 동서양을 막론하고 근원적인 딜레마는 바이러스 확산을 억제하기 위해 적극적 방역 정책을 강조할 것이냐 아니면 경제활동이 위축되지 않도록 최소한의 방역 정책을 펼 것인가에 있었다. 즉, 가장 효과적인 방역은 해외입국자의 봉쇄 및 감염 도시의 봉쇄이지만, 이는 광범위한 경제활동 마비와 경기 후퇴를 초래한다. 따라서 코로나 대응에 있어 세계 각국의 정부는 방역이냐, 경제냐의 줄타기를 하며 정책 딜레마에 직면하게 되었다.

국가 차원의 방역 조치는 크게 사회적 차원의 방역과 개인적 차원의 방역으로 구분될 수 있다. 사회적 차원의 방역으로는 국가 간 이동을 금지하는 국가 간 봉쇄, 도시 간 이동을 금지하는 도시 봉쇄, 특정 장소와 인원의 사회적 집합을 금지하는 영업금지와 집합 금지의 행정명령 등을 들 수 있다. 개인적 차원의 방역으로는 손씻기와 마스크 착용 및 불필요한 외출 자제 등과 같은 개인의 방역행동지침을 들 수 있다.

2) 공식명칭은 코로나바이러스감염증-19(COVID-19)이다. 이 글에서는 편의상 코로나19로 칭한다.

코로나바이러스 확산의 초기에 정책적 이슈로 등장했던 것은 사회적 차원의 방역 조치 중 국가 봉쇄와 도시 봉쇄의 정부 조치였다. 한국의 경우에도 코로나바이러스의 발원지로 여겨지는 우한이 있는 중국 후베이성에 대한 봉쇄 조치를 요구하는 목소리가 있었으며, 1차 대유행 시기에 대구 지역에 대한 도시 봉쇄가 논의되기도 하였다. 그러나 이와 같은 지역적 봉쇄는 경제활동을 극단적으로 위축시키는 경제적 비용을 수반한다. 또한 해당 지역에 갇힌 주민들로 하여금 심리적 공포를 야기할 뿐만 아니라 일상생활 영위를 어렵게 한다. 이러한 점에서 우리나라의 경우 지역적 봉쇄를 선택하지 않았으며, 국가적 봉쇄의 경우에도 제한적으로 실시하였다.

지역적 봉쇄의 극단적 조치는 중국과 유럽 지역에서 실시되었다. 중국은 우한시를 2020년 1월 23일부터 76일 간 봉쇄하였으며, 그 외 도시 간에도 봉쇄를 단행하여 인구 9억 6천만 명에 대한 이동제한 조치가 실시되기도 했다. 유럽에서 초기에 코로나바이러스 확산이 가장 심각했던 이탈리아는 3월 9일, 일부 지역에 한정했던 이동제한 조치를 전국으로 확대하는 도시 봉쇄를 시행했다(국회입법조사처, 2020). 영국, 독일, 프랑스 등은 수차례에 걸쳐 모든 주민들에게 이동금지령을 내리고 재택근무를 의무화하는 실질적인 봉쇄령을 시행하였다.

결국, 2020년은 세계 각국의 정부에게 딜레마의 해로 기억될 것이다. 이처럼 단일한 정책 딜레마를 글로벌 차원에서 장기간 경험한 적이 없었다. 그렇다면 세계 각국의 정부는 이러한 딜레마에 대해서 어떻게 대응해 왔는가? 소위 'K-방역'으로 불리며 코로나바이러스 방역에 성공적이었다는 평가를 받는 한국 정부는 정책 딜레마에 대해서 어떻게 대응해 왔는가? 과연 방역 정책의 딜레마에 대해서 충분히 인지하고 선제적으로 대응함으로써 딜레마의 늪을 헤쳐왔는가? 이 글은 한국 정부의 방역 정책 중에서 마스크와 관련한 정책에 초점을 두어 이러한 질문들을 탐색하고자 한다.

Ⅱ 이론적 배경

딜레마 상황에서 행정과 정책이 어떠한 특성을 보이는지를 논의하는 이른바 '딜레마 이론'이 등장한 지 30여 년이 흘렀다. 지난 30여 년 간 딜레마 이론의 학문적 논의는 딜레마 상황에서의 정책적 대응에 초점을 두어 왔다고 할 수 있다. 그리고 딜레마 상황에 대한 대응으로서 단기적 대응과 장기적 대응이 논의되어 왔다(이종범, 1995). 딜레마 이론의 초창기에는 단기적 대응에 초점을 두어 왔다면, 딜레마 이론의 본격적인 발전기에 접어들면서는 장기적인 대응으로서 제도화에 논의가 집중되었다. 2000년 3월에 출판된 『딜레마와 행정』이라는 책자에서 이미 세 편의 논문이 딜레마와 제도의 관계를 다루고 있으며(윤견수 외, 2000), 이후 10여 년 후에 출판된 『딜레마와 제도의 설계』라는 책자는 '딜레마에 대한 대응으로서의 제도 설계'를 본격적으로 논의하고 있다(소영진 외, 2009).

딜레마에 대한 단기적 대응으로는 정책의 비일관적 적용(염재호 · 박국흠, 1992), 형식주의적인 정책 적용(박통희 · 김동환, 1992), 정책 선택의 지연과 상징적 행동으로서의 정책대응(윤견수, 1993) 등이 논의되어 왔다. 이러한 딜레마 대응은 법이나 조직과 같은 제도적 변화 없이 정책결정자의 행동을 통한 딜레마의 대응에 초점을 두고 논의하였다.

하지만, 공적 딜레마 상황은 정책적 대응을 통해서 해소되거나 사라지기 어렵다. 단기적인 대응을 통해서 사라질 딜레마라면 딜레마라고 정의하기 어렵기도 하다. 이러한 점에서 딜레마 연구자들은 장기에 걸쳐서 반복적으로 나타나는 딜레마 상황에 대해서, 그리고 장기적인 딜레마에 대응으로서 제도의 변화에 집중하였다. 이종범(1996)은 주택재개발 사업에서 딜레마 상황이 반복적으로 등장하였으며, 이러한 딜레마 상황을 방지하기 위하여 '주민동의율'이 도입되고 강화되었다고 지적하였다. 상시적으로 딜레마 상황에 처하는 조직에 있어서 위원회 조직을 통한 집단적 의사결정이 등장한다는 연구가 지속되어 왔으며(윤견수, 1997; 하민철 · 윤견수, 2004; 이종범, 2009), 범정부적인 차원의 정책을 수행하는 데 있어서 발생하는 딜레마를 극복하기 위해 부처를 초월하는 조정기구가 설치되고 변화되어 왔다는 점이 지적되기도 하였다(소영진, 2009). 아울러 행위의 선택이라는 이론적인 관점에서 제도와 딜레마 간에 긴밀한 연결 관계가 존재한다는 논의는 이미 오래전에 제기되었다(안성민, 2000).

2020년과 2021년에 걸쳐 세계 각국의 정부에 딜레마를 안겨준 코로나19 팬데믹은 딜레마에 대한 단기적 대응과 장기적 대응의 구분을 모호하게 하였다. 코로나19 발생 초기의 정책대응은 전염병 확산을 차단하기 위하여 긴급하게 대응해야 했기 때문에 단기적인 차원에서 이루어질 수밖에 없었다. 하지만, 1년을 넘어 지속되는 딜레마 상황에 대하여 단기적 정책대응을 반복하는 것으로는 충분하지 않았다. 전염병 확산을 위한 정책적 대응이 지속되면서, 사회구성원들이 감수해야 하는 경제적 위기와 생활의 불편은 기하급수적으로 누적되었다. 이러한 딜레마 상황에서 정부의 전염병 억제 정책은 사회구성원들이 동의 또는 합의할 수 있는 제도를 요구하였다.

하지만, 법률이나 조직의 변화를 전제로 하는 제도적 변화는 단기간에 이루어지기 어렵다. 법률 개정을 위한 국회의 논의와 의결에도 시간이 소요되지만, 법률을 공포하고 시행하는 데에도 일정 기간이 요구되기 때문이다. 전염병 위기의 상황에서 정책적 대응은 딜레마 상황에 마주하면서도 사회구성원들의 불만에 유연하게 대응하는 동시에 전염병 확산의 추이에 민감하게 대응하여야 한다. 그렇다면 딜레마를 유발하는 팬데믹 상황에서 제도적 대응은 불가능한가?

2020년 코로나19 팬데믹의 경험은 단기간의 딜레마 상황에서도 제도적 대응이 가능하다는 점을 보여주었다. 정부는 지난 1년 간 '사회적 거리두기(social distancing)'의 프레임을 도입하였으며, 전염병 확산의 수준에 따라 지속적으로, 그리고 유연하게 그 규제의 프레임을 변화시켜 왔다. 이러한 준거틀은 전염병 억제를 위하여 수시로 변화하는 정책대응에 관하여 사회구성원들의 합의를 용이하게 하기 위하여 제시되었다. 또한 전염병 발생 초기에는 공급을 원활하게 수행하기 위하여 '공적 마스크 유통' 절차를 도입하였고, 전염병 확산을 억제하는 데 필수적인 마스크에 있어서도 정부는 마스크 규격을 공시하는 방안을 활용하였다. 딜레마 상황에서 정부는 단기적 대응을 넘어서서 표준을 통한 제도적 대응을 선택하였고, 사회구성원들의 정책적 순응을 유도하고자 하였다.

이 글은 딜레마를 지역적 봉쇄를 중심으로 하는 사회적 차원의 방역보다는 마스크 착용을 중심으로 하는 개인적 차원의 방역 조치에 초점을 두어 분석하고자 한다. 우리나라의 경우 지역적 봉쇄와 같은 사회적 방역이 적극적으로 실시되기보다는 개인적 차원의 방역을 중심으로 하여 전개되어 왔기 때문이다. 2020년 한 해에 걸쳐 정부의 마스크 정책이 어떻게 변화되었는지를 살펴봄으로써 딜레마 상황에서 정부의 정책이 어떻게 단기적 대응을 넘어서 제도적 대응으로 이어질 수 있었는지 논의하고자 한다. 아울러 이러한 과정에서 '표준'은 어떻게 변화하였는지에 관하여도 논의하고자 한다.

Ⅲ 코로나19 방역 대응에 내재된 딜레마

1. 마스크 착용 정책의 딜레마

코로나바이러스 방역의 사회적 조치를 도시 봉쇄와 집합금지를 통한 대인 접촉 억제라고 한다면, 개인적 조치의 핵심은 마스크 착용과 손씻기로 집약된다. 특히, 개인적 차원의 방역 조치 중에서 특히 논란이 된 것은 마스크 착용이다. 마스크 착용은 개인 간 바이러스 전파를 차단하는 높은 방역 효과를 가져온다고 여겨짐에도 불구하고, 마스크 착용을 의무화하는 조치는 사회적으로 감당하기 힘든 부담을 수반한다. 마스크 착용 의무화는 마스크를 착용하지 않는 시민들에 대한 과태료 부과와 같은 강제적 수단을 요구하며, 이는 시민 개개인의 자유를 제한하는 공권력의 행사로 이어진다. 그렇기 때문에 동서양 모두에서 마스크 착용 의무화 조치는 코로나바이러스 전파가 한참 진행된 이후에야 도입되었다. 우리나라의 경우에도 2020년 5월 지방정부를 시작으로 2020년 10월에 이르러서야 전국 단위의 마스크 착용 의무화가 실시되었다.

그런데 마스크 착용은 동양과 서양에 있어서 각기 다른 양상의 사회적 딜레마로 전개되었다. 서양 국가의 정부는 바이러스 확산 초기에 마스크 착용의 필요성을 그다지 강조하지 않았다. 유럽의 경우 감염이 급증하자 도시 봉쇄라는 사회적 차원의 방역 대응방안을 우선적으로 택했다. 이후 감염 추세가 감소하면서 이동제한을 완화하며 마스크 착용을 의무화했다. 독일은 봉쇄 조치를 완화한 2020년 4월 말 이후부터야 마스크의 사용을 의무화하기 위한 정책들을 도입하였다(BBC, 2020.4.22). 유럽에서 마스크가 의무화되자 시민들의 마스크 착용에 대한 거부감과 저항이 정책 딜레마를 가져왔다. 8월경에는 유럽 주요 도시에서 각각 마스크 착용에 반대하는 집회가 격렬하게 이루어졌다(연합뉴스, 2020.10.2).

서양 국가와는 달리 동양 국가에서는 시민들의 마스크에 대한 거부감이 크지 않았다. 중국, 한국, 일본의 경우 많은 사람들이 2003년 홍콩을 강타한 사스 바이러스와 대기오염 등으로 인해 마스크 착용에 이미 익숙해져 있었다(BBC, 2020.5.12). 특히, 한국은 2000년대 이후 미세먼지의 증가로 인한 대기오염 일상화로 인해 2008년부터 식약처 허가를 받은 KF(Korean Filter) 마크를 부착한 보건용 마스크가 상용화되어 있었다. 이러한 배경으로 인해 코로나19 확산에 따른 마스크 착용의 필요성에 대해 인식의 차이가 발생하였고, 동양 국가의 정부들은 서양과는 다른 양상의 딜레마를 경험하게 되었다.

그렇다면 우리나라에서는 마스크 착용 의무화에 대한 딜레마가 없었는가 하면 그렇지는 않았다. 마스크 착용에 대한 거부감이 서양에 비해서 적었던 것은 사실이지만, 코로나19 바이러스 확산 초기에 급격히 증가한 마스크 수요에 대해 마스크 공급이 따라오지 못해 마스크 대란이 발생하였기 때문이다. 즉, 마스크에 대한 폭발적인 수요 증가로 인하여 마스크 공급이 부족하게 되고, 마스크 가격이 폭등하는 '마스크 대란'이 발생한 것이다. 마스크 대란 상황은 마스크 착용 의무화 정책에 대해서 서양과는 다른 양상의 딜레마를 가져왔다. 마스크 착용에 대한 거부감으로 마스크 의무화 정책을 시행하지 못하는 것이 아니라, 마스크 의무화 정책이 마스크 대란을 증폭시켜 시장을 마비시킬 위험이 높기 때문에 시행하기 어렵게 된 것이다.

코로나바이러스 확산 초기에, 서양 국가 정부의 마스크 관련 딜레마가 마스크 착용 의무화에 대한 시민 저항을 중심으로 전개되었다면, 동양 국가 정부의 마스크 관련 딜레마는 마스크 착용 의무화가 초래하는 마스크 대란을 방지하는 데 초점을 두고 전개되었다. 이러한 배경을 바탕으로 우리나라는 봉쇄라는 강력한 대응책을 택하기보다는, 개인들의 마스크 착용을 적극적으로 장려하기 위해 마스크의 안정적 공급을 확보하고, 새로운 마스크 규격을 신설하는 등 완화된 정책적 대응방식을 택했다.

2. 바이러스 확산과 재확산에 따른 정책 딜레마의 변화

2020년 초 코로나19 확산에 대응하는 우리나라의 정책은 마스크 정책으로부터 시작하였다. 마스크 착용이 바이러스 확산을 억제하는 가장 중요한 수단으로 인식되었으며, 마스크 착용과 손씻기는 가장 기초적이면서도 중요한 방역 대책으로 권장되었다. 하지만, 마스크 착용에는 비용이 수반된다. 비록 오랜 기간 동안 미세먼지의 영향으로 인하여 마스크 착용이 일상화되어 마스크 착용에 대한 거부감이 심하지는 않았지만, 실내·외를 막론하고 모든 사람들에게 마스크를 착용하도록 하는 정책은 강제적인 규제에 따른 비용이 발생할 수밖에 없다. 지방자치단체는 각종 영업장에서의 마스크 착용 실태를 수시로 검사하고, 마스크 착용 위반 업주와 시민들에게 벌금을 부과하여야 하며, 여기에는 커다란 규제 비용이 발생한다. 이러한 점에서 마스크 착용 의무화 정책은 그 이익과 비용이 대등하다고 할 수 있을 만큼 딜레마에 가까운 정책이라고 할 수 있다. 특히, 2020년 2월, 마스크 공급의 부족은 마스크 대란을 가져왔으며, 마스크 착용 의무화 정책은 마스크 대란을 가속화시킬 위험이 높았다. 초기에 마스크 착용 의무화 정책이 가져올 기회손실은 막대하였으며, 정부는 마스크 착용을 권장하는 정책으로 일관할 수밖에 없었다.

정부의 마스크 정책은 코로나19의 확산 양상에 따라서, 그리고 마스크 공급 상황의 개선에 따라서 변화하였다. 코로나19 바이러스 방역과 관련한 한국의 마스크 정책은 크게 마스크 대란의 시기와 마스크 대란이 완화되는 시기 및 마스크 대란 이후의 시기의 세 단계로 나누어 볼 수 있다. 마스크 대란 시기는 코로나바이러스 확산 초기인 2020년 2월~5월의 기간에, 마스크 대란 완화기는 2020년 5월~7월에, 그리고 마스크 대란이 끝난 이후의 시기는 2020년 8월 이후부터 바이러스의 재확산으로 인한 2차 대유행이 있었던 8월을 포함하여 10월까지로 구분하였다.

[표 11-1] 시기별 마스크 정책 구분 및 딜레마 수준

마스크 정책 구분	마스크 대란 시기 (2월~5월)	마스크 대란 완화기 (5월~7월)	마스크 수급 안정화 시기 (8월~10월)
바이러스 확산	1차 대유행	바이러스 확산 감소	2차 대유행
딜레마	마스크 착용을 통한 방역 vs. 마스크 대란 비용 + 마스크 규제 비용	마스크 착용을 통한 방역 vs. 마스크 규제 비용	마스크 착용을 통한 방역 vs. 마스크 규제 비용
딜레마 수준	높음	보통	낮음
마스크 정책의 초점	• 마스크 착용 권장 • 공적 마스크 유통	• 마스크 착용 권장 • KF-AD 표준 제시	• 마스크 착용 의무화 • 마스크 규격 강화

첫 번째 시기는 2020년 2월에서 5월까지의 시기로서 '마스크 대란 시기'라고 할 수 있다. 이 시기는 종교 집단을 중심으로 하여 코로나19 바이러스 확진자가 급격히 증가하는 1차 바이러스 대란 시기이기도 하다. 따라서 마스크 착용을 통한 바이러스 확산의 억제가 중요한 시기였다. 하지만, 마스크 공급이 부족하였기 때문에 마스크를 구매하는 데 많은 어려움과 불만이 분출하였다. 이러한 상황에서 마스크 착용을 강제하는 정책을 추진하기는 어려웠다. 마스크 착용 의무화 정책은 마스크 대란을 더 증폭시킬 수밖에 없기 때문이었다. 그보다는 하나의 마스크를 여러번 재사용하도록 권고하기도 하였으며, 급기야는 공적 마스크 유통 시스템을 가동하여 마스크 수급을 조절하고자 하였다.

바이러스 확산 초기인 마스크 대란 시기에 있어서 마스크 정책은 마스크 유통과 생산 독려에 초점을 두었다. 이때에는 시민들의 마스크 착용을 의무화하지 않았다. 2020년 3월 3일 식품의약품안전처가 발표한 마스크 사용 권고사항 개정에 따르면, KF 등급의 보건용 마스크는 감염 의심자를 돌보거나 기저질환이 있어 감염에 취약한 고위험군에 한해서만 쓰도록 권고하였다. 또 보건용 마스크 재사용에 대하여서는 깨끗한 곳에서 잘 말려 쓰는 경우 재사용이 가능하다고 지침을 변경하였다(식품의약품안전처, 2020). 이는 당시 마스크 수급이 어려운 상황에서 마스크에 대한 수요를 억제하기 위한 방침으로 볼 수 있다.

두 번째 시기는 마스크 공급의 증가에 따라 마스크 대란이 완화되는 5월 이후의 시기이다. 이때는 1차 대유행이 수그러들던 시기이기도 하다. 여전히 마스크 착용을 통한 방역이 중요하였지만, 그렇다고 해서 전 국민에게 마스크 착용을 의무화하는 정책을 발표하지는 않았다. 마스크 착용의 의무화는 방역 당국의 관할을 넘어서 지방자치단체의 점검과 벌금부과 및 경찰력의 동원이 포함되는 높은 규제 비용을 수반하였다. 이 시기에 정부는 마스크 착용 의무화를 발표하는 대신, 비말차단용 마스크 표준을 공고하였다. 비말차단용 마스크(KF-AD) 표준은 마스크 가격의 하락을 유도하고 착용의 불편함을 감소시킴으로써 마스크 착용률을 높이고 규제비용을 줄이고자 하였다.

세 번째 시기는 8월 15일을 전후하여 전국적인 반정부 시위가 전개되면서 코로나19의 급격한 재확산이 이루어지는 시기이다. 코로나19의 2차 재확산이 진행되면서 방역 정책은 더욱 강화되었다. 코로나19의 2차 대유행이 진행되면서, 마스크 착용 의무화에 따른 규제 비용은 중요하게 인식되지 않았다. 마스크 착용 의무화를 시행하는 지방자치단체들이 등장하기 시작하였다. 특히, 서울시를 중심으로 대중교통 수단을 이용할 때 뿐만 아니라 모든 장소에서 마스크 착용 의무화를 위한 논의가 진행되었다. 결국, 2020년 10월에 들어서면서 마스크 착용 의무화 정책이 공고되었다. 이후 마스크 착용 의무화는 딜레마가 아니라 상시적인 정책으로 남았다.

3. 마스크 대란 시기의 공적 마스크 유통 정책

코로나19 상황에서 마스크와 관련된 정책은 크게 유통 절차, 마스크 착용, 마스크 규격에 대한 정책으로 나눌 수 있다. 각각의 정책에서 충돌되는 가치들이 존재하였다. 유통 절차와 마스크 규격에 대한 정책적 딜레마 상황은 결정의 시급성으로 인해 딜레마가 해소되는 양상을 보였으나, 마스크 착용에 대한 딜레마는 여전히 존재하는 상황이다. 이는 마스크가 가장 빠르게 정착된 국가 중 하나인 한국의 문제만이 아니고, 세계적으로도 아직 해결되지 못한 딜레마 상황이라고 할 수 있다.

[표 11-2]는 마스크 대란의 전개에 따라서 마스크 유통 절차에 대한 제한 조치가 어떻게 변화되어 왔는지를 보여준다. 먼저, 2020년 2월 말부터 우리나라 전역에서 마스크 대란의 조짐이 보이기 시작했다. 마스크를 판매하는 약국 앞에 마스크를 사려는 사람들이 길게 줄지어 서 있는 모습이 목격되고, 마스크를 사지 못한 시민들의 불만이 증가하기 시작했다. 국내에서 유통되는 마스크의 온라인 가격이 4,000원대까지 치솟는 등, 국내 수급에 큰 어려움을 겪고 2020년 2월 26일 마스크 수출을 제한하는 고

[표 11-2] 마스크 유통 절차의 공적 조치

2월 말	마스크 착용 의무화 없는 상태에서 마스크 대란
3월 9일	공적 마스크 5부제 실시: KF-94 보건용 마스크의 80%를 정부가 구매 약국 등 공적 판매처를 통해 판매, 일주일에 1인 2매 제한
4월 27일	일주일에 1인 3매 제한
6월 1일	식품의약품안전처, 공적 마스크 5부제 폐지
7월 12일	보건용 공적 마스크 제도 완전 폐지
9월 10일	수술용 마스크 공급체계를 '시장형 수급 관리체계'로 전환

시를 발표하였다(식품의약품안전처, 2020). 이에 정부는 2020년 3월에 들어서면서부터 본격적으로 마스크의 공적 유통 조치를 발표한다. 공적 마스크 5부제를 실시하여 마스크의 80%를 정부가 구매해서 약국 등을 통해 저렴하게 판매하되 일주일에 1인 2매로 제한하는 조치였다. 그리고 출생연도에 따라 특정 요일에만 마스크를 구매할 수 있는 5부제 방식을 운영하여 마스크 수급을 고르게 분배하였다.

2020년 3월 9일에는 공적 마스크 5부제가 전격적으로 시행된 이후 4월에 들어서면서부터 마스크 대란은 서서히 안정되었다. 2020년 4월 27일에는 1인당 마스크 구매량을 3개로 확대하였다. 마침내 2020년 6월 1일에는 공적 마스크 5부제가 폐지되어, 언제든지 약국에서 마스크를 구매할 수 있게 되었다. 이후 2020년 7월 12일에는 공적 마스크 제도 자체를 완전히 폐지하였고, 9월 10일에는 수술용 마스크까지도 시장형 수급 관리체계로 전환하기에 이른다. 즉, 마스크 대란이 해소된 것이다. 7월 12일에는 보건용 공적 마스크 정책을 종료한 후 마스크 총생산량은 7월 말 1억 4,883만 개(보건용 8,948만 개, 비말차단용 5,484만 개, 수술용 451만 개)까지 증가하며 국내 수급 안정세를 되찾았다(식품의약품안전처, 2020). 흥미로운 점은 공적 마스크가 우체국과 약국 등을 통해 판매되었기 때문에, 보건용 마스크만은 온라인에서 오프라인보다 더 비싼 가격에 팔리고 있었다는 것이다. 공적 마스크를 해제하기 전후로는 가격 면에서도 안정세를 보이며, 코로나19 발생 이후 처음으로 KF-94 마스크의 온라인 가격이 1,500원대로 오프라인 가격보다 낮아졌다(식품의약품안전처, 2020).

4. 마스크 대란 완화기의 KF-AD 마스크 표준화 정책

바이러스의 초기 확산이 감소세에 접어들고 마스크 대란도 해결되어 마스크 수급이 안정화되자 2020년 6월에는 마스크의 공적 유통을 해제하기에 이른다.

마스크 대란이 완화되는 시점에 식품의약품안전처는 「의약외품 범위지정」 개정(시행 2020.6.1)으로 '비말차단용 마스크(KF-AD)'의 의약외품 분류 신설에 따라 신규 품목허가 신청에 대한 세부 허가방안을 발표하였다. KF-AD(Korea Filter-Anti Droplet) 마스크는 코로나바이러스 전파를 매개하는 비말을 차단하는 데에 초점을 둔 표준이다. 정부가 공적 마스크로 공급했던 KF-94와 KF-80 마스크는 코로나바이러스가 발생하기 이전부터 주로 미세먼지를 차단하기 위해 사용되었다. 코로나바이러스가 호흡기를 통해 전파된다는 사실이 밝혀지자 기존에 허가를 거쳐 유통되고 있는 마스크 표준을 활용한 것이다.

마스크는 「약사법」에 따른 의약외품으로, 식약처에서 품목별 심사 및 허가를 하고 있다. 보건용 마스크는 분진포집효율, 안면부 흡기저항, 누설률 시험을 통해 외부로부터 흡입되는 이물질을 차단하는 정도를 측정하여 등급별로 관리된다(식품의약품안전처, 2009). 정부가 공적 마스크로 공급했던 KF-94, KF-80 마스크가 보건용 마스크에 해당한다. 등급의 숫자가 높을수록 마스크 착용시 이물질 차단율이 높아지나, 호흡이 힘들다는 단점이 있다.

이러한 시기에 식약처에서는 코로나바이러스를 전파하는 비말을 차단하는 데 효과가 입증된 KF-AD 마스크 표준을 발표한 것이다. KF-AD 마스크의 주 성능시험은 '액체저항성시험[3]'이며, 마스크 수요 및 긴급성을 고려하여 우선 신속심사와 동일 성능 제품(예, 수술용 마스크)과 원재료, 제조방법, 제조원이 같은 경우 효능 입증자료와 기준 및 시험방법 자료를 면제해주도록 하였다(식품의약품안전처, 2020). 2020년 9월에 이르러 KF-AD 마스크는 전체 생산 마스크의 25%를 담당하면서, 국내 마스크 시장에서 방역마스크의 표준으로 자리잡았다(식품의약품안전처, 2020).

식품의약품안전처는 코로나바이러스 방역을 위한 KF-AD 마스크 표준을 제시했지만, 시민들에게 KF-AD 마스크 사용을 강제한 것은 아니었다. 시민들이 바이러스 차단 효과가 검증된 마스크를 착용할 수 있게 장려함과 동시에, 마스크 가격 부담을 덜어주는 표준화된 마스크의 선택지를 하나 더 제시하였을 뿐이었다.

[표 11-3] KF-AD 마스크 표준 제정

6월 1일	• 식품의약품안전처, KF-94 마스크의 비용 및 착용 부담을 완화시키기 위하여 비말차단 기능을 갖춘 KF-AD 마스크 규격을 제시 • KF-AD 마스크는 전량 '민간시장 공급체계'로 시작

3) 액체저항성시험은 마스크에 물이 침투하는 시간을 측정한다.

5. 마스크 수급 안정화 이후의 마스크 의무화 정책

마스크 대란이 완화되는 조짐을 보이기 시작하면서, 서서히 마스크 착용 의무화 조치가 거론되기 시작하였다. 마스크 대란 시기에는 정부 차원에서 마스크 착용 의무화를 논의하기는 어려웠다. 마스크 착용 의무화는 마스크 대란을 더욱 악화시킬 수 있기 때문이었다. 그렇다고 해서 마스크 착용을 하지 않아도 된다고 단정할 수는 없었다. 결국, 마스크 대란 시기에는 마스크 착용 의무화를 거론하지 못하고, 시민들의 자발적인 착용을 기대할 수밖에 없었다. 하지만, 마스크 대란이 완전히 해소되었다는 인식이 확산된 이후 점차 마스크 착용 의무화가 거론되기 시작하였다.

마스크에 대한 국내 수요와 공급이 안정화되면서 시장에서 마스크 대란이 사라지자, 정부에서는 마스크 착용을 강화하기 시작했다. 마스크 대란 시기에 중앙정부 차원에서는 마스크 착용과 새로운 규격에 대한 입장을 표명하지 않았다. 코로나19 발생 초기에는 세계보건기구(World Health Organization)조차도 의약품 외의 마스크에 대하여 가능성을 열어두고 있었다.4)

특히, 국내 코로나바이러스 1차 대유행의 중심지였던 대구광역시의 경우 마스크 대란이 잠잠해지는 2020년 5월 초에 대구 시민들에게 마스크 착용 의무화 조치를 시행하였다. 이후 서울시는 버스와 지하철 등의 대중교통 이용 시 마스크 착용을 의무화하였으며, 2차 대유행이 발생하자 2020년 8월 24월에는 실내와 실외에서도 마스크 착용을 의무화하였다.

2020년 10월에 들어 지방자치단체를 중심으로 하여 산발적으로 시행되던 마스크 착용 의무화 조치는 전국 차원으로 확대되었다. 중앙재난안전대책본부는 2020년 10월 13일 전국에 마스크 착용을 의무화하였으며, 이를 어길 때는 과태료를 부과하기로 했다. 2주의 계도기간을 걸쳐 2020년 11월부터 실질적으로 마스크 착용 의무화 정책이 전국적으로 실시되었다(중앙재난안전대책본부, 2020).

아울러 지방정부의 마스크 착용 의무화를 시작으로 어떤 종류의 마스크를 착용해

4) Non-medical masks(aka. fabric masks, DIY masks) can act as a barrier to prevent the spread of the virus from the wearer to others, not standardized like medical masks. Remember, the use of a fabric mask alone is not sufficient to provide an adequate level of protection(UNESCO, 2020.6.3).

[표 11-4] 마스크 착용 의무화

5월 8일	대구시의 마스크 착용 의무화 – 대중교통 및 공공시설 대상(대구광역시, 2020)
5월 13일	서울시 대중교통 이용 시 마스크 착용 의무화
5월 27일	전국 대중교통 이용 시 마스크 착용 의무화
8월 24일	서울시 실내 및 다중 집합 실외에서도 마스크 착용 의무화
10월 13일	전국 마스크 착용 의무화 및 과태료 부과[5](중앙재난안전대책본부, 2020)

야 하는가에 대한 논의도 함께 이루어지기 시작하였다. 마스크 착용 의무화를 강화하는 정책은 필수적으로 어떠한 마스크를 착용해야 하는가에 대한 마스크 표준에 대한 정책을 수반한다.

그런데 우리나라의 마스크 규격에 대한 논쟁은 언론 기사에 의해 우연히 시작되었다. 2020년 8월 마스크 의무화가 한참 진행되고 있을 때, 망사 마스크를 착용한 유명인들의 사진이 언론에 등장하기 시작하였다(조선일보, 2020.8.25). 특히, 국회의원이 망사 마스크를 착용하고 질병관리본부를 방문한 기사에 대하여 비판적 여론이 제기되었다. 이후 망사 마스크는 비말 차단 기능이 없다는 보도가 이어지고, 망사 마스크를 착용했던 국회의원은 공개적으로 사과를 하기에 이른다.

이러한 일련의 사건 이후 적합한 마스크의 규격에 대한 논의가 본격적으로 이루어진다. 결국, 10월에 망사 마스크를 비롯해 비말차단 효과가 거의 없는 마스크에 대한

[표 11-5] 마스크 규격에 대한 규제

8월 25일	• 망사 마스크는 비말차단 기능 없다는 언론 보도 • 망사 마스크 착용한 국회의원 사과
8월 28일	• 식품의약품안전처, 보건용 마스크 중 '밸브형 마스크'를 사용하지 말 것을 당부 • 의약외품 표시가 없는 '나노 필터 마스크', '망사 마스크', '일회용 마스크' 등은 식품의약품안전처에서 허가한 제품 없음[6]
9월 1일	서울시 행정명령 세부지침에서 망사 마스크 금지[7]
10월 4일	전국적인 마스크 착용 의무화를 공표하면서 망사 마스크와 밸브형 마스크는 금지(중앙재난안전대책본부, 2020)

5) 감염병 전파가 우려되는 다중이용시설 등에서 마스크 착용 등 방역지침의 준수 명령을 위반할 경우 과태료를 부과할 수 있도록 하는 내용의 「감염병의 예방 및 관리에 관한 법률」 시행.

규제가 공식화되었다. 특히, 이러한 논의는 마스크 대란이 해소된 이후 마스크 착용 의무화가 본격화되는 시기라는 점에 주목할 필요가 있다. 마스크 대란이 해소되기 전까지는 마스크 규격에 대해 논의하기 어려웠다. 마스크 착용이 보편적 의무의 대상으로 인식되기 시작하면서, 적합하지 않은 마스크에 대한 논의가 시작된 것이다.

하지만, 정부에서는 비말차단 기능이 확실한 KF-AD 표준 마스크 이상을 강제하지는 않았다. KF-AD 마스크 도입 이후에도 정부는 마스크 종류에 대해 코로나19 의심환자를 돌보는 경우 KF-94 마스크를, 기침, 목아픔 등 호흡기 증상이 있는 경우와 노인, 만성질환자 등 건강취약계층, 기저질환자가 다른 사람과 접촉하는 경우 KF-80 마스크를 쓰도록 권고하였다. KF-AD와 수술용 마스크는 마스크를 장시간 착용해야 하는 환경, 더운 여름철, 호흡이 불편한 경우 착용하도록 하였고, 이러한 마스크가 없는 경우 입과 코를 가릴 수 있는 천(면) 마스크, 일회용 마스크를 착용하도록 하는 권고에 그쳤다(중앙방역대책본부, 2020). 이는 전반적으로 착용가능한 마스크 규격을 폭넓게 허용함으로써 발생가능한 정책 딜레마를 감소시키려는 조치로 해석된다.

Ⅳ 정책 딜레마에 대한 시사점

이 글은 '마스크 착용 의무화 정책'이 시간의 흐름에 따라서 어떠한 변화를 보였는지에 관하여 딜레마 이론의 관점에서 설명하고자 하였다. 코로나19 바이러스 확산의 초기에는 마스크 공급의 부족으로 인한 마스크 대란이 발생하여 마스크 의무화 정책

6) 이러한 공산품은 성능과 안전성이 공식적으로 입증되지 않았으므로, 마스크 구매 시 식품의약품안전처에서 허가한 마스크를 확인하거나 제품 포장에서 '의약외품' 또는 'KF' 표시를 반드시 확인할 것을 강조(식품의약품안전처, 2020).

7) 보건용, 수술용(덴탈), 비말차단용, 면마스크까지만 인정. 이외 망사용마스크 등은 현재까지 비말차단 효과가 입증되지 않아, 인정되지 않음. 「감염병 예방 및 관리에 관한 법률」 제49조 제1항 제2의4호 위반으로 동법 제83조 제4항에 따라 10만 원 이하의 과태료가 부과될 수 있고, 위반으로 발생한 모든 확진 관련 검사・조사・치료 등 소요된 방역비용의 구상권이 청구될 수 있음. 과태료 처분은 2020.10.12까지 계도기간을 두어 단속・처분을 유예하며, 계도기간 이후의 구체적인 단속 범위와 방법에 대해서는 계도기간 중 별도 공지 예정(서울특별시, 2020).

이 시행되기 어려웠다. 하지만, 마스크 공급 대란이 완화되었다고 해서 바로 마스크 의무화 정책이 시행되지는 않았다. 이 시기에는 마스크에 대한 새로운 표준을 제시함으로써 마스크 공급을 더욱 원활히 하고자 하였을 뿐, 마스크 착용 의무화 논의로 이어지지는 않았다. 자칫 마스크 공급 대란이 다시 발생할 수 있었기 때문이었다. 하지만, 2020년 8월에 들어서면서 코로나19의 2차 대유행이 발생하면서, 마스크 착용 의무화 정책이 본격적으로 논의되기 시작하였다. 이 글의 연구를 통하여 확인할 수 있었던 것은 시간의 흐름에 따라, 그리고 정책을 둘러싼 환경의 변화에 따라 정책의 딜레마는 강화될 수도 있고 약화될 수도 있다는 점이었다. 9월에 본격화된 2차 대유행은 마스크 착용 의무화 정책으로 인한 방역 효과의 중요성을 부각시켰으며, 마스크 착용 의무화 정책에 따른 딜레마는 희석될 수밖에 없었다.

다른 한편으로, 비말차단용 마스크 규격을 제시한 정부의 대응은 마스크 수급을 둘러싼 딜레마를 극복하기 위한 표준 정책으로 이해할 수 있다. KF-AD 마스크 표준의 제정은 전반적으로 마스크 비용을 낮추고 마스크 공급의 확대를 가져와 마스크 대란을 완화시키는 데 기여하였다. 즉, 비말 차단이라는 바이러스 확산을 억제하는 최소한의 기능을 유지하는 표준을 발표하여, 마스크 착용을 통한 방역 효과 대 마스크 공급 대란의 딜레마 상황을 완화시키는 작용을 하였다.

하지만, 이러한 표준 정책이 나오기 전에 '공적 마스크 유통' 정책이 시행되었다. 즉, 마스크 수요가 높아서 마스크에 대한 비용 부담이 가장 높았던 시기에는 KF-94와 KF-80 마스크를 보완할 KF-AD 마스크 표준을 제시하지 못하였다. 오히려 마스크 대란이 수그러들어 공적 마스크 공급제도가 완화되기 시작한 2020년 6월 1일에 KF-AD 마스크 표준을 제시할 수 있었다. 바이러스에 대한 불확실성과 모호성으로 인한 선택의 어려움 속에서 결정 주체가 선택한 제도적 대응 중 하나는 KF-AD 표준을 제시하는 것이었다.

KF-AD 마스크 표준의 경우 식품의약품안전처에서 제시하는 여러 가지 표준 중의 하나일 뿐, 코로나19 방역을 위한 마스크 착용 의무화의 기준으로 제시된 것은 아니었다. 결국, 딜레마를 완화시킬 수 있는 하나의 방법을 제시하였을 뿐, 국민들에게 선택을 맡긴 것이라고 볼 수 있다. 즉, 어떠한 종류의 마스크를 착용해야 하는지에 대한 딜레마를 국민들에게 전가시킨 셈이다. 하지만, 이러한 딜레마의 전가를 부정적으로 해석할 필요는 없을 것이다. 국민들에게 선택의 폭을 넓혀줌으로써 정부의 획일적인 선택에 따른 딜레마를 회피하였다고 해석할 수도 있기 때문이다. 만약 정부가 단일의 마스크 표준을 강요하였다면, 오히려 정부의 마스크 정책 딜레마가 높아졌을 것이며, 이는 마스크 정책의 비일관성이나 형식주의로 나타날 위험성이 있었다.

공산품에 해당되는 망사 마스크나 천 마스크에 대해서 식품의약품안전처나 질병관리본부 또는 국가기술표준원은 마스크 착용 의무 기준에 부합되는지에 대해서 뚜렷한 기준을 제시하지 않았다. 오히려 언론에서 망사 마스크의 부적합성을 비판하고 금지하였다.

결국, KF-AD 마스크 표준을 통하여 딜레마를 완화시키는 규격을 제시하면서도 직접적인 생산과 소비는 기업과 국민들에게 맡기는 방식을 택했다. 마스크의 착용은 강제하면서도 표준의 특성인 자발성을 활용한 것이다. 사회적인 딜레마 모두를 정책 대응을 통하여 해소하기 어려울 때, KF-AD 마스크 표준과 같은 방식의 대응이 어느 정도 딜레마를 완화해주는 효과를 거두었다고 평가할 수 있다. 방역 정책에서의 표준은 전면적으로 강조되기보다는, 기존의 정책을 보완하고 방향성을 제시하는 역할을 수행하였다.

이 글에서는 코로나19 팬데믹 시기의 마스크 방역 정책의 변화를 살펴보았다. 이러한 정부의 방역 정책은 딜레마 상황에서 단기적 대응과 제도적 대응이 혼합된 형태로 이루어졌다. 지난 1년 간 이루어진 방역 정책은 딜레마 상황에서 흔히 나타날 수 있는 단기적 대응으로서 비일관적 정책(염재호·박국흠, 1992)이나 형식주의적 정책(박통희·김동환, 1992) 또는 선택의 지연이나 상징적 행위(윤견수, 1993)로 이해하기는 어렵다. 그렇다고 해서 딜레마를 반복적으로 겪는 상황에서 등장하는 위원회 조직이나 범정부적 조정기구로 설명하기에도 충분하지 못하다. 코로나19 팬데믹 위기로 인한 딜레마 상황에서의 방역 정책은 단기적 대응이나 제도적 대응으로 구분하기보다는 단기적이면서도 동시에 제도적인 대응으로 이해하는 것이 타당할 것으로 보인다.

이렇게 단기적이면서 제도적인 대응은 '표준'이라는 개념을 둘러싸고 이루어졌다. 전염병 확산의 초기에 마스크 공급 대란을 억제하기 위하여 '공적 마스크 공급'이라는 절차를 도입하였으며, 마스크 공급 대란이 완화되면서 KF-AD 마스크 표준을 공시하고, 아울러 마스크 착용 의무화라는 방역 규제를 도입하였다. 현대 사회에서 '표준'은 정부에 의해서 강제되기보다는 산업계와 시장에 의해 부단히 협의되고 조정되는 다이내믹한 개념이라고 할 수 있다(조수민 · 김동환, 2020). 정부의 정책을 '표준'이라는 준거틀에 기초하여 수행하는 경우, 사회구성원들에게 개별적인 정책대응에 대하여 동의를 구할 필요 없이 사회적 합의가 형성된 것으로 볼 수 있다. 표준은 동의와 합의를 기반으로 한 자발적 수용을 전제로 하고 있어 통합 규범으로서 기능할 수 있다(정병기, 2009). 즉, 긴급한 정책대응에 있어서 발생하는 딜레마를 감소시킨다는 점에서 딜레마에 대한 제도적 대응과 같은 효과를 갖는다. 긴급한 재난 상황에 대응하기 위한 정부의 규제를 '표준'이라는 형태로 사회구성원들에게 제시하는 방역 정책은 시간적 급박성이라는 단기적 대응의 필요성을 충족시키는 동시에 사회구성원들의 반발을 최소화할 수 있다는 점에서 제도적 대응의 효과를 지닌다고 할 수 있다. 이러한 점에서 이 글의 논의는 딜레마에 대한 대응으로 단기적 대응과 제도적 대응이 동시에 이루어질 수 있다는 가능성을 보여주었다고 할 수 있을 것이다.

딜레마 상황에서 표준을 통한 정책대응은 '사회적 거리두기(social distancing)' 정책에 대해서도 적용될 수 있을 것이다. 사회적 거리두기의 프레임은 코로나19 시기에 등장한 이후 많은 변화를 거쳐 왔다. 초기의 '생활 속 거리두기'에서 시작하여, 2020년 6월부터 11월까지 2차 대유행 이후 '3단계의 사회적 거리두기'를 시행하였다. 그러나 3단계의 사회적 거리두기로 인해 영업 제한을 받는 자영업자들의 불만이 누적되면서, 정부는 사회적 거리두기의 프레임을 5단계로 세분화하였다. 이렇게 방역 정책의 딜레마로 인한 사회적 갈등을 해소하기 위하여 사회적 거리두기의 프레임을 유연하게 변화시켜 왔다는 점은 딜레마에 대한 대응에 있어서 단기적 대응과 제도적 대응의 중간 지점이 존재한다는 이 글의 시사점과 일맥상통한다. 방역 딜레마의 중간 지점으로 제시된 '사회적 거리두기'는 아직 진행 중이다. 더욱이 '사회적 거리두기'를 개편해야 한다는 논의가 지속적으로 제기되고 있다는 점, 그리고 중앙재난안전대책본부에서 발표한 사회적 거리두기 프레임을 정부 스스로 지키지 않는 경우가 많다는 점을 고려해 본다면, 이를 둘러싼 정책 딜레마의 양상은 더욱 복잡하게 전개되어 왔다고 생각된다. 향후 이에 대한 연구는 정책 딜레마에 대한 정부와 시민사회의 대응 기제를 이해하는데 있어서 또 다른 시각을 제시할 것이다.

V 결 론

이 글에서는 딜레마에 대한 대응으로서 단기적 대응과 제도적 대응이 공존할 수 있다는 점을 제시하고자 하였다. 아울러 이 글에서 살펴본 방역 정책은 딜레마에 대한 부분적 대응의 모습을 보여주었다. 코로나19 팬데믹이 가져오는 국가 사회적 딜레마를 전면적으로 일거에 대응할 수 있는 정책이 존재하지 않기 때문이다. 어쩌면 우리 사회가 당면하는 모든 딜레마에 대하여 정부의 정책이 전면적으로 대응할 수도 없으며 그럴 필요가 없을지 모른다. 공적 딜레마에 대해서 정부는 부분적으로만 대응하고, 나머지는 시장과 시민에게 맡겨 딜레마를 완화해나갈 수도 있을 것이다. 또한 중앙정부에서는 판단을 유보하고, 지방자치단체나 언론이 적극적인 선택을 표명함으로써 딜레마를 헤쳐나갈 수도 있다. 코로나19 위기에 대한 방역 정책을 검토함으로써 정책 딜레마에 대한 부분적 대응이 사회 전체를 통하여 어떻게 조율되면서 딜레마를 극복하는지를 논의할 수 있을 것이다.

이 글은 개인적 차원의 마스크에 대한 정책에 초점을 두어 살펴보았다. 향후에는 사회적 차원의 방역 정책, 특히 '사회적 거리두기'가 어떻게 단기적 대응과 제도적 대응이 공존하면서 변화되어 왔는지를 살펴볼 필요가 있을 것이다. 이를 통하여 개인적 차원의 정책으로서 마스크 정책과 사회적 차원의 정책으로서 사회적 거리두기가 어떻게 상호 조율되어 왔는지를 검토하는 것도 딜레마에 대한 종합적인 정책대응을 연구하는 데 의미가 있을 것이다.

제 12 장

영풍석포제련소를 둘러싼 딜레마와 정책대응: 기회손실, 지역의존성, 그리고 상징적 대응[1)]

김창수

이 연구의 목적은 영풍석포제련소를 둘러싼 딜레마의 원인을 파악하고 이에 대한 정책대응방안이 적절하였는지 분석하고 좀 더 나은 정책대응방안을 모색하는 것이다. 분석 결과 영풍석포제련소를 폐쇄하거나 이전을 선택할 경우 제련소에 의존하고 있는 봉화군과 태백시, 그리고 경상북도에 미치는 고용과 지역경제 파급효과라는 기회손실이 매우 크기 때문에 쉽게 폐쇄나 이전을 선택하기 어려운 것으로 나타났다. 한편, 영풍석포제련소를 그대로 유지하는 선택을 할 경우 낙동강 본류에서 생활용수를 취수하고 있는 1,300만 명 이상의 유역주민들의 생명과 건강을 위협하기 때문에 방치할 수도 없는 딜레마에 빠져 있는 것으로 분석되었다. 먼저, 소극적 대응으로서 딜레마 무시 현상이 나타났는데, 이는 지역경제 의존성에 따른 규제기관의 포획이 심했기 때문으로 분석되었다. 적극적 대응방안으로 환경부 주도의 위원회 활용과 총리실 주도의 행정협의조정위원회, 그리고 소송을 통한 대응이 활발하게 나타나고 있지만 명확한 결론보다는 상징적 대응으로 매듭지어질 것으로 예측되었다.

1) 이 글은『정부학연구』제27권 제1호에 게재된 것을 수정·보완한 것이다.

I 서 론

영풍석포제련소를 둘러싸고 오랜 기간 벌어지고 있는 갈등현상을 딜레마로 단정할 수 있을 것인가? 만약 그렇다면 영풍석포제련소를 둘러싼 딜레마의 원인은 무엇일까? 영풍석포제련소를 둘러싼 딜레마의 원인을 파악한다면 적절한 정책대응방안을 마련할 수 있을까? 이 연구에서는 이러한 질문에 대해 납득할 수 있는 응답을 찾아내는 과정에 주목하고 있다. 즉, 영풍석포제련소를 둘러싼 딜레마의 원인을 파악하고 이에 대한 정책대응방안이 적절하였는지 분석하고 좀 더 나은 정책대응방안을 모색하는 것이 연구목적이라고 할 수 있다.

영풍석포제련소는 1970년 10월 경북 봉화군에 설립된 비철금속기업이다.[2] 2000년대 초반부터 환경오염 및 노동자들의 직업병 문제 때문에 국정감사에서도 여러 번 다루어졌으나 큰 변화가 없는 상황이다(김혜나 · 손영호, 2020: 56-67). 특히, 2014년부터 환경부가 문제점을 지적하면서, 2015년에는 환경영향조사를 실시하고 주민건강영향을 조사하였다. 특히, 환경공단에서 조사하였으나 부실조사 의혹이 제기되었고, 석포제련소 측에서는 설비개선을 하겠다는 입장 외에는 별다른 조치가 없었다. 이러한 가운데 2017년 석포제련소와 안동댐 중간지점에서 물고기가 떼죽음 사건이 발생하면서 다시 공론화되었다. 당시 국정감사에서 영풍제련소건을 다루었고, 더불어민주당 민생119의 제안으로 환경부에서도 상생협의체의 일환으로 낙동강상류환경관리협의회 구성을 제안하여 운영하기도 하였다. 그런데 1,300만 명 영남주민들의 식수원인 낙동강 최상류에서 1970년부터 환경오염기업이 운영되고 있는데 왜 폐쇄하거나 이전하지 못하는 것일까?

딜레마란 이러지도 저러지도 못하고 궁지에 빠진 것을 의미한다. 즉, 주어진 시한 내에 단절적인 대안 중에 선택을 하여야 함에도 불구하고, 선택이 초래할 결과가치가 비슷하여서 어느 것도 선택하기 어려운 경우이다. 즉, 어느 대안을 선택하든 결정에 대한 반대 때문에 그 선택을 유지하기 힘든 것을 의미한다(이종범, 2009: 4-7). 예를

2) 본문에서 영풍석포제련소는 기업이미지를 강조할 때는 영풍제련소나 (주)영풍, 지역을 강조할 때는 석포제련소라는 이름으로 혼용되고 있다.

들어, 새만금 간척개발 사업을 선택했을 때 보전의 결과가치도 비슷하여 반대집단이 수용을 거부했기 때문에 딜레마에 직면하였다. 현실적으로 딜레마 상황에서의 선택은 기회손실(opportunity loss)을 초래하는 상충관계에 있기 때문에 어느 한 부분의 희생 없는 정책선택은 매우 어렵고 대립되는 행위자들 간의 분쟁으로 표출되는 경우가 많다.

4대강 살리기 사업을 놓고 개발집단과 보전집단 간의 치열한 공방이 벌어졌고, 지금 4대강의 보 해체와 개방을 놓고도 논쟁이 벌어지고 있는 것도 이 때문이다. 딜레마는 통상 가치상충성 때문이기도 하지만 선택 결과에 따른 기회손실이 매우 크기 때문에 선택이 어려운 상황이라고 할 수 있다. 그렇다면 영풍제련소를 폐쇄하거나 이전하지 못하는 이유는 무엇일까? 영풍제련소를 폐쇄하거나 이전을 선택할 경우 제련소에 의존하고 있는 봉화군과 태백시, 그리고 경상북도에 미치는 고용과 지역경제 파급효과라는 기회손실이 매우 크기 때문에 선택이 어려운 것은 아닐까? 한편, 영풍제련소를 그대로 유지하는 선택을 할 경우 낙동강 본류에서 생활용수를 취수하고 있는 1,300만 명 이상의 유역주민들의 생명과 건강을 위협하기 때문에 방치할 수도 없는 한계가 있다.

이 연구에서 개별 의사결정 주체인 중앙정부와 지방정부, 기업과 환경단체, 지역주민 등이 선택에 참여하게 되지만 분석 단위는 갈등분석에서 전제하는 개별집단이기보다는 전체 단위라고 할 수 있으며, 종합적으로 판단할 때 딜레마 상황이 발생하고 이때 어떠한 선택과 정책대응이 이루어지는지 분석해보고자 한다. 이때 상황 변화를 인식하는 행위자들의 합리성의 수준은 획일적으로 말하기는 어렵지만, 각자의 프레임으로 상황을 인식한다고 전제하면 제한된 합리성(bounded rationality)을 가진 행위자로 가정할 수 있다. 저자는 2018년 이후 두 차례에 걸쳐 생태조사를 포함하여 현장답사를 실시하였고, 현장의 다양한 이해관계자들과 심층면담을 실시하였다.

Ⅱ 이론적 배경

1. 딜레마와 정책대응

딜레마(dilemma) 개념은 제한된 시간 내에 선택을 내려야 하는 의사결정자의 상황을 설명하는데 좀 더 적실성이 있다(이종범, 1994). 딜레마의 개념이 구성되기 위해서는 첫째, 서로 단절적인(discrete) 두 개의 대안이 존재해야 한다. 양자택일이 상황을 의미한다. 둘째, 단절적인 두 개의 대안은 서로 상충적인(trade-off) 상태로 존재해야 한다. 서로 충돌한다는 것은 두 대안을 맞교환할 수 없다는 것으로 한 대안을 선택하면 다른 대안은 포기해야 함을 의미한다. 모호성과 불확실성이 중대할수록 상충성은 증대한다. 셋째, 두 개의 대안이 가져올 결과가치의 크기는 균등해야(equal) 한다. 이는 기회손실의 크기가 크다는 의미이다. 넷째, 제한된 시간 내에 결정(unavoidable)을 해야 한다. 이는 갈등이론의 구성과 가장 큰 차이이기도 하며, 무한히 지연할 수 있다면 딜레마가 아니라는 것이다.

이 내용을 정리하면 딜레마는 두 개의 대안이 존재할 때, 두 개의 대안을 동시에 선택할 수 없으며, 그 중 한 개의 대안을 선택하기도 곤란하지만, 제한된 시간 내에 선택을 하지 않을 수도 없는 상황이라고 정의할 수 있다(윤견수, 2013: 287-289). 이때 대안 간의 중요성이 비슷하다는 것은 특정 대안의 선택이 초래할 기회손실이 임계영역(critical level)을 넘어설 때를 의미한다고 한다. 하나의 대안을 선택함으로써 예상되는 어떤 가치의 포기를 기회손실(opportunity loss)이라고 한다. 이는 두 대안의 결과가치의 등가성을 전제로 하며, 기회손실이 임계 영역을 넘어서서 한 대안의 선택으로 초래될 기회손실이 커지는 경우에 딜레마라 할 수 있다고 한다(이종범 외, 1994: 27-31).

낙동강 상류에서는 영풍제련소 이전을 통한 새로운 상태와 그렇지 못한 현재의 상태(status quo) 간 충돌로 존재론적 딜레마에 빠져 있을 수 있다. 뿐만 아니라 정부가 어느 정도 범위까지, 언제, 그리고 어떻게 개입할 것인가의 문제, 즉 공장폐쇄와 이전이라는 선택지와 유지하면서 오염처리시설을 갖추는 두 가지 새로운 상태 간 충돌로 인식론적 딜레마에도 빠져있을 수도 있다(윤견수, 2013: 292-297). 낙동강 상류에서 환경오염기업이 이전도 못하고 그렇다고 공장가동을 멈출 수도 없는 난제가 발생하는 이유가 딜레마 때문은 아닐까?

정책 주체는 결정 상황에 대한 압력을 버티지 못하고 그 상황을 벗어나는 포기를 선택하거나, '주어진 시간'을 늘리는 지연방안을 선택하기도 한다. 한편, 비록 선택은 되었지만 단지 정당성 부여를 위한 상징적 집행전략이나 내용이 결핍된 형식적 집행전략을 택하기도 한다(윤견수, 2009: 131-136).[3] 실제, 특정 대안의 선택과 지연의 결정이 기회손실을 임계치가 넘게 초래할 때는 딜레마에서 벗어나기 위해 만족수준에서 제3의 대안을 결정하는 것이 현실적일 수도 있고 지혜로울 수도 있다(안문석·김태은, 2009: 61-81).

2. 지역의존성과 위험산업에 대한 친숙성과 정책대응

1960년대 이후 경상북도와 봉화군, 그리고 태백시와 일부 지역주민들의 경우 영풍제련소에 행정적·경제적으로 의존하여 살아왔다. 산업지역주민들이 지리적으로 인접할수록 보다 긍정적인 인식태도를 가지게 되는데, 그 이유로 제기되고 있는 요소로 원전과 같은 위험시설 인접지역에 대한 정부와 사업자로부터 직·간접적으로 제공되는 재정적·행정적 지원이나 서비스 또는 여러 가지 형태의 후원이나 사업지원 등을 들 수 있다(양기용·김은정·김창수, 2018: 287-288).

위험산업 인접지역 주민들의 경우 이러한 경제사회적인 혜택을 경험하고 인지함에 따라 원전과 같은 위험산업이 지역사회나 지역주민들에게 편익을 제공하고 있다고 믿고, 이러한 인식은 위험산업에 대한 부정적인 평가를 완화하거나 위험가능성을 감소하는 기능을 수행하게 된다(Frantál & Malý, 2017). 결국, 지역주민들이 모든 것이 괜찮을 것이라고 스스로 믿거나 위협을 부정하는 인지부조화에 대처하는 움직임도 있다.

위험산업과 지역경제와의 관계에 있어 지역사회 전체 또는 지역경제가 심각하게

3) 영풍제련소 문제를 해결하기 위한 정부의 대응 과정은 아직은 '상징정치와 상징입법'의 의심을 하지 않을 수 없기 때문이다(홍준형, 2020).

위험산업에 의존하게 되는 현상이 나타날 수 있다. 이러한 현상을 일종의 지역의존성(local dependency)이라고 규정할 수 있고, 이러한 현상이 나타날 때 지역주민들은 더욱 위험산업에 긍정적인 인식을 하게 된다(Wynne et al., 2007). 경북지역 관계자들은 대구의 경제적 기반이 무너지고 있고, 구미공단이 위기에 처해 있는 상황에서 연매출 1조 원 이상의 대기업인 영풍제련소에 대한 의존성이 증대하는 것은 당연하다고 한다.

양기용 · 김은정 · 김창수(2018: 289-291)는 고리원전 지역주민들을 대상으로 실증연구를 진행하였는데, 원전이라는 위험시설에 대한 인근 지역주민들의 친숙화 과정(familiarization)을 소개하였다. 그러므로 영풍제련소와 같은 환경위험시설에 대한 봉화군 석포면과 태백시 주민들의 인식을 이해하는 데 도움이 될 수 있다. 일찍이 파크힐 외(Parkhill et al., 2010)와 베나블스 외(Venables et al., 2012)는 위험인지 재구조화 과정을 분석하고자 하였다. 이러한 연구들은 심층면접을 통하여 원전지역주민들에게 내면화된 위험인식이 어떤 특성을 가지고 있으며, 이들이 이러한 위험들을 어떻게 극복하는지를 규명하고자 하였다. 원전지역공동체 주민들은 외부시각과 다르게 위험시설을 인지하는데, 이들은 위험시설물들과 상당 기간 일상생활을 함께하면서 위험에 대해 친숙하게 되고, 그 위험을 특별하지 않은 일상적인 것(ordinariness)으로 받아들이는 과정을 거치게 된다는 것이다. 결과적으로 위험의 정상화(normalization of risks)가 나타나게 된다. 김혜나 · 손영호(2020)의 연구는 노동자들과 주민들이 석포제련소에 친숙하게 되고 의존하게 되는 과정을 심층적으로 묘사하고 있다.

위험시설에 의존하여 살아가는 주민들에게는 위험이 친숙화, 일상화, 정상화되고 있기 때문에, 원전지역 외부의 타인들이 차별적이고 부정적인 낙인을 찍고 있는 것에 대해 불편해한다. 실제로, 원전지역공동체 주민들은 그들이 거주하는 지역이 위험한 지역이라고 과도하게 낙인찍히고 있다고 느끼고 있으며(Bush et al., 2001), 부정적 이미지를 가진 시설물과 자신들의 거주지역을 일치시키는 외부인들의 시각을 위협으로 느낀다(Baxter & Lee, 2004).

김혜나(2020)는 1960년대 연화광산에서의 광업으로부터 이어져 1970년 설립된 제련소의 내력을 거슬러 올라가 보면, 1930년대 일제강점기 전범기업 미쓰비시(三菱)의 연화광산 개발과 마주한다면서 비판사회학적 관점에서 영풍제련소 사례를 해석했다.

그는 낙동강 상류에 위치한 아연공장인 영풍석포제련소는 설립 후 약 50년 간 심각한 환경오염과 건강피해를 야기해 왔다면서 더욱 일상화된 위험성과 식민주의를 폭로했다. 사회학자이면서 환경운동을 주도하고 있는 민은주(2018)는 영풍제련소 문제에 어떻게 대응할 것인가에 주목하면서 민관협의체의 구성과 참여민주주의의 가능성을 모색하였는데, 다양한 이해관계자들이 딜레마에 여전히 놓여 있었다고 분석했다. 영풍제련소에 대한 지역의존성과 이에 따른 석포노동자들과 주민들의 친숙화, 일상화, 그리고 정상화가 어떻게 나타날까? 이러한 지역의존성이 딜레마를 초래하는 과정과 정부의 정책대응 과정은 만족스러운 것일까?

3. 분석틀

이 연구의 목적은 영풍석포제련소를 둘러싼 딜레마의 원인을 파악하고, 이에 대한 정책대응방안이 적절하였는지 분석하고 좀 더 나은 정책대응방안을 모색하는 것이다. 이러한 연구목적을 달성하기 위해 이종범 외(1994: 31-35)의 딜레마 모형에 근거하여 [그림 12-1]과 같이 분석틀을 구성해보았다.

먼저, 1970년 영풍석포제련소가 건설되고 1990년대 이후 환경오염이 심화된 사건을 첫 번째 경로창조의 결정적 계기로 이해하고 분석하고자 한다. 이를 위해 영풍석포제련소의 역사와 존재론적 딜레마, 그리고 딜레마가 심화되는 과정을 소개하였다. 그리고 영풍석포제련소를 둘러싼 분쟁 상황이 딜레마의 개념을 충족하는지 네 가지 분석기준에 따라 적용해보고, 영풍석포제련소에 대한 지역의존성이 증대하면서 이전을 어렵게 하는 잠금 효과의 작용과 환경오염이 심화되면서 기회손실이 증대하고 공장이전을 촉진하는 단절된 균형이 딜레마를 심화시키는 것은 아닌지 분석해보고자 한다. 여기서 시간과 상황 변화에 따라 대안, 가치, 그리고 행위자들이 행동의 장(action arena)에서 어떻게 딜레마 프레임에 빠져 상호작용하는지 분석해보고자 한다.

마지막으로, 딜레마 상황에서 정부와 경상북도의 정책대응이 어떻게 이루어지는지 분석해보고자 한다. 지연방안을 선택하여 '제련소 유지'를 결정하거나 '제련소 폐쇄'를 결정할지 아니면, 비록 선택은 되었지만 '시설개선'과 같이 내용이 결핍된 형식적 집행전략을 택하는지도 분석해보고자 한다. 이때 영풍석포제련소에 대한 지역의존성으로 인한 잠금효과와 환경오염의 심화라는 외부충격으로 인한 시설개선이나 제련소 폐쇄라는 경로창조 가능성을 분석하고 예측해보고자 한다. 다만, 결정 상황에 대한 압력을 버티지 못하고 '포기'를 선택하는 경우 소송에 의한 합의강제에 이를 수도 있지만 법원의 판단은 분석에서 제외하기로 한다.

[그림 12-1] 분석틀

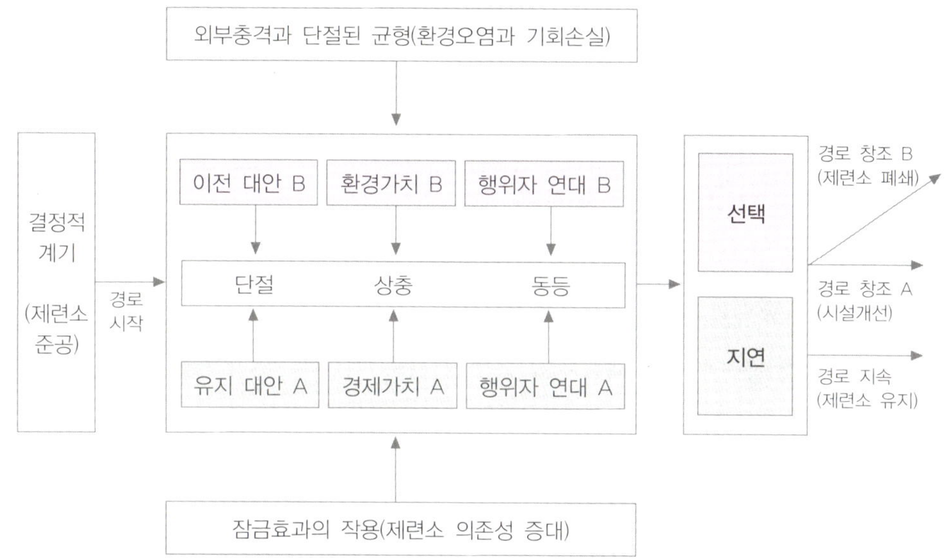

Ⅲ 사례의 개요

1. 영풍석포제련소의 역사

1935년 일제강점기에 미쓰비시(三菱)는 내륙 벽지 봉화군의 연화봉에 아연광산을 개발하겠다고 나섰다(김혜나, 2020: 324). 1960년대 연화광업소에 이어 1970년 석포제련소가 들어서면서 강물 대신 폐수가 흐르고 물고기가 멸종되었다. 봉화의 제1연화광산과 삼척의 제2연화광산은 각각 1993년과 1987년에 폐광되었다. 2018년 8월 현장을 답사하고 봉화에서 환경운동을 하고 있는 활동가와 면담한 결과에 따르면, 광산 폐광 후에도 수입 아연정광으로 운영을 지속하고 있는 석포제련소는 현재 세 개의 공장을 갖추고 있으며, 전체 면적은 약 49만m^2에 이르고, 세계 4위의 생산량을 기록하고 있다(김혜나 · 손영호, 2020: 21-42).

[그림 12-2]에 나타난 바와 같이 1970년에 제1공장에 이어 1974년에 제2공장을 지었고, 2014년 제3공장 건설허가가 거부되자 불법건설 후 14억 600만 원의 과징금을 납부하고 양성화했다(가톨릭뉴스, 2018.12.13). 제3공장은 원광석에서 아연을 뽑아낸 뒤 남은 찌꺼기(슬러지)에서 금, 은, 구리를 추출하는 재처리공장이다(한국일보, 2014.8.27). 2018년 8월 현장을 답사하면서 환경운동을 주도하고 있는 활동가들과 지역주민들을 통해 영풍석포제련소의 역사를 세밀하게 확인할 수 있었다.

석포제련소 설립 이후 50년 가까이 환경범죄가 자행되어 왔다(김혜나 · 손영호, 2020: 43-67). [표 12-1]에 나타난 바와 같이 폐광산 지역의 지반 붕괴 위험과 침출수로 인한 오염, 공장부지와 매립지의 불법 폐기물 매립, 낙동강 상류에서의 폐수유

[그림 12-2] 영풍석포제련소의 위치도

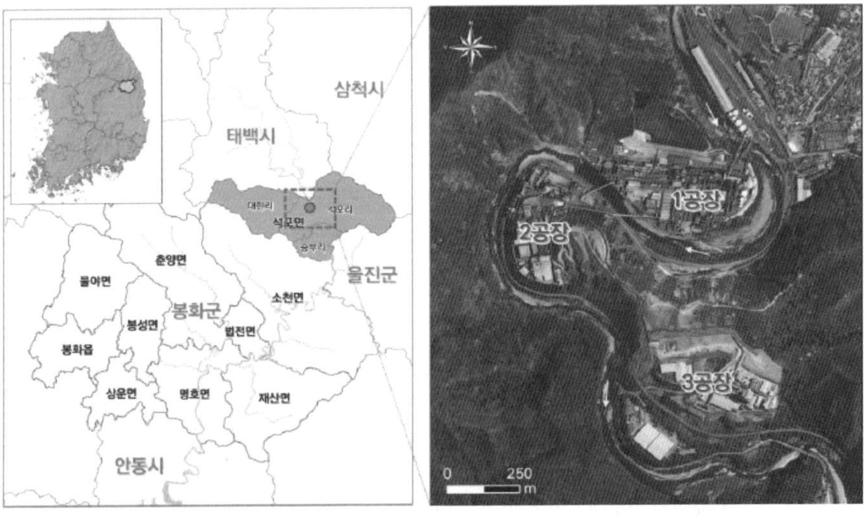

출처: 환경부 · 대구지방환경청(2020: 2).

출과 중금속 오염, 대기오염물질 배출과 수치 조작 등 장기간에 걸친 전 방위적 환경 파괴가 나타났다. 그리고 주민과 노동자의 건강피해, 공장 폐쇄와 공장 유지를 둘러싸고 심각한 갈등이 발생했다(김혜나, 2020: 325). 환경부・대구지방환경청(2020: 1)에 의하면, 2019년 4월 석포제련소 특별 지도・점검 실시하여 그 결과 무허가 지하수 관정 52개소를 적발하였고, 33개소 관정에서 지하수 시료채취 및 분석 결과, 모든 시료에서 카드뮴 지하수 수질기준(공업용수)을 초과하는 것으로 나타났다.

1935년 4월, 봉화군 법전면의 경우 광산에서 사용한 청산가리로 인해 농사일과 빨래는 물론 식수에까지 일대 곤란을 겪었다. 연화광산 개발을 시작한 것도 1930~1940년대 군수 광물로서 아연의 중요성이 커진 것과 관계가 있었는데, 미쓰비시광업은 1935년 4월 연화광산 개발에 착수해 월 100톤의 광물을 처리했다고 한다(제영건・이은재, 1987: 274; 김혜나, 2020: 333-334). 이는 일본의 1931년 만주사변 이후 일제의 중국침략 본격화에 따른 군수 광물의 필요성과 관련이 있다(김혜나・손영호, 2020: 112-124).

1980년대 초만 해도 15가구가 넘게 살던 석포제련소 뒷산의 굴티마을에서는 제련소가 들어선 후 농사를 지을 수 없어 사람들이 떠나갔다(MBC 시사매거진 2580, 2003. 2.16). 고령의 노동자들이 대부분 하청업체를 통해 일하는 석포제련소는 동종업종에 비해 처우가 열악했다(영풍공대위, 2003: 87). 병원에서 매년 정상이라던 노동자들의 상당수가 암으로 죽어갔다(김혜나・손영호, 2020: 56-67; 영풍공대위, 2003: 5-9). 영풍은 여기서 그치지 않고 2012년 강릉 옥계면에 연간 20만 톤 규모의 비철금속 산업단지를 조성하려고 했으나, 지역주민 반대에 부딪혀 무산되었다(뉴스1, 2014.6.17).

석포제련소의 환경위반 건수는 2013년부터 2018년 사이에만 46건에 달하며(연합뉴스, 2018.10.23),[4] 2019년 환경부의 조사 결과에 따르면 수질과 하천 퇴적물 조사에서 모두 제련소 하류가 상류에 비해 카드뮴과 아연의 농도가 높게 나타났다. [표 12-1]에 나타난 바와 같이 2018년 2월 폐수유출로 인한 20일 조업정지 처분에 대해 영풍 측이 제기한 행정소송 1심 판결에서 영풍이 패소한 상태이며, 120일 조업정지 처분에

4) 환경운동이 활발했던 이 시기에 6년 동안 영풍제련소가 지불한 과태료는 2,143만 원에 그치고 있기 때문에 행정처분의 실효성이 의심되고 있다(안동MBC 사생결담 21회, 끝나지 않은 논란, 석포제련소, 2019.4.13).

대해서는 경상북도의 법제처 법령해석 요청으로 연기되고 있다(김혜나, 2020: 338-339).

2. 영풍제련소의 현재 상태와 존재론적 딜레마

영풍제련소는 1960년 이후 비철금속(아연)을 생산하는 사실상 독점기업으로 낙동강 최상류인 경북 봉화군 석포면에 위치한 대표적인 환경오염기업으로 알려져 있다. 한편, 석포제련소의 1년 매출은 2017년 기준 1조 4,000억 원으로, 조업정지가 집행될 경우 경상북도 지역총생산의 19.54%가 감소할 것으로 추정하고 있다(국민일보, 2020. 9.28). 그럼에도 불구하고 2000년 초반부터 환경오염 및 노동자들의 직업병 등이 문제점으로 제기되면서 국정감사에서도 여러 번 다루어졌으나 큰 변화가 없는 상황이다. 특히, 2014년부터 환경부가 문제점을 지적하면서 2015년에는 환경영향조사를 실시하고 주민건강영향을 조사하였다. 특히, 한국환경공단에서 환경영향을 조사하였으나 부실조사 의혹이 제기되었고, 석포제련소 측에서는 설비개선을 하겠다는 입장 외에는 별다른 조치가 없었다. 이러한 가운데 2017년 영풍제련소와 안동댐 중간지점 물고기가 떼죽음 사건으로 다시 공론화되었다.[5] 당시 정의당 이정미 의원이 국정감사에서 영풍제련소 건을 다루었고, 더불어민주당 민생119의 제안으로 환경부에서도 상생협의체의 일환으로 낙동강상류환경관리협의회 구성을 제안하여 운영 중이다. 이 협의회에서는 토양, 산림, 대기, 수질·퇴적물, 수생태, 그리고 주민건강 등 6개 분야에 대한 조사를 진행하고 있으며, 조사 결과를 바탕으로 2020년 9월까지 원인을 밝혀 환경오염 대책을 마련할 계획이었다(부산·경남생태도시연구소 생명마당, 2019). 안동댐 상류 중금속 오염과 관련하여 낙동강 상·하류 지역주민, 영풍제련소, 환경단체 등 이해관계자 간의 갈등이 심화되고 있지만 공장이전과 현재 상태의 유지라는 두 가지 선택은 결과가치가 동등하여 선택하기 어려운 존재론적 딜레마 상황으로 이해할 수 있다.

5) 당시 낙동강 상류 물고기와 새 집단 폐사는 중금속 때문이라는 지적이 있었다(뉴시스, 2017.5.25). 낙동강유역환경청에서는 인과관계를 부인하였지만, 환경전문가들은 홍수기에 일어난 사고라는 점에서 중금속 오염과 물고기 떼죽음의 인과관계가 있다고 보고 있다.

3. 영풍제련소를 둘러싼 딜레마의 심화

영풍제련소는 1970년 낙동강 최상류에 거대한 오염유발산업으로 자리잡아 가동되어 왔는데, 무려 50년 간 1,300만 명 영남주민의 식수원인 낙동강을 심각하게 오염시켜왔다는 점이 가장 큰 문제점으로 지적되고 있다. 영풍의 수질오염 비리만 하더라도 2013년부터 2018년까지 46건이었으나(연합뉴스, 2018.10.23), 영풍은 막대한 재력을 동원하여 규제포획(regulatory capture) 노력을 하면서 처벌을 피해왔다. 게다가 2015년 5월에는 제3공장을 불법으로 증설하였는데, 문제가 되자 봉화군에 벌금을 물고 사업장을 확장하는 등 불법과 탈법을 동원하였다. 그러나 2018년 2월에 처리되지 않은 오폐수 70여 톤을 낙동강으로 무단 방출하다가 적발되자, 4월에는 경상북도로부터 처음으로 조업중지 20일의 행정처분을 받게 된다. 영풍제련소는 경상북도를 상대로 취소소송을 제기하였고, 2019년 8월 14일 대구지법은 조업정지처분 취소소송에서 원고인 영풍제련소의 청구를 기각하였다.

총리실은 지난 2020년 9월 23일 영풍석포제련소의 120일 조업정지 처분을 둘러싼 환경부와 경상북도의 갈등을 조정하기 위해 행정협의조정위원회(중앙행정기관과 지방자치단체가 사무를 처리할 때 의견이 다른 경우 이를 협의・조정하기 위한 국무총리실 소속 정부위원회)를 열었다. 환경부와 환경단체들은 경상북도에 석포제련소 조업정지 처분을 과감하게 이행할 것을 요구하고 있다. 반면, 경상북도는 엄청난 산업, 경제적 파급효과와 지방소멸을 자극할 영향 등을 고려해 봤을 때 조업정지는 가혹하다는 입장이다(국민일보, 2020.9.28). 이때 환경부와 경상북도가 이를 딜레마로 인식하느냐의 문제가 남아 있고, 만약 딜레마로 인식한다면 어떻게 대응할지의 문제가 남아 있다.

[그림 12-3] 영풍석포제련소를 둘러싼 딜레마의 진행 과정

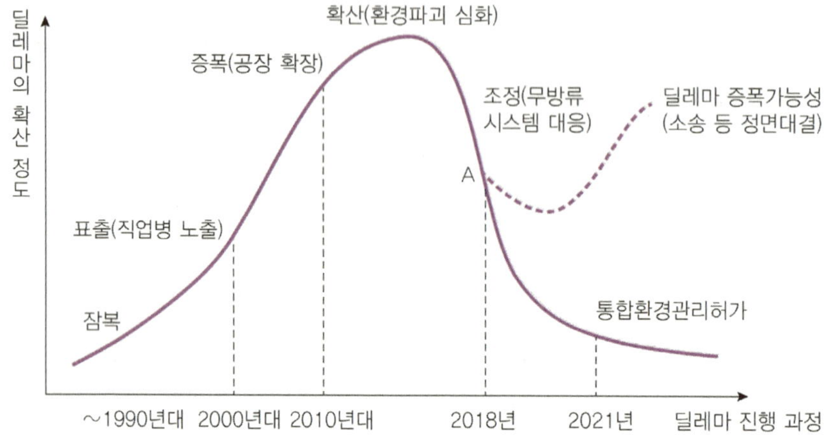

[표 12-1] 영풍석포제련소를 둘러싼 딜레마의 형성과 대응 과정

추진일정	추진내용	평 가
1935년	봉화군에 미쓰비시가 아연광을 매수하고 '삼릉연화광산' 간판	소극적 대응 (딜레마 무시)
1961년	영풍광업이 연화광산 개발 시작	
1970년 10월	석포마을에 영풍상사가 석포제련소 준공	
1971년~1976년	안동댐 건설과 완공	
1974년	석포제련소 제2공장 완공	
1979년 5월	안동댐 상류 카드뮴 허용기준치 5배 검출	
1961년~1993년	봉화의 제1연화광산과 삼척의 제2연화광산은 각각 1993년과 1987년 폐광	
1994년	환경부 설립	소극적 대응 (딜레마 무시)
1996년 10월	고농도 중금속 함유 분철과 폐산 44만 톤 20년 간 불법저장 적발	
2010년	(주)영풍석포제련소 통합환경영향조사 및 환경개선계획연구용역 수행	
2010년	봉화군 석포면에서 안동시 도산면까지 175개 지점에서 광물찌꺼기 퇴적물이 25톤 트럭 600대 분량인 1만 5,000톤을 발견	
2012년	강릉 옥계면에 연간 20만 톤 규모의 제2제련소(비철금속 산업단지)를 조성계획, 환경오염을 우려한 주민 반대에 부딪혀 무산	
2012년 4월	낙동강사랑환경보존회가 150여 마리의 왜가리 폐사체를 수거(환경단체 관심 시작)	
2014년 8월	제3공장 불법증축과 대기배출시설 설치신고 이행하지 않아 건설허가가 거부되자 14억 원의 과징금을 납부하고 양성화, 지역주민 반대 격화	

2015년	환경부 · 환경공단 환경영향조사	
2016년 12월	환경부 · 환경공단 석포제련소 주변지역 환경영향조사 결과 발표	
2017년 2월 22일	태백시, (주)영풍과 총사업비 5천억 원 규모 귀금속산단을 조성하는 협약 체결	
2017년 4월	석포제련소와 안동댐의 중간지점에서 중금속 오염 원인으로 추정되는 물고기 떼죽음 사건 발생	
2017년 4월 6일	대구지방환경청, '환경 · 주민건강 영향조사결과 주민설명회'에서 모니터링과 환경보건교육을 추진 위해 환경부에 지원 요구	
2017년 4월 16일	봉화군, 대책회의를 통해 지역주민과 지방자치단체, (주)영풍, 그리고 전문가 등이 참여하는 민관공동협의회를 구성	
2017년 5월	문재인 정부 출범	
2017년 9월 15일	환경부, '민관공동조사단을 포함한 환경협의체'를 구성 결정	
2017년11월~ 2018년 5월	안동댐상류환경관리협의회 구성 및 세 차례 회의 실시	
2018년 2월	폐수처리공정 중 침전조 폐수 70여 톤 낙동강 유출사고 발생	적극적 대응 (상징적 대응)
2018년 4월	경상북도, 영풍제련소에 조업중지 20일 행정처분 및 영풍제련소, 경상북도 상대 취소소송 제기	
2018년 4월	'영풍제련소 환경오염 및 주민건강피해 공동대책위원회'가 영풍과의 전면투쟁 선포 및 40일 간 영풍문고 앞 1인 시위 및 로프 시위	
2018년 6월	공동대책위원회, 영풍제련소 폐쇄를 촉구하기 위한 정부청사 및 청와대 상경집회	
2018년 7월	낙동강상류환경관리협의회로 명칭변경 및 공동대표를 13인으로 확대	
2018년 7월~ 11월	낙동강상류환경관리협의회 4차~6차 회의 실시	
2018년 10월	중앙행정심판위원회, 경상북도의 석포제련소 조업정지 20일 처분 적법 재결	
2019년 5월	환경부, 경상북도에 120일 조업정지 처분 요청	적극적 대응 (상징적 대응)
2019년 6월~ 2020년 6월	환경부, 영풍제련소가 법령을 지속 반복적으로 위반함에 따라 특별점검 진행 결과 11건 법령위반사항 적발	
2019년 8월	대구지법, 조업정지처분 취소소송에서 원고인 영풍제련소의 청구를 기각	
2020년 9월~ 12월	국무총리실, 환경부와 경상북도의 이견으로 행정협의조정위원회 개최 결과 4개월 영업정지를 2개월로 감경 권고	
2021년 말	환경오염시설 통합관리에 관한 법률에 따라 2021년 말까지 환경오염시설 통합관리 심사를 통과하지 못하면 조업정지 및 폐쇄 예정인 가운데, 영풍은 320억 원 투자하여 폐수처리시설개선 추진	

Ⅳ 기회손실과 지역의존성의 충돌, 그리고 딜레마

1. 외부충격과 기회손실: 환경가치의 파괴

1) 환경파괴와 생존권의 위협

낙동강 발원지인 태백과는 불과 20km 떨어져 있는 영풍제련소는 1970년 10월 준공 이후 무려 50년 간 1,300만 명 영남주민의 식수원인 낙동강을 심각하게 오염시켜 왔다. 2014년에는 제3공장을 불법으로 증설하였는데, 문제가 되자 봉화군에 벌금을 물고 사업장을 확장하는 등 불법과 탈법을 동원해 왔다. 2018년 2월에 처리되지 않은 오수 70여 톤을 낙동강으로 무단 방출시키다가 적발되자, 4월에는 경상북도로부터 역사상 처음으로 조업중지 20일의 행정처분을 받게 된다.

2013년 이후 2020년 10월까지 영풍제련소의 환경법 위반 건수가 70건, 관련 고발 건수가 20건에 이르는 것으로 나타났다. 이수진(2020) 의원이 환경부로부터 제출받은 자료에 따르면, 영풍제련소는 2013년 이후 대기 관련법 30건, 수질 관련법 24건, 폐기물 관련 5건, 화학물질 1건, 토양 3건 등 총 70건의 환경 관련법 위반이 확인되었다. 또 최근 확인된 제련소 내의 지하수 카드뮴 농도는 1, 2차 조사 결과 공장 내부에서 최고 2,393mg/L, 공장 외부 하천에서 714mg/L가 검출되었다. 이는 하천의 카드뮴 농도 기준 0.005mg/L의 47만 8,600배에 해당하는 수치이다(김혜나 · 손영호, 2020: 43-55).

이는 그동안 제련소 주변 지하수 오염이 제련소의 오염 지하수 유출로 인한 것임을 직접 확인해주는 결과이다. 대구지방환경청에서는 2020년 4월 9일에서 5월 15일까지 형광물질 추적자 시험을 통해서 공장 내부 오염 지하수의 공장 외부 유출을 직접 확인했다. 석포제련소 공장부지 내 · 외 지하수 등고선 자료를 분석하면 지하수 수위가 높은 공장지대로부터 하천변으로 지하수가 이동하는 것으로 나타났다(이수진, 2020). 환경부 · 대구지방환경청(2020)은 지하수 유출량과 카드뮴 농도 등의 실증자료를 통해 1일 약 22kg의 카드뮴이 공장 외부로 유출되는 것으로 추정했다. 석포제련소는 1년 내내 쉬지 않고 조업하기 때문에 1년에 8,000kg 가까운 카드뮴이 유출되었고, 또

수십 년 간의 조업 연수를 고려해 볼 때 심각한 수준의 카드뮴이 유출되었다는 것을 추정할 수 있다.6)

2012년 4월에는 낙동강사랑환경보존회가 150여 마리의 왜가리 폐사체를 수거하면서 안동댐 상류 오염원의 즉각 조사 및 영풍제련소 이전 등을 촉구하였다(연합뉴스, 2017.5.25). 2012년 5월 경상북도의회 행복복지위원회를 비롯하여 보건환경연구원, 산림환경연구원, 봉화군이 함께 주변토양 오염도를 조사하기도 하였다. 특히, [표 12-1]에 나타난 바와 같이 환경공단에서는 2015년에 환경영향조사 및 주민건강영향을 조사하였으나 부실의혹이 제기되었다(민은주, 2018: 121-124).

2) 석포제련소 노동자의 희생과 주민건강영향

2014년 국정감사에서 9명의 노동자들의 심각한 건강상의 피해를 문제 제기한 적이 있는데, 실제 1970년 이후 석포제련소 노동자들의 카드뮴 중독과 희생은 정말 안타깝게 진행되었다(김혜나・손영호, 2020: 56-67). 그리고 2017년 환경단체와 경북지역 언론들의 집중 조명으로 환경부는 처음으로 대규모 환경조사와 건강조사를 벌였는데, 그 결과는 주민설명회 방식으로 뭉뚱그려 넘어갔다. 설명회의 요지는 오염이 일부 드러났지만 제련소로 인한 영향은 52% 정도고, 나머지는 자연적 영향이라는 것이었다. 주민 건강에 대한 언급은 거의 없었던 면죄부식 결과 발표였다. 이후 의구심을 품고 집요한 정보공개청구 끝에 손에 받아든 주민건강영향조사 결과서 원본에는 설명회 땐 들을 수 없었던 생략된 사실들이 담겨 있었다. 석포 주민의 혈액과 소변에서 나온 1급 발암물질 카드뮴과 납 농도는 우리나라 국민 평균의 2~3배를 넘었고, 농도는 제련소에 근무했던 사람일수록, 가까운 곳에 거주하는 주민일수록 높게 나왔다(김혜나・손영호, 2020: 68-81). 특히, 중금속 축적에 의해 발생하는 호흡기와 신장, 간장 기능 이상자가 대조군보다 유의하게 높았고, 신장암으로 이어진 주민도 있었다. 또 제련소에서 수십 km 떨어진 아래 지역주민들도 영향권 아래 놓여 있었고 일부 중금속 농도는 오히려 더 높았다. 전문가들은 대상 범위를 넓힌 건강조사, 정기적인 모니

6) 경상북도가 정보공개를 거부한 침전저류조는 제1공장 뒤편 중금속폐기물 수십만 톤이 저장된 폐기물 저장시설이다. 중금속 침출수가 인접한 낙동강 최상류로 침투할 가능성이 크고, 천재지변으로 인한 제방이 무너지면 폐기물 수십만 톤이 그대로 낙동강에 쏟아질 수밖에 없다는 법률대응단의 주장은 환경부 조사에서 일부 사실로 밝혀진 셈이다(한스경제, 2020.11.20).

터링이 필요하다고 주장한다(엄지원, 2019: 50).[7]

3) 연 대

영풍석포제련소에 반대하는 단체로는 영풍제련소유치반대추진위원회와 안동의 환경단체, 그리고 최근 50여 개 환경단체로 결성된 '영풍제련소 환경오염 및 주민건강피해 공동대책위원회(공대위)'가 있다. 또한 봉화지역의 주민과 기초자치단체 의원, 낙동강 유역에 위치한 기초자치단체 소속의 의원이 참가했다. 2017년 환경의 날을 맞이하여 낙동강 유역 기초의회 의원 11명이 성명을 발표했다. 이와 함께 낙동강 유역 43개 기초단체 및 기초의회로 공동협의체를 구성하고, 영풍그룹 제품 불매운동과 낙동강 식수원 지키기 100만인 서명운동을 전개하기로 하였다(연합뉴스, 2017.3.22).[8]

더구나 2017년 4월 석포제련소와 안동댐의 중간지점 물고기가 떼죽음 사건을 계기로 낙동강사랑환경보존회 및 안동환경운동연합을 중심으로 물고기폐사에 대한 종합조사를 대대적으로 실시하자 2017년 10월, 환경부는 환경관리협의회 구성을 제안하고 나섰다.

2. 지역의존성과 잠금효과의 작용

1) 생존권과 지역경제

영풍석포제련소에 친화적인 단체는 (사)태백시지역현안대책위원회와 석포지역현안대책위원회, 그리고 강원도 태백시 동점동 주민으로 구성된 '귀금속 산단 찬성위원회'가 있다. 이들은 (주)영풍을 비호하는 근거로 동점동 거주 400여 명의 근로자 및 2천여 명 가족의 생존권 문제를 제기하고 있다(김혜나 · 손영호, 2020: 95-104).[9] 이들은

---

7) 이때 환경 관료들 '회전문' 의혹과 더불어 영풍그룹 석포제련소, 환경영향조사 부실 투성이라는 비판이 제기되었다(경향신문, 2017.10.24). 당시 국정감사에서도 석포제련소, '환피아'가 만든 환경재난이라는 평가가 보고되었다(환경일보, 2017.10.19).

8) 그리고 '공대위'를 지원하는 서울 및 부산경남의 환경단체 등이 있었다(민은주, 2018: 127-129).

9) 영풍의 「(주)영풍 석포제련소 통합환경영향조사 및 환경개선계획」에 따르면, 2017년 8월 기준으로 고용 인력이 730명인데, 근무 인원 380명, 협력사 직원 250명, 현장노동자 100명인데, 이는 석포리 인구의 40%, 석포면 인구의 32%에 해당한다.

환경문제보다는 '지역이 먼저 살아야한다'면서 (주)영풍이 귀금속 산업단지를 적극 조성해야 한다든가, '지역문제에 외부세력의 개입을 거부한다'면서 환경문제는 생존권보다 부차적이라는 입장을 견지하고 있다. '태백 귀금속 산업단지'는 태백시가 2017년 2월 22일 (주)영풍과 총사업비 5천억 원 규모의 산단을 조성하는 것으로 협약을 맺고 추진해 왔으나, 태백지역주민들의 반발로 보류 중이었다. 석포제련소에서 발생한 슬러지를 이용해 태백 구문소에 금, 은 등을 추출하는 귀금속단지를 조성하고자 한 것인데, 오염된 슬러지 처리문제가 주요 쟁점이 되었다(민은주, 2018: 127-129).[10] 귀금속 산단에 대해서는 태백시민들의 입장도 갈리고 있었다.

2018년 7월 면담한 낙동강 유역 환경운동 활동가에 의하면, 태백시 거주 석포제련소 직원 및 가족 2천여 명이 노조를 통하여 국회 환경노동위원회 소속의 국회의원에게까지 압력을 행사하고, 지방선거에도 영향력을 행사하고 있다고 비판했다. 결국, 군청 공무원도 제련소 직원들과 가족들의 눈치를 보는 상황이며, 봉화군 노인복지관과 함께 노인 300여 명을 대상으로 복날 무료특식제공 행사를 하는 등 지역사회를 의식한 행사를 하고 있다고 비판했다(민은주, 2018: 127-129). 한편, 석포제련소의 1년 매출은 1조 4,000억 원(2017년 기준)으로, 조업정지가 집행될 경우 경북지역 총생산의 19.54%가 감소할 것으로 추정하고 있다(국민일보, 2020.9.28). 이러한 이유로 경상북도와 봉화군, 그리고 강원도 태백시는 영풍제련소에 대한 의존성이 매우 강하기 때문에 이러한 잠금 상태를 극복하기가 쉽지 않은 상태로 이해되었다.

2) 친숙화와 일상화, 그리고 정상화

영남의 젖줄, 낙동강 최상류에 50년째 영풍제련소가 가동되고 있다. 낙동강 최상류, 경북 봉화의 산골마을 석포에는 세계 4위의 아연 수출 공장이 50년째 운영 중이다. 이곳에선 연간 80톤 이상 대기오염물질을 내놓는 대규모 사업장이 24시간 가동되고 있고 2천여 명 남짓한 이곳 주민의 대부분은 공장 노동자로, 협력업체 직원과 상인으로 공장과 관계 맺고 있다. 각종 환경문제가 집약적으로 생산되는 곳이기도 하고, 박정희 정부의 중화학공업 정책에 힘입어 석포제련소를 세워 비철금속 시장에 뛰어

10) 당시 태백지역에서는 '환경보다 지역 우선'이라는 입장에서 귀금속산단의 유치를 지지하였다(태백더리더, 2017.4.5).

든 영풍은 국내 아연 수요의 대부분을 담당하면서 그룹의 덩치를 키워왔다. 공장에 생계가 달린 석포 주민들은 무섭게 입을 닫았고, 제3자는 빠지라며 취재에 거칠게 맞섰다. 석포지역의 환경오염을 언급하는 언론과 환경단체, 아랫마을 소천면 주민들이 그들에겐 적이었다(엄지원, 2019: 50). 석포제련소 직원들과 석포 주민들은 제련소와 함께 하는 삶이 일상이고 친숙한 상황에서 제련소에 부정적 이미지를 부가하는 외부인의 시각을 일종의 위협으로 인식하고 있었다.

2017년 환경의 날에 성명을 발표한 낙동강 유역의 11명의 지방의원 중에서, 2인의 태백시의원이 가담한 것과 관련하여, 석포면지역현안대책위원회는 태백에서 물건을 사지 않겠다는 불매운동을 선언하면서, 결국 이들 시의원은 사과를 해야 했다. 또한 (주)영풍은 '공대위' 사무국장을 업무방해 협의로 고소하여 심리적으로 압박을 가하고 있는 상황이었다(민은주, 2018: 127-129). 석포면지역현안대책위원회는 불매운동은 석포 생존권을 사수하려는 가장 기본적인 저항이라며, 앞으로 외부 세력에 대해 투쟁 강도를 더 높이겠다는 입장이었다. 경북 봉화군 석포면 주민의 경제생활권은 봉화보다 태백이며, 태백에 거주하면서 영풍제련소로 출·퇴근하는 근로자 수는 400여 명에 이른다고 한다(연합뉴스, 2017.8.21).

3) 연 대

(주)영풍의 귀금속산업단지조성과 관련하여, 태백시와 석포면, 봉화군이 대립하는 양상을 보여 왔다. 그리고 봉화군이 지역주민과 지방자치단체, (주)영풍이 참여하는 민관공동협의회를 구성하여 주민들의 의견을 반영하고자 시도하였다.[11] 석포제련소의 근로자를 중심으로 구성된 '석포지역현안대책위원회'는 '귀금속산단 유치' 및 '태백 불매운동'을 선언하면서 친기업 연대를 주도하고 있다.

11) 정부는 석포제련소 오염 후속대책 추진으로 주민·지방자치단체·(주)영풍 참여 '민관합동협의회' 구성하여 토양 정화·주민피해배상 지원·분쟁 조정 등을 진행하고자 하였다(봉화일보, 2017.4.16).

3. 분석 결과의 종합

[표 12-2]에 나타난 바와 같이 이해관계자들의 입장 및 이해관계가 다양하지만, 영풍제련소이전입장을 취하는 영풍제련소유치반대추진위원회, 영풍제련소 환경오염 및 주민건강피해 공동대책위원회와 유지입장을 취하는 경상북도, 봉화군, (사)태백지역현안대책위원회, 석포지역현안대책위원회, 귀금속 산단 찬성위원회 '영풍제련소 환경오염 및 주민건강피해 공동대책위원회'의 대결국면이 주된 딜레마 구조를 형성하고 있다.[12] 먼저, 영풍의 20여 개 계열사 중에서 연간 2조 원 이상의 매출을 내고 있고, 2천여 명에 달하는 직원을 거느린 영풍제련소는 근로자 및 가족의 생존권 문제를 제기하고 있다. 봉화군 석포면의 경우 영풍제련소에 대해 높은 지역의존성(local dependency)을 보이고 있기 때문에, 만약 제련소가 이전하게 되면 지역은 생존위기에 직면하게 될 것으로 주장하고 있다. 그러므로 영풍제련소의 폐쇄 및 이전을 위해서는 봉화군의 지역경제 활성화 및 일자리 보장이 전제되어야 한다는 것이다. 영풍제련소의 이전과 현행 영풍제련소 3공장 체제의 유지라는 단절되고 상충적인 두 가지 대안의 결과가치를 동등하게 인식하기 때문에 어떤 선택도 쉽지 않은 상황이다. 정부는 낙동강상류환경관리협의회의 조사 결과가 나오는 2020년 9월까지 선택을 지연하는 전략을 선택하였다. 석포제련소 사측은 공장을 유지하면서 2021년까지 320억 원을 투자하여 세계 최초로 무방류폐수처리 시스템을 마련한다는 입장이다. 그리고 석포제련소는 환경오염시설 통합관리법에 따라 제한된 시간인 2021년 말까지 통합관리 심사를 마쳐야 하지만, 현재까지 사전협의가 진행되지 않아서 심사 허가가 현실적으로 쉽지 않아 보인다. 석포제련소가 환경오염시설 통합관리 심사를 통과하지 못하면 조업정지 및 폐쇄 순서로 이어질 전망이다.[13]

---

12) 현재 영풍석포제련소 폐쇄와 유지를 요청하는 상반된 청와대 국민청원이 제기된 상태이다(대구MBC 시사적격, 영풍석포제련소를 둘러싼 갈등, 2018.7.24).

13) 환경부는 석포제련소에 대한 통합환경관리제도 적용을 일찍부터 고민하고 있었다(에코저널, 2017.9.16).

[표 12-2] 영풍석포제련소를 둘러싼 딜레마 구성요건과 분석 결과

구성요건	단절된 2개 대안	가치상충성	결과가치 동등 인식	제한시간 내 선택
분석 기준	• 이전 • 유지	• 환경보전 프레임 • 경제발전 프레임	• 환경오염 - 환경파괴 • 지역경제 - 의존성	• 선택 • 지연
적용	• 이전 - 공장폐쇄 • 유지 - 무방류 시스템	• 환경가치 - 대기, 토양, 수질 • 경제가치 - 지역 경제 의존성	• 이전입장 - 영풍제련소유치반대추진위원회, 영풍제련소 환경오염 및 주민건강피해 공동대책위원회 • 유지입장 - 경상북도, 봉화군, (사)태백지역현안대책위원회, 석포지역현안대책위원회, 귀금속 산단 찬성위원회	• 선택 - 적극적 대응 • 지연 - 소극적 대응

V 영풍석포제련소를 둘러싼 딜레마와 정책대응

[그림 12-4]에 나타난 바와 같이 소극적 대응으로서 지역경제 의존성에 따른 규제기관의 포획으로 인한 딜레마 무시 현상을 집중적으로 분석해보았다. 그리고 적극적 대응방안으로 환경부 주도의 위원회 활용과 총리실 주도의 행정협의조정위원회, 그리고 소송을 통한 합의강제를 살펴보았다. 다만, 정부의 대응이 소극적이든 적극적이든 전체적인 맥락에서는 실질적인 문제 해결을 전제하지 않는 '상징적 대응'이라는 관점에서 접근하였다.14)

14) 딜레마 연구진들은 딜레마 상황에서 이루어진 상징적 결정은 실질적으로는 정책이 집행되지 않는 형식주의를 초래할 가능성이 높다고 한다(소영진 · 안성민, 2011: 77-78). 그리고 규제포획과 관련된 '무시된 딜레마' 개념을 적용하면, 경상북도와 환경부와 같은 정책결정자는 딜레마를 인지하지 못했기 때문에 특정 대안의 선택에서는 어려움을 겪지 않았지만, 정책집행의 단계에 이르게 되면서 결정 과정에서 인지하지 못했던 딜레마와 그로 인한 기회손실 때문에 집행이 어려워질 수 있다고 유추할 수 있다.

[그림 12-4] 딜레마와 정책대응

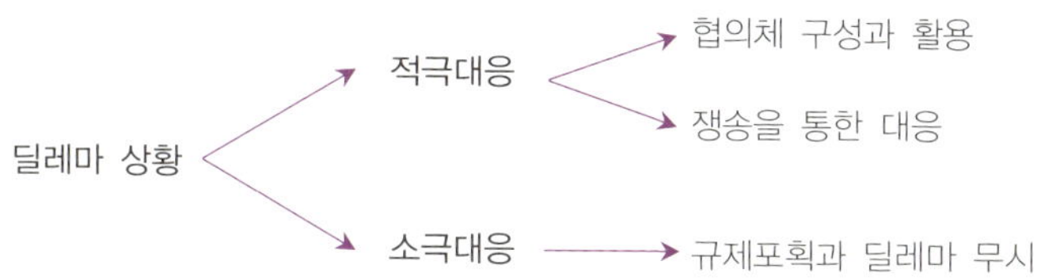

1. 소극적 대응: 규제포획으로 인한 딜레마 무시

1970년 영풍석포제련소 설립 이후 여러 가지 비리의혹이 제기되었지만 규제포획 상태의 정부는 딜레마 상황을 애써 무시해왔는데(neglected dilemma), 이는 주어진 딜레마를 주관적으로 인지 · 해석하는 과정에서 딜레마가 아닌 것으로 설정한 것이다(서준경, 2009: 351-352). 2010년 이후 환경단체가 관심을 가지고 갈등이 표면화되면서 딜레마 상황이 증폭되기 시작했다(부산 · 경남생태도시연구소 생명마당, 2019). 첫째는 환경부가 추진한 부실한 환경영향조사이다. 토양과 대기오염을 중심으로 실시한 환경영향조사는 환경관리공단에서 한국환경수도연구소에 실시를 의뢰하였는데, 저가로 낙찰받아 조사가 부실하게 진행되었다는 것이다. 토양오염조사의 부지선정 및 위치를 신뢰하기 어려웠고, 대기오염 측정도 10일 간만 실시하고 모의실험으로 대체하였다. 둘째는 대구지방환경청의 영풍제련소 봐주기 의혹이다. 2004년만 하더라도 20만 톤의 폐기물을 불법으로 야적하였으나 실형이 선고되지 않고 집행유예에 그쳤다. 2018년 7월 연구자가 현장에서 면담하고 확인한 바에 따르면, 영풍석포제련소의 문제가 논란이 되는 와중에도 제3공장이 인 · 허가가 되는가 하면, 인근 야산 산불 발생도 고의였다는 의혹이 제기되었다. 특히, 환경부 관련 인사가 석포제련소의 이사와 부사장으로 취임하는 등 정경유착의 의혹이 있다는 점이다.[15] 특히, 2010년 환경부 차관

15) 석포제련소 사외이사(3명)로는 이○○(12대 환경부장관), 주○○ 분쟁조정위원장(울산대 산학협력단 교수), 장○○(환경부 특정폐기물관리과장) 등이 있다. 또한 석포제련소 부사장(1명)인 소○○은 전 대구지방환경청장, 전 금강유역환경청장을 역임한 인물이다. 그는 문제가 불거지자 2018년 8월 1일자로 퇴사하였다. 이러한 내용은 2019년 6월 11일 MBC PD수첩(책과 독, 영풍의 두 얼굴)에서 방영되면서 사회적 파장을 가져왔다. 한편, 전문가들은 영풍의 임원 80% 이상이 전직관료 출신이고, B2B기업이기 때문에 소비자와 시민에 대한 민감성이 부족하다고 진단하였다(안동MBC

을 역임한 문○○은 향후 E○○ 대표이사를 역임하게 되는데, 2017년 8월 석포제련소가 자체 작성한 '(주)영풍석포제련소 통합환경영향조사 및 환경개선계획' 연구용역 수행사가 동일회사였기 때문에 의혹이 더욱 커지게 된다.16)

2014년 영풍제련소에서는 제3공장의 불법증설을 추진하면서, 지역주민들과 갈등이 확산되었다. 석포제련소 제3공장은 기존 소규모 4종 사업장(연간 8톤 이하 배출)으로 허가를 받은 후 불법 증축을 통해 대규모 1종 사업장(연간 80톤 이상 배출)으로 증설한 것으로 밝혀졌다(김혜나・손영호, 2020: 49). 그 결과 국회 환경노동위원회 한정애 의원은 국정감사를 통해, 인근 초등학교 부근의 토양이 카드뮴 2배, 아연 6.8배로 초과되었다고 밝혔다(환경TV, 2014.10.26). 주민건강영향조사를 기점으로 봉화군과 영풍제련소 측은 상호 고소 및 고발이 이루어지는 등 지역사회의 갈등이 확산되어 왔다. 석포제련소의 무리수로 인하여 지역사회의 갈등과 딜레마가 예견되었으나 2010년대 초반까지 환경부와 경상북도, 그리고 봉화군은 이러한 상황을 애써 무시해온 것으로 판단된다.

2. 적극적 대응: 상징적 대응과 형식적 집행

1) 상징적 대응

2018년 2월에 (주)영풍에서 70톤의 오수를 무단으로 방류하고 이를 지역주민이 적발하면서 이 사건은 새로운 전기를 맞게 된다(김혜나・손영호, 2020: 28). 그리고 (주)영풍은 4월 5일 경상북도로부터 조업중지 20일이라는 행정처분을 받았으나 10월 중앙행정심판위원회에 조업중지 처분이 부당하다고 제소하였으나 적법하다는 결론에 이르면서 행정소송으로 맞섰다. 그러자 2018년 4월 5일 대구・경북의 환경단체들은 '영풍제련소 환경오염 및 주민건강 피해 공동대책위원회'를 조직하여 봉화와 안동뿐만 아니라 낙동강 전역의 시민환경단체를 조직하였다. 공대위는 40여 일 간 영풍문고

사생결담 21회, 끝나지 않은 논란, 영풍석포제련소, 2019.4.13).

16) 이에 대해 경상북도 한 의원은 그 동안 영풍제련소 측은 '불법의 합법화'에 에너지를 총동원하고 있다고 비판한다. 이때 배○○ 영풍석포제련소 본부장은 제련소의 이전을 검토해본 적이 없다고 한다(안동MBC 사생결담 75회, 제자리걸음 영풍석포제련소: 행정명령과 법정다툼, 2020.5.28).

앞 1인 시위를 하고, 5월 31일 안동댐 상류에서 로프 시위를 하는 등 영풍제련소 폐쇄 촉구를 위한 다양한 활동을 전개해 왔다. 결국, 환경부가 안동댐상류환경관리협의회를 제안하여 2017년 11월부터 구성하여 운영 중에 있다. 2018년 7월에는 안동댐상류환경관리협의회를 낙동강상류환경관리협의회로 명칭을 변경하고 3차 회의부터는 13인 공동대표 체제로 조직을 재정비하였다(민은주, 2018: 122-124).

석포제련소 사측은 무방류폐수처리 시스템 마련 등을 통해 환경오염을 줄인다는 입장이다. 석포제련소는 환경오염시설 통합관리법에 따라 2021년 말까지 통합관리심사를 마쳐야 하지만, 현재까지 사전협의가 진행되지 않아서 심사 허가가 현실적으로 힘들어 보인다. 석포제련소가 환경오염시설 통합관리심사를 통과하지 못하면 조업정지 및 폐쇄 순서로 이어질 전망이다. 이수진 의원은 2020년 말 정화사업이 마무리되는 장항제련소 사례를 들면서 주민 보상, 오염 정화 사업 추진, 공장 시설을 산업문화시설로의 전환 등 보다 근본적인 해결책을 주문했다(이수진, 2020). 정부는 석포제련소에 대한 통합관리심사와 허가를 주장하지만, 공장폐쇄에 따른 대안이 준비되지 않은 상태에서 현실적으로 공장폐쇄라는 결론에는 이르지 못할 것으로 보이기 때문에 '상징적 대응'에 그칠 것으로 예측된다.

2) 환경관리협의회의 구성과 형식적 조정활동

2017년 4월 석포제련소와 안동댐의 중간지점에서 물고기가 떼죽음을 당하고, 낙동강사랑환경보존회 및 안동환경운동연합을 중심으로 물고기폐사에 대한 종합조사를 대대적으로 실시하자 10월, 환경부는 환경관리협의회 구성을 제안하고 나섰다(부산・경남생태도시연구소 생명마당, 2019).

안동댐 상류 중금속 오염과 관련하여 상・하류 지역주민, 영풍제련소, 환경단체 등 이해관계자 간의 갈등이 심화되고, 오염원인 공동조사, 토론 등을 통해 상호 입장을 이해하고 정보 격차를 해소할 필요성이 대두되었다. 협의회는 지역문제 해결을 위해 실질적인 참여가 가능한 해당 지역의 주민 및 민간단체의 참석을 요청하였고, 협의회 공동대표 및 관계부처 지원단, 전문가 그룹 및 갈등관리팀을 자문단으로 구성한다. 협의회의 일차적인 역할로는 소통, 민관 공동조사 추진, 지역 환경현안에 대한 공개적인 심층토론 등을 통해 이견을 조정하는 것이었다(환경부, 2017). 이후 협의회는 공동대표가 13인으로 변경되었고, 당초 명칭인 '안동댐 상류 환경관리 협의회'를 '낙동강상류환경관리협의회'로 명칭을 변경하였다.[17)]

2018년 2월부터 11월 22일까지 여섯 차례의 회의가 진행되었다. 여섯 차례 진행된 환경관리협의회 회의에서는 환경복원을 위해서는 오염된 토양 및 퇴적물, 제련소 인근 산림 등에 대한 정밀조사, 대기오염 측정망 운영, 주민건강영향조사 확대, 민간감시단의 오염배출 감시 등 상시 모니터링 체계 등을 논의해왔다.

2018년 7월 면담한 협의회 관계자에 의하면, (주)영풍 대표이사는 회의 형식 및 진행과 관련하여 서너 차례 문제 제기를 하는가 하면, 지역주민대표는 제련소에 대하여 친화적인 세력과 반대하는 세력으로 첨예하게 나누어진 모양새를 드러내었다. 그러나 갈등관리전문가가 회의를 진행하면서 사실에 대한 확인 및 해석을 반복하여 진행하면서 점차 성숙된 분위기가 자리를 잡아나가는 것으로 파악되었다. 즉, 구성원 소수의 의견이나 이견도 제시할 수 있는 기회가 제공되었고, 이에 대하여 충분히 청취하고 논의를 이어갔다(부산・경남생태도시연구소 생명마당, 2019).

민관공동협의회가 처음 제안된 것은 2017년 4월 16일, 봉화군이 대책회의를 통해 지역주민과 지역자치단체, (주)영풍, 그리고 전문가 등이 참여하는 민관공동협의회를 구성하여 주민들의 의견을 적극 반영한 후속대책을 추진하기로 한데서 시작되었다. 이러한 제안은 그간의 솜방망이 처벌에 대한 비난을 의식한 '형식적 대응'으로 환경부가 사안마다 '상생협의회'를 운영하는 것과 같은 맥락이라 할 수 있다. 특히, 2017년 9월 15일 환경부는 더불어민주당 민생상황실 의원들에게 민관공동조사단을 포함한 환경협의체를 구성할 것을 밝혔다.[18)] 결국, 지방자치단체 간의 대립 및 갈등이 고조되는 상황에서 2017년 4월 이후 환경단체들이 물고기 떼죽음 사건을 지속적으로 제기하자, 지역사회의 요구를 반영하고자 한 것이다(민은주, 2018: 125-126). 이러한 민관 합동의 환경관리협의회의 구성은 매우 상징적이었으며, 조정활동 역시 명확한 결

17) 공동대표단은 석포면 주민대표, 봉화군대책위원회, 낙동강 사랑환경보존회, 안동환경운동연합, 대구지방환경청, 경상북도, 안동시, 봉화군, 영풍제련소 각 1명 등 총 9인 체제가 제안되었다. 이러한 공동대표단은 13인으로 확대되는데, 환경부 장관, 경북 부지사, 봉화군수 및 전문가로 박○○ 교수 등 4명이 추가되었다.

18) 더불어민주당의 민생상황실 민생119팀은 환경부의 보고를 받고, 23여 억 원의 예산을 마련하여 운영하였다.

론과 선택을 전제하기보다는 내용이 결핍된 형식적 활동으로 평가되었다.

3) 행정협의조정위원회를 통한 형식적 조정

환경부는 지난해 2019년 3월 석포제련소에 대한 점검 과정에서 공정에 사용된 폐수가 흘러 빗물을 모으는 '이중옹벽조'에 흘러 들어간 사실을 적발했다. 이에 따라 폐수를 '이중옹벽조'로 흘려보내는 배관시설이 허가받지 않아 불법이라고 판단하고, 120일 조업정지 처분을 경상북도에 요구했다. 영풍은 이미 2018년 2월 폐수정화용 미생물의 외부유출 논란으로 20일 조업정지를 당해 가중처벌된 것이다. 처분을 이행해야 하는 경상북도는 배관시설 자체는 위법일 수 있지만, 폐수가 '이중옹벽조'에서 하천으로 한 방울도 유출되지 않았기 때문에 조업정지는 지나치다고 보고 있다(국민일보, 2020.9.28).

총리실은 지난 2020년 9월 23일 영풍 석포제련소의 120일 조업정지 처분을 둘러싼 환경부와 경상북도의 갈등을 조정하기 위해 행정협의조정위원회(중앙행정기관과 지방자치단체가 사무를 처리할 때 의견이 다른 경우 이를 협의·조정하기 위한 국무총리실 소속 정부위원회)를 열었다. 환경부와 환경단체들은 경상북도에 석포제련소 조업정지 처분을 과감하게 이행할 것을 요구하고 있다. 반면, 경상북도는 "엄청난 산업, 경제적 파급효과와 지방소멸을 자극할 영향 등을 고려해 봤을 때 조업정지는 가혹하다"는 입장이었다.[19]

영풍 측은 330억 원 규모의 '무방류시스템' 구축을 완료하는 등 낙동강 수질오염 논란을 근본적으로 해결하기 위해 환경개선사업에 대규모 투자를 실행할 계획이라고 한다. 행정협의조정위원회는 환경부와 경상북도의 이견을 검토했지만, 2020년 9월에는 명확한 결론을 내지 못했다. 석포제련소의 법 위반 여부는 소송으로 다퉈야 할 부분이라고 판단했다. 그리고 석포제련소가 획기적인 시설개선방안을 제시하면 행정처분(조업정지) 수위 조정 가능성을 열어놓고 실무 논의를 거쳐 12월 조업정지 4개월을 2개월로 감경하도록 권고했다. 이에 따라 경상북도는 영풍제련소의 조업정지 행정처분을 2021년 4월 1일부터 5월 30일까지 2개월로 했다.

---

19) 태백시의회 역시 반대입장인데 10분 거리 태백시 동점동에 석포제련소 직원 400여 명이 거주하기 때문에 이들이 실직하게 될 경우 지역경제에 타격이 심각할 것으로 판단하고 있기 때문이다.

그러나 대구지법은 2개월 간의 조업정지는 1조 3,000억 원 가량의 손실이 발생한다면서 영풍의 가처분신청을 받아들였기 때문에 본안소송에서 결론이 나올 때까지 공장을 계속 가동할 수 있게 되었다(조선일보, 2021.2.18). 결국, 행정협의조정위원회의 조업정지 감경 권고안 역시 최종 결론으로 이어지지 못한 형식적인 조정 결과로 판단된다.

4) 소송 통한 지연 전략

실제, 쟁송은 영풍이 조업정지를 연기하는 매우 지혜로운 수단으로 평가받고 있다. 왜 그럴까? 2018년 2월 폐수누출과 관련해 경상북도로부터 20일의 사상 첫 조업정지 명령을 받았고 이에 불복해 행정심판을 신청했지만 결과는 패소, 하지만 다시 행정소송을 신청한 상태다. 영풍은 봉화군의 잇단 토양정화 명령에도 일관되게 소송으로 맞서고 있다(엄지원, 2019: 50). 2018년 2월에 처리되지 않은 오폐수 70여 톤을 낙동강으로 무단 방출하다가 적발되자, 4월에는 경상북도로부터 처음으로 조업중지 20일의 행정처분을 받게 된다. 영풍제련소는 경상북도를 상대로 취소소송을 제기하였고, 2019년 8월 14일 대구지법은 조업정지처분 취소소송에서 원고인 영풍제련소의 청구를 기각하였다.[20]

환경부는 2019년 3월 석포제련소에 대한 점검과정에서 공정에 사용된 폐수가 흘러 빗물을 모으는 '이중옹벽조'에 흘러 들어간 사실을 적발했다. 이에 따라 폐수를 이중옹벽조로 흘려보내는 배관시설이 허가받지 않은 불법행위라고 판단하고 4개월에 해당하는 120일 조업정지 처분을 경상북도에 요구했다. 영풍은 이미 2018년 2월 폐수정화용 미생물의 외부유출 논란으로 20일 조업정지를 당해 가중처벌된 것이다(국민일보, 2020.9.28). 영풍은 각종 소송을 통해 시간을 벌어놓고, 2021년 말까지 완결되는 통합관리심사와 조업정지 처분에 대응하고 있고, 320억 원 투자를 통한 시설개선으로 돌파구를 찾고 있는 것으로 보인다. 물론, 환경전문가들은 유입된 용수의 80%가 수증

20) 영풍제련소는 2018년 폐수 유출로 인한 조업정지 20일 처분 소송 중 이듬해인 2019년 환경부의 특별 점검에서 여섯 가지 법령 위반으로 재차 발각되어 조업정지 120일 처분을 받았다. 그러나 경상북도는 제련소 청문요청, 환경부에 재질의, 법제처 유권해석 등 행정 처분을 미뤄오다가 지난 2020년 6월 10일 행정협의조정위원회에 조정신청을 제출했다. 아울러 법률대응단의 영풍석포제련소 내 침전류조 관련 정보 공개신청을 경상북도가 거부했다(한스경제, 2020.11.20).

기로 배출되는 상황에서 무방류시스템을 통한 20% 용수재사용의 의미가 퇴색할 수 있다고 비판한다.

VI 결 론

이 연구에서 영풍석포제련소를 둘러싸고 오랜 기간 벌어지고 있는 갈등현상을 딜레마로 규정할 수 있었다. 그리고 영풍제련소를 둘러싼 딜레마의 원인은 지역의존성과 기회손실의 충돌에 따른 것으로 분석되었다. 영풍제련소를 폐쇄하거나 이전을 선택할 경우 제련소에 의존하고 있는 봉화군과 태백시, 그리고 경상북도에 미치는 고용과 지역경제 파급효과라는 기회손실이 매우 크기 때문에 쉽게 폐쇄나 이전을 선택하기 어려운 것으로 나타났기 때문이다. 한편, 영풍제련소를 그대로 유지하는 선택을 할 경우 낙동강 본류에서 생활용수를 취수하고 있는 1,300만 명 이상의 유역주민들의 생명과 건강을 위협하기 때문에 방치할 수도 없는 딜레마에 빠져 있었다. 영풍제련소의 이전과 현행 영풍제련소 3공장 체제의 유지라는 단절되고 상충적인 두 가지 대안의 결과가치를 동등하게 인식하기 때문에 어떤 선택도 쉽지 않은 상황으로 판단되었다.

영풍석포제련소를 둘러싼 딜레마의 원인을 파악하였지만, 지금까지 마련된 정책대응방안들은 상징적이고 형식적인 것으로 나타났다. 영풍석포제련소를 둘러싼 딜레마에 대해 먼저 2000년대 초반까지 소극적 대응으로서 딜레마 무시 현상이 나타났는데, 이는 지역경제 의존성에 따른 규제기관의 포획이 심했기 때문으로 분석되었다. 2010년을 넘어서면서 국회와 시민단체의 관심이 증가하고, 문재인 정부가 출범하면서 적극적 대응방안으로 환경부 주도의 위원회 활용과 총리실 주도의 행정협의조정위원회, 그리고 소송을 통한 대응이 활발하게 나타난 것으로 분석되었다. 경상북도는 행정협의조정위원회 권고에 따라 영풍제련소의 조업정지 행정처분을 2021년 4월 1일부터 5월 30일까지 2개월로 감경했다. 그러나 대구지법은 2개월 간의 조업정지는 1조 3,000억 원 가량의 손실이 발생한다면서 영풍의 가처분신청을 받아들였기 때문에 본안소송에서 결론이 나올 때까지 공장을 계속 가동할 수 있게 되었다. 결국, 행정협의조정위원회의 조업정지 감경 권고안 역시 최종 결론으로 이어지지 못한 형식적인 조정 결과로 판단되었다. 정부는 제한된 시간인 2021년 말까지 영풍석포제련소에 대한 통합관리 심사를 마쳐야 하지만, 현재까지 사전협의가 진행되지 않고 있는 것으로 나타났기 때문에 상징적 대응으로 매듭지어질 것으로 예측되었다. 그럼에도 불구하고 영풍은 각종 소송을 통해 시간을 벌어놓고, 2021년 말까지 완결되는 통합관리심사와 조업정지 처분에 대응하고 있고, 320억 원 투자를 통한 시설개선으로 돌파구를 찾고 있는 것으로 보인다. 그러나 이러한 전망은 상징정치의 대응으로 평가되고, 제안되고 있는 분절적 대안의 충돌과 가치집단의 대결 구도 속에서 딜레마 상황이 지속될 가능성이 높은 것으로 판단된다.

이 연구는 현장답사와 심층면담을 통해 영풍제련소를 둘러싼 딜레마의 원인을 파악하고 각종 대응 과정이 딜레마 해결에 기여할지 분석해보았다. 그러나 딜레마에서 벗어날 실질적인 대안이 마련되지 않은 상태에서 제시되는 각종 대응방안은 매우 상징적이고 형식적인 것으로 분석되었다. 결국, 당분간 마치 딜레마가 없는 것처럼 무시된 상태에서 영풍제련소는 시설개선이라는 형식으로 지속될 것으로 예측되었다. 그럼에도 불구하고 이 연구에서는 영풍 직원들과 석포 주민들에 대한 좀 더 포괄적이고 심층적인 면담이 미약하였고, 낙동강유역주민들에 대한 폭넓은 인식조사 역시 수행하지 못한 한계가 있다. 후속연구를 통해 좀 더 풍성한 해석과 실질적인 대안의 제시가 이루어지길 기대한다.

제 5 부

딜레마 이론, 회고와 새로운 시작을 위한 제언

1. 딜레마 연구 30년, 회고와 과제 / 안문석
2. 딜레마 개념의 공고화를 위한 제언 / 김태은
3. 딜레마 연구방법 / 윤견수
4. 딜레마의 긍정적 측면에 대한 연구 필요성 / 소영진
5. 딜레마 인지의 중요성과 제도 설계 필요성 / 김태은
6. 딜레마 이론의 확대: 경쟁이론, 비근한 사례 / 이영철
7. 정책분석을 통한 딜레마 예방 논의 확장 필요성 / 김창수
8. 이 책을 마무리하며

1 딜레마 연구 30년, 회고와 과제

딜레마 연구를 시작한지 30년이 흘렀다. 그동안의 연구업적을 총 정리한 이 책의 출간을 축하한다. 이론도 생명주기를 갖는다. 탄생, 성장, 쇠퇴, 도태의 과정을 거친다. 딜레마 이론도 이제 청년기를 지나고 있다.

딜레마 연구를 시작한 1991년은 정치적으로 권위주의 정권이 민주적 정권으로 이행하는 과도기였다. 시스템 이론적으로 보면 새로운 'emergence'가 등장하는 시기였다. 과도기에 나타나는 'chaos' 현상이 만연해 있었다. 정치에서 무결정, 결정의 지연, 결정의 스윙현상이 일상적으로 나타났다. 되는 일도 안 되는 일도 없었다. 사회갈등은 최고조에 달했다.

이 시기, 학문적으로는 이데올로기적 접근과 통계적 기법을 사용하는 행태주의가 지배하고 있었다. 이데올로기적 접근에서는 '내 편'과 '네 편'만 존재했다. 그리고 증거중심적인 학문을 주창하는 사람들에게 정치시스템, 행정시스템은 'black box'였다. 정책결정자와 행정가는 사라지고, 입력과 산출을 통하여 간접적으로 보이지 않는 상자의 내부를 유추하고 있었다.

현실에서 갈등의 원인을 찾고, 정책결정의 표류현상을 이해해야 할 필요성이 크게 대두되었으나, 당시 강단을 지배하던 만족모형, 쓰레기통모형 등 미국에서 수입한 '정책학적 접근'으로는 설명의 한계를 느꼈다. 새로운 접근이 필요하였다. 이종범 고려대 행정학과 교수가 등장하였다. 그는 딜레마 이론화의 선구자이다. 이종범 교수의 조직이론 강의는 광범하고 최신 이론을 망라하여 어렵기로 소문이 났었다. 심리학적 접근이 한 축을 이루고 있었던 동 강의는 개별심리학, 사회심리학, 인지심리학 등 다양한 분야를 다루어 주었다. 사이먼(H. A. Simon)의 인지심리학을 한국어로 번역하기도 하였다. 심리학적 접근은 조직이라는 'black box' 내의 주인공을 찾아서 분석하는 접근이다. 딜레마 이론에서는 심리학적 접근, 특히 인지심리학적 접근이 기본을 이룬다. 딜레마 이론의 주인공은 정치행정시스템 내에서 결정하고 선택해야 하는 결정자이다. 딜레마 이론은 정치시스템과 행정시스템에서 보이지 않던 정책결정자와 행정가가 다시 등장할 수 있는 계기를 마련해 주었다.

이종범 교수와 나는 연구실이 붙어 있었다. 수다를 떨 친구가 곁에 있다는 것은 큰 축복이었다. 우리는 한국의 정치행정현상을 설명할 수 있는 새로운 개념의 필요성에 공감하고, 연구팀을 만들기로 하였다. 이에 제자들을 중심으로 연구팀을 구성하였다. 윤견수, 김동환, 소영진, 안성민, 이영철, 이정준, 박국흠 등의 이름이 생각난다. 초기엔 주로 이종범 교수 연구실에서 만났으나, 때로는 1박 2일로 지방에서 브레인스토밍을 했었다. 치열한 토론을 통하여 딜레마의 정의, 특징, 전개 과정, 사례 등을 중심으로 정리해 나갔다.

딜레마 이론은 지난 30년 간, 다양한 현상의 분석에 이용되었고, 정치행정현상의 주인공을 찾아주었다. 그리고 사례분석에 많은 공헌을 하였다. 그동안 노력한 여러분께 감사드린다.

앞으로 30년, 장년이 될 딜레마 이론은 어떤 모습으로 우리에게 다가올까? 그 답을 딜레마 이론이 갖는 인지심리학적 접근에서 찾아 볼 수 있을 것 같기도 하다. 1991년의 인지심리학과 2021년의 인지심리학은 엄청난 차이를 갖는다. 1991년엔 인공지능을 연구하는 사람은 '사기꾼' 취급을 당했었다. 2021년 인공지능은 인류를 구원할 도구로 등장하고 있다. 알파고(AlphaGo)가 이세돌을 이기고, 샘플링 중심의 학문은 빅데이터 등장으로 모집단 분석으로 이행하고 있다. 인간이 알 수 없는 숨어있는 대안을 컴퓨터가 찾아주고 있다. 이런 세상에서, 답이 없이 현상만을 설명해 주는 딜레마 이론에 연구자들은 만족할 수는 없을 것 같다. 숨어있는 정답을 찾아서 제시할 수 있어야 할 것 같다.

2021년 현재, 인공지능과 빅데이터 시대에도, 정책결정 과정에서 우리의 기대와는 달리 이 딜레마 상황이 더 크게 전개되고 있다. 이데올로기적 정책투입이 기승을 부리고 있다. 앞으로 30년, 딜레마 이론의 과제는 이데올로기적 정책결정이 초래하는 딜레마적 상황에서 빠져 나가는 길을 찾아주는 것이 될 것이다. 어쩌면 인공지능 알고리즘의 발달과 데이터 처리기술의 발달이 이것을 가능하게 해줄지도 모른다. 딜레마 이론 30년을 축하하며 앞으로의 30년을 기대한다. 그동안 노력해 오신 모든 분들께 축하와 감사의 마음을 전한다.

2 딜레마 개념의 공고화를 위한 제언

이종범 외(1991)의 딜레마 개념 제시 이후, 소영진(1999)의 정교화, 그리고 소영진(1999)에 기초한 윤견수(2006)의 개념 재정립이 이루어져 왔다. 그동안 딜레마 연구진은 초기 개념 정의를 벗어나지 않으면서 개념의 모호성을 극복하고 정교화하고자 노력해 왔다. 이러한 연구 속에서 딜레마의 형식조건으로 두 가지 대안의 존재, 대안 간 분절성(단절성), 상충성, 결과가치의 균등성, 그리고 선택의 불가피성이 공유되고 있다.

그러나 딜레마 개념 정의 중 선택의 불가피성(unavoidability)에 대해 기술이 구체적으로 이루어지지 못함에 따라 혹은 부연 설명이 이루어지지 못함에 따라 딜레마 이론을 처음 접하는 연구자나 일반 독자들에게 불필요한 혼란을 유발한 면이 없지 않다. 특히, 선택의 불가피성을 상충된 두 대안 중 하나를 선택해야 한다고 오해할 경우 딜레마 이론 자체를 부정하거나 동 이론의 확산에 제약이 될 수도 있다.

> "딜레마가 선택 상황의 한 유형이며, 일정 기간 내에 선택이 내려져야 한다는 것을 의미한다"(이종범 외, 1991: 7).
>
> "선택을 하지 않고 넘어갈 수 없으며, 최소한 하나의 대안을 반드시 선택해야 한다"(소영진, 1999: 187).
>
> "딜레마 상황은 시간의 제약이 존재하기 때문에 어떤 식의 결정이든 해야 하는 상황이다. 즉, 선택이 불가피한 상황이다"(윤견수, 2006: 74).

기존 정의에 따라 발생될 수 있는 몇 가지 오해는 다음과 같다.

첫째, 선택의 불가피성은 분절적, 상충적이고 결과가치가 엇비슷한 두 대안 중 하나를 선택해야 한다는 것을 의미하는 것이 아니다. 여기서 '선택'은 두 대안 중 하나를 항구적으로 선택한다는 것을 의미하는 것이 아니고, 두 대안 중 하나를 선택하기 어려운 상황에서 무엇인가는 결정해야 한다는 것을 의미한다. 그동안 딜레마 연구들은 이러한 상황에서 비일관적 대응, 형식주의, 지연, 한정적 대응, 무마용 자원 확대, 상징, 분리, 전가 등과 같은 선택을 하였음을 밝혀왔다.

둘째, 선택의 불가피성은 선택을 위한 시간이 없다는 의미가 아니다. 또한 선택을 위해 주어진 시간이 모두 동일한 것을 전제하는 것도 아니다. 어떤 경우는 선택에 주어진 시간이 매우 짧은 경우도 있고, 어떠한 경우는 상대적으로 매우 긴 경우도 있다. 어떤 정책은 선택의 시한이 법에 의해 성문화된 경우가 있는 반면, 어떤 정책은 정치적으로 결정해야 함에 따라 성문화되어 있지 않는 경우도 있다. 결론적으로, 의사결정자에게 주어진 선택의 시간은 정책에 따라 서로 상이하다.

기존 연구는 다른 조건이 동일할 때, 선택을 위해 주어진 시간과 딜레마 강도는 반비례함을 보여준다. 즉, 선택을 위해 주어진 시간이 매우 짧을 경우는 딜레마 강도가 높고, 주어진 시간이 긴 경우는 딜레마 강도가 낮아질 수 있다.

선택의 불가피성에 대한 오해를 방지하고 독자들의 이해를 도모하기 위해, 기존 정의의 틀 안에서 선택의 불가피성을 풀어서 재정의하면 다음과 같다.

'선택의 불가피성'이란 의사결정자가 주어진 시간적 범위에서 두 대안 중 하나의 대안을 항구적으로 선택하는 것을 제외하고 어떤 식의 결정이든 해야 함을 의미한다. 여기서 의사결정자에게 '주어진 시간'은 정책 혹은 문제 상황에 따라 서로 상이하며, 또한 다른 조건이 동일할 때 주어진 시간과 딜레마 강도는 반비례한다.

3 딜레마 연구방법

접근법을 연구 대상과 연구방법의 결합이라고 정의할 때, 딜레마의 연구 대상은 주로 정책과 제도였다. 딜레마가 선택 상황에 대한 이론이었기 때문에 한 사회의 중요한 결정이라고 할 수 있는 연구자들이 정책결정과 제도 변화에 관심을 갖는 것은 어떻게 보면 당연하다. 그러다 보니 딜레마 현상을 연구하는 주류 방법론은 사례연구였다. 대부분의 경험연구가 제도나 정책의 변화 과정에 존재하는 딜레마 상황을 보여주는 사례에 주목했다. 그런데 사례에 접근하는 방식을 연역적인 것과 귀납적인 것으로 나눌 때, 딜레마 연구는 대부분 연역적 방식을 취했다. 이론과 개념을 제시하고 상황에 대한 경험자료를 제시하면서 딜레마가 있다는 것을 보여주는 접근이다. 이러한 방식은 이론이 갖는 설득력을 높이기 위한 방안으로서는 효과적이지만, 새로운 개념을 고안하며 이론을 개발하는 데에는 한계가 있다. 경험자료를 딜레마 이론에 꿰어 맞추려는 자기확증 편향에 영향을 받기 때문이다. 딜레마 이론의 발전을 위해서는 연구방법이 다양해질 필요가 있다. 그동안 잘 다루지 않았지만 딜레마 이론 개발에 도움이 될 것이라고 기대되는 세 가지 접근방법을 제시하면 다음과 같다.

첫째, 귀납적인 사례연구에 관심을 가질 필요가 있다. 딜레마의 특징을 보이는 경험적 상황을 연구한다고 해보자. 귀납적 방법이란 근거이론 방법론에서 볼 수 있는 것처럼 연구자가 일차 자료를 범주화하여 이차자료를 만들고, 그것을 다시 범주화하고 추상화하면서 최종 범주를 만드는 방법이다. 과연 이렇게 만들어진 최종 범주가 딜레마 이론이 제시하는 구성요소들과 개념적으로 얼마나 유사한가? 이와 같은 접근과 질문을 통해 연구자는 딜레마 이론체계를 정교해나갈 수 있을 것이다. 그리고 이러한 접근은 딜레마 상황과 유사한 것처럼 보이는 다른 상황들에 대한 비교연구를 가능하게 할 것이다. 과연 딜레마 상황이 갈등 상황과 어떤 점에서 다른지, 그리고 불확실하고 애매한 상황과 어떻게 구분해야 하는지에 대한 구체적인 논의들을 이끌어낼 수 있을 것으로 기대된다.

둘째, 통계적 연구와 실험연구에 관심을 가질 필요가 있다. 딜레마 이론이 개발되고 나서 처음 몇 년 간은 서베이나 컴퓨터시뮬레이션 방법을 통해 딜레마를 이해하려는 시도들이 있었다. 이런 연구들은 구체적인 맥락에서 벗어나기 때문에 경험적 현실에서 멀어지는 위험성은 있지만, 맥락을 넘어서는 보편적인 논의들을 이끌어내고 확장하는 장점이 있다. 한동안 연구자들이 사례연구에 비해 상대적으로 관심을 두지는 않았지만, 최근에는 자료를 동원하고 컴퓨터를 활용하는 방식이 급속도로 발전하고 있기 때문에 앞으로는 이런 방식들을 적극적으로 활용할 필요가 있다. 특히, 온라인 서베이나 실험 등의 방법은 상황이 딜레마인지 아닌지, 만약 딜레마라면 그 강도가 어느 수준인지, 다양한 딜레마 상황에서 행위자의 반응이 실제로 어떻게 달라지는지를 진단하는 데 유용하다. 딜레마를 진단하는 척도의 개발은 그동안 딜레마 연구진들이 관심을 가졌지만 상대적으로 연구가 미진했던 분야다.

셋째, 비교연구에 관심을 가질 필요가 있다. 유사한 상황인데 왜 한 행위자는 그것을 딜레마로 보았고, 다른 행위자는 딜레마로 보지 않았는가? 동일한 조건이었는데 왜 어느 자치단체는 딜레마에 빠지고 인접 자치단체는 딜레마를 예방할 수 있었는가? 두 행위자가 똑같은 딜레마 상황에 처해 있었는데 왜 두 행위자의 반응은 서로 달랐는가? 연구 대상이 개인이나 집단 그 어느 것이었던 간에, 그리고 접근법이 양적 접근법이나 질적 접근법 그 어느 것이었던 간에, 이와 같은 질문들은 행위자가 처한 맥락을 비교하는 것이다. 맥락을 비교하면서 상황의 특징을 발견해나가는 과정은 딜레마 상황이 갖는 일반적 특성을 이론화하는 데 기여할 것이다.

4 딜레마의 긍정적 측면에 대한 연구 필요성

딜레마 이론에 관한 기존 연구들은 딜레마를 주로 해결하기 어려운, 그래서 사회적 비용을 크게 초래하는 문제로 봄으로써 주로 딜레마의 부정적 측면을 강조하여 왔다. 그동안 딜레마에 대한 관심이 이론적 흥미에 머무르고 그 실천적 유용성이 무엇인지에 대한 의문이 꾸준히 제기된 바, 이와 같은 의문에는 딜레마에 대한 부정적 인식이 일조를 해왔다고 본다. 즉, 딜레마에 대하여, 또는 딜레마를 통하여 현실을 어떻게 개선할 것인지에 대해서는 딜레마 이론가들 스스로 답을 제시하는 데 게을렀다고 할 수 있으며, 그에 따라 학자들이 아닌 현실 행정가들의 딜레마 이론에 대한 관심은 낮은 수준에 머무를 수밖에 없었다는 것이다.

이러한 점에서 딜레마의 긍정적 측면에 대한 탐구가 딜레마 이론의 현실적 관심과 유용성을 높이는 데 크게 기여할 수 있을 것이라 생각되며, 아래에서는 딜레마의 긍정적 측면에 대한 연구의 예를 소개함으로써 향후 이러한 연구가 어떻게 발전되어 갈 수 있을지에 대한 논의의 단초를 제공해볼까 한다.

(예 1) 딜레마의 전략적 이용

딜레마를 부정적 현상으로 회피할 것이 아니라 오히려 적극적으로 이용함으로써 긍정적 효과를 도출하는 '딜레마의 전략적 이용' 방안을 생각해볼 수 있다. 이와 같은 딜레마의 전략적 이용에는 딜레마를 전략적으로 조장하되 그 대상이 자기 자신이냐 타자냐에 따라서 방어적 이용과 공격적 이용으로 나누어 볼 수 있다.

딜레마의 방어적 이용은 외부의 요구로 인한 부담에서 벗어나기 위하여 자기 내부에 딜레마를 조장함으로써 '결정할 수 없는 상태'를 핑계로 외부 요구로부터 피해나가는 행위를 일컫는다. 주지하다시피 1980년대 이후 대일무역역조를 완화하기 위한 미국의 강력한 통상압력에 대하여 일본은 공식적으로는 무역자유화 정책을 수용하면서도 이에 대한 내부 반대의 목소리를 조장함으로써 스스로를 딜레마에 빠뜨려 개방 압력을 회피해왔다.[1)]

딜레마의 공격적 이용은 경합의 상대방 또는 제3자에게 딜레마를 안겨줌으로써 자신의 목적 달성을 추구하는 것을 말한다. 예컨대, 안문석(1999)은 핵 개발정책의 성공을 위해서는 핵확산금지 주도국인 미국에 딜레마를 안겨주는 딜레마의 전략적 이용이 효과적일 것이라는 주장을 하고 있다.

(예 2) 딜레마 리더십

조직의 리더는 항상 환경 변화에 대응한 조직 변화 추구와, 조직의 유지·확장 및 구성원들의 욕구충족이라는 상충된 요구에 직면한다. 이외에도 조직은 다양한 상충된 요구가 동시다발적으로 주어지는 경우가 비일비재하다. 이와 같은 상황에서 리더가 이러한 상충성을 인지하지 못하고 일방적 요구에만 초점을 둔다든지, 상충성을 인지하더라도 적절한 대응을 하지 못한다면 리더십의 실패로 귀결될 가능성이 크다.

딜레마가 조직의 기본요소임을 인식하고 상충되는 요구에 귀를 기울이는 리더십을 딜레마 리더십이라고 할 수 있다. 딜레마 리더십은 우선 딜레마를 인식할 수 있는 능력과 딜레마에 대응하여 이에 대응할 수 있는 능력으로 나누어진다. 이러한 능력을 기준으로 리더십의 유형을 다음과 같이 분류해볼 수 있다.

[표] 딜레마 리더십 유형

		decision making	
		yes	no
dilemma recognition	yes	innovation (혁신적 리더)	irresolution (소심한 리더)
	no	authoritarianism (권위적 리더)	incompetence (무능한 리더)

예컨대, 조직의 요구가 상충된다는 점을 인정한다면 어떤 일방적 노력은 반드시 그에 반발하는 상반된 노력에 직면하게 되어 그 효과가 떨어질 수밖에 없다는 점에서 새로운 변화의 추구는 기존 이해관계나 질서와 충돌하여 실패할 가능성이 커진다. 따라서 진정한 의미의 혁신적 리더십은 흔히 생각하듯 과감하게 밀어붙이는 리더십이

1) 김호섭(1992)은 일본의 쌀시장 개방 압력에 대해 일본 내 두 개의 정책연합이 형성되어 각각 개방론과 개방불가론을 주장하며 대립함으로써, 결과적으로 쌀시장의 개방을 지연시켰다는 연구 결과를 제시하고 있다.

아니라 딜레마 사고를 할 줄 아는 리더의 변화 유도 노력이라고 정의할 수 있을 것이다.

이와 같이 볼 때 결국 딜레마는 조직에 부정적인 것이 아니라 조직의 발전과 성공을 촉진하는 필수적인 요소로 볼 수 있다는 점에서 그 긍정적 측면이 부각될 수 있다.

5 딜레마 인지의 중요성과 제도 설계 필요성

딜레마는 나쁜 것이라는 일부의 편견이 존재한다. 즉, 쉽게 말해 선택하기 어려운 상황이기 때문에 동 상황 자체가 바람직하지 않은 것으로 생각할 수 있다. 정책 딜레마 역시 정책결정자가 딜레마에 빠지면 이도 저도 못하는 상황이 되기 때문에 나쁜 것이고, 동 상황에서 벗어나는 것이 중요다는 생각을 가질 수 있다. 그러나 객관적 딜레마를 딜레마로 인지하는 것은 매우 중요하다. 실제, 기존의 딜레마 연구들은 객관적으로 딜레마임에도 불구하고 의사결정자가 딜레마를 인지하지 못하거나, 혹은 무시하는 경우 막대한 사회적 비용이 발생될 수 있음을 보여준다.

객관적 딜레마를 딜레마로 인지하는 못하는 이유는 여러 원인에 기인할 수 있다. 대표적으로, 첫째, 인간의 인지능력의 한계와 관련되어 있다. 문제 자체가 매우 복잡하고 거대하여 문제 자체를 종합적으로 살펴볼 수 없거나 문제와 관련없이 의사결정자의 인지능력 자체가 떨어져서 딜레마를 딜레마로 인지하지 못하는 경우가 발생될 수 있다.

둘째, 의사결정구조가 파편화되고 분산되어져 있을 경우 딜레마 인지를 제약한다. 즉, 전체적 관점에서 보면 딜레마이지만, 의사결정구조가 부분적으로 파편화되어 있을 경우 부분 자체는 딜레마가 아님에 따라 딜레마를 딜레마로 인지하지 못하는 경우가 발생될 수 있다.

셋째, 의사결정구조가 폐쇄적이거나 위계적일 경우 딜레마인지를 어렵게 한다. 즉, 딜레마는 다양한 의견이 상호 소통되는 구조에서 파악될 가능성이 높다. 따라서 다양한 의견이 수렴되기 어려운 의사결정구조이거나 상명하복식의 결정구조를 갖고 있을 경우는 딜레마는 인지되지 못하거나 혹은 무시될 가능성이 크다.

넷째, 공식 및 비공식적 제도는 딜레마 인지에 영향을 미칠 수 있다. 이러한 제도들은 한편에서 딜레마 인지를 수월하게 하기도 하고, 한편에서 딜레마 인지를 어렵게 하기도 한다. 예를 들어, 절차적 합리성에 따라 정책결정에 다양한 절차를 이행해야 하는 경우 내재된, 비가시적인 딜레마를 파악하는 기여한다. 반면, 의사결정자가 특정 종교나 관행에 매몰되어 있을 경우 균형적 고찰을 어렵게 함으로써 딜레마를 인지하는 것을 방해하거나 무시할 가능성이 크다.

의사결정자가 딜레마를 인지하는 것은 사회적으로 매우 중요하다. 즉, 의사결정자가 딜레마를 딜레마로 인지해야 보다 균형적인 정책결정과 실패를 최소화하여 사회 전체의 효용을 극대화하는 정책결정이 가능하다. 그러나 위에서 제시된 것처럼 다양한 원인에 의해 딜레마를 인지하지 못하거나, 혹은 인지하였음에도 무시하는 현상이 나타날 수 있다.

따라서 의사결정자의 딜레마 인지와 그에 다른 대응을 제도적으로 보완할 필요가 있다. 예를 들어, 주요 정책의 집행 전 딜레마 분석을 의무적으로 수행하고 동 분석 결과를 고려하여 정책을 수행할 수 있도록 하는 제도, 즉 '(가칭) 정책딜레마 분석제도'를 마련할 필요가 있다.

6 딜레마 이론의 확대: 경쟁이론, 비근한 사례

딜레마 이론은 한국의 특수한 상황, 즉 민주화 이후에 복합적으로 전개된 갈등 상황을 배경으로 탄생하였다. 당시의 정책적 상황은 기존의 합리모델, 만족모델, 쓰레기통모델로는 포착할 수 없었다. 민주화가 진행되면서 쉽게 결정할 수 없는 선택의 상황을 딜레마 상황이라고 부르곤 하였는데, 이때 딜레마란 용어는 낯익기는 하지만, 개념화되지 않은 뭉텅한 표현이다. 딜레마 연구는 정책결정 상황에서의 딜레마를 개념화하고, 정책집행 상황까지를 아울러 딜레마 대응방식을 제시하였다. 딜레마 이론의 탄생 이후, 딜레마 현상은 딜레마 팀은 물론 많은 연구자들의 관심을 끌어 100편이 넘는 논문으로 탐구되었다.

새로이 등장한 이론으로서 딜레마 이론의 당면 과제는 크게 두 가지로 첫째, 개념을 다듬는 일이었고, 둘째, 정책과정에서의 딜레마 현상을 찾아 딜레마의 이론적 틀로 이해하고 해석을 제공하는 일이었다. 딜레마 이론의 다음 과제 중 하나는 이론의 적실성을 높이고, 딜레마 이론을 쉽게 접근할 수 있도록 하는 작업이다. 이 작업은 두 가지 방향에서 추구될 수 있다.

첫째, 하나의 현상을 딜레마 이론 및 경쟁적인 이론과 비교하여 설명하는 일이다. 딜레마 이론은 기존의 이론이 딜레마 상황을 설명하는 데 적절치 못하다는 점에서 출발하였다. 그런데 이제까지의 연구는 대안적인 설명과 딜레마 이론적 설명과의 차이보다는 딜레마 현상의 확인에 더 치중하였다. 딜레마 이론을 여러 경쟁적인 이론의 하나로 설정하고, 대안적인 이론/관점과 비교를 하는 연구설계를 하여 어떤 현상을 설명한다면, 딜레마 이론이 다른 이론은 밝히지 못하는 부분을 독특하게 밝혀 줄 수 있음을 보여주는 데 효과적일 것이다.

둘째, 딜레마 이론을 잘 소개하기 위해서는 현실적이고 사람들이 많은 관심을 갖는 사례, 혹은 이미 다양하게 해석되어 온 잘 알려진 사례를 선택하여 딜레마의 시각으로 해당 사례를 새롭게 해석해 보여줄 필요가 있다. 딜레마의 시각을 통해 비근한 사례를 새롭게 조망할 수 있음을 보여주는 일은 딜레마 이론을 쉽게 접근하는 데 기여할 것이다. 비근한 사례가 한국의 사례, 최근의 사례일 필요는 없다. 국외 사례 중 잘 알려진 사건을 새롭게 조망할 수도 있고, 영화나 고전적인 문학 작품 속에서 찾을 수도 있다. 비극적인 작품은 딜레마 사례의 보고일 수 있다. 비극이란 운명적인 결정을 둘러싸고 벌어지는 영웅적 인물들의 고뇌에 대한 서사이기 때문에 많은 딜레마 사례를 제공할 것이다.

7 정책분석을 통한 딜레마 예방 논의 확장 필요성

딜레마 상황에서는 두 개의 대안은 분절성을 띠기 때문에 절충할 수 없고, 상충성을 내재하기 때문에 두 대안을 맞교환하기 어려우며, 한 대안을 선택하면 다른 대안을 포기해야 한다. 그런데 이러한 상충된 상황은 처음부터 그런 것이 아니라 배태된 하나의 대안이 성장하면서 일정한 시간이 지난 후에 딜레마 상황으로 발전한다. 여기서 정책결정자에게는 어떻게 하면 딜레마 상황으로 발전하기 전에 이를 예측하고 예방할 수 있을까 하는 고민이 요구된다.

소영진・안성민(2021)은 사회적 비용의 관점에서 딜레마가 야기하는 비용을 최소화하기 위해서는 사후적 대응보다는 사전적 예방이 효과적이라는 점에 착안하여 딜레마를 예방할 수 있는 제도적 방안들을 검토하였고, 특히 딜레마 인지를 원활하게 하는 방안들을 검토하였다. 이러한 맥락에서 절차적 합리성을 보강하고, 정책분석의 합리성을 제고하여 딜레마 탐지와 예방이 용이하도록 하는 제도 설계와 운영방안 연구의 확장이 필요하다.

문재인 정부는 이명박정부 때 완공한 4대강사업으로 탄생한 보의 해체와 개방을 놓고 딜레마 상황이 지속되는 것도 이러한 맥락이며, 낙동강유역에서만도 보 개방을 위해서는 1조 원 이상의 추가자원을 투입해야 자연성 회복을 통해 딜레마 해결이 가능한 상황에 이르렀다. 딜레마 발생원인을 탐지하기 위해서 사전에 체크리스트로 만들어 인지하고 예방하는 것이 호미로 문제를 해결하는 방안이라면, 추가적인 자원투입방안은 가래로도 막지 못할 정도로 많은 재원이 투입되어야 한다. 물론, 추가적인 자원투입이 사회적 합의의 결과라면 충분히 지불할 가치가 있는 비용이지만, 그만큼 사회적 비용을 증대시킨다.

영풍석포제련소의 경우도 1공장에서, 2공장으로, 그리고 3공장에까지 이르면서 지역의존성이 증대하였고, 결국 환경가치와 맞교환하기 어려운 경제적 가치로 성장하게 되면서 경제가치와 환경가치 중 어느 것도 선택이 어려운 딜레마가 발생하였다. 그러므로 사전에 여러 가지 심사장치의 작동을 통하여 오차를 탐지하고, 불법적인 성장을 막음으로써 딜레마 상황을 사전에 예방할 수 있는 방안에 대한 연구가 필요하다. 환경영향평가, 교통영향평가, 재해영향평가, 갈등영향분석, 예비타당성분석, 그리고 규제영향분석 등 정책분석의 합리성 수준을 제고하여 딜레마를 예방하는 시스템의 고려가 필요하다. 환경영향평가를 소홀히 하고 예비타당성분석을 비껴간 4대강사업, R&D 사업으로 추진하여 환경영향평가를 면제받은 기장해수담수화 시설과 같이 탈법적인 방법으로 사업 속도를 내고, 제대로 된 정책분석을 기피한 경우 필연적으로 딜레마 상황으로 치달았던 경험을 통해 학습하고 있다.

문재인 정부에서 태양광사업이 절대농지로 몰리면서 농업과 재생에너지사업 관계자들의 이익이 상충하면서 어떤 선택도 어려운 딜레마 상황으로 치닫고 있는데, 사전에 갈등영향분석, 주민설명회, 공론조사, 공청회 절차를 거쳤다면 딜레마 예방이 충분히 가능했을 것이다. 갈등조정 전문가를 양성하고 연방의회에서 갈등조정비용을 지불하는 독일과 같이 예방장치를 설계할 수도 있다. 충남 홍성군 원천마을 주민들은 친환경에너지 자립마을로 자리매김하면서 바이오가스시설 설치에 대한 합의형성에 이르기까지 1년 간 모여서 계속 의논하였다. 정책분석과 정책기획을 통해 딜레마를 예방하는 방안에 대한 연구의 확장이 필요한 이유이다.

8 이 책을 마무리하며

딜레마 이론은 행정학을 넘어 인근 학문에서까지 관심을 갖는 주요 이론으로 발전되어 왔다. 학문의 세계에서도 수많은 이론들이 등장하고 사라져 왔다. 그러나 우리가 익히 알고 있는 주요 이론들은 오랜 시간의 경계를 넘어 현상을 설명하고 있다.

한국 최초의 행정이론으로서 딜레마 이론이 소개되고 개발되어 온 지 30여 년이 지났다. 30여 년은 인간에게 짧은 시간이 아니나 이론의 시계에서 찰나에 불과하다. 시간과 공간적 제약을 벗어나 현상을 설명할 수 있는 이론, 딜레마 이론이 되기 위한 새로운 시작이 필요하다.

참고문헌 REFERENCE

국내 문헌

강명구(2017). 관료제와 장인정신: '영혼 없는 공무원'을 위한 변론. 『한국행정학보』, 51(4): 3-18.

강민아 · 장지호(2007). 정책결정과정의 프레이밍에 대한 담론 분석: 방사성폐기물처리장입지 선정 과정을 중심으로. 『한국행정학보』, 41(2): 23-45.

강주현(2011). 서울시 R&D사업의 딜레마와 조직의 대응논리. 『한국행정학회 하계학술발표논문집』, 2011: 1-15.

건설교통부(2005). 혁신도시 입지선정 마무리, 개발 본격화.

______(2007). 기업도시 시범사업 추진현황.

고길곤(2007). 정책네트워크 연구의 유용성과 사회연결망 이론 활용 방법의 고찰. 『행정논총』, 45(1): 137-164.

국가균형발전위원회(2003). 『국가균형발전의 비전과 과제』.

국무총리실(2009). 세종시 민관합동위원회 민간위원 명단(안).

국무총리실 · 관계부처합동(2010). 세종시 발전방안.

국토교통부 공공기관지방이전추진단(2013). 공공기관별 이전현황('13년 5월 27일 현재).

국토해양부(2013). 혁신도시별 사업추진현황('13년 3월 말 기준).

국회예산정책처(2020.9.29). 『2021년 및 중기 경제전망』.

국회입법조사처(2020.5.30). 『코로나19(COVID-19) 대응 종합보고서(개정증보판)』.

권순만 · 김난도(1995). 행정의 조직경제학적 접근: 대리인 이론의 행정학적 함의를 중심으로. 『한국행정학보』, 29(1): 77-96.

권향원(2018). 거시적 국정관리의 관점에서 정립된 공공가치의 시급한 필요성을 논함: 한국 공공가치의 혼란한 엉켜있음에 대한 비판적 검토를 중심으로. 『2018년 한국행정학회 하계공동학술대회 및 국제학술대회 발표논문』.

김갑성(2010). 국가균형발전을 위한 세종시 건설계획의 문제점과 개선방안. 『한국경제포럼』, 2(4): 61-72.

김경호 · 소순창(2010). 지방자치단체에서 사회복지전담공무원의 업무수행에 관한 질적 연구: 업무특성과 업무갈등을 중심으로. 『한국지방자치학회보』, 22(2): 125-147.

김기영(2012). 정책의 진화적 합리성에 관한 연구. 『한국정책학회보』, 21(2): 29-62.

김기형(2009). 정책연구에서 복잡성 이론의 유용성 및 적용가능성에 관한 연구. 『행정논총』,

47(2): 281-312.

김동환(1994). 정책결정과의 합리성과 딜레마. 이종범 외. 『딜레마이론: 조직과 정책의 새로운 이해』, 136-153. 서울: 나남출판.

______(1999). 인과지도를 활용한 정책 딜레마 분석: 김대중 대통령의 IMF 대처 방안을 중심으로. 『한국행정학보』, 33(4): 279-296.

______(2002). 보호된 가치와 정책 딜레마. 『한국정책학회보』, 11(1): 27-53.

김동환 · 김순희(2006). 전자정부 추진에 내재된 딜레마. 『국가정책연구』, 20(2): 35-57.

김동환 · 이문희 · 최영출 · 홍민기(1998). 지역개발과 환경보전의 균형화를 위한 동태적 모델링: 충청북도 예산상의 변화를 중심으로. 『한국정책학회보』, 7(1): 149-171.

김명환(2017). 정책 창, 틀짜기, 문제정의 및 정책의 사회적 형성. 『한국정책학회보』, 26(4): 397-421.

김미연(2013). 주일미군 후텐마 기지의 재배치에 따른 딜레마 분석. 『한국거버넌스학회보』, 20(1): 155-178.

김병오(2018). 우버택시와 면허제도에 대한 연구. 『기업법연구』, 32(1): 309-334.

김상돈(2004). 딜레마 상황에서의 악순환적 행위에 관한 연구: 부안 방사성폐기물 처리장 입지정책을 중심으로. 『한국지방자치학회보』, 16(1): 249-269.

김상묵(2018). 공공봉사동기 연구의 성과와 과제. 『정부학연구』, 24(3): 43-112.

김서용(2018). 딜레마 상황에서 일선관료의 행동선택에 대한 분석: 내재적 동기의 역할을 중심으로. 『한국행정학보』, 52(2): 101-141.

김선희 · 김현준(2019). 입법 공백과 가치 상충의 딜레마: 베이비박스 사례를 중심으로. 『한국행정논집』, 31(2): 361-381.

김성환(2014). 경찰공무원의 역할 모호성과 갈등이 직무소진에 미치는 영향. 『한국경찰학회보』, 16(2): 3-22.

김소정(2014). 사회복지전담공무원의 재량행사에 관한 연구: 동사무소 사회복지전담공무원을 중심으로. 『사회복지연구』, 45(2): 349-374.

김순양(2010a). 정책과정분석과 옹호연합모형: 이론적, 실천적 적실성 검토. 『한국정책학회보』, 19(1): 35-71.

______(2010b). 정책과정분석에서의 정책네트워크 Policy Network 모형: 이론적, 실천적 적실성의 검토 및 제언. 『한국정책학회보』, 19(4): 177-210.

김영돈(2006). 조직에서 지방공무원의 역할갈등 및 역할 모호성에 대한 경험적 연구. 『정부학연구』, 12(2): 197-243.

김영봉(2004). 벼락치기 천도의 난센스. 김형국 · 최상철. 『천도반대운동의 사회학』, 130-

132. 서울: 나남출판.
김영평(1991). 『불확실성과 정책의 정당성』. 서울: 고려대학교 출판부.
_____(2007). 역할 갈등과 모순의 관리: 한국행정연구원 원장 시절의 정부기능조정을 위한 조직개편을 중심으로. 『한국행정학보』, 41(4): 7-22.
_____(2008). 정책이론에서 합리성의 한계와 모순의 관리. 『행정논총』, 46(3): 1-33.
김운태(1984). 관료제 조직에 있어서 행정책임에 관한 성찰. 『행정논총』, 22(2): 190-201.
김윤호(2016). 분리행위(decoupling)의 비판적 고찰: 원전비리 사건을 중심으로. 『한국행정학보』, 50(1): 235-263.
김찬동(2005). 한국적 정치행정관계와 행정자율성: 행정중심복합도시건설정책을 사례로. 『한국행정학회 추계학술대회 발표집』, 1-16.
김창수(2007). 개발과 보전을 둘러싼 정책갈등과 정책조정: 건설교통부와 환경부의 관계를 중심으로. 『행정논총』, 45(3): 285-317.
_____(2008). 관료제와 민주주의의 딜레마: 천성산 원효터널 분쟁의 프레임 분석. 『지방정부연구』, 12(1): 61-87.
_____(2010). 개발과 보전의 딜레마: 구조와 프레임의 해부. 『한국사회와 행정연구』, 20(4): 133-162.
_____(2011). 포스트 4대강 사업과 낙동강 상수원의 딜레마: 남강댐 물 분쟁의 제도적 프레임 분석. 『한국행정논집』, 23(2): 459-487.
_____(2013). 효율성과 가외성의 딜레마: 상수도 정책의 불확실성과 모호성 그리고 도그마. 『정부학연구』, 19(2): 241-272.
_____(2015a). 경로의존성과 정책선택의 딜레마: 낙동강수계기금배분의 정치경제. 『한국사회와 행정연구』, 26(1): 139-163.
_____(2015b). 수자원갈등과 시간선택의 딜레마: 댐 건설갈등의 시차적 해석. 『지방정부연구』, 19(1): 303-328.
_____(2016). 경로의존성과 딜레마 그리고 입법실패: 물기본법 제정지연 사례의 분석. 『지방정부연구』, 20(1): 135-159.
김창수 · 이강웅 · 허철행(2014). 원전안전관리와 지방정부의 딜레마: 부산광역시의 대안탐색과정을 중심으로. 『지방정부연구』, 18(2): 29-55.
김태룡(2010). 딜레마 이론. 『행정이론: 행정사와 이론을 중심으로』, 533-558. 서울: 대영문화사.
김태영(2004). 행정수도이전에 대한 찬반논의 사례연구. 『한국정책학회보』, 13(5): 185-215.
김태은(2007). 정책 딜레마상황이 정부규제에 미치는 영향에 관한 연구: 수도권 입지규제의 변화를 중심으로. 『한국정책학회보』, 16(2): 119-152.

_____(2009). 제도변화와 대체요인으로서 딜레마 대응에 관한 연구: 신·재생에너지 발전차액지원제도를 중심으로. 『한국행정학보』, 43(4): 179-208.

_____(2013). 무시된 딜레마의 사회적 비용 발생원인 연구. 『한국정책학회보』, 22(3): 103-136.

_____(2015a). 역사적 제도주의 연구 경향과 비판적 논의. 『한국행정학보』, 49(4): 57-96.

_____(2015b). 배출권거래제도의 선택과 동형화 메커니즘 연구. 『한국정책학회보』, 24(2): 57-89.

_____(2017). 집단행동 딜레마와 제도의 유막 층화: 해상 매립지를 중심으로. 『정부학연구』, 23(3): 311-350.

_____(2021). 딜레마 이론: 체계적 평가와 고찰. 『정부학연구』, 27(1): 11-51.

김태은·박종수(2008). 합리성의 제약요인으로서 정책딜레마와 정책변화: 금산분리 관련 정책을 중심으로. 『한국행정학보』, 42(2): 371-399.

김태은·윤견수(2011). 딜레마 강도와 딜레마 대응에 관한 연구: SSM 사례를 통한 역동적 딜레마 모형의 제시. 『한국정책학회보』, 20(4): 67-104.

김항규(1996). 현대행정과 합법성의 재음미. 『한국행정학보』, 30(2): 1-15.

_____(2002). 행정에서의 합법성 이념과 헌법에서의 공익판단의 근거. 『한국행정논집』, 14(3): 557-579.

_____(2009). 행정의 합법성 이념과 기타 행정이념과의 관계. 『정부학연구』, 9(2): 153-182.

김현경(2003). 윤리적 딜레마 사례에 대한 간호사의 의사결정 분석. 『한국간호행정학회지』, 9(3): 459-480.

김현구(2013). 『한국행정학의 한국화론』. 파주: 법문사.

김현아·김귀분(2011). 심폐소생술 금지환자를 돌보는 간호사의 갈등. 『동서간호학연구지』, 17(2): 139-148.

김형국(2004). 천도반대운동의 체험적 결말. 김형국·최상철 공저. 『천도반대운동의 사회학』, 11-43. 서울: 나남출판.

김혜나(2020). 인간과 자연의 식민화 과정 비판: 영풍석포제련소를 중심으로. 『경제와 사회』, 125: 323-359.

김혜나·손영호(2020). 『자연은 파괴되고 고향은 사라지고: 영풍석포제련소와 연화광산의 환경오염에 관한 기록과 고찰』. 서울: 도서출판 참.

김호섭(1989). 행정가치갈등의 해소에 관한 이론적 고찰. 『한국행정학보』, 23(2): 581-599.

______(1991). 행정책임의 윤리. 『한국행정학보』, 25(3): 783-802.
김호정(1990). 한국공무원의 행정이념과 행정행태. 『지방행정연구』, 5(1): 101-119.
______(1994). 지방자치제 실시 이후 지방공무원의 의식변화. 『한국행정학보』, 28(3): 937-955.
______(2019). 공공봉사동기(PSM) 이론의 주요 쟁점: 발단, 내용, 평가. 『한국행정학보』, 53(4): 1-26.
노명순(2008a). 대입정책에서 나타난 정책 비일관성의 원인분석: 2008년도 이후 대학입학제도 개선안 집행을 중심으로. 소영진 외. 『딜레마와 제도의 설계』, 293-321. 서울: 나남출판.
______(2008b). 대입정책에서 나타난 정책 비일관성의 원인 분석: 2008 학년도 이후 대학입학제도 개선안 집행을 중심으로. 『한국교육학연구』, 14(1): 129-152.
노종호(2003). 인사행정의 행위자와 이념이 인사정책에 대한 인식에 미치는 영향에 관한 연구: 공무원의 가족친화정책에 대한 인식을 중심으로. 『한국인사행정학회보』, 8(3): 59-88.
대구광역시(2020.5.8). 대구광역시 코로나19 생활방역을 위한 마스크 착용 행정명령 고시. 『대구광역시고시 제2020-111호』.
더불어민주당 논평(2009). 이명박 대통령님! 행정복합도시 추진 발언 한 타스도 넘습니다.
문영주(2010). 사회복지 서비스 전달체계 개편이 사회복지전담공무원의 역할 스트레스와 직무만족에 미치는 영향. 『사회연구』, 20: 9-35.
문태현(2003). 담론이론과 공공정책의 정당성. 『한국행정학회 2003년 하계학술발표논문집』, 255-270.
민은주(2018). 환경문제에 있어 협의회 거버넌스의 의사결정 실험사례 연구. 『시민과 세계』, 33: 103-140.
박동서(1967). 한국행정학의 현황과 역할. 『한국정치학회보』, 2: 112-136.
박상필(2009). 행정이념에 대한 시민사회의 인식 변화. 『행정논총』, 47(4): 335-362.
박수영(2006). 입법부 공무원의 인사제도와 윤리적 딜레마. 『의정연구』, 12(2): 157-182.
박용성 · 최정우(2011). 정책옹호연합모형(advocacy Coalition Framework)에 있어서 정책중계자(policy broker)의 유형과 역할에 대한 연구: 세종시 정책사례를 중심으로. 『행정논총』, 49(2): 103-125.
박종민(2009). 행정은 과학인가 기술인가? 『한국행정학보』, 43(4): 1-18.
______(2012). 행정학: 미국행정학인가 한국행정학인가. 『정부학연구』, 18(2): 131-147.
박종민 · 윤견수(2015). 민주화 및 신자유주의-신공공관리 이후 한국의 국가 관료제: 변화와 지속. 『정부학연구』, 21(3): 35-63.
박천오(2016). 한국공무원의 책임 확장: 법적 · 계층적 책임에서 윤리적 · 개인적 책임으로. 『한국행정학보』, 50(1): 1-25.
박통희(1994). 기업활동에 대한 규제합리화의 딜레마와 그 결과. 이종범 외. 『딜레마이론: 조직과 정책의 새로운 이해』, 237-258. 서울: 나남출판.
______(1999). 고충민원 행정이념의 상대적 중요도와 신뢰: 국민고충 처리위원회 직원의 인식을 중심으로. 『한국정책학회보』, 8(2): 5-25.
______(2010). 한국에서 행정학의 전문성과 고유성 : 성찰인가, 자학인가? 『한국행정학회 동계학술대회발표논문집』, 279-302.
박통희 · 김동환(1992). 딜레마와 형식주의. 『한국행정학보』, 25(4): 45-63.
박현주(2009). 간호사의 윤리적 딜레마. 『간호행정학회지』, 15(1): 126-135.
박현주 · 김미예(2004). 간호사의 윤리적 딜레마와 대처방안. 『한국간호교육학회지』, 10(1): 75-83.
박흥식(2016). 한국 행정책임 연구 60년: 행정통제, 공직윤리, 공직부패를 중심으로. 『한국행정학보』, 50(5): 339-366.
박희서 · 오세윤 · 노시평(2001). 일선 공무원의 역할스트레스가 이직충동에 미친 영향에 대한 경로분석모형 검증: 남녀간 차이를 중심으로. 『한국행정학보』, 35(3): 197-219.
배수호 · 김도영(2014). 유학에서의 공공성 논의: 행정학 맥락에서 이해하기. 『한국행정학보』, 48(3): 75-98.
배일섭(2005). 행정중심도시 건설의 정책결정분석: 전략적 행동들에 관한 양면게임이론 적용. 『한국정책학보』, 14(2): 117-140.
백완기(1981). 정책결정에 있어서 공익의 문제. 『한국정치학회보』, 15: 139-159.
______(1984). 행정이념간의 갈등가능성. 『고시계』, 29(5): 65-74.
______(2007). 한국행정과 공공성. 『한국사회와 행정연구』, 18(2): 1-22.
변장흠(2010). 국토균형발전의 관점에서 본 세종시의 의의와 발전과제. 『한국경제포럼』, 2(4): 73-94.
보건복지부 보도참고자료(2020.8.28). 코로나바이러스감염증-19 중앙재난안전대책본부 정례브리핑.
부산 · 경남생태도시연구소 생명마당(2019). 『낙동강 참여형 물환경 공동조사 및 유역협력체계 구축방안 연구』. 대전: 한국수자원공사.
사용진 · 최흥석(2008). 정책결정자의 인지지도와 정책딜레마에 관한 연구: 김대중 정부의 벤처지원정책과 국민기초생활보장제도를 중심으로. 『한국정책학회보』, 17(2): 33-63.

서미옥(2012). 도덕딜레마에 나타난 대학생의 5가지 도덕지향. 『교육학연구』, 50(2): 25-50.
서울특별시(2020.9.1). 『마스크 착용 의무화 행정명령 세부지침』.
서준경(2008). 정책 딜레마의 사회적 구성: 프레임 분석을 중심으로. 『한국정책학회보』, 17(2): 119-148.
______(2009). 정책딜레마의 사회적 구성: 프레임 분석을 중심으로. 소영진 외. 『딜레마와 제도의 설계』, 347-382. 서울: 나남출판.
선종근 · 하미승 · 전영상(2013). 한국정부의 행정이념에 관한 공무원의 인식 연구: 규범과 현실 사이. 『한국행정논집』, 25(1): 67-102.
소영진(1993). 정책딜레마와 조직의 대응: 한국의 산업안전보건정책을 중심으로. 『고려대학교 행정학 박사학위논문』.
______(1994). 딜레마와 패러독스. 이종범 외. 『딜레마이론: 조직과 정책의 새로운 이해』, 46-75. 서울: 나남출판.
______(1999). 딜레마 발생의 사회적 조건: 위천공단 설치를 둘러싼 지역갈등을 중심으로. 『한국행정학보』, 33(1): 185-205.
______(2000). 딜레마 발생의 사회적 조건: 위천공단 설치를 둘러싼 지역갈등을 중심으로. 윤견수 외. 『딜레마와 행정』, 55-85. 서울: 나남출판.
______(2003a). 전자정부 구축사업 추진체계의 딜레마와 극복방안: 전자정부특별위원회의 사례를 중심으로. 『정보화정책』, 10(2): 30-48.
______(2003b). 행정학의 위기와 공공성 문제. 『정부학연구』, 9(1): 5-24.
______(2009). 전자정부 구축사업 추진체계의 딜레마와 극복방안. 『딜레마와 제도의 설계』, 185-218. 서울: 나남출판.
______(2010). 정책결정모형으로서의 딜레마이론: 프레임이론을 중심으로. 『한국정책학회 춘계학술대회 발표논문집』, 483-502.
______(2015). 딜레마 이론, 그 의미와 과제: 이론적 정합성을 위한 시론. 『한국행정논집』, 27(1): 23-45.
소영진 · 안성민(2011a). 형식주의의 재해석: 딜레마 측면에서. 『한국행정학보』, 45(3): 73-95.
______(2011b). 딜레마와 관리. 『한국지방정부학회 학술대회 자료집』, 359-377.
소영진 · 이영철 · 윤견수 · 하민철 외(2009). 『딜레마와 제도의 설계』. 서울: 나남출판.
송근원(2008). 정책분석 및 평가와 실증주의: 절반의 실패? 『한국정책분석평가학회보』, 18(2): 43-74.
송위진(1998). 조직의 딜레마와 대응행동: 한국노총의 '사회적 합의'(1993-1995) 사례분석.

『한국행정학보』, 32(1): 113-128.
식품의약품안전처(2009.7.22). 『마스크 생산 · 공급 동향 발표』.
_____(2009.7.29). 『보건용 마스크의 기준 규격에 대한 가이드라인』.
_____(2020.5.30). 『비말차단용 마스크(KF-AD) 세부 허가방안 안내문』.
_____(2020.6.1). 마스크 및 손소독제 긴급수급조정조치 고시. 『식약처 고시 제2020-39호』.
_____(2020.9.22). 『마스크 생산 등 수급 동향 발표』.
_____(2020.10.13). 『마스크 생산 등 수급 동향 발표』.
_____(2020.8.28). 『마스크 구매할 때 '의약외품' 표시 확인하세요!』.
식품의약품안전처 · 질병관리본부(2020.3.3). 『마스크 사용 권고사항 개정』.
신정은(2020). 온라인 플랫폼의 오프라인 서비스에 대한 통제 수준에 관한 연구: EU 우버와 에어비앤비 판결이 타다 판결에 주는 시사점. 『법과기업연구』, 10(2): 167-203.
신충식 · 김성준(2015). 공공조직 내 윤리적 의사결정연구: 칸트의 '이성사용'과 쿠퍼의 '설계적 관점'을 중심으로. 『한국행정학보』, 49(2): 61-91.
신행정수도건설추진기획단(2004). 『신행정수도건설추진 백서 2003』.
신행정수도추진위원회(2004). 신행정수도 이전 주요 국가기관 85개로 잠정 선정-국회 등 헌법기관은 기관협의 및 17대 국회 동의 거쳐야.
신행정수도후속대책위원회(2004). 『신행정수도 후속대책 추진현황』.
_____(2005). 『(2004년도) 신행정수도 건설추진 백서』.
신현두 · 김정수(2013). 딜레마의 늪: 온라인게임 아이템 현금거래에 관한 정책결정의 지연. 『한국정책학회보』, 22(4): 61-86.
신희영(2007). 정책네트워크 동태성의 이론에 관한 비판적 고찰: 사회적 활동의 변형모델을 중심으로. 『한국행정학보』, 41(3): 143-165.
_____(2014). 행정윤리에 대한 제한적인 윤리적 자연주의 접근. 『한국행정학보』, 48(3): 27-50.
심원섭(2016). 국립공원 내 케이블카 설치 허용정책을 둘러싼 관광개발과 환경보전의 딜레마: 공리주의와 보호된 가치 프레임의 충돌을 중심으로. 『관광학연구』, 40(1): 111-132.
심준섭 · 정홍상 · 김광구(2018). 공론화 과정 참여자들의 숙의 경험: 프레임 분석의 적용. 『한국정책학회보』, 27(2): 193-219.
안문석(2000). 딜레마의 정책적 활용: 딜레마 이론의 관점에서 본 한국의 핵외교정책의 방향. 윤견수 외. 『딜레마와 행정』, 115-139. 서울: 나남출판.
안문석 · 김태은(2007). 만족모형과 Coase Theorem의 딜레마 이론적 재해석. 이종범(편). 『정책과 딜레마』, 315-330. 고려대학교 대학원 행정학과 교재.
______(2009). 만족모형과 코즈정리의 딜레마 이론적 재해석: 탈딜레마 전략으로서 만족모형적 접근. 소영진 외.『딜레마와 제도의 설계』, 61-81. 서울: 나남출판.
안병영 · 정무권 · 신동면 · 양재진(2018).『복지국가와 사회복지정책』. 서울: 다산출판사.
안성민(2000). 제도의 변경과 딜레마. 윤견수 외.『딜레마와 행정』, 219-249. 서울: 나남출판.
______(2008a). 딜레마와 제도에 관한 소고.『한국행정학회 학술대회 발표논문집』, 101-122.
______(2008b). 전자정부 추진과 제도의 갈등. 소영진 외.『딜레마와 제도의 설계』, 323-346. 서울: 나남출판.
안성민 · 손희준 · 배준구(2007).『분권교부세』. 정부혁신지방분권위원회.
양기용 · 김은정 · 김창수(2018). 원전인근 지역주민의 삶, 지역의존성 그리고 위험의 친숙화: 장안지역을 대상으로.『한국사회와 행정연구』, 29(3): 283-311.
양명주 · 김가희 · 김봉환(2016). 대학 진로 · 취업상담자가 지각하는 윤리적 딜레마에 관한 개념도 연구.『담학연구』, 17(2): 101-119.
양현모(2004). 독일의 수도이전 사례가 한국의 신행정수도 건설에 주는 행정학적 함의.『한국행정학보』, 38(3): 161-181.
양현모 외(2007). 행정기관 분산 · 배치에 관한 연구: 행정중심복합도시 건설에 따른 문제점을 중심으로.『KIPA 연구보고서』, 2007: 1.
엄석진(2009). 행정의 책임성: 행정이론간 충돌과 논쟁.『한국행정학보』, 43(4): 19-45.
엄지원(2019). 영풍 석포제련소, 아직 끝나지 않은 이야기(지역뉴스 부문 제122회 이달의 방송기자상).『방송기자』, 46: 50.
염재호(1994). 앞으로 이어질 딜레마 연구를 위해. 이종범 외. 1994.『딜레마 이론: 조직과 정책의 새로운 이해』, 259-280.
염재호 · 박국흠(1992). 政策의 非一貫性과 딜레마: 제6공화국의 정책대응을 중심으로.『한국행정학보』, 25(4): 23-44.
영풍공대위(2003). 석포제련소의 노동환경 · 지역환경 문제와 우리의 요구.『영풍공대위 토론회 자료집』.
영풍제련소 환경오염 및 주민건강 피해 공동대책위원회(2018).『환경의 날 맞이, 영풍제련소 폐쇄 촉구 긴급 기자회견문』, 2018년 6월 5일.
우명(2012).『이 세상 살지 말고 영원한 행복의 나라 가서 살자』. 서울: 참출판사.
유양경 · 김미한 · 이인수(2014). 마음빼기명상이 대학생 및 교원의 세계시민의식에 미치는 효과.『전인교육』, 6: 27-45.

유연숙 · 이효선(2016). 사회복지사가 경험한 윤리적 갈등과 윤리적 의사결정의 의미 재구성. 『사회복지 실천과 연구』, 13(1): 73-114.

윤견수(1992). 조직의 딜레마에 대한 상징적 반응: 전국교직원 노동조합의 딜레마를 중심으로. 『한국행정학보』, 26(4): 1257-1280.

_____(1997). 정당성의 논리와 중간조직의 딜레마. 『한국행정학보』, 31(2): 93-109.

_____(2001). 선택상황의 구성 방식과 의사결정자의 딜레마. 『한국정책학회보』, 10(1): 5-30.

_____(2005). 한국행정학의 질적 연구방법에 대한 반성과 제안. 『한국행정학보』, 39(2): 1-22.

_____(2006). 정부의 결정을 딜레마 상황으로 가게 하는 요인과 그에 대한 대응책에 관한 연구. 『한국행정연구』, 15(1): 71-100.

_____(2008). 사례연구: 분석의 세계에서 집필의 세계로. 『한국정책학회보』, 17(4): 63-87.

_____(2011a). 행정학의 영역 찾기: '공직'과 '공직자' 개념의 재발견. 『한국행정학보』, 45(1): 1-22.

_____(2011b). 정부의 질과 관료제의 합리성: 관료제 이념형 구성의 기본단위인 '공직' 개념을 중심으로. 『정부학연구』, 17(3): 19-48.

_____(2013). 이종범 교수 중심의 딜레마이론: 선택상황에서의 공정 의사결정. 김현구 외. 『한국행정학의 한국화론: 보편성과 특수성의 조화』, 284-309. 서울: 법문사.

_____(2014). 비합리적 행동의 합리적 기원: Deborah H. Stone의 정책역설과 딜레마를 중심으로. 『한국정책학회보』, 23(4): 503-526.

_____(2015). 한국 공직문화의 원형: 자리문화. 『한국행정학보』, 49(4): 1-28.

_____(2017). 공직 수행의 딜레마와 의사결정의 어려움. 『정부학연구』, 23(3): 1-35.

_____(2018). 한국행정의 오래된 미래: 관료제와 정치. 『한국행정학보』, 52(2): 3-35.

윤견수 · 김순희(2013). 공직의 정체성에 대한 연구: 공무원의 영혼에 대한 내러티브를 중심으로. 『한국행정학보』, 47(1): 1-23.

윤견수 · 소영진 · 김동환 · 이종범 외(2000). 『딜레마와 행정』. 서울: 나남출판.

윤견수 · 한승주(2012). 정치적 중립의 경험적 범주에 대한 연구: 지방자치단체 중하위직 공무원을 중심으로. 『행정논총』, 50(3): 237-261.

윤병태(1996). 행정윤리의 난제와 해결가능성. 『한국행정논집』, 8(1): 1-16.

윤승영(2019). 여객 운송중개 플랫폼 규제의 비교법적 고찰: 소비자보호의 관점에서. 『상사법연구』, 37(4): 239-277.

윤태범(2002). 신공공관리 지향적 행정환경 변화가 공무원의 윤리적 부담에 미치는 영향에 관한 연구. 『한국사회와 행정연구』, 13(1): 21-51.

______(2013). 우리나라 행정윤리 연구의 경향 분석. 『한국사회와 행정연구』, 24(2): 291-317.

이광자 · 유소연(2011). 간호사의 윤리적 딜레마, 대처유형, 직무만족도 및 이직의도와의 관계. 『임상간호연구』, 17(1): 1-15.

이근욱(2013). 『쿠바 미사일 위기: 냉전 기간 가장 위험한 순간』. 서울: 서강대학교 출판부.

이덕주 · 김재문 · 정기영 · 송진영 · 감성민 · 이은진 · 이인수(2012). 마음빼기를 통한 청소년과 교원의 뇌파변화 분석. 『전인교육』, 4: 29-58.

이문수(2010). 포스트모던 시대의 행정윤리: 막스베버의 관료 윤리론의 재해석과 새로운 관료윤리의 모색. 『한국행정논집』, 24(3): 669-692.

이민영 · 윤민화(2015). 비영리조직 모금실무자의 윤리적 갈등에 관한 질적연구. 『한국사회복지행정학』, 17(2): 247-275.

이민창(2006). 재산권 이론의 정책학적 기여에 관한 소고(小考): 이론적 함의를 중심으로. 『행정논총』, 44(2): 277-311.

______(2010). 유인, 규범, 신뢰할 만한 공약과 정책갈등: 정책갈등 유형분류를 위한 시론. 『행정논총』, 48(4): 31-54.

이석환(2018). 공공가치 어떻게 측정할 것인가? 『한국행정포럼』, 161: 17-23.

이선우 · 조경훈(2016). 공무원의 공직가치에 대한 실증연구-신규직원과 기존 직원과의 차이를 중심으로. 『한국사회와 행정연구』, 26(4): 265-286.

이수진(2020). 『영풍석포제련소 2013년 이후 환경법 위반 70건, 고발 20건: 석포제련소 문제, 장항제련소 모델 적극 검토해야』, 보도자료 22호.

이순희 · 정지현(2017). 무상보육정책 담론의 이념적 딜레마: 프레임 분석을 중심으로. 『유아교육연구』, 37(4): 557-584.

이시연 · 최애경(2004). 비서의 윤리적 갈등에 관한 연구. 『비서학논총』, 13(1): 91-118.

이영철(2003). 신공공관리론의 이론적 비판: 원자화된 개인, 강력한 시장, 축소지향형 정부. 『정부학연구』, 9(1): 51-82.

______(2011). 포스트모던 행정학과 공공성 탐색. 『한국행정학보』, 45(4): 353-375.

이유현 · 정일영(2019). 의료규제 정책의 딜레마에 관한 연구: 신약 및 신의료기기 분야의 전문가 조사를 중심으로. 『융합사회와 공공정책』, 12(4): 201-238.

이인수(2010). 마음수련이 교사의 스트레스, 우울 및 삶의 질에 미치는 영향. 『전인교육』, 2: 49-71.

이정미 의원실(2017). 『석포제련소 관련 요구자료 및 국정감사 질의 내용 보고서 · 성명서』,

2017년 9월 28일.

이종범(1977). 행정학의 학문적 토착화에 관한 논거. 『한국행정학보』, 11: 198-223.

_____(1986). 『국민과 정부관료제』. 서울: 고려대학교 출판부.

_____(1991). 딜레마와 상징적 행동. 이문영, 이종범 외. 『작은 정부를 위한 관료제』, 368-389. 서울: 법문사.

_____(1994a). 딜레마와 상징적 행동: 딜레마 상황에 대한 정책대응을 중심으로. 이종범 외. 『딜레마이론: 조직과 정책의 새로운 이해』, 213-236. 서울: 나남출판.

_____(1994b). 인사제도의 딜레마: 연공서열, 업적주의, 모험적 행동. 윤견수 · 소영진 · 김동환 · 이종범(2000). 『딜레마와 행정』, 111-134. 서울: 나남출판.

_____(1995). 딜레마 확률과 제도적 대응: 서울시 도시재개발 사업을 중심으로. 『한국행정논집』, 7(2): 1-21.

_____(1999). 개혁딜레마와 조직의 제도적 대응: 행정쇄신위원회의 조직화 규칙과 전략. 『정부학연구』, 5(1): 185-227.

_____(2005). 불확실성, 모호성과 딜레마 상황하에서 절차적 합리성의 탐색. 『행정논총』, 43(4): 1-27.

_____(2008). 형식주의의 재음미: 딜레마와 상징적 형식주의. 『정부학연구』, 14(3): 5-34.

_____(2009a). 2009 한국정책학회 뉴스레터: 이달의 서언; 정책딜레마와 제도적 대응. 『The KAPS』, 17: 4.

_____(2009b). 불확실성, 모호성과 딜레마 상황하에서 절차적 합리성의 탐색. 『딜레마와 제도의 설계』, 31-60. 서울: 나남출판.

_____(2018). 공공성 확보를 위한 정부의 역할과 행정학의 과제: 딜레마 이론의 관점에서. 『한국행정학보』, 52(4): 3-24.

이종범 · 안문석 · 염재호 · 박통희 외(1994). 『딜레마 이론: 조직과 정책의 새로운 이해』. 서울: 나남출판.

이종범 · 안문석 · 이정준 · 윤견수(1991). 정책분석에 있어서 딜레마 개념의 유용성. 『한국행정학보』, 25(4): 3-22.

_____(1994). 정책분석에 있어 딜레마 개념의 유용성, 이종범 외. 『딜레마이론: 조직과 정책의 새로운 이해』, 21-44. 서울: 나남출판.

이종범 · 윤견수(2000). 정부의 딜레마에 대한 제도적 해결장치의 연구: 노동위원회 분쟁조정제도 변천을 중심으로. 『한국정치학회보』, 34(3): 149-171.

이종원(1999). 레짐이론의 발전과 과제. 『정부학연구』, 5(2): 137-156.

이철주 · 한승주(2014). 관료제 구조와 사회복지업무 속성의 충돌, 그리고 재량행위의 왜곡.

『정부학연구』, 20(1): 75-118.
임도빈(2002). 행정윤리관의 분석틀 모색: 서양철학이론을 중심으로. 『행정논총』, 40(3): 69-95.
_____(2010). '딜레마 학파'의 딜레마, [딜레마와 제도의 설계]. 소영진 · 이영철 · 윤견수 · 하민철 외 지음. 서울: 나남출판. 『한국행정학보』, 44(4): 317-322.
_____(2013). 행정윤리연구의 주요 쟁점: 한국과 미국의 차이. 『한국지방정부학회 학술 발표논문집』, 322-344.
임의영(1996). 행동, 행위, 프락시스 개념의 행정윤리적 정향. 『한국행정학보』, 31(3): 19-33.
_____(1999). 행정윤리론의 대안적 인간관: 정치적 실존모형에 관한 연구. 『한국행정학보』, 33(3): 39-53.
_____(2003). 공공성의 개념, 위기, 활성화 조건. 『정부학연구』, 9(1): 23-52.
_____(2006). 합리성의 행정철학적 논의구조와 H. A. Simon의 합리성 개념. 『한국행정논집』, 18(4): 981-1002.
_____(2010). 공공성의 유형화. 『한국행정학보』, 44(2): 1-21.
_____(2014). 행정의 윤리적 과제. 『한국행정학보』, 48(3): 5-25.
전기우(2013). 사회복지전담공무원의 역할 인지부조화(role cognitive dissonance) 해소 방안 연구: 원인과 그 처방. 『대한정치학회보』, 20(1): 289-322.
전병주(2013). 사회복지전담공무원의 직무스트레스가 직무만족에 미치는 영향: 사회적 자본의 조절효과를 중심으로. 『보건사회연구』, 33(3): 476-515.
전영평(2005). 행정중심도시와 국정관리의 효율성. 『한국행정학회 비정기학술발표논문집』, 9-23.
_____(2009). 국정운영 측면에서 본 세종시 정부 분할 이전의 문제점. 『한국행정학회 비정기학술발표논문집』, 1-13.
정병기(2009). 표준의 사회경제적 효과와 새로운 규범의 가능성 및 표준학의 전망. 『한국정치연구』, 18(3): 87-111.
정용덕(2017). 서론. 한국행정학회 편. 『한국행정학 60년』, 1-18. 파주: 법문사.
정윤길 · 이준호(2005). 역할스트레스와 역할내 · 외 성과간 관계 및 조직기반 자긍심의 조절효과. 『한국지방자치학회보』, 17(2): 167-186.
정정길(2002). 행정과 정책을 위한 시차적 접근. 박순애 · 최태현(편)(2018). 『다시 읽고 싶은 한국행정학 좋은 논문 12선』, 33-64. 서울: 박영사.
정주용 · 이철주(2010). 책임성의 분산과 위기상황에서의 의사결정: 숭례문 화재사건의 재구성. 『정부학연구』, 16(1): 243-272.

제영건 · 이은재(1987). 연화광산의 태백광체탐사와 개발현황. 『자원환경지질』, 20(4): 273-288.

조경호 · 주재복(1994). 딜레마적 정책결정 상황하의 정부의 전략적 대응과 선택에 관한 연구: 쌀시장 개방정책을 중심으로. 『한국행정연구』, 3(1): 1144-1169.

조수민 · 김동환(2020). 표준화의 동태성에 관한 메커니즘: 휴대폰 충전기 표준화의 사례. 『한국시스템다이내믹스 연구』, 21(1): 29-45.

주은혜(2018). 공공조직의 공공가치 창출 및 관리를 위한 평가모형 개발에 관한 연구. 『정부학연구』, 24(2): 195-232.

주재현 · 한승주(2015). 공무원의 책임성 딜레마 인지와 대응: 지방자치단체 공무원을 중심으로. 『정부학연구』, 21(3): 1-33.

주재현 · 한승주 · 임지혜(2016). '삶의 양식'과 공무원의 책임성 갈등에 관한 연구: 사회복지전담 공무원을 중심으로. 『한국정책학회보』, 26(2): 137-166.

중앙방역대책본부(2020.11.10). 『마스크 착용 권고 기준』.

중앙재난안전대책본부(2020.5.25). 『코로나바이러스감염증-19 중앙재난안전대책본부 정례브리핑』.

______(2020.8.24). 『코로나바이러스감염증-19 중앙재난안전대책본부 정례브리핑』.

______(2020.10.4). 『코로나바이러스감염증-19 중앙재난안전대책본부 정례브리핑』.

______(2020.11.10). 『코로나바이러스감염증-19 중앙재난안전대책본부 정례브리핑』.

최병선(1993). 문민정부의 정책혁신과 제도개혁: 제도개혁과 민주적 정책조정의 역설. 『한국정책학회보』, 4(2): 46-64.

______(1994). 서평: 딜레마 이론-조직과 정책의 새로운 이해. 이종범, 안문석 · 염재호 · 박통희 외 공저. 『한국행정연구』, 3(2): 2190-2194.

______(2015). 『정부규제론』. 파주: 법문사.

최승범(2002). 지방정치의 민주성과 지방행정의 책임성 확보를 위한 내적 조건. 『정부학연구』, 8(1): 159-200.

최종원(1995). 합리성과 정책연구. 『한국정책학회보』, 4(2): 131-160.

______(2003). 시차이론과 행정개혁. 『한국행정학보』, 37(2): 289-305.

최태현(2018). 제도와 마음의 공공성: 청탁금지법 관련 쟁점을 중심으로. 『한국행정학보』, 52(2): 337-362.

최태현 · 정용덕(2020). 적극행정의 철학적 · 윤리적 토대의 검토 : 가능성, 한계, 그리고 맥락. 『한국행정연구』, 29(1): 1-30.

최흥석 · 김은미(2011). 쌀 시장 개방의 딜레마: 시기별 정부대응을 중심으로. 『한국행정논집』, 23(3): 907-929.
최흥석 · 윤견수(2000). 딜레마 상황에서의 의사결정 행동. 『딜레마와 행정』, 29-54. 서울: 나남출판.
충청남도신행정수도건설추진지원단(2004). 『10.21신행정수도 특별법 위헌결정 이후 언론보도 주요 내용』.
통계청(2011). 『2011년 경제 총조사』.
표시열(1994). 행정의 효율성 편향에 대한 헌법상의 제한: 행정가치에 대한 관리적 접근에서 헌법적 접근으로. 『한국행정학보』, 28(4): 1141-1155.
하민철 · 윤견수(2004). 행위자들의 양면적 상황설정과 딜레마 그리고 제도화: 노사정위원회의 제도화 과정을 중심으로. 『한국행정학보』, 38(4): 63-84.
______(2005). 전자정부의 딜레마: 항해의 메타포와 스토리텔링의 관점에서. 『한국조직학회보』, 2(1): 73-99.
______(2010). 메타프레임으로서 녹색성장(Green Growth) 정책: 딜레마 대응 방안으로서 메타프레임 구성. 『한국정책학회보』, 19(1): 101-126.
하연섭(2010). 정책아이디어, 틀 짓기, 사회적 담론 형성의 관계에 관한 연구: 교육정책을 중심으로. 『행정논총』, 48(2): 189-215.
______(2014). Charles E. Lindblom의 정책연구: 정치와 시장 사이의 점증주의와 다원주의. 『행정논총』, 52(2): 38-67.
하혜수(2011). 공공정책의 정치적 채택에 영향을 미치는 요인에 관한 연구: 세종시 수정안을 중심으로. 『한국비교정부학보』, 15(3): 343-362.
한국광업협회(2012). 『한국광업백년사』.
한국행정연구원 사회조사센터(2013). 『행정기관의 세종시 이전에 대한 공무원 인식 조사』.
한상일(2013). 한국 공공부문의 다양화와 새로운 책임성 개념의 모색. 『한국조직학회보』, 10(2): 123-151.
한승주(2013). 공무원의 주관적 책임성: 지방자치단체 중하위직 공무원의 경험을 통한 탐색. 『한국행정학보』, 47(1): 25-45.
한승준(2007). 신거버넌스 논의의 이론적 · 실제적 한계에 관한 연구. 『한국행정학보』, 41(3): 95-116.
행정중심복합도시건설청(2006a). 『2005년도 행정중심복합도시 백서』.
______(2006b). 행정도시, 토지보상 사실상 마무리.
______(2008). 『2003-2007년 행정중심복합도시 백서』.
______(2009a). 행정도시 토지보상 현황(2009년 9월 말 기준).

______(2009b). 지장물 보상 및 철거현황.

______(2012). 『세계 일류 명품도시 행정중심복합도시』.

행정중심복합도시건설추진위원회 · 행정중심복합도시건설추진단(2005). 『2004-2005 신행정수도 후속대책 백서』.

허성욱(2015). 내러티브정책분석틀(NPF: Narrative Policy Framework)에 관한 이론적, 실천적 적실성 검토. 『한국정책학회보』, 24(3): 377-412.

허준영(2013). 중앙행정기관의 세종시 분산에 따른 정책소통 실태와 개선과제. 『세종시 이전에 따른 정부효율성 강화 및 지역상생발전방안 정책토론회 발표자료집』, 39-68.

헌법재판소 결정문, 224헌마554 · 556(병합) 신행정수도의건설을위한특별조치법위헌확인.

홍준형(2020). 『상징입법: 겉과 속이 다른 입법의 정체』. 서울: 한울.

환경부(2017). 『(가칭)안동댐 상류 환경관리 협의회 구성(안) 공고』, 2017-707호. 10월 1일.

______(2020). 『환경백서』.

환경부 · 대구지방환경청(2020). 『석포제련소 지하수 중금속 오염원인 · 유출 조사(요약)』, 2020년 7월.

황광선(2016). 과학기술 국가연구개발(R&D)의 책임성과 딜레마. 『한국행정학보』, 50(2): 189-213.

황혜림(2019). 정책교란으로서 비즈니스 혁신규제: 우버에서 에어비앤비까지. 『LAW & TECHNOLOGY』, 15(6): 51-70.

『경향신문』. 2009.10.20. 야당 "세종시 국민저항 · 불복종 운동."

『경향신문』. 2009.12.3. 조정은 않고 조장만 하는 靑… '정치'가 없다.

『경향신문』. 2009.12.9. 혁신도시 정상 추진 전국협의회 건의문.

『국민일보』. 2004.6.16. 신행정수도 후보지 발표 "특별법 통과는 잘못 수도이전 즉각 중단."

『국민일보』. 2019.1.13. [단독] "택시 향한 부정적 여론 활용" 국토부 내부 문건 논란.

『뉴시스』. 2020.3.6. 소비자단체들 "타다금지법, 소비자목소리 외면… 방향전환 필요.

『데일리안』. 2010.1.9. "시간이 없다" 정총리, 마음 급한 이유는.

『동아일보』. 2002.12.8. 李-盧, 부동층잡기 정책공약 경쟁.

『동아일보』. 2003.11.6. 盧대통령 "한나라 행정수도 반대하면 정치적 불리."

『동아일보』. 2009.9.4. 정운찬 "세종시 원안 수정해 추진해야."

『리얼미터』. 2009.12.1. 세종시 수정이 원안 앞서, 40.9% vs 36.7%.

『리얼미터』. 2010.1.21. 세종시 수정안 발표 후 원안 의견 다시 앞서.

『리얼미터』. 2010.3.2. 세종시 수정안 34% vs 원안 34%.

『매일경제』. 2018.10.9. 규제 막힌 승차공유 新사업서 활로 찾는다.
『머니투데이』. 2019.7.17. 플랫폼 운송사업 제약… 모빌리티 혁신 고사될 것.
『문화일보』. 2002.12.17. '행정수도이전' 논쟁 李-盧 막판까지 충돌.
『문화일보』. 2004.7.14. 이런 식의 수도이전 공청회 과연 필요한가.
『문화일보』. 2019.5.29. 책임 떠넘기기 · 업계 눈치보기… 풀릴 기미 안보이는 '공유車 갈등.'
『서울신문』. 2009.11.28. "세종시 갈등 · 혼란 죄송… 교육 · 과학 중심 자족市로."
『서울경제』. 2019.11.4. 2명 중 1명 "'타다'는 혁신 신사업"… 불법 서비스 25.7%.
『아시아경제』. 2019.10.31. 홍남기 "타다 기소… 신산업 창출 불씨 줄어들까 우려."
『연합뉴스』. 2004.7.26. 신행정수도건설 울산공청회.
『연합뉴스』. 2004.9.17. 수도이전반대범국민운동본부 출범.
『연합뉴스』. 2009.11.4. 李대통령 "세종시 여론수렴 서둘러라."
『연합뉴스』. 2009.11.28. 李대통령, '세종시 수정' 사과 표명.
『연합뉴스』. 2014.8.29. 국토부, 서울시에 우버엑스 단속 지시(종합).
『연합뉴스』. 2020.10.2. [특파원 시선] 유럽, 코로나19 확산 속 '마스크 반대' 시위도 증가.
『오마이뉴스』. 2005.1.11. 학계 "행정중심도시나 행정특별시로 건설해야."
『조선일보』. 2019.11.1. 정부 고위 관료 '타다 기소' 비판 쏟아내자… 검 "사전에 알렸다" 반박.
『조선일보』. 2020.8.25. 망사마스크 논란 "왜 멋부려?" "조국도 했잖아!."
『중앙일보』. 2018.10.18. 카풀 허용 가닥… 하루 2회 제한, 다른 직업 있어야 기사 가능.
『중앙일보』. 2019.12.9. [사설] 국민 3분의 2가 원하는 서비스를 국회가 막았다.
『한겨레』. 2005.2.11. '행정도시' 평행선 공방.
『한겨레』. 2009.11.18. MB, 절차생략 '속도전.'
『한겨레』. 2010.1.7. 세종시 땅값, 혁신도시 울산의 1/8… 기업 블랙홀 불 보듯.
『한국경제』. 2020.6.9. [취재수첩] '타다 실패' 반복하지 않으려면.
『한국경제』. 2018.7.30. 기재부, 혁신성장본부장에 이재웅 쏘카 대표 선임.
『한국일보』. 2004.6.16. 이명박시장 "수도이전 국민투표해야."
『한국일보』. 2004.11.26. 여권, 행정수도 후속대책 서두를 듯.
『CBS노컷뉴스』. 2019.3.16. '뇌관이 터졌다' 흔들리는 '카풀' 사회적 대타협.
『KBS』. 2019.10.29. [취재K] 정부 · 검찰 · 국회 · 택시 모두 '타다' 겨냥… 서비스 중단 위기.
『SBS TV』. 2004.9.22. 한나라당, 오늘 '수도이전 반대' 당론 확정.

노무현 사료관(http://archives.knowhow.or.kr).
중앙선거관리위원회 선거통계시스템(http://info.nec.go.kr).

카인즈 한국언론진흥재단 기사통합검색(www.kinds.or.kr).

공공기관 지방이전에 따른 혁신도시 건설 및 지원에 관한 특별법[법률 제8238호, 2007.1.11, 제정].

국가균형발전특별법[법률 제7061호, 2004.1.16, 제정].

기업도시개발특별법[법률 제7310호, 2004.12.31, 제정].

신행정수도의 건설을 위한 특별조치법[법률 제7062호, 2004.1.16, 제정].

신행정수도 후속대책을 위한 연기·공주지역 행정중심복합도시 건설을 위한 특별법[법률 제7391호, 2005.3.18, 제정].

중앙행정기관 등의 이전계획[행정자치부고시 제2005-9호, 2005.10.5, 제정].

국외 문헌

Adler, P. S., Goldoftas, B., & Levine, D. I.(1999). "Flexibility versus Efficiency? A Case Study of Model Changeovers in the Toyota Production System." *Organization Science*, 10(1): 43-68.

Allen, D. G., Weeks, K. P., & Moffitt, K. R.(2005). "Turnover intentions and voluntary turnover: the moderating roles of self-monitoring, locus of control, proactive personality, and risk aversion." *Journal of Applied Psychology*, 90(5): 980-990.

Allison, G. T.(1971). *Essence of Decision: Explaining the Cuban Missile Crisis*(4th ed.). Boston: Harvard University Press.

Allison, G. T., & Philip, Z.(1999). *Essence of Decision: Explaining the Cuban Missile Crisis*(2nd ed.). Addison-Wesley Education Pub. 김태현(역)(2005). 『결정의 엣센스: 쿠바 미사일 사태와 세계 핵전쟁의 위기』. 서울: 모음북스.

Aram, J. D.(1989). "The Paradox of Interdependent Relations in the Field of Social Issues in Management." *Academy of Management Review*, 14(2): 266-283.

Bachrach, P., & Morton B.(1962). "Two Faces of Power." *APSR*, 56: 947-952.

Barberis, N. C.(2013). "Thirty Years of Prospect Theory in Economics: A Review and Assessment." *Journal of Economic Perspectives*, 27(1): 173-196.

Baron, J.(1997). "Biases in the Qualitative Measurement of Values for Public Decisions."

Psychological Bulletin, 112(1): 72–88.

Baron, J., & Mark, S.(1997). "Proctected values." *Organizational Behavior and Human Decision Processes*, 70(1): 1–16.

Bateman, T. S., & Crant, J. M.(1993). "The proactive component of organizational behavior." *Journal of Organizational Behavior*, 14(2): 103–118.

Baxter, J., & Lee, D.(2004). "Understanding Expressed Low Concern and Latent Concern near a Hazardrous Waste Treatment Facility." *Journal of Risk Research*, 7: 705–729.

Bellé, N.(2013). "Experimental Evidence on the Relationship between Public Service Motivation and Job Performance." *Public Administration Review*, 73(1): 143–153.

______(2015). "Performance–Related Pay and the Crowding Out of Motivation in the Public Sector: A Randomized Field Experiment." *Public Administration Review*, 75(2): 230–241.

Benington, J.(2011). "From Private Choice to Public Value?" In J. Benington & M. H. Moore (eds.). *Public Value: Theory and Practice*. 1–20. New York: Palgrave Macmillan.

Berger, P. L., & Luckmann, T.(1967). *The Social Construction or Reality*. New York: Anchor Books.

Biddle, B. J.(1986). "Recent Developments in Role Theory." *Annual Review of Sociology*, 12: 57–92.

Blyth, M.(2013). "Paradigms and Paradox: The Politics of Economic Ideas in Two Moments of Crisis." *Governance: An International Journal of Policy, Administration, and Institutions*, 26(2): 197–215.

Bozeman, B.(2007). *Public Values and Public Interest: Counterbalancing Economic Individualism*. Washington, D.C.: Georgetown University Press.

Brown, K. W., & Ryan, R. M.(2003). "The Benefits of Being Present: Mindfulness and Social Psychology." *Journal of Personality and Social Psychology*, 84(4): 822–848.

Bryson, J. M., Crosby, B. C., & Bloomberg, L.(2014). "Public Value Governance: Moving Beyond Traditional Public Administration and the New Public Management." *Public Administration Review*, 74(4): 445–456.

Bush, J., Moffatt, S., & Dunn, C.(2001). "Even the Birds Round Here Cough: Stigma, Air Pollution and Health in Teesside." *Health & Place*, 7(1): 47–56.

Cameron, K. S., & Quinn, R. E.(1988). "Organizational Paradox and Transformation." In R. Quinn & K. Cameron(eds.). *Paradox and Transformation: Toward a Theory of Change in Organization and Management*. 1–18. Cambridge: Ballinger Publishing Co.

Camilleri, E.(2006). "Towards Developing an Organisational Commitment-Public Service Motivation Model for the Maltese Public Service Employees." *Public Policy and Administration*, 21(1): 63-83.

Chaudhuri, A.(2011). "Sustaining Cooperation in Laboratory Public Goods Experiments: A Selective Survey of the Literature." *Experimental Economics*, 14(1): 47-83.

Chen, A., Yuan, C-W., Ma, N. F., Hsu, C-Y., & Hanrahan, B. V.(2019). "Navigating Ride-Sharing Regulations: How Regulations Changed the "Gig" of Ride-Sharing for Drivers in Taiwan." *Human Factors in Computing Systems*. 1-12.

Christensen, R. K., & Wright, B. E.(2011). "The Effects of Public Service Motivation on Job Choice Decisions: Disentangling the Contributions of Person-Organization Fit and Person-Job Fit." *Journal of Public Administration Research and Theory*, 21(4): 723-743.

Coase, R. H.(1960). "The Problem of Social Cost." *Journal of Law and Economics*, 3: 1-44.

Cooer, T. L.(2013). *The Responsible Administrator: An Approach to Ethics for the Administrative Role*(6th ed.). CA: John Wiley and Sons, Inc. 행정 사상과 방법론 연구회(역)(2013). 『공직윤리: 책임 있는 행정인』. 서울: 조명문화사.

Cooper, R., & Burrell, G.(1988). "Modernism, Postmodernism and Organizational Analysis: An Introduction." *Organization Science*, 9(1): 91-112.

Cox, M., Arnold, G., & Tomás, S. V.(2010). "A Review of Design Principles for Community-based Natural Resource Management." *Ecology and Society*, 15(4): 1-19.

Crant, J. M.(2000). "Proactive Behavior in Organizations." *Journal of Management*, 26(3): 435-462.

Csikszentmihalyi, M.(1993). *The Evolving Self: A Psychology for the Third Millennium*(1st ed.). New York, NY: HarperCollins Publishers. 김우열(역)(2009). 『자기진화를 위한 몰입의 재발견』. 서울: 한국경제신문.

______(2010). *Flow-der Weg zum Gluck: der Entdecker des Flow-Prinzips erklart seine Lebensphilosophie*. Verlag Herder GmbH, Frieburg im Breisgau. 임석원(역)(2011). 『미스터 몰입과의 대화: 일, 놀이, 삶의 기쁨에 대하여』. 고양: 위즈덤하우스.

Danziger, M.(1995). "Policy Analysis Postmodernized: Some Political and Pedagogical Ramifications." *Policy Studies Journal*, 23(3): 435-450.

Dawes, R. M., McTavish, J., & Shaklee, H.(1977). "Behavior, Communication, and Assumptions about Other People's Behavior in a Commons Dilemma Situation." *Journal of Per-*

sonality and Social Psychology, 35(1): 1–11.

DeHart–Davis, L.(2007). "The Unbureaucratic Personality." *Public Administration Review*, 67(5): 892–903.

Detert, J. R., & Burris, E. R.(2007). "Leadership Behavior and Employee Voice: Is The Door Really Open?" *Academy of Managment Journal*, 50(4): 869–884.

Diesing, P.(1962). *Reason in Society*. University of Illinois Press.

Dolgoff, R., Harrington, D., & Loewenberg, F. M.(2012). *Ethical Decisions for Social Work Practice*(9th ed.). CA: Brooks/Cole.

Downs, A.(1967). *Inside Bureaucracy*. Boston, MA: Little Brown.

du Gay, P.(1994). "Colossal Immodesties and Hopeful Monsters: Pluralism and Organizational Conduct." *Organization*, 1(1): 125–148.

Edmondson, A.(1999). "Psychological Safety and Learning Behavior in Work Teams." *Administrative Science Quarterly*, 44(2): 350–383.

Eisenhardt, K. M.(1989). "Agency Theory: An Assessment and Review." *Academy of Management Review*, 14(1): 57–74.

Esteve, M., Urbig, D., Van Witteloostuijn, A., & Boyne, G.(2016). "Prosocial Behavior and Public Service Motivation." *Public Administration Review*, 76(1): 177–187.

Fehr, E., & Schmidt, K. M.(2000). "Fairness, Incentives, and Contractual Choices." *European Economic Review*, 44(4): 1057–1068.

Finer, H.(1941). "Administrative responsibility in democratic government." *Public Administration Review*, 1: 335–350.

Fischer, F.(1998). "Beyond Empiricism: Policy Inquiry in Postpositivist Perspective." *Policy Studies Journal*, 26(1): 129–146.

______(2003). *Reframing Public Policy: Discursive Politics and Deliberative Practices*. New York: Oxford University Press.

Fischer, F., & John Forester(eds.)(1993). *The Argumentative Turn in Policy Analysis and Planning*. Durham: Duka University Press.

Forester, J.(1984). "Bounded Rationality and the Politics of Muddling Through." *Public Administration Review*, 44(1): 23–31.

Fornell, C., & Larcker, D. F.(1981). "Structural Equation Models with Unobservable Variables and Measurement Error: Algebra and Statistics." *Journal of Marketing Research*, 18(1): 39–50.

Frantál, B., & Malý, J.(2017). "Close or renew? Factors affecting local community support for rebuilding nuclear power plants in the Czech Republic." *Energy Policy*, 104: 134-143.

Frazier, M. L., Fainshmidt, S., Klinger, R. L., & Pezeshkan, A.(2017). "Psychological Safety: A Meta Analytic Review and Extension." *Personnel Psychology*, 70(1): 113-165.

Fredrickson, B. L., Cohn, M. A., Coffey, K. A., Pek, J., & Finkel, S. M.(2008). "Open Hearts Build Lives: Positive Emotions, Induced Through Loving-Kindness Meditation, Build Consequential Personal Resources." *Journal of Personality and Social Psychology*, 95(5): 1045-1062.

Frey, B. S., & Jegen, R.(2001). "Motivation Crowding Theory." *Journal of Economic Surveys*, 15(5): 589-561.

Friedrich, C. J.(1940). "Public policy and the nature of administrative responsibility." In Carl J. Friedrich(ed.). *Public Policy*. 3-24. Cambridge: Harvard University Press.

Geertz, C.(1973). "Thick description: toward an interpretive theory of culture." In *The Interpretation of Cultures: Selected Essays*. New York: Basic Books. 3-30.

Gitlin, T.(1980). *The Whole World Is Watching: Mass Media in the Making and Unmaking of the New Left*. Berkeley, CA: University of California Press.

Goffman, E.(1974). *Frame Analysis: An Essay on the Organization of Experience*. London: Harper and Row.

Harmon, M. M.(1995). *Responsibility as Paradox: A Critique of Rational Discourse on Government*. CA: Sage.

Henrich, J., Boyd, R., Bowles, S., Camerer, C., Fehr, E., Gintis, H., McElreath, R., Alvard, M., Barr, A., Ensminger, J., Henrich, N. S., Hill, K., Gil-White. F., Gurven, M., Marlowe, F. W., Patton, J. Q., & Tracer, D.(2005). "Economic Man in Cross-Cultural Perspective: Behavioral Experiments in 15 Small-Scale Societies." *Behavioral and Brain Science*, 28(1): 795-855.

Homberg, F., McCarthy, D., & Tabvuma, V.(2015). "A Meta-Analysis of the Relationship between Public Service Motivation and Job Satisfaction." *Public Administration Review*, 75: 711-722.

Horton, S., & Hondeghem, A.(2006). "Public Service Motivation and Commitment." *Public Policy and Administration*, 21(1): 1-12.

Houston, D. J.(2011). "Implications of Occupational Locus and Focus for Public Service Motivation: Attitudes toward Work Motives across Nations." *Public Administration*

Review, 75(1): 761–771.

Hu, L. T., & Bentler, P. M.(1999). "Cutoff Criteria for Fit Indexes in Covariance Structure Analysis: Conventional Criteria Versus New Alternatives." *Structural Equation Modeling*, 6(1): 1–55.

Hummel, R. P.(1991). "Stories Managers Tell: Why They are as valid as science?" *Public Administration Review*, 51(1): 31–41.

International Monetary Fund(2020). *World Economic Outlook: A Long and Difficult Ascent*. Washington, D.C.: International Monetary Fund, Publication Services.

Jason, J.(2013). "Navigating Paradox as a Mechanism of Change and Innovation in Hybrid Organizations." *Academy of Management Journal*, 56(1): 137–159.

Kadushin, G., & Egan, M.(2001). "Ethical dilemmas in home health care: A social work perspective." *Health & Social Work*, 26(3): 136–149.

Kahneman, D., Slovic, P., & Tversky, A.(1982). *Judgment under uncertainty: Heuristics and biases*. New York: Cambridge University Press.

Kahneman, D., & Tversky, A.(1979). "Prospect Theory: An Analysis of Decision Under Risk." *Econometrica*, 47(2): 263–291.

Kassan, J., & Orsi, J.(2012). "The Legal Landscape of the Sharing Economy." *Journal of Environmental Law and Litigation*, 27(1): 1–20.

Katona, G.(1951). *Psychological Analysis of Economic Behavior*. New York: McGraw–Hill.

Katz, R., & Kahn, R. L.(1978). *The psychology of organizations*. New York: Wiley.

Kennedy, R.(1969). *Thirteen Days: A Memoir of the Cuban Missile Crisis*. New York: W. W. Norton & Co.

Keyfitz, N.(1995). "Inter–disciplinary contradictions and the influence of science on policy." *Policy Sciences*, 28: 21–38.

Kim, S.(2005). "Individual–Level Factors and Organizational Performance in Government Organization." *Journal of Public Administration Research and Theory*, 15: 245–261.

Knetsch, J. L.(1989). "The Endowment Effect and Evidence of Nonreversible Indifference Curves." *American Economic Review*, 79(5): 1277–1284.

Kohlberg, L., Levine, C., & Hewer, A.(1983). *Moral stages: a current formulation and a response to critics*. New York: Karger. 문용린(역)(2000). 『콜버그의 도덕성 발달이론』. 서울: 아카넷.

Komorita, S. S., Parks, C. D. & Hulbert, L. G.(1992). "Reciprocity and The Induction of

Cooperation in Social Dilemmas." *Journal of Personality and Social Psychology*, 62(4): 607-617.

Laing, J., Farh, C., & Farh, J.-L.(2012). "Psychological Antecedents of Promotive and Prohibitive Voice: A Two-Wave Examination." *Academy of Managment Journal*, 55(1): 71-92.

Lapsley, D. K., & Power, F. C.(eds.)(2005). *Character Psychology and Character Education*. Notre Dame: University of Notre Dame. 정창우(역)(2008). 『도덕심리학과 도덕교육』. 고양: 인간사랑.

Lee, A. S.(1991). "Integrating Positivist and Interpretive Approaches to Organizational Research." *Organization Science*, 2(4): 342-365.

Lester, R. L., Piore, M. J., & Malek, K. M.(1998). "Interpretive Management: What General Managers can Learn from Design." *Harvard Business Review*, 76(2): 86-96.

Lincoln, Y. S., & Guba, E. G.(1985). *Naturalistic Inquiry*. Sage Publications.

Lindblom, C. E.(1959). "The Science of 'Muddling Through.'" *Public Administration Review*, 19(2): 79-88.

______(1977). *Politics and Markets: The World's Political Economic Systems*. New York: Basic Books.

Lipsky, M.(1980). *Street-level bureaucracy: dilemmas of the individual in public services*. New York: Russell Sage Foundation.

Luthans, F., Youssef, C. M., & Avolio, B. J.(2007). *Psychological Capital: Developing the Human Competitive Edge*. New York: Oxford University Press. 김강훈 · 김정기 · 박상만(역)(2012). 『긍정심리자본: 인간의 경쟁우위를 발전시키는 노하우』. 파주: 럭스미디어.

Macher, J. T., & Richman, B. D.(2008). "Transaction Cost Economics: An Assessment of Empirical Research in the Social Sciences." *Business and Politics*, 10(1): 1-63.

Majone, G.(1989). *Evidence, Argument, and Persuasion in the Policy Process*. New Haven: Yale University Press.

Mantere, S., & Ketokivi, M.(2013). "Reasoning in Organization Science." *Academy of Management Review*, 38(1): 70-89.

March, J. G.(1978). "Bounded Rationality, Ambiguity, and the Engineering of Choice." *The Bell Journal of Economics*, 9(2): 587-608.

______(1994). *A Primer on Decision Making: How Decisions Happen*. New York, NY: The Free Press.

March, J. G., & Simon, H. A.(1958). *Organizations.* New York: J. Wiley.

Maslow, A. H.(1943). "A Theory of Human Motivation." *Psychological Review*, 50: 370–396.

Meyer, J. W., & Rowan, B.(1977). "Institutional Organizations: Formal structures as myth and ceremony." *American Journal of Sociology*, 83: 340–363.

Moore, M. H.(1995). *Creating Public Value: Strategic Management in Government.* Cambridge, MA: Harvard University Press.

Morgan, G.(1987). *Images of Organization.* London: Thousand Oaks.

Newman, A., Donohue, R., & Eva, N.(2017). "Psychological safety: A systematic review of the literature." *Human Resource Management Review*, 27(3): 521–535.

North, R. C.(1968). "Conflict: Political Aspects." *International Encyclopedia of Social Sciences*, 3: 226–231. New York: Crowell Collier and Macmillan, Inc.

Nudzor, H. P.(2009). "Re-conceptualising the paradox in policy implementation: a post-modernist conceptual approach." *Discourse: Studies in the Cultural Politics of Education*, 30(4): 501–513.

O'Leary, C.(2019). "Public Service Motivation: A Rationalist Critique." *Public Personnel Management*, 48(1): 82–96.

Olson, M.(1971). *The Logic of Collective Action.* Cambridge: Harvard University Press.

Ostrom, E.(1990). *Governing the Commons: The Evolution of Institutions for Collective Action.* New York: Cambridge University Press.

Parker, S. K., & Sprigg, C. A.(1999). "Minimizing strain and maximizing learning: The role of job demands, job control, and proactive personality." *Journal of Applied Psychology*, 84: 925–939.

Parkhill, K. A., Pidgeon, N. F., Henwood, K. L., Simmons, P., & Venables, D.(2010). "From the Familiar to the Extraordinary: Local Residents' Perceptions of Risk when Living with Nuclear Power in the UK." *Transactions of the Institute of British Geographers*, 35(1): 39–58.

Parsons, T.(1951). *The Social System.* New York: The Free Press.

Pavitt, C.(2018). "The Path to Cooperative Action during Group Social Dilemmas: A Literature Review, Set of Propositions, and Model Describing How the Opportunity to Communicate Encourages Cooperation." *Review of Communication Research*, 6: 54–83.

Perry, J. L.(1996). "Measuring Public Service Motivation: An Assessment of Construct Reliability and Validity." *Journal of Public Administration Research and Theory*, 6(1): 5–22.

Perry, J. L., Hondeghem, A., & Wise, L. R.(2010). "Revisiting the Motivational Bases of Public Service: Twenty Years of Research and an Agenda for the Future." *Public Administration Review*, 70(5): 681-690.

Perry, J. L., & Wise, L. R.(1990). "The Motivational Bases of Public Service." *Public Administration Review*, 50(3): 367-373.

Peters, G. B.(1989). "Book Review: Policy Paradox and Political Reason by Deborah A. Stone." *American Political Science Review*, 83(1): 304-305.

Peterson, C.(2006). *A Primer in Positive Psychology*. Oxford; New York: Oxford University Press. 문용린 · 김인자 · 백수현(역)(2009). 『크리스토퍼 피터슨의 긍정심리학 프라이머』. 안양: 물푸레.

Pfeffer, J., & Salancik, G. R.(1978). *The External Control of Organizations*. New York: Harper and Row. 이종범 · 하현길 · 조철옥(공역)(1988). 『장외영향력과 조직』. 서울: 믿음사.

Pierce, J. J., Peterson, H. L., Jones, M. D., Garrard, S. P., & Vu, T.(2017). "There and Back Again: A Tale of the Advocacy Coalition Framework." *Policy Studies Journal*, 45(S1): S13-S46.

Podsakoff, P. M., MacKenzie, S. B., Lee, J.-Y., & Podsakoff, N. P.(2003). "Common method biases in behavioral research: A critical review of the literature and recommended remedies." *Journal of Applied Psychology*, 88(5): 879-903.

Quiggin, J.(1987). "Egoistic Rationality and Public Choice: A Critical Review of Theory and Evidence." *Economic Record*, 63(1): 10-21.

Radner, R.(1975). "Satificing." *Journal of Mathematical Economics*, 2: 253-262.

Rassman, C. Lee.(2014). "Regulating rideshare without stifling innovation: Examining the drivers, the insurance gap, and why Pennsylvania should get on board." *Pittsburgh Journal of Technology Law and Policy*, 15(1): 81-i.

Rest, J. R.(1986). *Moral development: advances in research and theory*. New York: Praeger.

Ritz, A., Brewer, G. A., & Neumann, O.(2016). "Public Service Motivation: A Systematic Literature Review and Outlook." *Public Administration Review*, 76(3): 414-442.

Robert, C., & Wasti, S. A.(2001). "Organizational Individualism and Collectivism: Theoretical Development and an Empirical Test of a Measure." *Journal of Management*, 28(4): 544-566.

Roberts, N. C.(2002). "Keeping Public Officials Accountable Through Dialogue: Resolving the Accountability Paradox." *Public Administration Review*, 62(6): 658-669.

Roche, M., Haar, J. M., & Luthans, F.(2014). "The Role of Mindfulness and Psychological Capital on the Well-Being of Leaders." *Journal of Occupational Health Psychology*, 19(4): 476-489.

Romzek, B. S., & Dubnick, M. J.(1987). "Accountability in the Public Sector: Lessons from the Challenger Tragedy." *Public Administration Review*, 47(3): 227-238.

Romzek, B. S., & Ingraham., P. W.(2000). "Cross Pressures of Accountability: Initiative, Command, and Failure in the Ron Brown Plane Crash." *Public Administration Review*, 60(3): 240-253.

Ryan, R. M., & Deci, E. L.(2000). "Self-Determination Theory and the Facilitation of Intrinsic Motivation, Social Development and Well-Being." *American Psychologist*, 55(1): 68-78.

Samuelson, W., & Zeckhauser, R.(1988). "Status Quo Bias in Decision Making." *Journal of Risk and Uncertainty*, 1(1): 7-59.

Schooler, J. W., Ariely, D. & Loewenstein, G.(2003). "The Pursuit and Assessment of Happiness Can be Self-Defeating." In I. Brocas & J. D. Carillo(eds.). *The Psychology of Economic Decisions*. 41-70. Oxford: Oxford University Press.

Schulock, N.(1999). "The paradox of policy analysis: If it is not used, why do we produce so much of it?" *Journal of Policy Analysis and Management*, 18(2): 226-244.

Schutz, A.(1967). *The Phenomenology of the Social World*. Evanston, IL: Northwestern University Press.

Sedlmeier, P., Eberth, J., Schwarz, M., Zimmerman, D., Haarig, F., Jaeger, S., & Kunze, S. (2012). "The Psychological Effects of Meditation: A Meta-Analysis." *Psychological Bulletin*, 138(6): 1139-1171.

Seligman, M.(2004). *Authentic Happiness: Using the New Positive Psychology to Realize Your Potential for Lasting Fulfillment*. London: Nicholas Brealey Publishing. 김인자(역)(2006). 『마틴 셀리그만의 긍정심리학』. 안양: 물푸레.

Simon, H. A.(1947). *Administrative Behavior*. New York: Macmillan.

_____(1959). "Theories of Decision-Making in Economics and Behavioral Science." *American Economic Review*, 49(3): 253-283.

_____(1976). "From Substantive to Procedural Rationality In Method and Appraisal in Economics." In S. J. Latsis(ed.). *Method and Appraisal in Economics*. 129-148. Cambridge University Press.

_____(1985). "Human Nature in Politics: The Dialogue of Psychology With Political Science."

The American Politics Science Review, 79(2): 293-304.

______(1986). "Rationality in Psychology and Economics." *The Journal of Business*, 59(4): S209-S224.

______(1995). "Rationality in Political Behavior." *Political Psychology*, 16(1): 45-61.

______(1997). *Administrative Behavior*(4th ed.). The Free Press.

Snow, D. A., Rochford, Jr, E. B., Worden, S. K., & Benford, R. D.(1986). "Frame Alignment Processes, Micromobilization, and Movement Participation." *American Sociological Review*, 51(4): 464-481.

Sorensen, T. C.(1963). *Decision-Making in the White House: Olive Branch or Arrows*. New York: Columbia University. Press.

Stone, D. A.(1988). *Policy Paradox and Political Reason*. Glenview: Scott/Foresman.

______(2002). *Policy Paradox: The Art of Political Decision Making*(Rev ed.). New York: Norton.

Taylor, J.(2007). "The Impact of Public Service Motives on Work Outcomes in Australia: A Comparative Multi-Dimensional Analysis." *Public Administration Review*, 85(4): 931-959.

______(2008). "Organizational Influences, Public Service Motivation and Work Outcomes: An Australian Study." *International Public Management Journal*, 11(1): 67-88.

Thaler, R. H.(1980). "Toward a Positive Theory of Consumer Choice." *Journal of Economic Behavior and Organization*, 1(1): 39-60.

______(1985). "Mental Accounting and Consumer Choice." *Marketing Science*, 4(3): 199-214.

Thomas, J. L.(1989). "Book Review: Policy Paradox and Political Reason by Deborah A. Stone." *Public Administration Review*, 49(6): 566-567.

Townley, B.(2002). "The Role of Competing Rationalities in Institutional Change." *Academy of Management Journal*, 45(1): 163-179.

Tversky, A., & Kahneman, D.(1974). "Judgment under Uncertainty: Heuristics and Biases." *Science*, 185: 1124-1131.

______(1981). "The Framing of Decisions and the Psychology of Choice." *Science*, 211(30): 453-458.

______(1992). "Advances in Prospect Theory: Cumulative Representation of Uncertainty." *Journal of Risk and Uncertainty*, 5(4): 297-323.

UNESCO(2020). "How to wear a non-medical fabric mask safely?"

Vandenabeele, W.(2009). "The Mediating Effect of Job Satisfaction and Organizational Commitment on Self-Reported Performance: More Robust Evidence of the PSM-Performance Relationship." *International Review of Administrative Science*, 75(1): 11-34.

Vandenabeele, W., Ritz, A., & Neumann, O.(2018). "Public Service Motivation: State of the Art and Conceptual Cleanup." In *The Palgrave Handbook of Public Administration and Management in Europe*. 261-278. London: Palgrave Macmilan.

Van de Ven, A. H., & Poole, M. S.(1988). "Paradoxical Requirement for a Theory of Organizational Change." In R. Quinn & K. Cameron(eds.). *Paradox and Transformation: Toward a Theory of Change in Organization and Management*. 19-63.

Van Lange, P. A., Joireman, J., Parks, C. D., & Van Dijk, E.(2013). "The Psychology of Social Dilemmas: A Review." *Organizational Behavior and Human Decision Processes*, 120(2): 125-141.

Venables, D., Pidgeon, N. F., Parkhill, K. A., Henwood, K. L., & Simmons, P.(2012). "Living with Nuclear Power: Sense of Place, Proximity and Risk Perceptions in Local Hosting Communities." *Journal of Environmental Psychology*, 32(4): 371-383.

Weick, K. E.(1976). "Educational Organizations as Loosely Coupled Systems." *Administrative Science Quarterly*, 21: 1-19.

______(1979). *The Social Psychology of Organizing*. Addison-Wesley Publishing Company.

Weick, K. E., Sutcliffe, K. M., & Obstfeld, D.(2005). "Organizing and the Process of Sense-making." *Organization Science*, 16(4): 409-421.

White, L. G.(1994). "Policy as Discourse." *Journal of Policy Analysis and Management*, 13(3): 506-525.

Wildavsky, A.(1988). *Searching for Safety*. New Brunswick and London: Transaction books.

Williamson, O. E.(2010). "Transaction Cost Economics: The Natural Progression." *American Economic Review*, 100(3): 673-690.

Wilson, J. Q.(1980). *The Politics of Regulation*. Basic Books.

Wynne, B., Waterton, C., & Grove-White, R.(2007). *Public conception and the nuclear industry in West Cumbria*. Centre for the Study of Environmental Change. Lancaster University.

Yanow, D.(1996). *How does a policy mean?: Interpretive policy and organizational actions*. Washington, D.C.: Georgetown University Press.

______(2000). *Conducting Interpretive Policy Analysis*. Sage Publications.

Zhang, Y., Fang, Y., Wei, K.-K., & Chen, H.(2010). "Exploring the role of psychological safety in promoting the intention to continue sharing knowledge in virtual communities." *International Journal of Information Management*, 30(5): 425-436.

BBC. "Coronavirus: Germany's states make face masks compulsory." 2020(April 22).

BBC. "Coronavirus: Why some countries wear face masks and others don't." 2020(May 12).

https://en.unesco.org/news/how-wear-non-medical-fabric-mask-safely(검색일 2020.6.23).

찾아보기 INDEX

찾아보기 INDEX

찾아보기 INDEX

ㅈ

찾아보기 INDEX

저자 소개

이종범

펜실베이니아대학 정치학 박사
고려대학교 행정학과 명예교수(cblee@korea.ac.kr)
고려대학교 행정학과 교수, 한국행정학회 회장, 전인교육학회 회장
저서: 국민과 정부관료제(1986), 전환시대의 행정가(1994, 편저), 딜레마이론(1994, 공저), 딜레마와 행정(2000, 공저), 딜레마와 제도의 설계(2009, 공저)
논문: 불확실성, 모호성과 딜레마 상황하에서 절차적 합리성의 탐색(2005), 형식주의의 재음미: 딜레마와 상징적 형식주의(2008)

안문석

하와이대학교 자원경제학 박사
고려대학교 행정학과 명예교수(ahnms@korea.ac.kr)
한국정책학회 회장, 한국과학기술학회 회장, 규제개혁위원회 위원장
저서: 정보체계론(1989), 환경행정론(1993), 계량행정론(1995, 제3판), 정부와 기업 그리고 시민사회(2001), 무용의 유용성(2009) 등
논문: 국가발전과 규제(2002), 한국의 규제개혁 개관(2002), 정부규제에 미치는 영향요인에 관한 실증 연구(2006, 공저)

소영진

고려대학교 행정학 박사
대구대학교 도시행정학과 교수(sohyj@naver.com)
저서: 딜레마이론(1994, 공저), 딜레마와 행정(2000, 공저), 딜레마와 제도의 설계(2009, 공저)
논문: 딜레마 발생의 사회적 조건: 위천공단 설치를 둘러싼 지역갈등을 중심으로(1999), 형식주의의 재해석: 딜레마 측면에서(2011, 공저)

이영철

노틀담(University of Notre Dame)대학교 정치학 박사
전남대학교 행정학과 교수(youngcleee@hanmail.net)
한국행정이론학회 회장, 한국행정학회 행정사상과 방법연구회 회장
저서: 같은 방향 다른 행로: 중앙부처간 갈등과 협력사례(공저, 2014) 딜레마와 제도의 설계(공저, 2009)
논문: 드와이트 왈도의 <행정국가> 연구(2019), 강요된 의제설정과 재외국민 참정권부여(2015), 도시수축: 도시재생의 새로운 패러다임(2015)

윤견수

고려대학교 행정학 박사
고려대학교 행정학과 교수(gsmagic@korea.ac.kr)
한국행정이론학회 회장, 한국조직학회 회장
저서: 딜레마와 행정(2000), 딜레마와 제도의 설계(2008)
논문: 공직수행의 딜레마와 의사결정의 어려움(2017), 한국 공직문화의 원형: 자리문화(2015), 한국 국가관료제의 세 가지 전통(2014, 공저)

김동환

고려대학교 행정학 박사
중앙대학교 공공인재학부 교수(sddhkim@cau.ac.kr)
한국시스템다이내믹스학회 회장, 미래학회 회장
저서: 시스템다이내믹스(1999), 시스템사고(2004)
논문: 김대중 대통령의 인과지도(2000), 빅데이터 정책유행(2018)

안성민

미국 인디애나대학교 정책학 박사
울산대학교 행정학과 교수(songmin@ulsan.ac.kr)
저서: 분권교부세(2007, 공저), 적극행정의 이론과 실제(공저) 등
논문: 지방정부간 외부성으로 인한 갈등문제에 대한 小考(1988), 형식주의의 재해석: 딜레마 측면에서(2011, 공저) 등

김창수

서울대학교 행정학 박사
부경대학교 행정학과 교수(csookim@pknu.ac.kr)
한국지방정부학회 연구부회장, 부산광역시 적극행정위원회 위원
저서: 공공갈등과 행정이론(2016), 정책학의 구조와 논리(2018)
논문: 가외성의 정당성과 한계: 지역원전안전 감시체계 선택의 딜레마(2019), 공공갈등 조정의 성공조건: 구포가축시장 갈등조정사례의 분석(2020) 등

김태은

고려대학교 행정학 박사
한국교통대학교 행정학전공 교수(kupa2000@ut.ac.kr)
한국행정학회 제도연구회 회장, 한국정책분석평가학회 연구위원장
저서: 행정이론과 정부역할(2014), 정부규제론(2021)
논문: 권력 비대칭, 공정성과 집단행동 딜레마(2020), WTP와 WTA간 불일치와 그 원인에 관한 연구: CVM을 통한 실증(2017) 등

박종수

오하이오주립대학교 행정학 박사
숙명여자대학교 행정학과 조교수(jpark@sookmyung.ac.kr)
한국행정학회 대외협력위원회 위원, 한국인사행정학회 연구위원회 위원
논문: Taking a Closer Look at the Empowerment-Performance Relationship: Evidence from Law Enforcement Organization(2019, 공저). Does the Influence of Empowering Leadership Trickle down in Public Organizations? Evidence from Law Enforcement Organization(2018, 공저) 등

김다은

고려대학교 행정학 박사
고려대학교 정부학연구소 연구교수(bonodaeun@korea.ac.kr)
SSK 정부의 질과 거버넌스의 다양성 연구단 전임연구원
저서: 행정, 낯설게 보기(2020)
논문: 한국 국가관료제의 제도적 기반: 시행령과 당정협의(2020), 개발연대 국가관료제의 정책집행 패러다임: 계몽행정(2017) 등

조수민

중앙대학교 행정학 석사
한국표준협회 표준정책센터 연구원(soomin4705@gmail.com)
논문: 표준화의 동태성에 관한 메커니즘: 휴대폰 충전기 표준화의 사례(2020) 등

딜레마 이론과 정책

펴낸날 제1판 제1쇄 2021년 12월 27일
지은이 김태은 · 이영철 · 윤견수 · 안성민 · 김창수 · 소영진 외
펴낸이 임춘환
펴낸곳 도서출판 **대영문화사**
주소 (본사) 사무실: 경기도 고양시 일산서구 주화로 70
우신프라자 307호 (우) 10387)
(본사) 물류센터: 경기도 고양시 일산서구 덕산로
107번길 68-50 (우) 10205)
등록 1975년 12월 26일 제3-16호
전화 (031) 913-3062, (031) 914-3884~5
팩스 (031) 913-3839
홈페이지 http://www.dymbook.co.kr

ISBN 978-89-7644-853-8
값 30,000원